민간보안론

Introduction to PRIVATE SECURITY

5th Edition

CENGAGE Learning

Introduction to Private Security

5th Edition

Kären M. Hess

ISBN: 9780534632045

ISBN-13: 978-89-6454-396-2

Cengage Learning Korea Ltd.
Suite 1801 Seokyo Tower Building
133 Yanghwa-Ro, Mapo-Gu
Seoul 121-837 Korea
Tel: (82) 2 322 4926
Fax: (82) 2 322 4927

Cengage Learning is a leading provider of customized learning solutions with office locations around the globe, including Singapore, the United Kingdom, Australia, Mexico, Brazil, and Japan. Locate your local office at: **www.cengage.com/global**

Cengage Learning products are represented in Canada by Nelson Education, Ltd.

For product information, visit **www.cengageasia.com**

Printed in Korea
1 2 3 4 17 16 15 14

민간보안론

Introduction to PRIVATE SECURITY

5th Edition

저자 Kären M. Hess
역자 이민식 · 김성언 · 박현호 · 이주락 · 황세웅

박영사 | CENGAGE Learning

Andover • Melbourne • Mexico City • Stamford, CT • Toronto • Hong Kong • New Delhi • Seoul • Singapore • Tokyo

역자소개

이 민 식 현직: 경기대학교 경찰행정학과 교수
미국 Purdue University 사회학 박사(범죄학 전공)
국가정보원 대테러정책위원
한국형사정책연구원 부연구위원

김 성 언 현직: 경남대학교 경찰학과 부교수
서울대학교 사회학 박사(범죄학 전공)
한국형사정책연구원 연구위원
한국공안행정학회 편집이사

박 현 호 현직: 용인대학교 경찰행정학과 조교수
영국 University of Portsmouth (ICJS) 경찰학/범죄학 박사
기술표준원 방범환경설계(CPTED) 표준화 전문위원장
경찰대학 교과서 '안전관리론(Security Management)' 저술위원

이 주 락 현직: 경기대학교 경호보안학과 조교수
영국 University of Portsmouth 형사사법학 박사
한국경호경비학회 부회장
한국경찰연구학회 상임이사

황 세 웅 현직: 수원여자대학교 경찰행정학과 조교수
동국대학교 경찰학 박사
경찰청 대테러 협상전문위원
경기경찰청 인권위원

민간보안론(민간경비론) 제5판
Introduction to Private Security, 5th Edition

제5판인쇄 2013년 8월 20일
제5판발행 2013년 8월 30일

저 자 Kären M. Hess
공역자 이민식 · 김성언 · 박현호 · 이주락 · 황세웅
발행인 안종만

발행처 (주) 박영사
서울특별시 종로구 평동 13-31번지
등록 1959. 3. 11. 제300-1959-1호(倫)
전 화 02)733-6771
f a x 02)736-4818
e-mail pys@pybook.co.kr
homepage www.pybook.co.kr

정 가 28,000원

ISBN 978-89-6454-396-2 93350

역자 서문

최근에 공공 경찰의 역할과 수행이 국민들의 증대된 안전에 대한 욕구를 충족시키지 못하고, 새로운 정보기술 환경 하에서 국내 산업 및 기업의 경쟁력 제고를 위한 보안의 강화가 주요한 사회적 이슈로 등장하자, 민간영역에서의 보안 및 경비에 대한 관심이 그 어느 때보다도 높게 되었다. 이에 범죄학, 경찰학, 경호·경비학 등 보안 관련 학자들을 중심으로 민간 및 산업 보안 학문을 더 체계적으로 소개하려는 노력에서 관련 교재들을 많이 출간하고 있다. 그러나 지금까지 국내에서 출간된 민간보안 또는 민간경비 관련 서적의 대부분은 경비지도사 자격시험 또는 청원경찰 시험에 초점을 맞춘 것이거나, 아니면 관련 외국 서적의 내용을 부분적으로 번역해 다소 산만하게 나열해 놓은 정도에 지나지 않았다. 그렇다 보니, 대학에서 학생들을 가르치는 입장에서는 핵심 강의교재로 사용하기에 부적합하다는 생각이 들었으며, 그런 갈증을 해소해 줄 수 있는 교재의 출현을 기다려 왔다.

이 책은 미국 Normandale Community College의 Kären M. Hess 박사의 「Introduction to Private Security」(제5판, 2009)를 번역한 것이다. 이 원저는 현재 미국에서 민간보안 또는 민간경비 관련 대학교재 중 가장 역사가 오래되고 많은 판매부수를 자랑하는 것 중의 하나이다. 1996년 처음 출간된 이 책은 그 이후로 거의 3년마다 신판이 나왔으며, 앞으로도 계속 내용을 갱신·추가해 개정판이 나올 것으로 기대된다.

본서가 갖는 특징과 장점을 간단히 정리하면 다음과 같다. 첫째, 본서는 3가지 주요한 논지를 기반으로 집필되었다: (1) 민간보안은 하나의 전문분야이다, (2) 인적·물적 보안과 정보보안은 상호 수렴하고 통합하는 추세에 있다, (3) 민간보안과 공 경찰의 긴밀한 파트너십은 불가피하다. 둘째, 이 책은 본래 4개 섹션, 16개의 장으로 구성되었다. 제 I 섹션은 4개의 장으로 구성되며, 민간보안의 현재 실정을 개관하기 위한 배경적 설명을 제공한다. 제 II 섹션은 6개의 장으로 구성되며, 민간보안 전문가들의 기본적인 목표와 책임의 문제를 다룬다. 제 III 섹션은 3개의 장으로 구성되며, 민간보안 직종이 21세기에 당면한 중요한 도전과제들을 탐구한다. 마지막, 제IV섹션은 3개의 장으로 구성되며, 직장에서의 보안체계를 다룬다. 셋째, 이 책은 많은 구체적인 예시들을 제시하고 학생들의 적극적인 참여에 의한 학습경험을 갖도록 한다. 특히 3배의 학습증진 효과를 얻기 위해 **학습할 내용**, **개념정의**, **〈보안방패〉 요점정리**, **요약**, **응용**, **논의 사항** 등 다양한 코너들을 통한 다섯 단계의 학습방식을 제시하였다. 요컨대, 이런 장점 때문에 본서는 범죄 및 보안 관련 학문을 전공하는 학생뿐 아니라, 관련된 교양 과목을 이수하는 학생, 그리고 대학원 학생들을 위한 교재로서도 전혀 손색이 없다고 본다.

다음으로, 본 역서가 갖는 특징을 몇 가지 언급하면 다음과 같다. 첫째는 책의 타이틀을 '민간보안론'으로 하였다는 것이다. 앞에서 언급한 바대로, 현재까지 국내에서 출간된 관련 서적은 거의 모두 '민간경비론'이란 제목을 갖고 있다. 이는 아마도 경비지도사라는 국가자격시험에 초점을 두었기 때문으로 보인다. 그러나 'security'를 '경비'라고 번역하는 것은 오늘날 관련 직종의 전문화와 다양화라는 시대적 흐름을 반영하지 못하고, 스스로 그 영역을 아주 작은 부분, 예컨대 security에 대한 과거의 3G -경비(guard), 입구(gates), 총(guns)- 이미지에 한정하는 것으로 볼 수 있기에, 이 책의 역자들은 '경비' 대신 '보안'이란 타이틀을 선택하였음을 밝혀둔다. 둘째, 앞서 언급한 바와 같이, 이 역서의 원저는 4개 섹션, 16개의 장으로 구성되었다. 그러나 본 역서는 제IV섹션이 한국적 상황에서는 상대적으로 중요도가 떨어지고, 내용상 분리가 가능하며, 또 그것을 다 포함할 경우 본 역서의 분량이 한 학기 교재로서는 과도하다고 판단되어 과감히 배제하기로 결정하였다. 마지막으로, 본 역서는 교수용 파워포인트 자료들을 만들어 함께 제공하므로, 본서를 교재로 사용하는 교수님들의 강의에 많은 도움이 될 것으로 생각한다.

이 책은 5명의 학자들이 번역한 것이다. 역자 모두 범죄학 혹은 경찰학, 형사사법학을 전공했으며, 현재 국내 대학의 범죄학과, 경찰행정학과, 경호보안학과 등 관련 학과에 재직하고 있다. 제1장과 2장은 이 민 식 교수, 제3장과 5, 6장은 박 현 호 교수, 제4장과 12, 13장은 이 주 락 교수, 제7장과 8, 9장은 김 성 언 교수, 그리고 제10장과 11장은 황 세 웅 교수가 각각 번역하였다. 번역 과정은, 일차로 각자

두세 개의 장을 맡아 번역한 후 세 차례 교정을 보았으며, 최종적으로 이 민 식 교수가 전체적으로 다시 두 차례의 교정을 보는 것으로 오류를 범하지 않도록 심혈을 기울였다. 그러나 한 가지 아쉬운 점은 여러 사람이 공동으로 번역하다 보니, 용어 통일과 문체의 일관성을 기하기가 쉽지 않았다는 것이다. 이런 점을 극복하기 위해 역자들 나름대로 노력했으나, 여러 곳에서 그런 문제가 발견되리라는 우려를 지울 수가 없다. 각 장에서 여전히 발견될 수 있는 번역상의 오류는 전적으로 역자들의 과실임을 밝히는 바이다. 우리 역자들은 독자들의 비판과 질책을 감사한 마음으로 받아들일 것이며, 미흡한 점들은 앞으로 계속 수정·보완해 나갈 것을 약속한다.

이 번역서가 나오기까지 많은 사람의 도움을 받았다. 무엇보다 이 역서의 필요성을 알아보고 출간을 결정한 ㈜센게이지러닝코리아와 박영사, 지난한 편집 및 교정 작업에 최선을 다해 준 박영사의 마 찬 옥 선생께 감사의 말씀을 드리고 싶다. 또한 교정과정에서 독자의 입장에서 책을 읽고 오류를 지적해 준 경기대학교 대학원 범죄학과 석사과정생인 한 성 일, 최 명 현 군과 신 송 연, 김 람 희 양에게도 감사를 드린다. 모쪼록 독자들이 다양한 범죄 및 보안 현상과 원인, 정책을 이해하고, 우리 사회의 범죄 및 안전 문제를 해결해 나가는 데 도움이 된다면 역자로서 큰 보람을 느낄 것이다.

2013년 8월

역자를 대표하여 **이 민 식**

저자 서문

Introduction to Private Security 제5판이 발간됐다. 본서는 민간보안 또는 경비 분야를 개관하고, 그 복잡성을 보여 주기 위해 저술되었다. 또한 본서는 우리 사회의 주요 기반구조의 85%를 지키고 있는 사람들에게 감사를 표하기 위한 목적도 갖는다.

본서에서 다루는 주제들을 모두 철저히 논의하는 것은 공간의 한계로 어려우므로, 보다 심도 있는 탐구를 원하는 독자들은 각 장의 마지막 참고문헌에서 제시된 자료들을 참고하길 권하나, 이 책 대부분의 장은 그 자체로서 완전한 내용을 담고 있다.

제4판을 집필할 때에는 민간보안이 좀 더 예측 가능한 것으로 여겨졌고, 오늘날과는 다른 도전에 직면해 있었다. 그때는 민간보안과 사회전반에 매우 강한 충격을 주었던 2001년 9·11테러 이전이었고, 또한 최근의 보안전문가들이 직면한 가장 큰 도전의 하나인 정보기술(IT) 보안의 문제가 대두되기 전이었다. 이제는 민간보안이 하나의 전문 직종으로 자리 잡았으며, 이 흥미롭고 도전적인 분야에 뛰어드는 이들에게 엄청난 기회를 제공해 준다.

이 책의 논지

본서에는 3가지 주요한 논지가 있다. 첫째, 민간보안은 하나의 전문분야로 성장하고 있으며 그렇게 인정받고 있다. 보안을 3G -경비(guard), 입구(gates), 총(guns)- 와 동일시하던 과거의 이미지는 다 사라졌으며, 이제는 다방면에서 인증된 충분한 교육을 받은 사람들이라는 이미지로 대체되었다.

둘째, 이전에는 별개의 분야로 나뉘어 있었던 IT, 보안부서들이 정보처리 상호운용이 시급해짐에 따라 수렴되고 통합하고 있다.

셋째, 많은 영역에서 민간보안과 공 경찰의 파트너십이 불가피하다. 양자 간의 역사적인 마찰은 우리 사회를 강력하고 안전하게 지킴에 있어서 서로 간 역할의 중요성을 인식함에 따라 점차 사라지고 있다.

이 책의 구성

본서는 민간보안의 현재 실정을 이해하기 위한 배경설명부터 시작한다(제Ⅰ부). 민간보안은 천천히 발전해 왔으며, 사회적·정치적 요소들을 포함한 수많은 요인들의 영향을 받아왔다. 제1장은 고대로부터 시작하여 현대적인 민간보안에 이르기까지, 민간보안 서비스 및 인력의 유형들을 포함하여 민간보안의 변천사에 대해 알아본다. 제2장은 민간보안이란 전문 직업에 대해서 다루는데, 이를 위해, 무엇이 민간보안 프로페셔널리즘을 구성하는지, 다양한 유형의 자격증이 이러한 지위에 어떻게 기여하는지, 그리고 최고보안관리자(CSO)의 행정상의, 경영상의 책임들은 어떠한지를 기술한다. 제3장에서는 민간보안과 공 경찰이 국가안보를 지키기 위해 어떻게 교류하고 협력하는지를 설명한다. 제4장에서는 민간보안이 어떻게 기능하고 민간보안 전문가들이 어떻게 소송을 피할 수 있는지 등 법적, 윤리적 문제들을 중점적으로 다룬다. 제Ⅰ부에서 제시되는 민간보안에 대한 개관은 민간보안이 오늘날 이렇게 기능하고 있는 이유에 대한 개괄적인 이해를 독자들에게 제공해 준다.

제Ⅱ부는 민간보안 전문가들의 기본적인 목표와 책임의 문제를 다룬다. 제5장은 위험관리에 초점을 두는데, 이는 민간보안의 핵심이자 이후의 장들에서 중요한 요소이다. 제6장은 기본적인 물리적 보안방법들을 다루며, 제7장은 보안강화를 위한 절차적 통제를 설명한다. 제8장은 어떻게 사고, 비상사태, 자연재해로부터의 손실을 막거나 줄일 수 있는지를 설명한다. 제9장에서는 범죄활동으로 인한 손실을 예방하는 방법을 다룬다. 제2부의 마지막 장인 제10장은 이러한 예방활동이 실패하였을 때, 민간보안 전문가들이 조사, 보고, 법정에서의 증언과정 등에서 무엇을 할 필요가 있는지를 검토한다.

제Ⅲ부에서는 민간보안 직종이 21세기에 당면한 다른 중요한 도전과제들을 탐구한다. 제11장은 정보기술(IT) 보안이란 도전과 보안 전문가들이 반드시 이해해야 할 새로운 기술들에 대해 논의한다. 제12장은 역시나 큰 도전과제로서 직장 내에서의 마약 및 폭력의 문제에 관해 다룬다. 마지막, 제13장에서는 조국의 안보를 책임감 있게 지키자는 보다 새로운 도전과제를 탐구한다.

마지막 섹션인 제Ⅳ부는 제Ⅱ부와 제Ⅲ부로부터의 기본 개념들을 기반구조 보안(제14장), 비영리시설 보안(제15장), 영리시설 보안(제16장) 등 다양한 응용상황에서 함께 기술함으로써 그에 대한 종합적인 이해를 추구한다.

제5판에서의 변화

본 5판은 총 23개의 장이었던 제4판을 몇몇 장들을 합침으로써 16개의 장으로 간소화하였다. 또한 많은 구체적인 예시들이 추가되었으며, 거의 모든 참고문헌들이 업데이트되었다.

이 책의 사용방법

이 책은 단순한 교재 이상의 것으로서, 여러분의 적극적인 참여에 의한 학습경험을 갖도록 함으로써 최상의 결과를 제공한다. 민간보안의 전체 영역에 여러분 스스로를 익숙하게 한다면, 책의 대부분을 능히 소화하게 될 것이다. 각 장별로 목차에서 열거된 주제들을 읽고 곰곰이 생각하라. 그리고 3배의 학습증진 효과를 얻기 위해 아래와 같은 다섯 단계를 따라라.

1. 각 장의 도입부에 있는 "**학습할 내용**"을 읽어라. 또한 "**개념정의**"하의 핵심 용어들을 검토하고 민간보안의 맥락에서 그것들이 갖는 의미를 생각해보라. 이것은 첫 번째로 각 장의 핵심개념들을 접하게 해준다.
2. 각 장을 읽을 때는 밑줄을 긋거나 메모를 하라. 더불어 〈**보안방패**〉 그림과 함께 적힌 내용에는 각별한 주의를 기울이자. 이것이 두 번째로 핵심개념들을 알게 하는 것이다.
3. 각 장 말미의 "**요약**"을 꼼꼼하게 읽어라. 이는 핵심개념을 세 번째로 알게 해준다. 여기까지가 책의 정보를 자기 것으로 만드는 과정이다.
4. 각 장을 다 읽었으면, 그 장의 처음에 있는 "**학습할 내용**"을 다시 한 번 읽고, 배운 내용을 확인하며 각각의 질문에 답해보기 바란다. 만약 자신의 대답이 서툴다면, 해당 자료를 다시 한 번 찾아보고 복습하여야 한다. 이러한 질문들은 종종 시험에서 에세이 질문으로 나올 수 있다.

5. **“개념정의”**하의 핵심용어들을 자신이 정의할 수 있는지 확인하고 복습해라. 이 역시 시험 문제로 자주 등장한다.

본서는 또한 각장 말미의 **“응용”**과 **“논의 사항”**을 통해 그 장에서 학습한 것을 특정 분야에 심도 있게 적용해 볼 수 있는 기회를 제공해 주므로, 여러분 스스로 또는 교수님의 지시에 따라서 이러한 과정들을 완수하고 수업시간에 그 결과물을 동료들과 공유할 수 있도록 준비하라.

Contents

제 I 부　민간보안: 개관

Chapter 1. 민간보안의 진화

Chapter 3. 공공 · 민간 파트너십

제 Ⅱ 부 기본적인 보안목적과 책임

Chapter 5. 위험관리: 민간보안의 토대

Contents

Chapter 10. 예방이 실패할 때: 조사, 보고와 증언

제 Ⅲ 부 당면한 도전들

Chapter 11. IT(정보기술) 보안

Chapter 12. 마약 및 직장폭력

Chapter 1

민간보안의 진화

미국에서 민간보안분야는 식민지 시대 이후로 괄목할만한 성장을 해왔다. 오늘날 민간보안영역은 다른 직업군보다 더 빨리 성장하여 수십억 달러 규모의 산업으로 발전해 왔다.

학습할 내용

- 민간보안이 왜 발전해 왔는가?
- 고대와 중세시대에는 어떤 보안방법들이 사용되었는가? 18세기 영국에서는 어떠했는가? 그리고 초기 식민지 미국에서는 어떠했는가?
- 어떤 보안방법들이 웨스트민스터 법령에 의해 확립되었는가?
- 헨리 필딩(Henry Fielding), 로버트 필 경(Sir Robert Peel), 앨런 핀커턴(Allan Pinkerton), 워싱턴 페리 브린크(Washington Perry Brink), 윌리엄 번스(William J. Burns)와 조지 왁켄헛(George Wackenhurt)은 민간보안에 어떠한 기여를 하였는가?
- 철도경찰은 민간보안의 발전에 어떠한 역할을 수행하였는가?
- 세계대전은 민간보안의 발전에 어떠한 영향을 미쳤는가?
- 21세기에는 민간보안이 어떠한 상태로 진화하였는가?
- 초보수준, 중간수준, 그리고 최고수준의 보안 직책은 전형적으로 어떠한 것인가?
- 자체(proprietary) 민간보안과 도급(contractual) 민간보안은 어떻게 다른가?
- 민간보안 업무는 어떻게 규제되는가?
- 민간조사자 또는 사설탐정은 어떻게 규제되는가?
- 민간조사자가 되기 위해 필요한 요건에는 어떠한 것들이 있는가?

개념정의

경보응답(대응)자(출동요원)	도급서비스	등록
무장법	민간보안	보우가의 주자
아웃소싱	안내원(호송원)	야경단
웨스트민스트법령	인가	자체서비스
죄인체포포고령	혼합서비스	

도 입

2001년 9월 11일 이후, *보안(security)*이라는 말은 대부분의 미국인에게 새로운 의미와 전례 없는 중요성을 갖게 되었다. 그 중요성은 완전히 새로운 정부기관인 국토안보부(the Department of Homeland Security: DHS)의 설립에 의해서도 알 수 있다.

9·11 테러공격 이전에도 민간보안은 매년 크게 성장하는 큰 비즈니스였다. 민간보안은 (소위) '경비초소의 외로운 경비원 시대' 이후로 큰 발전을 이룬 다면적 산업이다. 민간보안은 대학 학위프로그램의 발달과 확산에 의해서 그리고 보안전문

가들을 등록하고 허가하는 주 및 정부의 노력에 의해서 증명되듯이 그 자체 하나의 뚜렷한 직업으로 발전해 왔다. 민간보안 직원들이 수행하는 다양한 기능과 지난 수십 년 동안 발전해 온 방대한 보안 장비 및 절차는 보안(영역)에 과거 전례가 없는 많은 잠재력을 제공해 준다.

미국산업보안협회(the American Society for Industrial Security: ASIS)는 모든 사업체가 그 크기와 상관없이 사기, 절도, 컴퓨터해킹, 산업스파이, 직장 내 폭력, 테러 등과 관련한 다양한 보안관심사를 갖고 있다는 것에 주목하였다: "보안은 세계적으로 가장 빨리 성장하는 직업영역 중의 하나이다. 보안영역에서의 경력은 다양한 많은 기회를 제공해 준다. 이러한 기회는 초보수준의 경비원 직책에서부터 특정 영역에서 전문성을 갖는 민간조사원, 그리고 주요 기업과 조직의 보안 관리자와 감독자에 이르기까지 다양하다."

이 장에서는 보안과 민간보안을 정의하는 것에서 시작하여, 고대로부터 21세기에 이르기까지 민간보안의 진화에 있어서 중요한 요인들을 검토하는 작업을 할 것이다. 또한 자체보안서비스와 도급보안서비스의 장단점뿐만 아니라 서비스와 직원의 유형에 대한 논의를 포함하여, 현대적인 민간보안에 대한 기술이 이어질 것이다. 마지막으로는 민간보안의 규제에 관한 논의가 있을 것이다.

보안과 민간보안의 정의

민간보안의 정의를 살펴보기에 앞서, 먼저 보안의 중요성을 생각해보라. 오래전에, Abraham Maslow는 인간들이 기본적인 욕구를 충족하면, 다음은 보다 더 높은 수준의 욕구를 충족하려 든다고 하는 욕구체계에 관한 심리학적 이론을 제시하였다. 이 체계는 하나의 피라미드를 이룬다(그림 1.1 참조). 피라미드의 바닥에는 식량, 물, 주거 등의 생리학적 욕구가 있다. 다음으로 중요한 것은 자아, 고용, 자원과 재산을 포함하여, 안전 혹은 보안의 욕구이다. **민간보안**은 이 수준의 욕구와 관련 있으며, 인간의 잘못, 긴급사태, 재해 혹은 범죄행위에 의해 유발되는 손실을 예방하기 위해 인력, 장비와 절차를 제공하는 이윤추구산업이다.

그 이름이 함축하는 바대로, 민간보안은 경찰에 의해 제공되는 것보다 더 많은 보호를 필요로 하는 개인, 사업체, 기관과 조직의 욕구를 충족시켜준다. 민간보안서비스의 소비자는 개인일 수도, 공공기관일 수도, 민간조직일 수도 있고, 대규모일 수도, 소규모일 수도 있다. 부유한 개인은 자신의 주거지와 부동산 등 자산을 지키기 위해 민간보안순찰원을 고용할 수 있다. 대학은 종종 보안순찰원들을 고용한

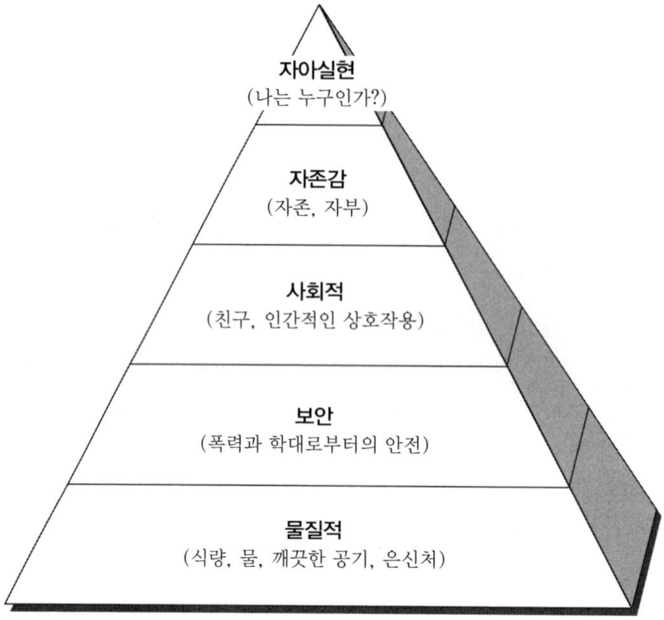

그림 1.1 매슬로우의 욕구 위계

출처: J. Scott Harr and Kären M. Hess, *Careers in Criminal Justice and Related Fields: From Internship to Promotion*, 5th ed. (Belmont, CA: Thomson/Wadsworth, 2006) p.3.

다. 은행, 쇼핑센터, 오피스빌딩 등 거의 모든 형태의 사업체, 조직 및 기관이 민간보안서비스를 이용할 수 있다.

민간보안서비스의 소비자들은 여러 유형의 자연적 위험과 인간이 유발한 위험에 대한 보호를 추구한다. 물론, 강조점은 인간이 만든 사고, 절도, 사기, 직원의 배신행위, 스파이 활동, 파괴행위, 파업, 폭동과 시위, 테러행위를 포함한 폭력범죄의 위험에 있다. 민간보안원이 수행하는 임무는 매우 다양하지만, 대부분의 민간보안원들은 그들 시간의 대부분을 비강제(nonenforcement), 비경찰 기능에 소비한다. 민간보안은 자산과 재산의 보호는 물론이고, 직원들이 자신의 일을 방해받지 않고 할 수 있도록, 그리고 다른 사람들이 안전하게 방문할 수 있도록 안정적이고 안전한 환경을 제공하려 애쓴다. 나아가, 민간보안원은 귀중한 공적관계 업무를 제공해 줄 수도 있다.

민간보안종사자와 그들이 제공하는 업무의 유형을 살펴보기 전에, 왜 민간보안이 21세기에 이르러 현재와 같은 모습을 갖게 되었는지를 이해하기 위한 하나의 수단으로서 보안의 역사적 맥락을 살펴보자.

민간보안의 진화에 영향을 미친 요인들

유사 이래로, 사람들은 안전(또는 보안)–두려움 및 위험으로부터의 안전, 보호와 자유–을 추구해왔다. 사람들은 스스로 무장하였고, 주거 주위에 장벽을 설치하였으며, 위험을 예방하는 행위 규칙과 법칙을 만들어왔다.

Reith(1975, pp.13-15)는 보안의 추구가 진화해 온 네 가지 단계를 묘사하였다. 첫째, 개인이나 소규모 지역사회 집단들은 식량 확보를 용이하게 하고 다른 교환 가능한 개인적 필요를 충족하기 위하여 함께 집합적 보안을 추구하게 되었다. 둘째, 그들은 규칙이나 법칙이 필요함을 알게 되었다. 역사적으로 사람들은 "좋은" 법을 통과시키고, 지배자의 군대가 그것을 시행하는 것으로 충분하다고 믿었다. 셋째, 그들은 당연히 일부 커뮤니티 성원들은 규칙에 복종하지 않을 것이란 사실을 알았다. 만일 법이 지켜지지 않는다면, 아무리 좋은 법도 쓸모없으며, 지배자와 정부는 힘을 상실하게 된다. 넷째, 규칙의 준수를 강제하는 수단들이 하나 둘 발견되고 확립되었다. 그러한 수단들은 대체로 잘 작동하였으나, 작동하지 않을 때도 많았다.

Reith의 주요 전제는 과거 문명이 지배자의 군대와 세인(世人)들 사이에 어떠한 경찰 메커니즘도 존재하지 않았기 때문에 무너졌다는 것이다. 법을 시행하는 경찰 메커니즘이 없으면 국가는 무정부상태에 빠진다. 이런 일이 발생하면, 무장한 군대가 질서를 회복하기 위해 등장하지만, 법으로부터 유리된 형태의 힘인 무장 군대는 단지 일시적인 상황 완화만을 가능하게 해줄 뿐이다. 이처럼, 질서 회복을 위한 군대의 파견은 "불난데 기름을 붓는" 격에 지나지 않는다(Reith, 1940, p.105).

초기 문명은 사람들을 통치하고 보호하기 위해 지배자와 그의 군대에 의존하였다. 중세시대 동안에는, 공적인 법시행이 효과적이지 않으면, 진화하는 형태의 공적 법시행과 민간보안의 산발적 사례들이 함께 느슨하게 조직되어 사용되었다. 19세기 이전에는 공적 법시행과 민간보안이 명확하게 분리되지 않았다. 그 점에서 민간보안의 역사는 공적 법시행의 역사와 뒤엉켜 있다. 공적 경찰의 출현과 함께, 사인과 조직들은 자신과 재산에 대한 (무단) 접근을 막기 위한 수단으로서 더 이상의 보호를 추구하기 시작하였다.

민간보안은 사람들이 자신과 자신의 재산에 대한 더 나은, 개별적 보호를 갈망하기 때문에 발전하였다.

고대로부터의 영향

역사적으로, 사람들은 안전을 위해 물리적 장벽을 세웠고, 일부 사람들, 특히 지배자들은 특별한 보안을 원하였다. 그 목적은, 오늘날도 마찬가지지만, 자신과 자신의 재산에 대해 다른 사람들이 접근하는 것을 막기 위한 것이었다.

고대의 사람들은 무기, 호수나 낭떠러지에 위치한 주거, 장벽 및 대문과 같은 물리적 보안 방법들에 의존하였다.

호수에 위치한 주거는 보안을 위한 인기 있는 수단의 하나였다. Healy(1968)는 스위스에서만 발견되는 300여개의 호수 주거에 대해 기술하였는데, 대부분 물속 말뚝 위에 빈약한 도구로 건립된 간단한 집이나 단일 장치였으나, 일부 1,000명 이상이 거주할 수 있는 완전한 마을도 있었다. 이러한 호수 주거에 대한 접근은 도개교나 보트에 의해 통제되었다.

공격적인 부족들로 둘러싸인 일부 선사 시대 미국인들은 절벽 높은 곳에 위치한 자연동굴 속으로 들어갔다. 그들의 안전은 사다리를 타야만 올라갈 수 있는 높은 곳에 집을 짓고 비상시에는 사다리를 끌어올려 적의 접근을 막는 식으로 스스로를 격리시킴으로써 가능하였다(Healy, p.1).

고대에 가장 정교한 보안체계는 중국의 만리장성이었는데, 그것은 20세기 전에 몽골로부터 중국을 보호하기 위해 진나라의 황제가 건립하였다. 15년간 50만여 명의 인력을 동원하여 건립하였으며, 그 길이는 능히 뉴욕에서 멕시코에 이르는 정도였다.

또한, 로마는 군대가 순찰하는 넓고 곧은 도로와 철문과 보초가 통제하는 다리의 형태로 물리적 보안을 강화하였다. 그러나 통치자들은 흔히 관할 지역의 재산과 시민에 대한 보안을 강화하기 위해 무장 수비대를 설치함으로써 단순한 물리적 통제 그 이상을 하였다.

통치자들은 법의 시행을 돕고, 일반적 복리(공적 안전)뿐만 아니라 자신들의 안전(민간보안)을 도모함에 있어서 도움이 될 사람들을 임명하였다.

영국으로부터의 영향

보안을 달성하기 위한 공적 수단과 사적 수단이 명확하게 구분된 것은 영국에서였다.

중세시대(476 – 1453)

중세시대 초기에는 봉건주의가 지배적이었는데, 봉건주의는 왕에게 봉사하는 귀족을 위해 노동하는 가장 낮은 지위의 노동자인 농노(serfs)가 특징적이다. 귀족은 농사일을 하는 농노에게 식량과 안전을 제공해 주었고, 농노는 왕을 위해 전장에 나가 싸웠다. 외호와 도개교가 있는 성은 추가적인 안전을 가능하게 해 주었다.

앵글로 색슨족은 개인의 보호를 위한 시민과 군대의 상호책임의 관념을 영국에 가져다 주었는데, 그것은 안전을 위해 가족집단들을 함께 묶어 지역의 법과 질서를 유지하는 비공식적인 집합적 책임을 맡기는 것이었다. 1285년 에드워드 왕에 의해 공포된 **웨스트민스트 법령**은 일반시민에게 공동체의 안전을 위해 행동할 것을 요구함으로써, 형사사법과 범죄자 체포에 대한 영국적 관행의 많은 것을 공식화하였다: "범죄자를 체포하는 것은 사람들의 권리일 뿐만 아니라, 죄인체포포고령이 발할 때 모두 즉각 일을 중지하고 범죄자 추적에 동참하는 것은 하나의 명확한 의무였다"(Hall, 1952, p.166).

웨스트민스트 법령은 세 가지 실제적 방법을 설정하였다: (1) 야경단, (2) 죄인체포포고령, (3) 무장법.

야경단(the watch and cry)은 순경(constable)이 주간에 하는 전통적 의무(보호)를 보충하기 위해서, 야간에 도시를 순찰하는 야경(watchman)을 제공해 주었다. 야경은 일출과 일몰 사이에 성곽의 모든 출입구에서 경비를 서며, 야간에 수상한 사람들을 체포하여 아침에 경찰에 인계하는 권한을 부여받았다. 도시의 모든 남자들이 명부에 올라 규칙적인 봉사를 하게 되었다. 봉사를 거부한 이들은 죄인을 내보여 창피주는 차꼬 달린 대에 놓이게 되었다.

죄인체포포고령은 야경의 체포에 저항하는 이들을 다루는 고대 색슨족의 관행을 부활시킨 것이다. 저항이 있을 때, 야경이 고함치면 모든 시민들이 도망자를 추적하고 그의 체포를 돕는다. 죄인체포포고령을 시행하기 위해 웨스트민스트 법령은 또한 **무장법**을 제정하였는데, 이 법은 15세와 60세 사이의 모든 남성들이 "평화를 지키는 장비로" 집에 무기를 비치할 것을 요구하였다.

그러나 잉글랜드의 상인들은 이러한 시스템이 제공해 주는 보호에 흔히 만족하지 못하였다. 게다가, 중간층 계급들은 자신들 대신에 대리인을 보내는 등, 강제적인 경비봉사에 반발하였다. 유감스럽게도, 고용된 대리인들은 맡은 일을 소홀히 하는 등 상인들을 제대로 보호하고 대리해 주지 못하였다.

중세시대에 일부 영국 상인들은 자신들의 재산을 지키고, 자신들에 대한 범죄를 수사하며, 도난당한 재산을 회복하기 위해 민간경찰을 고용하였다.

안전과 보호를 위한 초기의 시도는 두 가지 공통된 주제를 드러낸다. 첫째는 지리적 영역들로의 구분과 시민들 가운데서 의무의 순환이었다. 둘째, 자신들의 의무에 대한 시민들의 불만은 자신들을 대신할 타인의 고용을 가져왔다(미국 남북전쟁 때까지도 사람들은 자신을 대신하기 위해 타인을 고용할 수 있었다).

18세기

산업혁명 동안의 광대한 사회적, 경제적 변화는 생산체계의 기계화를 가져왔으며, 가내 산업으로부터 도시의 대규모 공장 산업으로의 변화를 유발하였다. 가내작업으로부터 공장과 가게로의 변화를 초래한 일차적인 요인은 생산성이 점차 감소하는 문제였다. 이 변화는 직물산업에서 너무나 많은 재료가 개인적 용도로 전용되고 있었기 때문에 노동자의 생산과 재고를 통제하기 위한 노력이었다.

같은 기간 동안에, 기근이 농촌 지역을 타격하였고, 이에 수많은 사람들이 농촌을 떠나 공장에서의 일자리를 찾아 도시로 이주하였다. 사람들이 도시에서의 일을 찾아 농촌지역을 떠나자, 범죄로부터의 보호 문제가 중요해졌으며, 이는 민간보안인력을 위한 고용의 기회를 창출해 주었다.

18세기에는 영국의 농촌도 증가하는 농촌범죄에 대응하여 민간경찰을 사용하였다(Critchley, 1967, p.28). 부자는 자신들의 재산을 지키기 위해 사냥터지기를 고용하였고, 잘 때도 무기를 곁에 두었다. 중간층 계급의 무역상들은 자발적 보호결사체를 결성하였다.

18세기 동안 영국의 일반 시민들은 호신용 무기를 가지고 다녔으며, 자신들의 집과 사업체를 지키기 위해 공동으로 특별경찰을 고용하기도 하였다.

법을 지키는 일에 책임이 있는 이들에 대한 편견 때문에, 18세기 후반까지는 어떠한 진지한 개혁도 주창되지 않았다. 바람직한 정책은 법을 준수하는 시민들에게는 보상을 주어 형사사법에 대한 참여를 자극하고, 법을 지키지 않는 시민들은 엄히 처벌함으로써 죄를 짓지 않게 하는 것이었다.

헨리 필딩(Henry Fielding, 1707–1754) 1748년에 변호사이자 소설가이며 극작가인 헨리 필딩은 당시에는 경찰이 부재했던 런던 보우가의 치안판사가 되었다. 필딩은 도시에 만연한 부정에 공감하여 사회와 치안상황의 개혁을 위해 싸웠으며, 가벼운 절도로 유죄 판결된 재소자들은 석방함으로써 법을 (고의로) 무시하였다. 그는 사형(死刑) 대신에 견책(reprimands)을 주었으며, 보편적인 관용을 베풀었다(Reith, 1975). 필딩은 모든 치안판사에게 보수를 주어 그들을 소득원이었던 수수료와 벌금으로부터 자유롭게 해 줄 것을 주창하였다. 그는 또한 치안판사에게 필요하다면 가벼운 형을 선고할 수 있는 권한을 부여할 것을 제안하였다.

이 시기 동안, 도둑과 강도들은 자유롭게 거리를 활보할 수 있었으며, 어느 누구도 약탈과 폭동 같은 행위를 제지하지 않았다. 폭동이 불가피하게 군대를 부르는 상황이 되어도, 군대가 대응하기에는 흔히 2~3일의 시간이 소요되었다. 법을 준수하는 시민들은 스스로 안전을 도모하였다: "부자는 무장한 하인들로 자신을 에워쌌으며, 상대적으로 안전하였다. 그러나 보통 사람들은 빗장과 볼트, 육중한 문과 셔터로 집을 최대한 튼튼하게 보호하였으며, 나팔총과 권총을 항상 손에 가까이 두고 있었다"(Reith, 1975, p.134).

필딩은 시민들이 함께 참여하여 거리에 나아가고 범죄자를 추적하고 폭동의 선동자들이 파괴를 유발하기 전에 그들과 맞서는 그러한 아이디어를 상정한 것이었다.

> 헨리 필딩은 최초로 그리고 가장 분명하게 범죄예방을 주창한 사람 중의 하나였다.

필딩은 아마추어 자원경찰인력을 구성하기 위해 여섯 명의 정직하고 근면한 시민을 뽑았다. 필딩의 조언과 지시로, 그들은 보우가 마을을 "깨끗이 청소"하였다. 많은 범죄자가 체포되었으며, 많은 범죄자가 그 지역에서 사라졌다. 헨리 필딩이 죽은 지 몇 년 후, 보우가의 자원경찰인력은 전문 직업인으로 변모하였으며, 영국 최초의 형사기관인 **보우가의 주자**(the Bow Street Runners)로 알려지게 되었다. 유감스럽게도, 보우가에서 성취된 필딩의 예방적 관념의 실제적 결과는 이후 30여 년간 무시되었으며, 영국에서 경찰력에 대한 전국적인 반감은 계속되었다.

19세기 영국

19세기 초에, 영국의 많은 곳에서 불충분한 법 시행은 보안을 위한 사기업의 필요성을 제기하였다. 다루기 힘든 노동자들을 고용하는 회사들은 스스로 경찰을 설립하였다. 특히, 철도 회사들은 질서를 유지하기 위해 민간경찰인력을 고용하였다. 유사한 인력들이 Monmouthshire와 Lancashire의 Tredegar 철강공장의 제철업자들에 의해 고용되었다. 그러나 대부분의 경우, 소요진압에 대한 집합적 책임, 특별순

경의 고용과 무장한 협회들의 결성은 로버트 필경이 개혁을 제안할 때까지는 주요한 법 시행 형태로 남았다.

로버트 필경(Sir Robert Peel, 1788-1850) 경찰관서에 대한 대중의 반대는 로버트 필경이 1821년에 내무부장관이 될 때까지 여전히 강하였다. 6년 후, 필은 범죄문제에 관한 의회위원회의 멤버가 되었다. 1828년에 출간된 이 위원회의 두 번째 보고서는 다음과 같이 주장하였다: "범죄의 기술은 수사의 기술보다 더 빨리 발전해왔다." 위원회의 보고서에 기초하여, 필은 '법과 질서의 유지에 대한 개별 지역사회의 책임'이라는 앵글로 색슨족의 원리로 되돌아갈 것을 제안함과 동시에, 런던은 지역사회에 의해 임명되고 보수를 받아 경찰관으로 봉사할 일단의 시민들을 가져야 한다고 말하였다. 의회가 이에 동의하였고, 1829년에 수도런던경찰을 조직하였다.

로버트 필의 수도경찰법에 의거하여 수도런던경찰이 창설되었으며, 그들의 주요 목적은 범죄를 예방하기 위한 것이었다.

수도경찰의 일차적 과업: "달성해야 할 주요 목표는 범죄의 예방이라는 점이 처음부터 이해되어야 한다"

유감스럽게도, 범죄예방에 대한 이러한 강조가 오래 지속되지는 않았다. 공공경찰은 점차 범죄 수사와 범죄자 체포 업무에 치중되었고, 이에 비례하여 범죄예방을 위한 노력은 점차 감소하였다. 이처럼, 범죄를 예방하기 위한 수단으로서의 민간보안의 필요성은 계속 존재하였다.

미국에서의 민간보안의 발전

미국 식민지 개척자들은 영국의 법 시행체계와 집합적 책임의 관념을 함께 가져왔다.

미국에서는 1800년대 중반에 전임 경찰인력이 설립되기 전까지는 보안관(constable)과 야간 자경단이 일차적 보안수단이었다.

남북전쟁 이후 서부지역에서는 범죄가 창궐하였다. 그 때는 the James Gang과 the Wild Bunch와 같은 무법 갱의 시대였다. 우편물, 돈과 승객을 나르는 역마차는 노상강도들의 먹잇감이었다. 이들 노상강도에 대항하여 전문가들은 엽총을 역마차에 싣고 다녔다. 역마차회사들은 스스로 보안인력을 구성하고, 무법자들을 추적하기 위해 탐정기관을 고용함으로써 대응하였다. 다른 회사들, 특히 파업에 취약한 석탄 또는 광산회사들은 보호부서를 조직할 필요성을 절감하였다.

서부에서의 폭력은 1848년 금이 발견되면서 더 증가하였다. 동부와 남부의 도시들도 별로 나을 게 없었다. 워싱턴 DC에서조차도, 회의에 참석하는 의원들이 총을 차고 다녀야 했다. 상품을 수송하는 것은 많은 위험을 내포하는 일이기 때문에 통운 회사들이 설립되었다. 1850년에 Henry Wells와 William Fargo는 함께 American Express를 만들었는데, 이 회사는 미주리 강 동쪽에서 영업을 하였다. 1852년에는 미주리 서쪽의 농촌지역을 커버하기 위해 Wells Fargo and Company가 설립되었다. 이 회사들은 자체 사설탐정과 무장경비원을 두고 있었다.

도로만이 취약한 수송수단이 아니었다. 철도 또한 점차 위험하게 되었다.

철도경찰

1800년대에 미국이 점차 서쪽으로 확장되어 감에 따라, 철도노선이 공적 법 시행이 거의 이루어지지 않는 분산된 소규모 정착 지역들로도 연결되게 되었다. 기차는 인디언들에 의해 공격받았고, 또한 승객을 강탈하고 화물을 훔치고 선로를 폭파하고 통신을 파괴하는 무법자 무리들에 의해 공격받았다.

주간(interstate) 사법권의 문제와 공 경찰에 의한 보호의 부재 때문에, 많은 주에서 민간 철도회사가 자체경비인력을 설립하여, 온전한 경찰력으로 자신들의 상품과 승객들을 보호할 수 있게 하는 철도경찰법을 통과시켰다.

Gough(1977, p.19)는 다음과 같이 썼다: "철도특별요원은 옛날 서부 황야의 화려한 한 부분이었다. 재빠른 총 솜씨와 거친 말 타기는 1800년대 후반에는 중요한 기술이었다. 철도강도뿐만 아니라, 역에서 활동하는 강도, 소매치기, 사기꾼과 밀매범들도 만만찮았다."

농촌 지역의 많은 곳에서는 정부의 법 시행기관들이 설립될 때까지 철도경찰이 유일한 보호서비스를 제공하였다.

Dewhurst(1955)는 다음과 같이 기술하였다: "철도강도와 총격전을 치를 수 있는 요원은 철도회사의 귀중한 자산으로 여겨졌다. 이 연기 나는 6연발 권총시대에는 재치와 수사정보는 철도 위에서 약탈을 일삼는 이들과 물리적 접촉을 할 수 있는 능력보다는 덜 중요했다. … 새로 임명된 사람에게 배지, 권총, 곤봉을 건네고 법과 법을 시행하는 방법, 범법자를 체포하는 방법조차도 제대로 알려주지 않고 그냥 현장에 내보내는 것은 익숙한 관행이었다." 그럼에도 불구하고, 철도경찰은 민간보안의 발전에 중요한 기여를 하였다. 1921년에는 미국철도협회가 (회원) 공통의 문제, 특히 보안문제의 조정을 돕기 위해 만들어졌다.

앨런 핀커톤(Allan Pinkerton, 1819 – 1884)

앨런 핀커톤은 도급경비의 발전에 있어서뿐만 아니라, 철도경찰의 발전에 있어서도 핵심적인 인물이었다. 스코틀랜드에서 태어난 그는 젊은 시절 급진적인 헌장77의 지지자 그룹(the radical Chartist group)에 가입하였다가 스코틀랜드에서 추방당하거나 감옥에 가야 할 처지에 놓였다. 그와 그의 젊은 부인은 미국으로 도망하였으며, 이후 핀커톤은 시카고에서 통 제조업을 하게 되었다. 얼마 지나지 않아 그들은 일리노이 주 Dundee로 이사하였으며, 그곳에서 그의 통 제조 사업장은 노예의 도주를 돕는 비밀 네트워크인 the Underground Railroad를 위한 소위 중간역(way station)이 되었다.

어느 날 핀커톤은 우연히 위조범 단체의 은신처를 발견하였으며, 그들을 체포하는 지역보안관을 도왔다. 그는 결국 가게를 팔고, 쿡 카운티의 보안관 대리로 임명되었다. 1843년에는 시카고 최초의 탐정으로 임명되었다. 핀커톤은 1850년에 경제적 이유로 그 자리를 사임하였으나, 두 개의 민간 고객 – the Rock Island와 the Illinois Central Railroads – 을 확보하였다. 이듬해 그는 the Pinkerton National Detective Agency를 설립하였다. 그 회사의 슬로건은 "우리는 결코 잠들지 않는다"였으며, 로고는 흔히 "private eye"라는 용어의 기원으로 여겨지는 부릅 뜬 눈이었다. 그의 회사는 철도강도를 잡고 철도회사들을 위해 보안체계를 설립하는 일에 집중하였다.

앨런 핀커톤은 철도를 보호하기 위해 고용된 최초의 경관이었다. 그는 또한 미국에서 최초로 민간보안 도급회사를 설립하였다.

핀커톤의 업무는 당시 공적인 법 시행기관들이 불충분하고 사법권의 문제가 있었기 때문에 그의 고객들에게 중요하였다. 1861년에 남북전쟁이 발발하였을 때, 링컨 대통령은 "워싱턴 안팎의 수상한 사람들의 사회적, 정치적, 애국적 관계를 조사하는" 비밀업무를 담당할 부서의 설립을 논의하기 위해 핀커톤을 워싱턴으로 불렀다(Lavine, 1963, p.33). 핀커톤은 E. J. Allen이란 가명을 쓰며 북군을 위한 정보업무를 수행하였다.

1860, 70년대에 the Pinkerton National Detective Agency는 철도강도와 노상강도들을 체포함으로써 전국적인 지명도를 갖게 되었다. 그들은 잔학한 은행강도 갱

들과 the Dalton Boys, the Hole in the Wall Gang과 Jesse James와 같은 악명 높은 범죄자들을 추적하였다. Gough(p.17)는 다음과 같이 썼다: "핀커톤은 모든 철도의 지급 화물용 화차에서 도난방지용 금고를 사용할 것을 권장하였다. 그처럼 무거운 금고를 사용하면, 열차를 강탈하려는 무법자들은 금고를 열기 위해서 큰 장약 흑색 화약이나 다이너마이트를 사용해야 했다. 그것은 폭발규모가 매우 크기 때문에 화차의 덮개와 측면은 물론이고, 대개 금고의 내용물까지도 파괴해 버린다. 핀커톤은 또한 고성능 화기로 중무장한 특급경비원의 고용을 추천하였다." 핀커톤의 회사가 그처럼 유명하게 된 한 가지 이유는 전국적 단위로 서비스를 제공해 줄 수 있는 사실상 유일한 회사였기 때문이다. 그 회사는 1965년에 공기업이 되었으며, 이름을 Pinkerton's사로 바꾸었다.

보안에 있어서의 다른 진전들

1853년에 August Pope는 최초로 전자절도경보시스템의 특허를 냈다. 이 시스템에는 문과 창문에 설치하여 배터리와 벨에 타전하는 전자기적 접촉물이 있었다. 그는 자신의 발명품을 Edwin Holmes에게 팔았고, Holmes는 뉴욕에 가서 고급주택소유자들에게 경보기를 팔았다. 1858년에 Holmes는 미국에서 최초로 중앙절도경보서비스업체를 설립하였다. 그의 사업은 성공적이어서 Holmes 보안회사(Holmes Protection, Inc.)로 발전해 나갔다. Pope 또한 지금도 경보회사들에 의해 폭넓게 사용되고 있는 전화(電化)된 금속 박(箔: foil)과 스크린을 설치하였다. 게다가, 그는 은행과 보석 금고로 타전되는 최초의 중앙통신센터를 건립하였다(Kaye, 1987, p.243).

1870, 80년대 무렵에는 대저택과 사업체들이 열 센서에 의해 화재로부터 보호를 받았다. William Watkins는 AFA 보안(AFA Protection)이란 회사를 설립하였으며, 중앙감시소에서 그러한 센서들을 최초로 사용하였다. 다른 회사들은 화재방지시스템에 도난방지시스템을 부가함으로써 그러한 추세(suit)를 따라갔다. 경보기와 탐지장치는 점차 전신 및 전보선을 사용하여 보호서비스를 제공하게 되었다. 그러한 경보기와 탐지장치의 사용은 1889년까지 산업체와 사기업에서 확대되어 나갔다. 1901년에는 Western Union이 여러 지역 경보회사들을 American District Telegraph Company(ADT)로 합병시켰다(Kaye, p.243).

1858년에 Washington Perry Brink는 화물운송서비스회사인 Brink's사를 설립하였다. 그는 조그마한 짐마차로 시카고 주변 지역에 트렁크와 소포를 왕복 운송하는 일로 시작하였다. 초기에 Brink는 시카고를 통과하는 여행객들을 위해 상품을 운송하는 일에 집중하였다. 링컨 대통령도 시카고에서 공화당 회의에 참석했을 때 Brink's사의 서비스를 이용하였다.

보증된 안내서비스 및 속달운송서비스도 부분적으로는 관습법상 규정이 직원이나 하인들을 안내원으로 사용하는 것을 금하였기 때문에 번성하였다(Hall, 1935, pp.31-32):

> 관습법은 합법적으로 재산을 소유하였다가, 나중에 그것을 부정 사용한(converted) 사람에 대해서는 어떠한 범죄성도 인정하지 않았다. 명백히, 소유자는 믿을 수 있는 사람을 선택함으로써 자신을 보호했어야 한다는 것이 상식이었다. 따라서 만일 남의 재산을 가지고 도망친 사람에게 소유자 스스로가 그 재산을 전달했다면, 그는 부주의했음에 틀림없을 것이다.

1981년에 Brink's사는 웨스턴전기회사의 급료를 운반하였다. Brink's사는 초기에는 일반 4륜 마차를 이용하고 현금을 신문이나 작업용 바지로 싸는 등 가급적 눈에 띄지 않도록 노력하였다. 그러나 1917년, "Ammunition" Wheed와 그의 갱이 노상강도 행각 중 두 명의 Brink's 직원을 살해한 이후로는 무장한 차량이 등장하였다.

Washington Perry Brink는 미국에서 무장 차량 및 안내 서비스를 만들었다.

보안영역에서의 진보는 계속되었으며, 20세기에는 그 발전이 가속화되었다. 1909년에, 전직 비밀서비스 수사관이자 the Bureau of Investigation(FBI의 전신)의 대표였던 William J. Burns는 William J. Burns' 탐정회사를 설립하였다.

William J. Burns는 미국은행협회(the American Banking Association)를 위한 단독 수사기관을 설립하였는데, 그것은 미국에서 두 번째로 큰 도급 경비 및 수사 서비스 회사로 성장하였다.

모든 실제적 목적을 고려할 때, the Pinkerton's사와 Burns'사는 1924년에 FBI가 출현할 때까지는 미국에서 비전문적 범죄에 대한 유일한 국가적 수사기관들이었다.

세계대전들

제1차 세계대전 이전부터 미국의 산업에서는 파괴행위와 스파이에 대한 두려움으로 보안에 대한 관심이 강화되었다. 파괴활동가들의 행위로부터 군수산업과 조선소를 보호하기 위해 민간보안인력들이 사용되었다. 보안서비스는 그러한 수요를 충족하기 위해 확장되었으나 전후에는 약화되었으며, 대공황 기간 동안에는 최악의 수준에 이르게 되었다.

제2차 세계대전은 민간보안 산업의 성장에 있어서 중대한 기폭제의 역할을 하였다. 이 전쟁은 "대부분의 제조업체들이 탱크, 지프, 탄약 등을 생산하는 데 동원되었기 때문에, 보안의 사회적 중요성을 알려주는 하나의 획기적 사건"으로 인식되었다(Davidson, 2005, p.101). 국가방위와 관련한 도급을 주기 전에 연방정부는 군수품제조업체들이 파괴 및 스파이 활동으로부터 기밀 물질 및 방위 비밀을 보호하기 위한 엄중하고 포괄적인 보안 절차들을 실행할 것을 요구하였다. FBI는 이러한 보안프로그램을 설정하는 데 도움을 주었다. 게다가, 정부는 20만 명 이상에 달하는 공장의 보안경비원들에게 보조헌병의 지위를 부여하였는데, 이들의 주요 임무는 군수물자와 보급품, 장비와 인력을 보호하는 것이었다. 지방의 법 시행기관들은 그들을 훈련하는 책임을 맡았다.

두 차례의 세계대전은 정부로 하여금 보안을 더 강조하게 만들었으며, 산업체들도 공장의 보안에 대한 필요성을 더 많이 인식하도록 하였다.

민간보안의 입지 확립

20세기 중반까지, 민간보안서비스는 민간영역의 모든 부분을 포괄할 정도로 팽창해 왔다. 정부의 규제 증가와 모든 사적 요구에 대한 공 경찰의 대응력 부재는 민간보안의 성장을 더욱 촉진하였다. 1954년에 George R. Wackenhut과 세 명의 다른 전직 FBI요원은 민간 수사 및 도급 보안 회사인 the Wackenhut Corporation을 설립하였다. Wackenhut Corporation은 1954년에 $300,999이었던 수입이 1959년에 1백만 달러로 증가함으로써, 5년이란 짧은 기간에 그 사세가 세 배 이상 성장하였다.

겨우 20여년 만에 Wackenhut은 자신의 회사를 미국에서 세 번째로 큰 도급 경비 및 수사 기관으로 키웠다.

다른 사업체들은 민간보안 회사들에 의한 서비스를 계약하기보다 그 자체 사내 보안 조직을 구성하기 시작하였다. 그러나 보안 직원이 자체 직원이든 도급 직원이든 간에, 민간보안은 산업체와 사기업들에 사람과 자산을 위한 개별적 보호를, 건설현장과 사업체 자산에 대해서는 경비서비스를, 대규모 쇼핑센터에는 보안서비스를, 가정과 사업체 및 공장에 대해서는 내·외적 보안체계에 관한 조언과 사적 조사를 제공해 주었다. 사실, 1963년까지 미국의 회사들과 산업체는 사적 보호를 위해 매년 2억5천만 달러에서 3억 달러 가량을 소비하고 있었다(Davidson, 2005, p.104).

미국산업보안협회(ASIS)

1955년 1월에 미국산업보안협회가 공식적으로 법인화되었으며, 두 달 후에는 257명의 개인이 설립 멤버로 서명하였다. 그 시작부터 행동원리들이 강조되어, 사업의 최초 명령들 중의 하나는 ASIS 윤리규칙을 초안하는 것이었다. ASIS 설립자들은 멤버들을 함께 모으고 그들을 지역 공동체와 사업에 참여하도록 하기 위해서는 지부들이 필수적인 구성부분임을 인식하였다. 그들은 전국을 7개 지역으로 나누고, 각 지역별 지부의 설립을 촉진하기 위해서 지역부회장(Regional Vice President: RVP)이란 자리를 만들었다. 이들 지부는 보안업 종사자들 간 연락망의 구심점이 되었다. 1959년 말 무렵에는 48개의 지부가 창설되었는데, 이 중에는 유럽에 설립된 최초의 국제 지부도 포함된다(Davidson, 2000, p.52).

1957년 7월에는 협회가 스폰스한 잡지인 *산업보안(Industrial Secutity)*이 출간되었는데, 이 잡지는 1972년에 *보안경영(Security Management)*으로 명칭이 바뀌었다. 20세기 말까지 ASIS의 회원은 3만여 명에 달하였으며, 수입은 1,700만 달러를 초과하였다. 2002년에 ASIS는 이름을 ASIS International(국제산업보안협회)로 바꾸었으며, 그 당시에 회원은 전 세계적으로 35,000여 명에 달하였다.

보안의 세계화

20세기 후반에 보안 산업과 보안관련 직업은 법, 기술, 사회적 이슈와 세계적 사건들의 변화에 영향을 받아 왔다. 냉전과 쿠바 미사일 위기는 산업 단지에서의 방사성 낙진 차폐시설 및 긴급구난계획과 함께, 민간 방위산업의 발전을 가져왔다. 1972년 뮌헨 올림픽에서 11명의 이스라엘 운동선수들이 살해되었던 사건이 그랬던 것처럼, 바스크 분리주의자, 아일랜드 민족주의자, 라틴아메리카의 막시스트 도당과 같은 다양한 집단들의 테러행위가 공포를 확산시켰다. 1989년 베를린 장벽의 붕괴는 냉전의 종식과 세계화의 시작을 상징하였으며, 보안관련 기업과 종사자들에게 새로운 도전을 던져 주었다.

Davidson(2005, p.107)은 다음과 같이 썼다: "ASIS의 설립자들에게 있어서 세계는 제2차 세계대전의 발발과 함께 변화하였다. (그러나) 50년 후의 보안 종사자들에게는 세계가 2001년 9월 11일을 기점으로 변화하였다. 그 공격이 있은 후, 테러리즘의 망령은 사회의 구석구석을 스쳐갔다." 그리고 예방에 대한 강조가 21세기까지 계속되었다.

민간보안 분야의 근저에 있는 *예방적* 철학은 다른 영역에도 마찬가지로 영향을 미쳤다. 특히, 그것은 C. Ray Jeffery에 의해 유명해진 *환경설계를 통한 범죄예방(Crime Prevention through Environmental Design: CPTED)*(1972)에서와 같이 건축양식과 건축법에도 영향을 미치고 있다: "범죄행위는 일차적으로 잠재적인 피해자의 환경에 대한 직접적인 변화를 통해 통제될 수 있다. … 범죄통제프로그램은 범죄가 발생하고 난 후보다는, 그것의 발생 전에 초점을 두어야 한다. 범죄의 기회가 감소하면, 범죄자의 수도 줄어들 것이다." CPTED는 제6장에서 논의된다.

아마도 더 중요한 것은, 범죄에 대한 예방적 접근이 이제는 많은 공적 법 시행기관들에 의해서 강조되고 있다는 것인데, 이는 루이스빌대학교 경찰행정대학의 부설기관으로 1971년에 설립된 the National Crime Prevention Institute(NCPI)의 존재에 의해서도 입증된다. 그러나 이것이 민간보안 인력 및 기법들의 필요성이 약화될 것이라는 점을 의미하지는 않는다. 오히려, 그것은 예방적 방법의 중요성이 명백해졌다는 것을 의미한다. 공 경찰은 모든 사적인 요구를 충족시킬 수 있을 만큼의 인력을 절대로 확보하지 못할 것이고, 보안에 관한 정부의 규정은 의심의 여지없이 계속 더 확대될 것이다.

현대 민간보안

미국에서 2001년의 9·11 테러공격은 미국사회의 모든 측면에서 민간보안의 역할을 극적으로 변화시키고 증가시켰다. 국토안보에서 민간보안의 역할은 제13장의 핵심적 주제이다.

제2차 세계대전 당시의 20만여 명의 공장 경비원들로부터 오늘날 100만 명 이상의 민간보안인력에 이르기까지, 민간보안은 놀라운 성장을 경험해왔다. 기술의 진보와 정교한 설비들에 대한 보호수요의 증가로 민간보안인력의 고용은 미래에는 보다 더 급격히 증가할 것이다.

민간보안은 일백만 명 이상의 인력을 고용하고 연매출이 수십억 달러에 달하는 거대한 사업으로 발전해왔다.

Harowitz(2003)는 다음과 같이 관찰하였다:

> 보안은 이제 기업이라는 창공에 떠오르는 별과 같다. AT&T의 CEO Mike Armstrong은 보안을 책임지는 사람들이 "회사의 중역이 되거나, 회사에서 훨씬 더 중요한 존재가 되는 경우를 자주 볼 수 있게 되었다"라고 말하였다. 비즈니스 태도에 있어서의 변화는

Lehman Brothers의 보안산업 시장보고서에서도 명백하게 나타난다. 그 보고서에서 분석자 Jeffrey Kessler는 글로벌 보안산업이 "주변적인 활동으로부터 중심 무대로 옮겨왔다"라고 썼다.

기업보안의 급속한 성장을 보여 주는 더 분명한 표시는 헤드헌터업체인 Boyden Global Executive Search가 시장의 요구를 따라 "Chief Security Officer"(CSO) 직에 대한 기술(description)을 공식화했다는 것이다.

2008년도에 선도적인 보안회사는 과거 Securitas Security Services, U.S.A., Inc.로 알려진 Niscayah Group AB이다. Niscayah(Securitas Group)는 1999년에 Pinkerton's Inc.를 손에 넣음으로써 시장에 진입하였고, 2001년에는 Burns International을 포함하여 7개의 미국 경비회사를 더 합병하였다. 2003년 7월에 이 연합회사는 Securitas가 되었으며, 2008년 5월에 Niscayah로 바뀌었다. Niscayah Group은 주로 유럽과 북미 지역을 기반으로 하지만, 모두 30개 이상의 나라에서 영업을 하고 있다. 이 그룹은 연매출이 거의 60억 달러에 달하고, 가정과 직장 및 지역사회를 보호하는 임무를 수행하는 20만 명 이상의 직원을 고용하고 있으며, 포춘지 선정 1,000대 기업의 80% 이상과 함께 일하고 있다.

민간보안 직원 및 서비스의 유형

우리 사회의 복잡성이 지속적으로 증대되어 감에 따라, 삶의 모든 측면에서 특별히 훈련된 민간보안인력을 필요로 한다. 기업들은 하이테크 감시 장비를 효과적으로 사용할 수 있는 인력을 필요로 한다. 그들은 민간업자로부터 감시견을 공급받고, 민간의 파업/쟁의 위반 대응팀에 의존한다. 일부 회사들은 24시간 감시업무를 필요로 한다.

정부의 빠듯한 예산으로 인해, 법 시행기관 또한 그들의 전통적인 업무 중 상당 부분을 민간보안에 의존하게 되었다. 흔히 민간의 영역으로 인식되는 업무는 동물통제, 법정보안, 장례식장 호위, 주차단속, 공원순찰, 죄수수송, 공공건물 보안, 공동주택단지 순찰, 특별 이벤트 보안 등을 포함한다. 사영화(privatization)는 제3장에서 논의된다.

민간보안의 기능이 향상됨에 따라 전문화의 기회도 많아졌다. 민간보안직종이 확대되어 감에 따라, 이용가능한 직업의 종류 역시 많아졌다. ASIS는 경력 축적의 기회를 가질 수 있는 보안전문영역으로서 다음을 열거하였다(www.asisonline.org):

- 기업보안
- 사이버보안
- 요인보호
- 재정업무보안
- 정부보안
- 건강관리보안
- 고층건물시설보안
- 정보통신보안
- 손실예방
- 물리적 보안
- 민간보안경영
- 위험평가
- 전략정보
- 테러리즘(생물테러리즘과 농작물테러리즘 포함)
- 직장폭력과 법적 책임

특정 보안 분야 혹은 전문성과 상관없이 민간영역에서의 기회는 전형적으로 초보수준, 중간수준, 그리고 최고수준의 직책으로 분류된다.

초보수준의 직책들

가장 흔한 초보수준의 직책은 보안경비원과 보안순찰원이다.

민간보안경비원

한 가지 매우 흔히 볼 수 있는 직책은 보안경비원인데, 이들은 보통 제복을 입으며, 때때로 무장을 하기도 한다. 자산을 매일 24시간, 주간만, 야간만, 피크기간(스포츠행사 등)만, 또는 휴일만 경비할 수도 있다. 민간경비원들은 사유재산에 대한 접근을 통제하고, 절도, 손괴, 화재로부터 재산을 보호하고, 규칙을 시행하고, 질서를 유지하고, 잠재적 위험을 예방하는 일을 한다.

이들은 건물의 내부나 바깥의 대지를 순찰하는 등, 건물의 내·외부에서 또는 양쪽에서 일할 수 있다. 그들은 보안카메라를 모니터링하기 위해 그리고 출입하는 사람들의 신분증을 확인하기 위해 데스크에 상주할 수도 있다. 다른 여러 직업들과 마찬가지로, 경비원은 전형적으로 3부제로 일하는데, 물론 밤이나 주말에만 일하거나, 때로는 혼자서 일할 수도 있다. *직업안내편람*(2006-2007)은 *보안경비원*(security guard officers)에 대해 다음과 같이 소개하고 있다:

> 보안원(security officers)으로도 불리는 경비원은 화재, 절도, 손괴, 테러리즘과 기타 불법 행위로부터 재산을 보호하기 위해 순찰하고 조사한다. 이 노동자들은 그들 고용주의 재산을 보호하고, 그 재산에 대한 법을 시행하며, 범죄행위와 다른 문제들을 저지한다.

그들은 상황에 따라 경찰서, 소방서, 긴급의료서비스로부터의 도움을 요청하기 위해 무전 및 전화통신을 사용한다. 보안경비원은 할당받은 업무시간 동안에 관찰한 것과 활동한 것을 개설하는 포괄적인 보고서를 작성한다. 그들은 또한 목격자나 피해자를 인터뷰할 수 있고, 사건보고서를 준비하며, 법정에서 증언을 하기도 한다.

비록 모든 보안경비원이 유사한 임무를 수행하지만, 그들의 구체적인 임무는 그가 "정적인" 보안직책에서 일하느냐, 아니면 동적인 순찰 일을 하느냐에 따라 달라질 수 있다. 정적 보안직책을 부여받은 경비원들은 대개 일정한 시간 동안 한 자리에서 고객에게 봉사한다. 이들은 자신이 경비하는 자산과 그 자산과 관계되는 사람들에 대해 매우 익숙해야 하고, 경보기와 CCTV 카메라를 수시로 모니터해야 한다. 대조적으로, 순찰업무를 할당받은 경비원들은 이곳저곳을 자동차로 또는 도보로 이동하며, 할당받은 지리적 구역 내에서 보안점검을 해야 한다. 그들은 범죄혐의자를 억류하거나 체포할 수 있으며, 범죄행위나 기타 문제에 관한 서비스 요청 전화에 대응해야 한다.

보안경비원의 직무상 책임 또한 고용주의 규모, 유형, 위치에 따라 다양하다. 백화점에서는 경비원들이 사람, 기록물, 상품, 돈과 장비들을 보호한다. 그들은 흔히 손님과 직원에 의한 절도를 예방하기 위해 비밀 백화점탐정들과 함께 일하고, 경찰의 도착에 앞서 들치기 용의자들을 체포하는 일을 돕는다. 일부 쇼핑센터와 극장은 자동차절도와 강도를 저지하기 위해 주차시설을 순찰하는 직원들을 둔다. 오피스빌딩, 은행, 병원에서는 경비원들이 질서를 유지하고, 그 시설의 재산, 직원과 손님을 보호한다. 하늘, 바다, 그리고 철도터미널과 기타 수송시설에서 경비원들은 사람, 화물, 재산과 장비를 보호한다. 그들은 금속탐지기와 하이테크장비를 사용하여 승객과 방문객들이 무기와 폭발물을 소지하고 있는지 조사하거나, 자동차가 짐을 싣고 내리는 동안 절도가 발생하지 않도록 하고, 화재의 발생과 범죄자를 주시할 수 있다.

박물관이나 화랑 같은 공공건물에서 일하는 경비원들은 건물을 출입하는 사람과 소포를 검사함으로써 그림과 전시물을 보호한다. 공장, 실험실, 정부건물, 데이터처리센터, 군사시설 등에서 경비원들은 정보, 생산품, 컴퓨터코드와 국방 비밀을 보호하고 그 시설을 드나드는 사람과 차량의 신분증이나 통행증을 검사한다. 대학, 공원, 운동장에서 일하는 경비원들은 군중을 통제하고, 주차 및 좌석배치를 감독하고, 교통을 지시한다. 빠나 나이트클럽 같은 성인 오락시설의 입구에 배치된 보안경비원들은 미성년자의 접근을 막고, 문에서 서비스료를 받고, 손님들 간의 질서를 유지하고, 자산과 고객들을 보호한다.

일부 보안경비원들은 상품, 돈, 유가증권, 주식, 노트나 다른 귀중한 문서의 남용이나 은닉뿐만 아니라, 횡령을 예방하고 탐색하는 책임도 갖는다. 다른 보안경비원들은 자산이나 재산보다 사람을 보호한다. 요인납치 및 인질상황의 발생 증가는 1970년대 중반이후 보디가드 서비스의 극적인 증가를 가져왔다. 게다가, 1980년대는 호위서비스의 수요가 증가하였다. 몇몇 주요 회사들은 테러리즘이나 몸값을 노린 납치로부터 회사의 중역들을 보호하는 데 관심을 갖는다. 대기업들은 회사 요인의 납치 및 몸값 요구 상황에 대비하여 보험을 들거나 그들을 보호하기 위해 무장 경호원을 제공하기도 한다.

보안경비원들은 때때로 자산통제, 에너지보호, 서명로그기록보존, 출입관리, 호위서비스, 그리고 부상, 화재, 기상악화로 인한 비상상황에 대한 긴급대응 및 지원 등의 책임을 지기도 한다. 그들이 단순 "경비원"보다 훨씬 더 많은 일을 하기 때문에, 경비원(security guard)이란 용어를 보안원(security officer)이란 용어로 대체하는 것이 요즘의 추세이다.

민간순찰원

순찰은 범죄행위를 예방하고 탐지하는 일차적 수단이기 때문에 공 경찰력의 "중추적인" 역할이다. 민간순찰원들도 유사한 기능을 수행한다. 도보로 혹은 자동차를 타고 다니며 일반대중의 재산이 아닌 특정 고용주의 재산을 보호한다. (그러나) 그러한 활동은 본질적으로 공적 순찰의 연장이다. 그것은 대부분의 사람들이 경찰차와 민간순찰원의 차를 즉각 구분하지는 못하기 때문이다. 이처럼, 민간보안순찰원은 할당받은 지역을 순찰하는 동안 범죄행위를 예방할 수도 있다.

이런 유형의 보안은 차량총격전과 무장강도를 많이 경험하는 고소득층 L.A. 근린에서 사용되었다. 주민들은 폭력에 대응하여 민간무장순찰서비스를 조직하고 고용하였다. 그 결과는 아주 성공적이어서, 보안순찰을 실시하기 이전에 매 주 한 건 꼴로 발생하던 중범죄가 순찰이 실시된 직후 일 년간은 단 한 건의 차량강탈사건만 발생하였다.

보안순찰원은 또한 시설물의 개폐, 내·외부의 조사, 시설 및 장비에 대한 점검, 호위서비스의 제공, 장비 및 문서의 수송, 경보에 대한 대응 등의 책임을 지기도 한다.

어떤 민간순찰원은 순찰이 필요한 광대한 대지의 시설물을 소유한 한 명의 고용주에게 봉사한다. 다른 민간순찰원은 이곳저곳을 이동하며, 시설물의 내·외부를 순찰하면서 복수의 고용주를 위해 일한다. 부유층 근린들은 자기 동네에 대한 경계를 유지하고, 집과 재산을 일상적으로 점검하기 위해 민간순찰원을 고용할 수 있다. 마찬가지로, 특정 근린이나 쇼핑센터에서는 일군의 상인들이 자기 시설을 순찰하기 위해 민간순찰원을 고용할 수도 있다. 많은 지역사회가 특별한 순찰서비스기관들을 설립해왔다.

중간수준의 직책들

민간보안에 있어서 중간수준의 직책은 민간조사원과 사립탐정, 무장안내원, 중앙경보응답자와 컨설턴트 등을 포함한다.

민간조사원과 사립탐정

민간조사원과 사립탐정은 프리랜스로 일할 수도 있고 특정 고용주를 위해 일할 수도 있다. 이 일은 흔히 고용, 보험 및 신용대부 신청, 민사소송을 위한 배경조사와 보험 또는 노동자의 보상 청구에 대한 조사를 포함한다. 때때로 직원의 부정, 가게들치기나 불법 약물사용을 탐지하기 위해 스파이활동을 할 수도 있다. *직업안내편람*은 다음과 같이 쓰고 있다:

> 사립탐정과 민간조사원은 다양한 문제와 관련하여 사실 파악을 위해 많은 방법을 사용한다. 조사를 수행하기 위해서 다양한 형태의 감시와 탐색을 할 수 있다. 특정인의 직장과 소득과 같은 사실들을 검증하기 위해 전화를 하거나 그 사람의 직장을 방문할 수도 있다. 다른 경우, 특히 실종된 사람이나 배경조사에 관한 문제일 경우, 조사원은 특정인에 관한 가능한 많은 정보를 모으기 위해 사람들을 인터뷰한다. 모든 경우에서, 사립탐정과 민간조사원은 법적, 재정적, 개인적 문제를 갖는 변호사, 회사, 대중을 돕는다.
>
> 사립탐정과 민간조사원은 요인·명사, 법인의 보호, 고용 전 조사, 개인의 배경 프로필조사를 포함하여 많은 서비스를 제공한다. 그들은 신용정보도용, 성희롱적 이메일, 저작물 불법 다운로드와 같은 컴퓨터범죄도 조사한다. 그들은 또한 민간채무와 상해사건, 보험 청구와 사기, 아동보호사건, 실종사건, 혼전조사 등에서 도움을 준다. 그들은 또한 특정인의 간통을 입증하거나 반증하기 위해 고용되기도 한다.
>
> 대부분의 탐정과 조사원은 물리적 감시를 수행할 수 있도록 훈련된다. 그들은 드러나지 않는 장소나 자동차 안에서 대상자의 집과 같은 장소를 관찰하곤 한다. 그들은 흔히 스틸카메라나 비디오카메라, 쌍안경, 휴대폰 등을 사용하여 필요한 증거가 확보될 때까지 감시를 계속하는데, 이러한 감시와 잠복대기는 장시간 계속된다.
>
> 탐정은 또한 컴퓨터 데이터베이스를 탐색하거나 그 분야 전문가와 함께 일할 수도 있다. 컴퓨터는 민간조사원이 특정인의 체포 및 형사처벌과 민사판결, 전화번호, 자동차등

록, 단체 및 클럽 멤버십, 기타 다른 문제들에 관한 방대한 정보를 재빨리 획득할 수 있게 해 준다.

사립탐정과 민간조사원의 임무는 그들 고객의 요구에 의해 결정된다. 예컨대, 사기성이 있는 직원의 보상청구에 대응하는 고용주를 위해 일하는 경우, 조사원은 그 직원을 장기간 잠복 관찰할 수 있다. 만일 조사원이 보상청구서에 명기되어 있는 부상의 정도와 모순되는 직원의 행위를 관찰한다면, 그는 그것을 증명하기 위해 비디오 촬영을 하거나 스틸사진을 찍어 의뢰인에게 보고할 수 있다.

사립탐정과 조사원은 대개 전문가이다. 예컨대, 지적재산절도를 전문으로 하는 이들은 절도 행위를 조사하고 증명하며, 불법 행위를 멈추도록 하기 위해 의뢰인을 도우며, 고소와 민사소송을 위한 정보를 제공한다. 다른 조사원들은 재정적 프로필과 자산 조사를 전문적으로 한다. 그들의 보고서는 공적 문서에 대한 검토를 포함하여, 인터뷰, 조사와 감시, 연구를 통해서 수집된 정보를 반영한다.

*법적조사원*들은 소송관련 사건에서 전문화하며, 대개 로펌이나 변호사에게 고용된다. 그들은 주로 소송에서의 방어, 증인의 확보, 법률문서의 작성, 경찰 및 증인의 인터뷰, 증거의 수집 및 검토 등의 일을 돕는다. 법적조사원들은 또한 소송당사자들에 대한 정보를 수집하고, 사진을 찍고, 법정에서 증언하고, 재판을 위한 증거와 리포트를 수집할 수 있다.

*법인조사원*들은 법인을 위한 내·외적 조사를 수행한다. 내적 조사에서는 직장 내 약물 사용을 조사하고, 비용계상에 잘못이 없는지 확인하며, 직원들이 상품이나 정보를 훔치고 있지는 않은지 결정할 수 있다. 외적 조사는 납품업자들의 허위청구를 통한 회사자산 절도와 같은 전형적으로 법인의 외부에서 근원하는 범죄 시도를 밝히기 위해 행해진다.

*재정조사원*들은 대규모 금융 거래의 상대가 될 가능성이 있는 개인이나 회사의 비밀 재정 프로필을 개발하기 위해 고용될 수 있다. 이들 조사원은 투자 은행원 및 다른 회계사들과 밀접하게 일하기 때문에 공인회계사(CPA) 자격을 갖고 있는 경우가 많다. 그들은 사기나 절도 사건에서 법원에 의해 재정되는 손해를 회복하기 위해 자산을 탐색한다.

인기 있는 TV 시리즈물들이 민간조사원이라는 직업을 미화해왔으나, 실제로 범죄수사는 민간조사원의 일 중에서 작은 부분에 지나지 않는다.

무장안내원(호송원)

대부분의 민간 무장안내 서비스는 무장한 차량, 밴이나 트럭을 사용하지만, 비행기나 기차를 이용할 수도 있다. **호송원**은 제복을 입으며, 그들이 수송하는 돈, 상품, 문서, 사람들의 보호를 확실히 하기 위해 무장을 한다. 운반과정에 범죄가 발생할 가능성이 높지 않으면 공 경찰은 무장**안내원**의 호송 일에 거의 관심을 갖지 않는다.

무장차량 경비원들은 운반이 이루어지는 동안에 돈과 귀중품을 보호한다. 게다가, 그들은 은행입금의 책임이 있는 사람들을 절도나 상해로부터 보호한다. 무장트럭이 회사의 문에 도착하면, 무장경비원이 들어가서 서명을 하고, 손에 귀중품을 들고 트럭으로 돌아간다. 트럭과 회사 사이에서 돈을 옮기는 일은 극도로 위험할 수 있으며, 이 때문에 무장차량 경비원은 대개 방탄조끼를 착용한다.

무장차량 서비스의 사용을 고려하는 경영자들은 자산의 보호를 보장해 주는 규칙은 존재하지 않는다는 사실을 인식해야 한다. 큰 규모의 안정적인 무장안내서비스 회사인 Brink's는 하루에 수십억 달러를 안전하게 운반함으로써 확실한 서비스 기록을 세웠다. 이 회사는 다이아몬드, 피카소그림, 링컨 대통령의 게티스버그 연설문 원본, 15톤의 희귀 동전, 그리고 제2차 세계대전 동안 맨하탄 프로젝트(원자폭탄 제조)를 위한 특별 원료의 운송 등의 임무를 수행했었다.

중앙 경보응답자

일부 침입탐지시스템은 침입이 탐지될 때 어느 직원이나 행인이 경찰에 알리기를 기대하며 단순히 경보만 울린다. 다른 일부 경보시스템은 경찰서에 직접 연결되어 경찰이 자동적으로 통보를 받게 된다. 그러나 현재 사용되는 시스템은 상당수에서 오작동 비율이 95% 이상에 달하여, 너무나 많은 공적 노력이 이들 사적 허위경보에 반응하는 데 허비되는 탓으로, 일부 도시는 알람을 경찰장비에 직접 연결하는 것을 금하였다. 결과적으로, American District Telegraph(ADT)에 의해 주도되는 민간의 중앙 경보서비스가 대중적이고 효과 있는 대안으로 등장하였다.

허위경보의 문제는 오랫동안 주시되어 왔다. 민간의 중앙경보시스템은 경찰과의 관계를 향상시켜주지만, 극도로 높은 허위경보비율을 감안할 때 그것은 또한 **경보응답자** 즉, 현장출동요원을 상당한 위험에 처하게 할 수 있다. 침입자가 여전히 현장에 있을 수 있으며, 경보에 대응하는 사람에게 직접적인 위협을 가할 수 있다. 제3장에서 허위경보의 문제를 다룬다.

컨설턴트(자문)

민간보안이 팽창하고 전문화되어감에 따라, 보안문제에 관한 전문가의 필요성 또한 증대된다. 이러한 추세는 전자감시, 방범조명, 방벽과 방책, 경보시스템, 접근

통제, 잠금 통제 및 보안훈련과 같은 분야에서 자문을 제공할 다양한 전문가를 필요로 하게 되었다.

어떤 사람들은 거짓말탐지조사 및 심리적 스트레스평가(PSE)의 전문가로서 민간기업의 컨설턴트가 되기도 하였다. 거짓말탐지조사는 1964년 일리노이 주의 한 법정에서 최초로 증거로 제출되었지만, 민간영역에서의 사용은 계속 논쟁적이었다.

채용조사의 일환으로 거짓말탐지조사를 하는 것은 1988년에 발효된 피고용인대상 거짓말탐지금지법(the Employee Polygraph Protection Act: EPPA)을 통해 엄격히 규제된다. 이 법은 거짓말탐지기, 심리적 스트레스평가, 보이스 스트레스분석을 포함하여, 모든 기계적인 거짓말탐지조사를 직장에서 하는 것을 금한다. 이 법은 거짓말탐지조사를 보안서비스회사(무장차량, 경보 및 경비), 제약회사 및 약물유통회사의 특정 지원자들에게는 제한적으로 시행하도록 허용한다. 이 법은 또한 고용주에게 특정한 경제적 손실이나 상해를 초래하였던 직장 내 사건(절도, 횡령 등)에 연루되었다고 의심할 만한 합리적 사유가 있는 민간회사의 특정 직원들에 대해 제한적인 거짓말탐지조사의 시행을 허용한다.

직원들의 배경조사를 하는 것 외에, 컨설턴트들은 또한 위험관리, 손실 및 범죄예방시스템의 설계와 평가, 건축회사 섭외와 보안법령준수에 관한 자문을 해 줄 수도 있다.

컨설턴트를 선정할 때, 보안관리자는 그가 어떤 방식으로든 판매자나 장비공급자와 관련되지 않을 것을 확실히 해야 한다. 이러한 위험을 피하는 한 가지 방법은 국제전문보안컨설턴트협회(the International Association of Professional Security Consultants: IAPSC)로부터 조언을 구하는 것이다. 이 조직의 일차적 목적은 컨설팅 산업에서 전문적 기술과 윤리적 행위의 최고 기준을 확립하고 유지하는 것이다. 이 조직의 멤버들은 고객의 이익을 최대화하기 위해 노력하며, 업무 중에 그들이 추천하는 특정 상품이나 서비스와는 아무런 관계가 없다. 게다가, IAPSC 멤버들은 최고의 재능을 갖춘 사람들이다.

또 다른 조직인, 국제전문보안협회(the International Professional Security Association: IPSA)는 보안작업 관리에서의 전문 기술 확보를 위해 49년 전에 구성되었다. 이 세계적인 전문조직은 많은 해외 지역을 포함하여, 14개 지역 체제 형태로 작동한다. 이 협회는 어떠한 거래조합이나 정치적 커넥션을 갖지 않는다.

초고수준의 직책들

보안영역에서 최고의 직책은 손실예방전문가, 보안감독자, 위험관리자와 최고보안관리자(chief security officers: CSO)를 포함한다.

보안영역에서 최고의 직업은 민간보안회사를 경영하거나 민간회사 보안영역의 우두머리가 되는 것이다. 흔한 타이틀은 손실예방전문가, 보안감독자, 위험관리자와 최고보안관리자이다. 높은 수준의 보안직책들은 인구가 많은 도시 지역에 존재할 가능성이 가장 크다. 국제적인 일 또한 보안영역에서 가능하지만, 그러한 자리를 차지하는 것은 쉽지 않다. 호텔과 같은 많은 사업체와 시설들이 외국에서도 영업을 하고 있다. 흔히 그러한 사업체와 시설들의 보안감독자는 보안시스템을 설치하기 위해 본부에서 보내진다.

보안영역에서 최고의 직책들이 사람과 예산을 관리하는 일을 포함하지만, 회사가 CSO자리에 반드시 MBA를 고용하는 것은 아니다. 많은 회사가 정보 능력이나 경험과 수사기술을 갖는 CSO를 찾고 있다. 그 결과, 많은 최고의 자리들이 연방 법 시행기관, 정보기관, 재무성과 같은 기관의 수사영역 출신자들에게 돌아간다. 예컨대, Larry L. Cockell은 9만 명의 직원과 7개의 해외지사를 갖는 다국적 기업인 AOL/Time Warner, Inc.의 선임 부사장 겸 CSO로 고용되었다. 9·11의 결과로 경영진은 강력한 국제적 경험을 갖고 보안기능을 구조화함에 있어서 전략적 접근을 할 수 있는 사람을 선호하였다. 그들은 사업기술에 강조점을 두지는 않았다.

이 책의 나머지 부분은 최고 수준의 직책을 맡고, 낮은 수준의 직책에 있는 사람들을 관리하는 데 요구되는 기술과 지식에 초점을 둔다.

자체보안서비스 대 도급보안서비스

온전한 보안의 중심에는 개인들 −보안위계의 모든 수준에 있는 사람들− 이 있다. 한 가지 중요한 경영상의 결정은 보안전문가를 자체 직원으로 채용하여 사용할 것인지, 아니면 보안서비스를 도급받는 보안업체의 직원들을 사용할 것인지 여부이다.

사내 **자체 서비스(proprietary services)**는 회사나 조직에 의해 직접 고용되고 급료를 받으며 통제되는 사내의 보안서비스이다. 대조적으로, **도급 서비스(contract services)**는 외부 회사나 개인들이 보수를 받고 보안 서비스를 제공하는 경우이다. **혼합서비스(hybrid services)**는 그 둘을 조합한 것이다.

자체 서비스

많은 회사들이 자체 보안직원을 갖는 것을 선호하는데, 이는 자체 보안직원들이 승진의 가능성으로 회사에 더 충성하고 더 동기화되는 경향이 있으며, 회사의 특정 작업이나 직원들에 대해 더 많은 지식을 갖고 있으며, 더 예절바르고 VIP들을 더 잘 알아보며 훈련과 감독에 더 잘 따르기 때문이다. 게다가, 자체 보안직원을 갖는 것은 많은 고용주들에게 지위의 상징으로 보이며, 보안직원의 전직 또한 잦지 않기 때문이다.

자체 보안서비스의 중요한 단점은 비용, 유연성 결여와 행정적 부담이다. 게다가, 자체 보안직원은 조직에 너무 익숙하여 비효과적이거나 때로는 부패해질 수도 있다. 또한, 회사의 노조와 함께 파업을 할 수도 있다. 그러한 이유들 때문에, 많은 회사의 경영진들은 보안서비스를 위해 외부 기관이나 개인들과 도급계약을 하려고 한다.

도급 서비스

보안관리자 뉴스(Security Director News), "Newspoll"(2005, p.23)은 미국 내 조직(단체)의 68%가 도급서비스를 사용하며, 응답자의 거의 절반이 도급 경비원을 사용하는 것을 발견하였다. 다양한 회사의 선임 중역들 158명을 대상으로 한 조사는 응답자의 83%가 현재 외부의 보안공급자(ESP)를 사용하고 있거나 사용을 적극적으로 고려하고 있다는 것을 발견하였다(Hamilton, 2006). Freedonia Group(2005)의 "World Security Services"는 민간 도급보안서비스의 세계 시장이 매년 7% 이상씩 성장하여, 2008년도에는 그 규모가 1,370억 달러에 달할 것으로 기대된다고 보고하였다. 가장 흔하게 공급되는 도급보안서비스로는 경비서비스, 민간순찰서비스, 조사서비스, 그리고 무장차량 및 안내원서비스가 있다.

ESP를 사용하거나 **아웃소싱**(하청을 줌)을 하는 이유로는 매주 24시간 그리고 주말 근무의 요구를 충족시켜주는 능력을 포함하여, 비용절감(37%), 시간절약(24%), 책임경감(18%) 그리고 기타(21%)가 포함되었다. *보안관리자 뉴스*에 의해 수행된 또 다른 조사에 의하면, 응답자의 거의 70%가 가장 흔히 아웃소싱되는 경비서비스(57%)와 함께, 물리적 보안기능을 하청주었다고 하였다(Daniels, 2007, p.1). 다른 하청된 보안기능은 시스템유지관리(23%), 직원조사(23%), 시설물에 대한 중앙 모니터링(20%)과 보안직원 훈련(15%)을 포함하였다. 46%가 비용절감을 그리고 17%는 노동력절감을 보고하였다.

도급서비스가 증가하는 가장 중요한 요인 중의 하나는 비용이다: "자체인력을 도급경비 팀으로 바꾸는 것은 직접적이고 중대한 비용절약을 가능하게 해준다" (Somerson, 2005, p.73). 보험, 연금, 사회보장, 의료보험, 휴가 및 병가 시간, 감독, 훈련 및 행정적 기능과 같은 항목들에 있어서의 비용 절감 –모두 도급서비스에 의해 가정됨– 은 계상하지 않고도, 사내 서비스보다 비용이 20% 절감될 수 있다.

그러나 비용이 보안의 아웃소싱 결정에서 항상 일차적으로 고려되는 요소인 것은 아니다. Piazza(2006, p.46)는 다음과 같이 썼다: "선임 중역들은 엄격한 보안을 강조하는 하청 파트너를 위해 프리미엄을 지불할 준비가 되어 있다." 그들의 선택에 영향을 미치는 세 가지 핵심 요인은 서비스, 가격, 그리고 보안능력이다.

도급서비스가 갖는 또 다른 뚜렷한 이점은 그들의 유연성이다. 상황의 변화에 따라 더 많은 혹은 더 적은 인력이 운용될 수 있으며, 많은 도급서비스들이 자체보안에서는 이용할 수 없는 다양한 서비스와 장비를 제공할 수 있다. 게다가, 도급경비인력은 고용주나 도급자에 대해 특별한 충성심을 갖지 않기 때문에 보다 객관적일 가능성이 크다.

비록 보안서비스를 하청주는 것이 많은 이점을 갖지만, 위험도 없지는 않다. 선임 중역들의 보고에 의하면, 아웃소싱의 가장 큰 위험은 서비스의 혼란(94%), 민감한 정보의 분실(94%), 브랜드 가치 혹은 명성의 하락(92%)과 고객의 신뢰 상실(91%)이다(Piazza, p.46). 도급서비스의 다른 단점으로는 빈번한 경비인력 재배치에 의한 높은 노동 이동률, 직무의 위험성으로 인한 경비원들의 낮은 직무만족, 충성갈등(a conflict of loyalties)의 가능성 등이 포함된다. 충성갈등에 대해 Umanskly(2006, p.44)는 다음과 같이 지적한다: 보안감독자는 도급을 준 조직이 자신이 소속된 보안공급자(ESP)의 신뢰도를 평가할 때 도와야 한다.

게다가, 도급민간보안인력에 대한 이미지가 항상 좋은 것은 아니다. 경영진은 그들이 받는 저임금을 훈련 혹은 기술의 부족과 동일시할지 모른다. 또한 반대로 만일 보안직원의 권위 범위가 적절히 알려지지 않으면, 중역들은 "임대경찰"(rent-a-cop)이라는 문구처럼, 도급보안으로부터 자신들이 지불하고 있는 것 이상을 얻고 있다고 오해할 수도 있다. 그것은 고객들이 흔히 경비원들이 실제보다 많은 시행권력을 갖고 있다고 믿기 때문이다. 그럼에도 불구하고, Adler 등(2005, p.65)은 다음과 같이 예견한다: "아웃소싱은 계속 인기 있는 사업전략이 될 것이다." 그들은 아웃소싱을 사용하는 보안관리자들이 도급주기관리모델(Contract Lifecycle Management(CLM) model)을 따를 것을 추천하는데, 이 모델은 네 가지 주요 요소로 구성된다: (1) 도급 관리와 감독, (2) 신청서의 요구(RFP), (3) 상당한 주의, 그리고 (4) 도급 협상 및 실행.

일단 특정 기능을 하청주는 결정이 이루어지면, 원스톱 샵(단일 ESP)에 의한 보안서비스와 특정 전문영역 서비스 제공자에 의한 보안서비스 간에 선택을 해야 한다. Friedrick(2005, p.18)은 단일 ESP를 사용하면, 만일 어떤 문제나 소송이 발생할 때 도급자–고객의 관계가 흐려지고 어려워질 수 있다고 주장한다: "만일 당신이 어느 한 면에 만족하지 못하더라도, 다른 면에서 그들에게 너무나 많이 의존하고 있기 때문에 그들을 해고하기 어렵다." 그는 조직이 하나의 도급자에게 스스로를 과도하게 묶는 것은 피하고, 오히려 특정 영역에서 전문성을 갖는 복수의 도급자를 찾으라고 권한다. 표 1.1은 자체서비스와 도급서비스의 다양한 장점과 단점을 비교해 준다.

표 1.1 자체보안서비스와 도급보안서비스의 비교

자체보안	도급보안
장점	**장점**
충성심	선택성
유인	유연성
조직내부의 작동에 관한 지식	결근자 대체 용이
임기(낮은 이직률)	감독 비용이 들지 않음
자체통제	훈련 비용이 들지 않음
자체감독	객관성
특정직무에 적합한 훈련	비용(행정적 비용을 제외하고도 20% 절감됨)
회사이미지 개선	품질
사기	행정 및 예산처리 부담 없음
내부직원에게 정중함	노조문제가 거의 없음
경찰과의 접촉이 용이함	다양한 서비스와 장비
선발의 통제	선발심사비용이 들지 않음
의사소통 용이	지역경찰과의 접촉 용이
	전문성과 지식의 공유
단점	**단점**
노동조합	높은 이직률
직원과의 친숙함	충성심의 분리
비용	야간 부업으로 인한 문제(피로·둔함)
유연성 부족	재배치
행정적 부담	선발심사기준의 부적절성
	보험

혼합서비스

도급서비스와 자체서비스 간의 선택이 서로 배타적일 필요는 없다. 적절한 해결책은 흔히 둘을 조합하는 것 –예컨대, 경영역할에서는 자체보안기능을 사용하고, 현장에서는 ESP가 제공하는 인력을 사용하는 형태– 이다. 업무의 질은 낮은 입찰가를 추구하지 않고, 자격을 갖춘 도급보안원들을 확보함으로써 가능하다. 회사에 대한 충성심 또한 임금과 공정한 대우에 의해 결정된다.

보안직책의 보수

2007년도 국제산업보안협회(ASIS International)의 미국 보안산업보수조사(U.S. Security Salary Survey)에 의하면, 전체적으로, 미국의 보안전문가들은 평균보수가 2006년도의 $87,900에서 2007년에는 $117,000로 33%나 인상되어, 2007년도에 매우 양호한 보수를 받은 것을 알 수 있다. 보수의 중위수(median)는 6% 상승하였으며, 4년 연속 증가하였다. 또한 54%의 보안직원들이 성과보너스를 받았다(Moran,

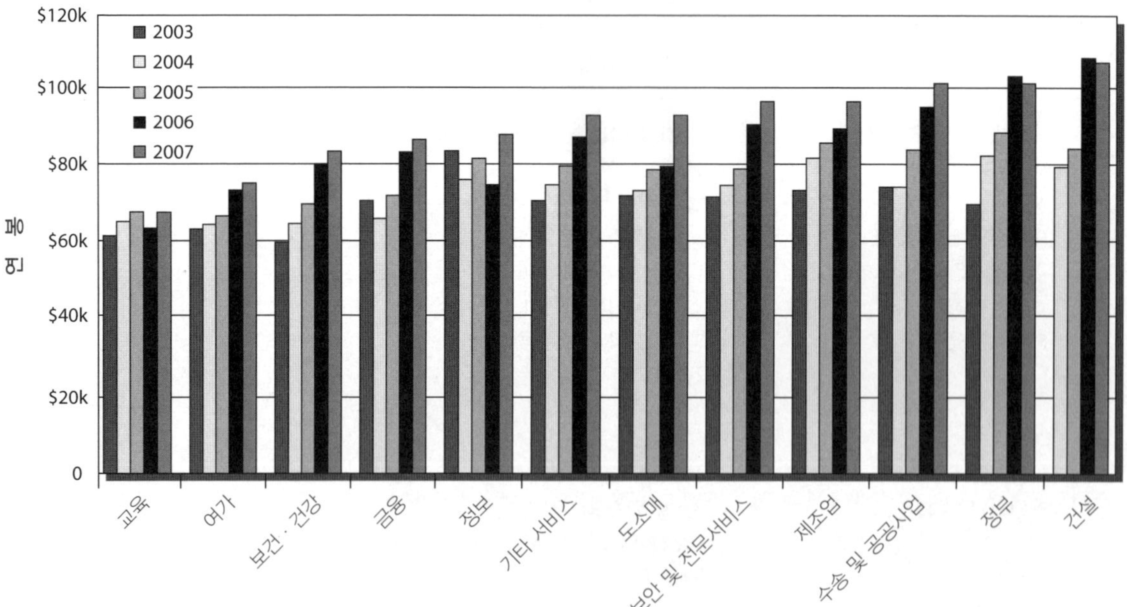

그림 1.2 산업영역별 보수

출처: From "What Are You Worth?" by Mike Moran. © 2007 ASIS International, 1625 Prince Street, Alexandria, VA 22314. Reprinted by permission from the August 2007 issue of *Security Management* magazine.

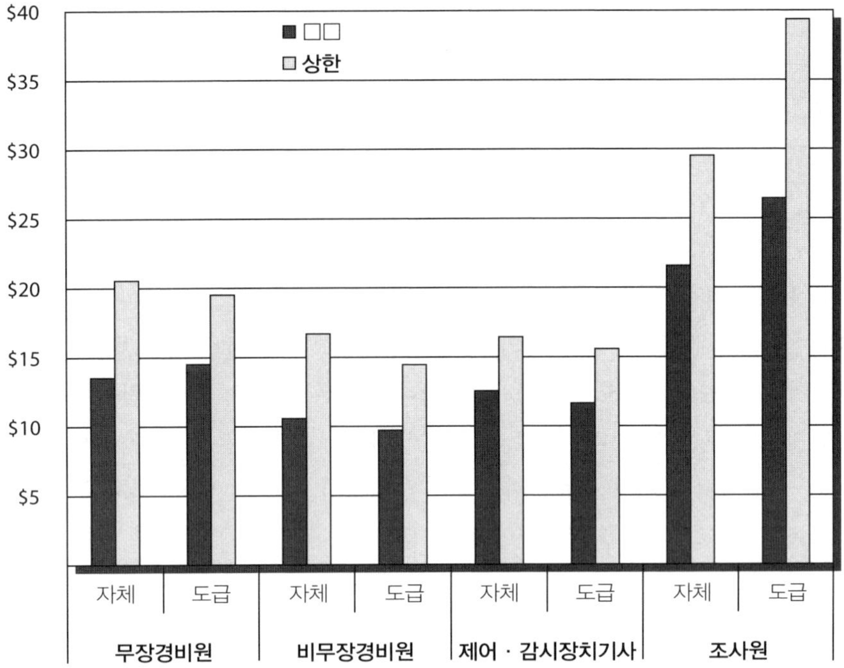

그림 1.3 시간당 보수

출처: From "What Are You Worth?" by Mike Moran. © 2007 ASIS International, 1625 Prince Street, Alexandria, VA 22314. Reprinted by permission from the August 2007 issue of *Security Management* magazine.

2007, p.67). 그림 1.2는 산업별 최고수준 직책들의 보수정도를 보여 준다. 이들 산업은 이 책에서 나중에 논의된다. 그림 1.3은 최고수준 직책에 도달하지 못한 보안 직원들의 시간당 보수를 보여 준다.

민간보안의 규제

민간보안도 다른 전문분야들과 마찬가지로 일정한 기본적인 전문적 요건들을 달성할 것을 강조한다. 자체인력을 사용하는 고용주는 보통 보안인력에 대한 그들 자신의 기준들을 설정한다. 도급보안회사는 대개 주법에 의해 규제된다. 자체경비를 원하는 경우는 소속 주로부터 허가를 받아야 할지 모른다. 요건은 다양하다.

Anderson(2007, p.88)은 다음과 같이 보고한다: "여러 주의 입법부가 지난 수년 동안 수십 개의 보안관련 법들을 제정하였다. 일부 규정들은, 범죄가 발생하면 주가 미래의 범죄를 예방하기 위해 특정 집단의 사람들에 대한 배경적 조사를 요구하는 법을 통과시키는 것처럼, 지역에서 발생하는 사건들에 대응해야 하는 각 주의 필요를 반영하는 것이고, 다른 규정들은 신용정보절도와 같은 사건이 발생해도 연방수준에서의 지시가 없을 때 적절히 대응해야 하는 주의 바램을 반영하는 것이다."

일부 주들은 민간보안에 종사하는 이들이 충족해야 할 자격요건을 거의 요구하지 않지만, 다른 주들은 개인으로서든 보안서비스를 제공하는 회사로서든 간에 이 분야에 종사할 사람에 대해서 매우 엄격한 요건을 제시한다. 그래서 이제는 대다수의 주가 이 분야에 종사하는 이들의 책임 있는 자세(involvement)를 보장하기 위해 약간의 통제가 있어야 한다는 점을 인식한다: "대부분의 주가 경비원들이 면허를 취득할 것을 요구한다. 경비원으로 허가받기 위해서 개인들은 최소한 18세는 되어야 하고, 배경검사를 통과해야 하며, 재산권, 비상시 절차와 범죄용의자 구금과 같은 내용에 대한 교육훈련을 이수해야 한다. 흔히 약물검사도 무작위로, 지속적으로 요구된다"(*직업안내편람*).

또한 일부 카운티 및 시 정부는 자신들의 사법권 내에서 민간보안 직책에 있는 사람들에 대해 자격증 또는 허가증을 요구한다. 민간보안원의 많은 임무가 법 시행 공무원과 마찬가지의 실제적 결과를 가져올 수 있기 때문에 —예컨대, 개인화기, K-9, 기타 다른 무기들을 사용하고, 사람들을 체포하고, 비상의료지원을 제공하는 등— 그 자리가 요구하는 기본적 요건을 갖추는 것이 타당하다.

이제는 거의 모든 주가 보안 분야에서 일하는 개인들에 대해서뿐만 아니라, 도급서비스 기관과 그들의 직원에 대해서도 허가 혹은 등록 요건들을 갖추고 있다. 일부 주는 행정구획 요건을 가지며, 다른 주들은 차량과 유니폼에 대한 요건들도 갖추고 있다.

인가를 받는 것(licensing)은 계약에 의해 보안서비스를 제공하는 업체를 운영하기 위해 소관 관청으로부터 허가를 받는 과정이다. **등록**(registration)은 조사원, 탐정, 경비원, 보안순찰원, 안내원, 경보시스템 설치 및 수리인, 혹은 비상출동요원으로서 고용되기 전에 주 당국으로부터 허가를 받는 과정이다.

훈련요건과 다른 자격요건은 기관에 따라 다양하나, 일부 지원 자격은 상당히 유사하다. 대부분의 고용주들은 고등학교 졸업자를 선호한다. 어떤 자리는 운전면허증을 요구한다. 일부 고용주들은 헌병, 주 및 지역 경찰 경력자를 찾는다. 나아가, "지원자들은 평판이 좋아야 하고, 심각한 일탈경력이 없어야 하며, 건강상태가 좋아야 한다. 그들은 정신적으로 기민해야 하고, 정서적으로 안정적이며, 육체적으로도 비상사태에 대처하기에 적합해야 한다"(*직업안내편람*).

주 경찰 및 기마경찰, 공안부서, 시험관리위원회, 상무부와 같은 다양한 부서가 주 수준에서 민간보안을 규제하는 책임을 맡는다. 주의 규제 주체들은 허가 및 등록 요건을 설정하고, 소비자의 불만을 해결하기 위한 제도를 만든다.

허가가 취소되는 사유로는 면허법 위반, 허위 진술, 중범죄로 유죄 선고되는 경우, 부정 및 사기, 경찰관 사칭, 담보불충분 계약, 기밀정보의 누설, 서비스 제공 실패, 법질서 위반, 허위광고 및 무능력 등이 포함된다.

민간조사원 및 사립탐정에 대한 규제

대부분의 주와 많은 도시가 민간조사기관의 구성과 작동에 관한 어느 정도의 정부규제를 갖지만, 소수의 주는 민간도급기관의 조사직원들을 통제하는 법을 제정하였다. 게다가, 보안, 민간조사원 그리고 유관 사업들을 규제하는 주법들은 그 내용과 적용 면에서 다양하다. 예컨대, 미네소타 주의 법령은 어떤 사람들이 민간조사원이 되기 위해 허가를 받아야 하는지, 신청절차는 어떻게 구성되는지, 신청에 무엇이 부가되어야 하는지를 규정하고 있다:

- $5,000에 상당하는 보증증서
- 신청자를 5년 이상 알고 지냈지만, 신청자와 아무런 관련이 없는 5명 이상의 시민들로부터 신청자가 "훌륭하고 도덕적인 사람"이라는 것을 확인해 주는 확인서
- 신청자의 사진 두 장과 열 손가락 지문

*직업안내편람*은 다음과 같이 쓰고 있다:

> 많은 사립탐정들이 대학 학위를 갖고 있지만, 대부분의 사립탐정 및 조사원 일에 대해 공식적인 학력요건은 존재하지 않는다. …
>
> 대부분의 주와 D.C.는 사립탐정과 조사원들이 허가받을 것을 요구한다. 허가요건은 폭넓고 다양하지만, 유죄 선고된 중범죄자는 대부분의 주에서 허가를 받을 수 없으며 점차 많은 주가 사립탐정과 조사원들을 위한 의무적인 훈련프로그램을 만들었다. 일부 주는 요건을 별로 갖지 않으며, 여섯 개의 주 —알라바마, 알래스카, 콜로라도, 아이다호, 미시시피, 사우스 다코다— 는 어떠한 허가요건도 갖지 않는다. 예컨대, 캘리포니아주 소비자부(部)의 보안 및 조사서비스국은 민간조사원은 18세 이상이어야 하고, 경찰학, 형법, 형사정책 분야의 교육이력이 있어야 하고, 3년간(6,000시간)의 수사경험이 있어야 하고, 연방법무성의 평가와 범죄경력배경조사를 통과해야 하고, 법과 규칙들에 관한 2시간짜리

필기시험에서 일정 점수 이상을 받아야 할 것을 요구하고 있다. 또한 총기소지 허가를 위한 추가 요건들도 있다.

민간조사업을 규제하는 대부분의 주들은 민간도급조사서비스를 제공하는 개인, 조합, 법인들이 허가받을 것을 요구하며, 허가를 취득하기 위한 다양한 기준을 정해 두고 있다.

허가취득비용과 허가 갱신에 관한 규정은 주마다 다르다.

주 및 시의 법령과 규정 외에도 공정한 신용보고법(the Fair Credit Reporting Act)과 같은 연방법들이 민간조사원과 그들의 활동에 영향을 미친다. 비록 그 법이 원래 상인의 신용, 보험, 고용 및 투자기관들을 규제하고 통제하기 위해 통과되었지만, 이 법의 해석은 결과적으로 민간조사기능의 많은 부분에 적용되게 되었다.

민간조사원의 허가요건은 대개 해당 주에 거주, 미국 시민권, 경찰 및 조사원으로서의 훈련 및 근무경험, 깨끗한 범죄기록, 배경조사의 통과와 구두 혹은 필기시험의 합격을 포함한다.

요 약

- 민간보안은 사람의 잘못, 비상사태, 재해나 범죄행위에 의해 유발되는 손실을 예방하기 위해 인력, 장비와 절차를 제공하는 이윤추구 산업이다.
- 민간보안은 사람들의 추가적인, 개별적인 보호에 대한 바램과 사람이나 재산에 대한 범죄를 예방하기 위한 바램에서 발전하였다.
- 고대에는 사람들이 무기, 호수나 절벽에 위치한 주거, 장벽, 대문과 같은 물리적 보안에 의존하였다. 게다가, 지배자들은 그들 자신의 안전뿐만 아니라 일반인들의 안전도 함께 보호해 주는 사람들을 임명하였다.
- 중세시대에 영국의 에드워드 왕은 야경단, 죄인체포포고령, 무장법이란 세 가지 방법으로 중범죄자의 힘을 약화시키는 웨스트민스트 법령을 공포하였다. 야경단은 야간에 도시를 순찰하는 경비원을 제공해 주었고, 죄인체포포고령은 모든 시민들로 하여금 체포에 저항하는 사람의 체포를 돕도록 하였고, 무장법은 15세에서 60세 사이의 모든 남성들이 자기 집에 무기를 비치하도록 요구하였다.
- 일부 영국 상인들은 자기 재산을 보호하고, 자신들에 대한 범죄를 수사하고, 잃어버린 재산을 회복하기 위하여 민간경찰을 고용하였다.
- 18세기 동안 영국에서는 일반 시민들이 무기를 소지하고 다녔고, 자신들의 집과 사업체를 보호하기 위해 단체로 특별 경찰을 고용하였다. 군대는 폭동의 진압에도 사용되었다.
- 18세기 중엽에 헨리 필딩은 범죄예방을 최초로 그리고 가장 명확하게 주창한 사람이 되었다.
- 1829년에 통과된, 로버트 필경의 수도경찰법은 런던수

도경찰을 창설하게 하였는데, 그것의 주요 목적은 범죄를 예방하는 것이었다.

- 식민지 미국에서는 보안관(constable)과 도시 야경(watchman)이 1800년대 중반에 전임 경찰인력이 설치되기 전까지 보안의 일차적 수단이었다.
- 주간 사법권의 문제와 공 경찰에 의한 보호의 결여로 인해 일부 주는 민간철도회사들로 하여금 자체보안인력을 설치하여 자신들의 재산과 승객을 보호하도록 하는 철도경찰법을 통과시켰다. 철도경찰은 정부의 조직(units)과 법 시행 기관들이 설립되기 전까지 유일한 보호서비스를 제공해 주었다.
- Allan Pinkerton은 철도를 보호하기 위해 고용된 최초의 법 시행 공무원이었다. 그는 또한 미국에서 최초로 민간보안도급 일을 하였다. 비슷한 시기에 Washington Perry Brink는 미국에서 무장 차량 및 안내서비스 회사를 설립하였다. 20세기에 William J. Burns는 미국 은행협회(American Banking Association)를 위한 유일한 수사기관을 설립하였다. 그것은 미국에서 두 번째로 큰 도급경비 및 조사서비스 회사가 되었다.
- 세계대전들은 정부부분에서의 보안의 중요성을 강조해 주었으며, 보안업계로 하여금 공장보안의 필요성을 인식하게 해 주었다.
- George R. Wackenhut의 회사는 단 20년 만에 미국에서 세 번째로 큰 도급경비 및 조사기관으로 성장하였다.
- 민간보안은 백만 명 이상의 종사자를 갖고 연매출이 수십억 달러에 달하는 거대 산업으로 발전해왔다.
- 전형적인 초보수준의 직책은 민간보안경비원과 민간순찰원을 포함한다. 중간수준의 직책은 민간조사원과 탐정, 무장안내원, 중앙경보응답자, 컨설턴트와 인터넷전문가들을 포함한다. 최고수준의 보안직책은 손실예방전문가, 보안감독자, 위험관리자와 최고보안관리자(CSO)들을 포함한다.
- 보안서비스는 자체적으로 할 수도 있고 하청을 줄 수도 있다. 자체서비스는 사내에서, 직접 고용되고, 회사나 조직으로부터 급료를 받고 통제된다. 대조적으로, 도급서비스는 보수를 받고 보안서비스를 제공해 주는 외부 회사나 개인들이다. 둘 다 장단점이 있다. 일부 보안 관리자는 자체서비스와 도급서비스를 조합하는 혼합서비스를 선택한다.
- 민간보안은 각 주의 규제부서들을 통해 규제되는데, 이들은 도급보안서비스를 허가하고 민간보안기능을 수행하는 모든 사람들을 등록할 것을 요구한다.
- 민간조사업을 규제하는 대부분의 주가 민간도급조사서비스를 제공하는 개인, 조합과 법인의 면허를 요구하며, 허가를 얻기 위한 다양한 기준을 만들었다. 허가 요건으로서는 대개 해당 주 거주, 미국 시민권, 경찰 및 조사원으로서의 훈련 및 근무경험, 깨끗한 범죄기록, 배경조사의 통과와 구두 혹은 필기시험의 합격을 포함한다.

응 용

1. 당신이 대학수업에서 "민간보안의 발전과정"에 관해 토론해 줄 것을 요청받는다면, 당신은 토론에 어떤 사실들을 포함시킬 것인가? 무엇을 가장 강조할 것인가?
2. 당신이 지방경찰학교의 어떤 수업에서 초기의 공적 법 시행과의 관계에서 민간보안의 역사적 역할에 관해 토론해 줄 것을 요청받는다면, 어떤 사실들을 포함할 것인가? 무엇을 가장 강조할 것인가?
3. 전화번호부 업소편을 살펴보라. 어떤 보안 회사가 열거되어 있는가? 거짓말탐지서비스를 제공하는 곳도 있는가? 감시서비스는 어떠한가?

논의 사항

1. 고대 보안체계의 어떤 특성들이 아직도 존재하는가?
2. 고대의 무장법과 미국의 제2차 수정헌법의 사람들이 "무기를 소지할 권리" 사이에는 어떤 관계가 존재하는가?
3. 역사적으로 공 경찰의 설치에 대해서는 반감이 있어 왔다. 왜 사람들은 자신들에게 그렇게 큰 이익을 줄 수 있는 조직을 그토록 반대해 왔는가?
4. 효과적인 공적 법 시행이 부재한 시대에 Pinkerton 탐정회사와 철도경찰이 수행한 기능이 공적 법 시행과 어떤 측면에서 비슷한가?
5. 왜 핵 공장이 도급서비스를 사용하고, 병원은 자체서비스를 사용하는가?

참고문헌

Adler, Steven I.; Robertson, Prentice; and Dickson, Kort L. "The Inside Story on Outsource Planning." *Security Management*, August 2005, pp.61–65.

American Society for Industrial Security (ASIS). Online: http://www.asisonline.org

ASIS International. *Career Opportunities in Security*. Alexandria, VA: ASIS International, no date.

Anderson, Teresa. "Legal Reporter." *Security Management*, January 2007, pp.88-93.

Critchley, T. A. *A History of Police in England and Wales*, 2d ed. Montclair, NJ: Patterson Smith, 1967.

Daniels, Rhlanna. "Opinions Vary on Outsourcing." *Security Director News*, February 2007, pp.1, 10.

Davidson, Mary Alice. "A Time to Remember." *Security Management*, January 2000, pp.48–60.

Davidson, Mary Alice. "Fifty Years of Advancing Security." *Security Management*, December 2005, pp.101–107.

Dewhurst, H. S. *The Railroad Police*. Springfield, IL: Charles C. Thomas, 1955.

Friedrick, Joanne. "Security Services–Simplifying the Selection Process." *Security Director News*, December 2005, p.18.

Gough, T. W. "Railroad Crime: Old West Train Robbers to Modern-day Cargo Thieves." *FBI Law Enforcement Bulletin*, February 1977, pp.16–25.

Hall, J. *Theft, Law and Society*. Indianapolis, IN: Bobbs-Merrill, 1935.

Hall, J. *Theft, Law and Society*, 2d ed. Indianapolis, IN: Bobbs-Merrill, 1952.

Hamilton, Booz Allen. *Outsourcing Security: Concerns Growing*. ASIS Online, March 21, 2006.

Harowitz, Sherry L. "The New Centurions." *Security Management Online*, January 2003. http://www.security management.com/library/001363.html

Healy, R. J. *Design for Security*. New York: John Wiley and Sons, 1968.

Jeffrey, C. Ray. *Crime Prevention through Environmental Design*. Beverly Hills, CA: Sage Publications, 1972.

Kaye, Michael S. "Residential Security in the Year 2000."

In *Security in the Year 2000 and Beyond*, by Louis A. Tyska and Lawrence J. Fennelly. Palm Springs, CA: ETC Publications, 1987.

Lavine, S. A. *Allan Pinkerton: America's First Private Eye*. New York: Dodd, Mead, and Company, 1963.

Moran, Mike. "What Are You Worth?" *Security Management*, August 2007, pp.67-73.

"Newspoll: Do You Use Contract Services?" *Security Director News*, June 2005, p.23. *Occupational Outlook Handbook*. 2006-2007 Edition. U.S. Department of Labor, Bureau of Labor Statistics, Washington, DC: U.S. Government Printing Office, 2006.

Piazza, Peter. "Looking for Secure Outsource Partners." *Security Management*, July 2006, pp.46-48.

Reith, C. *Blind Eye of History*. Montclair, NJ: Patterson, Smith, 1975.

Reith, C. *Police Principles and the Problems of War*. London: Oxford University Press, 1940.

Somerson, Ira S. "Insight about Outsourcing." *Security Management*, March 2005, pp.73-77.

Umanskly, Ilya A. "Security's Input on Outsourcing." *Security Management*, October 2006, pp.44-48.

"World Security Services." The Freedonia Group, 2005.

Chapter 2

민간보안전문가

학습할 내용

- 민간보안은 회사의 조직구조상 어디에 위치하는가?
- 보안관리자의 일차적 역할은 무엇인가?
- 보안관리자는 어떠한 행정적 책임을 맡는가?
- 민간보안체계의 궁극적 목적은 무엇인가?
- 직원과 경영진은 그들의 보안 및 안전체계에 관해 어떻게 교육되는가?
- 보안관리자의 경영상 책임은 무엇인가?
- 민간보안직원으로 채용되기 위해 갖추어야 할 자격은 무엇인가?
- 보안직원들의 직무수행의 효과성은 어떻게 제고될 수 있는가?
- 보안직원들에 대한 훈련은 언제 이루어져야 하는가?
- 공인보호전문가(Certified Protection Professional: CPP)란 무엇을 말하는가?
- 보안직원이 공적 관계에서 갖는 역할은 무엇인가?

개념정의

공인보호전문가	교육학	기업보안
대리책임	상당한 주의	선행요건
성인교육학	수렴	SMART 목표들
진정직업자격		

도 입

지난 몇 년 동안 보안산업은 한 가지 근본적인 변화를 겪었다. 보안이 점차 세계화되기 때문에, 그것은 상호 연결되고 상호 의존하는 복합적 체계로 변형되어 가고 있다. 전례가 없는 최근의 사건들은 사람, 시설, 자산, 데이터를 보호하기 위해 강화된 보안의 수요를 증가시켰다. 이 새로운 보안 환경은 오늘날의 보안종사자들에게 기회와 동시에 도전을 던져 준다(*ASIS International Security Certifications*, 2007, p.1).

이 장은 민간보안 프로페셔널리즘(전문 지식 및 기술)의 사회학적 요소들에 대한 논의와 함께 시작한다. 그리고 나서, 특정 조직 구조상 보안의 위치가 다루어진다. 그 다음은 보안전문가의 주요 권한과 책임이 기술되고, 대부분의 보안전문가들이 갖는 구체적인 책무에 대한 검토를 한다. 이 장은 보안전문가들이 조직의 공적 관계를 위한 노력에 어떻게 기여할 수 있는지, 그리고 보안 분야를 전문화함에 있어서 자격증과 그것이 갖는 역할이 어떠한 것인지에 대한 논의로써 끝을 맺는다.

민간보안 프로페셔널리즘

이 책에서는 민간보안이 하나의 전문직업으로서 다루어진다. 그러나 그것이 전문직업으로서의 기술적 자격을 갖추고 있는지는 논쟁의 여지가 있다. 문제는 프로페셔널리즘의 정의가 다양하다는 것이다. 일부에게는 *professional*이 *amateur*에 반대되는 것으로서, 단순히 하나의 중요한 직업을 의미하거나 혹은 임금을 받는 누군가를 의미한다. 그러나 사회학자들은 어떤 직업이 전문직업으로서의 자격을 갖추기 위한 몇 가지 핵심적 요소들을 확인하였다. 프로페셔널리즘의 세 가지 핵심 요소는 (1) 적문적 지식, (2) 자치, 그리고 (3) 서비스 이념(ideal)이다.

전문적 지식

기술이 진보함에 따라 그리고 범죄자가 더 세련되어 감에 따라, 보안공급자들은 더 많은 지식과 훈련이 필요할 것으로 기대된다. 민간보안은 급속히 변화하는 분야이기 때문에, 그 분야의 다른 사람들과 소통하고, 전문 저널을 읽고, 전문 협회 또는 학회에 가입하고, 다른 민간보안 실무자들과의 접촉을 유지하는 것이 중요하다. 대학교육 또한 많은 도움이 되고 있다. 2005년 조사에 의하면, 최고수준의 보안 중역들 가운데 37%가 학사학위를, 26%가 석사학위를, 그리고 2%가 박사학위를 갖고 있는 것으로 나타났다(Harowitz, 2005, p.45). 2007년에는 그 수치들이 약간 더 올라가서, 43%가 학사학위를, 28%가 석사학위를 갖고 있는 것으로 나타났다. 박사학위 소지자는 여전히 2%였다(그림 2.1을 보라).

자 치

전문가의 자치란 전문직업에로의 진입을 통제하고, 취득할 지식의 내용을 정의하고, 자기감시와 훈련에 책임을 지는 능력을 말한다. 게다가, 전문직의 자치는 대개 국가 권력에 의해서 허가된다. 예컨대, 외과의사, 치과의사, 변호사와 교사는 국가에 의해서 허가된다. 이들 전문직업들은 결과적으로 합법화된 독점권을 갖는다. 민간보안은 보안직원이 되기 위한 요건들이 대개 주 입법부에 의해서 정해진다는 점에서 전문적 자치의 기준에 맞는다.

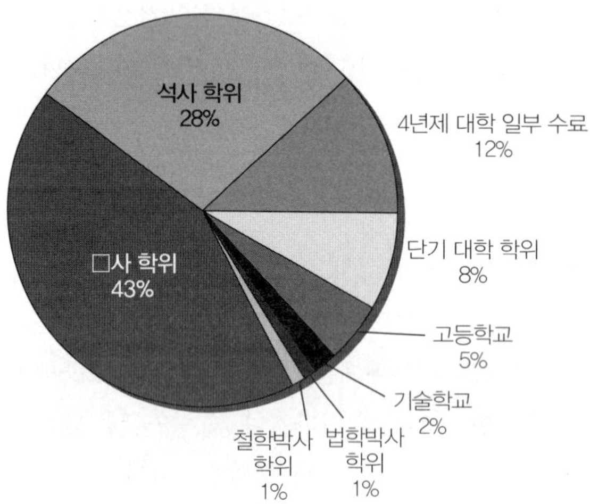

그림 2.1 민간보안전문가들의 교육수준

출처: From "What Are You Worth?" by Mike Moran. © 2007 ASIS International, 1625 Prince Street, Alexandria, VA 22314. Reprinted by permission from the August 2007 issue of *Security Management* magazine.

민간보안직원을 위한 윤리규약

나는 민간보안직원으로서 민간보안이 범죄예방과 감소에 지대한 공헌을 할 수 있음을 인지하여 다음과 같이 서약합니다:

I. 사람의 생명과 재산을 보호하고, 내가 할당받은 고용주의 사업체, 또는 다른 조직과 기관에 대한 범죄를 예방하고 감소시키며, 법을 준수하고, 모든 사람들의 헌법적 권리를 존중하는 등, 나의 역할이 갖는 책임을 수용하고 의무를 완수할 것입니다.

II. 정직하고 성실하게 행동하며, 나의 보안임무를 수행함에 있어서 최고의 도덕적 원리를 고수하겠습니다.

III. 나의 임무를 수행함에 있어서 충실하고 근면하고 신뢰할 수 있도록 하며, 항상 타인의 권리를 보호하는 법, 정책과 절차를 준수하겠습니다.

IV. 나의 판단에 영향을 미칠 수 있는 개인적 감정, 편견, 증오 또는 친분을 허용하지 않고, 진실함, 정확함, 신중함의 교훈을 준수하겠습니다.

V. 나의 상관에게 보고할 때는 주저함 없이, 법 또는 나의 고용주나 고객의 규칙을 어기지 않고 하도록 하겠습니다.

VI. 나의 고용조건을 벗어나는 고용주나 고객의 비밀스런 또는 특별 허가된 정보는 그들의 이익이 법이나 이 윤리규약에 모순되지 않는 한 존중하고 보호하겠습니다.

VII. 모든 승인된 책임 있는 법 시행 및 정부 기관들과 사법권 내의 문제에 대해서 협력하겠습니다.

VIII. 나의 고용주가 동의하지 않은 어떠한 보상, 청탁, 선물 또는 다른 편의도 받지 않겠습니다.

IX. 항상 전문적으로 행동하고, 나 자신과 나의 고용주, 그리고 민간보안에 대한 신뢰를 반영하는 방식으로 나의 임무를 수행하겠습니다.

X. 나의 민간보안 임무의 준비에 도움이 되는 훈련과 교육에 충실함으로써, 나의 임무수행력을 향상시키기 위해 끊임없이 노력하겠습니다.

그림 2.2 보안직원의 행위규약

출처: From *Private Security: Report of the Task Force on Private Security*, National Advisory Committee on Criminal Justice Standards and Goals, Washington, DC, 1976. Reprinted with the written permission of ASIS International, Alexandria, VA.

서비스 이념

프로페셔널리즘의 세 번째 요소인 서비스 이념은 전문직업의 성원들이 공식적 윤리규약을 따르고, 지역사회에 헌신적으로 봉사할 것을 요구한다. 그림 2.2와 2.3은 각각 보안직원을 위한 윤리규약과 보안관리자를 위한 윤리규약을 보여 준다.

두 규약들은 사람의 생명과 재산의 보호를 그 첫 번째 책무로 규정하고 있다. 만일 조직이 보안 업무의 공적 서비스로서의 측면을 강조한다면, 보안직원은 전문가로서의 자격을 갖춘 것으로 볼 수 있다.

민간보안관리자를 위한 윤리규약

민간보안 기능과 직원들을 관리하는 사람으로서, 우리는 다음을 서약합니다:

I. 우리의 주요 책임은 (1) 조직과 고객들에 봉사함에 있어서는, 우리의 사업, 산업, 혹은 다른 조직과 기관들에 대한 범죄를 예방하고 감소시키며 고객의 생명과 재산을 보호하는 것이고, (2) 공공의 이익에 봉사함에 있어서는, 법을 준수하고 모든 사람들의 헌법적 권리를 존중하는 것임을 인식하겠습니다.

II. 업무를 수행함에 있어서, 모든 직원의 문제에 있어서, 정부기관, 고객 및 고용주와의 관계에 있어서, 그리고 일반 대중에 대한 책임에 있어서 성실함, 명예로움, 정의로움과 도덕성을 갖고서 임하겠습니다.

III. 최고 품질의 보안서비스를 제공하기 위해 충실히 노력하고, 우리의 지식과 기술을 향상시켜서 민간보안의 전체적인 효과성을 높이기 위해 끊임없이 노력하겠습니다.

IV. 법의 테두리 내에서 우리의 직무를 수행하고, 법 위반을 명령하거나 묵인하지 않으며, 우리의 보안직원들이 부여받은 임무를 합법적으로 그리고 타인의 권리를 존중해서 수행할 것을 확실히 함으로써, 우리의 고용주나 고객, 그리고 대중으로부터의 신뢰를 잃지 않겠습니다.

V. 민간보안에 있어서 타인(또는 타사)의 명성과 경험은 존중하되, 그들의 비윤리적이거나 불법적인 행위는 관계 당국에 알리도록 하겠습니다.

VI. 직원을 충원하고 선발함에 있어서는 인종, 신조, 피부색, 성별, 연령에 관계없이 단일하고 공평한 고용기준을 적용하고, 급여를 책정함에 있어서는 일의 책임과 훈련, 교육, 경험에 비례하게 하도록 하겠습니다.

VII. 승인된 책임 있는 법 시행 및 다른 형사사법 기관들과 협력하고, 보안 허가 및 등록 법규와 우리의 업무에 속하는 다른 법적 요건들을 준수하겠습니다.

VIII. 우리의 고용조건을 벗어나는 고용주나 고객의 비밀스런 또는 특별 허가된 정보는 그들의 이익이 법이나 이 윤리규약에 모순되지 않는 한 존중하고 보호하겠습니다.

IX. 고용주와 고객, 타 민간보안 분야 사람들, 그리고 다른 전문직업 성원들과의 모든 업무관계에서 전문가로서의 자세를 견지하고, 우리 직원들이 최고의 전문가적 행위기준을 준수하도록 고집할 것입니다.

X. 우리 직원들이 적절한 보안 지식, 교육, 훈련을 획득하도록 도움으로써 그들이 전문 직업인으로서 전진하도록 자극하겠습니다.

그림 2.3 보안관리자의 행위규약

출처: From *Private Security: Report of the Task Force on Private Security*, National Advisory Committee on Criminal Justice Standards and Goals, Washington, DC, 1976. Reprinted with the written permission of ASIS International, Alexandria, VA.

민간보안이 전문직업으로서의 자격을 갖는가?

민간보안은 2001년 9월 11일 이후로 국토보안에 있어서 그것의 중요성이 명백해졌기 때문에 확실히 그 지위가 향상되었다. 그러나 민간보안이 하나의 전문직업으로서의 자격을 갖추고 있는가 하는 질문에 대한 대답은 현재로서는 각각의 개인과 조직을 검토함으로써 사례별로 제시되어야 할 것이다. 일부 개인과 조직은 모든 세 가지 기준을 충족시키지만, 많은 다른 개인과 조직은 그렇지 않다. 보안이 점차 전문화되어 감에 따라, 그것의 조직 내부에서의 지위 또한 높아진다.

조직구조 내에서의 민간보안의 위치

많은 조직에서 보안기능은 간단한 열쇠와 경보기에 의존하던 것에서부터 복잡하고 종합적인 보호체계를 갖추기까지, 일차적으로는 발생한 손실에 대응하여 진화해 왔다. 이러한 대응적 반응은 흔히 하나로 통합된 보안부서보다는 무질서한 보안접근을 가져왔다. 그래서 조직구조의 완전한 한 구성부분으로서의 보안체계의 필요성이 점차 많은 조직들에 의해 인식되게 되었다. 보통 그러한 부서는 한 사람의 보안전문가에 의해 지휘된다.

자체서비스든 도급서비스든 그리고 주법에 의해 규제되든 그렇지 않든 간에, 효과적인 관리 관행은 민간보안에 있어서 필수적이다. 관리진은 어디에 얼마의 돈을 쓸 것인지, 어떤 규칙과 절차를 만들고 시행할 것인지, 그리고 누가 주어진 특정 임무에 대한 책임을 질 것인지 결정한다. 마지막으로 관리진은 보안을 확보하는 데 책임이 있다. 만일 어떤 조직이 보안상의 문제를 갖는다면, 그것은 곧 관리상의 문제를 갖는 것이다.

민간보안은 회사, 산업, 기관의 최고 경영진의 우선적 관심사여야 한다.

보안을 책임지는 사람들은 그들의 책임을 완수하기 위해 필요한 권위를 부여받아야 하며, 최고 경영진에 대한 접근이 가능해야 한다. 의사소통 라인은 개방되어야 한다. 기획, 평가와 경신은 민간경비 직원, 장비와 절차들의 완전한 이득을 보장하기 위해 계속되어야 한다.

보안부서의 장은 Chief Security Officer, Chief of Security, Director of Security, Executive Security Officer, Security Director, Security Manager, Security Supervisor

를 포함하여 다양한 타이틀을 갖는다. 그 타이틀이 무엇이든 간에, 보안관리자들이 효과적이기 위해서는 조직 내에서 권위 있는 자리를 가져야 하며, 최고 경영진의 지지를 받아야 한다. 이 최고 경영진이 사장이냐 부사장이냐 하는 것은 이들 중역들의 이용가능성에 달려 있다. 비록 이상적으로는 보안관리자가 사장에게 직접 보고할 수 있어야 하지만, 대규모 조직에서는 사장이 너무 바빠서 보안상의 요구와 관심에 대해 보안관리자와 효과적으로 소통할 수 없다. 그러한 조직에서는 부사장이 그 책임을 맡을지 모른다.

보안이 효과적이기 위해서는 모든 부서의 협력이 필수적이다. 효과적인 보안은 자기 분야에서 충분한 지식을 갖고 있을 뿐 아니라, 혁신적이기도 한 민간보안 관리자에 의해, 그리고 사람과 보안문제를 힘도 있지만 기술적으로, 객관적이지만 상상력 있게, 유연하지만 체계적으로 다룰 수 있는 민간보안 관리자에 의해 가장 잘 달성될 수 있다.

최고 보안관리자와 최고 정보관리자

Telders(2004, p.18)는 조직이 —과거에는 구분되어 왔지만, 요즘은 합쳐지는 경향이 있는— 최고 보안관리자(Chief Security Officer: CSO)와 최고 정보관리자(Chief Information Officer: CIO)를 모두 가지고 있을 때는 책임의 중복이 발생할 수 있다고 하였다: "일부 회사는 변화를 주도하고 있고, 다른 회사는 변화에 적응하려 애쓰고 있고, 또 다른 회사는 변화에 적극적으로 저항하고 있다." 그에 의하면, 변화하는 기술은 지난 20년 동안 두 직책을 변형시켜 왔으며, 이제는 스스로를 가깝게 끌어들이는 수렴이 시작되고 있다. 공통의 이익이나 초점으로 합쳐지는 것을 의미하는 **수렴**(convergence)은 여러 방식으로 보안에 영향을 미치는 하나의 추세이며, 앞으로 이 책을 통해서 보여질 것이다.

Telders(p.19)에 따르면, 전통적으로 구분되던 CIO와 CSO의 직책은 갈등을 맞고 있는 것 같다. CIO는 시스템과 네트워크의 이용가능성과 처리량, 시스템의 반응시간, 사업목표의 향상과 지지를 위해 새로운 기술을 혁신적으로 사용하는 것 등에 초점을 둔다. CIO는 다른 자원들의 영향을 통한 간접적인 방식이지만, CSO와 마찬가지로 흔히 회사정보의 보안에도 일정한 책임을 진다. 대조적으로, CSO는 정보와 회사자산의 보안에 책임을 진다. Telders는 랩탑컴퓨터 절도에 관한 다음의 예로써 둘의 기능상 차이점을 예시한다:

CSO는 절도를 예방하고 절도가 발생하면 그것을 조사하는 책임을 진다. 만약 랩탑이 민감한 정보를 담고 있다면, CSO는 거래비밀의 안전, 프라이버시 문제, 회사의 비밀정보와 그 정보의 회복을 염두에 두어야 한다. CIO 또한 잃어버린 정보에 관심을 갖는다. 그러나 만일 그 정보가 백업으로부터 회복가능하다면, CIO는 흔히 그것만으로는 문제가 없다. 그러나 CSO는 올해에 얼마나 많은 절도가 발생했으며, 그것의 비용은 얼마이고, 회사가 그 문제에 대해 무엇을 하고 있는지 등의 질문에 대해 답해야 한다.

정보통신(IT)의 발전과 전자시스템 및 그에 내포된 데이터에 대한 회사의 의존성 증가는 보안실무자들에게는 새로운 도전을 던져준다: "IT와 물리적 보안 분과들 간의 변화하는 역학은 그들의 상호의존성을 때때로 까다로운 문제로 만든다"(Plante and Craft, 2005a, p.44). 세계적인 인터넷 접속의 폭발에 앞서, 보안관련 책임은 명백하게 정의되고 IT로부터 명백하게 분리되었다. 기업의 보안은 물리적 세계에 초점을 두었고, IT의 보안은 논리적 세계에 초점을 두었다. 보안과 IT는 조직의 제한된 자원을 두고 경쟁하였다. Plante와 Craft는 다음과 같이 썼다: "그처럼 두 가지 별개의 분야를 함께 연결하는 것은 쉽지가 않다. 기업보안 관리자와 IT보안 관리자의 인성 유형은 단순히 그들이 수행하는 역할의 차이 때문에 매우 다를 수 있다. 그리고 두 분야의 기술과 능력이 발전할지라도, 각 보안 분야에 의해 요구되는 기술적 전문성은 여전히 상당히 다르다."

두 가지 기능의 수렴은 부분적으로는 테러리즘에 의해 보안자원에 주문된 요구의 결과이다: "물리적 보안 영역은 국내의 그리고 국제적인 테러리즘의 위협으로 애먹지만, 정보통신 영역은 사이버테러리즘의 위협으로 고생한다"(Fay, 2004a, p.50). 이러한 수렴은 물리적 보안과 IT보안 모두를 책임지는 직책인, chief security officer란 타이틀을 갖는 새로운 형태의 보안 리더십을 가져왔다. Fay(p.50)는 두 가지 기능이 병합되면, IT 간부가 CSO자리 쟁탈에서 이길 것이며, CSO의 약 10%만이 물리적 보안직에서 나올 것이라고 주장한다. 대부분의 경영진은 물리적 보안 전문가가 정보기술을 배울 수 있는 것보다, IT보안 전문가가 물리적 보안을 더 빠르고 쉽게 배울 수 있을 것이라고 믿는다. 정보보안을 위해 요구되는 기술은 제11장에서 다루어진다. 또 다른 잠재적 갈등의 소스는 CSO와 인사과 사이에 있다.

CSO와 인사과

많은 조직에서 예비 직원을 심사하는 것은 인사과[the Human Resources(HR) Department]의 책임이다. 다른 조직에서는 그것이 CSO의 책임일 수도 있다. 또 다른 조직에서는 HR과 CSO가 책임을 공유한다. 그러나 한 배경정보서비스의 책임자는 다음과 같이 말했다: "HR의 목적은 누군가를 재빨리 고용하는 것이지만, 보안의 목적은 안전한 사람을 뽑는 것이다"(Friedrick, 2004, p.19). Friedrick은 500명 이상의 직원을 갖는 회사들은 심사과정을 하청 주는 경향이 있다고 보고하였다. 예컨대, 2001년에는 조사된 기업의 70%가 이 기능을 아웃소싱한 데 비해, 2003년에는 82%가 그렇게 하였다는 것이다. IT와 HR 부서 외에도, 보안은 이제 조직들이 다른 부서에도 마찬가지로 보안을 제공할 것을 요구하는 법의 영향을 받고 있다.

CSO와 전체 기업

Plante와 Craft(2005a, p.45)는 다음과 같이 썼다: "미국에서 입법부의 몇몇 법안들 —가장 주목할 만한 것으로, Sarbanes-Oxley(SOX)법과 건강정보 이용 및 공개에 관한 법(the Health Information Portability and Accountability Act: HIPAA)— 은 CEO들로 하여금 자신들의 기업이 직면하고 있는 보안상의 위험을 일깨워주고 있다. Sarbanes-Oxley법은 경리부서에 직접 영향을 준다. HIPAA는 보건 및 안전부서에 직접 영향을 준다. 전체 기업이 직면한 위험을 효과적으로 관리하기 위해서는 모두가 협력해야 한다." **기업보안**은 어떤 조직이 직면할 수 있는 모든 위험을 감시하는 것을 포함한다.

명령의 통일이 중요하다. 비록 CEO가 조직의 궁극적인 권위자이지만, 그는 좀체 보안결정의 목적에 필요한 정도의 기술에 대한 이해는 갖지 못할 것이다. 그래서 기업이 한 사람 —(필요하다면 합의제 위원회와 함께 일하는) CSO— 을 기업보안에 대해 책임지도록 임명하고, 그 책임에 걸맞는 권위를 부여하는 것이 권장된다(Plante and Craft, 2005b, p.54). 그러한 권위의 한 요소로서, 보안관리자는 최고 경영진에 대한 접근이 가능해야 한다. 그들은 또한 기업 내 모든 부서와 소통하고 각 부서들의 보안 노력을 조정해야 한다.

보안관리자는 안전한 환경을 조성하기 위해 팀을 만들 뿐만 아니라, 그 팀을 관리하고 이끌어야 한다. Fay(2004b, p.50)는 리더십은 그 자체로만 존재할 수 있지만, 효과적인 관리는 리더십 없이는 존재할 수 없다고 하였다.

지도자로서의 CSO

리더십은 "조직의 목적을 달성하기 위해 개인 및 집단과 함께 그리고 그들을 통해서 작동하는 것"으로 정의되어 왔다(Hersey and Blanchard, 1977). 수 세기 전에, Lao Tsu는 다음과 같이 관찰하였다: 좋은 지도자는 사람들이 존경하는 사람이다. 위대한 지도자는 그의 사람들이 "우리는 그것을 스스로 했다"라고 말하게 하는 사람이다. 대통령이자 제2차 세계대전을 지휘한 장군이었던 Dwight Eisenhower는 리더십을 "당신이 원하는 어떤 것을 하기 위해 누군가를 얻는 기술"이라고 정의하였다.

- 지도자는 부하가 자기를 따르도록 강력한 비전을 창출하지만, 관리자는 일상의 수행에 대한 도전과 장애를 다룬다.
- 지도자는 더 높은 수준의 일을 성취하지만, 관리자는 일의 균형을 유지하고 조직의 목적에 초점을 둔다.
- 지도자는 혁신적이지만, 관리자는 위험을 감소시킨다.
- 지도자는 전략을 분명하게 하는 데 초점을 두지만, 관리자는 작전을 실행한다.

관리자와 지도자 간의 한 가지 근본적인 차이는 관리자는 일에 초점을 두지만, 지도자는 사람에 초점을 둔다는 것이다. 일을 관리하는 반면, 사람을 이끈다. 표 2.1은 관리(경영)와 리더십 간의 차이점을 보여 준다.

효과적인 CSO는 상황에 따라서 지도자로서의 기능도 할 수 있어야 한다. 그들은 또한 몇 가지 핵심적인 능력도 소유해야 한다.

최고 보안관리자의 핵심적 능력

최고 보안관리자 지침(Chief Security Officer Guideline)(2006, pp.9-10)은 CSO에게 요구되는 몇 가지 핵심 능력들을 기술하고 있다. 그들은 높은 수준의 정서적 안정감뿐 아니라 업무와 대인관계 기술 모두를 필요로 한다. 그들은 또한 보안의 가치를 선임 중역들에게 설명할 수 있어야 한다. 이러한 능력은 CSO의 기술적 능숙함보다 더 중요할 수 있다. 게다가, CSO는 다음을 할 수 있어야 한다:

- 선임 중역들, 이사회, 그리고 실행위원회에 말하고 소통할 수 있어야 한다.
- 회사의 전략적 방향과 목표를 이해해야 하고, 보안상의 요구를 조직의 목적 및 목표와 연계하는 방법을 알아야 한다. 이것은 세계적인 그리고 개별적인 사업보안 프로그램들을 위한 비전을 확립하고, 그것들의 실행과 지속적 발전을 위한 지지를 구축하는 능력을 함축한다.
- 경제학, 지정학, 조직 설계 및 기술 영역에서의 변화의 영향과 그것들이 어떻게 조직에 대한 잠재적 위협 및 위험과 관련되는지를 이해하고 평가해야 한다.
- 보안사건과 관련된 윤리적 문제들이 조사되고 더 이상의 파괴적 영향 없이 해결되며, 조직의 가치 및 사업규칙과 일치하게 공정하고 객관적인 방식으로 행해지는 것을 보장해야 한다.
- 조직에 대한 위험과 위협을 평가함에 있어서는 전통적인 그리고 진보된 시나리오 기획 기법들의 사용을 촉진해야 한다.

■ 조직 전반에 걸쳐서 스탭 및 현장 직책들에 있는 핵심적인 사람들과 성공적으로 연결망을 구축하고 실행적 관계를 발전시키는 방법을 이해해야 한다.
■ 조직의 문화와 일치하는 내외적 정보자원을 통하여 조직적 학습과 지식 공유를 장려해야 한다.
■ 정치적으로 기민하되, 정치적으로 동기화되지는 말아야 한다.
■ 현실적이어야 하고, 특정 계획이나 추천이 재정, 직원, 고객에게 갖는 함의를 평가할 필요성을 이해해야 한다.
■ 기획과 자본지출에 대해서는 선임 경영팀의 필수적인 한 부분으로서 기능해

표 2.1 관리 대 리더십

관 리	리더십
일을 옳게 하는 것	옳은 일을 하는 것
유형의	무형의
심판	치어리더
지휘하다	코치하다
무엇을 하는가	어떻게 하는가
공표하다	촉진하다
책임지는	반응하는
임무에 대해 의견을 갖다	임무에 대해 통찰력을 갖다
내부로부터 세계를 보다	외부로부터 세계를 보다
본부 리더십	최전선 리더십
무엇을 말하는가	어떻게 말하는가
감정불개입	감정개입
삶의 보전	삶의 열정
강제에 의해 구동되는	목표에 의해 구동되는
잘못된 일을 찾다	잘된 일을 찾다
비용 평가	노력 평가
양적	질적
프로그램의 주도	진행 중인 과정의 주도
프로그램을 발전시킴	사람을 발전시킴
프로그램에 관심	사람에 관심
효율성에 관심	효과성에 관심
가끔 영웅처럼 행동함	더 이상 영웅처럼 행동하지 않음

출처: From Bill Westfall, "Leadership: Caring for the Organizational Spirit" in *Knight Line USA*, May–June 1993, p.9. Reprinted with permission of Executive Excellence Publishing, Provo, Utah.

야 한다.

- 전 조직구성원이 보안을 회사와 조직문화에 있어서 중요한 것으로 인식하게 해야 한다(pp.9-10).

이러한 핵심적 능력들은 보안관리자로 하여금 그 직책이 수반하는 수많은 책무들을 완수할 수 있도록 해 줄 것이다.

보안관리자의 책임

자체서비스든 도급서비스든 간에 보안관리자는 수많은 책임을 완수하여야 하며, 결과적으로 다양한 모자를 써야 한다. CSO는 필요하다면, 다른 경영자, CEO, 노조대표, 회계사, 인사과, 엔지니어와 건축가, 시의 감독자, 지역경찰, 소방서, 보건공무원, 보험회사, 언론사와 접촉해야 한다. 보안관리자는 또한 최고 경영진과 다른 부서들의 협력을 구하기 위해, 그들 각자의 목표를 달성하도록 도움으로써 친밀하고 원만한 관계를 구축해야 한다. 각 부서의 예산 및 인사 문제에 대한 긍정적인 태도는 그러한 관계형성에 도움이 될 것이다.

보안관리자의 일차적 역할은 행정가, 경영(관리)자, 그리고 손실예방전문가의 역할이다.

보안관리자는 또한 회사의 조직도로 묘사되는 공식적 구조 내에서 뿐만 아니라, 특정 부서에 존재하는 비공식적 조직 내에서도 적절히 기능해야 한다.

행정적 책임

보안관리자는 보안목적, 정책, 절차와 일상적 명령, 재정적 통제와 예산, 교육프로그램과 조직 내에서 보안에 대한 우호적인 이미지 조성 등에 관한 책임을 진다.

보안목적과 목표의 설정

회사의 경영철학과 전체적인 분위기는 보안목적의 확립에 큰 영향을 미친다. 어떤 경영진은 매우 개방적인 환경을 조성하기 위해 애쓰지만, 다른 경영진은 매우 엄격한 분위기를 만들기도 한다. 보안목적은 개방성과 엄격성 사이에 적절한 균형이 유지되면 설정하기가 더 쉽다.

민간보안의 궁극적 목적은 회사의 투자 대비 수익을 최대화하기 위해 손실을 예방하는 것이다.

보안방법들은 사람을 보호하고, 범죄를 억제하고, 위험을 감소시키며, 회사를 잠재적인 범죄자에게 덜 매력적인 표적으로 만드는 데 목적이 있다. 각 부서들은 특정 보안목적이 설정되기 전에 최고 경영진과 함께 논의해야 할 서로 다른 요구를 분명히 갖는다.

목표는 예컨대, 무엇을 몇 퍼센트까지 감소시킨다거나, 보안조사를 통해 확인된 위험요소를 몇 가지 제거한다는 등 측정이 가능해야 한다. 일단 목표가 지정되면, 그 목표를 달성하기 위한 구체적인 조처들이 열거되고, 시간계획과 함께 순서화될 수 있다. Blanchard(1988, p.14)에 따르면, **SMART 목표들**은 목표가 달성될 것을 보장해 준다. SMART 목표들은 다음과 같다:

- 구체적일 것(Specific)
- 측정가능할 것(Measurable)
- 달성가능할 것(Attainable)
- 적절할 것(Relevant)
- 추적가능할 것(Trackable)

예컨대, 업무상 모든 사고를 제거한다는 목표를 설정하는 것은 아마도 비현실적이다. 그러나 사고를 50%까지 줄인다는 목표는 합리적으로 달성 가능할 수 있다.

정책, 절차 및 일상적 명령의 설정

관리자들은 또한 세 가지 종류의 지침을 사용한다: 정책, 절차와 일상적 명령. *정책*은 조직의 일반적 지침 또는 기본 철학이다. 그것은 조직이 효율적이고 효과적으로 운영되어, 그 목적과 목표를 달성하도록 돕는다. 그것은 조직의 기본 규칙이며, 조직철학에 있어서의 근본적 변화가 없다면 좀체 바뀌지 않는다. 예컨대, "모든 방문자는 입구에서 체크인해야 한다"와 같은 것이다.

*절차*는 직원들이 자기 일의 다양한 국면을 어떻게 수행해야 하는지를 상세화한 일반적 지침이다. 대부분의 절차는 합리적이고 수용 가능한 수준의 보안을 가능한 한 표나지 않고 비용대비 효과적으로 달성하는 데 목적을 둔다. 예컨대, 방문자는 입구에서 체크인할 때, 자신들이 어디에서 온 누구이며, 몇 시에 누구를 방문하는지 등을 기록하고 서명할 것이다. 그들은 방문증을 받게 될 것이고, 그들이 방문하는 사람은 그들을 자기 사무실로 안내하기 위해 호출되어 나올 것이다. 방문자들은

방문이 끝나면, 다시 서명하고 방문증을 반납하라고 안내받을 것이다.

*일상적 명령*은 일시적 지침 또는 통지 항목들이다. 그것은 대개 일자가 지정되며 며칠 동안만 지속된다. 예컨대, 특정한 날에 안내 없이 방문대상자에게 직접 방문하는 것이 허용되는 사람의 명단이 안내 데스크의 직원에게 전달될 수도 있다.

재정 통제 및 예산의 설정

가장 어려운 행정적 책임 중의 하나는 장비, 장비관리 및 보안 직원에 소요되는 비용을 포함하여, 예산을 설정하는 것이다. 보안직원을 위한 비용은 신중하게 숙고되어야 한다.

이상적으로는, 보안관리자가 경영진의 판단을 위해 그들 자신의 예산계획을 준비하는 것이 허용된다. 그러나 보안을 위한 비용을 정당화하는 것은 결과가 입증될 수 없다면 극도로 어렵다. 만일, 보안노력이 매우 효과적이면, 아무 일도 일어나지 않을 것이다. 아이러니하게도, 이것은 최고 경영진으로 하여금 보안노력이 더 이상 중요하지 않구나 하는 잘못된 결론에 도달하게 할 수 있다. 특정 보안방법들이 도입되기 전에 어떤 일이 있었는지를 말해 주는 기준 데이터가 제시된다면 보안비용을 정당화하는 데 도움이 될 것이다.

보안관리자는 또한 그들의 예산을 준비함에 있어서 현실적이어야 한다. 보안부서는 한정된 자원을 놓고 경쟁하는 많은 부서들 중의 하나일 뿐이다. 모든 일이 한꺼번에 다 달성될 수 없기 때문에, 우선순위가 정해져야 한다. 효과적인 보안체계는 자원이 이용 가능할 때 논리적으로 그리고 체계적으로 구축된다.

교육프로그램의 설정

사람은 회사의 가장 소중한 자산이지만, 그들은 또한 회사의 다른 자산들에 대해서는 큰 위협이 될 수 있다. 그래서 안전을 증진하고, 보안절차를 실행하며, 내부의 절도로부터 손실을 줄이기 위한 교육프로그램들이 효과적인 보안체계에 중요하다.

보안시스템은 진공상태에서 설립되고 작동되는 것이 아니다. 그것은 경영진과 모든 직원의 정보에 근거한 협력을 요구한다. 보안관리자는 흔히 직·간접적으로 그러한 교육에 관여한다. 때때로 그들은 보안장비와 절차에 대해 직원들을 교육할 책임을 부여받는다. 다른 때에는, 특히 대규모 회사에서는 훈련부서가 직원들의 교육 책임을 진다. 그러나 그러한 경우에서도, 보안관리자는 귀중한 도움을 줄 수 있다.

교육은 경영진과 직원들에게 보안의 일차적 기능이 일하기 안전한 장소를 보장해 주고 회사의 자산을 보호하여 모두가 덕을 보게 하는 것이라는 점을 보여 줌으로써 민간보안에 대한 좋은 이미지를 조성할 수 있다. 내·외적 절도로부터의 손실은 비용을 인상시키기 때문에 다른 이득을 감소시킨다. 안전프로그램은 긍정적인 공적 관계가 잘 기능하도록 도움을 줄 수도 있다. 예컨대, 심폐소생술(CPR) 프로그램은 직원들에게 회사가 잘 준비되어 있으므로 안전하다는 느낌을 갖게 한다. 그러한 프로그램은 직원들에게 자신들이 회사와 다른 사람들에게 소중한 존재이구나 하는 느낌을 갖게 할 수 있다. 만일 손님 등 누군가가 심장마비를 당하거나 다른 응급처치를 필요로 한다면, 직원들은 최상의 위치에서 그(녀)를 도울 수 있을 것이다.

방문자들과 대중들 또한 준수해야 할 제한 및 안전 절차를 설명 받을 수 있다. 효과적인 교육프로그램은 일부 사람들이 민간보안원들에 대해서 가지고 있는 부정적 이미지를 긍정적인 것으로 변화시킬 수 있다.

직원들은 포스트, 표지, 매뉴얼, 훈련, 수업, 보안직원들의 제안 및 예시 등을 통해서 보안 및 안전시스템에 관해 교육받을 수 있다.

표지와 포스트는 효과적인 교육도구가 될 수 있으며, 또한 의식수준을 높일 수도 있다. 비록 영구적인 표지가 비용대비 효과적이지만, 그것들은 일정한 기간이 지나면 효과가 없다. 그러므로 그것들은 교육을 위해서보다는 방침을 주기 위해서만 사용되어야 한다. 교육용 포스트와 전시물은 밝고, 매력적이며 자주 바뀌어야 한다.

훈련 매뉴얼은 경영진이 보안절차들을 글로써 명시하도록 되어 있기 때문에 도움이 되는데, 그것은 보통 무엇이 중요한 것인지(또는 그렇지 않을 것인지)에 대한 신중한 고려를 필요로 한다. 비록 보안 및 안전 매뉴얼을 준비하는 것이 좋은 생각이지만, 그것만으로는 충분하지 않다. 직원들은 그것을 읽지 못할 수 있으며, 이해하지 못할 수도 있다. 또한 무식해 보이지 않으려고, 질문도 하지 않고 설명도 요청하지 않을 수 있다. 매뉴얼은 또한 그냥 무시되고 구석으로 치워져 잊혀질 수도 있다. 훈련매뉴얼이 갖는 또 다른 고질적 문제는 그것들이 자주 업데이트되지 않는다는 것이다.

훈련프로그램과 연수회는 우수한 교육수단이다. 그러나 직원들을 특정 시간에 한 자리에 모으는 것이 어렵다. 게다가, 직무의 재편성(turnover)으로 인해 일부 직원들은 다음 훈련 기간이 올 때까지 필요한 훈련을 받지 못한 채로 남겨질 수도 있다.

직원 인지프로그램의 개발

국방부(the Department of Defense)는 국가의 에너지 및 산업 비밀들을 보호하기 위한 강제적인 보안인지프로그램을 주도하는 곳이다. 다른 영역에서의 보안관리자들은 다음과 같은 사항들을 완수하기 위해 비디오테이프, 뉴스레터, 포스트, 그리고 안전 및 범죄예방활동과 같은 메커니즘을 사용하여 이 지침을 따라야 한다:

- (직원들에게) 중요한 보안프로그램들을 설명하고 그들이 준수할 수 있도록 도와라.
- 직원들로 하여금 보안방법들을 인지하고 스스로 통제할 수 있도록 자극하라.
- 보안부서에 범죄와의 전쟁에 필요한 추가적인 눈과 귀를 부여하라.
- 전산실, 주차장, 창고 혹은 하역장과 같이 범죄의 가능성이 높은 곳에 문제의 소지를 줄이도록 도와라.

영업비밀을 지키기 위해서 "지적재산"에 관한 정보와 자산정보 보안은 보안인지프로그램의 필수적인 부분이 되어야 한다.

보안에 대한 우호적 이미지의 조성

보안관리자는 또한 보안부서에 대한 이미지를 좌우한다. 많은 보안관리자가 과거 범죄관련 업무에 종사한 적이 있는 전직 경찰, FBI 또는 군장교들이다. 즉, 그들의 책무는 주로 예방적이기보다는 반응적인 것이었다. 업무 목적과 권위에 있어서의 이러한 차이는 일부 보안관리자들에게는 스스로 조직의 필수적인 부분이 되는 것을 어렵게 함으로써 문제를 야기한다. 권위주의적 이미지는 아마도 소수의 부정한 직원들을 그만두게는 하겠지만, 다른 직원들을 분개케 하여 비협조적이게 만들 가능성 또한 있다. 보안의 영향은 광범위해야 하지만, 숨막히게 하는 것이어서는 안 된다. 보안관리자는 이러한 분위기를 스스로 설정할 수 있다.

또한 보안직원들이 유니폼을 착용할 것인지, 무장할 것인지에 대해서도 결정이 이루어져야 할 것이다. 이러한 결정에 영향을 미치는 요인들은 생산되고 판매되는 상품, 보안관심의 유형, 직원의 수와 유형, 그리고 시설물의 위치 등을 포함한다. 다른 중요한 고려사항은 지역경찰의 이용가능성, 과거의 경험과 낯선 장소에 고유한 위험들이다. 만일 보안직원이 무장한다면, 무기의 지급, 사용과 관리에 관한 엄격한 규정이 만들어지고 시행되어야 한다.

경영(관리)상의 책임

경영은 서로 다른 수준, 서열, 권위 및 책임을 갖는 직원들 간의 복잡한 관계이다. 그것은 흔히 조직의 틀 내부에서 작동하는 개인 대 개인의 관계이다.

보안관리자는 모든 직원이 최대의 개성과 잠재력을 달성하도록 자극함과 동시에 조직의 요구를 지원함으로써 개인적 책임의 발달을 지지해야 한다. 개인적 에너지의 총합은 성공을 위해서 요구되는 조직적 에너지로 변형된다. 경영은 많은 민간보안전문가들이 제한된 경험을 갖는 영역이기 때문에 구체적인 경영상의 책임들을 논하기 전에 그것이 사용하는 용어들에 대한 간단한 정리가 필요하다.

경영 용어

손실예방 및 자산보호의 영역에서 유능한 전문가가 됨과 동시에, 다른 경영 중역들과 효과적으로 상호작용하고 소위 "기업경찰"이라고 하는 편견적 이미지를 극복하기 위해서 보안관리자들은 경영 용어에도 익숙해야 한다. 대부분의 보안관리자들은 인력과 예산을 확보하기 위해 다른 최고 경영진과 경쟁해야 한다. 성공적으로 경쟁하기 위해서 그들은 다음과 같은 "경영 용어"에 익숙해야 한다.

- 차별철폐조치(Affirmative action) – 과거 차별의 현재 효과를 제거하기 위한 조처
- 어젠다 – 대개 회의에서 다루어야 할 항목들(안건 등)
- 권위주의자 – 직원들에게 강력한 통제를 행사하는 관리자를 묘사하는 말. 이런 종류의 관리자는 또한 독재자로도 불린다.
- 권위 – 명령을 발하는 권리
- 관료적 – 규칙과 규정에 의존하는 것
- 위임 – 타인들에게 과업을 할당하는 것
- 민주적 – 의사결정시 직원들을 동참시키는 관리자를 묘사하는 말
- 독재자 – 편협하고 직원들에게 위협을 행사하는 관리자를 묘사하는 말
- 훈육 – 직원들이 규칙과 규정을 준수하도록 하기 위해 취하는 행위
- 균등고용기회위원회(Equal Employment Opportunity Commission: EEOC) – 직장 내 차별을 금지하는 법을 시행하기 위해 설립된 위원회
- 목표 – 바라는 최종 결과
- 불만 – 감독관에게 제출하는 대개 문서화된 불평
- 위계 – 수준들; 경영상의 위계는 CEO로부터 부사장(관리자), 감독관, 현장직

원에로 내려간다.

- 욕구의 위계 — 심리학자들에 의해 확인된 인간의 욕구들; 낮은 수준의 욕구(식량, 주거 등)로부터 높은 수준의 욕구(자아실현)에로 순서지어진다.
- 직무 설명 — 특정한 직위가 갖는 의무와 책임에 대한 진술
- 경영진 — 조직의 보스들
- 목표관리(Management by Objectives: MBO) — 경영진과 스탭은 목표와 그 목표 달성을 위한 시간계획을 설정한다.
- 경영(관리)자 — 타인들을 통해서 어떤 것들을 성취하는 사람
- 멘토 — 선생, 역할모델
- 사기 — 어떤 사람이 느끼는 방식; 예컨대, 사기가 높다거나 낮다거나 하는 등, 조직 또는 회사의 일반적 분위기
- 동기화 — 격려, 고무
- 직업안전보건법(Occupational Safety and Health Act of 1970: OSHAct) — 고용주에게 안전한 직장을 제공할 책임을 부과하는 법
- 현장 직원 — 보안경비원이나 보안순찰원처럼 일선에서 일을 하는 사람
- 수행평가 — 직원의 일에 대한 평가
- 허용주의자 — 직원들에 대해 약간의 통제만을 행사하는 경영자를 묘사하는 말
- 관리(또는 통제) 전장(span) — 관리자가 책임을 지는 사람의 수
- 감독관 — 현장 직원의 일을 직접 감독하는 사람. 대개 관리자(경영자)에게 보고함
- 명령통일체 — 한 사람의 감독관만을 갖는 사람

경영용어를 알아야 할 뿐 아니라, CSO는 수많은 관리상의 책임을 진다.

보안관리자는 보안직원의 고용, 직무설명서의 작성, 훈련, 장비 지급, 일정 작성, 보안직원에 대한 감독, 조사, 교정, 평가 등의 책임을 진다.

보안직원의 고용

"직원의 문제를 줄이는 데 있어서 핵심은 고용 전 심사를 철저히 하여 문제가 있는 직원의 고용을 피하는 것이다"(Rosen, 2005, p.26). 그러나 대규모 시급인력을 고용하는 산업들은 진퇴양난에 빠진다: 그들은 상당한 비용이 소요되는 고용 전 심사와 고용에 있어서의 상당한 주의 없이는 회사가 스스로를 소송에 무방비 상태로

빠뜨릴 수 있다는 것을 안다(Rosen, 2004, p.36). **상당한 주의**(due diligence)는 분별 있는 사람이 다른 사람이나 남의 재산에 대한 피해를 회피하려는 상황에서 행사하는 주의이다. 부주의한 고용에 대한 책임은 제4장에서 다루어진다.

고용과정은 부분적으로 **대리책임**(vicarious liability) —어떤 사람이 다른 사람의 행위에 대해서 갖는 법적 책임— 때문에 민간보안에서는 아주 중요하다. 대리란 "다른 것 혹은 다른 사람의 장소를 취하는 것, 어떤 것 혹은 어떤 사람을 대체하는 것"을 의미한다. 이 개념은 보안관리자와 전체 조직이 단일 직원의 행위에 대해 법적으로 책임을 질 수 있다는 사실을 말한다.

부주의한 고용은 그처럼 중대한 판결을 초래한 수많은 법정 사건들 때문에 주요한 문제가 되어 왔다. 배경조사를 수행하고, 자격 있는 직원을 고용하고, 그들을 정규직으로 전환하는 것이 그러한 소송을 줄이는 데 도움이 될 것이다. 보안관리자가 보안직원을 고용할 때에는 그림 2.4에서 볼 수 있는 악순환을 염두에 두어야 한다.

민간보안직원은 다음과 같은 최소한의 고용 기준을 충족해야 한다:

- 최소 18세 이상일 것
- 고교졸업장 혹은 그에 준하는 필기시험에 통과할 것
- (심각한 범죄의) 전과가 없을 것
- 할당된 임무를 이해하고 수행할 수 있는 능력의 여부를 결정하기 위한 필기시험에 통과할 것
- 최소 신체기준:
  - 무장 직원 — 양안 교정시력 20/20 (Snellen); 보청장치 없이 10피트의 거리에서 일상적인 대화를 청취할 수 있을 것
  - 기타 — 업무수행을 방해할 수 있는 어떠한 신체적 결함도 없을 것

이상은 최소한의 요건들이다. 다른 요건들이 직책에 따라 부과될 수 있다.

경찰은 민간보안에는 적용할 필요가 없는 제한 요건인, 지원자가 21세 이상일 것을 전통적으로 요구해 왔다. 수십 년 동안 21세 이하라는 연령 요건을 사용해 왔던 군대에 의해서도 입증된 바와 같이, 적절한 훈련이 주어지면 18세만 되어도 보안직원으로 효과적인 기능을 할 수 있다. 연령 조건은 자격 있는 지원자들이 이 분야에 입직하기 충분할 정도로 낮아야 한다. 사람이 21세쯤 되면, 쉽사리 바뀌지 않는 직업에 관한 결정을 한 경우가 많다.

지원자들은 고등학교 졸업장을 제시하거나 그에 준하는 필기시험(GED)에 통과함으로써 고등학교에서 배우는 기본적인 기술을 습득했다는 것을 입증해야 한다. 추가로, 보안직원의 역할을 효과적으로 수행하기 위해 요구되는 정보를 습득하는

지원자의 능력을 평가하는 한 가지 유효한 시험이 주어져야 한다.

보안직원들은 높은 신뢰를 바탕으로 하는 직책에 있기 때문에 깨끗한 기록을 갖고 있어야 한다. 이것은 민간보안직원을 고용하는 사람들이 피고용인들의 범죄경력기록에 접근할 수 있어야 함을 의미하는데, 이는 오늘날 많은 주에서 주요한 이슈가 되고 있다. 현행 규칙과 규정은 민간보안직원에게 비 유죄판결 자료를 유포하는 것을 허용하지 않지만, 유죄판결 자료의 배포는 허용한다. 게다가, 현재 형사소송 중인 개인에 대해서는 체포데이터를 포함하는 범죄경력기록정보가 제한될 수 있다. 형사사법기관 외의 다른 기관이 그러한 기록에 접근할 수 있는지 여부는 개별 주에 따라 다르다. 그러므로 민간보안전문가들은 그들의 주 관료들이 잠정적인 직원의 심사에 도움이 되는 비 유죄판결 자료에 민간보안 고용주가 접근하는 것을

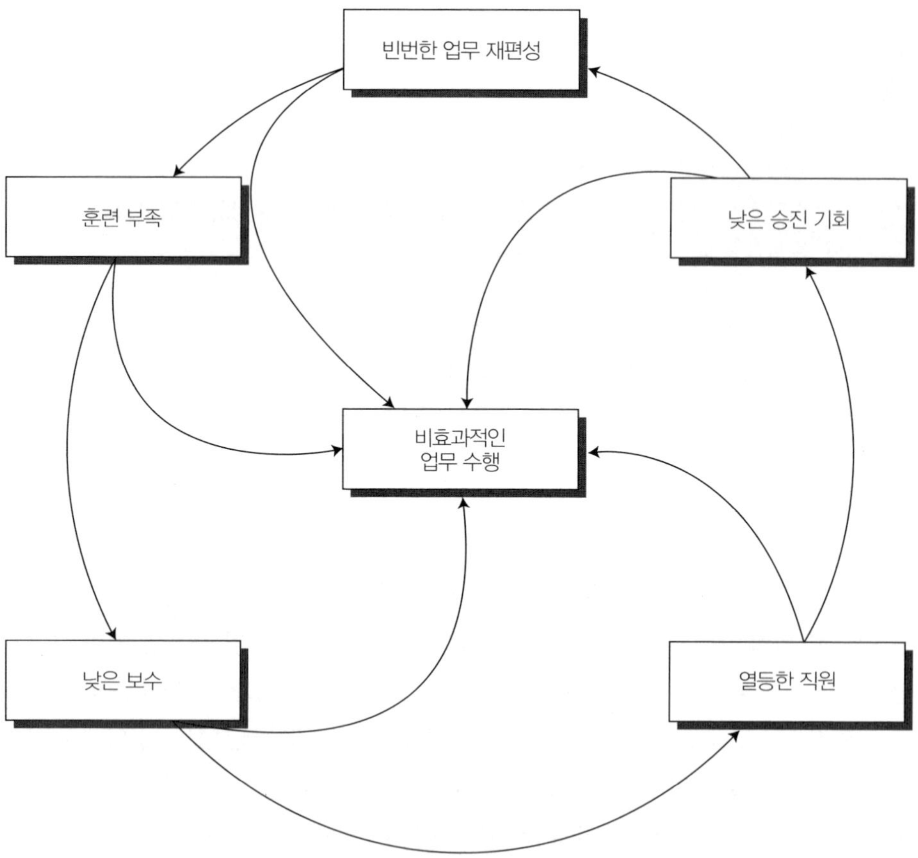

그림 2.4 민간보안의 악순환

출처: *Private Security Vicious Circle*

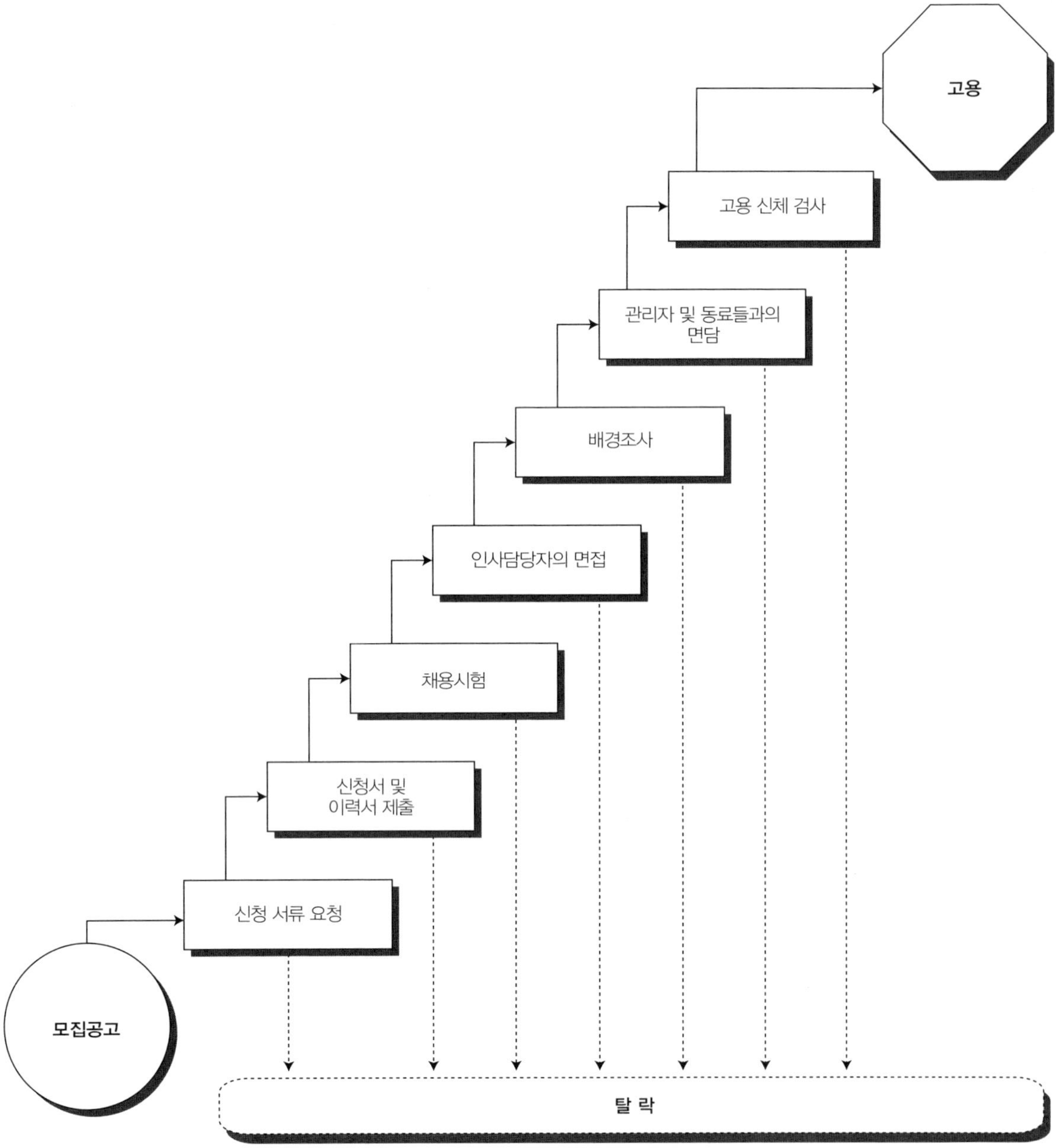

그림 2.5 전형적인 고용 과정

출처: J. Scott Harr and Kären M. Hess, *Careers in Criminal Justice and Related Fields: From Internship to Promotion*, 5th ed. (Belmont, CA: Wadsworth Publishing Company, 2006) p.130.

특별히 허용하도록 촉구해야 한다. 체포나 유죄판결기록이 전과가 있는 사람을 자동적으로 고용에서 배제하도록 할 필요는 없으나, 고용주는 정보가 부재한 상태에서의 결정을 하지 않기 위해 이 정보를 제공받아야 한다.

신체 요건은 직원이 수행하게 될 업무의 구체적인 유형에 기초하여 정해져야 한다. 신장과 체중 조건은 간혹 요구되지만, 시력과 청력은 특히 직원이 무장하게 될 경우 거의 항상 요구된다.

선정과정 보안직원이 되고자 하는 사람은 보통 몇 단계의 선정과정을 거쳐야 한다. 절차는 조직에 따라 크게 다르지만, 몇 가지 요소는 대부분의 선정과정에서 공통적이다. 선정과정은 신중하게 특정화된 기준에 근거하며, 대개 신청서를 작성하고, 일련의 테스트와 검사를 거치고, 배경조사를 통과하고, 인터뷰를 성공적으로 마치는 것을 포함한다. 고용과정 상의 일련의 일들이 그림 2.5에서 보여진다.

지원 먼저, 지원서는 후보의 직무능력을 판단하기 위한 중요한 문서이다. 모든 지원자는 최소한 다음과 같은 정보를 담은 신청서를 작성하여야 한다: 성명, 현주소, 전화번호, 생년월일, 학력, 고용경력, (필요할 경우)군대기록, 직무관련 신체조건, 신원보증인 및 지문. 회사에게 신청서 상의 정보를 확인하는 권한을 허용한다는 동의서에 사인할 것도 요구된다.

관리자는 모든 질문이 채용 직위에 적절하다는 것을 입증할 수 있어야 한다. **진정직업자격**(bona fide occupational qualification; BFOQ)은 특정한 직무를 수행하기 위해 합당하게 필요한 것이다. 민간보안에서 BFOQ의 한 예는 지원자가 정상적인 또는 교정에 의한 청력과 시력을 갖고 있으며, 자동차를 운전할 수 있어야 한다는 것일 수 있다.

다음 정보들에 대한 요구는 신청서에서도 채용면접에서도 허용되지 않는다: 인종, 종교, 민족적 기원, 성별, 나이(단지 나이가 18세에서 70세 사이인지만 물을 수 있다), 혼인상태와 신체 능력. 관리자는 모든 질문이 채용 직위에 적절하다는 것을 입증할 수 있어야 한다.

시험 기본적인 수학 및 읽기 실력이 표준화된 시험을 통해 평가될 수 있다. 쓰기 실력 또한 중요한 평가항목이다. 다른 직무관련 시험, 심리검사 및 정직성 검사도 보안직원을 고용할 때 흔히 사용되는 시험이다. 법이 허용하는 경우에는 거짓말탐지검사도 종종 요구된다. 그러한 검사의 사용은 매우 논쟁적이다.

배경조사 후보자들은 철저한 배경조사를 통과해야 한다. 배경조사를 통해 많은 잠재적인 문제를 예방하고 준비되지 않은 직원들을 훈련시키는 데 드는 비용을 절감할 수 있다. *고용전 배경심사지침*(*Preemployment Background Screening Guideline*)(2006, p.10)은 다음과 같이 배경심사를 통해 최상의 고용결정을 하는 이점을 제공해 준다: 경쟁적 이점의 확보, 직무재편성의 감소, 생산성 향상, 사기증진, 영업중지 위험의 감소, 특정 산업에 대해 주 및 연방 정부가 설정한 규제(의료보호, 아동보호 등)의 준수, 그리고 여타 법률적·계약적 의무의 완수. 철저한 배경조사는 최상의 자질을 갖춘 후보가 고용되는 것을 확실히 해 줄 뿐만 아니라, 위법한 행위를 피할 수 있게 도울 수 있다.

배경조사는 과거의 고용주와 보증인(추천인)을 포함할 수도 있다. 배경조사를 수행하는 사람은 모든 보증인, 고용주 및 교사와 접촉해야 한다. 보증인 조사가 완료되기 전에는 어떠한 후보자도 최종 선정되어서는 안 된다. 보증인 조사는 추천서를 써준 사람뿐 아니라, 다른 사람들에 대해서도 이루어져야 한다. 지원서 상의 정보는 검증되어야 한다. 이전에 보안관련 직종에 고용되었던 적이 있는 사람이라면 더더욱 그러하다. 고용주들이 피고용인의 과거 일에 관한 정보를 교환하는 일에 서로 협력한다면, 직원들의 질은 실질적으로 향상될 것이다. 보안 분야의 경우 직원들의 직장 간 이동이 매우 빈번하기 때문에 고용주들 간의 협력은 무자격의 신뢰할 수 없는 직원을 제거하는 데 도움이 될 것이다. 지원자가 명시한 보증인들에 대한 면담도 이루어져야 한다.

보안관리자 뉴스 "Newspoll"(2006, p.31)은 응답자의 90%가 오픈된 모든 직책에 대해 고용 전 심사프로그램을 적용했다고 보고하였다. 심사과정에 가장 흔히 포함된 요소는 그림 2.6에서 보여지는 바와 같이 학력, 고용 및 범죄 경력에 대한 검증

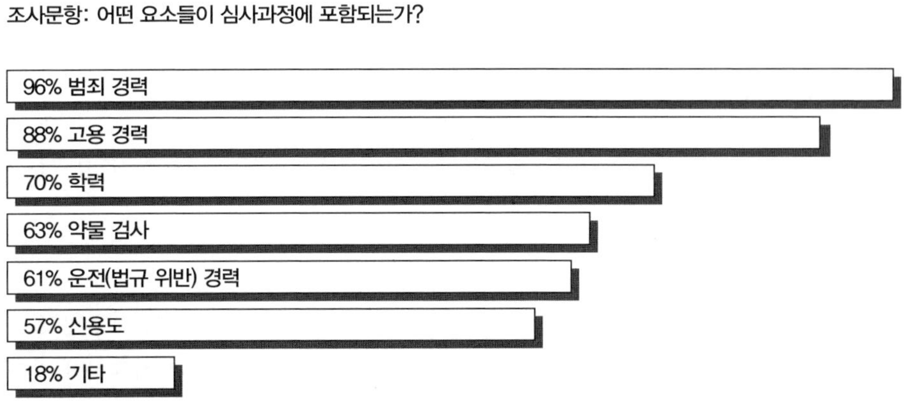

그림 2.6 심사과정에 포함되는 요소들

출처: From "Newspoll" in *Security Director News*, September 2006, p.31.

이었다.

보안관리자는 또한 보안직원들이 민감한 직책이나 귀중한 자산에 대한 접근이 가능한 직책에로 승진이 고려될 때 그들에 대한 보안검증을 수행할 수 있다. 오래 근무한 직원에 대해 배경검사를 하는 것은 민감한 일이고, 기지와 수완을 요하는 중요한 일이다.

보안용역을 하청주거나 임시직을 사용하는 많은 조직들은 협력 회사가 직원들을 잘 심사하고 있을 것이라고 잘못 가정한다: "심사가 계약에 의해서 강제되는 곳에서조차도, 이 심사가 깊이가 없고 철저하지 못하여 의미가 없을 수도 있다" (Erlam, 2005, p.82). 정확하게 설정된 계약이라면 개별 도급자와 의뢰 회사들이 상호 독립적임을 구체화할 것이다(Erlam, p.84).

만일 어떤 지원자가 앞의 모든 절차를 통과한다면, 선정과정의 다음 (그리고 때때로 마지막) 단계는 대개 직접 면접이다.

면접 지원자와의 개별 면접은 신청서 상의 빠뜨린 또는 모호한 정보를 명료하게 하는 데 도움이 되고, 지원자의 외모와 태도를 관찰하는 기회를 제공해 줄 것이다. 질문은 지원자의 정직성, 신뢰성, 판단력 및 창의성을 평가하도록 구성될 수 있다. 예컨대, 지원자들은 왜 그 직업을 갖기를 원하며, 목표가 무엇인지, 왜 과거의 일을 그만두게 되었는지 등에 관한 질문을 받을 수 있다. 법이 허용할 경우, 체포기록, 약물 및 알코올 사용, 신용 및 동료직원과의 대인관계와 같은 항목들에 관한 정보가 획득되어야 한다. 심리 스트레스 면접도 때때로 사용되지만, 그것의 가치는 논쟁적이다.

성공적인 면접이 이루어지면, 채용이 이루어질 수 있다. 일단 고용이 되면 그들이 일을 잘 하도록 돕는 것은 경영진의 몫이다.

업무수행력의 제고

업무수행의 효과성을 높이기 위해서 보안관리자는 보안직원에게 직무설명서, 기본 훈련, 보안 매뉴얼 또는 소책자와 필요한 장비를 제공해야 한다.

직무설명서 민간보안은 복잡하고 다양한 분야이기 때문에 직원들은 다양한 유형의 보안 기능에 할당된다. 신중하게 준비된 직무설명서는 각 기능이 적절하게 수행되는 것을 도와준다. 직무설명서는 또한 직원 선정과정을 돕고, 생산성과 승진가능성을 증가시키며, 훈련프로그램이 직무와 관련되는 것을 확실히 해 줄 수 있다.

대부분의 직무설명서는 해당 일의 유형과 그 일에 가장 적합한 직원의 유형을 구체화한다. 설명서는 그 일의 주요 기능에 대한 요약, 필요한 훈련, 경험, 기술과 장비에 대한 설명, 필요한 경우 신체적 조건, 구체적인 수행활동 목록과 부서 내에서 이 일이 다른 일과 갖는 관계 등을 포함해야 한다. 많은 직무설명서는 또한 정규 근무시간, 급여의 범위와 감독관의 이름을 포함한다.

게다가, 신규 직원은 회사의 철학, 조직, 목표, 작동절차와 정책 등에 관한 오리엔테이션이 필요하다. 그들은 또한 모든 계단, 비상출구, 화재경보 및 진압장비, 전화, 비상스위치, 수원 등의 위치를 포함하는 물리적 작업환경에 익숙해져야 한다. 그들은 보안장비의 작동에 대해서도 교육받아야 한다.

훈련 경영진은 보안직원의 경우 이직 비율이 높기 때문에 그들을 훈련시키는 일에 많은 시간과 비용을 투입하고 싶어 하지 않는 경향이 있다. 훈련되지 않은 보안직원은 비용을 낭비하는 것일 뿐 아니라, 그 자신과 회사에 직접적인 위협이 될 수도 있다.

기본적인 사전 배치 훈련과 후속 훈련이 모두 제공되어야 한다.

사전배치훈련 사전배치훈련은 수행되는 직무의 유형과 지원자의 기존 훈련 수준에 달려 있다. 가능한 한 빨리 새로운 직원들이 다음 영역에서의 훈련을 받아야 한다:

- 접근통제 – 직원 ID, 방문객 ID, 도급자, 감시카메라, 출입전산기록, 근무시간 후 접근
- 경보 – 경보기의 기능, 작동, 통제, 패널
- 커뮤니케이션 – 전화(중요한 번호 목록, 전문적인 응답), 무전기, 라디오, 휴대폰, 컴퓨터
- 비상시 절차 – 폭탄위협, 기상비상, 지진
- 일괄통제 – 수용대상, 수용절차, 배출대상, 일괄퇴소절차
- 주차 – 보안허가증, 교통통제
- 통행허가(패스) – 시설패스, 카메라패스

각 보안직원들은 정책과 절차 매뉴얼을 가져야 하고, 그것에 철저히 익숙해져야 한다. 매뉴얼은 항상 최신의 상태를 유지해야 한다.

일상적(후속) 훈련 사전배치 훈련에 더하여, 보안관리자는 보안직원에게 지속적인 훈련을 제공해야 하며, 그 훈련의 내용은 구체적인 회사 및 업무에 따라 달라야 한다. 그러한 일상적 훈련은 직원으로 하여금 회사의 이슈, 정책의 변화, 형법 및 민법의 변경, 시스템의 기술변화와 같은 것에 대해 정통할 수 있게 해 준다. 이 일상적 훈련은 사전배치 훈련과 같이 교육실지향의 훈련이 아니라, 개별화되고 직무 관련된 훈련이다. 직무설명서는 흔히 일상적 훈련의 토대이다. 다음 조처들은 지속적이고 개별화된 직무 관련 훈련 프로그램을 확립하기 위해 필요하다:

1. 직무설명서를 분석하여 그 직무를 효과적으로 수행하기 위해 필요한 구체적 기술과 지식을 확인하라. 확인된 각 기술의 빈도와 중요성을 결정하라. 우선순위와 시간 계획을 설정하라.
2. 달성해야 할 목표들을 적고 각각을 평가하라.
3. 훈련을 실행하라. 훈련은 시청각 자원, 실제 훈련, 사례연구, 점호시간, 훈련고시 등을 통해서 이루어질 수 있다.
4. 결과를 평가하라. 시험수행이 아닌 직무수행이 그 훈련의 효과성을 결정해야 한다.

직무훈련에 관한 논의는 성인교육 분야에서 널리 알려진 전문가인 Malcolm Knowles가 만든 용어인, 교육학 또는 청소년 학습과 성인교육학 또는 성인 학습 사이를 구분해야 한다. 교육학과 성인교육학이란 개념의 차이가 말해 주듯이, 관련 연구와 상식은 성인이 아동과 다르게 학습한다는 것을 알려준다. Knowles(1980)는 **성인교육학**, 즉 성인들의 학습을 돕는 기술과 과학은 아동의 학습을 돕는 과학인 **교육학**과 크게 다르며 구분되는 것이라는 생각을 밝혔다. 성인들은 성장한 아이들이 아니다. 그들은 다르게 학습한다. 더 향상된 인지능력이 있기 때문에, 성인은 어떤 주어진 문제에 대해서 "맞는" 답을 제시받아서는 안 되고, 오히려 문제를 곰곰이 생각하고 적절한 반응을 개발하도록 자극되어야 한다.

성인 학습의 원리가 훈련프로그램에서 고려되어야 한다: 성인은 동기, 관심, 가치, 태도, 신체적·정신적 능력과 학습이력의 맥락에서 다르다. 성인 학습자는 서로 다른 자아개념, 더 많은 인생경험, 실패의 두려움, 배운 것을 즉각적으로 사용하고자 하는 기대, 그리고 일부 기본적인 신체적 차이를 가진다. 게다가, 그들은 다음과 같은 학습 원리에 반응한다:

- 확인된 필요에 근거하여 훈련시켜라.
- 직원들에게 학습목표를 말하라.

- 직원들에게 왜 그 자료를 학습할 필요가 있는지 말하라.
- 직원들로 하여금 그 기술의 습득을 위해 필요한 예비지식(**선행 요건**)을 확실히 갖추도록 시켜라. 그 선행요건을 갖추는 방법을 제공하라.
- 이용 가능한 가장 적절한 용구와 방법을 사용하여 그 자료를 제시하라. 가능하다면 다양하게 하라.
- 자료와 방법을 개별 직원의 요구에 맞추어라.
- 직원들이 가능한 한 활동적이고 많이 참여하도록 하라.
- 가능한 한 많은 감각기관을 사용케 하라.
- 복잡한 과업들은 단순하고 이해하기 쉬운 단계들로 나누어라.
- 기억력을 높이기 위해 반복적으로 연습하라.
- 직원들의 수행에 대해 간헐적인 피드백을 제공하라.
- 가능하다면 언제든지 "큰 그림"을 제시해 주어라. 단순 기억에 의존하기보다 이해가능한 개념을 가르쳐라.

학습의 기본원리에 익숙해지는 것은 훈련자가 핵심 개념들을 보다 효과적으로 표현하고, 피훈련자가 그러한 개념들을 보다 완전하게 학습하는 것을 도와줄 것이다.

장비의 지급

기본적인 배치 전 훈련이 완료된 후에 보안관리자는 보안직원들에게 그들의 업무 수행에 필요한 장비를 지급해야 한다. 이것에는 시계, 플래시라이트, 무선호출수신기, 쌍방향라디오, 야경봉, 펜과 받침, 수갑, 경우에 따라서는 무기 등을 포함할 것이다. 만일 무기가 지급된다면, 그에 따른 적절한 훈련이 제공되어야 한다.

무기 훈련　무기란 권총, 소총, 산탄총, 기타 미사일의 발사가 가능한 무기 등을 말한다. 숙련되지 않은 보안직원이 총기가 필요한 일에 배치될 때 고용주와 피고용인 모두에게 발생할 수 있는 심각한 결과로는 무기 처리 미숙으로 인한 자기 부상, 무기 발사 기술 부족으로 인한 무고한 타인과 행인의 부상, 이러한 행위들로부터 초래되는 고용주와 피고용인에 대한 형사 및 민사 소송 등을 포함한다. 이러한 결과를 줄이기 위해서 모든 무장 민간보안직원(비정규직 포함)은 무기를 필요로 하는 업무에 배치되기 전에 법적, 정책적 요건을 포함한 무기 관련 교육과목을 성공적으로 이수할 것이 요구되어야 한다(또는 그에 상응하여, 무기를 익숙하게 다룰 수 있음을 입증하는 증거를 제출해야 한다). 그들은 또한 민간보안 업무를 수행하는 동안은 휴대하는 무기에 대해 최소한 매년 자격을 갱신해야 한다(자격갱신은 법적, 정책적 요건을 충족해야 한다).

일정표작성

보안관리자는 또한 직원들을 어디에 배치할 것인지 —예컨대, 고정 위치, 순찰, 또는 예비 위치에 둘 것인지 등— 를 결정할 책임이 있다. 그들은 또한 배치를 바꾸고 책임을 순환시킬 것인지 여부를 결정해야 한다. 그러한 변화는 직원들이 그들과 함께 일하는 사람들과 지나치게 친숙해지는 것을 막아, 결국 부패의 가능성을 감소시킬 수 있다. 그러나 단점은 새로운 직책에 익숙해지기까지 소요되는 시간의 손실이다.

직원의 일정을 정하는 것은 많은 시간이 걸리지만 목적과 목표의 달성에 매우 중요하다. 일정작성은 대개 다음과 같은 우선 사항에 따라 이루어진다:

1. 직원들의 교대계획을 포함하라. 각 위치에서 적절한 수준의 보안을 제공하기 위해 유능한 직원이 이용가능하고 훈련되도록 보장하라.
2. 교대계획을 가장 비용 – 효과적인 방식으로 하라(가능하면 초과근무는 피하라).
3. 직원들을 효과적이고 공정하게 다루어라.
4. 역량과 요구 간에 최상의 균형이 달성되도록 직원들을 훈련하고 배치하라.

효율적인 일정작성은 모든 직원들에게 자신들이 언제 어느 곳에서 일할 것인지를 보여 주는 상설 일정표에 기반한다. 어떤 경우에는 배치된 직원이 질병 또는 다른 이유로 자신의 임무를 완수할 수 없어서 다른 직원이 "대기 상태"에 놓여질 수도 있다.

효과적인 관리자는 정규 파트타임 직원들이 학교나 다른 곳에서 또 다른 정규 파트타임 일을 할 가능성이 크기 때문에 그들의 요구에 민감하다. 일단 파트타임 직원들을 훈련시키면 그들을 계속 고용하는 것이 중요하다. 파트타임 직원들은 (인건비가 싸기 때문에) 관리자가 유사시에 활용할 수 있는 추가 직원들을 확보하는 것을 가능하게 하며, 일정작성을 보다 유연하게 할 수 있게 해 준다.

보안관리자는 또한 조직 내부의 절도와 규칙위반을 조사하기 위해 은밀한 작업을 지시할 수도 있다. 혹은 그들은 같은 기능을 수행하기 위해 가짜 손님을 고용할 수도 있다.

감 독

대규모 조직과 회사에서 보안감독자나 관리자는 보안 직원을 직접 감독하는 복수의 감독관을 둘 수 있다. 소규모 조직에서는 보안관리자가 감독관의 기능을 할 수도 있다. 중역인 보안관리(감독)자와 보안감독관 간의 기본적 차이는 다음과 같다:

관리자	**감독관**
목표지향	과업지향
장기 계획	단기 계획
임무지향	프로그램지향
미래의 일	현재의 일
전체를 대표함	단위를 대표함
개념지향	데이터지향
정책 및 절차의 확립	정책 및 절차의 시행
내외적 정치	내적 정치

어떤 경우이든, 감독관은 시설과 자신의 감독 하에 있는 모든 직원의 임무에 대한 기본적인 지식을 가지고 있어야 한다. 그들은 또한 보안부서의 기본적인 정책과 절차를 알아야 한다. 보안감독관의 한 가지 일차적 책임은 시찰(검열)을 수행하는 것이다.

시찰의 수행

정규 업무시간 동안의 개별 시설과 직원들에 대한 무작위 시찰은 다음을 포함할 수 있다:

- 모든 필요 직원과 장비의 임석
- 보안직원 개인의 용모와 행위
- 현장의 정돈된 모습
- 장비의 작동여부
- 잠재적인 문제나 위험한 상황에 대한 평가
- 시찰보고서 준비

시찰의 목적은 시간, 장비, 직원이 가능한 한 효과적이고 효율적으로 사용되는 것을 보장하기 위한 것이다.

교정행위

만일 보안직원이 기대한 대로 업무를 수행하지 않을 경우 교정행위가 취해져야 한다. 대부분의 경우에, 보안관리자와 감독관은 가장 경미한 경고, 견책에서 가장 가혹한 파면에로 가는 점진적인 징계를 사용한다. 점진적인 징계는 대개 다음과 같은 조치들을 포함한다:

1. 경고(Warning) — 경고는 구두로 또는 문서로, 공식적으로 또는 비공식적으로 할 수 있다. 대상자에게 사적으로 전달되어야 하고, 항상 문서화되어야 한다.
2. 견책/징계(Reprimand) — 이것은 용납될 수 없는 행위의 내용, 교정 기한, 도움의 제안 등을 담은 공식적이고 문서로 된 진술이다.
3. 정직(Suspension) — 이것은 견책 다음의 중징계이다. 재검토 및 청원절차가 마련되어 있어야 한다.
4. 파면/해임/좌천(Demotion 또는 termination) — 이것은 마지막 단계의 징계이다. 사유와 이전에 행해진 교정행위가 신중하게 문서화되어야 한다.

대부분의 경우, 경험이 많은 관리자는 경고를 효과적으로 활용하기 때문에 더 이상 갈 필요가 없다. 그것은 대개 경고만으로도 필요한 행위변화를 달성하기 때문이다. 목적은 행위를 변화시키는 것이지, 그 사람을 곤경에 빠뜨리는 것이 아니다.

보안직원의 평가

보안관리자는 자신의 직원을 평가하고, 그들이 일을 얼마나 잘하고 있는지에 대한 피드백을 제공하고, 무엇이 잘 되고 있으며 어떻게 개선될 수 있는지를 결정한다. 그들은 대개 비위협적인 평가를 하며, 이룬 것을 인정해 주고, 임금인상 및 승진을 추천해 준다.

보안직원에 대한 수행평가에서 관리자가 사용할 수 있는 평가 요인들은 다음과 같다:

- 일과 기술의 질
- 일의 양
- 근태 및 지각여부
- 조직
- 협력

- 문제해결능력
- 의사소통기술
- 창의성
- 태도

효과적인 관리를 위한 지침

보안직원들을 효과적으로 관리하고 최상의 결과를 얻어내기 위해서 보안관리자는 다음과 같이 하여야 한다:

- 훌륭한(안전하고 산뜻한) 작업환경을 조성하라.
- 제안, 건의 및 정보에 대해 개방적이어야 한다.
- 특별한 문제가 없다면 타인을 신뢰하라.
- 직원들에게 정보를 주어라 – 무엇이 기대되고 있는지, 그것이 언제 달성되는지(또는 달성되지 못하는지), 변화한 것이 무엇인지 등을 알게 하라.
- 공평하고 불편부당하라.
- 필요할 때는 행동해야 하지만, 그들의 권위는 인정하라.
- 좋은 선례를 두어라.

행정적 책임과 경영(관리)상의 책임 외에, 보안관리자는 또한 손실예방전문가가 되어야 한다.

손실예방전문가로서의 책임

이 책을 통해서 논의된(또는 논의되는) 적절한 물리적, 절차적 통제가 보안관리자 및 최고경영진에 의해 선정된다. 어떠한 개별 보안관리자도 민간보안의 모든 측면에서 정통할 수는 없으며, 관련 지출액이 흔히 크기 때문에, 전자 혹은 음향 감시, 보호등, 보호펜스, 경보체계, 잠금 시스템, 마스트 키 및 키 통제, 보안훈련과 같은 영역에서는 컨설턴트들이 흔히 활용된다. 민간보안이 더욱 전문화되기 때문에 보안 컨설턴트의 활용은 더욱 많아질 가능성이 있다.

일단 적절한 물리적, 절차적 통제가 확립되면, 보안관리자는 그 통제를 유지하는 책임을 각 부서에 위임하고, 통제가 적절하게 이루어지는 것을 보장하기 위해 각 부서와의 접촉을 유지한다. 손실예방책임은 이 책 나머지 부분의 핵심이기 때문에 이 장에서는 더 깊이 다루지 않기로 한다.

CSO가 행정상의, 경영(관리)상의, 그리고 손실예방의 책임을 수행하는 데 필요한 기술을 확실히 갖추도록 하기 위한 한 가지 방법은 자격증제도를 통하는 것이다.

자격증

점점 많은 회사가 보안직원들이 특정 자격증을 갖출 것을 요구하고 있다(Daniels, 2007, p.1). 약 55%의 보안전문가들이 고용되기 위해 자격증을 갖출 것을 요구받고 있으나, 가용한 자격증의 유형은 크게 다양하다. 11%의 보안분야 고용주들은 공인보호전문가(Certified Protection Professional: CPP)를 지정 자격증으로 요구하였으며, 11%는 협회의 자격증을, 그리고 또 다른 11%는 건강관리및보안국제협회(International Association for Healthcare Security & Safety: IAHSS)의 자격증을 요구하였다. 거의 27%는 다른 자격증을 요구하였다.

Mallery(2004, p.40)는 다음을 제안한다: "보안자격증의 요구는 대세이며, 그 유형은 매우 다양하고 보증하는 능력과 요건도 다양하다." 그는 자격증이 확대되고 있는 한 가지 영역이 컴퓨터 포렌직임을 주목한다: "가장 오래되고 가장 존중받는 자격증 중의 하나는 공인컴퓨터포렌직조사관(Computer Forensic Certified Examiner: CFCE) 자격증이다. 그러나 이 일반 기술 자격증은 법시행요원들에게만 이용가능하다"(p.42). Mallery는 일부 자격증 프로그램은 큰 가치를 갖지 않는다고 지적하고, "자격증의 참 가치를 조사할 시간을 갖는 것이 중요하다"고 결론지었다(p.42). 그는 국제산업보안협회(ASIS International)가 수여하는 공인보호전문가(CPP) 자격증을 추천하였다: "이 자격증은 지난 26년 이상 존재해 왔으며, 매우 존중받는 것이다"(p.44).

국제산업보안협회(ASIS International)의 공인보호전문가(Certified Protection Professional: CPP)

1977년에 미국산업보안협회(American Society for Industrial Security: ASIS)는 특정 기준을 충족한 사람들에게 **공인보호전문가**의 명칭을 수여하기 위해 전문자격증위원회를 조직하였다. CPP 프로그램은 수행과 전문적인 보호 지식 및 행위에 대해 사전에 규정된 기준을 충족한 보안실무자들과, 보안관리 관행을 개선함으로써 높은 수준의 능력을 입증한 보안실무자들에게 특별한 허가증을 준다. 그것은 또한 자격증 갱신을 위한 지속적인 교육의 이수를 요구함으로써 보안전문가들이 전문적으로 자기 계발을 할 것을 장려한다. 이 프로그램은 ASIS 총재가 임명한 위원회에 의해 시행된다. 지원자들은 필기시험을 치를 자격을 갖추기 위해서 특정한 경험과 교육요건을 충족해야 한다.

공인보호전문가(Certified Protection Professional: CPP)는 특정 경험과 교육요건을 충족하고 종합시험에 통과한 사람이다.

Bernard(2005, p.36)에 따르면: "거의 1만 명의 전문가가 CPP™ 명칭을 수여받았다. 이 전문가 집단은 강도 높은 자격 및 시험 과정을 통해 보안솔루션과 최상의 업무관행 영역에서 그 능력을 입증하였다."

교육과 경험 CPP 시험을 치를 자격이 되기 위해서 후보자는 다음의 기본 기준들을 충족해야 한다(Mallery, p.44):

- 보안전문직, 국제산업보안협회 또는 CPP 프로그램에 부정적인 영향을 미칠 수 있는 어떠한 형사처벌 전과도 없을 것.
- 보안기능을 책임지는 위치에서의 최소 3년 경력을 포함한, 9년간의 보안실무 경력.
- 공인된 고등교육기관으로부터의 학사학위 또는 그 이상의 학력과 보안기능을 책임지는 위치에서의 최소 3년 경력을 포함한 7년간의 보안경험.

만일 이러한 기본 요건들이 충족되면, 그 사람은 필기시험을 치를 자격이 된다.

필기시험 CPP 시험은 보안 관리에 포함되는 주요 영역으로 확인된 8가지 주제에서의 과업, 지식과 기술을 커버하는 200개의 객관식 문제로 구성된다:

보안 원리 및 실무	22.8%
업무 원리 및 실무	10.9%
직원 보안	9.9%
물리적 보안	24.4%
정보 보안	5.5%
비상 실무	8.5%
조사	12.4%
법적 측면	5.3%

다른 종류의 ASIS 자격증

ASIS는 그림 2.7에서 볼 수 있는 바와 같이, 다른 자격증 프로그램들도 개발하였다. CPP는 현재까지 가장 인기 있는 프로그램이고, 보안관리자를 위해 개발된 것이다.

그림에서 보여지지 않은 한 가지 자격증 프로그램은 제10장에서 논의될 공인전문조사관(Professional Certified Investigator: PCI) 프로그램이다. 물리적 보안전문가(Physical Security Professional: PSP) 자격증은 물리적 보안 분야의 전문가를 위한 것이다. 이들 다른 유형의 자격증은 이미 CPP를 가지고 있는 사람들에게는 추가적인 전문자격을 주고, 이미 전문가인 사람들에게는 CPP에 대해 요구되는 포괄적인 지식을 갖지 않고서도 공인받을 수 있는 기회를 제공해 준다. 새로운 자격증을 위해 노력하는 것은 보안전문가들로 하여금 보안 산업분야에서 계속 앞서갈 수 있도록 해준다. 그림 2.8은 2003~2007년 기간 동안 전문 자격증별 평균 소득을 보여 준다.

자격증이 주는 이득

보호전문가 자격증은 개인 실무자, 동업자, 고용주와 대중에게 이득을 준다. 자격증에 의해 제공되는 보안보호 능력의 증거는 그 개인의 가치를 높이고, 보안 전문직에 있어서의 일반적인 능력 수준을 향상시키고, 전문가의 행위 기준을 높이고, 전문적인 수행능력의 관리에 대한 증거를 제시해 준다. 많은 회사가 이제는 구직자에게 CPP를 요구하는데, 이러한 추세는 앞으로도 계속될 것 같다.

자격 갱신

보안산업은 지금도 진화를 계속하고 있다. CPP, PCI, PSP 수여자의 무결한 상태(integrity)를 보호하고 전문성을 향상시키기 위해서, 전문자격증위원회(Professional Certification Board: PCB)는 모든 ASIS 자격증 소지자들이 그 능력과 신뢰성을 유지하기 위해 전문적 자기 개발을 계속하고 지속적인 교육을 받도록 강제하고 있다. PCB가 설정한 자격갱신 요건은 보안 및 업무관리 협회들로부터 교육, 훈련, 리더십과 같은 영역에서 특정한 수의 크레딧을 획득하는 것을 포함한다. PCB는 크레딧을 위해 승인된 활동들이 적절한지 검토하고 수정한다. 자격갱신활동보고서가 자격증프로그램사무소(Certification Program Office)에 제출되어야 하는데, CPP, PCI 자격증 소지자에 대해서는 매 3년마다, 그리고 PSP 자격증 소지자에 대해서는 매 2년마다 한다. 자격갱신은 그 전문성의 무결성을 보호해 주는데, 이는 보안전문가의

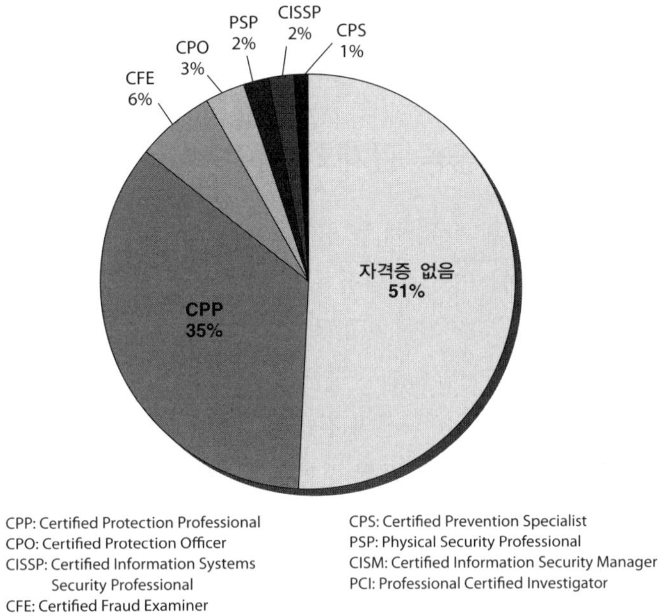

그림 2.7 최고 수준 보안 중역들이 보유하는 자격증(주: 일부 응답자들은 한 가지 이상의 자격증을 보유함)

출처: From 2004 ASIS International U.S. Security Salary Survey. Reprinted with the written permission of ASIS International, Alexandria, VA.

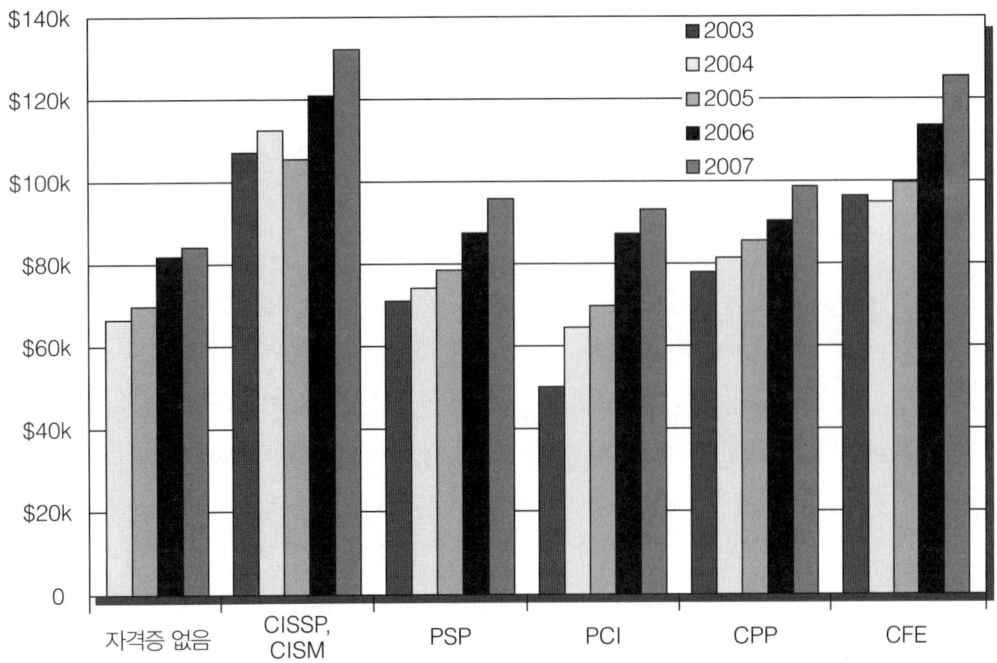

그림 2.8 전문 자격증별 연소득의 중앙값(2003~2007년)

출처: From "What Are You Worth?" by Mike Moran. © 2007 ASIS International, 1625 Prince Street, Alexandria, VA 22314. Reprinted by permission from the August 2007 issue of *Security Management* magazine.

공적 관계 및 이미지에 중요하다.

보안을 넘어: 공공 관계와 이미지

당신이 어떤 회사시설에 들어가서 제복 차림의 보안직원과 마주칠 때 이 직원이 당신에게 행동하는 방식은 당신이 그 회사 자체에 대해서 느끼는 방식에 영향을 미칠 것이다. 만일 그 직원이 미소를 짓고, 안내 데스크로 안내하며 서명할 것을 요청한다면, 당신은 환영받으며 친절한 도움을 받을 수 있을 것으로 기대할 것이다. 반대로, 만일 보안직원이 당신의 길을 가로 막으며 용무를 밝힐 것을 요구한다면, 당신은 완전히 다른 반응을 보일 것이다. 보안직원에 의해 투사되는 이미지는 회사나 조직의 공공관계 노력에 있어서 매우 중요하다.

공공관계는 회사나 조직에 대한 대중의 신뢰와 이해를 높이기 위해 설계된 정책과 행위의 계획된 프로그램이다. 공공이란 고객, 공급자, 채권자, 경쟁자, 직원, 주주, 지역사회 성원, 미디어, 경찰과 정부 등을 포함할 수 있다. 공공관계는 이미지를 향상시키고 호의감을 조성하기 위해 취해지는 모든 활동을 포함한다.

공공관계에 있어서 보안직원의 역할

전문가처럼 보이고 행동하며 적절하게 차려입은 보안직원들은 그들과 접촉하는 사람들에게 긍정적인 이미지를 준다. 사실, 그러한 보안직원들은 이 특정 회사나 조직이 업무를 수행하는 방식에 관해 직원들과 대중에게 일정한 성명을 발표하는 것이다.

민간보안직원들은 공공관계의 노력을 증진하거나 손상시킬 수 있는 그들 고용주에 대한 이미지를 전달한다. 좋은 공공관계를 형성하는 것은 보안직원의 책무의 중요한 부분이다.

사람들에게 친절하게 인사하고 질문에 답하는 것은 물론이고, 보안직원은 그들의 시설을 잘 파악하여 도움을 요청하는 사람들을 잘 안내해야 한다. 그들은 또한 전화응대도 적절하게 잘 할 수 있어야 하는데, 이는 긍정적 이미지 조성에 중요한 것이다. 보안직원들이 규칙을 "시행하는" 방식으로 개입해야 하는 상황에 부닥칠 때도, 그들의 행동은 객관적이고 감정에 치우치지 않고 이해할 수 있는 것이어야 한다. 예컨대, 만일 어떤 방문자가 허가되지 않은 지역에 있다면, 보안직원은 그 상황을 조용히 설명하고 방문자를 밖으로 안내해야 한다. 무례하거나 퉁명스럽게 할 이유가 없다. 대개 명쾌한 설명과 확실한 요구만 하면 될 일이다.

만일 보안직원들이 전문가로서 행동해야 한다면, 자신들이 무엇을 보호하고 있으며, 왜 그것이 보호되어야 하는지에 대해 완전히 이해해야 한다. 그들은 회사의 목표와 임무뿐만 아니라 정책도 이해할 필요가 있다. 그들은 자신들에게 무엇이 기대되고 있으며, 그것을 하기 위해서 무엇이 훈련되어야 하는지를 이해해야 한다. 그리고 자신들이 경영진에 의해 뒷받침되고 있다는 것을 느껴야 한다. 많은 회사가 보안직원이 자신에게 부여된 권위의 테두리 안에서 행동하는 한, 그들이 직원들에게 준 지침은 직원의 감독관이 직원들에게 준 지침과 마찬가지의 힘을 갖는다고 하는 확고한 정책을 가지고 있다.

게다가, 보안직원은 기자 등 언론계 사람들과도 상호작용할 수 있다. 보안관리자들은 대중의 "알권리" 및 기자는 알고 있는 바를 발표할 수 있다고 하는 제1차 개정 헌법상의 권리와, 특정 정보를 보존하고 프라이버시를 보호하고자 하는 그들 고용주의 요구 사이에서 균형을 이루어야 한다.

전문가답게 보이고 전문적으로 행동하는 보안직원은 범죄를 예방할 가능성이 더 높을 것이다. 좋은 공적 관계는 또한 보안프로그램과 그것의 안전성, 그리고 보호목표를 향상시킬 수 있다.

사실, 보안은 규칙적인 일도 아니며, 모든 사람을 위한 것도 아니다. 보안직원은 1주일에 7일 일하고 경우에 따라서는 교대도 하고 주말에도 일하는 특별한 사람이다. 보안업무를 직업으로서 하고자 하는 사람들에게는 돈보다 훨씬 많은 것이 문제가 될 수 있다.

요 약

- 보안관리자의 일차적 역할은 행정가, 경영(관리)자, 손실예방전문가의 역할이다.
- 행정가로서, 보안관리자는 보안목적, 정책, 절차와 일상적 지침, 재정 통제 및 예산, 교육 프로그램과 조직 내에서의 보안에 대한 이미지에 대해 책임을 진다.
- 민간보안체계의 궁극적 목적은 손실예방을 통해 투자자에게 최대의 수익을 돌려주는 것이다.
- 다른 직원들은 포스터, 표지, 매뉴얼, 훈련, 보안직원들의 제안과 예시들을 통해 보안체계에 관해 교육받을 수 있다.
- 관리자로서 보안감독자는 고용, 직무설명서 작성, 훈련, 장비의 지급, 일정작성, 감독, 감찰수행, 교정행위 및 보안직원에 대한 평가 등의 책임을 진다.
- 만일 높은 이직률을 유발하는 악순환이 깨어진다면, 선

발된 민간보안직원은 적어도 18세 이상일 것, 고등학교 졸업장 또는 그에 준하는 필기시험에 합격할 것, 범죄경력이 없을 것, 할당된 임무를 이해하고 수행할 능력을 판단하는 필기시험을 통과할 것, 적당한 신체 요건을 충족할 것 등을 포함하는 최소한의 고용기준을 충족해야 한다.

- 직무수행의 효과성을 높이기 위해서, 보안관리자는 보안직원에게 직무설명서, 훈련, 보안매뉴얼 또는 소책자와 필요한 장비를 제공해야 한다.
- 배치 전 훈련과 후속 훈련이 모두 제공되어야 한다.
- 공인보호전문가(CPP)는 특정한 경험과 학력 요건을 충족하며 종합시험을 통과한 전문가들이다.
- 민간보안요원들은 그들 고용주에 대한 이미지를 전달하는데, 이러한 이미지는 회사의 공적 관계 향상을 위한 노력을 증진시킬 수도 손상시킬 수도 있다.

응 용

다음은 회사나 조직들이 수행하는 공적 관계 향상을 위한 노력들을 열거한 것이다. 보안직원들이 일정한 역할을 수행할 수 있는 항목들을 체크하고, 그러한 역할이 어떻게 수행될 수 있는지를 설명하라.

- 회사의 개방
- 환영회
- 시설견학
- 회보
- 지역학교에서 회사 홍보

논의 사항

1. 민간보안관리자는 민간보안직원에 대한 이미지를 어떻게 향상시킬 수 있는가?
2. 보안직원으로 일할 자격이 있는 사람들을 확보하기 위해 사용할 수 있는 자원들을 열거해 보라.
3. 좋은 훈련프로그램의 세 가지 특성은 무엇인가?
4. 효과적인 보안직원을 위한 최소한의 기준은 무엇인가?
5. 보안감독자와 보안관리자들에게 요구되는 추가적인 자격은 무엇인가?

참고 문헌

ASIS International Security Certifications. Arlington, VA: American Society for Industrial Security, 2007.

Blanchard, Kenneth. "Getting Back to Basics." *Today's Office*, January 1988, pp.14, 19.

Bernard, Ray. "Security Certifications." *Security Technology and Design*, September 2005, pp.36-43.

Chief Security Officer (CSO) Guideline. Arlington, VA: American Society for Industrial Security, 2006.

Daniels, Rhianna. "Certifications: Value Drives Demand for Programs." *Security Director News*, June 2007, pp.1, 10.

Erlam, N. Alexander. "You Mean He Works for Us?" *Security Management*, May 2005, pp.82-88.

Fay, John. "The Emergence of the Chief Security Officer." *Security Technology and Design*, April 2004a, pp.50-56.

Fay, John. "Leadership in Security Management." *Security Technology & Design*, June 2004b, pp.50-54.

Friedrick, Joanne. "Companies Ramp Up Pre-Employment Screening." *Security Director News*, July 2004, p.19.

Harowitz, Sherry L. "The Very Model of a Modern CSO." *Security Management*, April 2005, pp.42-51.

Hersey, Paul and Blanchard, Kenneth H. *Management of Organizational Behavior*, 3rd ed. Englewood Cliffs, NJ: Prentice-Hall, 1977.

Knowles, Malcolm S. *The Modern Practice of Adult Education: From Pedagogy to Andragogy*. Englewood Cliffs, NJ: Prentice-Hall/Cambridge, 1980.

Mallery, John. "Certification Update." *Security Technology & Design*, July 2004, pp.40-44.

"Newspoll." *Security Director News*, September 2006, p.31.

Plante, William and Craft, James. "The CSO/CISO Relationship." *Security Technology & Design*, September 2005a, pp.44-49.

Plante, William and Craft, James. "The CSO/CISO Relationship: Pick Up the Phone." *Security Technology & Design*, September 2005b, pp.52-58.

Preemployment Background Screening Guideline. Arlington, VA: American Society for Industrial Security, 2006.

Rosen, Lester S. "Cost-Effective Safe Hiring Techniques for Large Employers." *Security Technology & Design*, June 2004, pp.36-40.

Rosen, Lester S. "The Good, the Bad, and the Ugly." *Security Technology & Design*, July 2005, pp.26-29.

Telders, Eduard L. "Ready to Rumble: CIOs and CSOs Face Off." *Security Technology & Design*, November 2004, pp.18-22.

Chapter 3

공공 · 민간 파트너십

학습할 내용

- 민간보안원과 공공경찰관을 수적으로 비교하면 어떠한가?
- 공공보안과 민간보안의 영역 간 교류는 얼마나 많이 발생하는가?
- 민간보안원과 공공경찰관이 유사한 점은?
- 민간보안원과 공공경찰관은 어떻게 다른가?
- 민간보안원은 어떤 권한을 갖고 있는가?
- 민간보안원은 어떠한 한계를 갖고 있는가?
- 민간보안원에 비해 공공경찰은 어떤 장점 또는 단점을 갖고 있는가?
- 어떤 분야에서 민간보안원은 공공경찰과 책임을 공유할 수 있는가?
- 형사사법의 어떤 분야가 민영화될 수 있는가?
- 언제 교정행정의 민영화가 시작되었고, 현재는 증가추세에 있는가 감소추세에 있는가?

개념정의

권력	권한	민영화
불법행위법	승인받은	위법수집증거 배제의 원칙

도 입

많은 사람들은 민간보안업이 사업장들과 공공밀집지역, 업무환경들에서 범죄부터 자연재해까지 가능한 모든 재난에 처음으로 대응하는 것이라는 사실을 인지해 나가고 있다. 대부분의 사람들은 소방관이나 사법기관, 응급기관의 직원들을 최초 대응자로 고려하는 경향이 있으나 민간보안업 종사자들은 종종 그들의 사업이나 회사 환경에서 최초 대응자로서 역할한다. 그들은 2001년 9월 11일 테러리스트들의 공격 이후로 초동 대응 과정에서 중요한 역할을 담당했고 사람들을 안전하게 건물 밖으로 대피시키는 과정에 있어서 중요한 역할을 하였다. 그들은 최초 대응자들이었으며 그들은 공격의 순간에 바로 그 장소에 이미 존재하였으며 몇몇 경우 불행하게도 최초의 피해자들이 되기도 하였다(Cooke and Hahn, 2006, p.16).

최초 대응자들을 채용하고 훈련시키는 중요한 책임뿐만 아니라 보안관리자들은 손실예방 프로그램과 이를 시행하기 위한 보안인력들을 고려해야만 한다. 그리고 보안관리자들은 민간 "경찰활동"기능이 공공경찰의 그것과 어떻게 다른지를 알아야만 하며, 그들이 어떻게 공공경찰 활동에 대해 기여하며 많은 경우 어떻게 그들이 공공경찰 활동으로부터 도움을 받는지를 숙지해야 한다. 그들은 또한 그들과 그들의 고용주들은 법적으로 주어진 권한과 그 권한의 한계를 잘 알고 있어야 한다.

이 장은 공공 분야와 민간 분야 간의 관계에 대해 소개하고 역사적으로 존재해왔던 공공, 민간 분야 간의 갈등에 대해 살펴볼 것이다. 다음으로 민간보안의 성장과 협력에 대한 필요성의 측면에서 민간보안과 공공경찰 간의 상호 보완적인 역할에 대한 논의를 할 것이다. 이것은 공-사간 파트너십의 발휘 시 고려할 사항에 대한 논의로 연결된다. 그러면 특정 분야에서 민간보안이 공공경찰뿐만 아니라 사법시스템의 다른 부분에까지도 짐을 덜어줄 수 있는가도 논의될 것이다. 본 장은 공-사 파트너십의 형성에 대한 몇 가지 제언과 실제로 성공적이었던 몇 가지 사례들을 간략히 살펴볼 것이다.

공공 – 민간 협력

손실예방, 안전, 프라이버시 등의 목표들은 단순히 민간보안 분야의 영역만이 아니다. 그것은 기록이 남겨진 시대 이래로 지속적인 관심대상이었다. 공공경찰과 민간보안의 역사가 한데 엮여 있다는 제1장의 내용을 떠올려 보라. Shering and Stenning(1987, p.15)에 따르면:

> 현재의 기업들을 거대한 봉건 영지에 기반하여 통치하는 중세 봉건 영주들에 비견한다면 역사적인 평행선에 대한 연구는 십인조 제도를 넘어서 좀더 고대 개인의 평화와 충돌하는 개인의 권리들에 대한 개념에 도달하게 한다. 실제로 바로 그 공공과 민간 분야의 차이는 흐릿하고 반박할 수 있는 이것의 개념적 자유로움에 대한 중요성을 대두시킨다. 이것은 민간 "개인들"이 공공질서의 유지에 관여하고 있기 때문만이 아니라 오늘날 점점 더 많은 우리의 공적인 삶이 사적으로 소유되고 통제되는 자산에서 영유되고 있기 때문이다.
>
> 회사의 질서들은 여느 다른 "사람들"처럼 그들이 방해받지 않고 갖는 구역에 대하여 일정한 사적 권한을 갖는다는 원칙에 의해 보호된다. 게다가, 그 사적인 권한은 신성불가침한 원칙, 자유 민주주의의 핵심적인 바로 그 자유를 잠식할 수도 있다.

이 "사적 권한 영역에 대한 권리"는 오랫동안 정부와 그들이 설립한 다양한 경찰 메커니즘들로부터 공공 분야와 사적 분야 경찰활동이 지속적으로 공존한다는 관점으로 이해되어 왔다:

> 경찰활동은 국가, 지방정부들, 혁명적인, 혹은 비혁명적인 정당들, 이웃들, 교회들, 지주들, 노동자들, 농부들, 점포들과 전문가 연합 등 매우 다양한 집단들의 후원 아래 행해진다. 더 흥미롭게도 다양한 경찰활동들은 복잡하게 엉켜 있다… 혼합체 안의 그 부분들이 다양함에도 불구하고 비슷한 형태가 계속해서 반복적으로 나타난다. 특별히, "공공"과 "민간" 경찰활동은 결코 서로 전적으로 보충적이지 않다. 실제로, 둘 사이의 "차이" 그 자체가 많은 상황에서 문제시되어 가고 있다. 공공 민간보안 기관들은 서로 협동하고 때때로 녹아들며 종종 활동 방식을 공유한다… 경찰활동은 집단이 개인들을 규제하지만 개인들은 집합적으로 집단을 규제한다는 점에서 서로 상응하는 왕래 기관이다(Bayley, 1987, p.6).

권한(authority)은 행동에 영향력을 가해서 다른 사람들을 통해서 어떠한 것들을 하게 하는 법적인 권리이다. **권력**(power)은 법적 권리가 존재하거나 혹은 존재하지 않더라도 어떠한 일을 수행하게 하는 것이다. 권한(authority)은 일반적으로 법이나 규칙에 의해 부여된다. 권력(power)은 법이나 규칙의 이익이 없는 개인이나 집단의 영향이다. 권한(authority)과 권력(power)은 모두 순응을 강요하는 능력, 즉 하위 기관들이 임무를 수행하도록 하게 하는 것을 의미한다. 두 가지 모두 모든 단계에서 관리자들에게 중요하다. 그러나, 권한(authority)은 법과 규칙에 기대는 반면에 권력(power)은 설득에 기댄다. 공,사 경찰활동의 권한과 권력은 서로 다르며 이를 간략히 다루고자 한다.

역사적인 충돌

경찰과 민간보안 간의 마찰은 지속적으로 존재해 왔다. 경찰은 종종 민간보안 직원들을 열악한 훈련과 열악한 보수 속에서 근무하는 경찰이 되고 싶었지만 되지 못한 사람들로 바라보았다.

역사적으로, 공 경찰과 민간보안은 서로를 경쟁관계로 보고 있다. Youngs(2004)는 "1960년대는 민간보안에 대한 무관심의 기간으로 특징지어졌고 1970년대는 이 산업에 대한 일부 인식과 개념을 바꾸었던 반면 1980년대와 1990년대는 공공 법 집행기관과 민간보안 간의 협동과 협업의 시기라고 여겨진다. 개인과 기업 시민들은 공공 법 집행기관에 의해 보호받고 또한 보안 회사 이용자, 그리고 갇힌 커뮤니티(gated communities)의 양적 증가에서 나타나듯 점차 더 많은 시민들이 민간보안의 고객이 되고 있다."

그러한 갇힌 커뮤니티(gated communities)들은 공공 안전서비스에 대한 불만족을 나타내기도 하며 공공 안전을 "가진 자들"과 "못 가진 자들"로 나뉘게 하는 결과를 초래할 수 있다. 이러한 것에 대한 염려는 시간이 지나면서 이러한 패턴이 도시의 전반적인 범죄 문제들로부터 자신들의 안전을 구매할 수 있을 만큼 안정적이고 부유한 사람들로 하여금 범죄에 취약한 지역을 벗어날 수 있게 한다. 더욱이, 개인적으로 그들의 이웃을 위해 민간보안 서비스를 구매하는 부유한 주민들은 부유층과 빈곤층에게 똑같이 적용되는 사회 자본을 위한 납세를 거부할 수도 있다("Public or Private?" 2006).

시민들을 보호함에 있어서 비슷한 이익들이 발생함에도 불구하고 사법기관들과 민간보안업체들은 거의 협력을 해오지 못했다. 사실, 지역사회 경찰활동 철학을 품은 사법기관들은 민간보안업체를 제외한 거의 모든 집단들과 광범위하게 협조하여 왔다. 몇몇 통계수치들에서는 국가의 중요 기반 시설의 85%가 민간보안에 의해 보호되고 있는데 이러한 수치는 공공 경찰활동과 민간보안 간의 복잡화된 협동과 파트너십 향상의 필요성을 나타낸다(*Private Security/Public Policing*, 2004, p.1).

협동의 필요성이 국가적으로 인식되어 왔음에도 불구하고 두 집단은 종종 서로에 대해 불신한다. 예를 들면,

- 일부 경찰관들은 보안 직원들의 사전 고용 심사, 훈련, 기준들, 인증과 규제 등의 결핍을 아쉬워한다.
- 일부 경찰관들은 보안 직원들이 불충분한 훈련을 받는다고 생각한다(특히 무기를 소지하는 보안원들에 대하여).
- 일부 경찰관은 민간보안 직원들을 경찰관이 되고자 했으나 능력 불충분으로 되지 못한 사람들로 생각한다.
- 일부 경찰관은 민간보안을 그들 영역에 대한 위협으로 생각한다.
- 경찰은 일반적으로 광범위한 민간보안 기능, 능력, 전문지식, 자원 등에 대해 거의 이해하지 못하고 그래서 민간보안의 역할을 충분이 이해하지 못한다.
- 일부 민간보안 직원들은 경찰을 특권주의자로 본다.
- 일부 민간보안 직원들은 법 집행 실무자들은 자신들이 민간보안 분야의 직업을 고려하기 전까지는 민간보안에 무관심하다고 생각한다.

(*Private Security/ Public Policing*, p.7)

또 다른 마찰의 원인은 공공경찰 부문에 비해 성장하는 민간보안의 성장세와 그러한 성장세를 유지할 수 있게 해 주는 자원의 수준이다.

민간보안의 성장

민간보안 직원의 숫자는 공공 법 집행 기관 직원에 비해 5배나 많고 그 비율이 6배에 달하는 캘리포니아와 같은 몇몇 주에서는 더 큰 차이로 나타난다. 공공경찰 직원 수에 비한 민간보안원 수의 이와 같은 성장세는 한 세기 전에 이루어진 연구에서 이미 예견되었다(그림 3.1)(Cunningham et al., 1991, p.3).

이러한 숫자들은 단지 민간보안 직원들만을 반영한다. 민간보안 업체의 다른 직책에 수천의 또 다른 직원들이 존재한다. 게다가 33,000명의 보안관리자들이 이러한 직원들을 감독한다. 그러한 수치는 민간보안 직원들이 미국인들과 그들의 재산을 보호하기 위해 실질적으로 노력하고 있음을 증명한다. 9·11테러 공격 이후 미국 내의 국가적인 비상 상황을 고려할 때 보안인력에 대한 수요는 예측 가능한 미래에 꾸준히 높은 수준으로 유지될 것이라고 말할 수 있다. 이것은 신규채용의 부족이 위험한 비율에 도달한 공공 경찰활동의 영역과 대비된다고 할 수 있다.

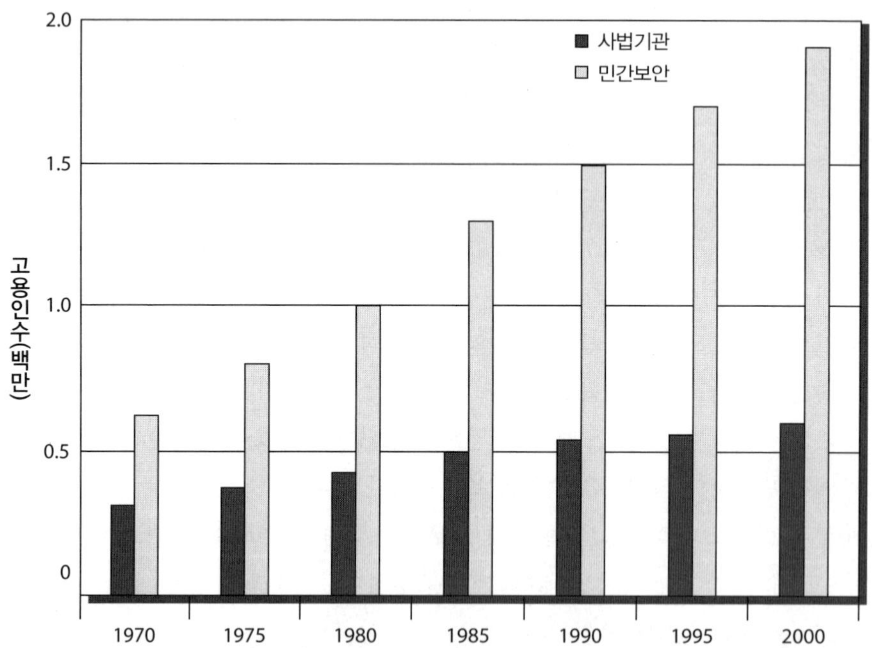

그림 3.1 민간보안과 사법기관 인력 비교

출처: William C. Cunningham et al. *Private Security: Patterns and Trends*. Washington, DC: National Institute of Justice Research in Brief, August 1991, p.3.

공공 부분에의 지원자들의 부족

Egan(2005)은 "공경찰 탄생 초기 단계에 미국 경찰관의 직업은 이전에는 대학 배경이 없는 사람들에게 인기가 좋았으나 현재는 구인난에 시달리고 있다." 그는 대다수의 젊은이들에게 직업으로서 경찰관이 인기가 좋지 않으며 관심이 있는 젊은이들이 강력한 경쟁자인 군인이나 민간보안 분야의 신입 사원으로 많이 흘러가고 있다는 점을 지적하였다. 좋은 자원의 경찰 신규채용은 전국적으로 하향추세이고 절반 이상의 작은 기관들과 3분의 2 이상의 큰 조직들이 적합한 지원자들의 부족에 시달리고 있다(Koper, 2004, p.2).

Stockton(2007, p.10)은 "경찰 인력 채용의 문제가 대두되었다. 전국적으로 모든 기관들이 가장 기본적인 인력 채용 문제를 겪고 있고, 이 상태는 점점 좋아지기보다는 심각해지고 있다. 가장 작은 기관으로부터 거대한 NYPD에 이르기까지 기관들은 보통 수백 명의 인력 부족을 겪고 있다"라고 주장한다. 국가적으로 17,000개의 법 집행 기관들의 80% 이상이 인력 부족을 경험하고 있다(Kriel, 2006). 예를 들면, 달라스 시는 800명의 경찰관이 더 필요하고, 휴스턴은 1,200명까지 더 고용할 수 있다.

세대의 이동이 현재 진행중이고 인력난의 중심은 두 가지 트렌드의 결합에서 초래되었다. 노령화된 베이비부머들의 증가와 그 뒤를 따르는 젊은 x세대 숫자가 더 적다는 사실이다(Henchey, 2005, p.108). 1억 2백만의 강력한 밀레니엄 세대(1982년부터 2002년 사이 출생자)들이 아직 법집행 기관의 인력난에 크게 도움을 주고 있지는 않으나 그들은 앞으로 다가올 10년의 경찰관의 주류를 이룰 것이다. "2020년까지 대부분의 경찰관들은 밀레니엄 세대들로 채워질 것이다"(Henchey).

9·11 사건 이후 연방 법집행의 확장이 이 분야에 관심을 가진 사람들에게 더 다양한 선택을 주고 있기 때문에 적합한 신규 경찰관을 찾는 것은 더욱 힘들어졌다(Mitchell, 2007). 게다가, 이라크와 아프가니스탄에서의 전쟁들은 "공직에 관심 있는 젊은이들을 군대로 흡수해버렸다"(Woska, 2006, p.54). 그러나 적합한 지원자의 감소의 또 다른 요인은 인종 문제에 대한 고자세적인 태도와 과도한 물리력의 사용에 따른 부정적인 인식이다(Woska). 마지막으로, 고소득을 보장하는 보안 관리직의 유혹이 공공경찰 구인난의 요인이라고 할 수 있다.

공공경찰과 민간보안 간의 인력 이동

공공 부분과 민간보안의 직원들은 종종 서로의 분야로 이동한다.

한 분야에서 다른 분야로의 이동으로 인력의 교환은 종종 발생한다. 몇몇 개인들은 민간보안을 공공경찰로의 이동을 위한 발판으로 생각한다. 이처럼 일부 경찰관들은 은퇴 후이건 수입 증가를 위해 경찰과 병행을 하건 민간보안으로의 이직을 고려한다. 연방, 주 그리고 지역 단계의 많은 은퇴한 법집행 공무원들이 민간보안으로 이동한다. 사실, 몇몇 기관들은 공공 법 집행 기관과 민간보안의 양쪽에 걸쳐 있기도 하다. 예를 들면, Amtrak 경찰 부서는 300명이 넘는 정규직원(sworn officer)을 둔 민간보안 부서이다. 그리고 많은 대학 캠퍼스들은 민간보안원들로 구성된 민간보안 부서가 있다. 게다가 많은 법 집행관들이 그들의 비번 시간에 민간보안 직원으로 일한다(*Private Security/Public Policing*, p.6).

부업/겸업(Moonlight) – 법적인 문제

경찰관의 겸업 현상은 문제가 없지 않다. *Mount Sinai Hospital v. City of Miami Beach*(1988) 사건에서 마이애미 해안 경찰관이 병원에서 겸업을 하는 도중 부상을 당했다. 이때 발생하는 질문은 "어떠한 조건 아래서 경찰관으로서의 권리가 소멸하고 그 경찰관이 부상에 대한 보상을 받을 수 있는 하나의 시민이 되는가?"라는 것이다.

그 공무원 Lehman 씨가 미끄러져 그의 오른쪽 무릎을 다친 것은 그의 특수 임무중 하나인 주차장 순찰을 위해 응급실 문을 열고 나가던 중이었다. 병원측은 Lehman 씨가 시에 소속된 경찰공무원이기 때문에 병원에서는 책임이 없다고 주장하였다. 그러나 보상위원회에서는 병원측의 책임을 인정하였고 병원은 항소하였다. 본 소송은 플로리다주 법률에서 명시하고 있는 부상당한 법 집행 공무원의 부상이 만약 그의 "최우선의 책임"을 수행하는 중이었다면(즉, 범죄를 예방하거나 수사하는 것 혹은 법을 집행하던 중) 그리고 "사적인 고용주로부터 임금을 지급받는 행위가 아니었다면 업무도중에 활동한 것으로 보여질 수 있다"는 내용에 대하여 Lehman 씨가 공무를 수행하던 중이었는지 아닌지를 판단하는 것에 달려 있었다.

병원은 본 소송에서 이전의 *City of Hialeah v. Weber*(1986) 사건의 판례를 기초로 대응하였다. 이 사건은 휴게실에서 안전 요원으로 겸업하던 경찰관이 길건너 가게에서 자동차 바퀴에 구멍을 내는 사람을 붙잡으려다 부상을 당한 사건이었다. 법원은 해당 경찰관이 부상의 순간에는 시에서 고용된 경찰관의 신분이었고 따라서 시에 그 부상에 대한 배상책임을 인정하였다.

Mount Sinai Hospital v. City of Miami Beach(1988) 사건에서는 법원은 겸업 사건의 경우 어떠하게 판결을 내려야 하는지에 대한 범위를 제시하였다. 그 범주의 한쪽 끝은 경찰관이 "모호하게" 경찰로서의 기능을 수행한 것이고 이는 바로 위에서 살펴본 겸업 경찰관이 그의 앞에서 행해지는 범죄를 막기 위해서 한 행동이고 그를 고용한 사람을 위해서 한 행위가 아니다. 따라서 시에서 보상에 대한 책임을 가진다. 또 다른 범주는 겸업 경찰관이 명백히 고용주를 위한 행위를 한 경우이며, 경찰기능을 한 것이 아닌 경우이다. 이러한 경우에, 고용주가 그 책임을 맡게 된다. 이 두 가지 상황이 범주의 양쪽 끝을 보여 줌에도 불구하고 이러한 경우의 대다수는 분명하지 않고 그러한 범주 어디쯤에 위치하여 법원의 판단을 힘들게 한다.

공공경찰관과 민간보안원의 비교

공공경찰과 민간보안이 어떻게 우리의 안전을 도모하기 위해 협동할 수 있는가를 이해하기 위해서는 두 집단이 어떠한 점에서 유사하고 어떠한 점에서 차이를 나타내는지를 이해하는 것이 중요하다.

공공경찰관과 민간보안원의 유사점

공공경찰관과 민간보안원은 유니폼과 휼장을 달고, 상급자의 명령에 복종하도록 훈련받고, 그들의 행동에 책임을 지도록 훈련받는 등 많은 공통점을 가진다. 공공경찰과 민간보안 모두 범죄 행위로 인한 손실을 막고자 노력하고, 만약 그러한 손실이 발생하면 책임이 있는 자를 체포하기 위한 수사를 벌인다.

공공경찰과 민간보안은 유니폼을 입고 휼장을 달며 복종하도록 훈련받으며 그들의 행위에 책임을 지도록 훈련받는다. 모두 범죄를 예방하고자 노력하며 범죄자를 잡고자 노력한다.

공공경찰과 민간보안 모두 존경을 받을 수 있고 그들이 함께 일하는 사람들과 협동할 수도 있고 혹은 부딪치기도 한다. 게다가 모두 그들이 속한 집단의 이미지에 큰 영향을 미친다. 그들의 모든 행동은 대외 관계에 영향을 미친다.

공공경찰관과 민간보안원의 차이점

민간보안과 공공경찰 사이에 크게 네 가지의 차이가 존재한다 : (1) 재정상의 방향성, (2) 고용주, (3) 수행하는 기능의 특수성, (4) 법적으로 보장되는 권한

민간보안	공공경찰
■ 이익 지향적인 기업	■ 비영리적 정부 조직
■ 특정한 사적 고객을 위한 서비스	■ 대중을 위한 서비스
■ 범죄를 예방하고 재산을 보호하고 손실을 줄이는 것	■ 범죄 및 무질서와 싸우고, 공공의 평화를 보호, 법을 집행하고 범법자를 체포
■ 공공경찰의 권한 아래 있지 않는 비범죄적 행동을 규제	■ 법적인 권한

다른 중요한 차이점들은 경찰관의 훈련과 기준들, 인증과정 등이 실질적으로 더 엄격하다는 것이다. 그러나 민간보안은 공공경찰을 뛰어넘는 특수성을 발전시킬 수 있는 자원이 있다. 컴퓨터 네트워크나 화학공장, 금융기관, 의료기관, 소매상 등에 대한 보안은 그러한 예가 될 수 있다(*Private Security/Public Policing*, p.6).

종종 논의되지 않는 두 집단의 차이는 바로 조직문화이다. 경찰은 전통과 자신감에 있어서 높은 전통이 잘 확립되어 있다. 그들은 주변사람들이 그 자신들에게 무엇을 기대하는지를 잘 알고 확고한 정책과 절차들에 의해서 관리된다. 반면에 민간보안원들은 그들의 업무에서 자신감을 유지시켜주는 강한 전통을 지니고 있지 못하다. 그들은 안전의 목표보다 실리적인 것에 중점을 두는 그들의 조직 문화에 적응해야만 한다. 이 부분은 민간보안 분야가 성숙할수록 발전해 나갈 것이다.

다른 기본적인 차이점들은 그들이 가지고 있는 권한과 그들에게 놓여진 제한들이다.

법적 권위/수권(Legal Authority)

법 집행관은 민간보안원에 비해 월등한 법적 권한을 갖는다. 민간보안원들은 유니폼을 입고 종종 무기를 소지하고 권위적인 위치에 놓이기에 그들은 일반 시민들보다 더 많은 법적 권한을 가진 것처럼 보인다. 그러나 이것은 항상 맞는 것은 아니다.

민간보안원들은 일반 시민들보다 더 많은 권한을 갖지 못한다. 시민으로서 그들은 체포하고 조사하고 무기를 소지하고 그들 자신을 방어하고 그들의 재산 혹은 그들의 관리하에 있는 재산들을 보호할 권한을 지닌다.

종종 민간보안원들은 서류가방, 지갑, 점심도시락 가방 등 개인적인 물건들에 대한 정기적인 검사를 특정한 관리방침에 의하여 실시한다. 일반적으로, 민간보안원들은 경찰권이 없다. 그러나 그들의 훈련과 경험은 그들 또한 이 권한을 사용할 수 있을 것처럼 한다.

민간보안원들은 그들의 고용주의 기업이나 회사에 허가받지 않은 개인들의 접근을 거부할 수 있고 그들의 고용주들이 만든 모든 규칙들을 집행할 수 있다. 대부분의 주에서 그들은 또한 직원들을 탐색하고 그들에게 미란다 고지 없이 질문을 할 수 있다.

Bowman v. State(1984) 사건에서 인디아나 법원은 민간보안원들은 공공경찰과 다르게 미란다 고지를 할 필요가 없다고 판시하였다. 미란다 고지는 법원에 따르면 공공경찰과 같이 정부에 의한 행위가 연관되어 있는 상황에서만 필요하다고 한다.

Weingarten 권리들(Weingarten Rights)

미란다 권리가 민간보안원이 직원들에게 질문하는 과정에서 적용되지 않는다 할지라도 다른 권리들은 적용될 수 있다. 예를 들면, 만약 보안담당 직원이 인터뷰나 질문을 수반한 조사를 행할 때에는, 그리고 그 직원이 합리적으로 그 인터뷰가 징계로 이어질 수 있다고 판단할 때, 그 직원은 조합에 그의 상사에 조사 인터뷰에 대해 대표 파견을 요구할 수 있다. 이 직원의 조사 인터뷰 과정에서의 조합에 의한 항의의 권리는 미 대법원의 *NLRB v. J. Weingarten, Inc*(1975) 판결에서 발표되었다. 한 점원이 Weingarten사로부터 조사를 받는 과정에서 발생한 사건이므로 이 권리를 Weingarten권리라고 부른다.

Weingarten권리는 직원이 조사 인터뷰를 받는 동안에만 가질 수 있다. 조사 인터뷰는 상사가 직원에게 징계의 사유가 될 수 있는 정보를 얻기 위해 질문할 경우나 그의 행위를 변호하기 위해서 질문할 경우에 발생한다. 만약 직원이 징계나 다른 불리한 결과가 그의 발언에서부터 발생할 수 있다고 합리적으로 믿을 경우 그 직원은 조합에 조합 대표 파견을 요구할 권리가 있다. 조사 인터뷰들은 일반적으로 다음과 같은 문제와 연계되어 있다:

의도적 결근, 불복종, 지각, 음주, 사보타주, 절도, 싸움, 업무 성과, 업무 절차의 위배, 나쁜 태도, 주 재산(state property)에 대한 손상, 안전 규칙에 대한 위배,

기록의 위조, 사고, 마약

관리자는 이러한 질문에 대한 명확한 정책을 가져야 하고 어떠한 유형의 직원의 행위가 조사 인터뷰를 유발시키는지를 알아야 한다.

Weingarten 규칙

Weingarten 사건의 대법원 판결에 의해 조사 인터뷰가 행해질 때는 다음의 규칙들이 적용된다.

Rule 1 — 직원은 인터뷰 중이나 전에 명백하게 조합 차원의 대표 파견을 요구하여야 한다. 직원은 그러한 요구를 하였다는 이유로 처벌받지 아니한다.

Rule 2 — 직원이 그러한 요구를 하고난 후 고용주는 다음 세 가지 조건 중에서 하나를 택해야만 한다. (1) 요구를 수락하고 조합 대표가 도착하고 개인적으로 상담할 기회를 줄 때까지 질문을 연기한다. (2) 요구를 거부하고 인터뷰를 즉시 종료한다. (3) 요구를 거부하고 직원에게 (a) 항의 없이 인터뷰를 하거나 (b) 인터뷰를 종료하는 두 가지 중 선택할 권리를 준다.

Rule 3 — 만약 상급자가 조합 대표 파견 요구를 거부하고 계속 질문하고자 한다면, 그는 부당한 행위를 하는 것이고 그 직원은 대답을 거부할 권리를 갖는다. 상급자는 그러한 거부를 이유로 직원을 징계할 수 없다.

민간보안원에 대한 또 다른 제한들

민간보안원들을 관리하는 법률들은 **불법행위법**(tort law), 주 법, 형법, 헌법, 계약법 등 다양한 근원들에서 파생되었다. 이는 보안원들이 임무 수행을 위해 이행해야 하는 행위이기 때문에 민간보안원들은 민사 소송에 다른 시민들보다 많이 연루된다. 이는 다음 장에서 다루었다.

민간보안원들은 타인의 사생활, 도청, 침해가 금지되고 몇몇 관할에서는 경찰의 그것과 유사한 유니폼과 휼장을 착용하는 것까지 금지된다.

많은 민간보안원에 대한 규제들이 각 주의 불법행위법에서부터 파생되었다. 불법행위법은 민법이다. 이 법은 각각의 타인에 대한 시민의 법적 책임을 규정하고 그들의 책임들을 이행하는 데 실패함으로써 발생한 부상 등의 회복에 관한 소송을 가능케 한다. 민사 책임은 다음 장에서 논의하였다.

주 그리고 연방 형법들은 민간보안원들이 폭행과 같은 범죄를 저지르는 것을 금지한다. 다른 주, 연방 법들은 도청, 감시, 개인에 대한 정보수집, 경찰관 사칭, 그리고 총기의 구매 혹은 휴대 등을 규제한다. 예를 들면 *National Labor Relations Board v. St. Vincent's Hospital*(1984) 사건에서 미국 항소법원은 병원 직원들에 대한 상급자의 절도범죄와의 연관성에 대한 질문은 강압적인 행위가 아니라고 판시하였다. 그러나 법원은 조합의 활동과 관련된 병원직원들을 감시하는 것은 미국의 노동관계법 위반으로 판단하였다.

미국 헌법이 주로 경찰 권한에 법적 제한을 두고 있음이 잘 알려져 있음에도 불구하고 그러한 제한은 법 집행관을 포함한, 단지 정부 공무원들을 대상으로 적용된다. 그러나 정부와 사적 활동분야는 언제나 명백히 구분되지는 않는다. 이것은 민간보안원이 공공 기관에 고용되거나 민간보안원이 대리로 임명될 때를 예로 들 수 있다.

보통 위임받아 임명되거나 공공기관에 의해 계약된 민간보안원들은 공무원과 같은 제약에 놓인다. 더욱이, 민간보안에서 휴무 시간동안 업무를 하는 공공경찰관들은 많은 주들에서 공공경찰관으로 고려된다. 결과적으로, 많은 경찰 부서들은 그들의 직원들의 민간보안업체에서의 겸업을 허가하지 않는다. 몇몇 주들은 특히 민간보안업체가 현직 경찰관들을 고용할 수 없게 하였다.

명백히, 공공/민간보안의 차이는 항상 흑백으로 나누어지지 않는 대신에 다양한 양상으로 나타난다. 몇몇 주에서 상업점포 보안원 관련 법과 다른 비슷한 법률들이 철도 공무원, 핵시설 공무원, 은행 보안 공무원 등에게 일반인에 비해 더 큰 권한을 부여한다. 몇몇 주들만이 그들의 관할에서 법적인 그리고 필수 교육훈련 이수를 조건으로 전적으로 공공경찰 권한을 가지는 민간보안원을 인정하고 있다.

주 법들은 또한 민간보안원의 체포 권한을 규제한다. 조사된 31개 주들의 다수는 민간보안원이 경범죄자를 체포할 수 있다. 31개의 모든 주에서 중죄자를 체포할 수 있지만, 어떠한 주에서도 그들이 경찰 체포권을 부여받지는 못하였다. 규제를 허가하는 지역 법과 주 법령에 의한 민간보안원에 대한 다른 제한들이 존재한다. 이러한 규제들은 주마다 매우 다양하고 이는 2장에서 이미 논의되었다. 마지막으로 대부분의 보안 요원들이 그들의 기관이나 고용주에게 한 계약의 내용에 의해 제한을 받게 된다.

목표에 있어서 공공경찰과 민간보안의 유사성과 법적 권한에 있어서의 공공경찰과 민간보안 간의 차이점들은 다양한 방향에서 공공, 민간보안의 노력이 상호 보완적이라는 것을 보여 주고 있다.

공공, 민간보안 간의 상호보완적 역할

민간 그리고 공공경찰은 비슷한 상황에 놓이고 범죄예방을 포함한 비슷한 목적을 지닌다. 그러나 민간보안원들은 또한 공공 법집행관들이 수행할 수 없어 서로의 관계를 상보적으로 만들어 주는 기능을 수행한다.

민간보안은 미국인들과 그들의 재산을 보호하는 주된 역할을 담당하게 되었다. 우리의 증가하는 노령화된 산업 인구들이 고층 콘도와 사무실 건물에서 생활함에 따라 그들의 민간보안에 대한 의존도도 높아졌다. 전통적인 경찰관의 대로변 순찰이나 도보순찰은 현실적으로 그러한 시설물들에 대한 순찰을 기대하기는 어렵다. 공공경찰과는 다르게, 민간보안요원들은 특정 건물에 대하여 순찰을 제공할 수 있고 심지어 특정한 층이나 특정한 방에 대한 순찰도 가능하다.

사회가 각각의 필요성을 이해하고 직업들이 같이 일하는 방법을 발전시키면서 공공 법 집행과 민간보안의 분야가 서로 섞이는 것은 예상가능한 일이 되었다.

협조적인 노력들의 필요

민간보안과 공공경찰 간의 협조적인 상호관계를 증진시키는 것은 가장 중요한 것이다. 공공경찰관 역시 범죄를 예방하고자 노력함에도 불구하고 대부분의 시간을 법을 집행하는 데 보내고, 범죄를 수사하고 용의자를 체포하는 데 소요한다. 그들의 존재는 범죄에 억제요소로 작용하지만 그들이 한 번에 모든 곳에 존재할 수는 없다. 민간보안의 가장 핵심적 역할은 범죄의 예방이라는 것은 분명하다.

많은 주에서 경찰은 쉽게 민간보안에 압도된다. 미국이 세계에서 가장 폭력적으로 산업화된 현실성을 고려하였을 때 공-사 협조는 필수적이다. Youngs는 "오늘날의 경찰부서는 열악한 자원을 가지고 낮은 범죄율을 유지시켜야 한다는 커다란 압박에 놓이고 있다. 기관들은 이 불가능해 보이는 목표를 민간보안과의 협동관계를 형성함으로써 성취한다"고 말한다. 이것이 전통적으로 경찰관에 부여된 의무들이 민간보안 직원들에 의해 행해지는 **민영화**(privatization)의 핵심이다. "다행스럽게도, 특정 경찰 부서 기능들의 민영화는 문제해결의 강력한 해결책이 되고 있다. 정부의 지속적으로 감소하는 자본 자원과 정부가 직면하는 시민들의 서비스 요구를 세금 증가 없이 지속적으로 충족시킬 수 있는 방법을 찾는 급박한 노력이 민영화

추세에 힘을 가한다. 몇몇 연방 기구들은 50퍼센트의 예산을 서비스 제공에 있어서 계약직을 고용함으로써 절감시켰다"(Youngs).

Youngs 에 의하면 : "오늘날의 경찰은 전형적으로 그들의 시간의 20% 이하만을 범죄와 연관된 업무에 사용한다. 캘리포니아에서, 경찰관은 수당만을 고려하였을 때 아마 100,000달러를 일 년에 소비하고 순찰차 등을 포함하면 더 많은 지출이 생긴다. 서비스에 대한 증가하는 요구들에 직면하여, 이것은 죄수를 호송하고, 법정 보안을 책임지고, 교통 통제와 소환장을 관리하는 업무들이 고비용이다는 것을 증명한다. 미래의 실제 경향은 긴급상황이나 범죄와 연관되지 않는 공공경찰의 기능들을 아웃소싱을 통해 해결할 것이다."

오늘, 법 집행 기관들은 그들의 목적을 달성하기에 적은 자원들만을 보유한다. 이것은 민간 회사들에게 특정한 의무를 외부에 맡기는 경향의 배경이 된다. "18개 주의 경찰 부서들은 보조적인 역할을 맡기기 위하여 민간보안 직원들을 사용하거나 사용할 계획이다. 한 회사는 전국적으로 여섯 개의 주요 공공 운송 시스템에 보안서비스를 제공한다"(Youngs). 부서들은 경찰관들을 과도한 양의 의무를 수행하는 것에서부터 자유롭게 하기 위해서뿐만 아니라 예산을 절감하기 위해서도 민간 보안회사와 파트너십을 형성할 필요가 있다.

상호 이익(Mutual Advantages)

민간보안이 공공경찰을 이용함으로써 누리는 이익은 어마어마하다.

공공경찰은 민간보안에게 조사, 수색, 체포, 전자 감시의 권한을 주었다. 그들은 그들의 법적 책임을 줄이거나 면하고 그들은 훈련과 경험, 지원하는 역할을 수행한다.

민간보안원은 미란다 고지 없이 심문할 수 있고 수색과 압수를 영장 없이 할 수 있다. 민간보안은 개인의 헌법적 권리를 침해함으로써 얻은 어떠한 증거도 증거로서 사용할 수 없다는 **위법수집증거 배제의 원칙**(exclusionary rule)에 얽매이지 아니한다.

민간보안은 공공경찰에 사적 장소에 대한 접근, 확장된 감시에 대한 정보를 제공한다. 게다가, 민간보안 직원들은 위법수집증거 배제의 법칙에 해당되지 않아 미란다고지 없이 질문을 할 수 있고 영장 없이 수색을 할 수 있다.

사실, 고용인의 고용주에 대한 의무는 공공경찰에게 그들의 범죄 수사에 있어서 더 큰 자유를 허용한다. 예를 들면 *United States v. Dockery*(1984) 사건에서 이것은 현실화되었다. 횡령의 의혹을 받던 은행 직원은 그의 고용인의 명령하에 FBI요원에게 질문을 받았다. 그녀의 변호사는 나중에 그녀의 자백이 배제되어야 한다고 주장했다. 미국 항소법원은 8번째 순회 법정에서 이를 거부하였다. 이 경우 자백은 자발적으로 이루어졌고 용의자는 인터뷰를 그녀의 고용주에 대한 의무에 일부로서 동의하였다고 보았다.

공공경찰만큼 엄밀하지는 않지만 민간보안 직원들도 타인의 권리를 존중해야만 한다. 그렇지 않으면 다음 장에서 논의하듯이 민사소송의 결과를 낳을 수 있다.

민간보안이 공공경찰을 도울 수 있는 분야

경찰이 민간보안 직원이 담당하도록 할 수 있는 분야 중 하나가 바로 경제범죄이다. 절도행위, 직원 절도, 장물, 신용카드, 수표 사기 등은 공공경찰에서 낮은 우선순위를 가지는 범죄들이지만 경찰이 인지하기 전에 상당히 많이 진전되는 문제들이다. 더욱이, 관리자들은 유죄판결보다는 플리 바게닝이나 기소를 통한 범죄 억제에 더 관심을 가진다. 민간보안 전문가들은 법 집행의 몇몇 책임들을 공유할 위치에 놓여 있다. 수사의 책임들은 제10장에서 다루어질 것이다.

협동의 몇몇 부분들은 내부 절도, 경범죄에 대한 조사, 침입 경보에 대한 대응, 법 집행기관의 증거를 민간 범죄 감식실험실에서 감식하는 것, 배경 조사, VIP경호, 공공 행사에서의 군중과 교통의 통제 등이 있다.

경보에 대응하기

민간보안이 제공하는 핵심 서비스 중 하나는 경보산업이다. 오경보 문제는 상당한 부분을 차지한다. 사법 집행 기관에 대한 Honeywell(*Building a Powerful Partnership*, 2007)의 연구에서는 일주일의 11번 혹은 그 이상의 오경보들로 이는 경보에 의한 출동의 절반을 차지한다고 주장했다. 다른 연구들은 몇몇 관할에서 평균적으로 오경보의 비율이 98%일 정도로 높다고 보고한다. 그럼에도 불구하고, 경찰은 적절하게 설치되고 유지되고 사용되는 보안 시스템들의 효용성을 분명히 인식하고 있다(*Working Hand in Hand*, no date, p.3). 사실, Honeywell의 조사는 96%의 경찰이 경보 산업에 가치를 두고 있고 80퍼센트의 응답자는 전자 도난 경보가 생명과 재산의 손실 방지에 도움이 된다고 믿고 있다고 응답하였다.

Betten과 Mervosh(2005, p. 68)는 "경찰의 민간 범죄 경보에 대한 대응은 공권력의 효과적인 사용이 아니다"라고 언급하며, 전국적으로 법 집행 기관들은 경찰이 경보 현장에 출동하기 전에 범죄 활동이 민간보안 직원이나 전자 감시 시스템을 통해 판별된 후 대응하는 검증된 대응(verified response)으로 알려진 정책을 도입하고 있다고 한다.

많은 보안 시스템들은 현재 관제센터에서 경보가 도달하면 해당 지역의 소리를 들을 수 있는 음성 청취 기능을 지닌 시스템을 구축하고 있다. 청취 기능은 무기가 사용되었는지 인질 상황이 어떻게 진행되는지 등의 유용한 정보들을 제공한다. 이 기능은 또한 연속되는 오경보를 줄일 수 있다.

몇몇 경찰 부서들은 사적 재산들에 대한 경보에 대하여 대응하지 않는 정책을 유지하고 있다. 보안 산업은 경찰의 무대응 정책의 확산에 대해 우려하고 있다. 이 무대응 정책은 그 지역의 경보 시스템의 범죄 억제 능력을 저하시키고 해당 지역의 위험성 자체를 높이기 때문이다. "재산 손실의 문제를 넘어 이것은 생명의 안전에 대한 문제이다. 보안 직원들의 안전은 경찰이 더 이상 그 지역에 대응하지 않는다면 위험에 처한다"(Martin, 2005, p.62). 더욱이, 민간보안 직원들은 법 집행관들 같은 권한을 갖지 않는다.

민간 연구소에서의 증거 실험

예산 삭감과 인원 감축은 경찰의 법과학연구소에서의 미처리 증거의 커다란 누적을 초래하였고 이는 경찰의 범죄 해결 능력을 방해하고 범죄자들을 거리에 방치하는 결과로 이어졌다. Hickman과 Peterson(2004, p.1)은 50개의 공적 자금으로 운영되는 법과학연구소들이 2002년 270,000건의 감식 서비스 요청을 포함한 93,000건의 미처리 건수를 가지고 있었고 이는 연초에 가지고 있던 누적 미결 건수의 두 배를 넘는 수치라고 보고하였다. 미시건에서, 주 경찰 법과학연구소는 DNA 샘플과 지문, 총기흔적, 그리고 다른 종류의 증거들을 분석하는 160명의 과학자 중 24명을 감원시켰고 이전에는 더 많은 감원이 있었다: "매년 40,000명이 넘는 검사해야 할 중범죄자와 꾸준한 DNA 증거 분석이 불가능하던 시절 조사되었던 오래된 사건들에 대한 분석 의뢰들로 인원 감축은 연구소를 마비상태에 이르게 하였고 지역 경찰 부서들을 당황시키고 있다"(Martindale, 2007).

분명히, 민간 법과학실험실들은 이 분야에 있어서 큰 도움이 될 수 있다. 예를 들면 미시건에서 주 연구소는 매년 2,400건의 DNA 분석을 하청에 맡긴다. 이러한 증거들은 만약 하청을 맡기지 아니한다면, 연구소에서 검사받기를 기다리는 일년 동안 모두 쓸모없어질 것이다.

배경 조사의 실시

민간보안이 법 집행을 도울 수 있는 또 다른 분야는 매우 많은 시간이 소요되지만 중요한 직원의 배경 조사 분야이다. Turley(2006, p.7)는 "배경 조사는 모든 규모의 고용주들에게 새로운 고용의 절차를 만드는 데 있어서의 현실이다. 선제적 접근은 고용주에게 잘못된 고용을 줄여 리스크가 낮아진다는 인식을 준다"라고 말한다. Nadell(2004, p.108)은 "배경 조사는 회사를 부주의한 고용이라는 논란으로부터 보호하고 고용인들의 안전한 환경을 증진시킨다"라고 말한다. 부주의한 고용으로 인한 책임은 제4장에서 더 자세히 논의될 것이다.

배경 조사는 주의를 가지고 행해져야만 하며 그렇지 않으면 그 결과는 잘못된 사람을 고용함으로써 많은 법적 문제들을 야기할 수 있다(Worsinger, 2006, p.90). 잘 실행된 배경 조사의 이익은 다음을 포함한다.

- 높은 업무 참여율, 낮은 이직률
- 노동자의 건강, 보상 관련 지출의 감소
- 낮은 수준의 직원 절도
- 소송의 감소, 사전 조사는 사고의 위험, 범죄활동과 폭력의 위험 등 소송의 결과로 이어질 수 있는 요소들을 감소시킨다.
- 더 높은 자격을 갖춘 직원들의 확보
- 직원들이 누구이고 그들이 무엇을 요구하는지에 대한 확인(Turley)

배경 지식이 중요한 만큼 보안전문가들은 그러한 조사에 있어 도움이 될 수 있다. Giles(2004, p.45)는 "보안전문가들과 조사원들은 범죄기록과 다른 공공 기록에 접근하는 데 새롭고 증가하는 도전에 직면한다. 이것은 기록 보관소에서의 예산 감축, 사생활 문제, 논리적 장애물, 그리고 공공 기록 기관들과의 갈등 등을 포함한다."

공공신용신고법(The Fair Credit Reporting Act: FCRA)은 고용주들이 "고용 목적"으로 소비자 보고서를 얻는 것을 허용한다. 연방 법은 기록 검색의 주체가 고용주의 의도를 밝혀야 하고 수권을 요청받아야 한다고 요구한다. 만약 고용주가 지원자를 고용하지 않기로 결정할 경우, 지원자에게 취해진 행위(정보를 획득한 신용 부서의 이름, 주소, 전화번호, 60일 안에 신용 보고서에 대한 복사본을 받아 볼 수 있는 권리의 고지, 신용 보고서의 정확성에 대해 반박할 수 있는 권리의 고지)가 알려져야 한다.

Anderson(2007, p.202)은 *Safeco Insurance Company v. Burr*(2007) 사건에서 대

법원은 FCRA를 고의적으로 침해하기 위해서는 회사는 반드시 불법적인 행위를 악의와 부주의로써 행해야 한다고 판시했다. 부주의하기 위해서는 회사의 행위는 "객관적으로 비합리적"이어야 하며, 이러한 판결은 FCRA의 고용 조사에 영향을 미치고 있다.

마지막 고려인 배경 조사를 외부에 맡길 것인가의 여부는 종종 논의되는 주제이다. Gilbert(2005, p.75)는 배경 조사를 외주에 맡기려는 고용주들에게 먼저 그 배경 조사를 맡게 될 기관의 배경조사를 면밀히 할 것을 주장한다.

요인 경호

대부분의 법집행 기관들은 대부분이 여러 지역을 여행하고 그들이 직면하는 위험들을 인식하지 않는 유명인사 경호 전문가를 보유하고 있지 않다. 그리고 범죄들, 불만을 품은 직원들, 정치적으로 동기 부여된 집단들 혹은 개인들 그리고 심지어 환경 단체와 같은 좋은 의도를 지닌 집단들처럼 위험의 종류는 다양하다. 개인의 안전을 보장하는 데 있어서 보안 문제들은 주요 인사의 이동성과 주의의 결여, 그리고 위협, 공격, 협박, 납치의 가능성이다.

특수화된 전략은 개인 보호에 있어서 근본적인 보안 문제를 감소시키기 위해 필요하다. 대부분은 장비보다는 보안전문가의 기술에 의존한다. 개인 보호와 관련된 안전 문제들은 주요인사의 위험에 대한 인지, 사전 사고지표의 관찰(개인에 대한 어떠한 형태의 공격이나 발생하려고 하는 공격의 신호), 상투적인 것을 피하는 것을 통해 줄어들 수 있다.

주요 인사가 반드시 그들의 목적지에 도달하기 위해서 지나쳐야 하는 각 관문들을 점검하는 것 또한 중요하다. 그러한 관문들은 종종 매복의 장소가 된다. 대부분의 경우 미리 누군가가 그러한 관문에 가 보고 매복의 신호들을 점검해 보는 것이 좋다.

포괄적인 요인 경호의 또 다른 핵심 요소는 물리적으로 경호대상보다 선행하여 교통수단, 숙박, 식당, 만남 장소, 방문할 사무실 등 전체적으로 상황을 점검하는 사전 작업이다. 또 사전 작업이 실행되기 전에 선행적 사전 작업이 완료되어야만 한다. 하나의 중요한 단계는 이전의 여행 등 이동에서 무엇이 잘 되었고 무엇이 잘못 되었는가를 판단하는 일이다. 그 지역에 어떠한 잠재적인 범죄가 존재하는지 알아보기 위하여 방문할 지역의 신문들을 구해서 읽어 보아야 한다. 또한 개인 경호를 담당하는 사람들에게 발병이나 부상, 사고의 발생시 대응하는 방법을 훈련시키는 것 또한 중요하다.

요인 경호의 기본적인 세 가지 요소는 위험평가, 사전 계획 그리고 보호 작전이다(Gips, 2007, p.54). 위험평가는 요인이 머물 장소, 요인이 여행할 장소들에 대한 지속적인 위험에 대한 분석 등에 대한 모든 세부사항들을 얻는 것을 포함한다. 사전 계획은 요인이 갈 모든 곳을 미리 가 보는 것과 요인의 도착 이전에 미리 요인 경호에 필요한 모든 협조사항들을 구축하는 것을 포함한다. 요인 경호 전문가는 또한 호텔, 식당, 교통수단, 도로, 병원들 그리고 요인이 방문할 수 있는 모든 곳을 점검한다. 경호 작전 동안 경호 전문가는 요인과 같은 장소에 동행한다. 이러한 작전들은 은폐 감시, 방어, 구조, 차량의 이용 등을 포함한다.

시위 상황에서의 군중 통제와 특별행사

시위와 행진에서 군중을 통제하는 것은 보통 법 집행기관과 민간보안의 공통 책무이다. "적은 경우이긴 하지만 공공 행진들은 경제활동을 방해하는 거리 통제를 유발하곤 한다. 최악의 경우 군중 행진은 시민불안 혹은 법 집행기관이 개인적, 상업적 재산보호보다 시민보호에 우선순위를 둘 정도의 폭력으로 이어지기도 한다. 회사들은 만약 미리 준비한다면 최소한의 피해만을 볼 것이다"(Walsh et al., 2004, p.105). 기업들은 어떠한 행사나 시위가 예상되기 전에 지역 법 집행기관들과 신뢰관계를 구축하는 것이 좋다(p.106). 회사들은 거리를 통제하는 법 집행기관과 회사의 재산과 인원을 보호하는 민간보안 간의 협력을 계획해야 한다.

성공적인 보안 작전은 행사 안전을 포함한 계획과 함께 시작한다. Verden(2007, p.6)은 계획 설립에 있어 실무위원회의 이용을 권장하면서 법 집행기관, 공공 안전, 소방, 의료 당국과 행사 주최측을 포함한 민간 분야의 담당 대표자들을 소집해야 한다고 강조한다. O'Connor(2004, p.93)는 "모든 특별 행사 이전에 보안 팀은 장소의 물리적 보안 시설들과 다른 요소들을 포함한 특정 장소들을 점검해야만 한다.… 심지어 생명을 위협하는 테러 사건이 없다 하더라도 부적절한 행사 보안 비용은 주저할 수준이 되기도 한다. 예를 들면 새로운 기술들이 소개되는 첨단 기술쇼나 행사들 같은 많은 장소들은 수백만 달러를 호가하는 장비들이 진열되어 있다." 게다가 "스포츠 행사이건 록 콘서트이건 응급의료 상황이 행사를 망칠 수 있고 관리 계획이 선행되어 있지 않았다면 보안 책임 문제가 될 수 있다"(Jolly and Martinez, 2004, p.94). 또 그러한 응급상황을 대처하는 데에는 단순히 민간보안과 경찰 간의 협동뿐만 아니라 EMS 요원들의 협조 또한 필수적이다.

켄터키 더비나 수퍼볼 같은 행사에서는 몇 개월, 혹은 몇 년 전의 선행 보안 계획이 요구된다. Elliott(2006, p.82)는 캔터키 더비의 "고삐풀린" 보안에 대해 다음과 같이 묘사한다.

캔터키 더비는 150,000명 이상의 관객들에 의한 자유로운 음주, 흡연 그리고 도박 제한이 없어 Churchill Downs 직원에 의해 통제될 수 있는 것보다 더 큰 보안 문제를 야기하는 행사이다. 더비 날, 트랙의 실내 보안 팀은 FBI, CIA, U.S. Postal Service, Bureau of Alchol, Tobacco and Firearms and Explosives 등의 35개의 기관들을 대표하는 1,000명 이상의 요원들로 보강된다.

보안 팀이 마주치게 되는 가장 흔한 문제들은 과도한 주취자들, 소매치기, 날치기, 암표상들이고 그들은 독한 술과 무기들을 Churchill Downs 내부로 반입시키는 문제들이다. 이러한 문제들을 줄이기 위하여 가방 검사가 행해지고, 금속탐지기가 입구에서 사용되고, 감시원들이 다양한 핵심 지점에 배치되고, 항상 내부 감시 카메라가 모니터 요원들에 의해 감시된다. 체포되어 난동을 피우는 사람을 위해서 그들을 호송차가 Louisville 교도소로 데려갈 때까지 가둬 둘 내부 유치장이 존재한다. 어마어마한 규모의 현금이 다뤄지는 것을 감시하기 위해 현금 관리소에는 카메라들이 감시하고 있다.

화재는 항상 두려운 요소이기 때문에 베테랑 소방수들이 지속적으로 레이스 중 특히 건초더미가 오두막 안에 보관되어 성냥 하나로도 화재를 일으킬 가능성이 있는 곳간 지역을 중심으로 지속적으로 순찰을 돌게 된다.

민영화를 위한 다른 요소들

사적 분야에서 다루어지는 경찰과 관계된 역할들의 범위는 급속히 팽창하고 있고 그러한 부분들은 감시, 조사, 군중통제, 교도소 호송, 법정 경비, 경호와 순찰, 사전 범죄 예방, 위험관리, 보험 평가(insurance assessment), 총기 훈련, 범죄 현장 감식과 법의학 증거 수집 등을 포함한다(Sarre, 2005). 민영화가 될 가능성이 있는 또 다른 기능들은 공공 건물 보안, 주차 관리, 근린 공원 순찰, 동물 관리, 장례식 경비, 공공 주택개발지 순찰, 지원자 사전 조사 관리, 시민 지문 수집 등을 포함한다. Youngs에 따르면, "회사들이 그들의 핵심 기능에 집중하기 위하여 다른 기능들을 외주에 맡기는 것처럼 법 집행기관들의 민간 회사 이용은 그들을 경찰관으로서 훈련된 사람들만이 할 수 있는 일에 집중하도록 돕고 실제로 그래야만 한다. 지난 몇십 년간, 법 집행 부분에서 민영화는 경비, 감옥, 유치장 법정 기능을 포함한 사실상 모든 기능을 포함한 넓은 영역으로 확장되었고 미국의 전역에서 외주로 이루어지고 있다."

형사사법의 민영화

민간보안활동은 경찰뿐만 아니라 형사사법 체계의 다른 두 주체인 법원, 교정뿐만 아니라 소년사법 시스템까지 영향을 미치고 있다. 적어도 40개의 주들이 현재 그들의 법정 경비를 민간보안에 맡기고 있다(Youngs). 민간보안 직원들은 법정에 피고인을 데려가고 데리고 나온다.

공공 형사 제도에서의 민영화의 경향은 법정, 교정, 소년 형사 제도까지 영향을 미친다.

피고인 호송

전국에 수감중인 수천 명의 피고인들이 매일 법정으로 호송된다. 민간보안 요원들을 피고인 호송에 쓰는 카운티들은 실질적인 비용절감 효과를 체감하고 있다. Youngs는 다음의 예를 들었다 "Fresno, Califonia 보안관 부서는 피고인 호송을 하청시킴으로써 예산을 절감하였다. San Diego에서 Fresno까지 피고인을 호송하는 총 비용은 민간 회사를 이용할 경우 284달러였다. 같은 거리를 보안관이 직접 담당하게 되면 이것의 세 배 이상의 비용이 소모될 것이다."

Novak과 Turner(2005, p.14)는 많은 카운티들이 각가의 형사사법제도를 운영하는 수많은 분리된 관할들을 가지고 있어 상황에 따라 많은 중복되는 업무가 발생한다는 점을 주장한다. 이러한 중복들이 항상 과잉 비용의 결과로 나타난다. 워싱턴의 킹 카운티는 42개의 분리된 관할들에서 6억 7천만 달러를 매년 소비한다. 그림 3.2는 킹 카운티의 형사사법제도를 통한 범법자의 추이가 나타나 있다.

민간 교정

교정 부분의 민영화는 논란이 되고 있다. 비판하는 입장에서는 수감자들의 생활환경이 민간 기관의 이익창출 요구에 의해 타협되어 나빠질 것을 우려한다. 반대론자들은 또한 범죄자들이 민간 기관에 수감될 경우 국가의 통제 정도가 약화될 것을 우려한다. 그럼에도 불구하고 교정 기관의 민영화는 1980년대 이후로 그 지지층을 확대해 오고 있다.

Segal(2003)은 미국 전체의 5분의 3이 민간 감옥을 운영하고 있고 그들 중 대부분이 수감자들을 수감하기 위하여 민간 회사들과 계약을 맺은 형태이다. 2005년 말에 민간 교정시설은 107,447명의 수감자, 즉 7.0퍼센트를 차지하였는데 이

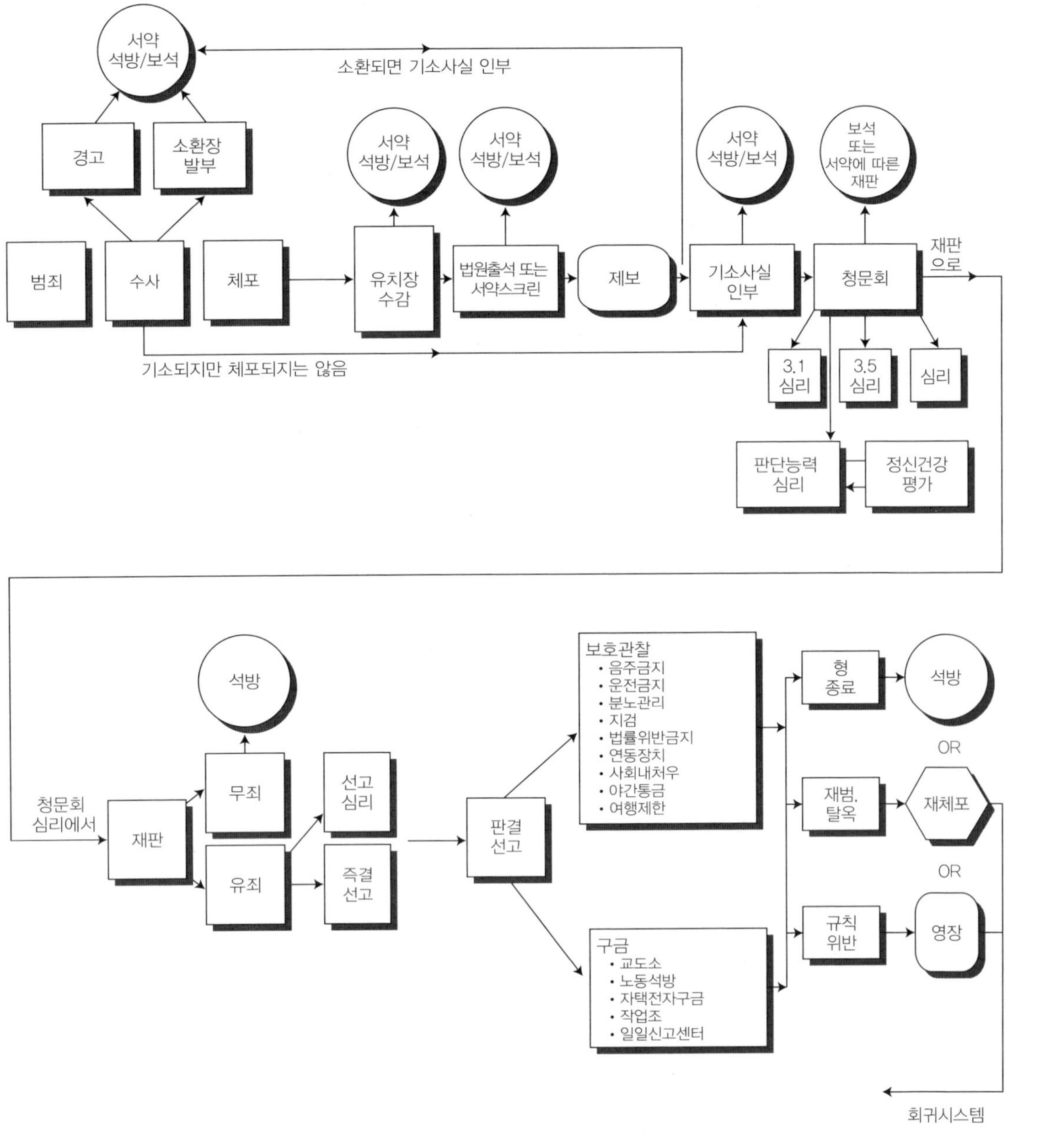

PR: 법정출두서약(Personal recognizance)

그림 3.2 킹카운티 형사사법체계에서의 범죄자 처리절차

출처: Reprinted from Julia D. Novak and Denise Turner, "Finding Resources: Addressing Prisoner Transport Costs in King County, Washington" in *The Police Chief*, January 2005, p.15. Copyright held by the International Association of Chiefs of Police, 515 North Washington Street, Alexandria, VA 22314 USA. Further reproduction without express written permission from IACP is strictly prohibited.

는 2002년도의 93,912명과 비교할 때 증가한 수치이다. 107,447명의 수감자들 중에서 27,046명(14.4 %)은 연방 수감자들이었고 73,860명(6.0%)은 주 수감자들이었다(*Sourcebook of Criminal Justice Statistics*, 2005, p.97). 게다가, 개인적으로 운영되는 기관들은 거주지 기준 30,000명 이상, 즉 거의 3분의 1에 해당하는 청소년 비행자들을 수감한다. 수많은 기업들이 민간 교정 분야의 시장을 넓혀가고 있고 그들 중 가장 큰 기업들은 Corrections Corporation of America, Wackenhut Corrections Corporation, Management and Training Corporation, Cornell Correction 등이다(Sourcebook, p.96).

교정의 민영화는 1980년대 이후 증가하였다.

민간 분야에서 고려해야 할 요소들은 경비인력의 수준과 이에 따른 경비인력의 안전에 미치는 영향을 고려한다. 민영교도소는 인원을 감축하거나 적은 임금으로 종종 지출을 줄인다.

소년사법에 있어서의 민간 분야의 참여

공공기관들이 적절한 서비스와 전문지식이 부족함을 인식한 몇몇 청소년 사법기관들 또한 고객의 요구를 충족시켜 줄 수 있는 민간기관과 계약을 맺는다. 수십 개의 청소년을 위한 거주 치료 시설들이 전국에 걸쳐 존재한다. 이러한 시설들에서 공통적으로 발견할 수 있는 프로그램은 정신 건강과 심리 치료, 약물 중독 치료, 성폭행 치료, 공격적이고 충동적인 행동 치료, 분노 관리, 인지-행동 재구축 치료, 사회-생활 기술 발달, 아이들이 그들의 고등학교 학위나 GED(General Equivalency Diploma)를 딸 수 있도록 돕는 교육 과정, 직업 교육, 운동, 원내 활동, 특별 활동 등이다.

교정 시설의 민영화에 대한 논쟁

교정 시설의 민영화를 둘러싼 네 가지 핵심 쟁점(Austin and Coventry, 2001, pp. 13-20)

1. 그들은 합법적인가? 법원은 정부가 교육, 법 집행, 범죄자 수감, 주 정부와 지자체가 수행했던 것과 동일한 관리 책임이 주어진 민영교도소에 대해 기본적인 업무를 민영화하기로 한 결정을 합법적이라 판단하였다. 하지만 정부는

모든 기능과 업무를 기업에 위임할 수는 없다. 최근 여러 판결은 정부는 민간 기업이 취한 행위가 수감자의 헌법적 권리를 침해하고, 교도소 직원, 수감자와 그 공동체를 위험한 상태에 빠뜨린 사건에 대한 책임이 있다고 선언하였다.

2. 더 효과적인가? 최근까지의 연구들은 결과가 불분명하며 결론을 짓지 못하고 있다.
3. 사설 기관을 운영하는 것이 더 저렴한가? 민영화를 옹호하는 사람들은 민간 업체의 관련자들이 자본을 투자한 투자자에 대해 책임이 있고, 이익을 내야 한다는 의무감과 손익계정에 동기부여가 되어 비용효율적인 운영을 할 수 있다고 주장하는 반면, 최근 연구 자료는 이를 지지할 수 있는 증거가 미약하다고 반론한다.
4. 사설 기관이 수감자를 교육하는 데 더 효과적인가? 다른 말로 표현하자면, 사설 기관이 교화의 가능성이 적은 범죄자를 변화시키는 데 더 효과적인가? 다시 말해, 어떠한 연구도 사설 기관에 수감된 범죄자들이 국립교도소에 수감된 범죄자에 비해 재범 가능성이 더 또는 덜 높다고 보여주지 못하고 있다.

Bales 외(2005)는 플로리다에 있는 공공·민간 주 교도소에 수감된 수형자들의 상습범죄를 연구했으며, 민영교도소가 공공교도소보다 범죄의 재발을 막는 데 효과적이지 않다는 결론을 내리게 된다. 연구는 1995년부터 2001년까지 석방된 성인 남성·여성 및 청소년 범죄자들을 대상으로 이루어졌다. "플로리다에 한정된 연구이지만, 이 연구는 민영교도소가 범죄의 재발과 관련하여 국립교도소보다 나은 결과를 도출할 수 없다는 경험적인 정당성을 제공한다.

따라서 공공·민영교도소가 다른 교도소보다 더 낫다는 결론을 내릴 수 있는 자료가 거의 없다. 민영교도소라고 해서 특별한 관리 프로그램을 운영하지 않으며, 혁신적인 건축 디자인 혹은 높은 수준의 혁신을 하지 않는다. 공공교도소에서 교도관으로 일하던 사람들이 이제는 민간 교정시스템을 관리하고 있는 실정이다. 다만 사회복귀 프로그램이 다양한 단계로 존재하지만, 사회복귀 프로그램에 대한 접근과 참여비율은 상대적으로 두 교도소 모두 낮게 존재한다. 공공·민영의 차이가 아니라 재정지원과 관리를 어떻게 받느냐에 따라 두 기관이 건실하게 운영되는지 여부가 결정된다.

민영화에 대한 비판

경찰력을 능가하는 민간보안이 급격히 증가하고 있으며, 경찰권이 없음에도 불구하고, 많은 민간경찰들은 무기를 휴대하고, SWAT팀과 동일한 복장을 하고 있으며, 일상적으로 시민들을 체포하기도 한다. 하지만 시민단체, 학계, 세입자권리협회와 심지어 국가 내 보안업체를 대표하는 노동조합 등은 보안업계가 적절하게 훈련을 받지 않거나 규제받지 않는다고 본다. 10개의 주는 민간보안업을 전혀 규제하지 않는다. 다른 주들은 경찰의 질문과 수색에 관한 헌법상의 보호조항은 민간 영역에는 적용되지 않는다고 지적되고 있다(2007, p.A11).

Schneier는 권한의 남용이 사법기관보다는 민간보안 사이에서 자주 발생한다고 주장하고, 민간보안이 공공경찰보다 5배 많으며, 실제 경찰과 비슷한 권한을 행사한다는 점에 주목한다. "그들은 제복을 입고 무기를 휴대하며, 사유영역뿐만 아니라 버스정류장 혹은 국가기념물과 같은 공공영역에도 순찰차를 타고 돌아다닌다"고 말한다. 그는 민영화의 추세는 시민들에게 크게 영향을 미치며, 법 집행은 정부의 기능이어야 한다고 강조하고 있다. "민영화는 시민들을 위험한 상태에 빠뜨린다"고 말한다. 그는 가장 명백한 문제는 민영서비스의 목적과 아젠다에 있다고 본다. 공공경찰력은 관할구역 내의 시민을 보호할 책무를 갖고 있는 반면, 민간보안은 시민들을 위해 일하지 않는다. 그들은 적절한 절차를 지키는 데는 관심이 없으며, 고용주의 이익을 우선시한다. 그는 "민간보안은 시민들을 보호하지 않으며, 그들의 이익을 위해 일할 뿐이다"라고 결론을 짓는다.

이러한 비판에도 불구하고, 민영화로의 흐름은, 공공부문과 민간영역과의 협력이 안전한 공동체를 형성하는 중요한 역할을 감당한다는 인식과 더불어 지속될 것 같다.

공공부문과 민간영역과의 협력에 대한 고려

공공부문과 민간영역과의 협력은 전국에 걸쳐 존재한다. 다만 협력관계를 형성하는 데 다음과 같은 사항을 고려해야 한다.

- 지불할 잠재력이 있는 서비스는 민간 제공이나 사용자가 지불하도록 설정해야 한다.
- 비용을 아끼기 위해 경찰관은 그들만이 할 수 있는 업무를 수행해야 하며, 경찰관의 모든 권한을 필요로 하지 않는 범위 내의 업무를 민영화해야 한다.

- 기업은 침입 시에 대비한 경고 알람과 같은 서비스를 제공해야 하며, 서비스를 이용하고자 하는 사람들은 서비스를 요구한 대로 비용을 지불해야 한다.
- 민간보안은 특정한 지역에서 효과적이라 증명될 수 있다. 따라서 복합주상아파트의 소유자는 민간보안을 염두에 두어야 한다. 더 나아가 기관은 주상복합아파트 간 경쟁을 독려하여 더 안전한 환경을 제공하도록 해야 한다. 아파트에서의 안전 경험이 대외적으로 공표되도록 함으로써 세입자들이 그러한 정보에 기반을 둔 결정을 할 수 있도록 한다.
- 상대적으로 저급의 혹은 고급의 서비스는 민간보안으로의 전환이 필요한 후보군이다.
- 주 의회는 민간보안을 허용하는 현재의 법적 상태와 규제가 위급상황 시의 법적 지위와 체포 권한 등 민간보안으로부터 기대되는 역할의 관점에서 적정한 지의 여부를 고려해야 한다.

Simeone(2006, p.25)은 사법기관이 광대한 보안 산업의 자원을 효과적으로 활용할 수 있도록 지렛대의 역할을 하며, 공동체에 기반을 둔 시민단체가 국토안보와 공공안전 수준을 높일 수 있는 공공기관과 민간영역과의 협력(Public-Private Partnership: P3) 네트워크의 힘을 언급한다. "P3 네트워크가 공공경찰의 작용과 효과적으로 연계될 수 있다면, 범죄를 예방하고 범죄자들을 검거할 뿐만 아니라 이루어져야 할 필요가 있으며 한정된 자원으로 성취해야 할 모든 것들 사이의 갭을 메워줄 수 있을 것이다. 그는 오늘날의 전자메일 기술은 민간분야가 정보를 공유받고 경찰관서와도 연결되도록 해주며 시의성 있는 정보를 쉽게 배포할 수 있다고 언급하고 있다. 네트워크의 가장 중요한 요소들은 중대한 자산과 기반 시설을 보호하는 책임을 지닌 민간보안 관리부문이다. 그림 3.3은 모든 참여자들이 P3네트워크에 포함되어야 하는가와 그들이 면밀히 조사되어야 하는지 여부를 고려한다.

Simeone(p.77)은 정보 소외의 문화를 공유하는 통합의 문화로 변화시킬 것을 강조한다. 사실 *Security Director News* 조사에 따르면, 응답자의 97%는 그들이 생각하기에 공공부문과 민간부문은 협력이 더 필요하다고 보았으며, 82%는 한 발 더 성장하기 위해 기업의 정보를 정부와 공유한 적이 있거나 공유할 계획이 있는 것으로 응답했다.

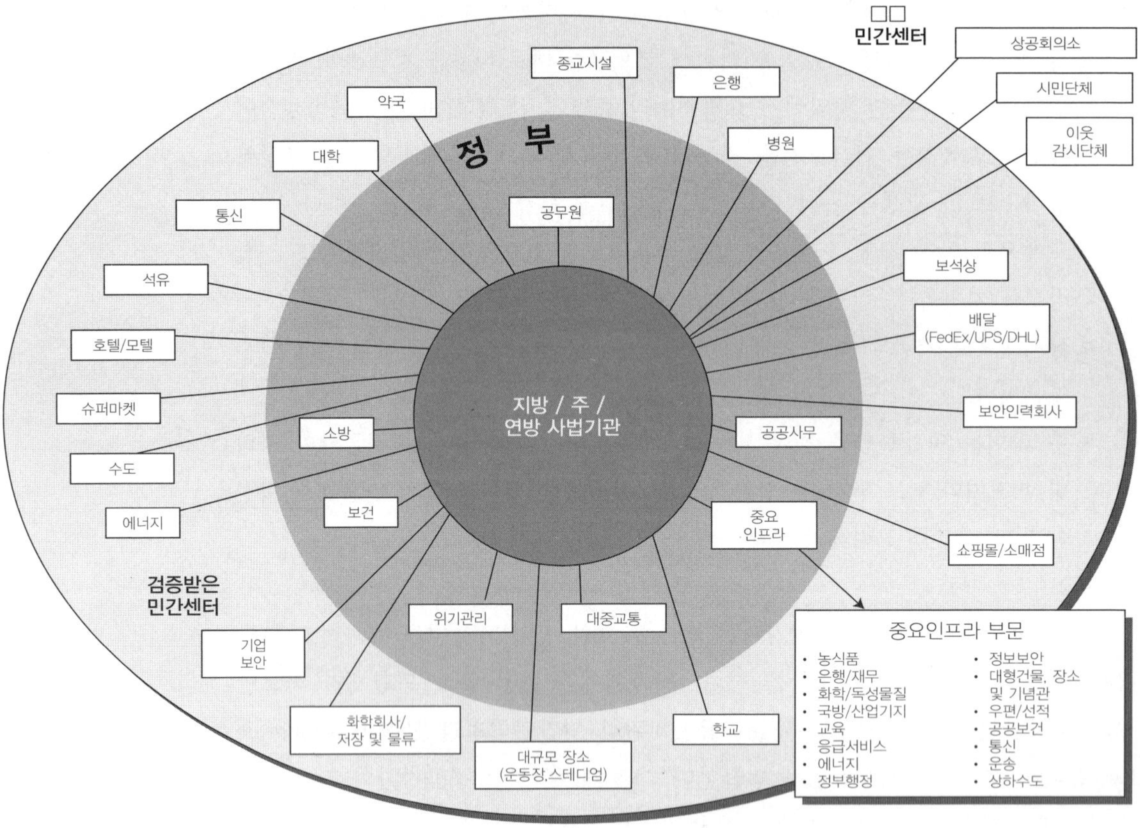

그림 3.3 P3네트워크

출처: Reprinted from Matthew J. Simeone, Jr., "The Power of Public-Private Partnerships P3 Networks in Policing" in *The Police Chief*, May 2006, p.76. Copyright held by the International Association of Chiefs of Police, 515 North Washington Street, Alexandria, VA 22314 USA. Further reproduction without express written permission from IACP is strictly prohibited.

공공부문과 민간부문과 협력관계의 구축에 대한 권장사항

공공부문의 법 집행기관은 미국을 더 안전한 나라로 만들기 위해 민간보안 산업과 협력관계를 맺으려고 한다. 국제경찰장협회(IACP)와 법무부 지역사회경찰활동 서비스국(COPS)은 합동으로 민간보안과 공공부문의 법 집행기관과의 협력관계를 구축하기 위한 국가 정책을 정하고 새로운 협력관계 구축을 위하여 "테러와 공공의 무질서를 방지하기 위한 민간보안과 공공경찰 간의 협력관계 구축"이라는 보고서를 발표하게 되었다. 이 보고서는 ICAP가 이전에 지녔던 문제에 대한 국가적 대응 정책의 산물이라고 볼 수 있다. 보고서의 내용 중 민간보안과 공공경찰 간 성공적인 협력관계를 구축하기 위한 5가지의 권고사항을 알아보고자 한다.

- 공공경찰과 민간보안의 최고관리자는 협력관계를 다지기 위한 공식적인 협약을 체결해야 한다.
- 민간보안·공공경찰 간의 협력 관련 법안에 관한 연구 및 조사를 위해 기금이 마련되어야 한다.
- 법 집행기관과 민간보안의 협력 체계에 관한 사항들을 감독할 위원회가 조직되어야 한다.
- 변호사들이 이 협의사항을 이행하기 위해 소집되어야 한다.
- 지역 내 협력체계는 우선순위를 정하고 주요 문제를 해결해야 한다.

경찰서장·기업가·정부관료를 포함하여 대다수는 민간보안이 제공하는 서비스가 더 효과적이며, 비용이 적게 든다고 본다. 이 때문에 치안서비스의 민영화 및 협력관계를 지속적으로 확장될 것으로 보인다.

공공경찰과 민간보안 간 협력의 이점

법 집행기관은 오늘날 엄청난 압박을 받고 있다. 한정된 정부 기금과 예산 삭감에도 전통적인 범죄예방과 범죄에 대한 대응 활동을 해야 하며, 더구나 국토안보 업무까지 맡게 되었다. 민간보안 조직은 비슷한 압박을 받고 있으며, 그들 또한 신체와 재산·정보를 보호하는 전통적인 활동 및 외부의 위협으로부터 국토안보라는 국가적 노력에 기여하는 것은 물론, 그들이 보호하는 기업가의 이익까지도 염두에 두어야 한다. 따라서 두 기관이 협력체계를 구축하는 것은 모두에게 이익이 되는 것이다. 예를 들어 법 집행기관은 다음과 같은 사항을 이행할 수 있다.

- 위급 상황에 대비하여 민간보안이 보조하도록 한다.
- 대부분 민간 부문이 소유한 혹은 민간보안이 활성화된 국가의 중요 시설을 보호하기 위해 협력을 해야 한다.
- 부가적인 인적 자원과 전문지식을 얻어야 한다.
- 무료 훈련과 서비스를 확보해야 한다.
- 민간보안의 전문지식과 고도화된 기술을 활용해야 한다.
- 범죄 조사에 증거를 확보해야 한다.
- 사건에 대한 더 나은 지식을 확보해야 한다.
- 치안서비스 요구의 양을 줄여야 한다.

크고 작은 사법기관들도 모두 이익을 얻을 수 있다. 매우 인구가 많은 관할구역에서는 사법기관의 업무가 경찰에 의해서 행해지기에는 과중한 경향이 있다. 인구가 적은 관할구역은 민간보안 인력이 사법기관 인력의 수를 능가하며, 사법기관은 보안 인력을 자원으로 활용하며 이익을 얻을 수 있다.

민간보안도 협력을 통해 많은 이익을 얻을 수 있다. 그 부분은 다음과 같다.

- 대피, 수송, 음식 부족 혹은 위급 상황 시에 대비하여 공공경찰과 협력관계를 구축한다.
- 위협, 범죄 경향, 여타 문제에 관한 정보를 사법기관으로부터 획득한다.
- 공공경찰과 관계를 형성하여 변호사가 도움이 필요할 때 혹은 정보를 알리고자 할 때 누구에게 보고해야 하는지 알 수 있도록 한다.
- 사법기관에 협력의 필요성을 역설하고 협력관계를 구축한다.
- 민간보안 분야에 대한 사법기관의 이해를 증대시킨다.

협력을 통한 이익은 다음과 같다.

- 창의적 문제 해결
- 훈련 기회의 증대
- 정보, 자료의 공유
- 전력을 급상승하게 하는 전력승수(Force Multiplier)의 다양한 기회
- 민간보안 분야의 의사소통 기술을 통한 지역사회로의 접근성 증대
- 재난의 발생 이후 복구 시간의 감소

협력의 실행

Youngs는 공공경찰과 민간보안 간 협력관계의 다음과 같은 예를 제시한다.

콜로라도의 Lakewood는 법 집행 업무를 민간 업체에 맡김으로써 얻는 이점을 드러낸다. Lakewood는 Denver 대도시 내에 145,000명의 인구가 밀집하여 살아가는 지역이다. 법 집행 과정에서 공공경찰과 민간보안 간 협력에 대한 진보적 접근은 다음과 같은 기록에 나타나게 되었다. 이 도시는 거의 10여년의 기간 동안 경찰업무와 관련하여 민간 기업과 계약을 맺어 왔다. 결과적으로 Lakewood의 경찰서는 공공경찰과 민간보안 간 협력이 이익이 된다고 보고 있다. 이는 경찰관을 배치하는 측면에서 경제적으로 효과가 있다고 본다. "수감자를 감시하거나 혹은 범죄현장을 보존하는 활동을 민간보안에 맡김으

로써 경찰관은 과중한 업무에서 벗어날 수 있다. 경찰은 근무 시간 외에 근무를 하도록 요청하지 않아도 되며, 오랜 순찰을 하도록 요구하지 않아도 된다."

Lakewood 경찰서는 민간보안회사와 계약을 맺어 Denver 대도시 지역에 수감된 범죄자들을 감시하고 범죄현장을 보존하는 데 보조적인 역할을 수행하도록 하였다. 민간보안원은 그들의 범죄 현장을 보존해 본 경험과 경력에 기초를 두어 선택되었으며, Lakewood 경찰서에서 진행되는 훈련에 종종 참여하기도 하였다. 이러한 민간보안원은 증거 관련 법규를 알고 있으며, 대부분은 콜로라도 주에서 자격 인정을 받은 경찰관이었다. 그들은 24시간에 걸쳐 업무를 보조하였으며, 경찰서의 요청은 4시간 이내에 대응하였다. 나아가, 안전 상의 이유로 민간보안원에 대한 이력을 조사하였다.

Lakewood에서는 시간 외 근무비용은 차량 이용을 포함하여 시간당 37달러가 들었다. 평균적으로 수많은 범죄 현장을 처리하는 데 이틀이 소요되었다. 하지만 24시간 보호가 필요한 만큼, 이러한 임무를 하는 데 민간보안을 활용하는 것은 시간당 29달러가 소요되어 22%를 절약하는 경제적인 효과가 발생한다. 게다가 협력체계는 공공경찰과 민간보안 인력 간 의사소통을 확대하고 신뢰를 다지게 한다. 이러한 파트너십은 모두가 승자라고 볼 수 있다. 경찰서는 비용을 감소시켜 실질적인 치안서비스를 제공한다는 점에서 승리자였다. 또한 민간보안을 도입함에 따라 사람들을 고용하여 사업 확장에 효과적이며, 경제적인 효과를 발생시킨다.

Siitari는 또 다른 형태의 공공경찰과 민간보안 간 협력을 설명한다. 이는 Twin Cities(미네아폴리스, 세인트 폴과 주변 교외 지역) Security Partnership(TCSP)은 이 Twin Cities 내의 안전과 삶의 질을 향상시키는 데 목적을 둔 공공경찰과 민간보안 간 협력 등을 말한다. 그 구성원은 최고위 지역사회 및 지자체의 지도자를 포함한다. 즉, 상위 사법기관의 관리자부터 지역, 주, 연방 기관과 상위 보안담당관부터 주의 대형 회사와 민간보안 업체까지 포괄한다.

민간보안업의 최고관리자는 법 집행과 관련된 수많은 이력과 사업의 기질을 갖춘 사람이다. "Twin Cities 내 민간보안원은 15% 이상을 차지하고 있으며, 인재 혹은 천재지변이든 간에 심각한 사건이 발생했을 때, 그들이 가장 먼저 현장에 도착한 이들 중에 하나이며, 그들의 도움을 필요로 하게 될 것이다. 가까운 예로 민간보안 대참사에도 불구하고 공공경찰과 중요한 협력체계를 구축한 허리케인 Katrina를 보아라"(Siitari, p.23).

요 약

- 민간보안원은 현재 공공경찰의 수에 비해 5배나 많다.
- 민간보안원과 공공경찰은 종종 한 분야에서 다른 분야로 이동한다.
- 민간보안원과 공공경찰은 많은 유사성을 지니고 있다. 제복을 입고 있으며, 기장을 달고 있다. 또한 강압적 분위기에서 훈련을 받으며, 소송을 당하기 쉽다. 범죄자를 체포하고, 범죄를 예방하려 한다. 다만 민간보안 요원은 범죄자의 체포보다는 범죄의 예방에 중점을 둔다.
- 민간보안원은 이익을 우선시하는 민간 기업의 특정 고객에 한정된 서비스를 제공하여 사법기관의 권한에 의지하지 않고 범죄를 예방하며, 자산을 보호하고 손실을 최소화하며, 비범죄 행위를 제한하고자 한다. 그들의 권한은 민간 기업의 고용주로부터 나온다. 반면, 공공경찰은 비영리 목적을 지닌 정부기관에서 활동하며, 일반 대중들을 위하여 무질서, 범죄와의 전쟁을 벌이며, 법을 집행하고, 범죄자를 체포한다. 이들은 법적인 권한을 지닌 채 업무를 수행하게 된다.
- 민간보안원과 공공경찰에게 주어진 권한과 그에 따른 제한은 각기 다르다. 예를 들어, 민간보안 요원은 보통 민간인보다 더 많은 권한을 행사할 수 없다. 시민으로서 그들은 체포할 수 있는 권한, 조사할 수 있는 권한, 무기를 소지할 수 있는 권한, 자신과 그들의 재산, 그들에게 위탁된 재산을 보호할 권리를 갖는다. 그들은 확인되지 않은 개인이 고용주의 사업과 회사에 대한 접근을 막을 수 있으며, 이들에 대해 모든 법과 규칙들을 적용할 수 있다. 그들은 또한 직원들을 조사할 수 있으며, 대부분의 주에서는 미란다 원칙을 고지하지 않은 채 심문할 수 있다.
- 민간보안원은 다른 시민의 사생활에 간섭하지 않으며, 도청을 할 수 없고, 위법한 행위를 할 수 없다. 또한 일부 관할 지역에서는 공공경찰과 유사한 제복을 입고, 뱃지를 단다.
- 민간보안원과 공공경찰의 역할은 보충적이다. 그들은 함께 일하기도 하며, 서로에게 권한을 위임하기도 한다. 공공경찰은 심문·조사·체포·전자 장치를 활용한 감시 등을 할 수 있는 권한을 민간보안 요원에게 부여한다. 그들은 법적 책임을 줄이며, 훈련·실습 프로그램을 제공하며, 민간보안 요원을 지원하기도 한다. 민간보안 요원은 공공경찰에게 정보와 사적 장소에 접근할 수 있도록 하며, 감시와 치안서비스 제공이 보다 확대될 수 있도록 돕는다. 또한 그들은 예외적인 규칙에 얽매이지 않아 범죄자에 미란다 원칙을 고지하지 않고 심문할 수 있으며, 영장 없이 조사를 할 수 있다.
- 민간보안원과 공공경찰 간 협력이 이루어지는 분야는 절도범죄와 경제범죄의 수사, 강도에 대응, 범죄연구소의 증거 조사, 뒷조사, VIP와 중요 인물 보호, 범죄 현장의 보존, 수감자의 이동, 위험 물질의 이동, 공공장소에서 대중과 교통량 통제 등이 있다.
- 사법 기능의 민영화 경향은 법원, 교정기관, 소년원에서도 발생하고 있다.
- 교정기관의 민영화는 1980년대 이후로 지속적으로 증가하는 추세이다.

응 용

1. 대도시운송위원회(Metropolitan Transit Commission)는 보안업체인 Action Security Company 사와 계약을 맺어 민간보안원을 고용하기로 결정하였다. 이는 빈번한 공격과 무장강도로부터 운전자에게 충분한 치안서비스를 제공하기 위해 약 68명의 민간보안원을 필요로 했다. 하지만 보안업체의 직원들은 그들이 다른 도시의 군 보안관 대리 혹은 보호 지역의 경찰과 같이 인정받지 못한다면 계약하기를 거부하였다. 보안 업체 직원들의 요청에 관한 이점과 불이익은 이러한 조치를 취하는 데 적합한가? 보안 업체의 요청을 받아들이는 것이 직원들의 권한에 영향을 미치는 것인가?
2. 사설 보안 업체가 당신을 생산 회사의 주차장에 배정하여서, 교통 흐름과 주차를 돕도록 파견했다. 저녁때쯤 당신은 문서 작업으로 지치고, 펑크 난 타이어를 교환해 주고, 차문이 잠긴 사람을 도와주고, 어떤 사람은 버스 정류장에 태워주느라고 완전히 진이 빠지게 되었다.

   당신은 이것이 주차장을 질서 있게 관리하라는 지시와는 관계가 없다고 생각하여서 당신의 상관에게 항의하였다. 당신의 항의에 대해서 관리자는 뭐라고 말하겠는가?

논의 사항

1. 미 의회에 의해 관리되지 않는 사설 보안업체의 장단점은 무엇인가?
2. 사설 보안업체가 제멋대로 구는 개인을 다루는 경찰에게 어떤 점에서 도움을 줄 수 있는가? 긍정적인 점과 부정적인 점을 나누어 보라.
3. 제멋대로 행동하는 개인을 다루기 위해서는 사설 보안업체는 공식 경찰에게 훈련을 받아야 하는가? 이런 훈련의 장단점을 얘기해 보라.
4. 경찰관은 사설 보안업체에서 부업으로 종사할 수 있는가? 왜 그런가/왜 그러면 안 되는가?
5. 민간/공공 경찰 중 누가 더 큰 지위를 가지는가? 이런 관계에 변화가 있을 것이라 예상하는가?

참고문헌

Anderson, Teresa. "U.S. Judicial Decisions." *Security Management*, September 2007, pp.200-205.

ASIS. www.asisonline.org

Austin, James and Coventry, Garry. *Emerging Issues on Privatized Prisons* (Monograph). Washington, DC: U.S. Department of Justice, Bureau of Justice Assistance and National Council on Crime and Delinquency, February 2001. (NCJ 181249)

Bales, William D.; Bedard, Laura E.; Quinn, Susan T.; Ensley, David T.; and Holley, Glen P. "Recidivism of Public and Private State Prison Inmates in Florida." *Criminology and Public Policy*, Vol. 4, No. 1, February 2005, pp.57-82.

Bayley, David H. "Forward." In *Private Policing* edited by Clifford D. Shearing and Philip C. Stenning. Beverly Hills, CA: Sage Publications, 1987, pp.6-8.

Betten, Micahel and Mervosh, Mitchell. "Should Police Respond to Alarms?" *Security Management*, June 2005, pp.68, 66.

Building a Powerful Partnership. Special Supplement from Bobit Business Media, 2007.

Cooke, Leonard G. and Hahn, Lisa R. "The Missing Link in Homeland Security." *The Police Chief*, November 2006, pp.16-21.

Cunningham, William C.; Strauchs, John J.; and Van Meter, Clifford W. *Private Security: Patterns and Trends*. Washington, DC: National Institute of Justice Research in Brief, August 1991.

Egan, Timothy. "Police Forces, Their Ranks Thin, Officer Bonuses, Bounties and More." *The New York Times*, December 28, 2005.

Elliott, Robert. "The Derby's Unbridled Security." *Security Management*, October 2006, pp.72-82.

Gilbert, Craig. "Checking the Checkers." *Security Management*, May 2005, pp.75-80.

Giles, Frederick G. "What Trouble Lurks in Record Searches?" *Security Management*, May 2004, pp.44-51.

Gips, Michael A. "My Short Life as an EP Specialist." *Security Management*, March 2007, pp.52-60.

Gural, Andrea. "Private Sector Reports Cooperation." *Security Director News*, July 2006, p.8.

Henchey, James P. "Ready or Not, Here They Come: The Millennial Generation Enters the Workforce." *The Police Chief*, September 2005, pp.108-118.

Hickman, Matthew J. and Peterson, Joseph L. *50 Largest Crime Labs, 2002*. Washington, DC: Bureau of Justice Statistics Fact Sheet, September 2004. (NCJ 205988)

"IACP Issues Policy Recommendations on Building Private Security/Public Policing Partnerships." *NCJA Justice Bulletin*, November 2004, pp.16-17.

Jolly, B. Tilman and Martinez, Ricardo. "Heart-Stopping Action." *Security Management*, April 2004, pp.94-100.

Koper, Christopher S. *Hiring and Keeping Police Officers*. Washington, DC: National Institute of Justice, July 2004. (NCJ 202289)

Kriel, Lomi. "Cities Face Troubles in Hiring Cops." *My San Antonio*, June 28, 2006.

Martin, Stan. "What's Best for Alarm Response Policies?" *Security Management*, March 2005, pp.62, 60.

Martindale, Mike. "Cutbacks Pinch State Crime Labs." *The Detroit News*, April 13, 2007.

Mitchell, Josh. "Police Forces Get Creative to Attract Scarce Recruits." *Maryland News*, January 16, 2007.

Nadell, Barry J. "The Cut of His Jib Doesn't Jibe." *Security Management*, September 2004, pp.108-116.

Novak, Julia and Turner, Denise. "Finding Resources:

Addressing Prisoner Transport Costs in King County, Washington." *The Police Chief*, January 2005, pp.14-18.

O'Connor, T. J. "Before the Show Begins." *Security Management*, November 2004, pp.93-98.

Private Security/Public Policing. Washington, DC: Office of Community Oriented Policing Services, 2004.

"Public or Private?" *Charlotte Observer*, April 17, 2006.

Sarre, R. "Researching Private Policing: Challenges and Agendas for Researchers." *Security Journal*, Vol. 18, No. 3, 2005, pp.57-70.

Schneier, Bruce. "Privatizing the Police Puts Us at Greater Risk." (Minneapolis/St.Paul) *Star Tribune*, February 27, 2007, p.A11.

Segal, Geoffrey F. "Private Prisons Save Money, Boost Productivity, Study Finds." *The Heartland Institute*, November 1, 2003. Online: http://www.heartland.org

Shearing, Clifford D. and Stenning, Philip C. "Reframing Policing." In *Private Policing* edited by Clifford D. Shearing and Philip C. Stenning. Beverly Hills, CA: Sage Publications, 1987, pp.9-18.

Siitari, Mike. "Strength in Unity: Police Partner with Private Industry to Build a Safer Community." *Minnesota Police Chief*, Winter 2005-2006, pp.21-28.

Simeone, Matthew J., Jr. "The Power of Public-Private Partnerships P3 Networks in Policing." *The Police Chief*, May 2006, pp.75-79.

Sourcebook of Criminal Justice Statistics 2005. Online: http://www.albany.edu/sourcebook

Stockton, Dale. "Our Police Staffing Crisis." *Law Officer Magazine*, April 2007, pp.10-12.

Turley, Kristin. "Seven Reasons You Should Be Conducting Background Checks." *Security Director News*, September 2006, p.7.

Verden, G. Michael. "The Ins and Outs of Event Security." *Security Director News*, May 2007, p.6.

Walsh, David; Rice, Robert; Syms, Deirdre; and Davis, Joe. "Preparing for Protests." *Security Management*, October 2004, pp.105-112.

Working Hand in Hand. Security Sales & Integration and Police, no date.

Worsinger, Laura P. "Tips for Background Checks." *Security Management*, October 2006, pp.85-91.

Woska, William J. "Police Officer Recruitment: A Public Sector Crisis." *The Police Chief*, October 2006, pp.52-59.

Youngs, Al. "The Future of Public/Private Partnerships." *FBI Law Enforcement Bulletin*, January 2004.

Cases Cited

Bowman v. State, 468 N.E.2d 1064, 1068 (Ind. Ct. App. 1984).

City of Hialeah v. Weber, 491 So. 2d 1204 (Fla. App. 1986).

Mount Sinai Hospital v. City of Miami Beach, 523 So. 2d 722 (Fla. App. 1988).

National Labor Relations Board v. St Vincent's Hosp., 729 F.2d 730 (1984).

NLRB v. J. Weingarten, Inc., 420 U.S. 251 (1975).

Safeco Insurance Company v. Burr, No. 0684 (U.S. Supreme Court, 2007).

United States v. Dockery, 736 F.2d 1232 (1984).

Chapter 4

법적 · 윤리적 고려사항

학습할 내용

- 관련 법들이 어떻게 분류되어 있는가?
- 범죄와 불법행위(tort)가 어떻게 다른가?
- 불법행위법이 어떻게 분류되어지는가?
- 과실책임(negligent liability)의 구성요소가 무엇인가?
- 위임불가 의무가 무엇이며 대위자 책임과의 차이점은 무엇인가?
- 어떤 행위로 인해 보안요원들이 가장 빈번하게 고소를 당하는가?
- 미연방법 제42편(소위 공민권법) 제1983조가 민간보안에 어떤 영향을 미치는가?
- 어떻게 민사 책임을 줄일 수 있는가?
- 세 가지 개인적 윤리점검 질문은 무엇인가?
- 세 가지 조직적 윤리점검 질문은 무엇인가?
- 보안분야 종사자들을 위한 윤리강령의 목적은 무엇인가?
- 윤리적 조직이 어떻게 증진되는가?
- 윤리와 문제해결이 어떤 관련이 있는가?

개념정의

감독자 책임	고의적 불법 행위	과도한 물리력
과실	구타	명예훼손
(구두에 의한) 명예훼손	(문서에 의한) 명예훼손	범죄
(민법상) 불법행위	손해배상	실제적 손해배상(금)
(피고/증인에 대한) 심문서	엄격 책임	원고
위임불가 의무	윤리	(미연방법 43편 공민권법의) 제1983조
징벌적 손해배상(금)	폭행	

도 입

다른 직업에서와 마찬가지로, 민간 보안종사자들은 일정한 법적·윤리적 테두리 안에서 업무를 수행해야 한다. 그들은 자신들의 업무와 관련된 민사책임이 점차 중요한 문제로 부각되고 있음에 따라 민사소송으로부터 효과적으로 자신들을 보호하는 방법을 알아야 한다. 민간 보안 분야에서 소송이 급격히 증가하게 된 원인에는 관련분야 종사자들의 양적 증가와 이들이 수행하는 업무의 다양성을 들 수 있다.

이 장에서는 우선 모든 시민(민간보안인력 포함)을 규율하는 법과 책임의 유형을 살펴본다. 다음으로 민사범의 유형을 제시하고 과실책임의 구성요소와 가장 빈번한 소송유형을 살펴볼 것이다. 이어서 어떻게 책임이 경감될 수 있는지와 관련해서 채용관행 강화, 효과적인 직무훈련 제공, 물리력과 무기사용에 대한 명확한 절차 마련, 명확한 계약, 적절한 보험마련 등의 방안들을 논의할 것이다. 마지막으로 법적 측면에서 혐의에 대한 보편적인 변호 논리와 소송에서 이기기 위한 방법들을 살펴볼 것이다.

이 장의 두 번째 파트에서는 윤리적 행위에 대해 살펴볼 것이다. 이는 21세기 들어 미국 경제계에 전반적으로 실시되고 있는 윤리에 관한 다양한 워크샵과 세미나에서 매우 민감한 주제로 다루어지고 있다. 우선 윤리에 대한 정의 및 구성요소에 대한 논의부터 시작한다. 이어서 어떻게 개인의 윤리를 개발할 수 있는지, 나아가 어떻게 조직 전반에 걸쳐 윤리적 행위를 장려할 수 있는지를 살펴볼 것이다. 끝으로 윤리적(혹은 비윤리적) 실무사례들을 살펴볼 것이다.

미국의 법과 책임

영국의 식민 국가들은 보통법(common law)을 수용하였는데 이것이 미국 법의 근간을 이루고 있다. 원래 불문법인 보통법은 미국에서 성문화되어 왔으며, 그 결과 범죄유형, 관련 당사자와 법원(法源)에서 차별화된 양상을 띠게 되었다.

법의 구별기준

- 형태: 성문 / 보통법(불문)
- 법원: 헌법, 법률, 판례
- 당사자: 공인, 사인
- 범죄: 형사, 민사

법은 그 법원에 따라 분류될 수 있다. 다양한 주 헌법 및 연방헌법에 기반한 헌법, 연방 및 주의회를 통과한 법률, 그리고 선례를 제공하는 구체적 사례에 기반한 판례법이다. 그러나 가장 일반적인 구분은 형사법과 민법의 구분이다.

형사법과 민사법

형사법은 범죄(crimes)라 불리는 대중(public)에 대한 범죄행위 및 그에 대한 처벌을 다룬다. 형사사건의 고소주체는 정부로서 법정에서 검사가 대리하며, 유죄가 확정된 자에 대한 처벌은 벌금, 구금 또는 (극단적인 경우) 사형이 포함된다.

반면에 민사법은 불법행위(torts)라 불리는 사인(私人)에 대한 범죄행위를 다루며, 피해자에 대한 **손해배상**을 골자로 한다. 소송을 제기하는 사적당사자(private party)는 법정에서 **원고**가 된다. 민사법원에서 패소한 피고는 구금이나 사형이 아니라 금전적 손해배상금 지불명령을 받게 된다.

형사법 위반행위, 즉 **범죄(crime)**는 일반 대중에 대한 불법행위로서 국가가 기소 및 처벌을 구한다. 범의(criminal intent)가 요구된다. 민사범죄, 즉 **불법행위**의 경우는 사인이 손해배상을 받기 위해 소를 제기한다. 범의를 요건으로 하지 않는다.

하나의 불법행위가 형사범인 동시에 민사범일 수도 있다. 예컨대, 한 사람이 다른 사람을 폭행한 경우, 가해자는 형사상 폭행죄로 기소되는 동시에 피해자는 폭행에 대한 민사소송도 제기할 수 있다.

10장에서 살펴보겠지만, 보안요원은 범죄수사를 요청받을 수 있다. 보안요원 역시 법을 위반한 경우 형사범으로 기소될 수 있지만, 이 장의 초점은 보안요원과 그들의 기관 및 고용주의 민사책임이다. 보안요원도 타인에 대해 불법적 행위를 범한 경우, 민사소송의 당사자가 될 수 있다. 이 경우 그 고용주 역시 고소를 당하는 경우가 일반적이다.

민사범(civil offenses)의 유형

민사법은 사인의 법적 행위를 규율하며 개인간, 조직간, 그리고 이들 상호간의 관계에 대한 광범위한 사안을 다루고 있다. 행정법, 계약법, 유언검인법(probate law), 가족법 및 불법행위법(tort law)이 포함된다. 이하에서 살펴볼 민간 보안과 관련된 법적 책임 논의는 불법행위법에 초점을 두고 있는데 실제로 대다수의 법적 분쟁이 이 법과 관련된 것이다.

불법행위법은 세 부문으로 나뉜다. 엄격책임, 고의적 불법행위, 그리고 과실이다.

엄격책임은 개인이 본인도 모르게 다른 사람에게 입힌 피해에 대해 책임을 지게 되는 경우를 의미한다. 엄격책임은 무과실책임이라고 하는데 대개 고도로 위험한 행위, 즉 폭발물 사용이나 야생 애완동물 사육 등의 행위와 관련되어 있다. 이러한 책임이 민간보안 실무상 문제가 되는 경우는 드물지만, 업무 수행시 최첨단 장비 사용에 따른 피해가 발생할 경우 엄격책임의 문제가 제기된다.

고의적 불법행위는 이름에서 알 수 있듯 고의로 행해진 불법행위이다. 앞서 언급한 바와 같이 불법행위는 형사상 범죄인 동시에 민사상 불법행위일 수 있다. 이러한 고의적 불법행위에는 폭행, 구타, 명예훼손(문서 또는 구두), 불법 감금, 불법체포, 사기, 불법 전자감시, 고의적인 정서적 충격 가해(IIED), 사생활 침해, 악의적 기소, 무단침입 등이 포함된다.

과실은 가장 흔한 민사고소 유형이다. 기본적으로 과실은 예견가능한 손해를 방지할 상당한 주의의무를 기울이지 않은 것으로서 손해배상 문제로 귀결된다. 민사상 과실에 의한 불법행위에는 직원의 채용과 선발, 훈련, 감독 및 직원관리상의 과실; 차량운행상의 과실; 보호의무 위반 및 무력사용이 포함된다.

과실책임의 구성요소

과실책임에 관한 구체적 법령은 주마다 상이할 수 있으나, 다음의 다섯 가지 원칙이 잘 확립되어 있다.

과실책임의 구성요소

- 이행할 의무의 존재
- 예견가능한 사고발생 가능성
- 상당한 주의를 기울일 의무 미이행
- 직접적인 결과 — 보호의무 위반에 기인한 손해
- 손해배상

보호의무 또는 이행할 의무

고용주들은 직원과 일반 대중을 "보호할 의무"가 있다. 만약 직원이 다른 사람에게 손해를 가한 경우, 고용주와 회사는 직원관리 태만(부주의)으로 소를 제기당할 수 있다. Solensky(2007, p.80)는 "경비 회사의 책임은 직원이 상당한 주의를 기울이지 않았음을 입증함으로써 성립되어야 한다"고 말한다. **감독자 책임**은 시설주가 그들의 책임을 위임할 수 없음을 나타내는 개념이다. 고용주가 보안요원을 고용했다는 이유만으로 고용주의 책임이 경감되지 않는 것이다.

위임불가 의무 對 대위책임 Stua(2005)는 "위임불가 의무란 어떤 사업을 하기 위해 지방이나 주 등 정부기관의 허가(면허나 사업권 등)를 받아야 하는 경우에 있어서

부과되는 의무이다. 허가의 전제조건은 그 사업이나 활동이 대중을 충분히 보호하는 방식으로 수행되어야 한다는 점이다"라고 설명한다. 예를 들어, 식당은 안전한 음식을 판매할, 보육시설은 아이들에게 안전한 환경을 제공할, 대중버스는 차량을 잘 정비하고 운행할 직접적인 책임이 있다. 이러한 위임불가 의무와 밀접하게 관련된 개념이 바로 대위책임이다.

대위책임은 한 사람이 다른 사람과의 일정한 관계에 근거하여 그 사람의 행위에 대해 법적인 책임을 지는 것이다. 예컨대, 고용주가 직원의 행위에 대해 지는 책임이다. 이러한 대위책임에 근거하여 개인들은 개별 보안요원에 대해서뿐만 아니라, 그들의 감독자와 회사에 대해서도 소송을 제기하는 일이 일반화되었다.

위임불가 의무란 다른 사람에게 권한은 줄 수 있으나 책임은 전가할 수 없는 의무이다. 민사책임은 법적인 행위책임을 지는 자에게 있다. 반면, 대위책임은 한 사람이 다른 사람의 행위에 대해 대신 책임을 지는 것이다.

예견가능한 위험

예견가능한 위험이란 문제가 발생할 것이라는 것을 아는 것을 의미한다. 예를 들어, 어떤 주차장에서 여러 차례 범죄행위가 발생한 바 있는 경우, 향후에도 동일한 장소에서 또 다른 범죄행위가 발생될 것이라고 예견할 수 있다. 따라서 이러한 위험성을 감소시키기 위한 조치가 이루어져야 하며, 만약 또 다른 범죄가 발생할 경우 지역 소유주나 보안담당 직원이 고소를 당하게 된다. 경우에 따라 원고측이 문제가 되는 지역의 범죄통계를 인용함으로써 승소하는 사례도 있다.

상당한 주의의무 및 직접적 결과

상당한 주의란 건전한 상식을 지닌 일반인이 유사한 상황에서 기울이는 주의의 정도를 의미한다. 주의기준(standard of care)이라고도 불린다. 일부 사람들은 단순한 상식을 활용하는 것이라고 말하기도 한다. 몇몇 산업에 있어서는 상당한 주의가 어느 정도인지에 관해 지침을 마련해 놓기도 한다. 직접적 결과는 손해가 보호의무의 태만 혹은 미이행의 결과로 발생한 것이어야 함을 의미한다.

손해발생

원고측은 또한 육체적, 정서적, 경제적 손해나 치료비용을 입증해야 한다. 합의금의 액수는 여기서 결정된다. 손해배상에는 두 가지 유형이 있는데 실제적

(substantive) 손해배상과 징벌적(punitive) 손해배상이 그것이다. **실제적 손해배상**은 판사나 배심원이 판단하기에 원고가 받을 만하다고 생각하는 실제적(보상적, 전보적)인 손해배상금이다. 예컨대, 피해의 직접적 결과에 따르는 치료비용 등이다. 반면, **징벌적 손해배상**은 피고(가해자)가 극도로 비난받을 만한 방법으로 피해자에게 손해를 입힌 경우, 가해자에게 징벌을 가할 목적으로 부과하는 손해배상으로 종종 실제 손해액을 훨씬 넘어선 천문학적인 액수를 부과하는 제도이다.

Romanski v. Detroit Entertainment(2005) 사건을 예로 들어보겠다. Stella Romanski와 다른 두 친구는 Detroit에 있는 MotorCity 카지노를 찾았다. 72세인 Romanski는 슬롯 머신을 한 뒤 카지노 내부를 걸어다니다 한 슬롯머신에서 5센트짜리 게임권을 발견하였다. 아무도 없는 것을 발견하고 그녀는 게임권을 가져다 자신의 슬롯머신에서 사용하였다. 제복을 입은 남자 카지노 직원이 다가와 함께 가줄 것을 요구했다. 그는 주인 없는 게임권을 가져가는 것은 카지노 정책상 금지되어 있다고 설명했다. 그러나, 그러한 정책은 카지노 어디에도 공지되어 있지 않았다. Romanski는 카지노에서 추방당했고 30도가 넘는 더위 속에서 수 시간 동안 버스를 기다렸다. 그녀는 이미 비용을 지불한 점심도 먹을 수 없었고 감시 없이는 화장실도 갈 수 없었다. Romanski는 카지노를 소유한 Detroit Entertainment사를 불법 체포 및 감금으로 고소하였다. 또한 그녀는 보안요원 중 한 명이 경찰관이었다고 주장했다. 주법에 따르면 카지노 보안요원은 경찰과 동일한 체포권한을 가진다. 배심원은 Romanski의 손을 들어 주었고 그녀에게 279불의 실제적 손해배상금과 8십7만5천불의 징벌적 손해배상금을 인정했다. Detroit Entertainment사는 즉각 항소했으나 미국 미시건 동부 연방지방법원은 원심판결을 유지했다. 이에 Detroit Entertainment사는 연방고등법원에 다시 항소하였다. 연방고등법원에서는 하급심의 판결을 모두 지지한 가운데 징벌적 손해배상금액만 6십만불로 감액해 주었다. 법원은 "피고의 행위는 지극히 악질적이며, 장래에 카지노 업계에서 동일한 행태가 반복되지 않도록 고액의 배상금을 인정하는 것이 적절하다"라고 판단하였다(Anderson, 2007, pp.72-73). Detroit Entertainment사는 미국 연방대법원에 상고하였으나 심리에 불참하여 사실상 하급심의 판결이 확정되었다.

보안업계 관리자들과 그들이 고용하는 직원들은 자신들을 민형사소송에 휘말리게 할 수 있는 행위가 어떤 것들인지 잘 알고 있어야 한다.

민간보안업을 상대로 한 민사소송의 유형

가장 흔한 민사소송의 유형은 폭행, 구타, 명예훼손, 불법감금, 고의적인 정서적 충격 가해(IIED: Intentional infliction of emotional distress), 사생활 침해, 악의적 기소 및 과실이다.

폭행과 구타

폭행(Assault)은 고의적인 행위로서 제3자의 관점에서 물리적 피해를 입었다고 판단되는 경우를 말한다. 예를 들어, 무기를 소지하거나 또는 그렇지 않은 채로 누군가를 협박하여 요구에 복종하도록 하는 경우다. **구타**(Battery)는 상대방의 의사에 반하여 행하는 모욕적인 직간접적 신체 접촉 행위이다. 거칠고 무례하게 타인에게 신체적 접촉을 가하는 행위를 예로 들 수 있다. 신체적 강제력의 사용은 가능한 한 피해야 한다. 그러나 경우에 따라 보안요원들은 자기 자신 또는 타인을 심각한 신체적 위해로부터 보호하기 위해 물리력을 사용해야 하는 경우가 있다.

명예훼손

명예훼손은 타인의 상대방이 범죄를 저질렀음을 말이나 행동에 의해 제3자 앞에서 허위로 적시함으로써 상대방의 명예를 훼손하는 것이다. 예를 들어, 어떤 사람이 소매치기나 절도를 했다면서 그 친구들이나 직장 동료에게 허위로 비난하는 경우다. 명예훼손에는 **문서에 의한 명예훼손**(libel)과 **구두에 의한 명예훼손**(slander)이 있다.

불법감금

불법감금은 상당한 이유 없이 물리적, 정신적 수단을 동원해 상대방을 구금함으로써 이동의 자유를 제한하는 것이다. 예를 들어, 누군가에게 경찰이 도착할 때까지 방 안에 있도록 요구하는 행위이다. 어떤 사람을 구금하기 위해서는 범죄가 저질러졌다고 믿을 만한 상당한 이유가 있거나 실제로 구금중인 사람이 범죄를 저질렀어야 한다. 범죄를 저질렀을지도 모른다는 단순한 의심만으로는 부족하다.

고의적인 정서적 충격 가해

고의적인 정서적 충격 가해는 심각한 정서적 충격을 가할 목적으로 행해지거나 혹은 그럴 가능성이 많은 악의적인 행위이다. 절도를 저질렀다고 의심되는 직원을 해고하겠다고 협박하는 경우를 예로 들 수 있다.

사생활 침해

사생활 침해는 상당한 이유 없이 무단으로 상대방의 개인사나 소유지에 침입하는 행위이다. 고용주가 정해진 규정에 위반하여 직원의 개인소지품을 검색하는 행위를 예로 들 수 있다. *Cramer v. Consolidated Freightway, Inc.*(2001) 사건에서 법원은 남자화장실 거울 뒤에 감시카메라를 몰래 설치한 트럭회사가 사생활보호법을 위반했다고 판시했다. 회사측은 직원들의 마약사용을 예방하고 감시하기 위해 필요한 조치였다고 주장했으나 받아들여지지 않았다. *Mark Jackson v. Rohm & Hass Co.*(2001) 사건의 경우, 펜실베니아 배심원단은 직장동료에 의해 허위로 강간 혐의를 받은 뒤 보안요원들에 의해 조사를 받은 직원에게 사생활 침해로 인한 손해배상금 십오만달러를 인정해 주었다.

최근에는 컴퓨터 사용 및 인터넷 접속과 관련한 사생활 침해 소송도 새롭게 등장하고 있다. Brian Ziegler는 직장에서 아동음란물을 다운받은 것이 적발된 후, 고용주에 대해 사생활 침해 소송을 제기했다. 미연방법원 Montana 지방법원은 피해자가 인터넷을 통해 다운받은 파일에 대해서는 사생활 보호를 기대할 수 없으므로 정부나 고용주가 침해할 사생활 자체가 없다고 판결하였다(Meklinsky and Bancroft, 2007, p.94). Ziegler는 미연방상소법원에 항소하였으나 역시 이 문제에 대해 피해자의 사생활을 기대하는 것은 적절치 않다고 판시하였다(*U.S. v. Ziegler*, 2006). 법원은 회사가 직원감시프로그램을 운영 중이며 직장교육과 매뉴얼을 통해 직원들에게 이 사실을 고지했다는 사실에 주목했다. 특히 컴퓨터가 회사소유물이며 사적인 행위를 위해 사용되어서는 안 된다는 점을 직원들에게 특별히 교양하였다(Meklinsky and Bancroft, p.96). 법원은 "직원 감시는 통상적으로 받아들여지는 제도로서 개인지급 컴퓨터 사용지침이 있다면 개별 직원들은 컴퓨터 사용에 대한 사생활을 기대할 수 없다"고 판단하였다.

Meklinsky와 Bancroft는 "많은 회사들이 컴퓨터 오용을 방지하고 회사 및 직원을 보호하기 위해 직원들의 이메일과 인터넷 시스템을 점검해 오고 있다. 그러나, Ziegler 사건에서 알 수 있듯, 고용주들은 직원감시프로그램을 활용함에 있어 직원들의 사생활권을 충분히 염두에 둠으로써 책임문제로부터 자유로울 수 있을 것"이라고 지적했다.

업무의 본질상, 보안요원들은 사생활 침해 문제와 관련해 조심스러운 입장에 있다. Bernard(2004, p.20)는 "사람들이 감시를 인용하는 주된 이유는 보안산업연합회

회장인 Richard Chaser의 언급에서 발견할 수 있다. 즉, 그는 감시기술의 주된 목적은 결국 '직원을 보기(watch) 위해서가 아니라 감시하기(watch out for) 위한 것'이라고 언급하였다"라고 설명한다.

CCTV 설계분야의 한 전문가는 IP 기반 카메라에 대해 다음과 같이 언급하였다: "20년 전에는 근무하면서 가끔 쇼핑도 가고 때로는 식당도 다닐 수 있었다. 감시 카메라가 두세 달에 한 번 정도 당신의 근무 모습을 촬영했기 때문이다.… 하지만 앞으로 5년 정도 후면 아마도 하루에 25번에서 50번 정도 당신의 근무 모습이 카메라로 녹화될 것이다. 바로 우리들[보안담당 실무자들]이 그 일을 하게 될 것이기 때문이다.… 카메라가 여기 저기 설치될 것이다. 하지만 사생활이 가장 큰 문제이다. 우리는 사방을 둘러싼 카메라들로 인해 사생활을 포기하고 있는 것이다"(Bernard, p.24). Bernard(p.24)는 다음과 같이 결론짓고 있다: "사람들이 우리 보안요원들로 하여금 그들의 활동을 감시 및 기록하여 데이터로 축적할 수 있도록 허락하는 것은 이러한 개인정보가 오직 의도된 목적으로만 사용될 것이라 믿기 때문이다. 즉, 그들은 우리가 그들의 안전과 보안을 강화해 주는 역할만 수행해 주기를 바라는 것이다."

기술로 인한 사생활 침해 논쟁에 있어 최근 주목받고 있는 기술 중 하나가 전파식별 혹은 무선인식(radio frequency identification: RFID) 태그로서, 자산 목록화 및 추적 수단으로 점차 바코드를 대체해 나가고 있다(Piazza, 2006, p.63). 이 기술을 지지하는 입장은 이러한 무선인식 기술을 도입하면 공급망을 효율화하고 고가물품의 절도가 감소할 수 있다고 주장한다. 반면, 반대하는 측에서는 바코드 기술과 달리 무선인식 기술은 회사가 고객들 모르게 무단으로 고객을 추적할 수 있는 위험이 있다고 지적한다. Piazza(p.68)는 대중에게 전파식별 태그가 무엇이고 어떻게 작동하며 사생활과 관련된 우려를 어떻게 사전에 불식시킬 수 있는지 적극적으로 알릴 것을 권고한다. 전파식별 태그에 대해서는 제7장에서 더 자세히 논의하려 한다.

악의적 기소

악의적 기소는 누군가를 비난하는 사람이 실제로 그 상대방이 죄가 있다고 믿어서가 아니라 악의나 원한 때문에 비난을 하는 경우에 발생한다. 이러한 악의적 비난을 통해 그들은 상대방보다 유리한 입장에 서거나 보상금 등을 받아내려 하는 것이다. 예를 들어 *Eastman v. Time Saver Stores, Inc.*(1983) 사건을 살펴보자. 점원으로 일하던 Eastman은 절도혐의로 체포되었는데, 이후 고용주인 Time Saver Stores사를 상대로 악의적인 고소를 제기한다. 그녀는 오후 3시부터 11시까지 근무하고 있었는데 이 시간 중 현금이 부족한 경우가 반복적으로 발생했다. 그녀의 상관이자 회사 보안 담당자는 금전 등록기 위에 있는 에어컨 환풍구에 다른 직원을 올려 보내서 Eastman을 감시하였다. 그는 Eastman이 고객으로부터 받은 25센트 동전과 20달러 지폐를 주머니에 넣는 것을 발견하고 즉각 경찰에 신고했다.

Time Saver사를 상대로 한 소송에서 Eastman은 그녀가 잠시 돈을 보관하고 있었던 것뿐이며 전적으로 제 자리에 넣어둘 생각이었다고 해명했다. 그러나 판사는 이러한 그녀의 해명이 설득력이 없으며 회사측이 그녀를 경찰에 신고할 수밖에 없었던 다른 정황들을 인정하였다. 즉, 반복적인 현금 부족 사태는 정확히 그녀의 근무시간 중에 발생해 왔으며, 다른 동료 직원들도 그녀가 현금을 자신의 주머니에 넣은 행동을 수상하게 여겨왔다고 증언했던 것이다. 만약 회사가 그녀를 상대로 민사상 손해배상 책임을 물었다면 그녀의 악의적 소송으로 인한 형사재판 비용과 노력을 절감할 수 있었을 것이다.

과실(태만, 부주의)

과실은 앞서 살펴본 대로 어떤 사람이 합리적으로 행위할 의무가 있음에도 이를 위반함으로써 누군가에게 손해를 입히는 경우이다. 예를 들어, 어떤 시설이나 부지에서 위험 요인을 시정하지 않았거나 곤경에 처한 직원에게 도움을 주지 않는 경우이다. 이러한 과실 소송은 아래에서 살펴볼 사례에서 보듯이 빈번하게 발생한다. 이러한 사례들은 민간보안직 종사자들에게 사전에 경각심을 일깨워 주는 동시에 법정에서 민간보안 분야의 증대되는 역할과 책임이 어떻게 인식되고 있는지, 어떠한 판단기준에 의해 다툼을 해결하는지 등을 보여 준다. 최신 사례도 있으나 최신 사례들은 민간보안업 종사자들의 책임 경감과 관련하여 그 중요성을 판단하기에는 아직 이르다. 하지만 이 책 전반에 걸쳐 최신 사례들도 선별적으로 살펴볼 예정이다.

- *Taylor v. Centennial Bowl, Inc.*(1966) 사건 — 원고는 볼링장 주차장에서 습격을 받았다. 이른 저녁 그녀가 볼링장 라운지에서 칵테일을 마시고 있는데 한 남자가 치근덕거렸다. 그녀는 경비원에게 도움을 요청하였다. 볼링장 영업이 끝날 때 경비원은 아까 그 남자가 주차장에 있으니 그 쪽으로 가지 않는 것이 좋겠다고 충고했지만 그녀는 결국 주차장에 갔다가 변을 당했다. 법원은 소유주가 위험을 인식하고 있었으므로 그녀를 공격으로부터 적극적으로 보호해 줄 의무가 있다고 판단했다. 경고성 충고로는 부족했던 것이다.
- *Kline v. 1500 Massachusetts Avenue Apartment Corp.*(1970) 사건 — 원고는 자신의 아파트 복도에서 강도에게 습격을 당했다. 그녀가 수년째 거주 중인

이 아파트 주변에서는 최근 몇 년간 범죄피해가 증가하고 있었다. 그러나 소유주는 그녀가 입주할 당시 설치되어 있던 보안시설 관리나 증설을 위해 아무런 노력도 하지 않았다. 법원은 그녀가 입은 범죄 피해에 대해 소유주가 책임을 진다고 판시하였다.

- *Picco v. Ford's Diner, Inc.*(1971) 사건 — 원고는 이 식당에서 이전에 발생한 범죄에 대해 아무런 증거도 제시하지 않았다. 원고는 식당 뒤편에 있는 주차장에서 습격을 당했는데, 당시 그곳에는 조명시설이 전혀 없었다. 법원은 야간에 조명시설을 설치하면 범죄를 억제할 수 있다는 점은 잘 알려진 상식이라면서, 설사 이전에 범죄가 발생한 적이 없다 하더라도 소유주에게 책임이 있다고 판시했다.
- *Atamian v. Supermarkets General Corp.*(1976) 사건 — 원고는 식료품점 주차장에서 세 명의 괴한에 의해 강간을 당했다. 이 사건 이전에도 다섯 건의 범죄가 동일한 장소에서 발생한 적이 있었기 때문에 식료품점 사장은 경비원을 고용했다. 그러나 소유주가 이전에 범죄가 발생한 사실을 이미 알고 있었다면 경비원을 고용하는 것만으로는 충분치 않다고 판단했다. 즉, 적절한 조명시설과 다른 예방조치를 취하여 고객이 범죄피해를 당하지 않도록 보호할 적극적인 의무가 있다고 본 것이다. "상당한 주의(reasonable care)"라는 모호한 개념을 구체화하는 것은 대단히 어려운 작업이며 경우에 따라서 아예 불가능하기도 하다.
- *Florence Trentacost v. Brussel, Dr. Nathan T.*(1980) 사건 — 세입자는 시정장치가 되어 있지 않은 자신의 아파트 복도에서 강도에게 습격을 당했다. 법원은 집주인이 세입자의 안전을 담보해야 하는 입장에 있으며, 설사 아파트 주변이 위험하니 조심하라고 주의를 줬다 하더라도 세입자의 범죄 피해에 대해 책임이 있다고 판시하였다.
- *Meyers v. Ramada Inn of Columbus*(1984) 사건 — Ohio 법원은 호텔 소유주는 투숙고객이 범죄로 입은 피해에 대해 책임을 지는 경우도 있을 수 있다고 판단했다. 그러나 법원은 투숙객이 먼저 피고가 공격을 예상할 수 있었음을 입증해야 한다고 판시했다.
- *Pittard v. Four Seasons Motor Inn, Inc.*(1984) 사건 — New Mexico 법원은 호텔 소유주는 호텔 직원이 투숙고객을 폭행한 경우 책임을 지는 경우도 있을 수 있다면서, 단, 피해자가 호텔 소유주가 문제가 된 직원이 과거 비슷한 행태를 보였다는 사실을 알고 있었음을 입증할 수 있어야 한다고 판시했다.

- *Kolosky v. Winn Dixie Stores, Inc.* (1985) 사건 — Florida 법원은 수퍼마켓에서 난동을 부리는 다른 손님에게 폭행을 당해 부상을 입은 피해자에게 8만 달러의 손해배상금을 인정하였다. 법원은 수퍼마켓 소유주는 고객들의 안전을 담보하기 위해 모든 필요한 조치를 취할 의무가 있다고 판시하였다.

보안분야 종사자들은 이상에서 살펴본 사건에서 나타난 다양한 상황유형을 잘 숙지해야 함은 물론 개인의 헌법적 권리를 침해하지 않도록 각별히 주의해야 한다.

공민권법 (The Civil Rights Act – Section 1983)

독립전쟁 이후 몇 년이 지난 1871년, 미국의회는 미연방법 제42편 제1983조, 소위 공민권법(the Civil Rights Act)을 제정하였다. 이 법에서는 다음과 같이 규정하고 있다.

> 어느 주나 영토의 법률, 법령, 규칙, 관습에 의해서 미국의 관할권 내에 있는 시민인 자가 헌법과 법에 의해 보장된 타인의 권리, 혜택 또는 사면권을 침해한 경우, 소송 등 기타 적절한 시정 절차를 통해 상응하는 책임을 져야 한다.

미연방법 42편 **제1983조** 공민권법에서는 지방 및 주 권한에 따라 행위하는 자 중 타인의 헌법적 권리를 침해한 자는 누구든지 —법을 준수하였다 하더라도— 고소를 당할 수 있다고 규정하고 있다.

빈번하게 고소가 제기되는 다른 분야는 보안업무 종사자들이 책임 이행과정에서 물리력을 사용한 경우다.

물리력의 사용

보안요원들은 종종 업무 수행과정에서 물리력을 사용해야 한다. 예컨대, 담당 구역에서 술에 취해 난동을 부리는 취객을 쫓아내는 경우나, 소매치기를 잡아 도난 물품을 회수해야 하는 상황을 생각해 볼 수 있다. 이때 허용 가능한 물리력의 정도는 반항의 정도에 상응해야 하는데 순순히 물리적 제지에 응하는 사람에서부터 공격적 태도를 보이는 사람에 이르기까지 연속적인 형태로 나타내 볼 수 있다(그림 4.1 참조).

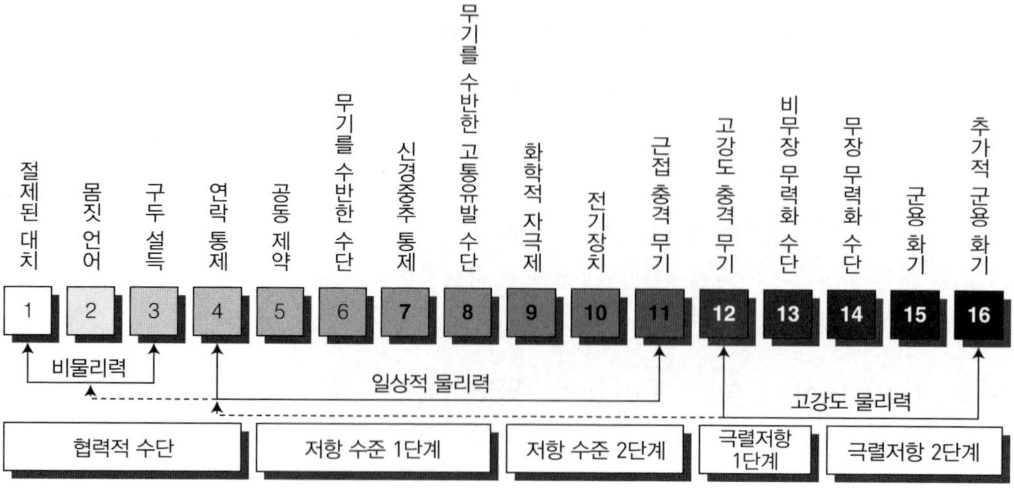

그림 4.1 물리력 행사의 순차적 강도

출처: G. Connor, "Use of Force Continuum: Phase II" in *Law and Order*, 1991년 3월, p.30.

이 같은 물리력 행사의 연속적 형태를 참고로 언제 수갑이나 보다 광범위한 제지력을 사용해야 하는지를 판단할 수 있다. 만약 제지대상자가 저항하지 않는다면, 수갑이나 다른 제압도구를 사용하는 것이 법정에서 상당하지 않거나 과도한 물리력 행사로 받아들여질 수 있다. **과도한 물리력**(행사)이란 합법적인 보안상 목적을 달성하기 위해 상당하다고 여겨지는 수준 이상의 물리력을 의미한다. 문제는 어느 정도가 과도한 물리력 행사인지 아닌지를 판단하는 기준을 정하기가 쉽지 않다는 점이다: "상당한 물리력은 매일 사업장 측(merchant)에서 판단하며, 사업장 측의 정책입안자에 의해 이차적으로 판단된다. 때로는 사안별로 민/형사소송 과정에서 확인되기도 한다. 그러나 궁극적으로 물리력 행사의 상당성 혹은 과도성 판단은 배심원이 사건과 관련된 사실과 정황에 근거해 결정할 문제이다"(Aronsohn, 2004, p.26). 보안 실무자들이 물리력 사용과 관련하여 다양한 상황에서 활용할 수 있는 몇 가지 조언을 제시하면 다음과 같다(Aronsohn, pp.26-27).

- 소매치기범에 대한 과도한 물리력: "상대방의 체격, 나이, 성별을 고려하라. 용의자의 장애나 질환과 관련된 수용 가능한 요구를 받아들여라. 용의자를 신속하게 해당업소 정책에 따라 처리하라."
- 불법 침해행위에 대한 상당한 물리력: "용의자가 비협조적인 경우에도 전문적이고 공손한 태도를 견지하라."
- 목격자 부상에 대한 책임: "최소한 지원 요원과 함께 현장에 가라. 특히 소매

치기 용의자를 제압하는 과정에서 주변에 다른 고객이 있을 경우가 더욱 그렇다. (용의자와 같은 성별인) 목격자를 현장에서 확보하는 것도 바람직하다. 가능한 한 매장 내에서 용의자와 대치하지 마라."

- 권리에 대한 과도한 주장: "과도한 물리력은 신체적 접촉뿐만 아니라 협박, 모욕이나 권한의 주장에 의해서도 행사될 수 있다."
- 반복된 물리력 행사 경고: "과도한 물리력은 강압적 협박에 의해서도 행사되어질 수 있다. 또한 피해자의 주장처럼 사업장 측의 실수가 추후 발견될 경우, 한 발 물러서서 잘못에 대해 사과하는 것이 중요하다."

보안요원이 상대방에게 물리력을 행사할 당시의 상황은 문서로 명확하게 보고되어야 한다.

무장 보안요원의 책임

보안요원이 폭력적인 상황에서 임무를 수행해야 하는 경우가 늘어남에 따라, 이들의 무장 필요성 문제가 제기되고 있다. 상당수 보안업체들은 재정상 피해보상 책임의 이유로 무장요원의 운용을 기피하고 있다. 일부 업체는 무장요원을 요구하는 계약의 수를 제한하고 있다.

(소형)무기 사용에 따른 책임의 문제로 인해, 많은 업체들이 덜 치명적인 무기에 의존하고 있다. 예컨대, 최루가스, 페퍼 스프레이, 테이저건, 분사체(콩주머니나 탄성총알) 등이 그것이다. 민간 보안요원들이 이러한 대체 무기를 얼마나 사용하는가에 대한 통계자료는 없으나, 대체 무기 생산업체들에 따르면 수천 명의 보안요원들이 전자충격장치, 호신용 스프레이 등의 자사 제품을 사용하고 있다고 한다. 그러나 이처럼 "덜 폭력적인" 무기들도 상황에 따라 치명적일 수 있다는 사실을 알아야 한다.

보안책임소송의 추세

9·11테러의 여파로, 민간보안산업에 대한 관심과 그 중요성에 대한 인식이 확대되었다. 또한 오늘날의 "소송 좋아하는 사회(litigious society)"에서 보안 분야에 대한 민사소송도 증가하고 있다. 1992년에서 2001년까지 제기된 시설보안 책임관련 사건 추세를 보면 주목할 만한 사실을 발견할 수 있으며, 이 분야 실무자들도 이러

한 현상에 주목하고 있다.

Anderson(2002, p.44)에 따르면: "지난 8년간 폭행 및 구타 사건이 증가하였는데, 특히 주차장이 시설보안책임 소송과 관련하여 가장 빈번하게 문제가 발생한 장소였다." 게다가: "연구 결과, 주차장에서 발생한 범죄 중 폭행과 구타가 42%, 강간 및 성폭행이 26%, 불법 행위에 의한 사망 15%, 강도 9%, 그리고 불법 감금이 4%를 차지하였다. 이 밖에도 절도, 방화, 이륜차절도 등의 기타 사건도 4%를 차지하였다"(Anderson, p.44).

연구 결과에 따르면, 폭력과 구타 사건의 발생장소는 술집, 아파트 및 빌라, 식당, 소매상점, 보안회사 순이었다. 강도 사건의 경우, 호텔, 소매상점, 쇼핑몰, 아파트 및 콘도, 식당 순이었다(p.45). 강간 및 성폭행의 경우, 아파트와 콘도에서 고소 사건이 가장 빈번한 가운데, 의료시설, 호텔, 관리회사, 보안회사, 쇼핑몰이 그 뒤를 이었다(p.46).

보안책임과 관련된 민사책임의 경우, 당사자의 주장은 일부 법적 이론 중 하나에 근거하기도 하지만 일반적으로 불충분한 보안이나 직원 채용 및 관리상의 태만인 경우가 많다: "연구에 따르면, 불충분한 보안을 이유로 한 소송의 경우가 직원의 불법행위로 인한 소송의 경우보다 배상금 규모가 크다. 불충분한 보안의 경우 소송에 의한 배상금 규모는 평균 백만 달러, 소송을 통하지 않은 합의금의 경우 평균 백오십만 달러선이다. 직원의 불법행위 사건의 경우 —채용, 관리, 감독상 태만— 소송에 의한 배상금 규모가 775,000달러, 소송을 통하지 않은 합의금의 경우가 백사십만 달러선이다(Anderson, p.48).

불충분한 시설경비

환대 산업계(hospitality industry)의 한 전문가는 "불충분한 경비가 책임 관련 소송의 가장 큰 원인"이라고 지적한다(Friedrick, 2007, p.21). 수천 건의 시설경비 관련 사건이 법정에서 다투어졌으며, 사건별로 세부적인 사실관계가 달라 일반화하기는 어렵지만, 몇몇 사례를 살펴봄으로써 보안 분야 관리자들이 시설경비와 관련된 문제들을 이해하고 불충분한 경비를 이유로 한 소송에 더 잘 대비하는 데 도움을 얻을 수 있다.

- *Bond v. BH Acquision Corp.*(1997) 사건 — 한 여종업원이 자신이 일하는 모텔 주차장에서 공격을 받아 살해되었다. 유족들은 모텔주인과 관리회사를 경비 불충분으로 고소하였다. 사건 당시 약 240에이커에 달하는 부지를 순찰하는 경비원은 한 명에 불과했고, 주차장에 설치된 가로등도 몇 달째 고장이 난 상

태였다. 사건은 백육십만 달러의 합의금에 의해 해결되었다(Anderson, p.50).

- *Simms v. Prime Hospitality Corp.*(1997) 사건 — Gaylene Simms는 Prime Hospitality Corp가 소유하고 있는 Wellesley Inn에 숙박 중이었다. 어느 오후, Simms 부인은 엘리베이터에서 내려 방으로 돌아가던 중 말쑥하게 차려입은 남자가 그녀의 방 주변 복도에 서 있는 것을 보았다. 그는 그녀에게 총을 겨누고 강제로 방에 들어가게 한 뒤, 그녀를 강간하고 소지품을 강취해 갔다. 그녀는 경비 불충분으로 Prime Hospitality사를 고소했다. 재판 과정에서 그녀의 변호사는 지난 3년간 동일한 장소에서 발생한 강도 등 범죄의 증거를 제시했다. 호텔 측은 피해자가 강도를 발견하고 곧장 엘리베이터를 타고 로비로 내려와 호텔 측에 알리지 않고 그대로 복도를 걸어갔기 때문에 공격을 당한 부분에 대해 일정 책임이 있다고 주장하였다. 그러나 배심원단은 이러한 주장을 일축하고 Simms 부인에게 4십만 달러의 손해배상금을 지급하라고 결정하였다. 상소법원도 원심의 결정을 유지했다(Anderson, p.45).
- *Roe v. Interstate Properties*(1994) 사건 — Roe는 종합상가 가판대에서 일하는 판매사원이었다. 상가가 문을 닫은 어느 오후, 그녀는 야간 입금을 준비하다가 총을 든 전직 상가 종업원에게 강도를 당했다. 강도는 그녀를 주차장으로 끌고 내려가 차에 태워 외딴 곳으로 간 후 성폭행하였다. 이후 강도는 그녀를 사살하려 했으나 그녀는 지나가는 차 덕분에 가까스로 현장에서 탈출하였다. 그녀는 상가 소유주 및 운영진을 상대로 경비 불충분에 대해 소를 제기했다. 공판 전 증언과정에서 참고인들은 사건 당일 밤 보안요원들이 근무를 서기로 되어 있었으나 현장에 없었다고 진술했다. 게다가 원고의 변호사는 지난 4년간 상가에서 170건의 범죄가 발생한 사실을 발견하였다. 상가의 보안책임자는 순찰인력 4명을 고용하기 위한 지원을 요구했으나 1명에 대한 승인만 받았다고 증언했다. 상가는 공판 직전 3십6만 달러에 피해자와 합의했다(Anderson, pp.48-49).

Anderson(p.51)은 다음과 같이 조언한다: "건물 및 부지 소유주들은 시설경비책임 사건들로부터 많은 것을 배울 수 있다. 즉, 누가 가장 소송을 제기할 가능성이 큰지, 어떤 유형의 범죄가 소송을 야기하는지, 그러한 사건들에 나타난 법리는 무엇인지 등을 배울 수 있다. 가장 중요한 점은 이러한 사례들을 통해 보안업체들은 시설경비책임과 관련된 비용이 막대한 만큼, 뒤 늦게 후회하지 말고 사전에 철저히 대비해야 한다는 점을 배울 수 있다." 보안업체 관리자급은 경쟁업체가 하는 일에도 주의를 기울여야 한다: "모든 회사가 위험을 분석하고 이를 최소화하기 위한 방안을 강구하고 있지만, 다른 업체들이 세운 기준에 따라가지 못하면 결국 책임 관련 소송에 취약해질 수밖에 없다"(Friedrick, 2007, p.21).

직원의 범죄

보안책임소송의 두 번째 주요 유형은 직원이 저지른 범죄이다. 이러한 사건들은 통상 고용주의 직원 채용, 관리 및 감독상의 태만이나 과실에 기초하여 다투어진다. 이 유형의 소송이 증가하는 추세임에도 불구하고 입증하는 일은 불충분한 경비로 인한 소송의 경우보다 어렵다(Anderson).

예를 들어, *Sparks Regional Medical Center v. Smith*(1998) 사건을 살펴보자. 한 병원 환자가 자신을 목욕시켜 주는 직원에게 성폭행을 당했다. 피해자는 그 직원과 더불어 채용 및 감독 상태만을 이유로 병원 역시 고소했다. 원고는 병원이 철저한 검증을 실시하지 않아, 이미 전 직장에서 환자 성희롱 등을 이유로 경고 및 해고 조치를 받은 직원을 고용했다고 주장했다. 법원은 원고측 주장을 받아들여, 병원이 감독상 부주의로 인해 소속 직원의 범죄행위에 대해 책임이 있다고 결정하였다. 상소법원도 원심의 결정을 유지하였다(Anderson).

이러한 사례가 잘 보여 주듯 "보안 관리자들은 위험평가, 대책마련, 보안계획수립, 인식제고프로그램 운영 등을 통해 패소확률을 줄일 수 있다"(Ahrens and Oglesby, 2006, p.84). 제5장에서는 바로 그러한 위기관리 방안들을 중점적으로 논의하게 될 것이다.

책임 경감하기

민사책임은 신중한 채용, 업무수행을 위한 최소기준 정립, 명확한 정책 및 절차마련, 효과적인 직장훈련 및 감독 실시, 명확한 계약 및 보험가입 등을 통해 경감될 수 있다.

채 용

책임을 경감하기 위한 매우 중요한 방법은 회사 자체 고용이든 외주 계약이든 신뢰할 수 있고 검증된 직원을 고용하는 것이다. "채용과정이 관리자 입장에서 가장 어려운 과제 중 하나이다. 이 과정을 어떻게 처리하는지에 따라 회사의 팀웍 및 미래 소송 가능성이 달라진다. 인사관리 및 법률 전문가의 도움을 받아 유능한 직원을 고용하고 책임위험을 감소할 수 있다"(Nixon, 2005, p.48). 최근 법원은 대부분의 책임을 직원보다는 고용주에게 돌리는 경향이 있다.

직원채용 과정에서의 부주의로 인한 소송이 많아지고 있다. 이들 사건의 대부분은 적절한 선발과정 미비 또는 전과 검증실패와 관련되어 있다. 이들 사건의 3분의 2에서 평균 6십만 달러의 배상금 결정이 내려진다(Turley, 2006, p.7). 직장폭력연구소(Workplace Violence Research Institute)의 보고서에 따르면, 피해자는 평균 3백만 달러에 달하는 배상금을 받는다.

이러한 소송을 방지할 수 있는 가장 좋은 방법 중 하나는 철저한 채용 전 검증을 실시하고 조기에 부적격자를 탈락시키는 일이다: "고용직원의 일반적 자질, 직장안전, 소송위험 등과 관련된 우려로 인해 채용 전 심사가 매우 엄격해지고 있다"(Friedrick, 2004, p.19). Rosen(2004, p.36)은 "미국 산업은… 채용 전 검증 조치 등 채용단계에서 적절한 주의를 기울이지 않을 경우, 꼼짝 없이 고액소송, 직장 폭력, 허위 주장, 절도, 횡령 및 경제적 손실에 직면할 것이다. 직원 한 명 잘못 뽑았다가 회사가 수백만 달러의 손실을 입을 수 있다. 연구결과에 따르면 사전 검증을 통해 10% 정도의 지원자들의 전과를 확인할 수 있으며, 최소 3분의 1 이상의 이력서에서 허위사실을 밝혀낼 수 있다." Lamb(2005, pp.34-35)에 따르면 "채용 전 검증 작업은 채용과정에서 지원자들의 모든 경력이나 전과 등을 조사하는 일이다. 논란이 있긴 하지만, 여러 사전검증도구를 활용할 수도 있다. 어떤 경우든, 채용 전 검증은 채용과정 전반에 중요한 것이다."

업무수행의 최소기준 정립

책임경감의 또 다른 중요한 측면은 업무수행기준을 수립하고 직원들이 이러한 기준 이상으로 업무를 수행할 수 있도록 하는 것이다. 이를 통해 고용주들은 직원관리상 태만에 대한 책임을 면할 수 있다. Latzel(2003, p.34)은 "유능하다고 판단된 직원을 고용하는 경우라도 고용주는 반드시 사전에 수행하게 될 업무에 따르는 임무와 책임, 요구되는 지식과 기술, 능력이 무엇인지 명확히 고지해야 한다." Latzel(p.33)은 또 "신규채용 시 수습기간을 두고 업무수행을 면밀히 모니터해야 한다.… 성공적으로 수습기간을 거친 후라도 직원들의 업무수행 양태를 지속적으로 감독하여 업무수행 기준에 부합되는지를 확인해야 한다."

명확한 정책 및 절차 수립

명확한 정책은 직원들이 무엇을 해야 하는지를, 어떠한 절차에 따라 해나가야 하는지를 보여 준다. 문서로써 명확하게 정책과 절차를 수립하게 되면 그만큼 고용주의 책임이 제한된다. 게다가, 모든 회사는 지방, 주, 연방 법규를 반영하여 위기나 재난 상황을 대비한 비상대응계획을 문서로 수립해 두어야 한다(Ahrens and Oglesby, p.83).

직장훈련

최소한의 업무기준이 정해지고, 직원들이 이 기준에 부합하도록 업무를 수행하기 위한 정책과 절차가 명확하게 문서로 수립되었다면, 이제 고용주들은 직원들이 어떻게 업무를 수행할 것인지에 대해 충분한 직장교육을 실시해야 한다. "직장교육 실패"는 "직원들의 임무를 잘 수행할 수 있도록 적절한 준비를 시켜주지 못하거나, 매우 적거나 지나치게 쉬운 연수 실시, 직장 내 교육 미실시, 외부교육에 대한 교육비 보상의 결여"를 의미한다(O'Connor, 2004). 이와 관련된 소송의 가능성은 민간보안직이 점점 더 복잡해짐에 따라 더욱 커지고 있다.

Phelan(2005, p.142)은 "미국의 도시들은 보안요원들을 위한 최소 연수시간을 규율하는 법안을 고려하고 있다. 그러나 질이 아닌 양적 차원의 규율은 문제가 있다. 보안요원들이 갖추어야 할 지식과 기술의 범위가 확대되고 있는 추세를 감안하여 시간보다는 내용과 질에 초점을 두는 것이 그 어느 때보다도 필요하다"라고 지적한다. 미국산업보안협회(ASIS)의 민간경비원(PSO) 선발 훈련지침(2004, pp.16-17)에서는 연수의 핵심 주제에 대하여 다음과 같이 권고하고 있다.

- 민간경비원의 본질과 역할(윤리, 정직 및 직업적 이미지 등)
- 관찰 및 사건 보고(관찰 기법, 메모 및 보고서 작성 기법, 순찰 기법 등)
- 의사소통 원칙(대인 관계, 화법, 고객 서비스 및 홍보 등)
- 접근통제 원칙(출입통제 절차, 전자보안시스템)
- 정보보호 원칙(우선순위 및 보안유지)
- 위기대응절차(자연재해, 각종 사고, 인재, 대피절차 등)
- 인명구조 의식(비상장비 배치, 화재예방기술, 직업안전및건강법상 의무)
- 근무 배치 및 근무지 지정

근무부서에 따라 다음과 같은 주제들도 고려해야 한다: 약물 남용, 직장 내 폭력, 갈등 해소, 교통 통제 및 주차장 안전, 혼잡경비, 응급처치절차, 심폐소생술, 위기관리, 노사관계 등이다.

마지막으로, 모든 민간보안요원들은 이러한 연수내용을 제대로 습득했는지 여부 확인을 위해 필기 혹은 실기 시험을 치러야 한다.

Cottringer(2004, p.33)는 앞서 제시한 주제들에 더해 상식을 가르쳐야 한다고 제언한다: "경비업무에 있어, 상식이란 건전한 판단에 입각하여 합리적인 사람이라면 누구나 동일한 상황에서 취함직한 조치들을 취하는 것을 의미한다. 구체적으로 질문을 하고, 사실을 재차 삼차 확인하고, 추가 정보를 제공해 줄 수 있는 사람을 찾아내고, 문제점을 예상하여 선제적으로 대응방안을 마련하는 것이다. 또한 사소한 것에도 주의를 기울이고 어떤 행동의 결과를 예측하고 항상 추이를 지켜보는 것도 보안업무에 있어 상식에 해당한다."

철저한 연수를 제공하는 동시에 이러한 노력들을 신중하게 기록해 두어야 한다. 일부 고용주들은 연수비용 및 직원들의 높은 이직률을 이유로 연수 제공 자체를 꺼리기도 한다. 그러나 동기부여 전문가인 Zig Zigler는 "나는 직원들을 훈련시키지 않고 데리고 있느니 차라리 직원들이 회사를 떠난다 하더라도 그들을 훈련시키는 것을 택하겠다"라고 말한 사실을 상기해 볼 필요가 있다.

계 약

대부분의 보안요원들은 계약직으로 근무한다. 계약 및 근무조건에는 다음과 같은 사항들이 포함된다. 즉, 구체적 업무내용 및 장소, 감독정도, 필요 장비 및 시설, 근무시간 및 근무일수, 복지 및 급여 등이다. 일부 계약은 직원의 해고사유 및 직원이 근무 중 저지른 행위에 대해 고용주가 민형사상 책임을 지지 않는다는 면책조항도 포함하고 있다. 또한 보험가입 여부 및 지급주체와 절차를 규정하는 계약도 있다.

보 험

보험은 어떤 사업장에서나 중요하다. 보안업체 역시 민사소송에 대비한 보험을 들지만, 많은 경우에 일정 부분에 있어 보험이 적용되지 않는다. 가장 대표적인 것이 징벌적 배상금이다. 이는 특히 악의적인 방식에 의해 피해를 입은 사람에게 법원이 지급하도록 명령하는 배상금으로서 경고적 성격을 지닌다. 보험에 대해서는 제5장에서 상세히 논의할 것이다.

요약(Recap)

보안요원들이 민사소송에 휘말리는 경우를 최소화하기 위한 방안들에는 다음과

같은 것들이 있다(Hess and Wrobleski, 2006, p.468):

- 근무부서의 지침 숙지 및 준수
- 담당 업무의 범위 벗어나지 않기
- 투철한 직업정신 갖추기
- 고객의 권리를 잘 알고 존중하기
- 애매하거나 의심스러우면 자문을 구하기
- 활동사항을 신중하게 기록하기
- 항상 열린 자세로 의사소통하기
- 최신 민형사 판례를 참고하기

민사 책임에 관한 법은 주별로 차이가 있다. 그러나 다음과 같은 지침들은 보안요원들의 민사책임을 감소하는 데 보편적으로 도움이 된다.

〈준수해야 할 사항들〉

- 모든 보안 문제와 직원 안전에 대해 일관되고 공평하게 정책 및 절차를 준수할 것
- 임무와 책임을 명확히 알고 이해하기
- 직원이나 방문객을 상대로 한 조치를 취함에 있어 신분을 명확히 밝히기
- 권한의 한계를 숙지하고 타인의 권한 존중하기, 만약 권한이 없을 경우 해당 권한이 있는 사람을 찾아가기
- 문제를 처리함에 있어 애매하거나 자신이 없을 경우 도움을 청하기
- 직원이나 방문객을 상대함에 있어 항상 정중한 자세를 유지하기
- 개인의 프라이버시를 침해하지 않도록 항상 주의하기
- 합당한 이성에 근거하여 행동하고 모든 상황에 객관적이고 공평한 자세로 임하기
- 범죄 예방을 위해 개방된 장소에서 가시성 유지하기
- 위험 요인 발견 시 즉시 조치하기
- 임무를 효율적이고 안전하게 수행하기 위해 항상 침착함을 유지하기
- 조사에 철저히 협력하기
- 비상상황 발생 시 연락대상자를 확인하고 이름과 연락처를 알아 두기
- 주의 깊게 관찰하고 그 내용을 명확하고 간결하며 완전하게 보고서에 기록하기

■ 사건 발생 후, 즉시 사건발생양식에 모든 사건 관련 정보를 기록하되, 사실 위주로 작성하고 개인적 결론이나 의견은 유보하기

〈하지 말아야 할 사항들〉

■ 직원이나 방문객들에게 감금되어 있다는 느낌을 주지 않도록 언행에 유의하기
■ 직원, 방문객, 침입자에게 질문을 하거나 출구로 안내함에 있어 신체적 접촉 피하기
■ 불필요한 물리력 행사하지 않기
■ 관리자에게 특별히 허가받지 않았거나 수색 지침이 모든 직원에게 알려져 있지 않은 경우 무리하게 사람이나 지갑 등의 소지품을 수색하지 않기
■ 직원이나 방문객들을 선별적으로 수색하지 않기
■ 어떤 기자에게도 임무와 관련된 문제에 대해 의견이나 진술을 제공하지 말 것
■ 다른 사람 앞에서 직원이나 방문객 심문하지 않기. 만약 불가피하게 사적인 질문을 해야 할 경우 사적인 공간으로 자리를 옮겨줄 것을 정중하게 당부하기
■ 민감한 개인 관련 정보를 관련이 없거나 알 필요가 없는 제3자에게 발설하지 말기
■ 직원이나 방문객의 범죄행위 발견 시 즉시 신고하기
■ 보안매뉴얼에 의해 허가되지 않은 행위 하지 않기

책임 점검리스트

■ 잠재적 책임이 확인되었는가?
■ 그러한 위험들을 감소하기 위한 방안들이 실시되었는가?
■ 구금, 수색, 체포, 위기, 물리력 행사, 무기 소지에 대한 정책이 명확한가?
■ 해당 구역 내 모든 직원들이 훈련을 받았는가?
■ 그러한 훈련이 기록되어 있는가?
■ 명확하고 엄격한 고용지침이 마련되어 있는가?
■ 직원들이 정기적으로 평가받고 있는가?
■ 감독자들은 적절하게 훈련을 받았는가?
■ 직원들은 적절하게 감독을 받고 있는가?
■ 민사소송 대상이 될 가능성이 있는 사건들이 모두 조사되었고 시정조치가 취해졌는가?

모든 사건을 철저하게 보고하는 것이 매우 중요하다. 사건 발생 이후 수 년이 지난 시점에서도 소송이 제기될 수 있기 때문이다. 철저한 기록을 통해 현재는 근무하지 않지만 사건 발생 당시 근무했던 관련자들의 기억을 되살릴 수 있다.

민사소송 시 일반적 반론사유

보안요원과 보안업체들이 민사소송을 당했을 경우 가장 흔히 제시하는 반론은 다음과 같다.

- 고의로 원고의 헌법적 권리를 침해한 것이 아니다.
- 선의와 신념에 입각하여 행동하였다.
- 그들은 행위 당시 정당한 권한에 따라 합리적인 판단에 의거하여 행동했다.

소송에서 승소하기

신중하게 선발되고 철저히 훈련된 보안요원들이라 하더라도 여전히 소송을 당할 수 있다. 이 경우, 해당 보안요원은 피고인으로서의 자신의 지위를 분명히 인지해야 한다. 소송이 진행되면 피고인을 상대로 질문서를 통해 서면 질의가 행해진다. **심문서**(**질문서**)는 수 페이지에 달할 수 있으며, 피고인에게 불리한 정보를 습득하기 위한 질문들이 있을 수도 있다. 예컨대, 피고인의 재정적 곤란이나 결혼 생활의 문제점 등 민감한 부분을 건드리는 것이다. 이 경우, 피고인은 적절한 사유를 들어 이러한 질문에 대답하지 않을 수 있다.

윤리의 개념

대부분의 사람들은 윤리라는 용어의 개념에 대해 일반적인 생각을 가지고 있다. 윤리는 공평하고 정직한 행위의 기준 또는 원칙이다. 다음과 같은 정의도 있다:

- 일련의 도덕적 원칙이나 가치 체계
- 어떤 직종을 관장하는 규정이나 기준
- 선과 악의 구분에 대해 널리 받아들여지는 기준

윤리는 옳고 그름, 도덕과 비도덕의 문제를 다룬다. 윤리적 행위는 옳고 도덕적인 행위를 지칭하는데, 정직, 배려, 신의 등을 예로 들 수 있다. 이에 비해 비윤리적 행위는 부도덕하고 부정하며 규정에 위반하는 행위로서, 거짓말, 남을 악의적으로 이용하거나 약속을 저버리는 행위 등이 그 예이다. 표 4.1은 윤리적 문제에 관해 생각해 볼 문제들을 보여 주고 있다.

윤리적 행위와 관련된 어려움은 그것이 개인마다, 집단마다, 심지어 국가마다 다르다는 것이다. 윤리적 행위의 핵심은 도덕적, 즉 옳고 덕이 있다고 여겨지는 것이다. 도덕성의 문제는 종종 사람들이 그들의 "양심"이라고 부르는 것과 관련되어 있다. 도덕적 기준은 개인에 의해 형성되거나, 특정 사회나 문화에 정립되어 있거나, 종교단체 및 교리에 규정되어 있을 수 있다.

십계명은 종교적 교리의 예이다. "살인하지 말지어다"와 같이 일견 논란의 여지가 없어 보인다. 하지만 이 계명은 낙태나 사형을 둘러싼 팽팽한 논란의 중심에 서 있다. 동일한 계명을 두고 바라보는 입장과 의견이 다른 것이다.

에피쿠르스와 홉스 같은 철학자들은 개인적 선이 윤리적 행위를 결정하는 궁극적 요인이라고 생각했다. 반면 제레미 벤담이나 제임스 밀 같은 철학자들은 최대다

표 4.1 윤리적 문제 목록

개인 및 조직	개인 및 기타 직원
직업윤리	배신 및 냉담
사소한 절도	가십
초과근무 남용	성희롱 및 인종차별
뇌물	면피성 거짓말
허위 보고	남의 공 가로채기
허위 병가	**개인과 일반대중**
공용 물품의 사적 사용	권한 남용
업무 수행에 지장을 주는 개인적 요구	업무성과 미달
조직 및 직원	성희롱 및 인종차별
성희롱 및 인종차별	특혜
진솔한 비판 질책	직업 전문성 결여
불공평한 결정	
불충분한 보상	
우수 업무실적 불인정	
불충분한 훈련	
비현실적 요구	

출처: Joycelyn M. Pollock, *Ethics in Crime and Justice*, 4th ed. (Belmont, CA: Wadsworth Publishing Company, 2004), p.11.

수의 최대행복이 윤리적 기준이라고 주장했다. 과연 무엇이 선인지를 결정하는 것은 누구인가? 개인? 회사? 국가? 특정 집단? 여기서도 의견이 상이함을 확인할 수 있다.

개인적, 조직적 윤리의 개발

Blanchard와 Peale(1998)은 개인적 윤리개발 지침을 제공하면서 "옳지 못한 일을 하기 위한 옳은 방법은 없다"라고 하였다(p.9). 그들은 개인적인 "윤리 체크"로 활용할 수 있는 세 가지 질문을 제시하였다(p.20).

법적인가?
균형 잡혀 있는가?
그것이 나 스스로에 대해 어떻게 생각하도록 만드는가?

어떤 조직의 자산과 인력의 안전과 보안을 담당하는 개인은 항상 합법적으로 행동해야 한다. 균형감의 문제는 어떤 결정이나 행동이 관련 당사자 모두에게 공정한가 하는 문제를 다룬다. 그것이 윈윈 상황을 만들어내는지 혹은 패자가 생기는지를 살펴보아야 한다. 세 번째 질문은 종종 "담대성 점검(gut check)"으로 여겨진다. 솔직하게 답변하기 위해 스스로에게 "나의 이런 결정과 행동을 가족들이 알았다면 나의 기분이 좋아질 것인가?", "지역 신문 헤드라인으로 나의 이런 결정이나 행동이 소개되는 것이 썩 내키지 않는 일인가?" 등의 질문을 던져봐야 한다.

개인적 윤리의 개발과 동시에, 보안업무 종사자들은 조직 전반에 걸쳐 윤리를 장려해야 한다. 역시 세 가지 질문을 "윤리점검사항"으로 활용할 수 있다.

고객과의 약속에 부합하는 품질과 서비스를 제공하고 있는가?
사회에 해가 되는 재화나 용역을 판매하고 있는가?
우리가 과연 정직하게 업무를 수행하고 있는가?

Cunningham 등(1990, p.49)은 다음과 같이 강조했다.

"세계 최고의 보안전문가라도 성실과 정직이 예외적인 분위기에서는 효과적으로 업무수행을 할 수 없다. 사업 활동을 위한 높은 수준의 윤리기준을 세우고 이러한 기준이 조직 전반에 걸쳐 채택되고 있는지를 점검하는 것은 조직관리에 달려 있다."

윤리적 조직을 만들기 위한 첫걸음은 명확한 비전제시와 이 비전 달성을 위한 목표, 즉 윤리강령(a code of ethics)을 수립하는 일이다.

윤리강령

주 차원의 법적 지침이 없다 하더라도, 민간보안업계 관리자들은 자체적인 업무 및 서비스 기준을 수립하여 전문성을 증진시킬 수 있다. 고용주와 고용자 모두 윤리강령을 준수해야 한다. 사실, 진정한 직업인이라면 자발적으로 윤리강령을 준수할 준비가 되어 있어야 한다.

윤리강령은 한 분야의 업무에 있어 도덕적, 직업적 지침을 제공하는 자율시행적 기준이다.

윤리강령은 ASIS 등 매우 다양한 조직에 의해 개발되고 채택되어 왔다. ASIS는 그 성원들을 위한 윤리강령을 만들었다(그림 4.2를 보라).

민간보안 관리자들은 여분의 행동강령 사본을 준비해 놓고 그때그때 상황에 맞는 지침들을 추출해 내어 사용해도 좋을 것이다.

윤리는 롤모델의 역할을 하는 보안관리자를 통해서, 명확한 사명기술과 윤리강령 구비를 통해서 조직 전체에 확산될 수 있다. 신규직원 검증이나 지속적인 직장훈련 등을 통해서도 윤리적 행동을 장려할 수 있다.

미국산업보안협회(ASIS)는 전문적 보안 업무의 질은 궁극적으로 현장 실무자들이 얼마나 특별한 행위기준을 준수하고 직업적 신념을 지키려 하는지에 달려 있다는 인식에 기초하여, 아래와 같은 윤리강령을 채택하고 모든 회원의 가입 및 자격 유지를 위해 반드시 준수해 줄 것을 촉구한다.

제1조

모든 회원은 법과 최고의 도덕 원칙을 준수하여 업무를 수행한다.

제2조

모든 회원은 신뢰, 정직, 청렴의 가치를 준수한다.

제3조

모든 회원은 직업상 의무를 면함에 있어 신의를 지킨다.

제4조

모든 회원은 직업상 의무를 면함에 있어 정당해야 한다.

제5조

모든 회원은 업무상 취득한 비밀을 보호하고 유출되지 않도록 각별히 주의한다.

제6조

모든 회원은 동료나 고객 및 고용주의 명성과 업무를 악의적으로 해하면 안 된다.

그림 4.2 미국산업보안협회(ASIS) 윤리 강령

출처: From *Security Management*, July/August 1995, p.22.

윤리와 의사결정

가치와 투철한 윤리의식은 의사결정 및 문제해결과정을 위한 핵심적 요소이다.

한 개인이 둘 이상의 행동 사이에서 선택을 내려야만 하는 경우 윤리적 딜레마가 발생할 수 있다. Pollock(2004, p.21)은 다음과 같은 사례를 들고 있다.

> 일리노이주 전 주지사인 George Ryan은 최소한 5명의 사형수들이 DNA 증거를 통해 무죄방면되는 사건을 계기로 2000년 사형제도의 중단을 선언한다. 2002년 말 주지사직을 사임하면서 그는 당시 사형집행을 기다리고 있는 자들을 사면하고 대신 가석방 없는 무기징역으로 감형하였다. 그는 사형집행이 결코 정당화될 수 없는 방식으로 집행되었다는 믿음에 대하여 무언가 할 수 있는 지위에 있었으므로 쉽지 않은 딜레마에 직면하였다. 그의 행동에 대해 강력한 지지와 저항이 공존하였다는 사실은 그의 딜레마의 깊이와 사안의 중대성을 반증하였다. 비록 우리 대다수가 사형을 감형할 수 있는 권한은 없지만, 우리의 믿음에 대해서 무엇인가를 할 수 있다.

Pollock(pp.21–22)은 딜레마를 명확히 하기 위해 다음 다섯 단계의 분석틀을 제시하였다.

1. 모든 객관적 사실을 검토하라. 미래예측, 가정, 가능성 등이 아닌 알려진 사실에 주목하라.
2. 관련 당사자들의 잠재적 가치들을 명확히 하라.
3. 관련 당사자들의 가능한 윤리적 문제들을 확인하라. 이를 통해 때때로 한 사람의 개인적, 도덕적 혹은 윤리적 딜레마가 다른 사람들의 행동에 의해 야기된 것을 확인할 수 있다. 예컨대, 동료의 부정행위를 목격한 자의 윤리적 딜레마는 잘못된 선택을 한 그 동료에 직접적으로 기인한다. 이를 통해 핵심적 문제를 다루기 위해 관련된 모든 다른 도덕적 문제들을 확인할 수 있다.
4. 가장 직접적인 도덕적/윤리적 문제가 무엇인지 결정하라. 이것은 언제나 대안이 아닌 행동의 선택이다. 예컨대, 낙태 합법화의 도덕적 문제는 원치 않게 임신을 하게 된 여성이 낙태를 해야 하는가라는 도덕적 딜레마와는 다른 것이다. 두 가지 문제가 서로 영향을 주는 것은 분명하지만 두 문제는 개념적으로 구별된다.
5. 윤리적/도덕적 딜레마를 해결하라.

요 약

- 법은 몇 가지 방식으로 분류된다. 즉, 형태에 따라 성문법과 불문법으로, 법원에 따라 헌법, 법률, 판례로, 관련 당사자에 따라 공법과 사법으로, 범죄에 따라 형사법과 민사법으로 나뉜다.
- (형사상) 범죄는 일반 대중에 대한 범죄로 국가가 기소하고 구형한다. (민사상) 불법행위는 사적인 위반행위로서 피해자가 소송을 제기하고 손해배상을 청구한다. 범의가 필요 없다.
- 불법행위법은 세 범주로 나뉜다. 즉, 엄격책임, 고의적 불법행위와 과실이다.
- 과실책임의 구성요소는 (1) 부과된 의무의 존재, (2) 사건 발생의 예견가능성, (3) 피고의 합리적 주의의무 위반, (4) 상당한 결과, 즉 보호의무 위반에 따른 손해와 (5) 배상이다.
- 법은 미처 책임이 있는지 모르는 개인에게도 적용된다. 위임불가 의무가 그 예이다. 이것은 제3자에게 자신의 권한은 부여할 수 있지만 책임은 전가할 수 없다는 것이다. 민사책임은 여전히 법적인 행위책임이 있는 자에게 있다. 반면에 대위책임은 어떤 자의 행위에 대해 다른 자가 지는 책임이다.
- 민간보안 분야에서 가장 흔히 제기되는 민사소송은 폭행, 구타, 불법 감금, 명예훼손, 고의적인 정서적 충격 가해, 사생활 침해 및 과실이다.
- 민간보안 분야에서 미연방법 42편 제1983조(공민권법)의 영향을 받는 경우가 증가하고 있다. 이 법에 따르면 지방 및 주법의 권한에 따라 행동하는 자가 다른 자의 헌법적 권리를 침해한 경우 비록 법률에 따른 행위였을지라도 그 행위에 대해 소송을 제기할 수 있다.
- 민사 책임은 신중한 채용, 업무수행에 대한 최소한의 기준 설정, 명확한 정책 설정, 효과적인 교육 및 감독 실시, 명확한 계약과 적정한 보험 제공을 통해 경감될 수 있다.
- 윤리는 옳고 그름, 도덕적 혹은 비도덕적 행위의 문제를 다룬다. 세 가지 개인적 윤리점검 질문은 (1) 이 행위가 합법적인가? (2) 이 행위가 균형 잡혀 있는가? (3) 이 행위로 인해 나 스스로 어떤 사람이 되는가? 이다.
- 개인적 차원에서 윤리적인 행위를 해야 함과 더불어, 보안 분야 관리자들은 조직 전반에 걸쳐 윤리적 행위를 촉진하고 장려해야 한다. 세 가지 조직적 차원의 윤리점검 질문은 다음과 같다.

  1. 우리는 과연 질과 고객서비스에 있어 약속한 바대로 업무를 수행하고 있는가?
  2. 우리가 사회에 해가 되는 재화나 서비스를 판매하고 있는 것은 아닌가?
  3. 우리는 과연 정직하게 주어진 업무를 수행하고 있는가?

- 윤리강령은 주어진 분야에서 업무를 수행할 때 스스로 지켜야 할 도덕적, 직업적 지침들이다.
- 윤리는 롤모델의 역할을 하는 보안관리자를 통해서, 명확한 사명기술과 윤리강령 구비를 통해서 조직 전체에 확산될 수 있다. 신규직원 검증이나 지속적인 직장훈련 등을 통해서도 윤리적 행동을 장려할 수 있다.
- 가치와 투철한 윤리의식은 의사결정 및 문제해결과정을 위한 핵심적 요소이다.

응 용

1. 11월 말 어느 일요일 Mid-Atlantic 보안회사의 간부인 James Stiles와 같은 회사 보안요원인 Dean Duncan은 Glass House Office 단지에서 근무 중이었다. 그들의 최우선 임무는 입주자들의 건물 출입을 확인하는 일이었다. 모두 업무경험이 풍부한 베테랑들이었다.

   그날 오후 5시경, Estelle Grambling이라는 여성 변호사가 사무실에 일을 보기 위해 들어왔다. 출입자 서명을 하게 되어 있는 데스크에 아무도 없는 것을 보고, 그녀는 근무 중인 보안요원이 없다고 생각했다. 그리고 그녀는 출입자 기록부에 서명을 하지 않고 엘리베이터를 타고 사무실로 올라갔다. 오후 7시경, 두 명의 정복경찰관이 이들 보안요원에게 다가왔다. 그들은 이 건물 918호에서 한 여성이 무단침입자에 의해 폭행을 당하고 지갑과 신용카드를 빼앗겼다는 신고를 받고 출동한 것이었다. James Stiles는 경찰관들과 918호로 올라갔고 잔뜩 겁에 질려 있는 피해자를 발견했다. 피해자 Estelle Grambling은 이내 진정을 되찾은 후, 컴퓨터를 보고 있는데 한 남자가 나타나 머리를 때리고 현금과 신용카드가 담긴 지갑을 빼앗은 뒤, 주먹으로 얼굴을 폭행하고 달아났다고 말했다. 충격으로 인해 정신이 희미한 가운데서도 그녀는 가까스로 911에 신고를 하였다. 그녀는 근무 중인 경비원이 없다고 생각했기 때문에 1층에 있는 경비데스크에는 연락을 하지 않았던 것이다.

   결국 Estelle Grambling은 건물을 관리하고 Mid-Atlantic 보안회사를 고용한 Pronto Management사와 Mid-Atlantic사를 직무유기 혐의로 고소했다. 그녀는 민간보안요원들이 직무를 유기했으며, 건물 순찰업무에 태만했고, 그녀가 건물 안에 있었다는 사실을 전혀 모르고 있었다고 주장했다. 그녀는 십만 달러의 손해배상에 더해 십만 달러의 징벌적 손해배상을 청구했다.

   a. 보안요원들이 원고가 사무실에서 일을 하는 동안 그녀를 보호할 의무를 지는가?
   b. 원고는 비록 보안요원들이 자리를 비우긴 했지만 출입자 기록부에 서명을 하지 않음으로 인해 스스로 위험을 자초한 것은 아닌가?
   c. 이 상황을 전반적으로 어떻게 판단하고 있으며, 만약 있다면 보안회사는 어떤 책임이 있는가?
   d. 상황을 전체적으로 평가하라. 손해배상 청구를 해결하기 위해 무엇을 권고하겠는가?

2. Seymour Private Security Agency의 간부인 Johnny Abrams는 보안계약업체인 Mainline사의 화장실에 들어갔을 때 부하 직원인 Hynes보안요원과 Mainline사의 직원인 Simon이 이야기하는 것을 우연히 듣게 되었다. Hynes는 Simon이 코카인을 흡입하는 것을 우연히 목격하게 되었다. Simon은 흐느끼며 직장을 잃고 싶지 않으니 상부에 이야기하지 말아달라고 애원하고 있었다. Simon은 경제적으로 매우 곤궁한 형편인데다 아내가 곧 셋째 아이를 출산할 예정이었다. 그는 이 일이 잘 넘어가서 해고만 면할 수 있다면 무엇이든 하겠다고 했다. Hynes는 한 번 더 이런 일이 있으면 상부에 보고하겠다고 경고하고 그

의 요청을 받아들였다.

하지만 불행히도 Abrams는 Hynes 요원에게 직원들의 관리감독을 맡고 있는 자로서 그가 어떻게 행동해야 하는지에 대해 아무런 조언도 하지 않았다. Hynes 요원이 구두로 경고하는 선에서 Simon의 일을 눈감아 준 사실은 두 가지를 의미한다. 즉, 그가 이러한 상황을 다뤄본 경험이 전혀 없거나 혹은 그가 마약에 중독된 동료가 회사에서 일한다는 것이 다른 직원에게 얼마나 위험한 일인지, 특히 Simon이 위험한 화학약품이나 기계 등을 다루게 될 경우 벌어질 수 있는 대형 사고 가능성을 전혀 깨닫지 못한 것이다.

그가 Simon의 직속상사에게 바로 이 사건을 알렸다면, 오히려 Simon은 회사가 후원하는 마약 재활 프로그램에 참여할 수도 있었던 일이었다. 이 사건의 처리과정에 대해 평가해 보라.

a. Hynes 요원의 결정은 정당한 것인가?
b. 과연 그의 결정은 옳은 결정이었다고 보는가?
c. 감독자가 이 사안을 다루는 과정에서 더 단호했어야 하는가?
d. Hynes 요원이 경찰에 신고했어야 하는가?
e. 나흘 뒤, Simon은 마약소지 혐의로 경찰에 적발되었다. Hynes의 행동이 결국 Simon이 마약을 계속 사용하도록 만들었다고 생각하는가?

논의 사항

1. 주인이 하인의 범죄행위에 대해 책임을 지지 않는다는 구영국 보통법이 파괴되어 가고 있다. 법적 책임과 관련하여 이러한 현상이 실제로 의미하는 바가 무엇인지를 설명하라.
2. 보안요원으로서 당신은 예견 가능한 위험(foreseeable danger) 이론을 지지하는가?
3. 징벌적 손해배상(punitive damages)에 대한 견해는 무엇인가?
4. 보안 분야 종사자는, 실무자, 감독자, 관리자를 불문하고, 종종 회사가 좋은 이미지를 만들어나가고 비윤리적 행위자가 회사운영에 도움이 되는 방향으로 처리되고 있는지를 확인하기 위해 회사에 불리한 것으로 드러나는 정보를 입수할 수 있다. 보안 감독자나 관리자로서 당신은 이러한 입장을 지지하기 위해 어떤 조치를 취할 것인가?
5. Glenview 양로원의 보안요원인 Johnny McGuire는 자정부터 아침 8시 사이에 졸지 않기 위해 커피를 만들어 마신다. 이처럼 감독 사각지대의 행태에 대한 견해는 무엇인가?

참고문헌

Anderson, Teresa. "Laying Down the Law: A Review of Trends in Liability Lawsuits." *Security Management*, October 2002, pp.43–51.

Anderson, Teresa. "Legal Reporter" *Security Management*, February 2007, pp.72–74.

Ahrens, Sean A. and Oglesby, Marieta B. "Levers against Liability." *Security Management*, February 2006, pp.80–84.

Aronsohn, Audrey J. "Forcing the Issue: When Is the Use of Force Excessive?" *Loss Prevention and Security Journal*, March 2003, pp.26–27.

Bernard, Ray. "We're Watching." *Security Technology and Design*, December 2004, pp.18–24.

Blanchard, Kenneth and Peale, Norman Vincent. *The Power of Ethical Management*. New York: Fawcett Crest, 1988.

Cottringer, William. "Teaching Common Sense." *Security Management*, April 2004, pp.33–34.

Cunningham, William G.; Strauchs, John J.; and Van Meter, Clifford W. *Private Security Trends-1970-2000: The Hallcrest Report II*. Stoneham, MA: Heinemann, 1990.

Friedrick, Joanne. "Companies Ramp Up Pre-Employment Screening." *Security Director News*, July 2004, p.19.

Friedrick, Joanne. "Documentation, Regularly Updated Policies Reduce Risk of Liability." *Security Director News*, September 2007, p.21.

Hess, Kären M. and Wrobleski, Henry M. *Police Operations*, 4th edition. Belmont, CA: Wadsworth Publishing Company, 2006.

Lamb, John. "Ladies and Gentlemen: Start Your Engines!" *Security Products*, February 2005, pp.34C-34E.

Latzel, Greta. "Setting Job Requirements." *Security Products*, October 2003, pp.34–37.

Meklinsky, Ian D. and Bancroft, Anne Ciesla. "Mindful Monitoring." *Security Management*, April 2007, pp.94–102.

Nixon, W. Barry. "How to Avoid Hiring Hazards." *Security Management*, February 2005, pp.43–48.

O'Connor, Thomas R. "Civil Liability for Government Wrongdoing." Online: http://faculty.ncwc.edu/toconnor/205/205lect12.htm. Site updated July 16, 2004; accessed April 11, 2005.

Phelan, Michael. "What's the Value of Training Time?" *Security Management*, April 2005, pp.140, 142.

Piazza, Peter. "A Chip Off the Privacy Block." *Security Management*, July 2006, pp.63–69.

Pollock, Joycelyn M. *Ethics in Crime and Justice*, 4th edition. Belmont, CA: Wadsworth Publishing Company, 2004.

Private Security Officer (PSO) Selection and Training Guide. Arlington, VA: ASIS International, 2004.

Rosen, Lester S. "Cost-Effective Safe Hiring Techniques for Large Employers." *Security Technology and Design*, June 2004, pp.36–40.

Solensky, Edward. "Who's Liable Now?" *Security Management*, March 2007, pp.80–88.

Stua, David. "Independent Contractor versus Employee: Definitions and the Law." Online: http://home.inu.net/davidstua/Ind_con.htm. Accessed February 2, 2005.

Turley, Kristin. "Seven Reasons You Should Be Conducting Background Checks." *Security Director News*, September 2006, p.7.

Cases Cited

Atamian v. Supermarkets General Corp., 369 A.2d 38

(N.J. Super. 1976).

Bond v. BH Acquisition Corp. (Hinds County Circuit Court, Mississippi, 1997).

Cramer v. Consolidated Freightways, Inc., U.S. Court of Appeals for the Ninth Circuit, No. 98-55657 (2001).

Eastman v. Time Saver Stores, Inc. 428 So. 2d 1163 (La. App. 1983).

Florence Trentacost v. Dr. Nathan T. Brussel, 412 A.2d 436 (N.J. 1980).

Kline v. 1500 Massachusetts Ave. Apartment Corp., 439 F.2d 477 (1970).

Kolosky v. Winn Dixie Stores, Inc., 472 So. 2d 891 (Fla. 1985).

Mark Jackson v. Rohm & Hass Co., Court of Common Pleas, Philadelphia, Pennsylvania, No. 990601906 (2001).

Meyers v. Ramada Inn of Columbus, 471 N.E.2d 176 (Ohio 1984).

Picco v. Ford's Diner, Inc., 274 A.2d 301 (N.J. Super. 1971).

Pittard v. Four Seasons Motor Inn, Inc., 688 P.2d 33 (N.M. App. 1984).

Roe v. Interstate Properties (District Court of the Eastern District of Virginia, 1994).

Romanski v. Detroit Entertainment, U.S. Court of Appeals for the Sixth Circuit, No. 04–1354 (2005).

Simms v. Prime Hospitality Corp. (Florida District Court of Appeals, 1997).

Sparks Regional Medical Center v. Smith (Arkansas Court of Appeals, 1998).

Taylor v. Continental Bowl, Inc., 416 P.2d 793 (Cal. 1966).

U.S. v. Ziegler (U.S. Court of Appeals for the Ninth Circuit, 2006).

Chapter 5

위험관리

민간보안의 토대

학습할 내용

- 2개의 가장 기초적인 유형의 리스크는 무엇인가?
- 위험관리는 무엇인가?
- 자산의 가치는 무엇에 의해 정해지는가?
- 위험관리를 통한 손실 방지에의 체계적 접근에는 무엇이 포함되는가?
- 위험분석에서 고려되는 3가지 요인은?
- 위험을 다루는 것에 대한 대안은 어떤 것이 있는가?
- 위험관리는 도덕적 책임인가 법적 책임인가?
- 위험평가에서 정성적 분석과 정량적 분석은 어떻게 함께 작용되는가?
- 보안조사는 무엇이 포함되는가?
- 보안조사를 위한 필요한 정보는 어떻게 확보되는가?
- 보안시스템의 구성요소들은 언제 평가되는가?

개념정의

감사	공격 트리	기업위험관리
대수의 법칙	대용물	보상
보안조사	순수한 위험	양적 위험평가
역동적 위험	위험	위험관리
위험평가	자산	중대성
질적 위험평가	취약성	확률

도 입

위험관리는 민간보안의 중요한 역할 중 하나로, 전 세계의 조직과 기업의 보안에 영향을 미치는 중요한 요소가 되었다. 기업이 점차 확장됨에 따라, 재난, 위험, 위험관리는 서로 복잡하게 얽히게 되었다. 조직의 전체적인 위험관리와 보안 계획에 필요한 성능을 높이는 것은 종종 비극적 사건을 계기로 이루어진다. 특히 사업영역에 적용된 9·11 테러의 교훈을 위험관리 전문가, Jogn O'Connel의 유명한 인용구를 통해 생각해보자:

"보안·안전·위험관리의 긴급성과 범위가 빠르게 증가하고 있다. 우리는 누구도 위험을 평가절하해서는 안 된다는 교훈을 얻었다. 따라서 우리는 위험의 발생과 그 증가를 예상하고 이를 대중이 알 수 있도록 해야 한다."

기업은 인력과 자원을 한 군데로 집중시키는 방안을 재고해야 하며, 소비자·직원 간 접촉을 증대시키기 위하여 대체 의사소통 수단을 마련해야 하며, 글로벌 관점에서 사업을 하는 데 발생하는 위험목록을 확장해야 하며, 공급망과 재고 처리 과정을 면밀히 살펴보아야 한다(Risk Management Expert Unveils...., 2002).

위험관리는 위험을 다루는 것 이상이라 볼 수 있다. 사실, 효과적인 위험관리는 위험을 크게 줄이는 것이다. 위험관리의 목적이 한 기관의 주변 환경을 안전하게 보호하는 것이라 하더라도, 그 조직의 운영 철학과 일치해야 한다. 결국, 위험관리자는 공격가능성과 현재의 보안 조치들뿐만 아니라 사업 운영상의 보안 수요를 고려해야 한다. 따라서 효율성, 편리성, 현재의 외양과 수익 등은 보안시스템을 설계하는 데 중요한 요소가 된다.

이 장에서는 다양한 종류의 위험을 정의하고, 위험관리의 전체적 모습을 살펴봄으로써 글을 전개하고자 한다. 따라서 위험관리과정에서는 위험평가와 확정된 위험상황을 다룰 대안들을 선택하는 과정을 논의하고자 한다. 보안관리 비용과 보안의 정도 간 균형을 맞추는 것은 양적·질적 위험평가, 기업 위험관리 모델과 보안에 이어 다음 장에서 다루어질 것이다. 보안 조사의 중요한 역할은 보안 계획과 시스템에 대한 일상적·지속적 평가의 필요와 마찬가지로 논의될 것이다. 또 이 장에서는 성공적인 위험관리를 위한 요소들을 결론적으로 제시하였다.

위험(risk)의 개념 정의

위험(risk)의 개념은 대부분 사람들에게 익숙하다. 위험은 발생시기와 그 정도면에서 예측 불가능한 위협을 말한다. 그 효과는 사실상의 손실, 생산의 차질, 판매기회의 감소, 상해, 법적 책임, 재산 피해 등을 포함한다.

"가장 기본적인 두 가지 종류의 위험은 **순수한 위험(pure risk)**과 **역동적 위험(dynamic risk)**이다. 순수한 위험은 이익의 발생과 관계없는 피해와 손상 가능성으로 정의되며, 이와 대조적으로 역동적 위험은 이익과 손해의 동시 발생가능성을 의미한다."

순수한 위험은 범죄, 테러, 자연재해를 포함하며, 그 예로 화재, 홍수, 지진, 산사태, 눈사태와 시민 분규, 폭동, 정전, 사건·사고, 해커·크래커와 산업 스파이, 부주의하고 불만이 가득한 노동자 등이 있다. 순수한 위험은 위험관리에 아무런 이익이 되지 않으며 단지 비용이 더 들 뿐이다. 또한 노동자·소비자·방문객을 보호할 고용주의 책임도 순수한 위험의 목록에 포함이 된다.

순수한 위험과 대조적으로, 역동적 위험은 경영상의 의사결정에 기인하며, 이익과 손실을 동시에 야기한다. 예를 들어, 경영자는 사업을 활성화하고자 수표를 받기로 결정하기도 한다. 동시에 그들은 수표 사기로 인해 발생이 가능한 순수한 위험으로 인한 손실을 인지한다. 또한 경영자는 보안 요원들을 고용하기로 결정하나 그와 동시에 그들의 행동에 대한 책임을 부담해야 한다. 순수한 위험과 역동적 위험은 모두 민간경비의 조직적인 접근에 대한 인식을 갖고 다루어져야 한다.

Rejda(2008, p.6)는 위험을 여러 카테고리로 구별하였으나, 때로는 순수한 위험과 역동적 위험은 그 형태가 겹치기도 한다.

- 순수한 위험, 투기적 위험(speculative risk)
- 근본적 위험(fundamental risk), 특정한 위험(particular risk)
- 사업 위험(enterprise risk)

언급된 바와 같이, 순수한 위험은 손실의 가능성 혹은 무손실을 의미한다. 이는 Rejda가 언급한 투기적 위험과는 대조적으로 투자와 같이, 이익 혹은 손실이 가능한 상황을 말한다. 대부분의 보험업자는 보통 순수한 위험에 대해서만 보증하기에 순수한 위험과 투기적 위험의 차이를 구분하는 것은 매우 중요하다. 보험은 이 장 이후에 언급될 위험관리도구를 말한다.

위험은 또한 근본적 위험과 특정한 위험으로 분류될 수 있다. 근본적 위험은 거시경제 혹은 수많은 사람들에게 영향을 미치는 급작스런 물가상승, 자연재해, 심지어 전쟁 등을 의미한다. 허리케인 Katrina가 뉴올리언스와 루이지애나를 강타한 2005년도에 루이지애나, 플로리다, 미시시피, 텍사스 주에 수십억 달러의 재산 피해를 야기하였다. 이는 미국 역사상 가장 큰 피해를 입힌 재난 중의 하나로 인식된다. 9·11테러와 같은 대규모 테러리스트의 범죄위협 또한 근본적 위험 중의 하나로 본다. 대조적으로, 특정한 위험은 개개인에게 영향을 미치는 위험이라 볼 수 있다. 이러한 차이는 근본적 위험에 의한 피해를 보증하기 위해 정부의 도움이 필요하다는 점에서 매우 중요하다. 예로, 연방 정부가 보조금을 지급하는 수해보험은 피해를 당한 회사를 일으키는 데 활용할 수 있다.

위험의 5번째 범주인 사업 위험(enterprise risk)은 순수한 위험, 투기적 위험, 전략적 위험(strategic risk), 운영적 위험(operational risk), 재정적 위험(financial risk)을 포함한 사업 상 겪게 되는 주요한 위험을 말한다. 전략적 위험은 기관의 재정적인 목표와 목적과 관련한 불확실성이며, 그 예로 이익창출이 불확실한 새로운 사업으로의 확장을 말한다. 운영적 위험은 손해를 야기하는 절차로 정의되며, 그 예로 수표를 받는 것이 있다. 재정적 위험은 생활필수품, 이자율, 환전율, 화폐가치의 역변화로 인한 손해의 불확실성을 말한다. 이러한 종류의 위험은 이 장의 후반부에 다루어질 것이다.

위험(Risk)은 Peril 또는 Hazard와 혼동되지 않도록 주의해야 한다(Rejda, p.5). Peril은 손해의 원인을 말하며, 그 예로 만약 사업을 경영하는 데 실패했다면, Peril은 그 원인이 된다. 다른 일반적인 Peril은 해일, 천둥, 토네이도, 지진, 허리케인, 범죄행위, 테러 등을 말한다. Hazard는 손해발생의 가능성을 야기하거나 높이는 조건을 말한다. Hazard의 주요한 네 가지 유형은 ① 물리적, ② 윤리적, ③ 사기, ④ 법적 해저드가 있다. 물리적 해저드는 손해발생의 가능성을 높이는 식별 가능한 조건을 의미하며 그 예로 불완전한 배선은 화재발생의 가능성을, 제대로 닫히지 않은 문은 절도의 가능성을 높인다. 윤리적 해저드(moral hazard)는 손실발생의 빈도와 정도를 높이는 개인적 결함을 말한다. 그 예로 회사의 기밀정보를 훔치고 조작하는 직원은 그 조직과 사업 경영에 막대한 피해를 입히게 된다. 반면, 윤리적 해저드와 사기 해저드(morale hazard) 사이에는 미묘한 차이가 존재한다. 사기 해저드는 잠재적 손실발생 가능성에 대한 부주의와 무관심을 말하며 그 예로 문을 잠그지 않는 태도를 말한다. 법적 해저드는 법률과 단속 규정에 따른 것으로, 그 예로 고용주에게 특정 혜택을 직원들에게 부여하라고 요구하는 배심원 평결과 법령을 말한다. 이러한 구분은 중요하지 않은 것으로 보일 수 있지만, 위험관리자와 보험사 대표들은 주로 이러한 용어들을 구분하여 사용한다.

위험을 모두 부정적인 관점에서 보아서는 안 된다. 위험 그 자체로는 나쁜 것이 아니다. 위험에 대한 잘못된 이해를 바탕으로 제대로 관리가 이루어지지 않을 때를 부정적으로 볼 수 있는 것이다. 그러면 이제부터 위험관리에 대해 알아보도록 하자.

위험관리 : 전체적 그림

시장경제사회에서 기업은 위험이 발생가능한 상황이 언제든지 존재하기 때문에 위험을 당연한 것으로 받아들여야 한다. 하지만 오늘날 기업은 이익의 극대화라는 목표를 달성하는 과정에서 다양한 범주의 도전에 직면하게 된다. 세계화, e-비즈니스, 합병, 새로운 협력 관계, 기업 경영 활동의 확대 등 기업이 마주하게 될 위험 요소들은 빠르게 변화하고 확대되고 있다. 첨단 기술과 생산 수준의 확대에 대한 요구와 심지어 사소한 불안 요소 등은 기업 경영에 상당한 방해요소로 작용한다. 따라서 보안관리자의 기본적인 책무는 위험의 형태와 그 크기에 관계없이 위험을 예측하고 관리하는 것이다. 마이크로소프트사의 *보안 상 위험관리 가이드북*(2006, p.13)에 따르면, 위험관리는 "위험의 적정 수준을 결정하며, 현재의 위험 정도를 평가하고, 위험을 적정수준으로 줄이도록 조치하여 위험을 적정수준으로 유지하는 과정을 말한다."

위험관리는 위험을 예측·인식·분석하는 처리과정이다. 위험의 발생을 예방하고, 이를 줄이기 위한 조치를 취하며 그 결과를 평가하는 것이라 볼 수 있다.

위험관리가 효과적으로 이루어지기 위해서는 부정적 위험을 줄이기 위한 통제장치를 마련함으로써 기업의 주요 자본을 보호해야 한다. Aggleton(2005, p.74)이 언급한 바에 따르면 "안전에 대한 요구를 이해하는 일반적인 접근은 보호를 필요로 하는 것(자본)이 무엇인지 확인하고, 그 자본이 어떠한 보호를 필요로 하는지(위협)에 대한 결정을 해야 한다." **자산**은 사람과 장비, 컴퓨터의 하드웨어와 소프트웨어, 제조품, 공식, 자료, 여타 정보 등 사업과 조직에 대한 가치를 말한다.

자본의 화폐가치를 환산할 때 위험관리는 그 중요한 부분이 된다. 보안관리자는 기업 자본의 가치를 평가하여 얼마나 많은 시간과 돈을 투입하여 위험을 관리할지 결정하게 된다. 대다수 기업들은 자본의 가치에 대한 평가 자료를 갖고 있다. 이러한 가치들은 종종 재정상 화폐가치로 수치화되어 평가된다. 예를 들어, 전자상거래 웹 사이트를 운영한다고 하였을 때, 시간당 평균 2,000달러가 발생하게 되며, 한 해 이 웹사이트의 판매 수익은 17,520,000 달러로 평가된다. 이 자본의 전체가치는 자연재해 혹은 화재로 인해 발생하게 될 위험을 평가하는 데 매우 중요하다.

자본의 가치는 세 가지 주요한 요소에 따라 평가된다. 그 요소들은 기업자본의 통합적 가치, 자본 손실의 직접적인 금전적 영향, 자본 손실의 간접적 영향이라 볼 수 있다.

위험관리는 때로 손실 방지 혹은 손실 방지를 위한 관리로 언급된다. 위험의 중의적 의미를 이해하기 위해, Rejda는 위험을 손실발생의 발생가능성, 위험관리를 기업이 직면한 손실발생의 가능성을 확인하고 손실발생에 적절하게 대응할 수 있는 적절한 방안을 선택하는 것이라 정의한다.

효과적인 위험관리는 안전한 환경에 통합적·포괄적인 접근을 제공하며, 반드시 다양한 범주의 요소들을 포함시켜야 한다. 그림 5.1은 보안전문가가 책임을 져야 할 수많은 위험과 예방조치와 그 책임들을 언급하고 있다. 원의 바깥 부분은 기업

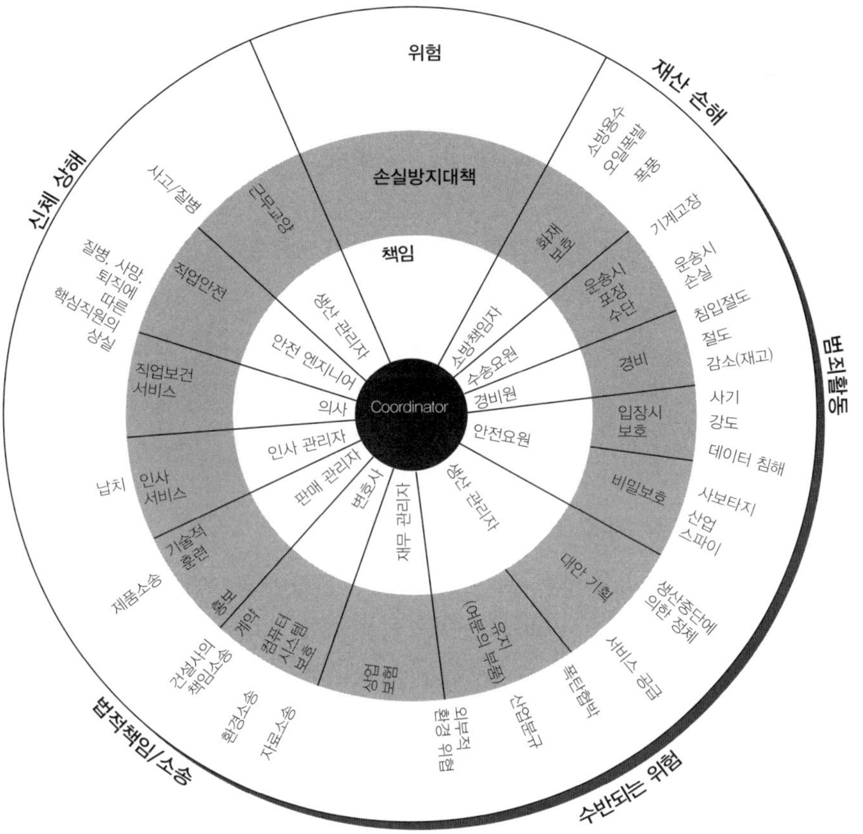

그림 5.1 위험 관리 써클

출처: Adapted from Statsforetag AB, Skandia Insurance Co. and Skandia Risk Management Ltd., Stockholm, Sweden. Reprinted by permission.

에 영향을 미치는 모든 위험 요소들, 기업에 위험을 야기하는 모든 환경 요소들을 보여 주고 있다. 물론 이러한 위험은 사업의 영역마다 다양하다. 두 번째 원은 기업이 운용할 수 있는 다양한 종류의 예방조치들을 보여 주고 있다. 세 번째 원은 기업의 예방조치와 그에 대한 각자의 책임영역을 말한다. 위험관리 영역의 중앙 부분은 전체 보안 영역과 관련 요소들을 관리하는 조정자를 의미한다. 전체적인 보안계획은 모든 이해관계자들을 고려하며 이루어져야 한다.

간소화된 위험관리는 미국 군대에 의해 사용된다. 공식적인 작전 중 위험관리(Operational Risk Management: ORM) 전략은 5가지 부분으로 이루어진다. ① 위험을 파악하고, ② 그 위험을 평가하고, ③ 위험 요소들을 결정하고, ④ 통제 전략을 세우고, ⑤ 변화를 관리·감독한다. 5가지 전략이 모두 기억하기 어렵기 때문에 작전 지역에서는 이 표시를 ORM = IRC라 읽는다. 이는 작전 지역에서 위험을 확인하고(Identify), 최대한 위험발생을 줄이며(Reduce), 위험에 노출된 사람들과 여전히 존재하는 위험요소에 대해 알리고 연락하는(Communicate) 역할을 하게 된다(Hess, 2007).

Bernstein(1998)은 "위험관리의 본질은 그 결과를 통제할 수 있는 범위를 극대화하는 것이며, 그 결과를 통제할 수 없는 범위를 최소화하는 것이다"라고 강조하였다. 대부분의 경우, 결과에 대한 통제정도는 순수한 위험을 관리하는가에 달려 있다. 사실상, 전통적인 위험관리는 재산손실 위험, 채무 위험, 직원 위험과 같은 순수한 위험에 의한 손실에 한정되어 있었다. 하지만 1990년대에 들어, 수많은 기업들은 이전에 논의된 다양한 형태의 위험에 초점을 맞추어 관리의 범위를 확대하기 시작하였다. 최근 또 다른 현상은 위험관리의 선제적 대응으로 변화가 발생하고 있다.

위험관리의 사후적 대응과 선제적 대응의 차이

변화는 위험을 감수해야만 한다. 지식의 양이 확대되고 기업이 구조를 새로이 구성함에 따라 보안관리자는 변화로 인한 피할 수 없는 불확실성을 다루어야만 한다. 그들은 전통에 얽매여서는 안 되며, 위험을 받아들일 준비가 되어 있어야 한다. 위험을 받아들일 준비가 되어 있지 않은 보안관리자는 기존의 접근방식에 따라 변화를 위협으로 인식하게 된다. 그러한 보안관리자는 안정감을 느낄 수 있는 불변의 환경을 추구하는 경향이 있으나 그러한 경향으로 인해 정체가 될 수 있다. 이러한 보안관리자는 일반적으로 선제적·손실 예방 차원의 입장을 취하는 것이 아니라 사건 발생 후 그에 대한 대응 차원의 태도를 취하게 된다.

기업은 보통 보안 관련 사건에 대응함으로써 위험관리에 착수한다. 예를 들어, 직원의 컴퓨터가 바이러스에 감염되면 누군가는 어떻게 대처해야 할지 알아내야 한다. 비록 사건에 대한 심층적인 설명이 이 장의 범위를 벗어난 것이지만, 다음의 6가지 단계는 보안관리자가 보안 관련 사건에 빠르고 효과적으로 대응할 수 있도록 기본적인 가이드라인을 제시한다.

첫째, 인간의 삶을 보호하고 안전을 보장해야 한다. 이는 어떤 사건에 대응하더라도 우선순위에 두어야 한다. 둘째, 손해를 받아들여야 한다. 그런 다음 손해의 정

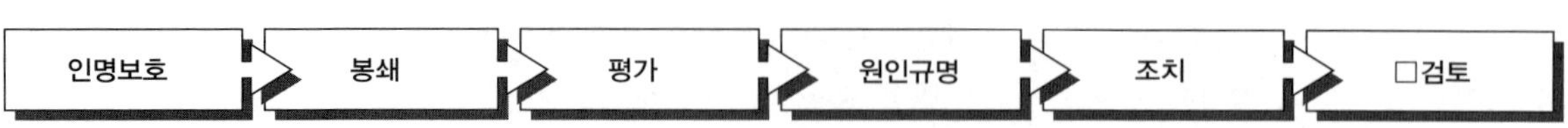

그림 5.2 사고대응절차

출처: From "The Security Risk Management Guide" in *Microsoft*, October 15, 2004, updated March 15, 2006, p.5 (Figure 2.1).

도를 평가하고, 가능하다면 문제의 원인을 밝혀야 한다. 또한 손해를 보전해야 한다. 마지막으로 철저하게 대응책을 검토하고 향후에는 대응이 효과적으로 발생할 수 있도록 변화를 주어야 한다. 마이크로소프트의 사건 대응 처리 절차는 그림 5.2에 설명되어 있다.

수많은 기업들은 사건 이후 또 다른 사건에 대응할 때 좌절을 겪는다. 이러한 대응에 대한 대안은 우선 선제적 대응을 통해 사건의 발생가능성을 줄이는 것이다. 사건이 발생한 후 대응을 하는 대신에, 선제적 위험관리는 사건의 발생가능성을 최소화하고, 손실의 발생가능성을 줄인다.

위험관리 과정 : 개관

효율적·효과적인 보안시스템은 그냥 발생하지 않는다. 이러한 시스템은 단계적 접근을 통한 비판적 관찰과 판단을 통해 개발이 가능하다.

위험관리를 위한 조직적 접근 방법은 위험 분석, 정책 형성, 보안 계획의 전문화, 사후점검을 통한 손실 방지를 목적으로 한다.

위험 분석의 목적은 앞서 논의된 바와 같이, 기업에 어떠한 위험이 존재하는지 분석하고, 기업 경영에 미치는 잠재적 영향력을 탐색하는 과정이다. 위험 분석과정이 완료된 이후에는 정책이 형성된다. 문제해결에 필요한 보안조치는 그 중요도와 비용에 따라 배열되며, 관리자는 기업이 채택해야 할 보안 수준을 결정하게 된다.

다음 단계는 보안계획으로, 어떠한 종류의 위험을 제거할 것이며, 어떠한 방법으로 제거할지 특정된다. 이는 손실예방과 손실의 한도를 정하기 위한 필요성의 정도로, 기업의 건전한 상태를 보호하고, 보안 시스템을 점검하는 과정으로 책임과 관리 및 조정 범위의 할당과 위험을 특정하는 과정이다. 사후점검은 기업이 받아들여야 할 위험과 이러한 위험으로부터의 보호 간에 합당한 균형을 이루어야 한다. 새로운 위험은 빠르게 형성될 수 있으며, 다른 위험들이 중요하지 않게 될 수도 있다.

위험관리가 지속적으로 순환되더라도, 대체로 일정 주기에 따라 재배치되며, 보통 그 주기는 기업의 재정 상태에 따라 조정된다. 매해 그 주기는 기업의 연간 예산주기에 맞추어 새로운 전략을 형성하기 위한 예산 요청을 가능하게 한다. 위험관리 순환 주기가 언제 시작하느냐에 관계없이 이는 위험분석과 위험평가 단계를 기점으로 시작하게 된다.

위험평가

"위험평가는 위험관리의 전체상을 그려내거나 혹은 특정 사건에 대응을 하든지, 기업이 물리적 보안 계획·정책·절차를 형성하는 기초로서의 역할을 수행한다" (Friedrick, 2006, p.19). **위험평가**는 기업 경영 시 발생하는 위험을 확인하고 위험의 우선순위를 정하는 과정이다. 표 5.1은 위험관리와 위험평가의 중요한 구별 기준을 제시한다.

보안관리자가 겪게 되는 위험은 기업마다 다양하며, 수많은 여론 조사는 다양한 범주의 위험이 존재한다는 것을 드러낸다. 2006년도 해외보안자문위원회(OSAC: Overseas Security Advisory Council)의 분석에 따르면, 미국의 다국적 기업은 정치적 극단주의, 범죄의 증가와 부정부패, 산업스파이와 군사 갈등 등 보안 상 위협을 받고 있다(Daniels, 2007, p.8). 최근 조사에서는 전 세계의 보안담당자에게 18가지의 주요 보안문제들을 주요 관심사에 따라 나열하도록 하였다(ASIS/보안관리조사 2007, p.27). 상위 3개의 보안문제는 경영상의 간섭, 보안 장비와 자원, 사업 장소에서의 폭력 행위 등으로 확인되었다. 보안관리자 뉴스 Newspoll은 2007년도 기업에 가장 큰 영향을 미치는 보안 문제는 무엇인가라는 질문에 물리적 보안시스템에 구멍이 생기는 것이라 밝혔다(34%). 가장 낮은 보안 관련 관심사는 테러라고 밝혔다(7%). 그림 5.3은 이러한 조사 결과를 요약하여 보여 주고 있다.

미국 산업보안협회(ASIS)의 *일반적인 위험평가*(2004, p.7) 가이드라인에 따르면, 위험에 관한 다양한 원천의 자료들을 제시하고 있다. 지역경찰의 범죄 관련 통계자료, UCR 또는 이에 상당하는 자료, 내부 기관 자료, 직원·소비자·게스트·방문

표 5.1 위험 관리 vs. 위험 평가

	위험 관리	위험 평가
목적	수용 가능 수준으로 사업전반위험을 관리	위험을 찾아서 우선순위를 매김
싸이클	모든 프로그램	위험 관리 프로그램의 한 단면
스케줄	지속	필요시
조정	예산 싸이클과 같이 조정	N/A

출처: From "The Security Risk Management Guide" in *Microsoft,* October 15, 2004, updated March 15, 2006, p.5 (Table 3.1).

객 혹은 그와 유사한 사람의 이전의 불만사항, 부적절한 보안에 대한 시민의 요구, 지역·주·국가 사법기관의 정보, 산업 정보, 일반적 경제 상황과 범죄의 존재(예로, 유명한 나이트클럽의 존재, 노숙자의 지속적인 존재, 파손된 가정집 등) 등 다양한 자료들을 제시한다.

위험분석에서 고려할 세 가지 요소는 (1) 취약성, (2) 확률 그리고 (3) 중대성이다.

취약성을 증명함으로써 보안에 위협을 끼치는 요소를 확인할 수 있다. 손해가 발생하는 부분은 어디인가? 어떻게 손해가 발생하게 되는 것인가? 어떤 종류의 절도 행위가 발생하게 되는가? 안전상의 위험은 존재하는 것인가? 등 다양한 질문을 통해 취약성을 증명할 수 있다. 보안관리자는 사건·사고, 방화, 살인, 자동차 절도, 폭탄 테러, 주거 침입, 사기, 유괴, 절도, 강도, 생산설비 파괴행위, 성범죄, 들

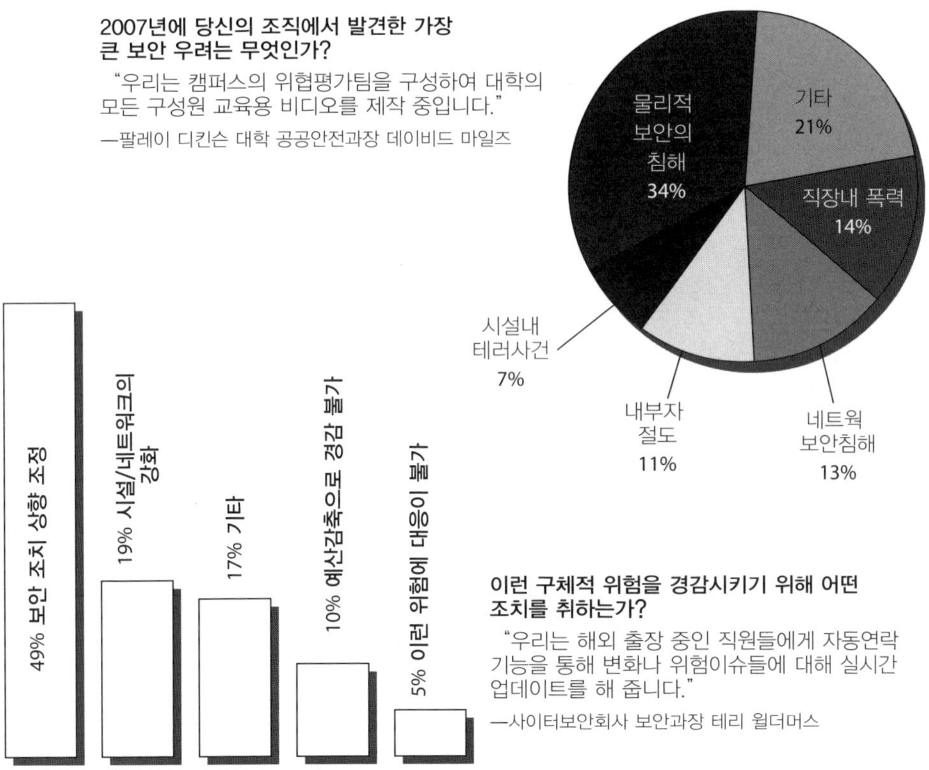

그림 5.3 2007년 조직의 최대 보안 우려

NOTE: Survey results based on 104 respondents in December.
출처: From "Newspoll" in *Security Director News*, January 2007, p.23.

치기, 기물파손 등 위험 요소에 대한 취약성을 파악해야 한다. 또한 지진, 화재, 홍수, 토네이도 등과 같은 자연재해에 대한 취약성을 파악해야 함과 동시에 테러리스트의 테러 행위에 대해서도 대응책을 마련해야 한다. 마지막으로 취약성을 높이는 절차 혹은 환경에 대한 진지한 고려가 필요하다. 예로, 잠기지 않은 문과 창문, 보안장치가 설치되지 않은 컴퓨터, 불충분한 화재방지 시스템과 가연성이 높은 건축자재, 부실공사로 지어진 건축물, 오래된 전선 등을 들 수 있다.

사고 **확률**을 증명하는 것은 손실을 야기하는 요소들을 분석하는 작업을 포함한다. 확률은 측정하기 어려우며, 종종 높은 수준의 추측 작업을 통해 확률이 측정된다(Fay, 2005, p.24). 범죄다발지역 혹은 범죄발생률이 낮은 지역에서 확률을 증명해야 하는가? 현존하는 보안시스템이 얼마나 확실한가? 지난 손실의 기록들은 확률을 측정하는 데 도움이 된다. 보안상 빈틈이 발생하는 곳은 어디인가? 내부적 요인 혹은 외부적 요인에 의한 것인가? 어느 곳이 가장 범죄가 발생할 것 같은가? 산업안전보건청(OSHA)의 조건을 만족하는가? 시민들의 항의 시위가 이 지역에서 발생할 것 같은가? 확률을 측정하는 것이 적절한 목표인가? 등의 질문을 통해 과거의 기록들을 바탕으로 이러한 확률을 측정할 수 있다.

Rejda(p.4)는 두 형태의 확률, 객관적·주관적 확률을 제시하고 있다. 객관적 확률은 무한한 관찰과 중요한 조건에 변화가 없는 장기적 관점의 상황이 빈번하게 발생한 사건을 일컫는다. 예를 들어, 완벽하게 균형이 잡힌 동전이 위쪽을 향할 확률은 2번 중에 한 번이다. 하나의 주사위를 던졌을 때 6이 나올 확률은 6번 중에 한 번이다. 객관적 확률도 과거의 경험에 근거한 분석을 바탕으로 수치화할 수 있다. 보험회사와 보험회계사는 비용과 프리미엄을 결정할 때 객관적 수치에 근거한다. 객관적 확률의 수치화는 과거의 경험에 바탕을 둔 통계학적 자료가 많으면 많을수록 미래에 발생할 일에 대한 예측이 훨씬 수월하다는 **대수의 법칙**에 따른 것이다.

이와 대조적으로, 주관적 확률은 사건이 발생할 확률을 개인의 경험과 추측에 근거하여 결정한 것이다. 수많은 요소들, 사람의 나이, 성, 지능, 교육 수준, 경험, 약물 복용과 음주 정도 등은 주관적 확률에 영향을 미치게 된다.

중대성을 증명함으로써 손실이 발생했을 때 그 손실이 최소 혹은 최대로 발생했는지 여부를 결정하게 된다. 얼마나 심각한 것인가? 좀도둑은 심각하지 않은 범죄일 수도 있지만, 이 범죄가 상습적으로 발생하고 있으며, 수많은 직원들이 이 범죄를 저지르고 있다면, 강도 사건보다 더 많은 비용부담을 안게 될지도 모른다. 물론 인류의 삶과 국가 보안을 고려한다면, 비용은 차후의 문제가 된다.

기업을 경영할 때 위험평가를 내부 직원이 맡아 해야 하는지 혹은 외부 업체에 맡겨야 하는지를 고려해야 한다. 컨설턴트는 위험을 객관적인 시각에서 측정할 수 있으며, 경험이 부족한 위험관리 담당자에게 필요한 수준의 전문 지식을 제공할 수 있다.

확증된 위험에 대응하기 위한 대안의 선택

일단 현재 존재하는 위험이 확인이 되면, 위험에 취약한 부분을 줄이기 위한 대안들이 선택된다. 위험을 관리하는 고유한 방법은 확인된 위험에 대응하기 위한 논리적·조직적 접근이다. 일반적으로 포괄적·효과적인 위험관리를 위해 여러 대안들을 종합적으로 판단하여 접근하게 된다.

위험에 대응하기 위한 대안들

- 위험의 제거
- 위험의 감소
- 위험의 분산
- 위험의 이전
- 위험의 수용

위험의 제거

위험에 대응하기 위한 가장 효과적인 방안은 가능하다면 위험을 완벽히 제거하는 것이다. 예를 들어, 부도수표 혹은 신용카드 범죄로 인한 손실 위험은 기업이 수표 혹은 신용카드를 받지 않으면 문제는 해결될 수 있다. 직원들이 돈을 임의대로 가져갈 위험은 직원들로 하여금 금전 등록기에 대한 접근을 일체 금지시킴으로써 가능하다. 역동적 위험은 제거할 수 있다. 관리상의 결단에 따라 발생하게 되며, 이 또한 관리상의 결단에 변화를 주어 제거할 수 있다.

위험의 감소: 통제수단의 활용

순수한 위험은 항상 존재하며 완벽하게 제거할 수는 없다. 또한 역동적 위험은 일반적인 손실의 발생 없이는 피할 수가 없다.

많은 경우 가장 바람직한 대안은 절차를 정립하고 물리적 수단을 통해 위험을 줄이는 것이다. 이에 대한 조절(controls)은 위험을 관리하기 위한 조직적, 절차적, 기술적 방법들을 참조한다. 경우에 따라 이를 보장책 혹은 대응책이라고 부르기도 한다. 이 접근법은 또한 증상감소, 완화, 손실예방에 참조되기도 한다(Brady, 2004, p.32). 그림 5.4는 단순화된 위협 표준과 대응 연속을 보여 준다. 조직의 안전기능

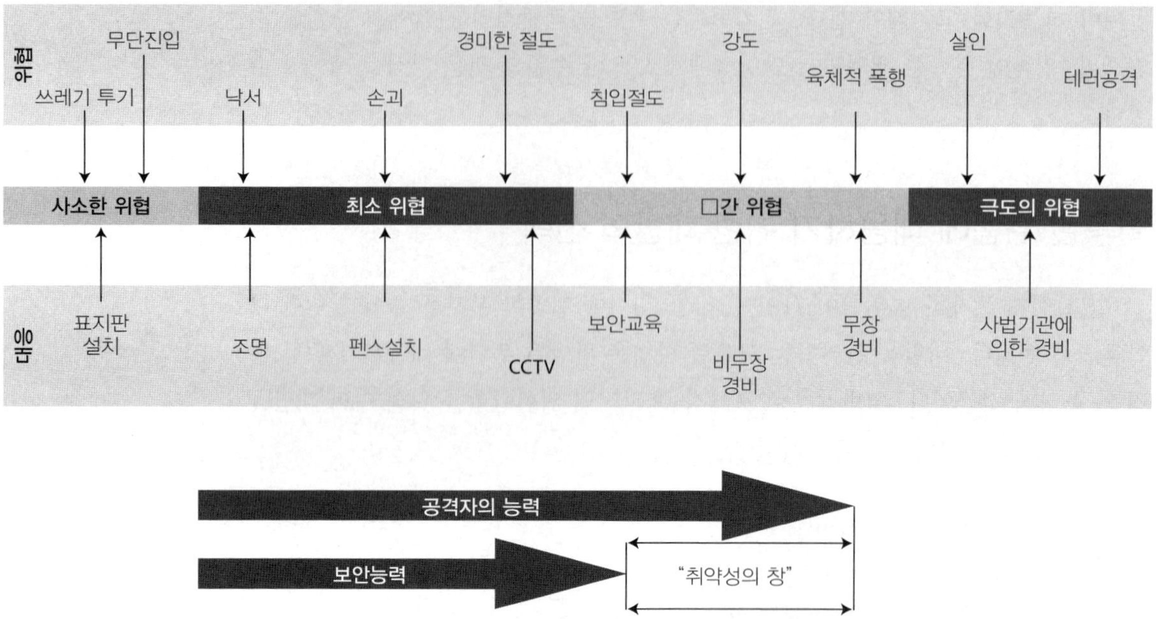

그림 5.4 위협평가와 대응

출처: From "Seeing the Risk Through the Trees" by Ted Almay. © 2006 ASIS International, 1625 Prince Street, Alexandria, VA 22314. Reprinted by permission from the September 2006 issue of *Security Management* magazine.

이 그 반대세력의 행동능력이 커지는 것을 막지 못한다면 취약점은 어디에나 존재한다. 그러므로 안전기능이 커질수록, 공격자("반대세력")의 기회는 더욱 작아진다.

예를 들어, 수표-현금 정책을 설립하고 시행하는 것은 나쁜 수표로 인한 손실 위험을 줄일 수 있다. 잠금장치와 안전 조명, 경보 시스템을 설치하는 것으로 침입행위를 지연시키거나 침입자를 알아냄으로써 침입으로 인한 손실을 줄일 수 있다. 만약 위험에 빠진 자산이 높은 가치를 지닌 경우, 위와 같은 위험감소전략이 고려되어야 한다.

공격 트리 공격 트리는 위험감소의 접근 수단을 검사하는 데 사용되는 도구이다(Almay, 2006). **공격 트리**는 몇몇 자산에 대한 공격의 목표를 큰 줄기로 보여 주고, 이를 성사시키기 위한 가능성들을 가지로 표현한다(그림 5.5를 보라). 예를 들어 누군가가 건물에 무단으로 침입하기를 원했다면, 가능한 방법으로는 문을 열쇠로 열거나 자물쇠를 따는 것, 창문을 부수는 것, 권한이 있는 사람의 뒤를 따라 건물에 들어가는 것 등이 있을 것이다. 가지 부분은 좀더 세분화될 수 있는데, 예를 들면, 문을 여는 것은 열쇠를 훔치는 것이나 빌리는 것, 또는 열쇠공에게 문을 열게 하는

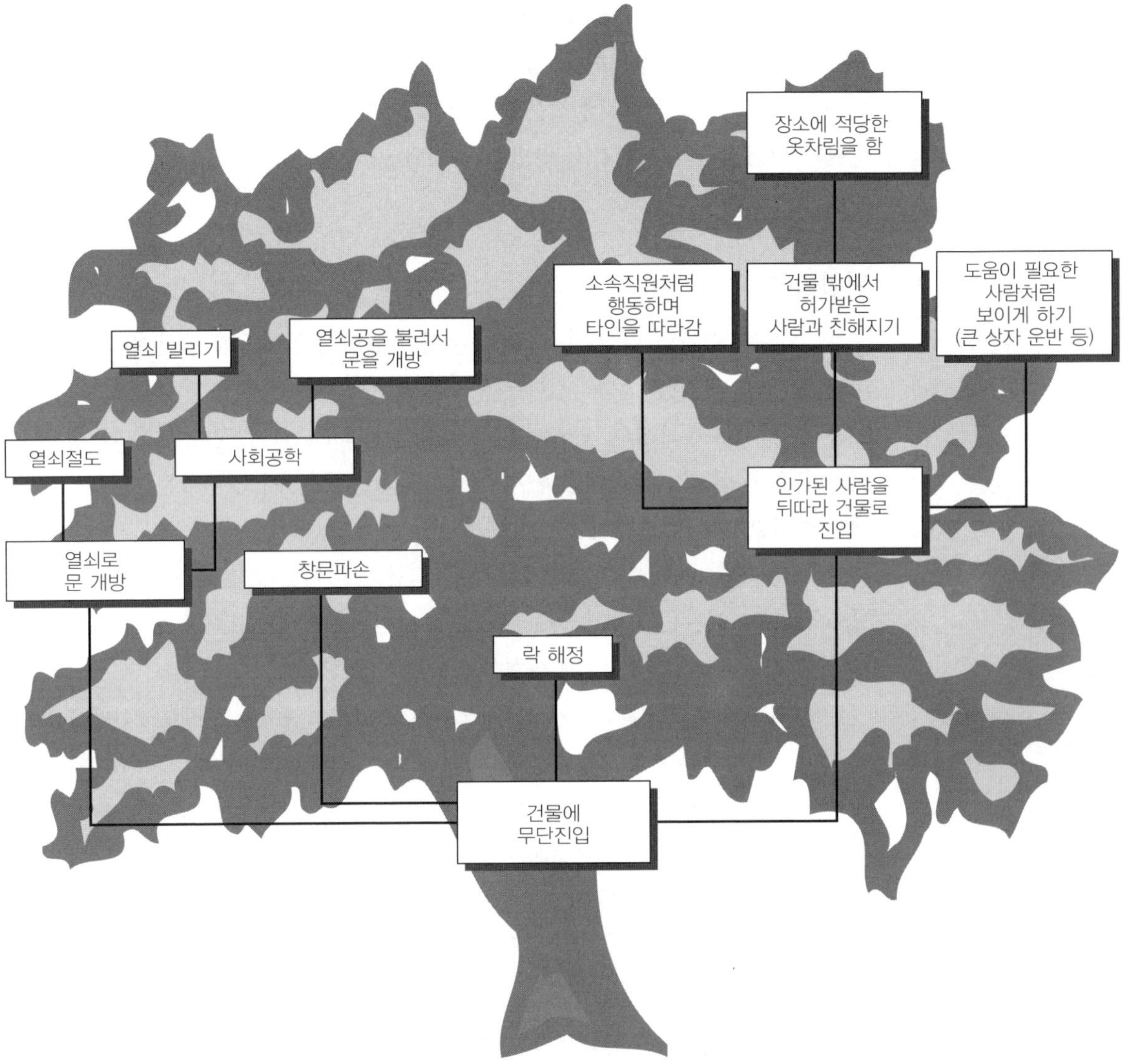

그림 5.5 공격트리모드

출처: From "Seeing the Risk Through the Trees" by Ted Almay. © 2006 ASIS International, 1625 Prince Street, Alexandria, VA 22314. Reprinted by permission from the September 2006 issue of *Security Management* magazine.

것 등으로 세분화되는 것이다. 구체적 공격의 방법을 방해하는 방법이 있다면 그 가지 부분을 쳐내게 된다.

위험 분산

위험 분산을 경험하는 것은 위험 감소에 긴밀하게 연결되어 있다. 이러한 접근법은 개개의 모든 사건에서의 잠재적 손실이 감소되는 것을 보장하는 방법을 사용한다. 예를 들면, 값비싼 보석을 각각 다른 디스플레이 보관함에 넣어 그중 하나를 부숴도 모든 고가품에 접근할 수는 없도록 하는 것이다. 이러한 위험 분산은 나아가 위험회피와 위험감소 방법이 시행된 이후에도 위협에 노출되는 것을 감소시킨다.

위험 전이

만약 위험 제거와 위험 감소, 위험 분산이 위험을 받아들일 만한 수준으로 맞추지 못한다면, 가격을 상승시킨다든지 보험에 가입한다든지 하는 방향으로 위험을 이동시켜야 한다. 보험의 중요한 원칙은 **보상**(indemnity)**의 원칙**이다. 이것은 보험회사가 오직 실질적 손해액만을 지불하고 그 이상은 하지 않는다는 뜻이다: "다르게 지정되었다면, 피보험자는 손실에서 이윤을 낼 수 없다"(Rejda, p.175). 대부분의 재산·생명 보험 계약서는 면책계약이다. 모든 보장되는 손실들이 항상 최대의 보상을 받지는 않는다. 일정액공제제(deductibles)와 금액제한, 그 밖의 계약상 규정들로 인해 지급받는 금액은 실제 손실보다 적어지게 된다.

피보험자에게 보상을 지불하는 대표적인 방법으로 손실 시 피해자산에 대한 실제 현금가치를 고려하는 것이 있다. 실제 현금 가치를 정하는 세 가지 방법으로 대체원가감가상각(replacement cost less depreciation)과 공정시장가격(fair market value), 증거채택주의(broad evidence rule)가 있다(Rejda, p.176). 대체원가감가상각은 인플레이션과 감가상각을 모두 재산 가치에 감안한다. 대체원가는 회복을 위한 현재의 비용이다. 감가상각은 물리적 마모와 경제적 쇠퇴를 공제한다. 공정시장가격은 자유시장에서 자발적 구매자가 자발적 판매자에게 지불할 용의가 있는 가격을 말한다. 증거채택주의에 의하면 실제 현금 가치를 결정하는 것은 전문가가 재산의 가치를 결정할 때 사용할 만한 모든 관련 요인을 고려해야 한다.

추가적으로 대용물의 원칙을 들 수 있는데, 이는 보상의 원칙을 뒷받침한다: "**대용물**이란 피보험자가 제3자로부터 보험처리되는 손실을 받아 보험회사에 보상을 요구하는 경우 보상을 대체하는 것을 말한다. 환언하면, 보험회사는 부주의한 제3 당사자에 의해 피보험자에게 발생한 어떠한 손실 보상이든 제3 당사자를 통해 구상할 자격이 주어지는 것이다"(Rejda, p.179). 평범한 교통사고의 경우를 생각해 보자: 빨간 차의 운전자는 정지 신호에도 부주의하게 진행하다가 파란 차를 쳤다. 그리고 $2,000의 피해를 파란 차에 입혔다. 만약 파란 차의 운전자가 충돌 보험이 있다면 그 보험회사에서 물리적 피해 손실에 대한 값을 파란 차 운전자에게 지불하고(일정액공제제보다 적은) 동등한 양을 사고를 낸 부주의한 빨간 차 운전자에게서 구하려 할 것이다.

대부분의 시설물들은 화재, 기타 자연재해에 대한 보험을 가지고 있을 뿐만 아니라, 피고용인이나 다른 사람이 위와 같은 경우에 부상을 입을 경우에 대비한 책임보험도 가지고 있다. 피고용인의 보증인이 되는 것도 또 다른 위험 전이 대안이다.

하지만, 상승하는 보험 비용은 보험에 의존하는 것에 심각한 영향을 줄 수 있는데, 일례로 예상치 못한 경영손실을 막는 방법으로서 보험을 쓰지 못하는 것이다. 게다가 몇몇 손실은 실질적으로 보험이 불가능하다. 그 예로 고객 신뢰 손상과 직원 윤리 하락, 평판 하락 등을 들 수 있다. Vassar(2006, p.35)는 낮은 빈도와 높은 심각성의 손실들은 보험의 좋은 대상이라고 말한다: "매번 일어나는 작은 손실에 대해 값을 지불하고 자주 일어나지 않는 큰 손실들을 보험에 드는 것이 좋다." 확실히, 보험은 절대 보안 프로그램을 대체할 수는 없다.

위험을 전이시킬 또 다른 대안으로 가격 부풀리기가 있는데, 이 또한 확실한 결점을 가지고 있다. 대부분의 소매 시설물들은 가게 물건을 슬쩍해서 생기는 손실을 만회하기 위해 가격을 올린다. 이 방법의 핵심 요소는 제3자에 의한 손실 흡수다. 요컨대, 잠재적 손실의 비용이 고객에게 전이되는 것이다.

위험 수용

백퍼센트 안전을 확보하려는 것은 절대로 비용-효율적이거나 실용적이지 않다. 위험은 절대 완전히 제거될 수 없다. 몇 가지는 그저 수용되어야만 한다. 만약 보안 조사가 철저하게 시행되고 그 결과가 완벽하게 분석된다면, 가장 크고 가장 현실성 있는 위험은 곧 확인되고 적당한 대안 혹은 대안들의 조합에 의해 다루어질 것이다. 잔여 위험은 "업무상 비용"의 한 부분으로 수용될 것이다.

위험 균형 : 비용 대 보호 수준

관리는 바람직하거나 필요한 보안의 수준을 예비적으로 결정한다. 보편적 상식과 기업의 과거 역사는 안전 목적을 정하는 핵심 성분이다. 안전을 측정하는 것은 업무를 방해해서도 안 되지만 태만히 행해져서도 안 된다. 오히려 이는 기업의 업무 중 하나로 되어야 할 것이다.

위험관리는 비용효과적인 보호 시스템 구축 방법을 찾는다. 이론적으로, 보호 비용이 늘어날수록, 손실과 피해에 대한 비용은 줄어든다. 그러나 그림 5.6에서 볼

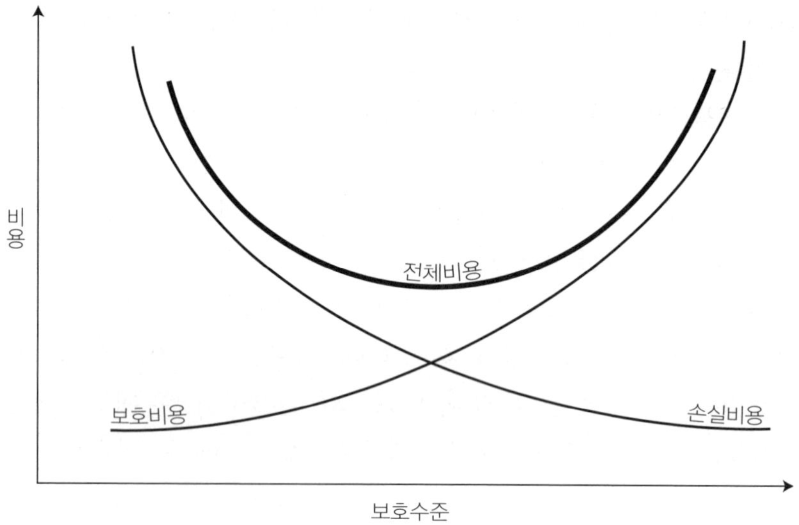

그림 5.6 비용 대비 보호 수준

출처: Adapted from Statsforetag AB, Skandia Insurance Co. and Skandia Risk Management Ltd., Stockholm, Sweden. Reprinted by permission.

수 있듯, 초과되어서는 안 될 보호 비용 곡선 위에 총비용을 최소화할 수 있는 지점이 존재한다. 게다가, 주법(state law)에 규정된 요구사항을 충족하기 위해 보호는 반드시 조직화되어야 한다. 잘 작동하는 회사 보호 시스템이란 적은 소동이 일어나고, 그러므로 회사의 업무가 계획에 따라 진행될 수 있는 것을 말한다. 결과적으로, 관리는 더 많은 시간을 본래의 작업에 할애할 수 있는 것이다. 이러한 보호에 대한 투자는 소득이 있다.

수많은 도구와 공식들이 개발되어 오면서 안전 관리자들에게 다양한 단계의 보호 수준의 비용을 평가하는 데 도움을 주고 있다.

위험관리에 쓰이는 공식들

위험관리에 쓰이는 공식들 중 다음의 예를 들 수 있다.

- 단독 손실 기대(Single Loss Expectancy: SLE) — 위험이 한 번 발생함으로써 잃는 소득의 총합이다. 이것은 재산 가치를 노출 요인(exposure factor)으로 곱해서 계산한다. 노출 요인이란 현실화된 재산에 대한 위협 중 손실의 비율이다. 예를 들어, 화재는 대략 25%의 가치 손실로 이어질 수 있다. 만약 재산이 $150,000의 가치를 갖는다면, 이 경우 SLE는 대략 $37,500이다.
- 연도별 발생률(Annual Rate of Occurrence: ARO) — 일 년 동안 위험이 일어날

것으로 합리적으로 기대되는 횟수를 말한다. 이 평가는 하기가 어렵고, 0의 눈금(절대 일어나지 않음)에서 100의 눈금(매번 일어남) 사이에 존재하는 위험 발생의 확률과도 비슷하다. 화재같이 10년에 한 번 일어날 것으로 기대되는 것은 0.1의 가치를 갖게 된다.

- 연도별 손실 기대(Annual Loss Expectancy: ALE) — 한 조직이 위험을 제거하거나 줄이기 위한 어떠한 조치도 없을 경우 일 년에 잃을 돈의 총액이다. 이는 SLE에 ARO를 곱해서 구한다. 예를 들어 보자. 만약 화재가 $37,500의 피해를 입히고 이것이 일어날 가능성(ARO)은 0.1(10년에 한 번이므로)이라면, ALE는 $3,750이 된다. 한 조직은 이러한 종류의 피해를 예방하고 적절한 보호를 제공하기 위한 예산을 계상함에 있어 이 가치를 참고할 수 있다.
- 비용-효과 분석(Cost-Benefit Analysis) — 각 통제방법별로 관계된 가치와 비용을 비교·평가하여 가장 효과적인 방법을 선택하는 것이다.
- 안전 분야 투자로 회귀(Return on Security Investment: ROSI) — 자주 단순히 투자로의 회귀(ROI)로 불린다. 주어진 안전 통제를 시행함으로 인해 한 조직이 절약할 것으로 기대되는 돈의 총합이다. 이는 다음의 방정식을 통해 계산된다:

  (통제 전 ALE) − (통제 후 ALE) − 연도별 통제 비용 = ROSI

한 보안 책임자는 보안의 성공이 손실 부재, 즉 만질 수 없어서 측정하기 어려운 것으로 되어 있기 때문에, ROI를 측정하는 것은 어렵다고 말한다: "여기에 접근하는 한 방법은 안전을 해하는 세 가지 기초 영향을 보는 것입니다. 첫째는 유형의 비용으로, 도난당한 상품이나 피해를 입은 재산을 대체하는 비용 등을 말합니다. 둘째는 평판 비용으로, 안 좋은 언론보도가 나거나 고객의 신뢰를 잃는 경우입니다. 셋째는 간접비용으로, 증가된 보험 프리미엄과 보안 순찰 증가 등입니다. 이러한 비용은 안전에 대한 침해가 있은 후 손실 평가에 포함되는 경우가 드물죠" (Roberts, 2005, p.69).

위험 인식

많은 예에서, 위험평가는 위험의 실현가능성과 결과를 단순히 측정하는 것보다 더 많은 것이 필요하다. 고려해야 할 다른 요인으로는 위험 인식이 있는데, 이는 위험의 심리적이고 감정적인 측면을 고려하는 것이다("Taking Risk Assessment to Extremes," 2005, p.14). 직원과 방문자들이 안전하다고 느끼는가? 그들이 그들의 안전 관련 고민이 관리하기에 중요하다고 느낄까?와 같은 질문들이 필요하다.

위험관리는 도덕적 책임이기도, 법적 책임이기도 하다.

도덕적 책임은 명확하다. 사람들은 그들이 일하거나 방문하는 곳이 안전할 것으로 기대한다. 법적 책임은 4장의 중심 내용이었다. 법적 책임과 적정 수준의 안전을 제공하지 못하는 고유 비용 간에는 업무상 상당한 음의 상관관계가 성립할 수 있다.

양적, 질적 위험평가

많은 조직들이 양적 평가와 질적 평가를 구분한다. **양적 위험평가**의 목표는 위험평가와 비용-효과 분석 중에 얻어서 객관적으로 수치화된 각각의 요소별 가치를 계산하는 것이다(Microsoft). 예를 들어 각 업무 자산의 진정한 가치를 어림잡기 위해서는 이를 대체하기 위한 비용과, 잃어버린 생산성, 브랜드 평판, 그리고 기타 직·간접적 업무상 가치의 측면에서 보는 것이다. 같은 객관성이 자산 노출과 통제 비용, 위험관리 과정에서 발견된 모든 다른 가치를 계산하는 데 사용된다. 양적 위험평가는 몇몇 취약점을 가지고 있는데, 이는 추산에 의존한다는 점과, 평가의 비용, 시간, 인력 등을 포함한다.

반면, **질적 위험평가**는 자산과 위험, 통제와 효과 등에 상대적 가치를 부여한다. 질적 위험평가와 양적 위험평가의 차이는 후자가 고정된 재정적 가치를 자산에 부여한다면, 전자는 상대적 가치를 부여하는 것에 있다. 질적 평가의 기본 과정은 세부적인 차이만 있을 뿐, 양적 접근법과 상당히 유사하다. 한 자산의 가치와 다른 자산의 가치를 비교하는 것은 상대적이고, 참여자들은 자산 평가에 필요한 정확한 재무수치를 계산하는 데 그리 많은 시간을 투자하지 않는다. 실현되는 위험의 현실성 있는 영향과 통제 실시 비용을 계산하는 경우에도 마찬가지다.

질적 접근법의 이점은 그것이 자산 가치의 정확한 값과 통제의 비용 등을 계산해야 한다는 한계를 극복한다는 점, 그 과정에서 직원에게 주는 부담이 훨씬 적다는 점에 있다. 대부분의 조직이 몇 달, 혹은 몇 년 동안의 노력을 들여 약간의 이득을 보기 위해 양적 접근법을 선택하는 경우에 반하여, 질적 위험평가는 특히 확실한 결과를 몇 주 만에 보여 줄 수 있다. 하지만 질적 접근법의 결점은 결과 값이 분명치 않다는 것이다.

질적 위험평가는 가장 중요한 위험을 빠르게 확인한다. 반면에 양적 위험평가는 가장 중요한 위험을 비용 효과 균형에 대한 결정과 함께 분석한다.

Microsoft사는 "질적 접근법의 단순성과 우아함을 양적 접근법의 엄격함 중 일부와 조합할 것을 제안한다. 질적 접근법은 전체 안전 위험 리스트를 빠르게 선별하는 데 이용된다. 이 과정에서 발견된 가장 심각한 위험들은 양적 접근법을 사용해서 좀 더 세밀하게 관찰된다. 그 결과 상대적으로 짧은 '꼭 세밀하게 관찰되어야 하는 가장 중요한 위험' 리스트로 나오게 된다"고 설명하고 있다(*Security Risk Management Guide*).

위험관리의 질적 접근법을 위한 ASIS 가이드라인

ASIS는 그림 5.7에 나온 것처럼 질적 위험관리의 7단계 접근법을 개발해왔다.

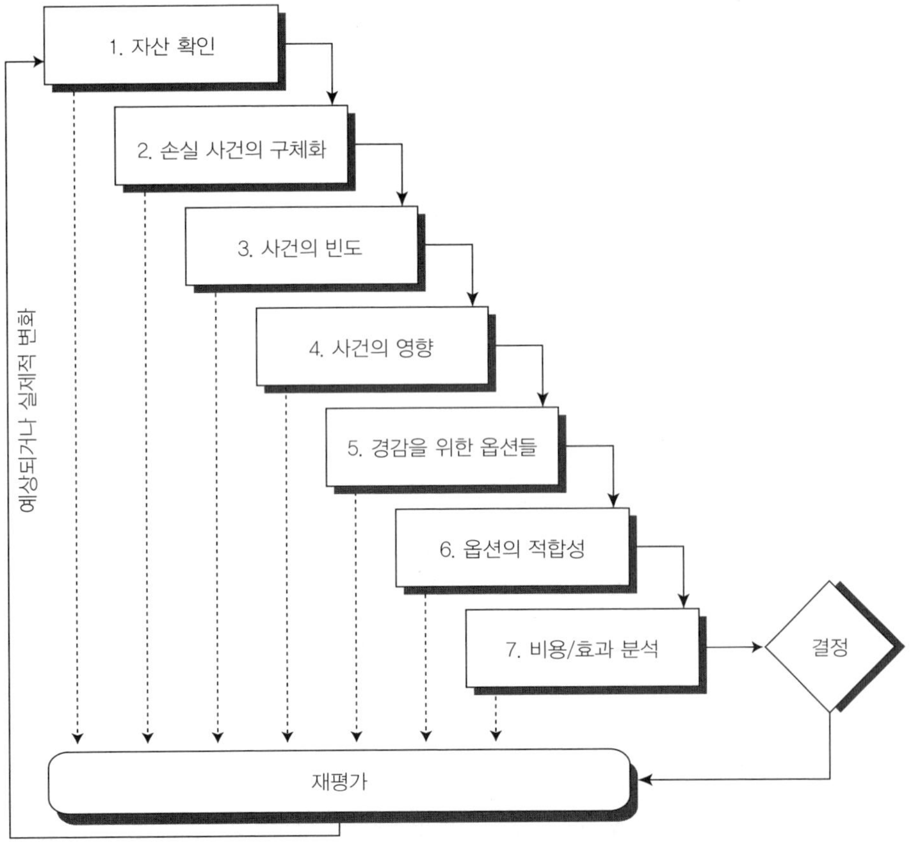

그림 5.7 질적 위험관리 절차의 플로우차트

출처: From "The Security Risk Management Guide" in *Microsoft*, October 15, 2004, updated March 15, 2006, Chapter 3, p.7.

1. 조직을 이해하고 위험에 빠진 사람과 자산을 식별한다 고려할 사항은 작업 시간, 각각의 교대근무 시간 동안의 인력 규모, 노동자의 종류(노동조합, 비숙련자, 임시직 고용, 이민자 등), 고객의 종류, 업무 활동성의 속성, 제공되는 서비스나 생산되고 가공되어 진열되거나 공급되는 생산품의 종류, 산업의 경쟁적 속성, 정보의 민감함, 기업문화, 위험 수용의 인식 등을 포함한다.

2. 위험과 손실 사건에 처한 사람들과 자산을 식별한다 여기서 사람들이란 직원, 고객, 방문객, 판매원, 계약직 직원, 그리고 합법적으로 자산에 존재하는 사람들을 말한다. 무단침입자조차도 공개되거나 명확한 위험 혹은 매력적인 것(버려진 창고, 빈 건물 혹은 지름길)이 존재하는 경우 위험에 빠질 수 있다. 대부분의 주에서 무단침입자들은 단지 위험을 알리는 신호에 의해 경고를 받을 뿐이다. 자산은 재산과 정보를 포함한다. 재산은 부동산과 토지 및 건물과 시설물, 현금, 귀중한 금속이나 보석과 같은 실질적 자산, 약품, 유가 증권, 현금 등과 같은 도난당하기 쉬운 장물, 뿐만 아니라 도난 또는 손상당하거나 혹은 위험한 사건에 의해 부정적인 영향을 받을 수 있는 거의 모든 것을 포함한다. 정보는 거래 비밀과 마케팅 계획, 사업 확장 계획, 공장 폐쇄, 직원들의 비밀 개인 정보, 고객 리스트, 그리고 도난당하거나 변경, 파괴되는 경우 조직에 해를 끼칠 수 있는 다른 자료들을 포함한다.

손실 사건은 세 가지 카테고리로 나누어진다: 범죄, 인재 혹은 자연재해 등의 범죄가 아닌 사건, 연관된 다른 조직의 부실한 또는 부정적 평판이 그 기업에 나쁜 영향을 미칠 때 그 기업과의 관계로 인한 결과적 사건 등이다.

3. 손실 위험과 빈도의 개연성을 세운다 이것은 수학적 확실성에 근거를 둔 것이 아니라, 손실 위험 사건이 그 장소의 역사적 자료에 의거해서나, 비슷한 사건 역사를 가진 유사한 기업에서, 지역의 속성 때문에, 즉각적 근접성, 지리적 위치, 정치·사회적 조건, 그리고 경제 상의 변화 등에 의해 일어날 수 있다는 실현가능성을 고려한 것이다. 예를 들어 홍수 지역이나 해안가에 위치한 한 기업은 내륙이나 물에서 멀리 떨어진 곳에 위치한 기업보다 홍수나 허리케인을 맞을 더 높은 개연성을 지니고 있다.

4. 사건의 영향력을 확정한다 모든 잠재적 비용이 고려되는 것이 좋다(직·간접적, 재정적, 심리적, 숨겨지거나 덜 분명한 것들을 포괄하여). 직접 비용은 사건과 관련 있는 재정적 손실이다. 예를 들면, 잃어버리거나 도난당한 상품의 가치, 주요 손실 이후

몇 년 간 할증된 보험 프리미엄, 보험 계약범위에서 공제 가능한 지출, 위험 이후의 급작스러운 사건에서 잃은 사업(예를 들어, 도난에 의한 주식 부족 등), 사건의 결과로 초래된 노동 비용, 재앙이나 사건에 대응하는 관리 시간과 일반 보험에서 보장하지 않는 징벌적 손해 배상액 등이 있다.

간접 비용은 부정적 언론 보도, 장기적인 고객의 부정적 인식, 안 좋은 이미지 문제를 극복하기 위한 추가적 대외 관계 비용, 고위험 카테고리라서 보험 보장이 안 되는 것, 미래의 직원들을 채용하기 위해 필요한 더 높은 임금, 관리 실패에 맞는 주주 파생상품, 파업과 잦은 근무이동, 기타 이와 비슷한 것들을 포함할 것이다.

5. 위험을 누그러뜨리는 옵션을 개발한다 옵션의 범위는 이론적으로 기업이 맞닥뜨릴 위험 사건이나 손실을 다룰 수 있다. "이론적으로"라는 말은 몇몇 옵션이 실현 불가능하거나 실현하기에 너무 비용이 많이 든다는 사실을 암시한다. 옵션들은 보안 장비와 하드웨어, 정책과 절차 및 사후 순서(post orders), 그리고 관리 실무, 앞서 논한 인력 등을 포함한다. 사후 순서는 신중하게 고안되고, 세부화되며, 성문화되어야 한다. 이는 안전 요원들이 그들의 계약을 넘어서서 의도치 않은 임무를 만들지 않기 위함이다(Solensky, 2007, p.88). 직원들은 임무를 추측하거나 작성된 사후 순서를 넘어서는 의사 결정을 하는 것을 삼가도록 해야 한다. 다른 옵션들은 재정적 위험을 보험 계약범위나 계약 조건, 즉 안전 서비스 계약의 보상 조항을 통해 전이시키는 것, 혹은 위험을 단순히 사업을 함에 있어 생기는 비용으로 받아들이는 것을 포함한다.

6. 옵션 실행의 실현가능성을 연구한다 재정적 비용이 보통 한 요인이 되는 반면, 일반적으로 고려되는 부분은 그 전략이 기업의 업무를 방해할 것인가이다. 일반에게 공개된 기업이 출입 통제를 과도하게 강화하여 부(不)의 환경을 만들고, 사람들로 하여금 그 시설물에 들어오는 것이 부담스럽게 하는 것이 한 예가 될 것이다. 안전과 기업의 업무적 필요 간의 균형뿐만 아니라 보안 프로그램에 영향을 받는 사람들의 심리적인 측면도 균형이 유지가 되어야 한다.

7. 비용-효과 분석을 시행한다 선택된 대안들을 실시하는 비용은 잠재적 손실이나 재정적 혹은 다른 손실에 대하여 비교되어야 한다. 이미 논의했듯이 자산의 가치보다 더 많은 돈이 그 자산을 보호하는 데 쓰이는 것은 넌센스다.

ASIS 양적 접근법

Microsoft사의 양적 접근법에서처럼, ASIS 접근법은 위험을 평가하기 위해 공식을 이용한다. 첫 단계는 한 사건의 개연성과 중요성을 계산하는 것이다. 이 계산에서 손실 사건은 반드시 실제적이고 측정가능한 손실을 만들어내야 하며, 그 손실은 사건이 일어나지 않는 것이 이득으로 이어지지 않는다는 투기적 위험의 결과가 되어서는 안 된다.

개연성과 발생빈도에 관한 한 공식으로 특정 사건이 일어날 방법의 수(개연성)는 사건이 실제로 일어난 횟수를 그 사건을 만들어 낼 모든 경우의 수로 나누는 것이 있다:

$$P = f/n$$

여기서:

P = 주어진 사건이 일어날 개연성
f = 실제 사건이 일어난 횟수
n = 그 사건을 초래할 모든 경우의 수

예를 들어, 주어진 위치에서 주어진 기간 동안 가게 도난이 일어날 개연성은 p (probability)로 정의된다. p는 일년 중 실제 가게 도난 사건이 일어난 날 수를 365로 나눈 것과 같다. 그러나 결과는 현실적이지 않을 수 있다. 왜냐하면 몇몇 사건들은 한 번 이상 일어나고 다른 어떤 사건들은 딱 한 번만 일어나며, 그에 대한 반응이 미래의 발생을 막기 위해 환경을 변화시킬 것이기 때문이다. 상식적으로 생각할 때, 주어진 상황에서 특정 사건이 일어날 수 있는 방법이 많을수록, 그것이 일어날 개연성도 커진다.

단순한 공식에 의존하는 것보다, ASIS는 개연성의 등급이 대책 간의 우선순위를 정하는 데에 이용될 것을 권장한다. 이는 한 사건이 다른 사건보다 더 개연성 있는 것으로 설명하면 충분할 것이다. 알파벳이 부여된 다섯 가지의 개연성 카테고리가 이 구분을 짓는 데 도움이 될 수 있다.

A. 사실상 확실 – 변화가 없다면 사건은 일어날 것이다. 예를 들어 스프링클러의 폐쇄된 흡입 밸브는 화재 시 물이 흐르는 것을 막게 한다.
B. 높은 개연성 – 사건이 실현될 가능성이 그것이 실현되지 않을 가능성보다 훨씬 많다. 예를 들어 카운터에 놓인 주인 없는 돈은 누가 가져가기가 매우 쉽다.

C. 중간 개연성 — 사건이 일어날 확률이 그렇지 않을 확률보다 높다.
D. 낮은 개연성 — 사건이 일어나지 않을 확률이 일어날 확률보다 높다. 그러나 불가능한 것은 아니다.
E. 개연성 파악 불가 — 평가에 필요한 자료가 충분하지 않다.

일단 사건의 개연성이 결정되면, 사건의 중요도가 반드시 확인되어야 한다. 중요도를 측정하는 방법에는 여러 가지가 있는데, 그중 널리 통하는 것은 재정적 손실로 측정하는 것이다. 다른 비용은 직원 사기에 미치는 영향이다. 몇몇 손실, 예를 들어 생명의 손실이나 국가적 인프라의 손실, 공동체의 신뢰의 손실 등은 분석할 수가 없다. 손실의 비용 공식은 복잡하고 이 논의의 범위를 벗어난다. 다시금 ASIS는 수학 공식보다 치명도 등급을 사용할 것을 추천한다(이번에는 번호가 부여):

1. 치명적 — 손실이 총체적 자본재구성이나 포기 혹은 기업의 중단을 가져온다.
2. 매우 심각 — 손실이 투자정책에 중요한 변화를 요구하고, 대차대조표 자산 부분에 중요한 영향을 가져왔다.
3. 중간 심각 — 손실이 소득에 인지 가능한 영향을 미치고, 고위 관리 책임자의 주의를 요한다.
4. 상대적으로 중요하지 않음 — 손실이 유지되는 동안 일반 업무상 지출로 청구된다.
5. 심각성 파악 불가 — 우선순위가 생기기 전에, 이 임시 등급은 위의 네 등급 중 하나로 대체된다.

A1으로 식별된 위험은 C4로 정의된 경우보다 훨씬 많은 주의를 요한다.

질적·양적 위험평가를 수행하는 것은 안전 관리자에게 조직의 보안 수요를 전체적으로 상당히 이해하기 쉽게 해준다. 다음에서는 조직의 보안 수요에 전체적 접근을 하면서 새롭게 떠오르는 트렌드인 기업 위험관리 모델을 알아보자.

기업 위험관리 모델

Longmore-Etheridge(2006, p.92)는 기업 위험관리 모델을 가리켜 "안전 전문가를 만나 기어가는 *force majeure*"라고 표현했다. 그녀는 기업 위험관리 모델이 보안 위험을 정의하기 위한 전통과 IT 보안의 변환, 그리고 한 기업의 사업 기능과 과정 간의 분리를 필요로 한다고 말한다.

기업 위험관리: 주주 가치를 만들기 위한 떠오르는 모델(연도 미상)은 "기업 위험관리(Enterprise Risk Management: ERM)는 중요한 새 기업 트렌드다. ERM은 전략과 절차, 사람, 기술, 지식 등으로 기업이 맞닥뜨린 불확실성을 평가하고 관리하도록 구조화되고 체계적인 접근법이다"라고 언급한다. ERM은 전통적 기능적, 부분적, 부문적, 문화적 장벽들을 제거하고, 전체적이고 통합된, 미래지향적인 접근법으로 보안 문제에 접근한다.

기업 위험관리 – 통합된 틀(2004, p.2)에 의하면 "**기업 위험관리**는 그들의 이사회, 관리자, 그리고 기타 인사들에 의해 영향을 받고, 전략 수립에 적용되며 그들에게 영향을 줄 수 있는 잠재적 사건들을 식별하기 위해 고안되었고, 기업목표 달성에 관한 합리적인 확신을 주기 위해 기업의 취급 범위 안에서 위험을 관리하는 절차이다." 이 정의에는 기본적으로 기업 위험관리가 다음과 같다는 생각을 반영하고 있다:

- 기업 속에서 흐르며 진행되는 과정
- 조직 내 모든 계층에 있는 사람들에게 영향을 받음
- 전략 설정에 적용됨
- 모든 계층과 부서에 걸쳐서 적용됨
- 만약 일어난다면 기업 실체에 영향을 줄 잠재적 사건들을 식별하기 위해, 그리고 위험 욕구 안에서 위험을 관리하기 위해 고안됨
- 관리자와 이사회에 합리적 확신을 제공할 수 있음

Fay(p.25)는 기업 위험관리 접근법을 활용한 취약점 평가(VA)를 하는 데 이용될 수 있는 단계적 과정을 설명한다: 중대한 자산을 식별하고, 잠재적 위험 요소를 식별하고, 위험이 발생할 개연성을 추정하고, 위험 발생의 심각성을 추정하고, 기업이 위험 발생을 완화하고 맞대응할 수 있는 능력이 있는지 검증하며, 그러한 능력이 없는지 확인하고, 존재하는 대응책으로 필요한 대응책을 모을 계획을 공식화한다. 이는 상당히 친숙하게 들릴 수 있다. 왜냐하면 이것이 ASIS에서 질적 위험관리에 필요한 과정 흐름 차트와 거의 유사하기 때문이다(앞의 그림 5.7을 참조하라). 기업 관리는 VA가 끝나고 이에 대한 마지막 보고서가 제출된 뒤 들어간다(Fay).

기업 위험관리가 모든 조직이나 사업에 적용될 수 있지는 않다는 것을 반드시 알아야 한다. 게다가, 기업 위험관리를 완전히 이해하기 위해서는 보안관리자들이 시스템의 여러 요소들을 이해해야만 한다. 쉬운 위험관리 프로그램을 갖지 못한 조직들은 직원들과 고객들이 쉽게 기분이 나빠지도록 할 뿐만 아니라 4장에서 언급한

잠재적 민사책임에도 무방비로 노출된다.

기업 위험관리 모델은 조직에서 사용되는 유일한 모델이 아니다. 몇몇 모델은 보안을 비즈니스 센터로 보기도 한다.

비즈니스 센터로서의 보안

역사적으로, 보안은 전반적인 기능, 즉 보안 관련 지출이 위험 완화와 관리, 손실 예방과 감소로 정당화되는 필요악으로서 이해되어 왔다(Telders, 2005, p.44). 이는 *생필품 모델*(*commodity model*)로서, 안전 업무를 순수하게 경상적으로 보는 것이다. 가능한 한 시간과 노력, 금액을 적게 지출하는 노력으로 안전을 도모하는 것이다. 이 모델의 장점은 낮은 비용과 적은 노동이다; 분명한 결점은 낮은 질의 안전을 제공할 수 있다는 점이다. Telders는 생필품 모델이 보안의 시야를 줄이고 있으므로, 이것보다는 보안이 조직 내에 역동적이고 도전감을 불러일으키는 기능으로서 전반적으로 보안 수준에 직접적 영향을 미쳐야 한다고 주장한다. 그는 조직내 안전 기능에 관한 몇몇 대체모델을 제시한다. 그 모델은 전반적 보안 수준에 여러 가지로 기여할 수 있을 것이다.

비즈니스 파트너 모델(*business partner model*)은 전체적 사업 분야가 아닌 각 사업이 필요로 하는 것에 초점을 맞춘다. 이 모델에서 보안전문가들은 더 큰 조직들의 경우에 생산품과 서비스가 한 세트로 제공되듯, 여러 쟁점에 대해 해답을 제시하는 조언자로서 존재한다. 이 모델은 보안과 다른 부문 간에 긴밀한 업무 추진 관계가 요구될 경우 잘 작동한다. 구체적 통제와 강한 내부 관계가 이 모델의 장점이다. 반면 모델에 대한 연구 부족과 여러 위치에서 달라질 수 있는 통제력은 결점이라 할 것이다.

품질 모델(*quality model*)은 이름에서 알 수 있듯, 조직에서 제공하는 생산품과 서비스의 질(quality)에 집중한다: "핵심이 일을 올바르게 하는 것이라면, 특히 첫 번째 시도에서, 보안을 제공하기 위해 채택된 접근법은 그 질을 반영할 필요가 있다"(Telders). 이는 높은 품질 기준을 가지고 회사에서 제공된 생산품과 서비스를 이용할 때 활용될 수 있다. 이 모델에서 직원들은 고용되었을 때 실질적으로 더 많은 훈련을 받게 되고 정기적 훈련 업데이트와 부분 특화된 교육을 지속적으로 받게 된다. 품질 모델의 장점은 높은 보안과 높은 품질이다. 결점은 증가된 비용과 가중되는 관리부담이다.

비즈니스 촉매제 모델(*business enabler model*)은 사업이 그 생산품과 서비스의 범

위를 넓혀 확장을 시도할 때 적절하다. 새로운 영역은 자주 추가적인 안전 문제와 위험을 가지고 온다. 이는 IT 부서와 가깝게 일하는 보안전문가에게 원격접근 보안 설계(안전한 접근성을 주는)를 만들 기회를 준다. 만약 보안이 그러한 설계를 만들어 내고 주도적으로 일한다면 보안 부서는 사업 촉매제가 되는 것이다. 이 모델의 장점은 향상된 이미지와 지원, 그리고 회사의 이익이다. 결점은 프로젝트 위험의 증가와 자금을 얻기 위한 추가적 노력이 포함된다.

*비전 모델(visionary model)*은 무언가 특별한 것을 만드는 데 주안점을 둔다. Telders(p.47)는 이러한 예로서 회사의 합병과 보안 책임자가 보안 통제를 통합하고 비용 저감을 책임지게 되는 경우를 들 수 있다. 이 모델은 다른 부서와의 밀접한 업무 관계를 필요로 한다. 장점은 더 좋은 보안과 산업 리더십, 결점은 프로젝트 위험과 연구 개발 지출이다.

대부분의 조직은 명쾌하게 한 모델에만 맞지는 않는다. 몇몇 작업은 모든 모델의 요소를 지니고 있을 수 있다. Telders(p.47)는 보안전문가가 한 가지 접근법에 묶여서는 안 된다고 말한다. 가끔은 생필품 모델 접근법이 가장 좋은 답이 될 수 있다. 왜냐하면 해결책이 잘 정의되었고 표준 대응책만 있으면 되기 때문이다. 한편으로는 혁신적인 방법들이 필요할 수도 있다: "안전의 전반적 기준은 유연해야 하고 각각의 문제에 대해 최적의 접근법을 알아야 한다." 최적의 접근법을 정하는 핵심은 자주 안전 조사나 감사를 통해 찾아지곤 한다.

보안 조사(survey) 혹은 감사(audit)

보안 조사나 **감사**는 객관적이지만 중요한 현장 검사이고, 사업·공장·공공/민간 기관 혹은 가정 등에서의 분석이다. 이미 존재하는 보안을 식별하고, 약점을 알아내며, 필요한 보호를 결정하고, 전체 보안을 강화하기 위해 필요한 보호조치를 결정하는 것이 그 목적이다. Brady(p.32)는 조사와 감사의 기술적인 차이를 이렇게 설명한다: "**보안 조사**는 주로 이미 존재하는 시스템이나 프로그램을 짜맞추는 데 비해… **보안 감사**는 이미 존재하는 프로그램 중 고객의 문서나 기대를 측정하는 방법이다." 실제로, 보안관리자들은 두 방법을 번갈아 사용하는 경우가 잦다.

Silverman(2004, p.54)은 "좋은 보안 감사나 조사는 상식과 경험, 날카로운 시선을 두루 갖추고 있다"라고 말한다. 실제 조사는 세부적인 목록 간 적절한 공간이 있는 체크리스트의 형식을 갖출 수 있다. 시설물의 항공 지도나 도표 등도 보안 조사에 자주 포함된다. 조사에 세부적 부분이 많을지 적을지는 전체적 지역뿐만 아니라 시설물로 통하는 모든 길들; 울타리, 경고 표지판, 주차금지 표지판 등 주변; 건설과 무단 접근이 가능한 건물, 자물쇠와 열쇠, 경보 시스템, 조명 등; 컴퓨터실을 포함한 제한 구역의 식별; 재산이나 정보에 대한 절도를 통제하기 위한 과정; 화재로부터의 보호, 긴급 대피 등의 직원 안전; 필요한 훈련과 책임을 통한 보안 인사; 모든 직원에 대한 보안교육 등에 의해 정해진다.

공격에 노출된 모든 잠재적 목표물들은 발견되어야 하고 이들에 대한 위험을 제거하거나 감소시킬 방법 역시 구체화되어야 한다. 순수한 위험 역시 식별되어야 한다. 예를 들어, 시설물이 사고나 방화, 차량 도난, 폭탄, 강도, 사기, 납치, 태업, 절도 혹은 기물 파손에 민감한가? 각각의 순수한 위험이 발견될 때마다, 적절한 보안 방법이 추천되어야 한다.

보안 조사(감사)는 전체 보안 시스템에 대한 중요하고 객관적인 현장분석이다.

조사는 발견되고 평가되어야 하는 보안 시스템의 요소들을 나열한다. 그림 5.8은 기본적인 보안 조사를 보여 준다.

Skorka(2004, p.40)는 모든 것이 한 번에 조사 혹은 감사될 필요는 없다고 말한다: "건물 관리자가 택할 수 있는 가장 이로운 방법 중 하나는 효과적으로 전자 접근 통제(EAC)를 사용하는지 위에서 아래로 내려가는 보안 감사를 실행하는 것이다.… 그러한 평가는 잠재적 위협이나 이렇게 하지 않으면 발견되지 않았을 '소프트 타겟(soft target)'을 발견할 수 있고, 이 목표물들을 견고하게 하고, 최고의 효율을 낼 수 있는 방법과, 시설물과 그 사람들을 보호하기 위한 기술을 제안한다."

보안 감사는 자주 직원들과 고객들에게서 그들이 보안 서비스에 만족했는지, 그리고 만약 그렇다면 왜 그러한지를 조사한다(McCoy, 2006, p.44). 그러한 조사는 조직 전체에 보안에 대한 경각심을 갖게 할 뿐만 아니라, 보안 부서에 대해 긍정적인 느낌을 갖게 해 준다. 예를 들어, 한 회사의 보안 조사 결과 많은 관리자들이 새 직원들을 뽑을 때 그들의 뒷배경을 조사하는 바람에 직원 채용이 늦어지는 것에 대해 불만을 갖고 있다는 것이 나타났다. 이 결과 보안 부서에서 뒷배경 조사의 중요성을 설명했고, 몇 주가 걸리던 조사를 단 3일 내로 줄이게 되었다.

연방 정부를 위해 일하는 사업과 산업들은 어떤 보안 기준에 합치되어야 하고 자기 내부 감사를 수행해야 한다.

J&B 혁신기업
미국 모처 123가
주말/공휴일 안전 체크리스트

지시사항: 모든 도구를 점검하시고 일반적인 안전이 검사되었는지 확인하신 뒤, 아래의 체크리스트를 보세요. 굵은 글씨체의 체크리스트가 체크되지 않은 상태로 절대 시설물을 떠나지 마십시오. 접수데스크에서 긴급 연락망을 참조하시고, 리스트에 있는 사람 중 한 명에게 지시를 받으십시오. 다음날 해결될 수 있는 소소한 문제들은 아래의 비고에 기재해 주십시오. 이 체크리스트는 시설 관리자에게 다음날 제출되어야 합니다.

일반 안전 사항(각각 체크)
- ☐ **모든 담배불 소화**
- ☐ **모든 옥상문 시정**
- ☐ **모든 수도꼭지가 잠겼는가**
- ☐ **화재 위험이 있는 연화성 물질을 흘리지 않았는가**
- ☐ **분명하게 낡은 배선장치**
- ☐ **모든 방화벽 점검**
- ☐ 바닥 상태 점검
- ☐ 복도 상태 점검
- ☐ 계단 점검
- ☐ 조명(불이 나간 전구가 있는지)
- ☐ 응급구조키트가 보이는 곳에 놓여 있는지
- ☐ 소화기가 보이는 곳에 놓여 있는지

생산 지역(확인되지 않은 장치의 전원을 끄지 말 것)
- ☐ **창문이 열렸는지 확인**
- ☐ **컴프레서가 꺼져 있고 밸브가 열려 있는지 확인**
- ☐ **환풍기, 기계 전원 끔**
- ☐ 컴프레서실 잠금장치 확인
- ☐ 공기 호스 확인
- ☐ 휴게실이 비었는지 확인
- ☐ 조명 끔/야간 조명 켬

적재, 수령 지역
- ☐ **환풍기, 기계 전원 끔**
- ☐ **창고 문 확인**
- ☐ **배터리 충전장치 켬**
- ☐ 휴게실이 비었는지 확인
- ☐ 지게차 확인
- ☐ 창문 확인
- ☐ 조명 끔/야간 조명 켬

재고/저장소
- ☐ **재고 잠금**
- ☐ **저장소 창문 잠금**
- ☐ 휴게실 비었는지 확인
- ☐ 조명 끔/야간 조명 켬

사무실 지역(컴퓨터를 포함한 장비들의 전원을 끄지 말 것)
- ☐ **안전장치 잠금**
- ☐ **파일 캐비넷 잠금**
- ☐ 모든 사무실 문 닫음
- ☐ 조명 끔/야간 조명 켬

건물 외부
- ☐ **모든 외부 문과 창문 잠금**
- ☐ 외부발광타이머 조정
- ☐ 주차장 비었는지 확인
- ☐ 주차장의 문들 잠금

컴퓨터실(어떤 장치도 끄지 말 것)
- ☐ **문 잠금, 경보장치 설정**

체크리스트 완료(경미한 문제는 아래 비고에 기록)
- ☐ **건물 안전 확보**
- ☐ **보안경보 시험조정 및 장치**

위의 사항을 이해하였고 체크리스트 작성을 마쳤습니다. 다음 업무일까지 시설 관리자에게 제출될 것입니다.

작성자: ____________________

시간: __________ 날짜: __________

비고 ____

____

그림 5.8 기본적인 보안 설문조사

출처: J&B 혁신기업 제공

보안 조사를 시행하는 법

조사 항목이 개발된 다음에는 누군가가 직접 건물에 들어가 관찰하고 사람들과 이야기하며 필요한 정보를 얻어야 한다. 보통 보안 조사는 보안 담당자에 의해 실시되지만, 외주 컨설팅 회사가 이를 대신할 수도 있다.

보안 조사에 필요한 정보는 관찰과 대화에 의해 얻어진다.

평가는 내재적으로 직원들을 위협할 수 있다. 누구도 보안이 침해되는 것에 대한 책임을 지고 싶어 하지는 않는다. 그러나 조사 결과의 타당도가 높아지려면, 직원들은 솔직하게 대답해야 한다. 그러므로 직원들이 협조하고 정직하게 질문에 대답하도록 올바른 분위기가 형성되어야 한다. 가장 중요한 것은 정보가 요구되는 사람들에게(조사의 목표가 되는) 조사의 목적을 알리는 것이다. 이러한 설명이 없다면 인터뷰에 참여한 사람들은 그들이 "감시 하에" 있다고 생각할 것이다.

Koverman(2004, p.52)은 "전문적인 보안 프로그램에 대한 평가는 한 시설에 가

당신의 사업은 얼마나 취약한가?

- 당신과 당신의 직원들은 당신의 사업장을 열고 닫을 때 조심하는가?
- 당신은 장치와 설비 일련번호를 기록하고 있는가?
- 당신의 직원들은 채용 전에 완전한 검토를 받고 있는가?
- 당신은 최소량보다 많은 양의 돈을 지니고 있는가?
- 당신의 경보 시스템은 정기적으로 점검되는가?
- 당신은 키 컨트롤 시스템을 시행하고 있는가?
- 직원이 회사를 떠난 후 자물쇠의 열쇠가 바뀌는가?
- 당신의 안전 조합은 주기적으로 바뀌는가?
- 회사의 자동차가 문과 창문의 시야를 막거나 지붕에 올라갈 수 있는 용도로 쓰일 수 있는 위치에 있지는 않은가?
- 당신은 은행을 이용하는 경로와 계획을 다양하게 갖고 있는가?
- 당신의 직원들은 강도, 절도, 잔돈교체, 카드 위조 등에 대비할 수 있도록 훈련되었는가?
- 당신은 Operation Identification에 참여했는가?

그림 5.9 보안 설문조사 예시

참고: Operation Identification이란 개인과 사업자에 대한 강도 예방프로그램으로서 재산에 영구적인 식별 번호(대표적으로 운전면허 번호나 사업명)를 새겨 강도나 절도의 의지를 꺾는 것이다. 왜냐하면 기록된 재산은 사용이나 재판매를 위해 훔치기 어렵기 때문이다.

출처: Mecklenburg County 경찰서, 뉴욕 Charlotte

치있는 경험이 될 수 있고 또한 그래야 한다. 만약 평가가 전문적으로 행해지고 보고서가 객관적으로 쓰여졌다면, 이는 위험과 취약점에 대응하기 위한 주도적인 관리도구를 제공하는 일종의 파트너십으로 발전할 것이다"라고 지적한다.

보안 조사를 실시할 때는 1장에서 설명한 인터뷰 기법 중 다수가 적용가능하다. 메클렌부르크 카운티 경찰 당국은 보안 감사(그림 5.9) 중에 취약점을 평가할 때 물어볼 질문의 목록을 개발했다. 이러한 질문은 시설 및 단체의 다양성에 맞게 수정되고 적용될 수 있다.

결과 보고

조사가 실시되면, 위험 분석이 완료되고 위험을 처리하기 위한 대안이 선택되어, 정보가 결과를 보고 업무를 추진할 개인에게 전달되어야 한다. 정보는 최소한 다음과 같은 섹션을 포함하는 포괄적인 보고서로 작성해야 한다.

1. 도입 – 조사, 예상 위험과 전체 보안 시스템의 확인 요구 사항과 목표의 목적에 대한 간단한 요약, 또한 개발되고 시스템 평가에 사용된 조사에 대한 설명(조사 체크리스트 사본은 부록으로 보고서의 끝에 첨부해야 함)
2. 위험 분석에 대한 논의
3. 시스템의 장점 – 무엇이 잘 작동하는가
4. 시스템의 약점 – 취약성 및 잠재적인 위험 영역, 우선순위 순서로 정렬
5. 예상 비용과 절약, 변화를 만든 것에 대해 책임질 사람을 포함하여 위험을 관리하기 위해 권장되는 대안

전문 보안관리자는 자원의 배정 및 지출을 정당화하기 위해 조직 내 다른 부서와 마찬가지로 보안 프로그램을 양적, 질적으로 구체화하는 데 많은 시간을 투자해야 한다. 보안 조사, 보안 보고서 및 이러한 문서들의 사본은 기밀 문서로 취급되어야 한다.

Kovacich와 Halibozek(2004, p.28)은 "관리자는 위협의 심각성과 역할의 중요성에 대해 경영진과 직원을 판매하는 모든 제품과 같은 보안 프로그램에 내놓아야 한다"라고 역설한다. Vaughn(2006, p.44)은 다음과 같이 조언한다: "모든 비즈니스 프레젠테이션은 주의깊은 생각과 성공에 대한 계획을 필요로 한다. 의사 결정자는 개별 관리자 또는 그룹일 수 있는데, 예를 들면 집행위원회 같은 경우가 있다. 각각의 경우에, 기본은 동일하다. 성공적 제안을 위해서는 폭넓은 지지, 실질적인 콘텐츠,

좋은 디자인과 확실한 공표가 되어야 한다."

폭넓은 지지는 의사 결정자뿐만 아니라 프로그램에 의해 영향을 받을 사람 또한 관련시키는 것을 의미한다. 이것은 변화의 두려움 때문에 프로그램을 반대할 만한 사람을 포함한다. 내용은 너무 추상적이거나 너무 상세하게 되는 것 사이의 중간을 파고들어야 하고, Vaughn이 나열한 "M 자원(고위 관리자들의 주의를 끌)"을 포함해야 한다 : 어떤 돈, 재료, 방법, 의사록, 기계, 유지 보수, 관리, 시장이나 인력이 관여하고 있는가? 디자인은 형식의 수준에 따라 달라진다. 발표자들은 기업 문화를 이해하고 어떤 관행들이 일반적으로 조직 내 다른 비즈니스 단위에서 유사한 제안으로 표현되는지 이해해야 한다. 신뢰성은 매우 주관적이지만, 관객 밖으로 "범위를 뛰어넘고 그들의 선호에 맞추어주는 것은" 현명하다. Vaughn(p.48)은 프로젝트

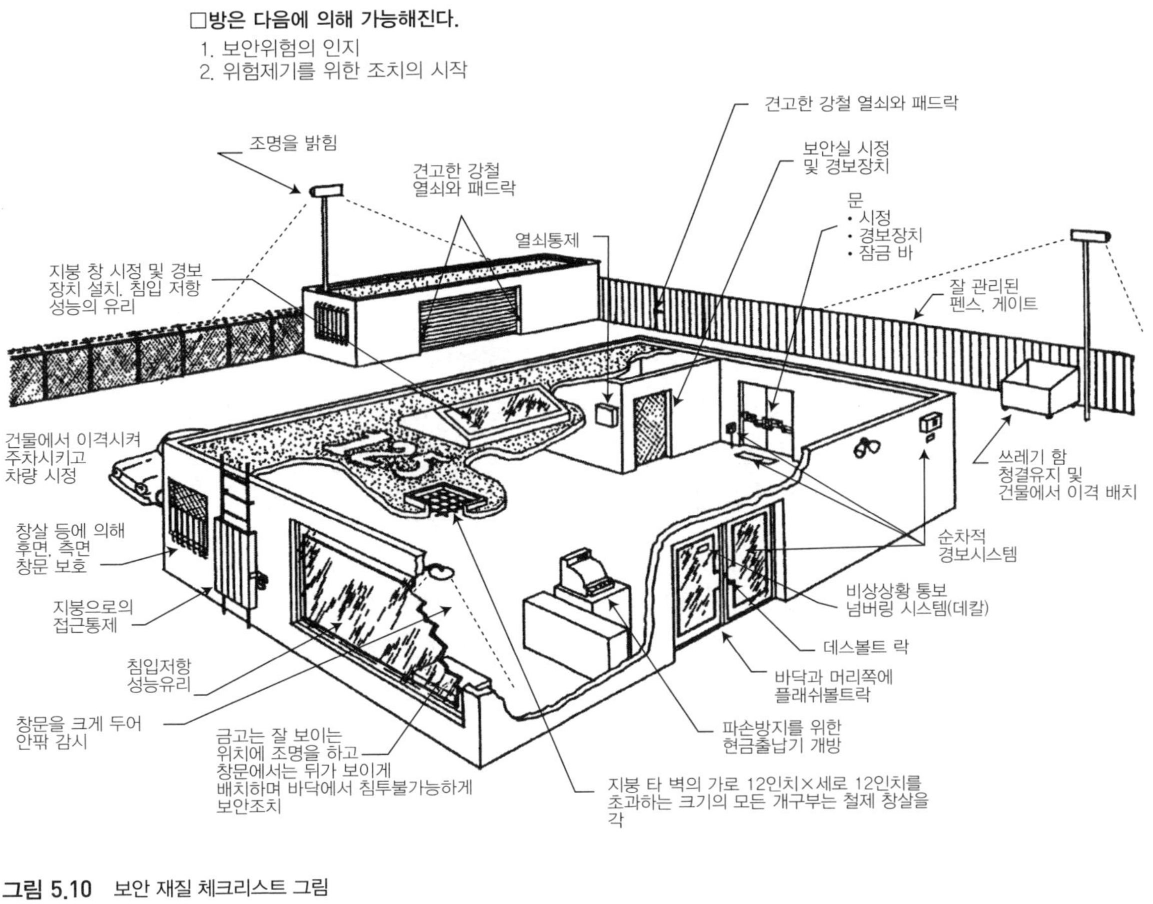

그림 5.10 보안 재질 체크리스트 그림

출처: Courtesy of the Mecklenburg County Police Department, Charlotte, NC.

이후의 제안을 위하여 장기적 신뢰와 지지를 얻기 위해 약속한 것을 성취할 때, 의사결정자에게 이를 알려줄 것을 권장한다. 즉, 효과적인 보안 제안 프레젠테이션은 다음을 포함한다(Vaughn, pp.44-48).

- 제안이 무엇인지와 왜 그것이 필요한지에 대한 명확한 진술
- 제안이나 그 배경으로 이어지게 된 문제 또는 기회
- 제안과 돈, 시간의 관련성
- 구현 계획
- 믿을 만한 신용증명서에 기초한 계획의 지지
- 주요 요점의 되풀이와 질문 기회

권장사항의 실천

권장되는 변경 사항을 구현하는 것은 관리자의 책임이다. 변경에는 절차를 수정하여 보안, 장비를 개선하거나 보안 장비를 업그레이드, 또는 인력을 추가하는 것 등이 포함된다. 일반, 가설적인 시설 도난의 방지를 위한 보안 조사를 통해 확인된 권장 보안 조치를 나타낸 그림 5.10에 설명된 예제를 보라.

Ahrens와 Oglesby(2006, p.82)는 대부분의 기업이 모든 것을 한번에 구현하기 위한 돈을 가지고 있지 않으므로, 그들은 몇 년에 걸친 보안 개선을 추진하여, 회사가 매우 큰 비용을 지불하는 것을 연기할 수 있도록 한다는 점을 언급했다.

예산은 언제나 모든 권장 변경 사항을 구현함에 있어 중요한 고려 사항이다. 예산 활동은 표 5.2와 같이 특정 범주로 비용을 나누어 계산될 수 있다. 예산 요구는 어느 정도 구현의 범위를 제한할 수 있다. 일부 변경 사항은 몇 주 또는 몇 달 동안 만들어지지 않을 수도 있지만 일정은 우선순위가 높은 변화가 먼저 이루어지도록 수립되어야 한다.

권장 사항을 구현하려면 또한 전술과 외교가 필요하다. 보안관리자는 설치의 전반적인 계획, 목표와 요구 사항을 인식해야 한다. 보안 시스템은 진공에서 작동하지 않고 이에 대한 이해와 사업이나 산업에 관련된 모든 사람의 지원 하에서 돌아간다. 따라서 보안관리자는 포용하고 신뢰를 구축해야 하며, 다른 사람들을 이해하고 그들의 요구와 희망사항을 존중하는 전문가의 역할을 해야 한다.

표 5.2 보안 예산의 예시

	투 자		수행 비용		
	예 방	손실 제한	예 방	손실 제한	보 험
업무적 보호					
일반 장비	X		X		
개별 장비	X		X		
감시					
식별 카드			X		
사람			X		
기술	X		X		
장벽, 자물쇠	X				
화재 대응					
예방	X		X		
진화		X	X		
회사 차원 건강 관리					
질병 관리	X	X	X	X	
보험					
회사 보험					X
개인 보험					
제품 면책보험					X
노동 시장 무과실 보험					X
면책보험					X
예비 장비				X	
회사 보호 질문에 대비한 훈련 및 정보			X	X	
총계					

출처: From Statsforetag AB, Skandia Insurance Co. and Skandia Risk Management Ltd., Stockholm, Sweden. Reprinted by permission.

보안 시스템 평가

보안 평가 또는 감사는 지속되어야 한다. 경영 전문가 피터 드러커는 이렇게 말했다 : "측정된다면, 관리하라." 보안 조사의 결과로 만들어진 모든 변경 사항의 효과는 연구되어야 한다. 예를 들어 직원 교육에 대한 필요가 확인되고 프로그램이 제정된 경우, 훈련의 효율성을 평가해야 한다. 정기, 예고 감사로 현금 취급이나 수표 교환과 같은 업무에서의 보안 절차를 확인하여야 한다. 몇몇 보안 시스템, 예

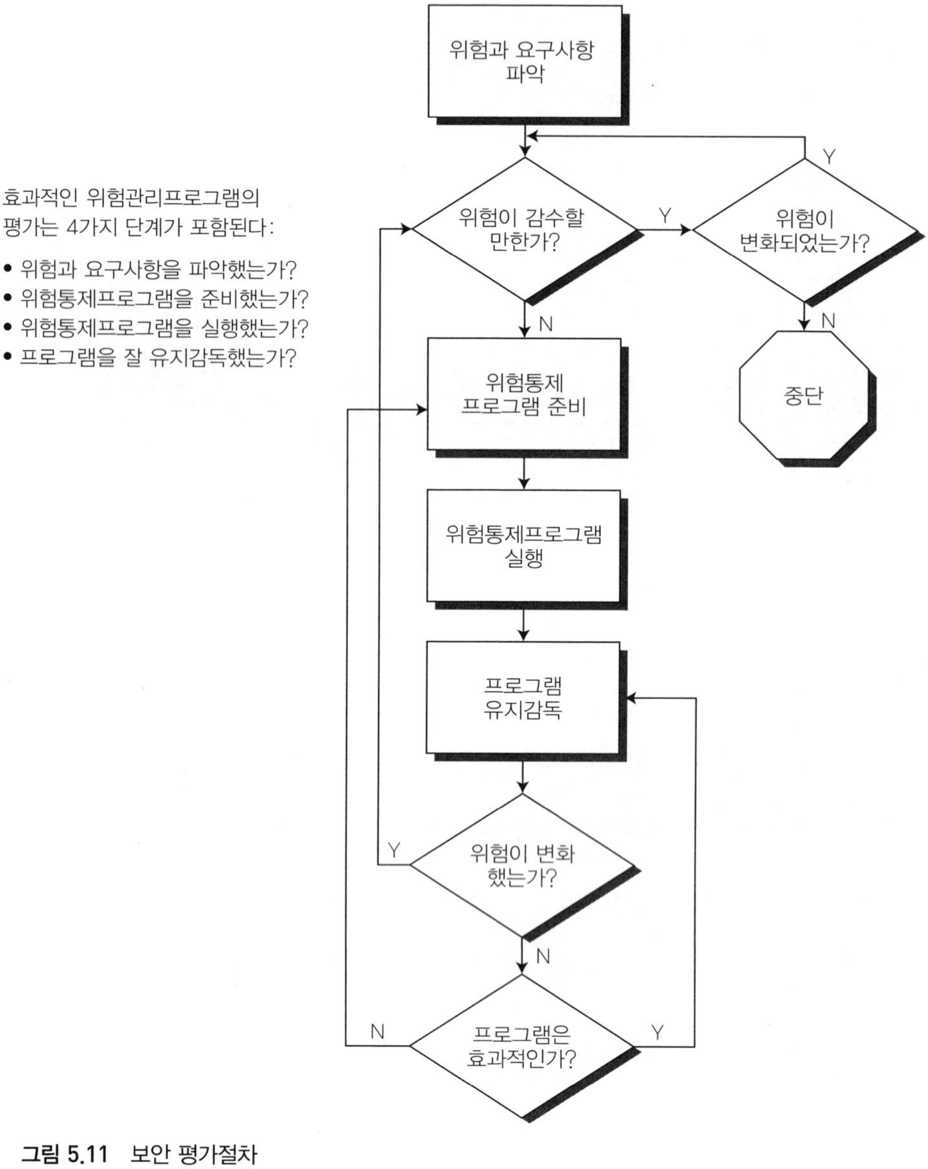

그림 5.11 보안 평가절차

출처: From Arthur D. Little, Inc., "Put Security to the Test." © 1994 ASIS International, 1625 Prince Street, Alexandria, VA 22314. Reprinted by permission from the December 1994 issue of *Security Management* magazine.

를 들어 마감 과정 같은 경우는 매일 체크된다. 다른 구성 요소는 검사의 정기 일정이 있어야 한다.

전체 보안 시스템의 요구 사항과 목표는 매년 재평가해야 한다. 기업이 성장함에 따라 또는 해당 지역이 변화됨에 따라 보안수요도 변한다. 도시 가로등을 설치하거나 지역 경찰에 의한 일상적인 순찰을 제공하면, 시설 자체의 외부 보안의 필요성이 줄어든다. 그러나 만약 근처의 기물 파손 및 범죄가 증가하면, 보안이 더 필요할 수도 있다. 그림 5.11은 일반적인 감사 과정을 보여 준다.

성공의 열쇠

노력이 성공으로 이어지려면 조직에서 중요한 새로운 사업을 시작할 때마다 다양한 기초적 요소는 제 위치에 있어야 한다. Microsoft사는 보안 위험관리를 위해서 선행되어야 하고 제 자리에서 유지되어야 할 사항에 대해서 아래와 같이 밝혔다.

- 경영 후원
- 위험관리 이해 당사자들의 리스트 작성
- 역할과 책임을 명확히 함
- 팀웍 정신
- 조직에 대한 총체적 시각
- 과정에서의 권위

Microsoft는 "보안관리는 총체적인 지원과 위임 없이는 실패한다. 보안 위험관리가 최상위에 위치한다면, 조직은 보안관리를 사업의 중요한 가치로 인식하게 된다"라고 주장한다.

요 약

- 위험관리자는 순수한 위험(어떠한 이득도 없는)과 역동적 위험(때로는 이득으로도 전환되는)을 분명히 인식해야 한다.
- 위험관리는 위험을 예상, 인식, 분석하는 것이며, 위험을 줄이거나 막고 그 결과를 평가하는 과정이다.
- 자산의 가치는 세 가지 평가요소에 기인한다. 그것은 조직에서 차지하는 전반적인 가치, 손실 시 초래되는 즉각적인 재정적인 영향, 간접적인 영향이다.
- 위험관리를 통한 체계적인 손실 방지는 위험 분석, 정책 수립, 계획에 대한 구체화 및 실행 정도를 포함한다.
- 위험 분석은 세 가지 요소에 집중된다. 취약성, 확률, 중대성이다.
- 한 번 위험을 인식하면, 위험을 다루기 위해서 세 가지 대안이 설정되어야 한다. 위험에 대한 대안은 위험 제

거, 위험 감소, 위험 전이 및 수용이다.

- 위험관리는 도덕적, 법적 책임을 수반한다.
- 질적 위험평가는 가장 중요한 위험을 재빨리 확인한다. 반면, 양적 위험평가는 가장 중요한 위험을 비용-효과의 균형을 위해 정밀하게 분석한다.
- 위험분석을 위한 도구로는 보안 조사와 전체 보안 시스템에 대한 객관적이고, 비판적인 분석이다.
- 보안 조사를 위해서는 개인에게 직접 해야 한다.
- 이런 정기적인 조사 외에도 보안 시스템을 지속적으로 개선, 발전시켜야 한다.

응 용

1. 당신의 삶 속에서 순수한 위험과 역동적 위험을 분석해 보라. 당신의 위험을 줄이기 위해서 특별한 조치를 취했는지, 효과가 있었는지 말해 보라.
2. 지역 호텔의 보안 관리자로서, 순수한 위험과 역동적 위험을 리스트화해 보고, 그것들을 우선순위화해 보라.
3. 회사 보안을 위한 조직관리의 책임을 지는 보안관리자로서 당신의 주에서 비용대비 효과성이 좋은 보안 프로그램을 얘기해 보라.

논의 사항

1. 당신의 회사에서 순수한 위험을 발견한다면, 이를 제거하기 위해 어떤 종류의 프로그램을 실행할 생각인가?
2. 역동적 위험에 대응하기 위해서는 보안 감독자에게 어느 정도의 책임과 권한을 부여해야 하는가?
3. 어떤 요인이 보안체계의 필요와 목표를 변화하게 하는가?
4. 보안조사를 구성함에 있어서는 어떤 영역에 가장 큰 중요성을 부여해야 하는가?
5. 보안 관리자가 직접 구성한 보안조사가 좋은가, 아니면 다른 사람이 개발해 놓은 것을 차용하는 것이 좋은가?

참고문헌

Aggleton, David G. "Designing Your Security Video System." *Security Technology & Design*, March 2005, pp.74–80.

Ahrens, Sean A. and Oglesby, Marieta B. "Levers against Liability." *Security Management*, February 2006, pp.80–84.

Almay, Ted. "Seeing the Risk through the Trees." *Security Management*, September 2006, pp.101–112.

ASIS/Security Management Survey of Security Directors. "Security Market Trends." *Security Management*, November 2007, p.27.

Bernstein, Peter L. *Against the Gods: The Remarkable Story of Risk*. New York: John Wiley and Sons, 1998.

Brady, Michael. "So You Want a Security Survey." *Security Technology & Design*, October 2004, pp.32–34.

Daniels, Rhianna. "Report Names Top Challenges." *Security Director News*, February 2007, p.8.

Enterprise Risk Management: An Emerging Model for Building Shareholder Value. KPMG (Klynveld, Peat, Marwick and Goerdeler), no date.

Enterprise Risk Management–Integrated Framework: Executive Summary. COSO (Committee of Sponsoring Organizations of the Treadway) Commission, September 2004.

Fay, John. "Security's Role in Enterprise Risk Management." *Security Technology & Design*, July 2005, pp.22–25.

Friedrick, Joanne. "Risk Assessment Is Foundation of a Strong Security Plan." *Security Director News*, December 2006, p.19.

General Security Risk Assessment. Arlington, VA: American Society for Industrial Security International, 2004.

Hess, Timothy S. "ORM=IRC." U.S. Kunsan Air Force Base, South Korea, Personal Correspondence, February 21, 2007.

Kovacich, Gerald L. and Halibozek, Edward P. "Make Security a Hot Product." *Security Management*, January 2004, pp.28–30.

Koverman, Robert. "Security Vulnerability Study: Requirements & Expectations." *Security Technology & Design*, January 2004, pp.34–37, 52.

Longmore-Etheridge, Ann. "Converging Goals." *Security Management*, January 2006, pp.92–96.

McCoy, R. Scott. "Better Service through Surveys." *Security Management*, May 2006, pp.44–46.

"Newspoll." *Security Director News*, January 2007, p.23.

Rejda, George E. *Principles of Risk Management and Insurance*, 10th ed. Boston, MA: Pearson Education, Inc., 2008.

"Risk Management Expert Unveils 'Lessons Learned' from 9/11/01." *PRNewsWire*, July 8, 2002. http://www.prnewswire.com/cgi-bin/stories.pl?ACCT= 104&STORY=/www/story/07.08-2002/0001759844&EDATE=. Accessed January 8, 2008.

Roberts, Marta. "From Back Burner to Business Imperative." *Security Management*, August 2005, pp.67–72.

The Security Risk Management Guide. Microsoft, October 15, 2004, updated March 15, 2006.

Silverman, Lionel. "Security System Audits and Surveys." *Security Technology & Design*, May 2004, pp.54-58.

Skorka, Donald. "Updating the Facility Security Process." *Security Technology & Design*, May 2004, pp.40–42.

Solensky, Edward, Jr. "Who's Liable Now?" *Security*

Management, March 2007, pp.80–88.

"Taking Risk Assessments to Extremes." *Security Management*, February 2005, p.14.

Telders, Eduard L. "Security as a Business Center." *Security Technology & Design*, February 2005, pp.44–47.

Vassar, Rick. *HIDE! Here Comes the Insurance Guy: A Practical Guide to Understanding Insurance and Risk Management*. Lincoln, NE: iUniversity Inc., 2006.

Vaughn, Robert H. "Presentation Prowess." *Security Management*, March 2006, pp.44–48.

Chapter 6

물리적 통제를 통한 보안의 강화

학습할 내용

- CPTED가 무엇이고 물리적 보안에 어떻게 적용되는가?
- 물리적 통제의 4가지 목적은?
- 물리적 보안에서 3중 방어선은 무엇인가?
- 기초적인 보안장비는 무엇으로 구성되는가?
- 보안들의 기능은 무엇인가?
- 경보는 어디서 받게 되는가?
- 다양한 감시시스템에 대한 일반적인 명칭은 무엇인가?
- 건축물의 구역은 어떻게 보안이 확보되는가? 건물 외피? 내부?
- 물리적 보안의 선택을 위해서 어떤 요인들이 균형을 유지해야 하는가?
- 보안의 인적 요소들은 무엇으로 구성되는가?

개념정의

건물 외피	동심원이론	메타분석
물리적 보안 족흔적	방어공간	범죄예방환경설계
생체인식	영역성	와치클락
자연적 감시	접근통제	책임제한 조항
커미셔닝	크래시바	패닉바
활동의 지원		

도 입

그동안 사람들은 자신의 생명과 재산을 보호하기 위해 물리적 수단을 사용해 왔다. 사람들은 고지대에 집을 건축하거나, 집 앞에 자갈을 놓거나, 땅 밑에 돈을 묻는 방법을 이용했다. 또한 침입자가 들어올 경로에 거위떼를 묶어놓는 방법, 보초, 야생동물을 쫓아 내기 위해 불을 이용하는 방법을 사용하였다. 현대의 물리적 장치들이 과거에 비해 정교하더라도, 생명과 재산을 해치는 위협으로부터 보호하고자 하는 기본적인 의도는 동일하다.

ASIS는 물리적 보안 전문가(PSP) 자격 프로그램을 운영하고 있다. 이 프로그램은 다음 세 가지 영역을 다루는 시험이다(*Physical Security Professional (PSP) Examination Structure and Content*, 2007).

- 물리적 보안 평가(전체 시험 문제 중 41%) — 자산 평가, 위협의 특징, 물리적 보안조사 및 위험 분석 평가를 포함한다.
- 물리적 보안 장치 선택(전체 시험 문제 중 24%)
- 물리적 보안의 실행(전체 시험 문제 중 35%)

첫 번째 시험 영역은 제5장에서 다루어진 내용이다. PSP시험의 두 번째와 세 번째 영역은 본 장에서 다루게 될 주요 내용이다. 여기에는 CPTED의 기본 개념에 대하여 간단한 소개를 시작으로 기본적 물리 장치에 대하여 논의할 것이다. 기본적인 물리 장치에 대해서는 건물 주변, 건물 외곽, 건물 내부로 방어를 세 가지 영역으로 구분하여 논의할 것이다. 그 후 기본적인 물리적 장치인 자물쇠, 조명, 경보(alarm)에 대하여 설명할 것이다. 마지막으로 감시 시스템, 기타 물리적 장치에 대한 논의와 이러한 수단들이 통합적인 보안 시스템으로 조합될 수 있는지에 대하여 알아 볼 것이다.

여기서 다루는 내용은 대부분의 시설에서 적용될 수 있는 일반적인 절차이다. 산업, 상업, 공공 기관에서 필요한 추가적인 절차는 이후의 장에서 다루어질 것이다.

CPTED

보안 설계에 있어서 중요한 개념 중 하나는 **범죄예방환경설계**(Crime Prevention Through Environmental Design)로, 일반적으로 **CPTED**라고 불린다. 국제 CPTED협회(ICA)에 따르면 "CPTED는 적절한 설계와 물리적 환경의 효율적인 사용이 범죄와 범죄 두려움의 감소로 이어질 것이며, 궁극적으로 삶의 질이 향상된다는 전제를 하고 있다."

Jane Jacobs가 *The Death and Life of Great American Cities*에서 도시 황폐화, 사회적 교류, 범죄 사이의 관계를 연구하면서 CPTED의 개념은 1960년대 초에 보안 설계의 방법으로 주목받기 시작하였다. Jacobs의 연구를 바탕으로 Angel(1968)은 특정 영역의 환경이 범죄자들로 하여금 범죄의 대상이 되기 쉽도록 한다는 점을 인식하여 지역 주민들이 범죄 예방에 더욱 적극적인 역할을 할 수 있다는 점을 제안하였다. 1969년 건축가였던 Oscar Newman은 국립사법연구소(National Institute of Justice)의 위촉을 받아 범죄 피해자가 될 수 있는 위험과 물리적 환경 사이의 관계에 대하여 연구하였다. 그는 1972년에 연구결과를 모아 *Defensible Space: Crime Prevention through Environmental Design*을 출판하였다. Newman은 **방어 공간**(defensible space)을 "주민들이 환경을 통제할 수 있도록 조합하는 구조의 범위"라고 정의하였다.

Newman이 그의 방어 공간 이론을 발표하는 가운데, C. Ray Jeffery는 *Crime Prevention through Environmental Design*(1971)이란 저서를 통해 현대 보안의 기본적 전략으로 자리잡은 CPTED의 개념을 제시하는 역할을 하였다(Robinson, 1998). CPTED는 이제 ASIS 회의, 세미나 그리고 전문 프로그램에서 매년 제공되는 기본적인 과정이 되었다. 또한 CPTED는 전국편의식품업소협회(National Association of Convenience Food Stores) 회의에서 중요하게 다루어졌으며 미국건축연구소(American Institute of Architects: AIA)의 '디자인 기술엑스포 2008'에도 언급이 되었다.

Crime Prevention Through Environmental Design은 보안 설계 분야에서 기본 개념이다. CPTED는 물리적 환경을 효과적으로 이용하고 변화하는 것이 범죄의 위험과 실현을 감소시키고 삶의 질을 향상시켜 범죄자의 행동에 영향을 미치게 된다는 점을 전제로 한다.

CPTED는 영역성, 자연적 감시, 활동의 지원, 접근 통제라는 네 가지 주요 전략을 바탕으로 한다(National Crime Prevention Council, 2004).

- **영역성** : 사람들은 자신의 영역이라고 느끼는 영역을 보호하고 타인의 영역을 존중한다. 울타리, 도로 포장, 공공예술, 표지, 유지 및 조경활동은 자신의 소유권을 나타내는 물리적 방법이다. 소유가 확실히 표시된 공간에서는 침입자를 감지하기 훨씬 수월하다.
- **자연적 감시** : 범죄자들은 노출되기를 꺼려한다. 물리적 장치를 이용하거나 사람들을 배치하는 방법으로 노출을 극대화하는 것은 범죄 감소로 이어진다. 관목, 그림자, 창고(shed)와 같은 장애물은 활동을 관찰하기 어렵게 만든다. 조경활동과 조명은 집과 건물 내부뿐만 아니라 외부의 행인들이나 이웃의 자연적 감시를 촉진시키는 데 사용될 수 있다. 주차장 관리인이나 호텔 직원과 같은 "문지기(gatekeepers)"를 두는 방법을 통해 자연적 감시를 극대화하는 것 또한 중요하다.
- **활동의 지원** : 공개 공간에서 합법적인 활동을 장려하는 것은 범죄의 감소에 도움을 준다. 공원이나 지역 기관에 농구장을 설치하는 것은 청소년의 여가활동을 제공할 뿐만 아니라 외부인을 쉽게 알아볼 수 있게 하며 자연적 감지와 소유의식을 증가하는 결과를 가져온다. 사람들을 외부로 이끌어 함께 일하도록 하는 활동, 즉 대청소의 날, 블록 파티, 이웃지켜주기 단체, 주민회의 등은 범죄를 예방하는 데 도움을 준다.

- **접근 통제** : 입구, 출구, 울타리, 조경, 조명이 적절히 설치되는 경우 행인들과 자동차 교통이 범죄 감소로 이어지도록 전환시킬 수 있다. 접근 통제는 집 앞에 이웃이 있거나 사무실 전면에 접수원을 배치하는 방법처럼 간단할 수 있다. 다른 방법으로는 도로를 통제하거나 지역주차스티커(neighborhood-based parking sticker)의 도입이 있다.

이러한 요소들은 공원, 도로, 주택개발 등 공공 영역의 설계나 재개발에 사용된다. 몇몇 관할 구역에서는 종합적인 접근방법에 위의 요소들을 반영한다.

Newman의 방어공간 이론은 범죄활동을 제거하기 위하여 네 가지 요소가 설계 환경에서 고려되어야 된다고 가정한다. 네 가지 요소로는 거대 건물(massive building), 다수의 출구(multitude of exits), 범죄 지역 내 건축, "깨어진 유리창 이론(broken window syndrome)"이다(Barnard, 2006, p.118). 거대 건물과 여러 개의 출입구는 보안에 있어서 상당히 큰 의미를 가진다. 만약 건축물의 위치가 이미 범죄율이 높은 지역에 있다면, CPTED에서 다루어지는 방법들을 통해 범죄를 감소시킬 수 있다. 마지막으로 하나의 깨어진 유리창이 수리가 안 될 경우, 곧 깨어진 유리창이 늘어난다는 "깨어진 유리창 이론"은 중요하게 고려되어야 한다. "깨어진 유리창"은 잔디의 쓰레기, 관리되지 않은 정원, 벗겨진 페인트, 파손상태 등의 "무질서(disorder)" 또는 "무례한 행위(incivility)"의 표시를 의미한다. 이는 곧 주민들이 자신의 지역에서 무엇이 일어나는지에 대해서 관심이 없다는 것을 보여 준다. 지역주민들은 지역을 청소하는 데 적극적으로 참여하여 지역이 심미적으로 만족스럽도록 해야 할 것이다.

Barnard는 상황적 범죄 예방을 위하여 세 가지를 제안한다: (1) 순찰, 환경 변화, 보안 장치를 통해 범죄가 어렵도록 한다. (2) 감시, 순찰, 적극적인 주민 참여를 통해 검거의 가능성을 높인다. (3) 그래피티(graffiti: 낙서) 관리 프로그램의 실시처럼 노력한 결과(reward, 그래피티를 의미함)를 제거한다.

CPTED에 내재된 사전대응(proactive) 접근방식을 통해 보안 침해와 관련된 비용을 감소할 수 있으며 보험료, 사업 비가동 시간(business downtime), 자산의 수리 및 교체 비용을 줄일 수 있다(Macdonald and Kittteringham, 2004, p.129). 이뿐만 아니라 다른 보이지 않는 이점들도 있다. 예를 들어, Calgary에서 CPTED 훈련을 경찰과 보안회사에서 시작한 이후로 10년간 보안관련 비용이 감소하여 나타난 물질적인 이익뿐만 아니라 법집행기관, 보안회사, 도시 설계자, 건축업자 사이의 유대관계가 형성되었다. Calgary에서는 완성된 환경을 보완하기 위하여 주류판매점, 학교, 주차장, 길거리 상가(strip mall) 건축 허가 절차에서 CPTED 검사가 반드시 이루어지도록 하는 노력을 하고 있다.

Macdonald와 Kitteringham(p.132)은 자동차 절도, 공공시설 파괴(vandalism), 재물 파손의 대상이 되었던 1950년대 도심에 위치한 6층 주차전용빌딩(parkade)을 도심 특성의 한 예로 보여 준다. CPTED를 배운 학생들은 주차빌딩을 실습 장소로 사용하여 자연적 감시를 높이기 위해 조명이 개선되어야 한다고 지속적으로 권장하였다. 처음에는 주차시설 소유주는 의견을 받아들이지 않았지만, 범죄가 계속 증가하고 저녁 시간대에 사업이 점점 쇠퇴하면서 소유주들은 권장사항을 적용하였다. 이에 따라 밝은 백색 조명을 사용하였으며 반사 백색 페인트로 벽을 색칠하였다. 새로운 조명시설은 이전에 불법 사용자들이 숨었던 장소까지 빛을 비추게 되었다. 계단통(stairwell) 문은 계단통에서 범죄가 어렵도록 만들기 위해 제거되었다. 조명과 자연적 감시의 증가는 주차전용빌딩이 도둑, 강도, 그래피티 예술가와 다른 범죄자들이 불편하게 만들었다. 저녁 시간 사업은 범죄활동이 줄어들면서 활성화되었다.

McKay(2004, p.146)는 “CPTED가 40년 넘게 사용되면서 범죄를 감소시키고 지역사회 삶의 질을 향상하였다”고 말하였다. 하지만 그는 이제 CPTED의 한계와 이를 어떻게 개선해야 하는지에 대해 논의할 시간이 되었다고 밝혔다. 이 중 하나는 전통적 접근 방법을 확장하여 새로운 방법론인 행동기반설계(behavior-based design)를 도입하는 것이다. 행동기반설계는 사람이 환경과 상호작용하는 예측가능한 방법에 주목한다. 또한 바람직한 행동을 유도하는 데 가장 적합한 물리적 설정을 설계하는 데 필요한 요소들을 연구한다. 예를 들어, 유명해지거나 주목받고 싶은 열망은 1960년대 후반 그래피티 예술가들과 태거(tagger) 1세대가 자신의 표시를 벽에 남기는 행동으로 나타났다. 그들이 노출이 쉬운 장소를 노렸다는 점을 고려할 때, 조명 설치 등 전형적인 CPTED 대응방법은 사실상 범죄를 증가시킬 수 있다.

흥미롭게도, 이 “새로운” 방법론은 Jeffery가 CPTED 모델을 처음 제시하였을 때, 그것이 장소의 외부 환경과 범죄자의 내면 환경 모두를 포함하였기 때문에, 오늘날 많은 사람들이 생각하는 것만큼은 혁신적이지 않다. 하지만 그 이후로 CPTED에서 “내면” 부분은 외면되기 시작했다: “CPTED는 정부, 건축물, 학계, 회사에서 존재할 뿐, 범죄자의 내면 환경에 대해서는 고려가 거의 되지 않고 있다. 오히려 CPTED의 관심은 공간의 물리적 외면 환경에 집중하고 있다. 학계에서는 특히나 외부 환경에 관해서만 CPTED를 연구해 왔다. 이것은 현재 CPTED 연구의 심각한 한계점이다”(Robinson).

특정 상황에서 CPTED의 적용은 이후의 장에서 다루어진다. 지금은 기본적인 물리적 통제장치에 대해서 살펴볼 것이다.

물리적 통제 개관

보안에 대해서 생각할 때 사람들에게 가장 먼저 떠오르는 개념은 물리적 통제이다. CPTED에 대한 이전 논의에서도 강조되었듯이, 물리적 환경을 통제하는 것은 효율적인 보안 전략을 수립하는 데 중대한 영향을 미친다.

물리적 통제는 다음과 같은 방법을 통해 위험을 감소한다.

- 허가받지 않은 접근 통제
- 허가받지 않은 접근을 하고자 하는 시도 억제
- 허가받지 않은 접근의 시도 지연(delaying)
- 범죄자와 비범죄자의 위협 감지

그림 6.1의 **동심원 이론**(concentric zone theory)은 자산을 보호하는 데 있어서 자산의 가치가 더욱 귀중할수록 자산 주위의 보호층이 많아야 한다는 이론이다. 이러한 보호 동심원은 방어공간을 형성한다. 기업이나 조직의 보호공간은 3가지 구역으로 구분할 수 있으며 이들은 각각 물리적 보안장치 역할을 수행한다.

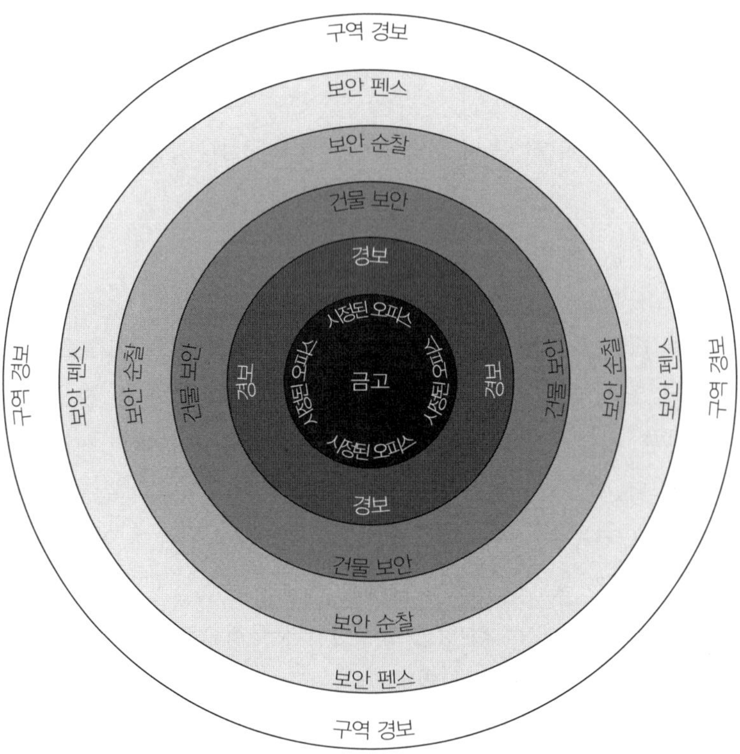

그림 6.1 물리적 보안의 동심원 층

보호공간의 3가지 기본 구역은 시설 경계, 건물 외곽, 건물 내부이다.

때로는 제조업 회사가 자체 토지에 위치한 경우처럼 3가지 기본 구역이 모두 설정되는 경우도 있다. 반면에 복합 업무빌딩에서 한 개의 방을 사용하는 소규모 회사의 내부공간처럼 한 개의 보호경계만을 가지고 있는 경우도 있다. 비록 회사 관리자가 건물관리자에게 보안을 보장하도록 압박을 줄 수 있지만, 실제로 개인 관리자가 할 수 있는 통제는 한계가 있다.

위의 3가지 층 혹은 구역에 대해서는 이후에 간단하게 설명될 것이다. 우선, 조직의 전반 보안시스템의 다양한 분야에서 일반적으로 사용되는 장치에 대해서 살펴보자.

기초적 보안 장치

세 가지 방어선에서는 -경계, 외곽, 내부- 기본적인 보안장치를 이용해 상당한 보안을 확보할 수 있다. 물리적 보안의 정도는 보안장치의 구성에 따라서 결정된다. 어떤 경우에는 단순히 자물쇠만 필요하다. 다른 경우에는 조명, 경보, 감시시스템이 추가적으로 필요할 수 있다.

기초 보안장치는 자물쇠, 조명, 경보, 감시카메라로 구성되어 있다.

자물쇠

자물쇠는 이집트에서 4000여년 이전부터 사용해 왔으며 그 이후로도 중요한 보안 장치 역할을 담당하였다. 자물쇠는 사실 가장 오래되고 널리 사용되며 가격도 저렴한 수단이다. 자물쇠를 통해서 지역, 건물, 방 혹은 사물함의 접근을 물리적으로 통제할 수 있다.

자물쇠의 주요 기능은 보호 구역으로의 접근을 억제하는 데 있다. 비록 어떠한 자물쇠도 의지를 가진 숙련된 사람에 의해서 해제될 수 있지만, 자물쇠는 칩입자가 접근을 하는 데 소비되는 시간의 양을 증가시켜 궁극적으로 검거가 될 가능성을 높인다. 게다가, 자물쇠는 강제로 침입하였다는 증거로 사용되어 보험을 청구할 때 필요한 증거가 될 수 있다. 자물쇠의 종류로는 열쇠형, 숫자조합형, 카드형, 전자형으로 나뉠 수 있다. Kozoil(2005, p.22)은 기계적 자물쇠에서 전자 자물쇠 시스템으로 가는 것은 복합적인 접근통제 시스템으로 가는 첫 단계라고 주장한다. 다음 단계는 컴퓨터 기반 자물쇠 시스템이다. 이 단계에서는 독립체계(stand-alone) 상태에서 배터리로 운영되고 프로그램을 기반으로 하여 감시 운영체계를 추적하고 접근통제를 시간에 따라서 조정할 수 있다.

열쇠형 자물쇠는 가장 쉽게 볼 수 있으며 운영방식이 간단하다. 조합형 자물쇠는 대체로 맹꽁이자물쇠(padlock)에 사용되거나 금고의 문에도 사용된다. 몇몇 조합형 자물쇠는 숫자판(dial)보다는 누름단추(pushbutton)에 의해서 조작된다. 한 개 혹은 수개의 버튼이 순차적으로 또는 동시에 눌러지는 형태이다. 이러한 자물쇠는 개인 방이나 거대 건물에서 반사적(semiprivate) 방의 입구에서 사용된다. 대부분 키패드(keypad)는 마이크로칩 기술을 사용하고 유연성(flexibility)이 있다.

카드형 자물쇠는 카드리더기 속에 있으며 출입 제한 통로나 문 근처에 설치된다. 승인허가된 카드가 카드홈에 삽입이 된 경우 소형컴퓨터는 자물쇠장치를 가동시켜 문을 열게 된다. 일부 카드형 자물쇠는 자물쇠를 작동시킨 사람의 정보와 시간이 자동으로 기록되는 기능을 가지고 있다.

Freeman(2004, p.12)은 "근접식 카드(proximity card)가 현재 어느 정도 최고의 자리를 차지(king of the hill)하고 있으며, 패스카드(pass-card) 기술을 계속 지배할 것이다"라고 발표하였다. 미국의 보안 사용자를 대상으로 실시한 조사에서 84%는 무선 주파수(radio frequency)를 이용한 근접식 카드를 접근 통제 방식으로 사용하고 있었다. 기업에서 대표적으로 사용되던 마그네틱 카드(magstripe card)는 이제 근접식 카드에게 자리를 내주고 말았다. 마그네틱 카드는 카드의 마그네틱 물질 줄무늬 위의 마그네틱 부분에 자기(magnetism)를 조정하여 데이터를 저장시킬 수 있다.

스마트 카드(smart card)도 인기를 얻기 시작하였다. 스마트 카드, 칩카드(chip card), 집적회로 카드(integrated circuit card)는 주머니에 들어가는 크기의 카드이며 카드 내부에는 정보를 처리할 수 있는 마이크로 프로세서가 내장되어 있다(Piazza, 2005, p.42). 2004년 8월 부시 대통령은 '국토안보에 관한 대통령 명령' Homeland Security Presidential Directive 12를 결재하였다(HSPD 12). 이는 정부조직 내에 표준 신분확인 형태를 발행하기 위한 의무적인 요구사항으로서 사실상 스마트 카드 기술을 승인한 것이다(Anderson, 2005a, p.27). 이를 통해 신분확인 카드를 발행하기 위한 새로운 연방 기준을 설정하였으며 모든 연방 정부 직원과 현장 계약자를 대상으로 하여 총 5천만 개의 증명서를 수반하게 되었다(Anderson, p.30). 스마트 카드의 컴퓨터 능력은 다른 이점을 제공한다: "직원들이 건물을 출입하기 위해 필요한 카드가 회사 식당에서 음식비를 지불하는 데 사용할 수 있으며, 동시에 회사에서 고도의 보안이 필요한 장소에 접근을 추적할 수 있다"(Feeser, 2005, p.60).

생체인식 **생체인식**(biometrics)은 상대적으로 복제나 도난의 위험이 있는 기존의 전통적인 "열쇠"나 접근 카드를 대체하면서 접근 통제방법에서 새롭게 주목을 받고 있다. **생체인식**은 개인만의 고유한 특징을 이용하여 개인의 접근 통제를 식별한다. 생체인식에서 bios는 그리스어로 생명을 의미하며 metron은 측정한다는 의미를 가지고 있다. 생체인식은 개인의 생리적 특징 또는 행동적 특징을 이용하여 개인 또는 개인의 특징을 파악하는 과학기술이다. 지문, 손바닥, 음성, 망막, 홍채, 얼굴 특징, 장문인식(hand geometry), 서명 등을 이용한 일부 생체인식 기술은 상대적으로 구축이 잘 되어 있으며 산업, 기업, 금융 및 은행, 정부 기관, 군 시설, 교육시설, 의료, 과학 및 연구 시설에서 광범위하게 사용되고 있다. 또한 최근 떠오르고 있는 생체인식 기술은 냄새, 걸음걸이(gait), DNA, 귀 인식, 손혈관 인식(vascular recognition, 손이나 손가락의 고유한 혈관 모양 이용)을 활용한다. 표 6.1에서는 다양한 생체인식 기술을 비교하고 있다.

Ryan(2004, p.17)은 생체인식의 두 가지 주요 기능인 신원확인(identification)과

표 6.1 A. K. Jain에 의한 다양한 바이오메트릭(생체인식) 기술

(H=High, M=Medium, L=Low)*

생체공학:	일반성	독특성	성능	자료 수집성	성능	수용성	우회침입성
안면	H	L	M	H	L	H	L
지문	M	H	H	M	H	M	H
장문	M	M	M	H	M	M	M
키스트로크	L	L	L	M	L	M	M
손정맥	M	M	M	M	M	M	H
홍채	H	H	H	M	H	L	H
망막스캔	H	H	M	L	H	L	H
서명	L	L	L	H	L	H	L
목소리	M	L	L	M	L	H	L
안면 온도계	H	H	L	H	M	H	H
냄새	H	H	H	L	L	M	L
DNA	H	H	H	L	H	L	L
걸음걸이	M	L	L	H	L	H	M
귀인식	M	M	H	M	M	H	M

*A.K. Jain은 생체인식 기술을 카테고리화하여 low, medium, high로 랭킹을 구분하였다. 낮은 랭킹은 평가에서 낮은 성능을 보였음을 의미하고 높은 랭킹은 높은 성능을 보였음을 의미한다.

출처: From Jain, A.K. (April 28–30, 2004) "Biometric recognition: How do I know who you are?", Signal Processing and Communications Applications Conference, 2004. Proceedings of the IEEE, 12th: 3–5.

검증(verification)에 대하여 설명하고 이 둘 사이의 중요한 차이점에 대해서 언급하였다. 신원확인(identification)은 "당신은 누구인가"라는 질문을 해결하기 위하여 데이터베이스에 등록된 개인들의 특징을 비교하는 것이다. 신원확인용 생체인식 시스템은 대상자의 인식 또는 동의 없이 사용될 수 있다. 예를 들어 큰 스포츠 경기나 대형 통행 중심지의 안면 인식이 해당한다. 반면에 검증(verification)은 "당신은 당신이 말하는 자가 맞습니까?"의 질문을 해결하기 위하여 개인이 등록한 데이터베이스의 특징과 해당 인물의 특징을 비교하여 개인을 인증하는 것을 의미한다. 생체인식 기술은 기존의 데이터베이스가 없고 생체인식이 허가된 상태에서 개인의 신원을 검증하는 데 사용되는 경우에, 미국 연방법에 어떠한 저촉이 되지 않는다. 데이터베이스가 있는 경우에는, 생체인식 기술은 개인의 신원을 파악하거나 개인이 위협을 가할 수 있는지를 파악해야 된다는 대중의 정당한 필요성이 있는 상황에서 신원파악을 하기 위해 법적으로 사용될 수 있다(Ryan).

비록 시민 단체에서는 계속적으로 이의를 제기하고 있지만 직장에서 생체인식으로 컴퓨터를 로그인하거나 직장의 출근 시간을 기록하는 대부분의 사람들은 생체인식 정보가 쉽게 복제되기 어렵다는 사실을 알고 있으며 정부가 거대한 조지오웰식 데이터베이스에 자신들의 생체인식 데이터를 수집하지 않는다는 사실을 알고 있다(Zunkel, 2005, p.46). 개인 기업에서 생체인식 기술의 사용이 증가하면서, 국제 생체인식 산업 협회(International Biometrics Industry Association)에서는 생체인식 데이터의 보안장치, 사적 분야에서 생체인식 사용 등록에 있어서 사용자에 대한 엄격한 통제, 사적 분야에서 생체인식의 사용을 규제하고 구분하는 법 등 프라이버시 원칙을 개발하였다. 몇몇 주(state)에서는 생체인식 수집 및 배포에 관한 개별 법을 통과시켰다.

Harowitz(2007, p.48)는 최근 몇 년간 연구를 통하여 생체인식 기술이 절대적으로 안전하지 않다고 경고하였다. 그녀는 흑연가루를 지문에 뿌려서 접착성 필름을 위에 올린 후 압력을 가하는 방법으로 지문 인식 시스템을 속일 수 있다고 한다. 홍채인식 시스템의 경우에 고해상도 사진에 눈동자를 위한 구멍과 고해상도 홍채 무늬를 인쇄하는 방법으로 눈속임을 할 수 있다고 한다.

사생활 침해 문제와 기술적인 허점에도 불구하고, Ryan(p.20)은 "생체인식 기술은 계속 이어질 것이다. 기술과 적용방법이 아직 초기단계에 머무르고 있지만, 기술적 진보가 성능을 높이고, 가격을 낮추게 되어 더욱 광범위하게 적용될 수 있을 것이다"라고 말하였다. 생체인식을 통해 얻을 수 있는 보안의 잠재력을 주장한 Kalocsai와 Imparato(2006, p.34)는 기술적인 진보가 안면인식 기술의 정확성을 향상하는 데 도움을 주었다고 밝혔다. 또한 대중의 인식도 이전과는 달리 부정적인 면이 줄어들고 있다. 엄격한 기준을 설정하는 정책적인 노력이 이루어진다는 점을 볼 때 안면인식 기술이 오래가는 보안 장치로서 발전될 수 있다는 관심을 이끌어 냈다는 것을 보여 준다. Ryan(2005, p.50)은 다음과 같은 결론을 내렸다: "생체인식 기술은 미국과 미국 시민들을 테러리스트, 범죄자, 신원도용자, 컴퓨터 해커, 기타 범죄인으로부터 보호하게 만들어 준다. 생체인식 기술은 발전의 속도가 빠르기 때문에, 상대적으로 속도가 느리고 정교한 법적 장치와 사회적 동의가 있을 때까지 기다려야 한다."

복합 장치 - 스마트 카드와 생체인식의 결합 보안능력을 강화하기 위한 방법으로, 조직에서는 다양한 생체인식기술을 이용한 스마트 카드를 개발하고 있다 (Piazza,2005, p.48). 복합 접근통제 장치의 한 예로 개인의 사진과 지문을 스캔하여 스마트 카드에 정보를 저장하는 방법이다. 이 발행된 스마트 카드는 카드를 사용하거나 사용하지 않는 환경에서 모두 사용할 수 있어 두 가지 기술을 사용하는 사용자들에게 접근을 할 수 있도록 도와준다.

특정 지역과 정보에 대한 접근을 통제하는 것뿐만 아니라 적절한 조명은 보안을 증가시킬 수 있다.

보안 조명

침입자들은 자신의 행동을 감추기 위해서 어둠속으로 숨고 싶어한다. 대부분 비거주지역(nonresidential) 침입절도의 대다수는 밤에 일어난다. 사실상, 상업지역의 침입절도 중 3/4은 조명이 없거나 거의 없는 건물에서 발생한다. 총체적인 조명시스템은 다음 네 가지 종류의 조명을 포함한다.

- 지속적 조명: 일반 스케줄, 보안 장소를 위하여 쓰임
- 예비 조명: 조명이 추가적으로 필요한 경우
- 이동식 조명: 조명이 부족한 지역에 필요한 경우
- 긴급 조명: 일반 전력 공급이 실패하였을 경우 대체 전력 자원으로 사용

적절한 실내 조명과 외곽 조명은 보안을 도모하며, 발생가능 침입자를 제거하며, 실제 침입자의 감지를 용이하게 한다.

다양한 범죄예방 프로그램의 효과성과 정책은 **메타분석**을 통해서 평가될 수 있

다. 메타분석은 양적분석 방법 중 하나로 여러 개의 유사한 실험을 평가한 뒤 각각 실험의 결과를 모아서 통계학적 유의성을 검증한다. 연구자들은 거리의 조명을 개선하는 것이 주요 평가항목이며 통제지역과 실험지역을 비교한 13개의 연구를 발견하였다. 메타분석을 통해 길거리의 조명이 개선되었을 경우 범죄율이 20% 감소하는 결론을 내렸다(Sherman and Schlossman, 2006). 흥미로웠던 점은 야간 범죄가 주간 범죄보다 더 감소하지 않았다는 점이다. 이는 상황적 범죄 예방 이론 중에서 지역긍지이론(community pride theory)에 부합하는 결과라고 보인다. 지역긍지이론은 개선된 거리의 조명이 지역사회 투자를 의미하며 이는 지역사회의 응집력과 비공식적인 사회 통제를 이끌어낸다고 본다. 연구자들은 거리 조명이 "범죄를 줄이기 위한 편리하고, 효과적이며, 값싼 방법"이라고 결론을 내렸다.

조명과 자물쇠의 추가적인 보안을 위해서 경보가 때로는 사용된다.

경 보

경보시스템은 갈리아 민족의 기습공격에 대비하기 위하여 로마인들이 거위를 이용한 390B.C.부터 이어졌다. 몇 세기 이후, 스코틀랜드의 발렌타인 스카치위스키 증류주 공장에서는 주변 경계를 위하여 거위를 사용하였다. 많은 집주인들은 개가 자신의 청각과 후각 능력을 이용하여 침입자들을 감지하며 그들에게 침입자가 나타나면 짖도록 하였다. 경보는 자물쇠가 계속되는 침입자를 막지 못할 경우에 효과적인 보충수단이 되어 왔다.

은행처럼 연방의 책임기관의 경우 법으로 경보시스템을 설치하도록 요구한다. 게다가, 많은 보험 회사들은 경보시스템을 장착한 기업에 대하여 할인 보험료를 청구한다. 경보는 침입자들을 감지하는 역할뿐만 아니라 화재를 감지하는 역할도 수행한다. 때론, 경보시스템을 통해서 온도, 습도, 물의 흐름, 전력사용, 기계 오작동 등 물리적 상황을 점검한다.

상품 잡지들을 통해서 우리는 경보시스템의 특징과 기능에 대한 정보를 얻을 수 있다. 경보시스템을 선정하는 데 있어서, 보안 담당자는 계약 내용에 주의를 해야 하며 책임 조항에 한계가 포함되어 있는지를 확인하여야 한다. **책임제한조항(exculpatory clause)**은 경보시스템이 어떠한 손해도 발생하지 않는다고 보장하지 못한다는 점에서 합리적이다.

경보 대응 위험을 감소하기 위한 수단 중 하나로 경보시스템을 장착하고자 할 때 경보가 어느 곳과 연결되어야 하는지가 보안담당자에게 중요한 문제이다.

경보시스템은 지역, 개인 자산, 중앙 본부(central station) 또는 경찰과 연결될 수 있다.

지역 경보(local alarms)는 어떠한 사람이 경보를 듣고 경찰에게 연락한다는 것을 전제로 한다. 이러한 경보는 가장 저렴하지만 아무도 듣지 못할 수도 있다는 점에서 가장 비효율적이다. 경보는 울릴지라도 사람들이 무시할 수 있으며 침입자의 경우 쉽게 이러한 경보를 차단할 수 있다. 게다가 다른 지역에 심각하게 방해가 된다.

개인소유 경보(proprietary alarms)는 지속적으로 사람을 배치하며 보안이 침해된 장소를 알리는 시각적 또는 청각적 신호를 이용한다. 이러한 시스템은 사유 재산 소유자에 의해서 소유되고 운영된다. Taylor(2006, p.8)는 중대한 경보가 관제센터에 포착이 되었을 때, 중대한 문제가 발생하였다는 것을 알리도록 인식하기 쉬운 시각적 또는 청각적 신호를 사용해야 한다고 한다. 전체 경보시스템의 조작은 운영자가 경보를 정확하게 판단할 수 있도록 제작되어야 한다.

중앙 본부 경보(central station alarms)는 개인소유 경보시스템과 유사하지만 관제팀의 감시가 경보의 위치보다 외부에 위치하고 있다는 점과 대체로 경보 회사와 계약을 통해서 이루어진다는 점이 차이점이다. 중앙 본부는 수백 개의 다른 회사들로부터 경보를 수집하게 된다.

경찰연결 경보시스템(police-connected alarms)은 전화를 통해서 가장 가까운 경찰서로 경보를 전달한다.

오경보(False alarm) 경보시스템이 물리적 통제에 있어서 중요한 수단임에도 불구하고 심각한 문제점을 가지고 있다. 바로 오경보이다. 90% 이상의 침입 경보 신호는 거짓경보로 판명이 났다. 이로 인해서 3장에 언급된 것처럼 불필요한 지출, 부적절한 대응, 경보시스템에 대한 불신을 가져오게 되었다.

오경보의 높은 발생률로 인해서, 많은 도시들은 경보가 즉시 경찰서로 연결되는 것을 금지하고 있다. 이러한 제한에도 불구하고 지역 경찰관들은 중앙본부나 사유지의 경보를 받아 출동하게 된다. 경찰서의 지침은 대체로 절도나 진행되고 있는 강도 상황을 긴급상황으로 간주하여 경찰관들로 하여금 최대한 빨리 대응하라고 지시한다. 이는 사건 현장으로 가는 경로에 위치한 일반인이나 대응 경찰관에게 문제가 야기될 수 있는 위험이 있다. 대부분 경찰서에서는 이러한 문제점을 줄이기 위하여 벌금을 부과하는 방법을 사용하고 있다.

오경보 문제는 많은 조직에서 경보시스템을 감시시스템(surveillance system)과 연계하면서 제기되기 시작하였다.

감시시스템(surveillance system)

많은 회사들은 보안요원을 대체하거나 보완하기 위하여 감시시스템을 사용한다. 감시시스템은 방어의 세 가지 선에서 사용할 수 있다: 경계, 건물의 출입구, 건물 내부의 특정 장소. Feeser(p.58)에 따르면 "감시 카메라는 보안시스템 설계의 접근통제에 있어서 중심으로 자리잡기 시작했다."

감시시스템의 유형으로는 아날로그/디지털 카메라, 인터넷 비디오 시스템, 그리고 적외선 또는 열감지 카메라가 사용가능하다. 감시시스템은 상시 운영되거나 필요에 따라서 감시되거나 되지 않을 수 있다. 가장 일반적인 감시의 유형은 CCTV이다.

CCTV 폐쇄회로텔레비전은 "다수의 비디오 카메라가 회선으로 연결되어 중앙 텔레비전 모니터에 보내지거나 기록되는 시스템"이다(Ratcliffe, 2006, p.3). CCTV 개념은 본래 민간 텔레비전 방송과 공영방송을 구분하기 위해서 사용되었다.

현재 CCTV는 다양한 비디오 감시 기술을 통칭하는 개념으로 사용된다.

일부 시스템은 방탄 케이스를 장착하거나, 야간투시 능력, 움직임 감지 또는 고도 줌, 자동 추적 장치 등을 이용하여 정교할지 모르겠지만, 대부분 현존하는 시스템은 기본적인 수준에 그쳐 있다. 가장 일반적인 CCTV 설치는 다수의 카메라가 통제실에 연결되어 있으며 그곳에서 운영자가 모니터 스크린을 감시하는 형태이다. 때론 운영자가 카메라를 움직이거나 기울이거나 확대할 수 있다. 기술이 발전하면서 카메라가 완벽하게 움직일 수 있으며 통제실은 필수적인 장치가 되었다. 또한 화면의 질을 향상시키기 위하여 광학 또는 디지털 줌, 색상, 픽셀 해상도에 꾸준한 개선이 있을 것으로 보인다.

감시 카메라는 공개식, 반공개식, 비공개식으로 구분할 수 있다. 공개식(overt) 시스템은 카메라를 대중에게 보이도록 노출하고 해당 지역이 CCTV 감시 아래에 있다는 표시를 둔다. 공개식 시스템은 범죄예방원리를 가장 잘 나타내지만 무단조작(tampering), 공공기물파손(vandalism)에 노출되기 쉽다. 반공개식(semi-covert) 시스템은 대중의 시야에 카메라를 배치하지만 카메라를 한쪽 방향에서만 볼 수 있는 투명한 케이스로 덮는다. 반공개식 카메라는 천장이나 천장 근처에서 달려 있는 검은색 돔 모양이 익숙한 모양이다. 이러한 감시 방법은 공개식 시스템의 범죄예방 원리에 부합할 뿐만 아니라 카메라의 손상으로부터 보호할 수 있다. 또한 이는 대중으로부터 누가 감시를 받고 있는지를 알지 못하게 하며 정확한 카메라의 수를 알 수 없다. 비공개식(covert) 시스템은 카메라의 위치를 숨기는 것을 목표로 한다. 이러한 시스템은 범죄 감지에 가장 적합한 유형이다. 하지만 이는 범죄자들 사이에서 정보가 유출되면 범죄예방 기능이 거의 없게 된다(Ratcliffe, p.22).

CCTV의 가장 큰 장점은 범죄를 저지한다는 능력에 있다. 자신이 감시되고 있다고 생각하는 사람들은 범행에 가담할 확률이 적다. CCTV의 범죄 감소 능력의 효과성을 측정하기 위해 이루어진 한 메타분석은 CCTV에 관한 개별적인 19개의 연구결과를 분석하였다(Sherman and Schlossman). CCTV는 연구의 핵심주제였으며 통제지역과 실험지역을 비교하였다. 몇몇 연구에서는 CCTV가 범죄를 줄여 주었다고 하였지만 그 외의 연구에서는 범죄에 명백한 영향을 미치지 않거나 오히려 범죄가 증가한 지역도 있었다. 하지만 19개의 연구를 메타분석으로 본 결과, CCTV는 통제지역에 비하여 실험지역의 범죄를 8% 줄여 주었다. CCTV는 도심 중심부나 대중교통 시스템에서 사용되는 것보다 자동차 절도범을 막기 위해 주차장에 설치하는 것이 훨씬 효과적이었다. 그리고 CCTV는 조명을 개선하는 것과 조합될 때 가장 효과적이었다. 범죄의 감소 외에도 CCTV가 가지는 장점으로는 범죄의 두려움 감소, 수사에 도움, 정보 수집 등이 있다.

아날로그 vs 디지털 카메라 아날로그 CCTV 시스템은 1970년대에 유명하였지만, 보안 문제가 심각해지고 기술이 진보하면서 아날로그 시스템은 가장 소규모 보안 환경에서 사용될 정도로 비효율적이라는 것이 증명되었다(Gorovici, 2004, p.40). 1990년대 중반 디지털 카메라 녹화 기술(DVR)이 등장하면서, 고해상도이자 저렴한 DVR은 VCR을 대체하게 되었다. DVR의 장점은 아날로그에 비해서 해상도가 우월하며, 저장공간도 늘어났으며, 유지 비용 및 시간을 줄여주고, 핵심 정보로 빨리 접속할 수 있다는 점, 그리고 녹화 조종이 용이하다는 점이 있다. 하지만 DVR이 감시 기술의 마지막 종착점이 아니었다. 판매자들과 감시 사업자들은 DVR이 아직 "최고의 자리"일지라도 네트워크비디오시스템(NVS)이 그 뒤를 쫓고 있다는 점을 밝혔다(Freeman, 2005b, p.14). 연구결과에서 보더라도 비디오 네트워크 사업이 아날로그에서 탈피하고 있다는 점에는 의심의 여지가 없다. 하지만 아무래도 일부 사용자들이 단순히 자신의 아날로그 시스템을 업그레이드하기 때문에 아날로그 시스템과 디지털 시스템은 동등하게 성장할 것이다.

아날로그 디지털 결합방식(analog-digital hybrid)은 현재 설치된 아날로그 기술과 새로운 디지털 장비를 이용하고 전통적인 보안방식과 IT기반 기술을 함께 사용함으로써 달성할 수 있다(Apple, 2005, p.68). 이러한 결합방식은 새롭게 등장하는 디지털 기술에 적합한 방법일 뿐만 아니라 사용자들로 하여금 자신의 좋은 아날로그 장비들을 버리지 않게 한다는 가능성을 보여 준다. 이러한 결합 해결방식은 오늘날의 저렴한 아날로그 시스템을 지원할 뿐만 아니라 전면 IP전환이 이루어질 경우에 인터넷 프로토콜(IP) 비디오 시스템이 준비될 수 있도록 케이블 인프라를 구축하는 데 도움을 준다.

인터넷 프로토콜(IP) 비디오 시스템 기업 네트워크의 사용이 증가한다는 점은 보안 사업에 있어서 가장 큰 전환점 중 하나이다(Anderson, 2005b, p.31). 감시 기술은 비디오가 회사의 데이터 네트워크로 전송될 수 있도록 발전하였으며, 이는 회사에서 어디든지 비디오 영상 공급이 가능하도록 만들었다(Piazza, 2006, p.92). 카메라는 다른 네트워크 장비처럼 IP주소를 제공받고 네트워크에 연결된다. IP 비디오는 근거리 통신망(LAN), 장거리 통신망(WAN), 무선 네트워크 또는 인터넷을 사용할 수 있다. 하지만 "내부 또는 외부 네트워크로 전송되는 비디오 정보의 보안문제는 중대한 고려사항이다"(Piazza, p.94). 게다가 "고해상도 IP기반 시스템은 고급 기술이지만 회사 네트워크의 데이터 양을 급격하게 증가시키고 대역폭(bandwidth)과 저장공간의 문제를 야기한다. 회사는 고해상도 비디오의 필요성과 이러한 기술이 녹화, 전송, 정보 저장으로 인하여 생길 비용 사이에 균형을 잘 맞추어야만 한다"(Spadanuta, 2007, p.80).

Freeman(2005a, p.16)은 "IP 비디오가 기업의 보안부서와 IT부서 사이의 관계에 있어서 사라진 마지막 연결고리일지도 모른다. 아날로그 카메라와 DVR에서 IP카메라와 NVR로의 전환은 기업의 보안부서에 중대한 임무이다. 이는 비디오 감시 시스템의 최종 디지털화 단계이기 때문이다"라고 썼다.

인텔리전트 비디오(Intelligent video) 인텔리전트 비디오는 과학기반, 컴퓨터 화면에 기반을 둔 소프트웨어로서 핵심 인지장치(core indicator)를 통해 화면을 분석한다(Daniels, 2007b, p.1). 비디오 장비의 가능성, 특히 디지털 비디오 장치의 경우는 빠르게 진보하고 있으며 다른 보안 기술에 비해서 영향력을 가지고 있다. Spadanuta(p.80)는 "비디오 동작 감지, 안면 인식, 물건 감지(left-object detection)와 같은 인텔리전트 비디오의 기능은 CCTV 세계에서 일반적으로 적용되고 있으며 비디오 감시가 이루어지던 방향을 전환하고 있다"고 밝혔다 인텔리전트 비디오 시스템은 화면에서 어떠한 물체가 추가되었는지, 화면에 고정된 물체가 사라졌는지, 물체의 속도와 방향, 물체의 크기와 물체까지의 거리를 알 수 있다(Aggleton, 2005, p.78). 알고리즘을 이용하여 물체를 감지, 분석, 추적할 수 있으며 사용자가 지정한 규칙을 위반할 시에 경보를 발동할 수 있다. 예를 들어 자동차가 30mph 구역에서 50mph로 과속할 경우이다.

인터넷전화(Voice Over Internet Protocol: VoIP) "VoIP는 훌륭한 미래를 보장하는 강력한 기술이지만 아직 그 실행 단계는 평탄하지 않다"고 Feeser는 말했다(p.61). 이 기술은 보안 담당자로 하여금 원거리 지역에서 어떠한 일들이 발생하는지를 들을 수 있으며 해당 장소에 전달할 수 있도록 하여 감시 시스템을 한 단계 높일 수 있다. 양방향 대화는 인터넷을 통해 완벽하게 전송된다. 네트워크를 통해 공유되는 음성 및 데이터 통신은 효율성, 비용 절감, 신뢰성을 가져다 준다(*Voice Over Internet Protocol*, 2007, p.1).

야간 카메라 Davis(2007, p.59)는 인류가 불을 발견한 이후로, 인간은 어둠에 빛을 밝히기 위해 사용하거나 거주지에서 늑대들을 쫓기 위해 사용하였다. 비록 우리의 조상이 다른 종류의 위협에 대응한 것이지만, 현대의 보안문제도 "밤에 부딪히는 일들"과 관련이 있다. 가장 일반적이고 잘 알려진 야간 시야 기술은 영상증폭 기술(image intensification)에 기반하고 있다. 영상증폭 기술은 더 좋은 화면을 얻기 위하여 시야 내 적외선과 근처의 적외선을 극대화하는 기술이다(Clemens, 2007, p.28). 영상증폭 기술과는 달리, 열이미지 처리법(thermal imaging)은 모든 물체가 자신의 온도를 유지하기 위해서 적외선 에너지를 방출한다는 사실을 바탕으로 운영된다. 열이미지를 이용한 야간 시야 기술은 열이미지 처리 기기를 통해 물체에서 방출되는 적외선을 수집하여 전자영상을 만드는 것이다. 열이미지 영상기는 주위의 빛에 상관 없이 작동하며 연기, 안개 등 방해물을 투과할 수 있다(Vallese, 2007, p.51).

감시카메라의 또 다른 발전은 스마트 야간 시야 기술이다. 이는 도심 환경에 사는 사용자들의 요청에 따라 특별히 고안된 기기를 이용한다. 스마트 야간 시야 기술은 백화점 주차장에서부터 어두운 골목에 이르기까지 어떠한 환경에서도 사용된다(Hopkins, 2007, p.89). 이 기술은 아주 어두운 대상도 픽셀을 높이면 조명을 조절하여 빛과 어둠을 구분할 수 있는 "스마트한" 장치를 제공해 준다.

다음 절은 보안 감시 시스템과 관련된 몇 가지 우려 사항들을 논의한다.

보안, 감시 그리고 사생활 침해에 대한 우려

미국에서, CCTV와 관련된 사생활에 대한 이슈는 정부기관의 불합리한 감시로부터 국민들을 보호하기 위한 미국 헌법 4차 개정 때 처음으로, 그리고 가장 중요하게 다뤄졌다. 하지만 법원은 헌법의 강조점을 장소가 아닌 개인을 보호하는 데 두었다. 결과적으로, 적어도 공적인 공간에서는 사생활을 보호받는 것을 기대할 수 없게 되었다. 사생활에 대해서 합리적으로 기대한다는 것의 의미는 주관적일 수 있지만, 공공장소에서 개인이 CCTV 비디오에 녹화된다는 것은 CCTV 사용이 헌법적으로 용인할 만한 것으로 인식된다는 것을 의미한다.

Gips(2007, p.18)는 CCTV를 입법화하려는 사법권의 트렌드에 대해서 언급했다. 예를 들어 시카고와 밀워키에서는 바와 나이트클럽 내에서 감시용 카메라를 설치해야만 한다. 볼티모어 카운티는 모든 쇼핑 센터에 CCTV를 설치할 것을 요구했다. 캘리포니아의 El Cerrito에서는 법령으로 73개의 지역 내 사업소의 모든 출입구에 감시용 카메라를 설치할 것을 명령했다(Daniels, 2007a, p.1). 법집행기관들은 이런 공간들은 과거 심각한 범죄가 일어났던 곳이기 때문에 이런 감시 기술을 통해 이익을 볼 것이라 생각한다.

하지만 이런 법령들은 개인의 사생활 권리와 표현할 권리를 침해한다. 보안전문가들은 CCTV같은 시설을 설치하는 것은 자원을 잘 활용하는 것이 아니며, 법적인 책임을 져야 할 수도 있는데, 이는 특히 CCTV 녹화를 하면서 실시간 모니터링은 하지 않는 곳에서 특히 더 그렇다(Gips). 비록 사업장에 CCTV는 녹화되고 있을 뿐 실시간 감시를 하지는 않는다고 공지했어도, 개인이 카메라 시야 범위 내에서 피해를 입었다면 항의를 할 수 있다. 레이저에 기반한 감시 또한 사생활 침해 우려를 낳고 있다.

레이저에 기반한 감시

Oak Ridge 연구소의 에너지부서는 고해상도 감시와 개인의 사생활 보호 사이의 균형을 맞추기 위해서 레이저에 기반한 감시 시스템(Laser-Based Item Monitoring System: LBIMS)을 개발하였다. 이 시스템은 상표정보나 사생활 우려로 인해 CCTV 비디오의 사용이 어려운 곳을 위해 고안되었다("Laser-Based Device Offers Alternative," 2007). 레이저 기반 감시는 가치가 높은 상품의 위치에 태그를 붙여 정확한 위치를 파악하는 방식이다. 레이저 스캔은 센티미터 단위의 작은 움직임도 포착하기 때문에, 조금만 건드려도 그 움직임을 즉시 포착한다.

다음으로는 기본 보안 장비들이 방어선에서 어떻게 사용되는지 경계(perimeter)부터 알아보자.

경계(The Perimeter)

시설의 위치는 그것의 보안 필요성에 영향을 주고, 새로운 부지를 선정할 때는 더 주의 깊게 고려해야 한다. 범죄율이 높은 지역인지, 충분한 조명등(가로등)이 있는지, 주 집행 기관이 그곳을 순찰하는지를 말이다. 시설 주위에 공터가 있다면, 시설 둘레에 보안 시설을 갖춰야 한다. 경계 둘레의 장벽은 시설의 영역을 제한하고 출입을 제한하는 방어 제1선이다.

시설의 경계는 장벽이나 게이트 자물쇠로 물리적으로 관리할 수 있다. 주차장이나 차고지, 진입로 등은 추가적인 계획이 요구된다. 경계의 배치와 단정함은 중요한 요소이다.

펜 스

몇몇 시설은 자연 장벽에 의해서 보호되는데, 앨커추래즈(Alcatraz) 감옥처럼 물이 주위를 둘러싸고 있는 경우이다. 하지만 보통은 반드시 장벽이 설치되어서 침입자들에게 물리적, 심리적인 억제작용을 해야 한다.

펜스의 두 가지 형식은 장식용과 체인 연결 방식이다. 장식용 펜스는 기능적이며 미적이다. 펜스의 재료로는 강철, 알루미늄부터 단철 등이 있다. 장식용 펜스는 억제 효과뿐만 아니라, 목재 펜스보다 내구성도 뛰어나다. 또한, 이런 펜스에 센서를 장착해 놓으면, 다른 펜스보다는 오경보가 울릴 가능성도 낮다(Taxler, 2005, p.88).

미적인 요소가 주 고려대상이 아니라면, 체인 연결 방식이 유용하고 가격도 효율적이다. 체인 연결 방식 펜스에 레이저나 가시가 돋친 줄을 장착해서 보안 특성을 강화할 수 있다. 많은 회사들이 이 두 가지 방식을 혼용하는데, 사람이 많은 곳에서는 장식용 펜스를 주로 사용하고 다른 곳에서는 체인연결 방식을 사용한다. 예를 들어, 산업시설과 관광객이 중복적으로 겹치는 곳의 경우 방문 센터에는 장식용 펜스를, 중요 산업시설 접근 제한을 위해서는 체인 연결 방식을 사용한다. 이런 방식은 돈을 절약함은 물론이고, 이런 조합을 통해서 체인 연결 방식 펜스는 공적인 공간과 사적인 공간을 구별해 준다.

펜스의 위치는 시설의 근접성과, 주위에 올라탈 수 있는 물체, 이웃 주민 지역과 출입구의 성격에 따라 고려해야 한다. 일반적으로, 펜스는 건물에서 될 수 있으면 멀리 떨어져 있어서 최적 경고 발령 시간을 확보하게 해야 하고, 전신주나 큰 나무에서 적어도 10피트 이상 떨어져 있어야 한다.

보안을 최대한 높이려면 문이나 파이프, 슈트(chutes), 지하배수로, 상수도, 전선관, 하수구, 엘리베이터 같이 모든 개방되는 공간들은 보안처리해야 한다. 경계에 개방되는 공간들은 기능적인 이유로 영구 폐쇄해서는 안 되고, 96제곱인치 이상은 모두 빗장을 걸거나 망을 쳐야 한다. 펜스 라인을 따라서 게이트가 있다면 적절한 자물쇠나, 추가적인 감시 설비를 통해 출입구의 보안을 강화해야 한다.

경 보

펜스나 게이트, 그리고 모든 경계의 개방형 장소에는 경보 시스템이 연결되어 있다. 이런 센서 장치들은 적절히 사용되어 유지된다면 물리적인 장벽이나 탐지장치가 된다. Reddick(2005, p.42)에 따르면 "현대 기술 진보와 실제 세계에서의 수년간의 경험이 믿을 만하고 가격이 적절한 실외 센서들을 만들어 내고 있다고" 했다. 센서가 장치된 펜스들은 적당한 날씨 조건에서 작동되도록 맞춤 시설이 되어야 하고, 주기적으로 테스트해서 오경보를 발동하지 않도록 해야 한다.

경계 조명

경계 상의 적절한 조명을 두는 것은 최상의 고려 대상이다. 조명은 크게 네 가지 유형으로 쓰인다.

- 투광조명등은 경계나, 펜스, 건물 부분에 빛줄기를 모아서 쏘기 때문에 위치가 적절하다면 어느 곳에서 보든 충분한 빛을 볼 수 있다.
- 가로등은 빛이 적절히 퍼져서 낮은 강도로 쏘기 때문에 주차장이나 창고에서 이용된다.
- 집광조명(fresnel)은 길고, 좁고, 수평으로 빛을 발사하기 때문에 눈부심이 없다.
- 서치라이트는 고정시키거나 휴대할 수 있는데 비상시에 일정한 장소에 빛을 강렬하게 쏠 경우에 사용된다.

경계 조명은 보통 투광조명등을 사용하는데 이는 실내에서 밖을 볼 수 있지만 실외에서는 실내를 볼 수 없게 하기 위해서이다(그림 6.2를 보라). 비록 눈부심이 침입자를 억제할 수는 있지만, 교통상의 위험을 야기하거나 이웃에게 방해가 될 수

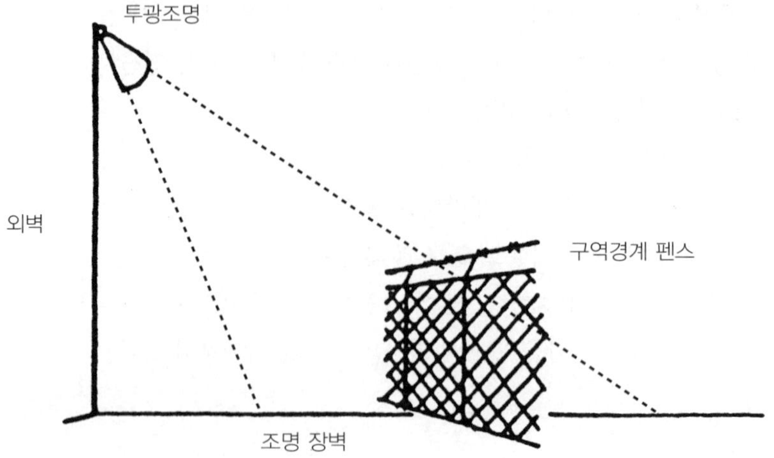

그림 6.2 조명 장벽

있다. 그러므로 이 조명 기술이 항상 사용가능한 것은 아니다.

감시 카메라

주변 감시 시스템은 보통 경계 펜스 및 조명과 연관되어 있다. 산업 플랜트나 다른 시설의 경우 건물 밖의 부지가 광활하기 때문에 단순히 순찰을 돌거나 펜스를 통한 보안보다는 보안센터에서 모니터링을 통한 감시를 하는 것이 더 효율적이다.

차량 통제

"차량 장벽은 천년 전부터 존재했던 것이다. 그것은 폭탄물을 실은 차량 공격처럼 테러리스트들의 흔하면서도 치명적인 무기를 막는 제1방어선이다"(Kessinger, 2004, p.57). 장벽은 통행자들에게 해를 가하는 것이 아니라 보호를 위한 적절한 조치로 인식되어야 한다. 위험의 정도에 따라 다양한 형태의 장벽이 존재한다. 형태에 따라 고정되거나 이동가능하다.

능동적인 장벽은 사람이나 장비를 통해서 움직여져야만 차량의 진출입이 가능하다. 이것으로는 바리케이드, 차량 진입 방지용 말뚝, 빔이나 게이트 등이 있다. 차량 방지용 말뚝은 4 피트 깊이로 기둥을 박는 것이다. 이는 다목적의 장벽이고 고정하거나 움직일 수 있다.

수동적인 장벽은 움직일 수 없으며, 말뚝, 가드레일, 배수로, 쓰레기통, 벤치, 분수, 벽, 바위 등을 뜻한다. 쐐기 모양의 장벽은 사각형 플랜트로 도로로부터 24인치에서 38인치까지 높여져 있고 45도 정도 기울어져 있다. 저시(Jersey) 장벽은 최대 30도 각도로 기울어져서 고속도로 분기점에서 차량의 진입을 억제하는 역할을 한다. 하지만 과속 운전자를 체포하기 위해 고안된 시스템은 아니다(Kessinger).

적절한 타입의 장벽을 택하는 것뿐만 아니라 적절한 위치를 택하는 것도 무척 중요하다. 폭발의 충격력은 거리가 멀어짐에 따라 급격히 감소하므로, 자동차 폭발로부터 가장 효율적으로 보호하는 방법은 완충 지대를 최대화하는 것이다. 완충 지대(Setback Zone)는 고립거리라고도 불리는데 테러리스트가 차량 테러 시 테러로부터 안전하기 위해 확보해야 하는 주차장과 건물 사이의 거리이다. 이 거리를 최대한 확보할수록 건물은 안전성을 보장받을 수 있다. 하지만 이는 실제 부지 가격의 문제로 비현실적이다. Kessinger는 도시 부지에서는 12피트 정도가 최대로 확보할 수 있는 안전거리라고 밝혔다.

순찰 : 순찰견과 경비요원

건물 경계는 또한 경비요원이 순찰견과 함께 순찰해야 한다. 경비견은 순찰견과 감시견으로는 분류된다. 보초견이나 순찰견은 끈에 묶여서 경비원과 함께 순찰을 도는데, 친근감과 안전함을 높여 준다. 그들의 예민한 후각과 청각덕에, 쉽게 침입자를 감지할 수 있다. 보초견 중에 독일 세퍼드나 도베르만 핀셔가 가장 비싼 경비견이다.

방범견은 건물 경계 안쪽이나 건물을 혼자 돌아다니며 침입자를 감지한다. 그들은 경보 역할을 하기도 하는데, 침입자에게 으르렁거리며 짖거나, 어떤 개들은 침입자에게 물리적으로 대항하도록 훈련받아 침입자를 공격하기도 한다. 방범견은 군대, 보안 회사, 자동차 영업사원, 약국, 창고 운영자나 큰 가게 등에서 이용된다. 종종 이런 경비견들은 임대되기도 한다. 보통 경비견은 단 한 사람에 의해서만 조종되므로 잠재적인 위험이 있는데, 특히 긴급한 상황에 있는 경찰이나 소방관들에게 해당한다. 경비견들은 비싸고 잠재적인 소송의 위험이 있고, 또한 총에 맞거나, 공격당하거나, 마취당하거나, 독살당할 수 있기는 해도, 아직 많은 조직에게 사용 가능한 대안이다.

몇몇 기관에서는 보안요원을 도보나 차량을 통해 순찰시킨다. 도보 순찰이 은밀히 다니기는 좋지만, 부지가 넓다면 가능하지 않은 사항이다. 순찰요원이 위험에 대처하지 못할 수도 있다.

표지판

표지판은 간단한 보안 도구이며 안내와 경고를 하는 데 사용된다. 예를 들면 "제한구역," "관계자 외 출입금지," "출입금지," "일방통행," "경비견 순찰 구역" 등이다. 이러한 경고표지판은 보안을 효과적으로 강화하고 범죄 의지를 꺾는 역할을 할 수 있다. 대부분의 주에서 표지판은 무단 침입에 대한 기소를 위한 법적 요구사항이다.

주차장, 차고, 진입로

종종 건물 경계 공간 중에 직원이나, 손님, 고객, 또는 방문객을 위한 주차장이 있는 곳이 있다. 몇몇 병원이나 정부기관, 큰 회사, 항공사, 호텔이나 카지노 같이 큰 기관이나 회사에는 건물에 붙어 있는 차고지나 진입로가 있어서 주차할 수 있는 공간을 제공한다. 한편 어떤 개인 회사는 주차 시설을 운영한다. 누가 주차장을 소유하거나 운영하는지에 상관 없이, 보안적인 고려사항은 동일하다. 주차장을 소유하거나 대여한 단체는 주차하는 사람을 보호하고 소송에 대한 책임이 있다.

주차장에서 발생하는 문제들은 명백하다. 고객이 폭행, 강도, 납치, 기물파손 등의 피해를 입는 것이다.

주차장 Tokaji와 Youngston(2004, p.51)은 다음과 같이 주장했다: "주차장은 위험한 공간일 수 있다. 조명 부족이나, 사각 코너, 그리고 지하 주차장에 과속 문제 등이다." 그들은 교통 패턴이나, 장벽, 초소, 빛, CCTV, 보행자 안전, 차량 속도와 콜센터 등에 신경을 쓴다면 주차장은 편리하고 안전한 공간일 수 있다고 주장한다.

이상적으로, 개인 차량은 건물 외곽 별도의 주차장에 주차되어야 한다. 짐 싣는 곳이나 창고 입구에 주차하는 직원이나 방문객은 안전 위험을 야기한다. 많은 절도가 퇴근하려는 직원을 기다리는 친구나 가족에 의해서 범해진다. 많은 전문가들은 직원이나 방문객이 차량으로부터 멀리 떨어져 있는다면 절도의 위험성을 줄어든다고 생각한다. 다른 이들은 차량으로부터 너무 멀리 떨어져 있는다면 폭행이나, 절도, 강간의 위험성에 처한다고 주장한다.

가능하다면, 개인 소유 차량은 건물 한쪽에 있는 주차장에 주차되어서, 건물 출입횟수를 줄여야 한다. 주차장은 적절한 배수로와 조명이 있어야 하고, 표지판과, 보행자 횡단보도도 필요하다. 때로는 스티커나 주차허가증을 발부해 주차장에 허가받은 자동차를 구분해야 한다.

차고와 진입로 Rich(2005, p.56)는 "미국에는 수천 가지의 주차 공간이 있는데, 그것들은 안전을 염두에 두고 디자인되지 않았기 때문에 안전 문제가 있다"라고 말했다. 두 가지 큰 문제점은 범죄와 보행자 추돌 사고인데 시인성을 높임으로써 이 문제를 해결할 수 있다고 주장한다. 예를 들어, 계단이 있는 공간이나 엘리베이터는 유리창이 많으면 많을수록 좋다. 은폐된 공간은 조명이나 조경을 통해서 해결할 수 있다. 또한, 접근성 제한, CCTV와 모니터링 또한 보안성을 강화하기 위해 이용될 수 있다.

또한 안전과 보안시설 등에 출입구를 두 개 이하로 제한하여서 출입에 대한 감시, 사각 지역에 있는 고객을 돕는 일, 쌍방향 스피커 이용, 보안요원 순찰 등을 강화할 수 있다(Jones, 2006, p.74).

물리적 외관과 외양

경계 양쪽에는 가능한 최소 20피트 이상의 클리어 존(비어둔 공간)을 꼭 유지해야 한다. 잘 정리되어 있는 상태를 유지하는 것이 외관상으로나, 보안상으로도 중요하다. 사다리나 쓰레기, 물건 더미가 펜스나 빌딩 근처에 있으면 침입자가 이용할 가능성이 높다. 나뭇가지나 생울타리는 2피트를 넘어서는 안 되고 건물에서 멀리 떨어져 있어야 한다. 잡초는 제거되어야 하고, 생울타리나 가지는 다듬어야 하고, 폐기물이나 상품 등은 적절하게 치워야 한다. 박스나 쓰레기 더미가 있으면 안전에 위험이 되고, 침입자에게 숨을 공간을 제공하게 된다.

건물 외부

시설의 방어 제일선은 건물 외부인데 몇몇 건축가나 안보 설계자들이 **건물 외피**(envelope)라고 부르는 곳이다. 대다수의 건물 침입은 창문을 통해서이다. 다음으로 빈번한 침입은 문을 통해서인데, 지붕 해치나, 채광창, 환풍구나 창문의 가로대 같은 곳을 통해서도 침입한다. 벽이나 바닥, 천장에 구멍을 내서 침입하는 경우도 있다.

강력한 잠긴 문과 창문, 출입제한, 경보, 감시, 그리고 조명은 건물 외부에 물리적인 보안 요소를 강화하는 데 도움이 된다.

문의 개수와 배치는 물리적인 보안에 매우 중요하다. 직원 출입구는 건물이 열려 있을 경우의 절도를 막기 위해 엄격하게 출입제한해야 한다. 어떤 경우 보안 요원이나 접수대 직원이 입구에 배치되어 있다. 효율적인 운영을 위해 모든 문을 닫는 것은 바람직하지 않다. 비상출구를 위한 문이 필요하다면, 비상출구 잠금 장치를 설치하여야 한다. 이는 **패닉바**(panic bar)나 **크래시바**(crash bar)이다. 문 외부에는 기계장치가 없다. 이 문은 오직 안에서만 열 수 있다. 많은 비상 출구는 알람 장치가 있어서 문이 열릴 때 소리가 난다. 몇몇은 잠금장치가 있어서, 키를 사용하면 소리가 나지 않는다.

50%에 달하는 범죄 침입이 창문유리를 통해서이다. 96제곱인치 이상의 출입구와 바닥으로부터 18피트 이내의 개구부는 보호되어야 한다. 유리창이 환기를 위해서 필요하지 않다면, 판유리를 사용해도 된다.

조명은 건물의 측면이나 코너에 배치하여, 아래쪽으로 곧바로 비춰 건물 내에 그림자나 섬광이 없도록 해야 한다. 건물 뒤편의 골목길에도 꼭 빛을 비춰줘야 한다. 필요하다면 빛은 자동 타이머를 통해서 비춰야 한다.

건물 내부

모든 경계나 건물 외부가 100% 보안상태로 유지될 수는 없기 때문에, 건물 내부를 물리적으로 제어하는 것이 필요하다. 건물 내부에 보안 장치를 배치하는 것은 보안에 직접적으로 영향을 준다. 보안시설은 비보안시설과 격리되어 있어야 하고, 건물 내부 깊숙한 곳에 배치되고 창문이나 외부에 문이 없어야 한다. 회계사무실이나, 연구실, 저장소와 기밀 문서나 귀중한 재산이 있는 곳은 추가적인 보안이 요구된다.

건물 내부 제어장치는 장치를 배치하고 건물을 건설할 때부터 고려되어야 한다. 다른 내부 보안 수단으로는 추가적 잠금장치가 있는 문이나, 책상, 파일, 금고, 경보기나 감지기, 빛, 거울, 파쇄기, 의사소통 시스템, 감시시스템, 표지판, 감시견과 보안 요원 등이 있다. 진출입구 시설에는 금속탐지기, 낮은 단계의 X-ray 후방산란기와 상점들치기 방지 장치 등이 요구된다.

건물 내부 시설 또한 중요하다. 많은 현대 건물의 천장에는 방음벽이 설치되어 있어서, 방음벽을 이용해서 다른 방에 접근할 수 있다. 오래된 건물들은 이런 점에서는 현대식 건물보다 낫지만, 오래된 건물에는 문 가로대나 내부 창문이나 잠금장치가 있다.

카드를 이용해서 출입을 제한하는 경우에도 많은 수의 종업원들은 접근이 가능하다. 사실, 카드 하나로도 주차장, 회전문, 엘리베이터, 파일, 컴퓨터, 복사기, 연료지급기, 화장실과 관리자 방 등에 대한 접근을 제어할 수 있다. 카드를 통해 장소에 접근한 시간과 참석 여부의 정보를 알려줄 수 있다. 카드로 작동되는 시스템의 경우 유효하지 않는 카드에 대해서 거부하도록 프로그램될 수 있는데, 예를 들어 해고된 사람 같은 경우이다.

전자 카드는 고용자나 보안전문가에게 더 폭넓은 정보를 제공할 수 있는데, 예를 들어 시간이나 출석, 구입, 물품 목록, 추가 근무 기록 같은 것이다. 전자 잠금장치는 엄격한 물리적 보안이 요구되는 아파트나 사무실에서 이용된다.

기업이나 단체는 현금이나, 주식, 물품이나 기록 등 추가적인 보안을 요구하는 자산을 갖고 있다.

금고를 잘 보이는 곳에 놔둬야 하는지 잘 보이지 않는 곳에서 숨겨놔야 하는지에 대해서 논쟁이 있지만, 전문가들은 대체적으로 금고를 잘 보이지 않는 곳에 둘 경우 도둑들을 돕는 격이라고 생각한다. 금고는 항상 눈에 잘 보이는 곳에 두고 빛을 항상 비춰줘야 한다. 금고는 항상 잠겨 있어야 하고, 번호를 조합해서 잠궈야 한다.

산업 시설이나, 공장, 그리고 회사같이 크고 비싼 생산 시설이 있는 곳은 그런 큰 시설을 금고속에 넣을 수는 없기 때문에, 금고를 바닥이나 콘크리트 벽에 영구적으로 고정시켜야 한다. 사무실의 중요한 기계나 현미경처럼 비싼 장치 같은 경우는 락다운 장치를 설치해야 한다.

건물 경계나 외부에 적절한 조명을 비춰 주는 것이 중요한 것처럼 건물 내부에도 적절한 빛을 공급해 줘야 한다. 빛은 간단하면서도 가장 널리 사용되는 보안 수단이다. 볼록 거울 또한 간단하면서도 널리 사용되는데, 데스크에서 감시하기 어려운 공간까지 볼 수 있게 해준다. 거울 또한 복도 코너 쪽을 보여 줌으로써 잠재적인 위험에 대비할 수 있게 한다. 파쇄기 또한 상대적으로 저렴하고 쉽게 적용할 수 있는 보안 도구이다.

많은 종류의 의사소통 시스템 또한 이용 가능한데, 전화나 핸드폰, 방송 시스템, 인터콤, 라디오, 워키토키, 페이저, 텔레타이프 등이 있다. 많은 종류의 의사소통 시스템이 별 것 아닌 것 같지만, 긴급할 때나 자연재해가 있을 때에는 필수적이다. 컴퓨터로 자동화된 전화 관리시스템을 설치한 사업자의 경우 전체 전화 라인을 관리하며, 무단으로 시외전화를 이용하는 것을 감지하고 제어할 수 있다.

영상감시 시스템은 가장 널리 쓰이는 보안 설비 중의 하나이다. 앞서 언급했듯이, 감시 시스템은 계속해서 작동할 수 있고, 필요에 따라서 사용할 수도 있다. 모니터하고 있거나 모니터하지 않은 상태로 작동시킬 수도 있다. 직원이 비디오 감시에 대한 지식이 없이 일하는 경우, 고용자는 직원이 사생활 권리를 침해하지 않도록 잘 관리해야 한다. 보안관리자는 감시로 인해서 사생활 관련된 법적인 문제가 일어날 수 있다는 사실을 잘 명심해야 한다.

경계 보안에서 사용되는 것처럼, 표지판은 안내와 경고의 역할을 하면서도 동시에 전체적인 보안을 강화하는 역할을 한다. 예를 들어 "이 구역은 비디오 감시하에 있습니다," "모든 절도범은 법정 최고형으로 처벌 받을 것입니다," "제한구역," "관계자 외 출입금지," "출입금지," "이 구역은 경보장치가 있습니다," "금연" 같은 것이다.

많은 시설에는 제복 근무자가 있고, 무장을 하고, 경비견을 동반하여 침입자에 대한 억제작용을 한다. 또한, 보안 요원은 1장에서 밝힌 것처럼 많은 기능을 하는데, 보안 요원들은 보안 시설이 효과적으로 작동될 수 있도록 한다. 어떤 보안 요원들은 시설 내를 순찰할 때 **와치클락**(watch clock)을 차고 다닌다. 시설 내에 키가 다양한 곳에 위치해서 보안 요원이 그 키를 와치클락에 꽂으면 그 지점에 있는 시간이 기록된다. 적절하지 않은 시간에 있을 경우에는 감시의 대상이 된다.

몇몇 시설은 복잡한 자동 직원 감시 시스템을 가동하여서, 직원들이 제때에 제장소에서 도착하지 않을 경우 중앙 보안 사무실로 메시지가 간다. 그래서 중앙 보안 사무실은 사소한 문제나 사고, 범죄와 관련된 사건들을 알 수 있다. 하지만 이 시스템의 부작용으로는 허가받지 아니한 자가 순찰 패턴을 분석하여서 그것을 악용할 수 있다는 것이다.

출입자를 스캔하거나 숨긴 물건을 감지하는 장치들은 널리 이용된다. 많은 사람들이 공항에서 사용하는 금속탐지기에 익숙하겠지만, 이는 스포츠 경기나, 응급실, 정부 청사, 교육기관 등에서도 사용할 수 있다. X-ray 장치는 옷 안에 있는 무기나 잠재적인 위험을 야기할 수 있는 물건을 감지할 수 있다. 하지만 이런 X-ray의 특징은 미국 4차 수정 헌법과 충돌할 수 있다. 출구에 있는 감지 장치 또한 물건을 무단으로 점유 이탈하거나 불법적인 접근을 막는 데 이용할 수 있다. 물론 절도의 위험이 있는 물품이나 회사 재산은 경보를 위해서 전자 태그를 붙여야 한다.

관제 센터

이상적으로 커뮤니케이션 센터는 보안 관제 센터에 연결되고 관리 가능한 영역 내에 있어야 한다. 관제 센터는 경보 신호를 받고 교환대 역할을 해야 하고, 폐쇄회로 감시 시스템과 방송 시설 등을 갖추고 있다. 중앙 스테이션으로도 불리는 관제

센터는 접근 관리를 감시할 수 있고, 필요하다면 고객에게 리스트와 암호에 따라 접근 권한을 부여할 수 있다. 만약 적절한 교육만 제공된다면, 관제센터의 직원은 네트워크와 관련된 사항인 패치, 바이러스, 시스템 업데이트와 같이 일반적인 업무 이상의 것들도 담당할 수 있다.

물리적 통제를 통해 보안을 강화하는 다른 수단

자물쇠, 빛, 경보와 감시 시스템과 같이 확실한 물리적 통제 수단 말고도, 새로운 보안 도구와 다른 대체 수단이 끊임없이 생산되고 판매된다. *Security Management*, *Security Technology & Design*, *Security World* 같은 잡지들은 보안관리자들이 기본적인 아이템부터 복잡한 형태의 아이템에 대해서 지속적으로 정보를 얻을 수 있게 한다. 예를 들어, 개인 보호를 위해 착용하는 방탄 조끼의 경우 주기적으로 연구와 디자인 수정을 통해 개선된다. 보안관리자들은 몇몇 제품의 중요한 개선이 이뤄진 경우 그런 제품에 대한 가치를 재평가하기를 원한다. 다른 극단적인 방면으로는, 몇몇 단체는 사무실이나 호텔, 집에서 하는 개인적인 대화 같은 사생활을 보호하기 위한 도청 감지 시스템처럼 더 복잡한 보안 장비가 필요한 경우도 있다. 전자 손수건은 수화기의 목소리를 위장할 수 있게 해준다.

물리적 보안 시스템

관리자들이 보안 기능의 외관과, 효율성, 편리함에 집중할 때 보안과 안전에 대한 태만으로 이어지는 경우가 자주 있다. 중요한 요소는 물리적인 보안 프로그램이 위험을 감지하고 그것을 줄여야 한다는 것이다.

보안 관련 연구들은 보안관리자들이 보안 관련 사항에 대해서 취약한 점들을 분석할 수 있도록 평가 자료를 제공해서 그들의 필요에 따라 물리적 통제를 강화할 수 있도록 돕는다. 5장에서 언급한 것처럼, 필요한 보안 수준 이하나 이상으로 제공하는 것은 바람직하지 않다. 그림 6.3은 보안을 위한 중요한 물리적 통제 대상을 요약해 놓은 것이다.

심미적, 조작적, 보안상의 요구들이 균형을 이루어야 한다.

포틀랜드 경찰 영리 보안 업체 설문조차

사업자명 : ______________________ 파일 번호 : ______________

주 소 : ______________________ 날짜 : ______________

담당자 연락처 : ______________________ 직위 : ______________

전제 사항 : ______________________ 전화번호 : ______________

Key : STND = Standard REC = Recommendation COMM = Comments(각각 STND, REC, COMM 중 어디에 해당하는지 체크)

1. 건물 전면

	STND	REC	COMM
문			
자물쇠			
창문			
빛			
환기통			
기타			

4. 건물 왼쪽

	STND	REC	COMM
문			
자물쇠			
창문			
빛			
환기통			
기타			

7. 경보

	STND	REC	COMM
청음도			
조용함			
기타			

경보 허가 ______________

2. 건물 오른쪽

	STND	REC	COMM
문			
자물쇠			
창문			
빛			
환기통			
기타			

5. 건물 지붕

	STND	REC	COMM
지붕			
접근성			
조명			
통풍구			
기타			

8. 금고

	STND	REC	COMM
고정도			
다이얼			
빛			
파일			

3. 건물 뒤편

	STND	REC	COMM
문			
자물쇠			
창문			
빛			
환기통			
기타			

6. 장작 투입문

	STND	REC	COMM
높이			
보도			
미끄럼틀			
엘리베이터			
롤러			

9. 기타

	STND	REC	COMM
키 관리			
펜스			
빛			
관망			
사무실			
장비			

기타

그림 6.3 보안 체크리스트

출처: Courtesy of the City of Portland Police Bureau.

보안 상품 판매사와의 협력

판매 회사들은 그들이 판매하는 물건에 대해서 물론 잘 알겠지만, 상품을 전체 시스템에 어떻게 적용해야 하는지에 대해서는 잘 모를 때가 있다(Jung et al., 2006, p.61). 판매자는 시스템을 정확하게 설치하고, 기술적 장치적 문제를 해결해야 하고, 서비스 요청에 제때 응답해야 한다. 모든 기대가 충족된다면, 보안 감독관은 설치된 사항을 검사하고 테스트해 봐야 하는데 이는 **커미셔닝**(commissioning)이라고 불린다.

커미셔닝 과정은 판매자가 물품이 잘 작동하는지를 증명할 수 있는 기회이다. 이는 모든 도급업자들에게 해당되는데, 전선 도급업자, 보안 관련 도급업자, 일반적인 도급업자 등은 모든 문과, 패널, 카메라와 다른 요소들을 테스트해야 한다. 테스트 결과가 잘 나온다면, 판매업자들은 제품 보증 효력에 따라 시스템에 대해서 책임을 진다.

Braden(2004, p.127)은 오케스트라 심포니 비유를 이용하여 좀 다른 접근을 시도한다. 좋은 연주와 위대한 연주의 차이점은 연주자들과 악기가 얼마나 조화로운 관계를 만들어 내느냐에 있다. 그것은 지휘자의 몫이다. 보안관리자는 지휘자의 바통을 이어받는다. 프로그램과 여러 가지 수단을 보안 구조 한군데에 조화롭게 해야 한다. 그렇게 하기 위해서 기술적인 요소와 인적 요소를 동시에 고려해야 한다. 많은 보안전문가들은 그저 물리적인 요소에만 집중하고 인적 요소를 무시하여서 결과적으로 둘 사이에 조화를 이루지 못해서 불화를 만들어낸다.

인적 요소로는 재산을 가진 사람, 보안 지역을 방문하거나 근무하는 사람들이다.

Braden은 인적 요소는 보안에서 가장 중요하지만 쉽게 무시되는 요소이기도 하다고 주장한다. "만약 사람이 시스템을 잘 이용하지 못하거나 시스템의 경보를 무시하게 된다면 시스템은 실패한다." 많은 경우 첨단 기술을 이용했음에도 보안 시스템이 잘 작동되지 않는 경우가 있는데 이는 인적 요소가 잘 작용하지 못했기 때문이다. 몇몇 시스템은 사용방법을 잘 모르거나 위험에 대해 잘 감지할 수 없는 사용자에 의해서 운용된다. 이런 시스템을 잘 이용하지 못하는 사용자들은 그 시스템이 그들을 불편하게 하고 그 가치도 모르기 때문에 그 불편함을 벗어나기 위해 우회한다.

물리적인 보안 도구, 전자보안 시스템, 물리적인 보안과 더불어, **물리적 보안**

족흔적(**접근 기록**)은 중요한 보안 수단이다. 접근 기록은 보안 장비 사용 시 그 기록이 남는 것이다. 이는 지금 보안 상태가 유지되고 있다는 것에 대한 반증이다. 접근 기록은 명백하면서도 위협적인 것이다. 하지만 모든 경우에 접근 기록은 대중에게 공개되고 보안과 관련되어 있어야 한다. "효과적인 접근기록의 핵심은 침해자나 일반인들에 의한 인식이다. 보호자산을 안전하게 보이게 하는 모든 것은 효과적인 보완활동이 된다"(Braden, p.128).

요 약

- CPTED는 보안 디자인의 핵심 개념이다. 물리적 환경을 효과적으로 사용하고 조작하는 것은 범죄 행동에 영향을 주는데, 이는 범죄에 대한 범죄 발생을 줄이고 삶의 질을 높인다는 것을 전제로 한다.
- 물리적인 제어는 손실의 위험을 줄여 주는데, 이는 권한 없는 접근을 막고, 권한 없이 접근 시 접근을 어렵게 하고 시간을 지연시키는 방법을 이용한다.
- 물리적인 보안의 3선은 건물 경계, 건물 외부, 건물 내부로 나뉜다.
- 기본적인 보안의 3선은 자물쇠와 조명, 그리고 경보를 포함한다.
- 건물 내부에 적절한 조명을 공급하는 것은 건물 외부에 조명을 하는 것만큼이나 보안을 강화하고, 침입자를 감지하는 것을 더욱 확실하게 한다.
- 경보 시스템은 지역 내에, 소유주의 의해서, 중앙 센터나 경찰에게 연결된 상태를 유지해야 한다.
- 현재 CCTV는 비디오감시 시스템의 포괄적인 의미로 사용된다.
- 경계는 물리적으로 펜스, 게이트, 자물쇠, 경보, 빛, 감시시스템, 차량 장벽, 순찰견, 보안요원, 그리고 표지판에 의해 관리된다. 주차장, 차고와 경사로에는 추가적인 보안 계획이 필요하다. 경계에 물리적인 배치와 깔끔함은 중요한 요소이다.
- 건물 외부의 물리적인 보안 요소로는 강하고 자물쇠가 채워진 문, 창문, 제한된 입구, 경보, 감시와 빛 등이다.
- 건물 내부의 물리적인 제어는 건물을 배치하고 디자인하는 단계에서부터 고려되어야 한다. 다른 내부 보안 수단으로는 자물쇠가 채워진 문, 책상과 파일, 금고, 경보기와 감지기, 조명, 거울, 문서함, 방송시스템, 순찰견과 보안요원이다. 출입지점에는 금속탐지기, X-ray 검색대, 도난방지장치가 갖춰져 있어야 한다.
- 인식하고 있는 위험으로 인한 손실을 줄이기 위해서 물리적 제어를 선택할 때, 보안관리자는 미적, 기능적, 보안적 수요의 균형을 맞춰야 한다.
- 보안에서 인적 요소는 물건 소유주, 보안요원, 방문자, 직원 등을 포함한다.

응 용

경찰 통계에 지역 내에 잘못된 경보에 반응한 사례 자료를 구해 보라. 이것을 얘기해 보고, 관련 조례의 효과성이 구매자와 법집행기관 그리고 보안 업체에 미치는 효과성에 대해서 토론하고 분석해 보라.

논의 사항

1. 대부분의 성인들은 그들의 소유물과 관련된 여러 가지 키를 가지고 있다. 당신은 몇 개나 가지고 있나? 무슨 타입인가? 다른 이들과 타입을 비교해 보라.
2. 지방자치단체들은 경찰이 잘못된 경보에 반응하는 것을 줄이기 위한 조례를 발의한다. 경보 시스템 사용자의 입장에서 이것은 유리한가 불리한가?
3. 감시시스템의 수많은 장점에도 불구하고 단점은 어떤 것이 있다고 생각하는가?
4. 보안관리자들은 빈번히 보호해야 하는 공간을 펜스로 두르는 것으로 대신하려고 한다. 건물 외부에 보안을 위해서 펜스로 두르는 것의 적절한 타입을 추천하기 전에 가이드라인을 리스트화해 보라.
5. 물리적인 보안 프로그램에서 인적 요소가 가장 중요한 요소라는 데 동의하는가?

참고문헌

Aggleton, David G. "Designing Your Security Video System." *Security Technology & Design*, March 2005, pp.74-80.

Anderson, Rich. "FIPS 201: The New Smart Card Standard for Federal IDs." *Security Technology & Design*, April 2005a, pp.26-30.

Anderson, Rich. "IP Access on the Way." *Security Technology & Design*, January 2005b, pp.30-34.

Angel, Schlomo. *Discouraging Crime through City Planning*. University of California, Berkeley, 1968.

Apple, Guy. "Analog/Digital Hybrid." *Security Technology & Design*, September 2005, p.68.

Barnard, L. "Crime Prevention through Environmental Design." *Law and Order*, May 2006, pp.118-119.

Braden, Timothy J. "Orchestrating an Integrated Performance." *Security Management*, July 2004, pp.127-131.

Clemens, Candace. "From Star Light to Street Light."

Law Enforcement Technology, May 2007, pp.26-35.

Daniels, Rhianna. "Inside the City Limits?" *Security Director News*, October 2007a, pp.1, 9.

Daniels, Rhianna. "What Defines Intelligence?" *Security Director News*, June 2007b, pp.1, 21.

Davis, Kevin R. "Winning at Night." *Police*, June 2007, pp.56-59.

Feeser, Bill. "Welcome to the New World." *Security Technology & Design*, June 2005, pp.58-61.

Freeman, J. P. "Is Card Technology Getting Smarter?" *Security Technology & Design*, April 2004, p.12.

Freeman, J. P. "The IP Boom." *Security Technology & Design*, January 2005a, p.16.

Freeman, J. P. "Video Networks in 2009." *Security Technology & Design*, February 2005b, p.14.

Gips, Michael A. "CCTV Ordinances on the Rise." *Security Management*, January 2007, pp.18-26.

Gorovici, Eli. "A New Era Is upon Us." *Security Technology & Design*, September 2004, pp.40-42.

Harowitz, Sherry. "Faking Fingerprints and Eying Solutions." *Security Management*, March 2007, pp.48-50.

Hopkins, Cameron. "The Digital Solution for Urban Policing." *Law and Order*, May 2007, pp.88-91.

International CPTED Association. Online: http://www.cpted.net

Jacobs, Jane. *The Death and Life of Great American Cities*. New York: Random House, 1961.

Jeffery, C. Ray. *Crime Prevention through Environmental Design*. Beverly Hills, CA: Sage, 1971.

Jones, Steve. "Parking Aligns with Protection." *Security Management*, December 2006, pp.69-74.

Jung, Geoffrey; Morris, Ronald J.; and Hogan, Mary Alice. "Putting Vendors to the Test." *Security Management*, April 2006, pp.61-67.

Kalocsai, Peter and Imparato, Nick. "Snapshots for Our Times: Face Recognition in 2005." *Security Technology & Design*, June 2006, pp.28-34.

Kessinger, Richard. "From Jerico to Jersey Barrier." *Security Management*, August 2004, pp.57-66.

Kozoil, Jeff. "Moving Beyond Mechanical Locks." *Security Products*, January 2005, pp.22-23.

"Laser-Based Device Offers Alternative to Video Surveillance." *Space Daily*, May 23, 2007.

Macdonald, Kathy and Kitteringham, Glen. "A Case of Rogue Gatherings (and Other CPTED Tales)." *Security Management*, June 2004, pp.129-134.

McKay, Tom. "How Are Behavior, Crime and Design Related?" *Security Management*, May 2004, pp.146-144.

National Crime Prevention Council. 2004. Online: http://www.ncpc.org

Newman, Oscar. *Defensible Space: Crime Prevention through Urban Design*. New York: MacMillan, 1972.

Physical Security Professional (PSP) Examination Structure and Content. Arlington, VA: American Society for Industrial Security, 2007.

Piazza, Peter. "The Smart Cards Are Coming . . . Really." *Security Management*, January 2005, pp.41-55.

Piazza, Peter. "Sizing Up IP Video Systems." *Security Management*, October 2006, pp.92-98.

Ratcliffe, Jerry. *Video Surveillance in Public Places*. Washington, DC: Office of Problem-Oriented Policing: Problem-Oriented Guides for Police Response series, Guide No. 4, February 2006.

Reddick, Ron. "What You Should Know about Protecting a Perimeter." *Security Products*, April 2005, pp.36-42.

Rich, Richard C. "Ramping Up: Garage Design." *Security Management*, December 2005, pp.56-62.

Robinson, Matthew B. "The Theoretical Development of Crime Prevention through Environmental Design (CPTED)." In William Laufer and Freda Adler (Eds.), *The Criminology of Criminal Law, Advances in Criminological Theory*, Volume 8, 1998.

Ryan, Russ. "The Path of the Biometrics Industry." *Security Technology & Design*, June 2004, pp.17-22.

Ryan, Russ. "Biometrics and the Law." *Security Technology & Design*, June 2005, p.50.

Sherman, Lawrence W. and Schlossman, Michael B. *The Campbell Crime and Justice Group Expedited Review Project*, Final Report, 2006.

Spadanuta, Laura. "Decoding the Digital Picture." *Security Management*, October 2007, pp.71-81.

Taylor, Brian. "Effective Alarm Management Allows Firms to Maximize Performance." *Security Director News*, May 2006, p.8.

Tokaji, John E. and Youngston, James P. "Illuminating Parking Protection." *Security Management*, December 2004, pp.51-57.

Traxler, Roddy. "Fence and Sensibility." *Security Management*, January 2005, pp.87-90.

Vallese, Frank. "Sight after Sundown." *Law Enforcement Technology*, February 2007, pp.46-56.

Voice Over Internet Protocol. Washington, DC: National Institute of Justice, May 2007. (NCJ 217864)

Zunkel, Dick. "Protecting Information with Biometrics." *Security Technology & Design*, June 2005, pp.46-53.

Chapter 7

절차적 통제를 통한 보안의 강화

학습할 내용

- 어떤 고용 절차들이 자산 누수(shrinkage)와 근무 태만 관련 소송을 줄이는 데 기여할 수 있는가?
- 어떤 교육 수단들이 보안을 증진하는 데 기여할 수 있는가?
- 어떤 특별한 절차들이 특정 지역의 접근 통제를 위해 사용될 수 있는가?
- 효과적인 직원 배지나 출입증(badge or pass)의 특징은 무엇인가?
- 효과적인 출입키 통제는 어떻게 구성되는가?
- 개방과 폐쇄가 반드시 두 사람에 의해 이루어져야 하는 때는 언제인가?
- 효과적인 폐쇄 절차에는 어떤 것이 포함되는가?
- 어떤 지역이 절도에 특히 취약한가?
- 회계 절차들은 자산 누수를 예방하는 데 기여할 수 있는가?
- 사람, 소화물, 물품 보관함, 차량에 대한 수색 혹은 검사는 통상적으로 언제 허용되는가?
- 어떤 절차들이 절도나 좀도둑질을 막는 데 기여할 수 있는가?
- 귀중품을 수송할 경우 어떤 절차들을 사용할 수 있는가?
- 소유주와 관리자들이 재정적 손실을 막기 위해 사용할 수 있는 부가적인 보호 수단은 무엇인가?

개념정의

계약이행보증	끊임없는 재고 조사	맹목검수
무과실 책임	무선주파수 감정	자산 누수
충실도 보증		

도 입

빌드모어 건설 회사(The Buildmore Construction Company)는 정교한 도난 경보 시스템, 즉 가장 현대적인 보안 조명과 성능이 가장 우수한 잠금 장치를 설치했다. 경영은 그 시설이 안전하다는 점을 확신하는 것이다. 하지만 종업원 A가 매일같이 그의 점심 도시락 통에 작은 도구들을 넣어 집에 갖고 가는 것을 아무도 눈치 채지 못한다. 종업원 B는 한 달에 한 번씩 꽤 장시간의 사적인 장거리 전화를 하고 있다. 종업원 C는 그의 트럭에 여분의 목재를 싣고서 자신의 차고를 짓는 데 사용하고 있다. 종업원 D는 규칙적으로 자신의 근무 시간 기록표를 허위로 작성하고 있다. 종업원 F는 자신의 아내에게 지불되도록 그녀의 결혼 전 이름으로 작성된 허위의 송장을 제출하고 있다. 이 밖에 컴퓨터를 막 밖으로 운반한 서비스 기술자는 사실 기술자가 아니라 절도범이다.

앞 장에서 언급한 물리적 통제는 바로 위에서 언급한 시나리오에는 거의 쓸모가 없을 것이다. 민간경비에 관한 상당수의 책들은 "외부로부터의 적"(enemy from without) — 강도와 절도 — 과 "내부로부터의 적"(enemy within) — 체계적으로 회사의 자산을 고갈시키고 **자산 누수**(shrinkage)를 야기하며, 고상하게 표현하자면 종업원 절도범에 해당하는 — 정직하지 못한 직원을 구분한다. 아마도 손실은 실제적으로 훔치는 종업원 때문에 발생하거나 그들이 해야 할 직무를 하지 않기 때문에 발생한다. 내부자 절도는 총 자산 누수의 70퍼센트를 설명할 수 있을 것이다. 현금, 상품, 공업용 장구와 비품, 사무 용품, 시간 및 지극히 중대한 정보 등은 그러한 절도의 대상이 될 수 있다. 뿐만 아니라 약물과 알코올 남용의 결과로 인해 자주 결근하거나 지각하는 직원들로 인해 자산상의 손실이 발생하기도 한다.

이번 장은 직원 교육과 감독 절차를 포함해서, 자산 누수를 줄이는 데 기여하는 채용 과정과 채용 관행의 중요성에 대한 검증으로 시작한다. 이 논의에 이어서 접근 통제, 자산 통제, 카메라 사용의 제한 등 보안 관리(security management)에 있어 결정적으로 중요한 절차적 고려 사항들이 다뤄진다. 그 다음에는 어떻게 회계 및 감수 절차(accounting and receiving procedures)가 자산 누수를 막거나 줄이는 데 기여할 수 있는지 쪽으로 초점이 이동한다. 이 장은 자산의 검사(inspecting), 재고 조사(inventorying) 및 보험 가입(insuring)과 같이 회사의 안전과 보안을 고양하는 데 기여할 수 있는 몇 가지 다른 절차들을 고찰함으로써 매듭지어진다. 이 장의 논의는 대부분의 시설에서 적용할 수 있는 일반적인(*general*) 절차를 개진하고 있음에 주목하라. 공업, 소매업, 상업 및 다른 특별한(*specific*) 유형의 시설물에서 요구되는 부가적인 절차들은 이 교재의 뒷부분에서 논의될 것이다.

방어의 첫째 라인 – 채용 잘하기

제2장에서 논의한 것처럼, 자산 누수를 줄이고 근무 태만 소송을 피하는 한 가지 방법은 고용되는 직원의 자질을 개선하는 일이다.

채용 잘하기(hiring well)는 자산 누수 및 근무 태만 소송에 대한 제일 방어선이다. 채용 전 심사에는 지원서와 자기 소개서, 지능 및 심리 검사, 신원 조회 및 개별 면담을 포함하는 철저한 배경 조사가 반드시 포함되어야 한다. 여기에 약물 검사도 포함될 수 있다.

청렴도 검사(integrity tests)는 유용한 도구이다. 필기 시험은 종종 매우 신뢰할 만하고, 심리 검사 역시 가치가 있다. 채용 전 심사를 위해, 직무 적성, 직무 능력, 정서적 안정성 및 정신건강을 측정하는 검사를 포함하여 상당히 넓은 범위의 다른 검사들을 이용할 수 있다. 검사는 반드시 타당성(valid)을 갖춰야 한다. 즉 그것은 그 지위와 직접적으로 관련이 있는 태도나 기술을 측정할 수 있어야 한다.

면접 역시 고용주가 최고의 지원자들을 선택하는 데 도움을 줄 수 있다. Bolles (2004, p.248)에 따르면, 고용주는 다섯 가지 핵심적인 질문을 해야만 한다.

- 왜 당신은 여기에 있나요(의: 지원했나요?)(왜 당신은 우리 회사를 선택했나요?)
- 당신은 우리 회사를 위해 무엇을 할 수 있나요?
- 당신은 어떤 사람입니까?
- 당신은 당신과 동일한 업무를 수행할 수 있는 나머지 열아홉 명과 어떻게 다른가요?
- 당신을 고용할 여유가 있을까요?

Harr and Hess(2006, p.256)는 말한다. "개별 면접의 일차 목적은 고용주가 당신을 관찰하고, 당신의 이야기를 듣고, 스트레스가 있는 상황에서 당신이 어떻게 수행하는지를 바라보고, 당신이 어떻게 문제들을 분석하는지 주시하며, 당신의 대인관계 기술과 지식을 테스트하는 데 있다." 모든 질문들은 업무와 관련되고 비차별적이어야만 한다.

통상 업무 면접에서 가장 인상적인 사람들은 사실상 거짓말을 하는 데 가장 탁월한 사람들이다. 업무 지원자들을 주의 깊게 심사하고 점검하지 않으면, 몇몇 정직하지 못한 사람들이 고용될 가능성이 있다.

방어의 둘째 라인 – 교육과 감독

좋은 사람을 채용하고 그들이 정직하도록 할 수 있는 분위기를 유지하라. 예를 들어, 어떤 패스트푸드 레스토랑은 회사와 직원의 관계가 좋다고 알려졌다. 경영진은 직원들을 공정하게 다루었고 그들의 청렴과 능력에 신뢰를 보냈지만, 동시에 주머니가 없는 유니폼을 입게 했다. 절도의 기회가 제거되면, 전투의 반은 승리한 것이다. 그 어떤 것도 엄격하고, 잘 시행된 예방 수단들을 대체할 수 없다.

소유주와 관리자들은 물량 부족(stock shortages)과 자산 누수(shrinkage)를 제거할 수 있는 방법들과 관련하여 이를 점검하고 훈련할 수 있는 지속적인 프로그램을 갖추고 있어야 한다. 일례로 자그마한 가게를 운영하는 한 소매상은 종업원들에게 가게 안에서 사용하기 위해 재고 물품에서 꺼내온 바닥 청소용재와 같은 각각의 품목을 기록하도록 훈련시켰다. 기록하지 않았다면, 심지어 가게의 정당한 비용이었을지라도, 그것은 재고 손실이었다. 경영진은 직원들이 이 점을 항상 자각하고 항상 주의해야 한다는 점을 알도록 해야 한다. 직원들은 자신에게 맡겨진 모든 자산들에 대해 책임을 져야만 한다.

교육과 감독은 손실을 예방하는 데 기여할 수 있다. 모든 직원들은 자신들의 책임과 제한을 알고 있어야 하며, 합당한 규칙들이 수립되고 집행되어야만 한다.

정책들은 제안(suggestions)이 아닌 집행되어야 할 규칙들(rules)로서 공표되어야 한다. 덧붙여 "자산 누수 제로"를 강조하는 포스터를 전략적으로 부착할 수 있을 것이다. 다소 부정적이지만 아마도 효과가 있는 포스터는 빈번하게 도난당하는 품목들과 각각에 부착된 가격표 및 "당신의 미래는 이것보다 가치가 있습니까?"라는 캡션 문구를 보여 줄 수 있을 것이다.

방어의 셋째 라인 – 출입 통제

대부분의 물리적(*physical*) 통제는 제한 구역에 대한 접근, 특히 "근무 시간이 종료된 이후"나 시설물이 업무를 수행하지 않는 시간에 접근하는 것을 제한하려는 데 목적이 있다. 하지만 업무 시간에는 접근이 완벽하게 제한될 수도 없고 회사가 그렇게 작동될 수도 없다. 그러므로 "개방된"(open) 근무 시간에 권한이 없는 사람들이 특정 지역에 접근하는 것을 제한하기 위해 절차적(*procedural*) 통제가 사용된다. 접근 통제에는 차량, 직원, 계약자, 판매인과 방문객의 신분 확인(identifying), 이동의 지시(directing)와 제한(limiting) 등이 포함된다. 접근 통제(access control)의 목적은 권한 있는 자의 출입을 용이하게 하고 자재나 정보를 훔치거나 해당 구역에 해로운 장치들을 가지고 올 수 있는 사람들의 승인되지 않은 출입을 막기 위함이다.

많은 시설물들은 엄격한 접근 통제를 요구한다. 그러한 경우, 모든 직원(보안 요원을 포함해서), 계약자와 방문객들에게 출입 시 서명날인이 요구되기도 하며 이에 덧붙여 신분증명용 명찰(identification badges)을 지참하도록 요구될 수 있다. 유일한 예외는 지원 요청에 응하는 소방관과 경찰관 및 구급차에 탑승한 응급 환자 담당 의료진(EMTs)과 같은 응급 서비스 인력들이다.

어떤 경우에는 비 직원들의 접근만 제한하는 일이 필요하다. 하지만 다른 경우에는, 심지어 직원들조차 해당 시설의 어떤 구역에 대한 접근이 금지되기도 한다.

보안의 관점에서 봤을 때, 현금, 중요 문서, 귀중품 및 이러한 자산들을 보관하는 구역에 접근할 수 있는 인원수를 제한하는 것이 가장 좋다. 신분 카드의 중요성과 가치는 제6장에서 논의하였다.

특정 구역에 대한 접근을 제한하려는 절차적 통제에는 보안 직원의 상주(stationing), 차량 통행의 제한, 등록 및 출입 시의 서명날인, 신분증 제시 요구, 배지 혹은 출입증, 키 컨트롤(key control), 근무 시간 종료 이후의 절차, 취약한 지역과 장비에 대한 접근 통제 등이 포함된다.

심지어 교통 흐름이 장려되는 상업 시설들에서조차, 어떤 구역들은 직원이 아닌 사람들과 어쩌면 몇몇 직원들에게도 통상적으로 출입이 금지된다. 제한되는 구역과 경계들은 분명하게 특정화되어 있어야 하고 그 제한들은 무조건적으로 집행되어야 한다.

차량 통제

차량 통행은 여러 가지 방법으로 제한될 수 있다. 가장 단순한 방법은 특정 지역에 진입하고자 하는 운전자들의 신분을 확인하고 출입을 허용 혹은 거부할 수 있는 카드-키 시스템이나 경비원을 갖춘 오직 하나의 출입구만 설정하는 것이다. 때로 범퍼나 앞 유리창에 부착된 스티커가 출입을 위한 필수적 식별 수단이 된다.

또 다른 방법은 두 개의 주차장을 갖추는 것인데, 두 곳 모두 교통 통제용 봉(traffic control arms)이 설치되어 있다. 직원들은 카드-키를 이용하여 자신들의 주차장에 출입할 수 있다. 방문객들은 방문객용 주차장에 진입하는 것이 허용되지만, 접수 담당자(receptionist)로부터 받은 주차권이 없으면 나갈 수 없다.

출입 명부 기재

출입 명부 기재(check-in/check-out register)는 판매원, 계약자 및 방문객뿐만 아니라 직원들에게도 사용할 수 있다. 이 시스템은 출입하려는 사람은 접수 담당자나 경비원에게 신분증을 제시하고 방문 목적을 말한 뒤 서명하고 들어가며 나올 때도 서명할 것을 요구한다. 들어가고 나오는 날짜와 시간이 기록된다. 그림 7.1은 시설에 드나드는 모든 사람들을 위한 포괄적인 출입명부 일지의 예이다. 특별한 필요에 따라 칼럼들이 가감될 수 있다. 서명을 마치고 나면, 그 사람은 원하는 장소로 안내될 수 있고, 명찰이나 출입증이 부여될 수 있으며, 그가 방문하고자 하는 사람을 안내실(reception area)에서 만날 수 있다.

ABC 회사 출입 등록 일지							
날짜	성명	직원	방문객 및 판매업자		발급된 임시 명찰 번호	들어간 시각	나온 시각
		사번	자동차 번호판	방문 목적 및 소속사			

그림 7.1 출입 일지

명찰 및 출입증

때때로 감독관과 경비원들은 최소한 모든 직원들의 얼굴과 그들이 들어가도 되는 지역들을 알고 있다. 하지만 규모가 큰 기업과 조직에서는 종종 직원들에게 명찰을 착용하게 하거나 그들의 신원을 증명할 출입증을 휴대하도록 요구된다. 몇몇 명찰은 단순한 이름표라서 보안 기능에 거의 보탬이 되지 않는다. "보안 명찰(security badge)은 보안 부서에 관해 상당히 많은 것을 보여 준다. 그것은 보안 프로그램의 질과 보안 부서가 상급 경영진으로부터 받는 지지의 수준을 반영한다" (Pearson, 2005, p.48). 부실하게 고안된 명찰은 그것이 잘 개발된 보안 프로그램의 일부가 아니라 단지 하나의 "필수 도구"에 지나지 않음을 넌지시 보여 준다(Pearson). 질 낮은 명찰은 위조가 쉬울 뿐만 아니라 그 회사 또한 범죄자에게 보다 적절한 표적이 되게 할 것이다. 효과적인 명찰은 종종 근무 기간, 신원 승인(security clearance), 임시 승인(interim clearance), 호위 특혜(escort privileges), 사번, 특별 프로그램 출입권, 건물 출입권, 명찰이 발행된 장소, 필요하다고 여겨지는 어떤 개인적 정보 등을 표시하기 위한 텍스트와 칼라의 조합을 보여 준다(Pearson).

최소한 효과적인 직원 명찰과 출입증은 검정필의 사인뿐만 아니라 직원 성명, 사번, 서명과 사진을 표기한다. 그것들은 튼튼하고 변조를 방지할 수 있게 되어 있고 주기적으로 교체된다.

보안 절차들은 어디에서 언제 어떻게 누구의 신원 확인이 이루어지는지, 신원 증명서가 분실되거나 훼손되었을 때 무엇이 행해져야 하는지 그리고 직원의 계약이 종료될 때 뒤따라야 할 절차가 무엇인지 등을 특정화해야 한다. 임시 명찰은 명찰을 분실하거나 정상적으로 발급된 명찰을 잊고 안 가지고 온 직원들에게 제공될 수 있지만, 그러한 출입증은 오직 하루 동안만 유효해야 하고 일과가 종료될 때는 반납되어야 한다.

신원 확인용 출입증이나 명찰의 취소 혹은 재발급 절차는 분명하게 확립되어야 한다. 예를 들어, 회사 신분증을 분실하거나 도난당하거나 그것이 훼손된 경우, 직원들은 즉시 자신의 상급자에게 그 손실을 보고하고, 새로운 명찰 발급이 인가되는 데 요구되는 형식을 완성한 뒤, 그 형식을 승인받아야 한다는 점을 교육받아야 한다. 교체 비용 또한 평가될 수 있다.

경비원들에게는 분실되거나 도난당한 명찰 혹은 출입증의 "요주의 명부"(hot sheet)뿐만 아니라, 계약이 만료되었는데도 그것들을 보유하고 있는 직원들의 최신 명부도 제공되어야 한다. 경비원들은 또한 그것들을 착용하고 있는 사람들의 사진, 서명 및 인상착의(description)를 비교해야만 한다. 그들은 출입증이나 명찰이 유효한 것이라고 가정하지 말고 자신들의 "요주의 명부"를 주기적으로 점검해야 한다.

방문객 관리 시스템 방문객 관리 혹은 그것의 부재는 보안상 심각한 결과를 초래할 수 있다. "직장 보안에 관한 연구"라는 이름이 붙은 해리스 여론조사(Harris poll)에 의하면 거의 50퍼센트의 응답자가 자신의 직장에는 시행 중인 방문객 등록 시스템이 없다고 응답한 것으로 나타났다(Scott, 2004, p.33). 다른 30퍼센트는 자신이 근무하는 시설의 경비원들이 방문객들을 추적하는 데 손으로 기록하는 일지를 이용한다고 응답했다.

만약 방문객들에게 서명이 요구되고 출입증이나 명찰이 발급되면, 그 숫자는 출입 명부(check-in/check-out register)에 부가된 "출입증 번호" 칼럼에 기록되어야 한다. 방문객은 나갈 때 반드시 출입증이나 명찰을 반납해야 한다. 그 방문객이 출입증을 보유하게 되면, 잠재적으로 심각한 보안 위반이 생성된다. 방문객의 명찰이나 출입증은 직원용 명찰과 구분되어야 한다. 직원과 직원이 아닌 사람 둘 다 명찰이나 출입증을 착용하도록 요구된다면, 감독관과 보안 인력은 특정 인물이 특정 장소에 있는 것이 허용되었는지 여부를 즉시 확인할 수 있다.

꽤 진보적인 신분 확인(ID) 시스템은 방문객의 출입을 기록할 수 있도록 바코드가 새겨진 사진이 부착된 신분증을 생성한다(Roberts, 2005, p.24). 이 시스템 하에서 출입하는 손님들은 안내 접수처(guard desk)에서 사전에 등록했는지 여부를 확인받아야 하며, 누구를 방문하는지를 말해야 하고 사진이 부착된 신분증을 보여 주어야 한다. 손님이 사진을 제출하면 요일을 나타낼 수 있도록 색으로 구분되는 줄무늬가 있는 자기부착 레이블 위에 명찰이 인쇄된다. 명찰 발급 과정은 3분을 넘지 않는다. 방문객이 떠날 때, 바코드가 보안 검색되어 사용자는 시스템으로부터 로그아웃된다. 이와 같은 방문객 관리 시스템은 손님과 판매자를 회상함으로써 빈번하게 방문하는 사람들의 출입 시간을 줄이기 위해 데이터를 축적할 수 있다. 더욱이 이 시스템은 세입자의 방문객이 가장 많다는 점과 그들이 누구인지에 대한 보고서를 생성할 수 있다(Sanchez, 2005, p.88).

또 다른 방문객 관리 시스템은 건물 로비에 설치된 시각적인 출구인 회전문(optical portal turnstiles)을 사용한다. 맞춤형 회전문은 각 로비의 정확한 장식과 조화를 이룬다. 각 회전문은 세입자 출입 카드(access card)를 위한 입구 근접 판독기(entry proximity reader)와 방문객에게 지급되는 출입 카드를 위한 입구 바코드 판독기(entry barcode reader)를 포함한다. 두 가지 카드 판독기 모두 각 건물 내 보행자의 통행을 통제한다(Grant and Lawn, 2005, p.42).

방문객 관리의 중요성은 과장될 수 없다. "방문객 관리 시스템을 고려하려는 다섯 가지 이유"(2004, p.24)를 보면, 첫째 이유로 보안이 이루어지지 않는 출입구는 회사들을 직장 내 폭력, 산업 스파이, 테러리즘 및 그 결과들로써의 법적 책임에 더욱 취약하게 한다는 사실이 열거된다. 예를 들어, 1994년에 한 명의 무장한 용의자가 워싱턴 DC에 있는 경찰 본부(police headquarters)로 걸어 들어간 뒤, 총을 쏴서 두 명의 FBI 요원을 포함하여 세 명을 살해했다. 배심원단은 그 시설이 보다 나은 방문객 서명 입장(sign-in) 시스템과 다른 보호 조치를 적절하게 갖추었어야 했다고 평결한 뒤, 살해된 요원들 중 한 명의 남편에게 170만 달러를 배상하도록 했다. 같은 논문은 오클라호마 시 연방 건물 폭파범 티모시 맥베이(Timothy McVeigh)는 공격 전에 머라(Murrah) 빌딩 1층에서 예행 연습을 한 것으로 알려졌다고 언급했다.

둘째, 로비는 어떤 빌딩에서든 첫 번째 방어선이며, 아마도 가장 중요한 보안 지점이다. "다섯 가지 이유"에 의하면, 방문객 관리 시스템은 다음과 같은 것들을 할 수 있어야 한다.

- 방문객의 사진, 성명, 기업 카드 및 운전면허증 정보를 정확하고 신속하게 포착하기.
- 방문객의 신분증이나 신임장(credentials)이 진본임을 확인하기.
- 감시 사항 일람표(watch lists)를 사용하여 개별적인 보안 점검을 수행하기.
- 방문객의 사진, 성함, 소속, 주선자 성명(host name)과 출입이 허가된 지역, 그리고 만료 시간을 특별히 포함하는 일회용 방문객 명찰 만들기.

- 직원들이 미리 방문객들을 온라인으로 등록하고 방문객이 도착하면 전자적으로 혹은 전화로 통지되는 것이 가능하게 하기.

셋째, 보안에 종이보다 디지털이 더 선호된다. 일지(log book)에 손으로 쓴 정보는 읽기 어렵거나 거짓일 수 있다. 방문객 기록은 부정확할 수 있고 방문객들이 자신이 말하는 바로 그 사람이 아니라는 것에 대해 아무런 경고도 제공하지 못할 수 있다. 넷째, 방문객 관리는 이미 많은 시설에서 성공적인 것으로 입증되었다. 마지막으로 그 시스템은 보안 이외에도 개선된 생산성, 향상된 이미지, 개선된 방문객 서비스, 자원 통제와 향상된 긴급 대응(emergency response)을 포함하는 혜택을 제공한다.

직원들이 손님(친척, 자녀, 친구)의 방문을 원할 경우, 몇몇 시설에서는 그림 7.2와 같은 형식을 사용하여 사전 승인을 요구한다.

관광단(tour groups)은 의도적인 절도범, 테러리스트 혹은 산업스파이가 집단에서 살짝 빠져나가 제한 구역에 접근할 의도로 그 집단에 합류할 수 있는 것과 같은 특별한 보안상의 문제를 제기할 수 있다. 출입증이나 명찰은 이러한 불법 행동을 예방하는 데 도움을 줄 수 있다. 이상적으로 말한다면, 관광단의 모든 일원은 접수창구 직원이나 경비원에게 입장 전 서명을 하고 "관광단"이라고 분명하게 새겨

업무 외 방문객 출입 신청서

회사 업무와 무관한 개인들의 시설 방문에 대한 신청은 방문 전에 반드시 상급자의 허가를 받아야 합니다.
제한 구역이나 위험 구역에 대한 방문은 허용되지 않습니다.
방문을 주선한 직원은 방문객과 그들의 행동에 대한 통제와 책임을 유지해야만 합니다.

직원 성명 ______________________ 구내 전화 __________
사 번 ______________________________________
방문일자 ______________________________________
방문객 성명 ________________ ________________
________________ ________________
________________ ________________
________________ ________________

예상 소요 시간 ________________
관리자 승인 ______________________________
서명

그림 7.2 업무 외 방문객 출입 신청서

진 출입증이나 명찰을 발부받아야 한다. 관광단 일원들은 함께 머무를 것이 요구되고 정복을 착용한 안내원(uniformed guard)이 이들과 동행해야만 한다. 관광이 끝나면, 인원수가 확인되어야 하고 모든 명찰은 반드시 회수되어야 하며 모든 일원들은 서명한 후에 밖으로 나와야 한다. 비록 관광단이 제한 구역에 들어갈 가능성이 없을지라도, 이러한 조치들은 누군가 그 집단을 이탈하여 제한 구역에 접근하려 하는 것을 막거나 그와 같은 불법 행동을 조기에 막을 수 있을 것이다.

계약자와 판매자들은 빈번하게 방문객들과 동일하게 취급된다. 즉 그들도 입장 전에 서명하고 자신들이 직원이 아님을 알아보게 하며 출입할 수 있는 구역을 표시하는 임시 명찰이나 출입증을 받는다. 등록 시, 계약자와 판매자들은 성명, 회사, 방문 목적, 차량 번호와 명찰 번호를 제시하고 서명 후에 입장할 것이 요구되어야 한다. 날짜, 들어간 시간과 나온 시간이 반드시 기록되어야 한다. 계약 서비스를 이용하는 직원들은 종종 사전에 출입을 준비하고 서비스를 제공할 개인에게 발급되어야 할 명찰을 요구해야 한다(그림 7.3 참조). 몇몇 빈번하게 방문하는 계약자와 판매자들에게는 장기 출입증이 발급될 수 있지만, 그러한 출입증은 주의하여 사용되지 않으면 안 된다. 영구적인 출입증을 소지한 사람들은 오직 하나의 출입구만을 이용하도록 요구되어야 하고 보안 담당자는 영구적인 출입증을 보유한 사람들이 입장할 때 비교할 수 있도록 그들의 명단과 서명을 함께 갖고 있어야 한다. 그와 같은 영구적인 출입증은 직원들과 마찬가지로 주기적으로 재발급되어야 한다.

키 통제

제한 구역에 대한 출입을 통제하는 또 다른 중요한 절차는 적절한 키 통제이다. 잠금장치(lock)는 오직 열쇠나 그것을 조작하는 조합번호(combination)가 안전할 때만 안전하다.

열쇠를 갖고 있다는 것은 종종 지위를 상징적으로 나타낸다. 소규모 회사에서는 모든 직원이 열쇠를 갖고 있는 것이 일반적이지만, 보안의 관점에서 봤을 때 이것은 부적절하다. 열쇠를 갖고 있는 유일하게 타당한 이유는 업무 필요성이어야 한다. 열쇠를 갖고 있는 사람들의 숫자가 많을수록 보안의 위험도 증가한다. 그림 7.4에 제시된 것과 같이 사용하는 모든 열쇠에 대해서는 수기된 기록이 유지되어야 한다.

키-통제 시스템은 열쇠를 갖고 있는 사람의 숫자를 제한하고, 사용되는 모든 열쇠 및 그것들이 지급된 사람들에 대한 종합 목록(master list)을 작성하며, 복사한 모든 열쇠들을 안전하게 유지하고 주기적으로 물리적인 검사를 필요로 한다.

계약 직원 출입 신청서

귀하가 계약 직원에게 명찰이 발급되기를 희망한다면 이 양식을 작성하십시오. 발급 과정에 3일이 소요됩니다.
계약자 명찰은 지정된 창구에서 날마다 신청한 개인들에게 발부될 것입니다. 그때 그들은 방문자 명부에 서명할 것입니다.
명찰은 계약이 종료되는 날에 반드시 반납되어야 합니다.

계약 회사 ______________________________

계약 회사 전화 번호 ______________________________

계약 회사 직원(들)의 성명(들) ______________________________

계약 고용 날짜 ______________부터 ______________까지

고용 유형 ______________________________

- ☐ 업무 과중/일시적인 보조(Overload/temporary help)
- ☐ 용역/유지 보수(Service/maintenance)
- ☐ 공사 업무/운반자(Construction work/mover)

신청 시설물 ______________________ 신청 출입구 ______________

감독자 ______________________________

구내 전화 ______________________ 우편물 수령 장소 ______________

제한 사항(해당하는 경우)______________________________

부서장 서명 ______________________________

보안 담당 부서와 별도의 조정이 이루어지지 않는 한, 계약자 명찰은 일반적으로 근무 시간 동안에만 발급됩니다.

계약자 명찰 출입 서명 일지

날짜______________

성 명	명찰 번호	소속(회사)	전화번호	들어간 시각	나온 시각

그림 7.3 계약 직원 출입 신청서

성명/부서	건물 외부	사무실	창고	비품실
킹(H. King)/회계과		2005. 8		
루이스(S. Lewis)/관리과	2007. 9	2005. 9		
존스(B. Jones)/구매과		2004. 5	2004. 5	2004. 8
홀(T. Hall)/관리과	2003. 1	2003. 1		

그림 7.4 사용 중인 열쇠의 기록 예시

한 사람이 여러 개, 어쩌면 심지어 수백 개의 열쇠를 휴대하는 불편함을 제거하기 위해, 때로 마스터 키 조작 시스템(*master keying system*)이 사용된다. 이 시스템하에서, 체인지 키(change key)는 오직 하나의 특정 출입문만 개폐한다. 서브-마스터 키(*sub-master key*)는 특정 지역의 잠금 장치를 개폐한다. 마스터 키(master key)는 건물 전체의 잠금 장치를 개폐한다. 때로 다수의 건물이 관계될 경우 그 시스템은 그랜드 마스터 키(*grand master key*)가 두 개 이상의 건물의 모든 잠금 장치를 개폐하는 데 사용되는 식으로 한층 더 확대된다. 공동 주택 단지(multiple-dwelling residential facilities)의 부동산 관리자처럼, 전형적으로 키 전담 관리 직원(custodial staff)이 그랜드 마스터 키들을 갖고 있다.

비록 마스터 키 조작이 사용자에게 이점을 제공하지만, 그것은 또한 보안에 상당히 취약하다. 만약 마스터 키가 잘못된 사람들의 손에 들어가거나 복제된다면, 그 시스템은 단일 키 시스템보다 더 큰 보안상의 위험을 제기한다. 하나의 위험을 발견하기 위해 건물 전체의 키를 교체하는 것 역시 상당한 비용이 든다. 그림 7.5에 예시된 것과 같은 점검 목록은 효과적인 키 통제를 보증하는 데 도움이 될 수 있다. 카드-키 시스템이 사용될 경우에도 동일한 원리가 적용된다.

모든 열쇠에 해당되지만, 특히 마스터 키에는 "복제하지 마시오"라는 문구가 압인되어 있어야 한다. 하지만 이것이 복제가 예방되는 것을 보증하지는 않는다. 몇몇 보안 전문가들은 열쇠공이 열쇠와 자물쇠의 형태와 일련번호를 알면 이를 복제할 수 있으므로, 그것들의 번호를 지우도록 권고한다. "복제하지 마시오"라는 문구를 열쇠에 새겨놓는 일은 쓸데없을지 모르나, 몇 가지 효과가 있을 것이다. 하지만 열쇠 복제를 막는 가장 좋은 방법은 한정판 열쇠(restricted key)를 사용하는 잠금 장치를 구매하는 것이다. 이것은 특히 안전한데, 왜냐하면 자물쇠 제작 회사는 심지어 유명한 열쇠공에게도 미가공 한정판 열쇠의 분배를 제한하기 때문이다.

마스터 키를 갖고 있는 직원이 회사를 그만두거나 계약이 종료될 경우, 그 직원이 금고실과 금고의 조합 번호를 알고 있을 경우에 잠금 장치는 반드시 교체되어야만 한다. 또한 키를 갖고 있는 직원 중 어느 누구도 계약이 종료되지 않았더라도, 주기적으로 잠금 장치를 교체하는 것 또한 보안을 위해서는 좋은 관행이다.

열쇠를 지급받은 사람들이 여전히 그것을 소지하고 있는지 확인하기 위해 반드시 주기적인 검사를 수행해야 한다. 열쇠 목록을 검사하는 것은 각각 할당된 열쇠가 실제 특정한 사람의 수중에 있는지 물리적으로 확인하는 일을 필요로 한다. 만약 핵심 지역의 열쇠가 분실되었다면, 출입문은 새로운 열쇠로 즉시 교체되어야 한다.

건물 안쪽 지역의 열쇠는 바깥 지역의 열쇠와 동일한 방식으로 통제되어야 한다. 오직 실제로 열쇠가 필요한 사람들만 열쇠를 가져야 한다.

잠금 장치가 있는 항목	잠금 장치 번호	잠금 장치가 있는 항목	잠금 장치 번호	잠금 장치가 있는 항목	잠금 장치 번호
출입 공간		정량 토출기		우편함	
에어컨		위생 냅킨		돈 가방	
경보기		비누			
운동 장비		수건			
자동차용				옥탑	
		창문(실외)		설계함(Plan case)	
		입구			
서가		출구			
게시판		창문(실내)		냉장고	
		식당		두루마리형 보안 창살	
		교실		옥상 통기관	
캐비닛		벽장			
전기 설비		연결 통로			
서류철		엘리베이터		안전 보관실	
도구		환풍실		안전 금고	
열쇠		난방기		방충망	
의약품		차고		청소용 싱크대	
창고		사무실		스위치 키	
비품					
옷장					
		서랍		이동식 예배실	
		벤치		탱크(기름과 가스)	
		현금		온도 조절 장치	
		제도실		트레일러	
		실험대		바닥 혹은 천장의 작은 문	
카메라 보관함		금고		트럭	
현금 보관함		도구		트렁크	
금전등록기					
활송 장치 출입문		가솔린 펌프			
시계		출입구		밸브	
				금고(Vaults)	
		개인 물품 보관함			
		체육관			
암실		페인트		경비실	
책상		학생			
진열장		교사		엑스레이	

그림 7.5 키-통제 점검 목록

출처: 펜실베이니아 글렌 리들 19037번지에 소재한, Sunroc Corporation의 자회사 텔키(주)(TelKee Inc.)의 허락을 받아 인용함.

개장, 폐장 및 근무 시간 이외의 절차

근무 시간 종료 후 출입을 통제하는 것은 어떤 보안 시스템에서도 핵심적인 부분이다. 통상 물리적 통제에 크게 의존하지만, 이러한 물리적 통제가 효과적일 수 있게 보증하기 위해서는 어떤 절차들이 요구된다.

주거침입 절도의 위험이 높고 어떤 보안 직원도 야간에 근무하지 않는 시설에서는 업무의 개시와 종료에 최소한 반드시 두 사람이 있어야 한다.

개장과 폐장 절차는 특별하게 부여된 책임과 함께 기록되어야 한다. 누군가 시설물을 열기에 앞서, 주차 전에 최소한 한 차례 차량으로 입구를 순찰하는 것은 총명한 일이다. 만약 어떤 것이 의심스러우면, 경찰에 전화를 걸어라. 모든 것이 정상이라면, 공중의 시선과 차량에 가장 많이 노출된 바깥문의 잠금 장치를 해제하고, 들어가서, 경보기와 구내를 점검하고 모든 것이 있어야 할 상태 그대로 있는지 확인한 뒤, 구내에서 약간 떨어진 곳에서 대기하고 있는 사람에게 신호를 보내야 한다. 이것에 소요되는 시간은 미리 설정되어 있다. 바깥에 있는 사람은 "경보 해제"가 있기 전까지 기다린다. 만약 그것이 정해진 대로 진행되지 않으면, 바깥에 있는 사람이 경찰에 알린다.

폐장 절차도 개장 절차와 비슷한데, 한 사람이 약간 떨어진 곳에서 기다리는 동안 다른 한 사람이 목욕실, 주변의 물품 보관 구역(perimeter stock areas), 수선실(fitting room), 보수 부서와 같이 누군가 숨을 만한 지역에 특히 주목하면서 구내에 대한 일상적인 점검을 한다. 그런 다음 이 사람은 모든 보안 장치들을 점검하고 활성화한 뒤 바깥에서 대기하고 있는 사람과 합류하여 문을 닫는다.

효과적인 종료 절차에는 누군가 몸을 숨길 만한 모든 화장실과 장소들을 점검하고, 불필요한 모든 전등과 기계의 전원을 끄고, 금전출납계를 열어 돈을 금고 속에 집어 넣고, 모든 창문과 실내 출입문은 물론 금고도 잠그고, 보안 등을 켜고, 경보기를 활성화하며, 모든 바깥문을 단단히 잠그는 일 등이 포함된다.

종료 절차가 진행되는 동안 블라인드 혹은 빛 가리개를 드리울지 여부에 대해서는 선택 사항이 다양하다. 드리워진 블라인드나 빛 가리개는 침입자가 내부의 가용한 "표적"을 발견하지 못하도록 예방하지만, 동시에 성공적인 침입자에게 은신처를 제공한다.

근무 시간이 끝난 이후의 입장 절차 역시 수립되고 엄격히 집행되어야 한다. 보안 직원은 근무 시간 이후 건물에 있는 것이 허용된 사람들이 누구인지, 그들이 늦게까지 머무르는지, 일찍 도착하는지 아니면 건물이 닫힌 후 돌아오는지에 관한 목록을 갖고 있어야 한다. 합당한 이유 없이 지속적으로 일찍 출근하거나 늦게까지 머무르는 직원들은 훔치기 위해서거나 허락 없이 회사 장비를 사용하기 위해 그렇게 하고 있을 것이다. 만약 허가 받은 사람이 근무 시간 이후에 건물에 남아 있다면, 그 사람이 그곳에 있는 이유, 들어온 시간과 나간 시간이 반드시 기록되어야 한다. 그림 7.1과 같은 출입 점검 일지(sign-in/sign-out log)가 사용될 수 있다.

취약한 지역과 장비에 대한 접근 통제

절도나 직원에 의한 절취에 특히 취약한 곳은 보관 창고, 현금, 귀중품, 기록과 양식들이 보관된 지역, 우편물실, 비품실, 복사실, 컴퓨터실이다.

이 모든 지역들은 출입이 제한되고 잠금 장치가 채워지거나 출현하는 다른 사람들의 활동을 감시할 수 있도록 허가 받은 사람이 상주해야 한다.

창고와 물품 보관소는 특히 절도에 취약하며 물리적·절차적 통제가 특히 중요한 그런 장소이다. 그런 지역은 잠가두거나 근무자를 배치해야만 한다. 덧붙여 절도에 취약한 작고 값나가는 물품들을 위한 고가물품 보관실이나 보관함이 활용되어야 한다. 절도의 유혹을 막기 위해 임시직 보조 직원이 정규직 상근 직원과 함께 근무해야 한다.

지게차(forklift)가 사용되지 않을 때는 자물쇠를 잠가 놓아야 한다. 어떤 창고 침입 절도 사건의 경우, 침입 절도범은 지붕을 통해 들어갈 수 있었지만 같은 방법으로 빠져나갈 수는 없었다. 기민하게 그는 시동키가 꽂혀 있던 지게차를 이용하여 창고의 문을 지레로 들어올렸다. 그런 다음 그는 지게차를 이용하여 다량의 상품을 밖에 주차된 자신의 픽업트럭으로 옮겼다.

구입 주문서, 가격표(checks), 전표(vouchers), 영수증과 같은 사무용 서식(business form)뿐만 아니라 중요한 문서들에 대한 접근도 제한되어야 한다. 그러한 서식들이 그릇된 수중에 들어가게 되면 기업에 수천 달러의 손실을 초래할 수 있다. 더 이상 필요하지 않은 중요 서류와 기록들은 쓰레기통에 버려져서는 안 되고 반드시 소각되거나 파쇄되어야만 한다.

우편물실에는 도착한 것과 발송할 모든 우편물의 처리를 맡은 사람이 있어야 한다. 우편 요금 계기(postage meter)는 우표가 도난당할 가능성을 제거한다. 이 계기가 사용되지 않을 때는 반드시 자물쇠가 채워져 있어야 한다. 일상적으로 발송되는 우편물을 봉인하지 않음으로써, 그 편지가 확실히 업무와 관련된 것이라는 점을 보증할 수 있게 내용물이 확인되는 관행은 회사의 우편 요금이 사적으로 사용되는 것을 없애 줄 것이다. 물론 기밀 혹은 민감한 회신은 반드시 봉인되거나 그와 같은 표시가 되어 있어야 한다. 봉인되지 않은 편지와 소포들은 봉인되고 소인이 찍히고 발송되기 전에 주기적인 점검을 받아야 한다.

몇몇 우편물실에는 직원들의 사적인 편지와 소포를 위한 분리된 우편함이 있다. 비록 직원들은 자신의 소포에 대해 비용을 지불하지만, 직원들은 이것을 고용주에 의해 제공되는 서비스의 일종으로 생각한다.

비품실은 좀도둑질에 매우 민감하므로 허가받은 사람에게만 제한되어져야 한다. 우편물실과 마찬가지로 한 명이 비품실을 책임져야 한다. 직원들은 단지 비품실로 가서 스스로 비품을 챙기거나 그것을 요청하지 말고, 반드시 요청 서식을 작성하여 비품을 얻어야만 한다. 물품 목록은 정규적으로 작성되어야 한다.

복사기는 직원들이 이를 개인적인 복사를 위해 사용할 경우 자산 누수의 근원이 될 수 있다. 통상 사용되는 시스템에 따라 한 장의 복사에 3센트에서 5센트의 비용이 소요된다고 가정할 때, 복사기를 개인적으로 과도하게 사용하면 연간 수백, 심지어 수천 달러의 비용이 초래될 수 있다. 몇몇 시설에서는 복사기에 자물쇠를 채우고 오직 소수의 허가받은 사람들에게만 열쇠를 발급함으로써 그 문제를 완화하려 하고 있다. 다른 시설에서는 코드 번호를 입력해야만 복사기가 작동하도록 하거나 사용 승인에 카드-키 시스템을 활용하고 있다. 각각의 경우, 코드와 복사량이 자동적으로 기록된다. 또 다른 회사들에서는 오직 한 사람에게만 복사기 작동을 허가하고 권한을 부여받은 사람이 복사하기 전에 작업 지시서나 복사 요청서를 작성하도록 요구한다(그림 7.6 참조).

어떤 회사들은 개인적인 용도의 문서들을 복사할 수 있도록 허용하는 것이 직원들에게는 고맙게 여겨진다는 점을 인식함으로써 직원들로 하여금 복사기를 사용하고 그 비용을 지불하도록 한다. 그러한 관행은 좋은 홍보 활동이지만, 빈번하게 나타나는 것처럼, 사람들이 자주 관리 제도(honor system) 하에 있게 되면 그것은 쉽게 남용될 수 있다.

컴퓨터 역시 만약 직원들이 사적인 이익을 위해 그것들을 사용한다면 자산 누수의 근원이 될 것이고 실질적으로 회사에 비용을 초래할 수 있다. 몇몇의 경우, 직원들이 근무 시간이 끝난 후 및 주말에 회사 컴퓨터를 사용하여 자신의 부수적인 컴퓨터 사업을 영위해 왔음이 드러났다. 그런 직원 중의 한 명은 "그것(컴퓨터)은 단지 거기에 놓여 있기만 해서 낭비되고 있었다. 나는 어느 누구에게도 피해를 주지 않았다"라고 말하면서 그러한 사용을 합리화했다. 컴퓨터 보안은 제11장에서 논의된다.

복사 작업 지시서

성명 ____________________

원가 정보실 코드 ____________________ 모아서 ____________________

수령한 날짜 및 시각 ____________________ 연이어서 ☐ 연잇지 말고 ☐

완료 날짜 및 시각 ____________________ 원본의 총 매수 ____________________

복사물의 번호 ____________________ 기 타 ____________________

복사용지/인쇄 용지 색상____________________ ____________________

특별 지시 사항:

- -

수령자 ____________________ 2부 복사 비용 지불 예정 ____________________

비 서 ____________________

그림 7.6 복사 작업 지시서 예시

자산 통제

자산 통제(property control)는 대부분의 보안 시스템에서의 관심 사항이다. 자산 손실을 통제하는 하나의 수단은 **무선 주파수 감정**(radio frequency identification: RFID)이다. "가장 기본적인 형태를 보자면, RFID에 의한 자산 추적은 회사 자산이 외부로 유출될 경우 보안 요원이 그것을 감지할 수 있게 해 준다"(Blades, 2005, p.36). 보호되어야 할 모든 자산에는 문 틀 속에 이식된 판독기와 통신하는 수동적 혹은 능동적인 RFID 인식표(tags)가 부착된다. 수동적인 인식표는 제한된 양의 정보만 유지하고 그 반응을 활성화하는 데 강한 신호를 요구하기 때문에 "판독"의 범위가 제한적이다. 수동적인 인식표는 동시에 문을 통과하는 여러 가지 항목들을 추적하는 데 난점이 있다. 능동적인 인식표는 보다 많은 정보를 유지하고 내부 배터리를 통해 스스로 활성화한다. 그러므로 그것들은 쉽게 그리고 보다 넓은 범위를 판독한다. 그 밖에 능동적인 인식표는 누가 무엇을 가지고 나갔는지를 인식할 수 있다. 예를 들어 만약 한 직원이 다른 직원에게 속한 랩톱이나 회사의 PDA를 가지고 시설에서 나간다면, 그 시스템은 그 자산이 부당한 사람에 의해 유출되고 있음을 인식하고 경보기를 작동할 수 있다.

비록 테크놀로지가 광범위하게 사용되고는 있으나, 그것이 절대적으로 확실한 것은 아니며, 때때로 인식표 판독상의 문제를 안고 있어 양성의 오류 경보나 음성의 오류 경보 발생으로 이어진다. 예를 들어, 어떤 사람이 물건 20개가 놓여 있는 손수레를 끌고 문을 통과하는데, 19개는 유출이 허용된 것이고 1개는 그렇지 않다면, 그 소프트웨어는 그 손수레를 판독하는 데 어려움을 겪을 것이다. 효과적인 RFID 시스템을 시행하는 데 있어 나타나는 또 다른 장애물은 비용이다. 수동적인 인식표는 종종 바람직한 정도의 보호를 제공하지 않지만, 능동적인 인식표는 비싸다. "진짜 문제는 당신의 자산은 무엇이고 얼마만한 가치가 있는가?이다. 만약 당신의 시설이 이동되어질 수 있는 고가의 물리적 자산을 상당수 간수하고 있다면, 아마도 이것이 최선의 해결책이다. 하지만 랩톱과 PDA 같은 이동 가능한 워크스테이션을 보호하는 데 있어, RFID는 일반적으로 엄청난 비용이 든다"(Blades, p.38). 다양한 응용 분야에서의 RFID의 활용은 뒷장에서 보다 자세히 다루게 된다.

개별 직원, 판매자, 계약자 및 방문객의 자산은 물론 고용주의 자산에 대해서도 통제가 행사되어질 수 있다.

고용주 자산

시설로부터 출하될 예정인 고용주의 자산은 어떤 것이든 그림 7.7에 예시된 것과 같은 허가증(pass)을 요구할 것이다. 자산 입출하 허가증(property passes)은 자산 통제에서 중요한 역할을 수행한다. 그림 7.8에 적시된 것과 같은 일지는 모든 자산의 출하 상황을 점검한다.

고용주 외의 자산

만약 직원, 계약자, 판매자, 방문객 또는 다른 사람들이 보안 시설 내로 개인적인 자산을 가지고 올 경우, 이를 등록함으로써 그것들이 그곳에서 나가게 될 때 그 자산의 적법한 이동권에 아무런 문제도 제기되지 않도록 할 것이 요구된다. 그림 7.9에 제시된 것과 같은 형식이 이러한 목적을 위해 사용될 수 있을 것이다. 통상 서류 가방, 랩톱, 손가방 혹은 도시락에는 그러한 허가증이 필요하지 않다.

현장에서 카메라와 비디오 장비 사용의 제한

많은 시설들이 사전 승인 없이 카메라나 비디오 장비가 시설 내로 반입되는 것을 허용하지 않는다. 이러한 제한은 모든 직원, 계약자, 방문객 및 심지어 보안 직원들에게도 적용될 것이다. 이 목적을 위해 그림 7.10에 제시된 것과 같은 형식이 사용될 수 있다. 이 형식이 승인된 이후, 사진이나 비디오 촬영을 허가받은 사람은

__________ **자산 출입증**

관리자 성명
구내 전화

자산 출입증은 건물 밖으로 반출되는 항목들의 확인을 위해 승인 관리자에게 반환됩니다.

건물 밖으로 반출되는 항목 분석 (모델, 일련 번호 및 인식표 번호 포함)	반환되어야 하는지 여부		반환될 날짜
	예	아니오	

어디에서(건물)	어디로(건물이나 자택)	직원 성명이 명찰이나 신분증과 대조되었는지 여부 ☐

직원 및 서명	직원 번호	접수 담당자 혹은 경비원	반출 일자
관리자 서명			반환 일자

후속 조치

☐ 반환되는 장비

☐ 반환되지 않는 장비

비 고

서 명 날 짜

그림 7.7 자산 출입증

자산 반출·반환 일지

복사해주십시오.

성명	자산	출입증 번호	반출된 날짜	반환된 날짜

그림 7.8 자산 반출·반환 일지

개인 자산 등록

개인 자산을 건물 내로 반입하기를 원한다면 이 양식을 작성하시오.

수 량	항목의 기술

복사해주십시오.

성명	소속(representing)	방문하는 직원이나 부서

나는 다른 조치들이 입구에서 취해지지 않는 한, 물품들은 오직 입구를 통해서만 공장으로부터 반출될 수 있는지를 이해한다. 이것은 자산 출입증이 아니며 오로지 물품 반입의 합당한 이유가 있는 사람들, 즉 판매상이나 직원들에게만 적용된다.

서 명	경비원 서명	반입된 시각	날 짜

그림 7.9 개인 자산의 등록

그림 7.11에 예시된 것과 같은 허가증을 발급받게 된다. 이 잠재적 보안 문제는 사진 촬영이 가능한 핸드폰이 보편화됨에 따라 심화되었다.

자산 누수의 예방 혹은 감소를 위한 회계 및 수령 절차

보안 관리자들이 회계사일 것으로 기대되지는 않지만, 그들은 잠재적인 보안 문제들이 회계 체계 및 수령 부서 내에 존재한다는 점을 알고 있어야 한다. 절도의 유혹은 다음과 같은 몇 가지 기본 절차에 의해 감소될 수 있다.

자산 누수를 예방하거나 줄일 수 있는 회계 절차에는 다음 사항이 포함된다.

- 현금 보유의 제한
- 소액 현찰 수령에 대한 엄격한 절차 수립
- 구매, 수납, 지출 기능의 분리
- 사전에 순번이 정해진 대로 순서대로 구매 주문하기

사진 촬영 허가 요청서

장비가 사용될 날짜/시간

날 짜 ______________________ 시간 ______________________

______________________ ______________________

사진의 용도 ____

____

____

____

사진 촬영 장소/지역 ____

____

____

____

사진 촬영자

성 명	회사명	사 번
______	______	______
______	______	______
______	______	______

요청자 ____

승인자 ____

그림 7.10 사진 촬영 허가 요청서

카메라 허가증

______________________ 는 ______________________ 에
(날짜)

____
(지역)

______________________ 에서 사진을 촬영하는 것이 허가되었다.
(생산시설)

소속 회사 ____

안내자 ____

목적 ____

부서 관리자 ____

보안 직원 ____

그림 7.11 카메라 허가증

유지되는 제한된 양의 현금은 업무 종료 시 금고에 안전하게 보관되어야 한다. 소액의 현찰을 요구하는 사람들은 현금이 지급되기 전에 허가 및 서명된 전표나 요구서가 있어야 한다. 소액 현찰을 수령한 사람이 제출하는 영수증을 포함하여, 지불된 돈은 한 푼이라도 지출 내역이 엄격하게 기록되어 보고되어야 한다.

구매, 수령, 지불 기능은 가능하다면 언제나 분리되어야 한다. 구매 행위는 허가받지 않은 구매의 기회를 최소화할 뿐만 아니라 보통 대량으로 구매하는 것이 덜 비싸기 때문에 중앙에서 통제되어야 한다. 구매 주문서는 사전에 번호가 매겨져 순서대로 사용되어야 한다. 만약 둘 이상의 부서가 구매한다면, 각 부서는 주문서를 발급받아야 하고 다른 주문서가 발급되기 전에 주문서에 포함된 모든 숫자에 대해 책임을 져야 한다. 잘못 작성된 구매 주문서는 어느 것이나 단순히 폐기되지 말고 반드시 무효 표시가 되어야 한다. 구매 주문서 사본은 반드시 수납 및 지출 부서에 보내져야 한다.

수령 부서는 주문서 목록을 통해 수령한 주문서들을 점검해야 한다. 누락되거나 손상된 품목 혹은 가외의 품목들은 신속히 보고되어야 한다. 만약 합당한 시간 안에 배송이 이루어지지 않았다면 공급자들에게 알려야 한다. 아마도 도난당했거나 잘못 배송되었을 것이다. 보통 한 곳의 중앙 수령 장소를 갖는 것이 가장 좋다.

상품은 보호 시스템을 갖춘 내부 부두(inside dock)와 같은 보호 지역에서 수령되어야 한다. 오직 공급자의 운송 수단과 회사 차량만이 수령 장소에 진입하는 것이 허용되어야 한다. 수령 장소는 배송 장소로부터 물리적으로 분리되어야 한다. 만약 상당히 큰 안전상의 위험이 존재한다면, 수령 시간은 제한되어야 하고 이 기간 동안에는 경비원이 배치되어야 한다. 출입문들은 닫혀 있어야 하고 사용하지 않을 때는 잠겨 있어야 한다. 배달이 이루어질 때에는 직원들에게 주의를 환기시키기 위해 부저나 벨이 사용될 수 있다.

공급자들은 상품이 지키는 사람 없이 부두에 방치되도록 해서는 결코 안 된다. 만약 공급자들이 그렇게 한다면, 수령자는 법적으로 책임이 없다. 배송 대행자들이 단지 상품을 부두에 하역하고 나서 떠나버리는 경우라면, 공급자에게는 이것이 보안상의 실패로 이어질 수 있음을 반드시 통고해야 한다.

열차의 유개 화차와 트럭 트레일러들은 번호가 매겨진 철제 봉인 빗장을 사용할 것이다. 그러한 경우, 수령자들은 선하 증권(bill of landing)과 함께 봉인 번호를 점검해야 한다. 만약 그것이 누군가에 의해 조작된 것처럼 보이면, 그 배송 화물은 수령되지 말아야 한다.

일단 배송 화물이 수령되면, 그것은 하역되어 가능하다면 즉시 창고에 보관되어야 한다. 만약 이렇게 할 수 없는 경우라면, 유개 화차나 트럭 트레일러 문에 자물쇠가 채워지거나 못으로 봉쇄되어야 한다.

수령자들은 배송된 품목들을 패킹 슬립(packing slip)*(**맹목검수 blind receiving**라고도 함)으로 셈하지 말고, 실제로 세어야 한다. 수령 부서에 보내는 구매 주문서의 복사본에 수량을 빠뜨린 몇몇 구매 부서에서는 수령 부서가 어쩔 수 없이 주의 깊게 셈하도록 몰아붙인다. 이러한 절차에 내재된 위험은 불완전하게 배송된 화물이 수령될 수 있다는 점이다. 만약 배송 화물이 무게로 주문되는 것이라면, 수령 시 그 화물의 무게가 확인되어야 한다. 저울의 정확성은 주기적으로 점검되어야 한다.

지출 부서는 구매 주문이 허가되고 수령 부서로부터 주문서에 특정화된 대로 배송 화물이 도착했다는 점이 확인된 주문서에 대해서만 수표를 발급해야 한다.

비록 많은 조직들이 모두 회계 및 수령 기능들을 전산화하고 있지만, 동일한 원리들이 적용되고 있다. 구매, 수령, 지불 기능을 분리하는 것은 존재하지 않은 물품에 대해 구매 주문서를 작성하거나, 이중의 구매 주문서를 작성하고 주문되지 않은 물품들에 대해 비용이 지불되게 하는 것과 같은 부정직한 관행들을 좌절시킬 것이다. 청구액을 부풀리는 행위는 주요 구매에 대해서는 무엇이든 경쟁 입찰에 의하도록 함으로써 저지될 수 있다. 공급자로부터 선물이나 답례품들을 받는 행위는 서로 간에 특별한 "호의"를 베풀도록 조장할 수 있으므로, 엄격하게 금지되어야 한다.

보안을 강화하기 위한 다른 절차들

효과적인 채용 및 임용 절차, 제한 혹은 취약 지역과 재정 자산에 대한 접근 통제 이외에 약물 검사, 순찰, 일상적인 보안 검색과 검사, 정확한 재고의 유지, 주기적인 감사의 시행, 귀중품 수송 시에 주의하기 및 보험과 결속을 통한 보호 등과 같은 다른 절차들도 회사의 안전과 보안을 보증하는 데 기여할 수 있다.

작업장에서의 약물 검사

Gips(2006, p.50)는 다음과 같은 사실을 발견한다. "약물 판매자와 사용자들은 오늘날의 작업장에서 보다 일상적인 현상이 되었다. 기업들은 이러한 경향에 대응할 정책과 훈련이 필요하다." 미국 법무부 웹사이트(2002)에 의하면, 불법적인 약물 사용에 대한 검사는 ADA의 통제 하에 진행되는 의학적 검사가 아니며 그러한

---

* 패킹 슬립: 포장된 상품의 내용·출하지 등을 기재하여 첨부하는 서류.

검사의 제한에 구속받지도 않는다. ADA는 약물 검사를 장려하거나 금지하거나 혹은 허가하지도 않는다. 그러므로 고용주들은 지원자나 직원에 대한 그러한 검사를 수행하고 그 결과에 기초하여 채용 결정을 내릴 수 있다. 고용주는 음주가 직무 수행이나 행동에 부정적으로 영향을 미칠 때는 징계 또는 해고하거나 채용을 거부할 수 있다. 고용주는 또한 작업장에서의 음주를 금하고 직원들이 술에 취한 상태에 있지 않도록 요구할 수 있다.

약물 검사는 종종 채용 전 심사에서 사용된다. Gips(p.54)에 의하면, 항공기 조종사, 기술자, 버스 및 트럭 운전사 및 핵발전소 근무자 등 안전에 민감한 장소에서 근무하는 직원들은 이미 강제적인 약물 검사의 대상이다. 지난 10년 동안, 회사에 의해서 일반적인 작업장에 대해 수행된 약물 테스트의 3/4은 채용 전 검사를 위한 것이었다. 무작위 약물 검사는 덜 빈번하게 나타났다(Gips). 하지만 이것은 검사에 사용되는 방법이 그런 것처럼 서서히 변화하고 있다.

소변 검사는 시료를 다루고 수집하기가 쉽고 이미 표준이 수립되어 있어 가장 일반적으로 사용되는 절차로 남아 있다. 그렇지만 전체 제조업에서 소변 시료의 질을 나쁘게 하거나 이를 대체하는 일이 발생하면서, 몇몇 회사들은 모발 분석과 같은 대안적인 검사 방식들을 사용하는 것에 더 큰 매력을 느끼게 되었다. 표 7.1은 약물 검사의 장단점을 요약한 것이다.

근로자들은 약물 검사를 요구하는 고용주의 권리에 도전해 왔으나, 법원은 통상적으로 고용주가 공정한 약물-검사 프로그램을 구비할 경우에는 검사의 권리를 인정해 왔다. 미시건 사례인, *Baggs v. Eagle-Picher Industries*(1992) 사건에서는 자동차 테두리 제작 공장(automobile trim manufacturing plant) 직원들이 약물 검사 요구를 거부하고 이에 응하지 않은 이후에 부당하게 해고되었다는 이유를 들어 자신의 고용주에게 소송을 제기했다. 제6 지방 법원(The Sixth District Court)은 고용주에게 우호적인 판결을 내렸고, 그 결정은 항소심에서도 유지되었다.

반면에, *Hazlett v. Martin Chevrolet, Inc.*(1986) 사건에서 오하이오 주 대법원은 알코올 중독과 약물 중독은 장애이며 코카인에도 중독된 알코올 중독자 직원을 해고한 것은 부당한 차별이라는 주 법률을 옹호하는 판결을 내렸다. 또한 *Glide Lumber Products Company v. Employment Division*(1987) 사건에서 오리건 항소 법원은 양성적인 약물 검사 그 자체는 직원을 해고할 수 있는 충분한 근거가 되지 못한다고 판결하였다. 고용주는 약물 사용이 해당 직원의 업무 수행에 부정적인 영향을 미친다는 점 또한 보여 주어야만 한다.

연방 재무부 직원 노동조합(*National Treasury Employees Union*) *v. Von Raab*(1989)

표 7.1 약물 검사 방법의 장단점

시료	가장 좋은 것	가장 나쁜 것	비 고
소변	고용 전 사건 이후 무작위	알코올 검사	광범위하게 수용됨 종종 시료가 불순물에 의해 오염됨
모발	고용 전 합당한 의심 역사적인 사용	사건 이후	대마초를 감지하는 데 어려움이 있음 비용이 비쌈
타액	사건 이후 합당한 의심	고용 전	단기 검출창(short detection window) 시료가 불순물에 의해 오염되는 것이 쉽지 않음
혈액	사건 이후 극단적인 사례 투석 대상자	기타 용도	쉽게 퍼짐 약물은 계속해서 시스템 내에 있어야 함 비용이 비쌈 의료 폐기물 문제
동공 측정	해당 없음	해당 없음	여전히 실험 중임

출처: "High on the job" by Michael A. Gips. © 2006 ASIS International, 1625 Prince Street, Alexandria, VA 22314. *Security Management* 잡지 2006년 2월호로부터 허가받고 번각함.

사건에서 연방 법원은 고용주인 미국 세관은 민감한 장소에서의 근무를 희망하는 지원자는 약물과 알코올 검사를 받도록 요구할 수 있으며 그러한 검사는 4차 수정 헌법의 피고용자 프라이버시 권리를 침해하지 않는다고 판결하였다.

약물 검사의 대안 샌디에이고의 올드 타운 트롤리(The Old Town Trolley)는 손과 눈의 조합과 정신 운동 반응을 점검하는 30초간의 컴퓨터 검사를 이용하여 장애를 엄격하게 테스트한다. 그 테스트는 동작 장애가 약물, 알코올, 스트레스 혹은 피로에 의한 것인지 여부를 감지한다. 중요한 것은 그 원인이 아니라 그 장애이다. 모든 직원은 매일 아침마다 그 테스트를 완료한다.

직무에 대한 약물 남용의 위험과 그것들에 대응할 수 있는 보안 수단들은 제12장에서 언급된다.

순찰 활동

종종 보안 직원들은 순찰 활동(making rounds), 즉 시설들의 상태를 관찰하기 위해 눈으로 확인할 책임이 있다. 보안 직원들은 바닥의 물이나 기름, 너무 높게 쌓여 있는 물품들, 불완전한 난간과 계단, 느슨한 카펫이나 양탄자와 복도의 부적당한 조명과 같이 사고를 유발할 수 있는 위험들에 대해 경계해야 한다. 그들은 또한 미끄러운 보행로나 천정 혹은 선반으로부터 떨어지는 얼음 또는 눈과 같은 위험한 기후 관련 조건들에 대해서도 경계해야 한다. 덧붙여 그들은 "농땡이치기," 지정된 장소에서 보안경과 안전모를 착용하지 않고 작업하기, 싸움, 뛰어다니기, 주차장에서의 난폭 운전과 같은, 안전상의 위험을 제기할 수 있는 직원의 행동이라면 무엇이든 인식하고 개입해야 한다.

화재 위험에 경계하는 것 역시 중요하다. 보안 직원들은 폐쇄된 통로, 계단 비상구 혹은 방화문에 주목해야 한다. 뿐만 아니라 그들은 뚜껑이 닫혀 있지 않은 용해액 통, 기름때가 묻어 있는 걸레, 지붕의 누수, 특이한 냄새 혹은 결함 있는 전기 배선, 그리고 소화기와 호스의 작동 성능(operability)에도 주목해야 한다.

순찰 활동 시에 절도의 기회에 대해 경계하는 것은 보안 직원들의 또 다른 책임이다. 그들은 파괴된 창문과 자물쇠와 같은 불법 침입의 증거를 점검하고, 잠긴 모든 문들은 이상이 없는지 그리고 금고와 귀중품 보관실은 잠겨 있는지 점검해야 한다. 그들은 또한 민감한 정보가 책상 위에 남겨져 있거나 쓰레기통에 버려져 있지는 않은지 점검해야 한다.

보안 직원들이 순찰하는 동안 종종 이행하는 또 다른 기능은 에너지 및 자원 보전 기능이다. 그들에게는 잠기지 않아 물이 흐르는 수도꼭지를 잠그고 불필요한 전등이나 업무 종료 후에 남겨져 있는 복사기, 탁상용 전등 및 실내 난방기와 같은 장비의 전원을 내리는 책임이 부여되어야 한다. 보안 직원들은 어떠한 컴퓨터나 테스트 장비의 전원을 내려서는 안 된다.

하지만 순찰 활동을 하는 보안 직원들의 또 다른 중요한 기능은 출입 통제를 확실히 하는 일이다. 그들은 의심스러운 사람들을 심문해야 한다. 의심스러운 행동에는 불이 꺼져 있는 장소에 있거나, 허가 없이 보안 지역에 있거나, 다른 사람의 책상에 있거나, 다른 사람의 책상 서랍 혹은 파일 보관함을 뒤지고 있거나, 물통을 살펴보고 쓰레기 함 또는 카드 출입구 근처를 서성거리는 사람의 행위가 포함된다. 보안 직원이 의심스러운 행동을 목격했을 때는 그 사람의 신원 확인을 요구하고, 그 사람이 그곳에 있는 목적을 판단하여 적절한 행동을 취해야 한다.

순찰을 하는 동안 보안 직원들은 또한 통상적으로 온도 조절 모니터링 장치를 점검하고 어떤 경보음에도 대응할 책임이 있다. 마지막으로, 하지만 최고로 중요한 것으로서, 보안 직원들은 순찰하는 동안 만나는 직원들과 다른 모든 사람들에게 도움이 되고 친절해야 한다.

만약 순찰 도중 어떤 위험-생성적인 요인들과 조우한다면, 보안 직원들은 신속하게 그것들을 적절한 사람에게 보고해야 할 뿐만 아니라 서면으로도 보고서를 제출해야 한다. 그들은 위험이 제거되었음을 확인할 수 있는 후속 조치를 취해야 한다.

일상적인 보안 검색과 검사

비록 대부분의 직원과 방문객들은 정직하지만, 보안은 절도가 발생하지 않았다는 점을 확인하기 위해 주기적인 검사가 이루어질 것을 요구한다. 개별 시설들은 개인 사물함, 책상 및 파일, 그리고 소지품, 서류 가방, 손가방과 상자 등 시설 내로 들어오거나 밖으로 나간 항목들을 포괄하여, 근무 지역의 수색을 허용하는 방침과 절차들을 채택하고 있을 것이다. 또한 노동 계약에 명시적으로 금지되어 있지 않는 한, 도시락, 차량 내부와 트렁크, 그리고 개인들에 대해서도 조사가 행해질 수 있다. 직원과 방문객들에게 보안 검색 방침에 대한 정보를 제공하기 위해 그림 7.12와 같은 안내문이 사용될 수 있다.

보안 검색은 매우 민감하다. 보안 요원들은 정중하고 전혀 위협적이지 않아야 한다. 각각의 검사는 조사를 받는 개인의 이름과 시간과 함께 보안 요원의 일지에 기입되어야 한다. 개인적인 검사가 이루어질 때 직원들은 자신들이 의심받고 있거나 신뢰받지 못하고 있다는 느낌이 들어서는 안 된다. 모두가 검사를 받거나 체계적인 검사가 이루어지고(예를 들어, 열 번째에 해당하는 사람은 모두 검사를 받는 식으로) 주기적인 개별 검사는 수립된 보안 시스템의 일부라는 사실이 채용 전에 미리 모든 사람에게 고지된다면 이러한 오해의 기회는 줄어든다. 마찬가지로 만약 방문객과 고객들이 소지품을 검사받을 때 “우리들은 모든 소지품을 검사할 권리를 보유하고 있습니다”라는 분명한 문구가 명백히 게시판에 고지되어 있다면, 그들은 짜증나지 않을 것이다.

구내로 반입되거나 구내로부터 반출되는 소지품은 일상적으로 검사의 대상이 된다. 사람들은 어떤 지역에 들어가기 전에 모든 소지품들을 검사받도록 빈번하게 요구된다. 예를 들어, 대학 구내 서점은 서점에 들어오기 전에 모든 책과 책가방을 선반에 놓아두도록 요구한다. 할인 매장과 백화점에서는 종종 구내로 가지고 들어오는 모든 소지품에 대해 검사를 받을 것을 요구한다. 심지어 몇몇 가게에서는 여성들에게 구매 준비가 되기 전까지 그들의 손가방을 맡길 것을 요구한다. 그와 같은 요구 사항들은 고객과 방문객들을 화나게 할 것이지만, 절차가 적절히 설명되면 공적인 관계가 더 나빠질 일은 없다. 만약 사람들이 소지품, 서류 가방 혹은 다른

모든 직원에 대한 근무 지역 보안 검색 고지문

__________일자로 우리들은 보안을 개선하기 위해 근무 지역 보안 검색 절차를 수립하였습니다. 근무 지역은 우리들의 재량에 의해 보안 검색의 대상이 될 것입니다. 우리들은 사람들에게 이 방침을 알리기 위해 눈에 잘 띄는 장소에다 다음과 같은 고지문을 부착할 것입니다.

> 우리들은 근무 지역에서 직원의 개인 사물함, 책상, 파일, 상자, 소지품, 서류 가방, 도시락, 지갑 혹은 가방을 검사하고 보안 검색할 권리를 보유합니다.

이 프로그램은 우리의 업무와 근무 지역의 보안을 증가시킬 것이기 때문에, 우리들은 여러분들의 충분한 협력을 기대하고 이에 감사드립니다. 이 절차에 협력하지 않으면 징계 처분을 받게 될 것입니다.

관리자

모든 직원/방문객에 대한 입구와 출구 보안 검색 고지문

__________일자로 우리들은 보안을 개선하기 위해 새로운 출입 절차를 수립하였습니다. 이 시설에 들어오거나 나가는 사람들은 우리의 재량에 의해 심문의 대상이 될 것입니다. 소지품, 핸드백, 지갑, 서류 가방, 도시락 및 다른 소지품들이 보안 검색의 대상이 될 것입니다. 사람들에게 이 방침을 알리기 위해 눈에 잘 띄는 장소에다 다음과 같은 고지문이 부착될 것입니다.

> 우리들은 건물 구내로 들어오거나 나가는 사람들을 심문하고 회사 건물 내로 가지고 들어오거나 가지고 나가는 어떠한 소지품, 핸드백, 지갑, 서류 가방, 도시락 혹은 다른 소지품에 대한 보안 검색의 권리를 보유합니다.

이 프로그램은 우리의 업무와 근무 지역의 보안을 증가시킬 것이기 때문에, 우리들은 여러분들의 충분한 협력을 기대하고 이에 감사드립니다. 이 절차에 협력하지 않으면 징계 처분을 받게 될 것입니다.

그림 7.12 보안 검색 고지문 예시

용기를 제한 구역에 가지고 가는 것이 허용된다면, 접수대 직원이나 보안 담당자는 빈번하게 그 내용물들을 검사하고 그 안에 있는 것의 목록을 작성하며, 그 사람이 나갈 때 소지품이나 서류 가방을 재검사한다.

만약 방문객, 직원 혹은 수선공이 보안 지역으로부터 꾸러미나 물품을 가지고 나오면, 시행 중인 보안 절차는 그들에게 반출을 허가하는 완성된 자산 허가증의 제시를 요구해야 한다. 반출을 허가한 직원은 반출 허가증에 잉크로 완전한 이름을 서명해야 한다. 왜냐하면 이름의 첫 글자는 쉽게 망각될 수 있기 때문이다. 그 양식에서 채워지지 않은 모든 라인들을 줄을 그어 지움으로써 허가받은 사람이 허가증에 부가적인 항목들을 덧붙일 수 없도록 해야 한다. 절도범들은 수선공으로 가장하여 값비싼 전자 장비나 사무 기계를 가지고 시설 밖으로 순순히 걸어 나올 수 있기 때문에, 반출을 허가한 사람은 허가증에 서명하기 전에 먼저 서비스 직원의 자격증을 점검하고 그 서비스 직원에게 반출될 품목의 확인증에 서명하도록 요구해야 한다. 이러한 반출 허가 시스템은 또한 업무 시간이 끝난 후나 주말에 개인적인 용도로 도구와 사무용 기계를 이용하고자 하는 직원들에게 이를 빌려주는 것이 회사의 방침일 경우에도 사용되어야 한다.

만약 보안 직원들이 출구 검색 동안 어떤 사람이 시설에 속한 자산을 가지고 있고 아무런 허가증도 발급되지 않았다는 사실을 발견한다면, 허가증 양식이 그 장소에서 작성되거나 그 자산을 가지고 가려 했던 그 사람이 서면으로 왜 그 품목들을 반출하려 했었는지 해명해야만 한다. 마찬가지로 만약 보안 직원들이 근무 지역에서 일상적인 보안 검색을 하는 동안 술이나 불법 약물과 같은 허가되지 않는 자산을 발견한다면, 그 직원은 자신의 관리자에게 왜 그런 자산이 그들의 수중에 있는지를 서면으로 해명할 것이 요구되어질 수 있다.

만약 그 사람이 진행되는 소지품 검사 절차 중 어느 하나라도 따르기를 거부한다면, 보안 직원이 그 소지품을 압수할 수 있는지, 감독관을 불러야 하는지 아니면 단지 그 사람의 이름과 사번 혹은 소속 회사를 기록하고 그 사람을 밖으로 내보내는 것이 허용되는지에 대한 방침들이 준비되어 있어야만 한다. 보안 직원들은 보안 검색을 주장하거나 강제적으로 보안 검색을 하려 해서는 안 된다.

직원들에게 개인 사물함(*lockers*)을 제공하는 것은 직원들이 자신의 사적 소유물을 안전하게 보관하는 데 도움을 주기 때문에 건전한 보안 관행이다. 다른 한편, 개인 사물함은 보안상의 위험이기도 한데, 왜냐하면 직원들이 훔친 자산이나 재화들을 아무에게도 들키지 않고 구내 밖으로 옮길 수 있는 시간을 확보하기 전까지 이것들을 자신의 물품 보관함에 감출 수 있기 때문이다. 직원 개인 사물함은 권리(right)가 아니라 특권(privilege)으로 간주되어야 한다. 그것들은 직원의 사유 재산이 아니다. 직원들에게는 자신이 준비한 자물쇠를 이용하는 것이 허용되어서는 안 된다. 직원들에게 개인 사물함이 지급되었을 때, 그것은 직원의 편의를 위해 회사에서 제공한 것이고 회사는 언제든지 그 개인 사물함을 검사할 수 있는 권리를 보유한다는 사실을 그들에게 반드시 알려야 한다. 주기적인 검사는 법적 분쟁의 우려 없이 행해질 수 있고 행해져야 한다.

사람, 소지품, 개인 사물함 및 차량의 보안 검색은 통상 다음과 같은 경우에 수용될 수 있다.

- 프로그램이 시행되기 전에 모든 직원과 방문객들에게 이에 대해 고지한다.
- 검사 절차를 분명하게 설명한다.
- 프로그램 자체는 공손하고 공정하며 비차별적이다. 즉 그것은 모든 직원이나 방문객들을 포괄한다.

쓰레기통과 쓰레기 처분 절차 역시 주기적으로 점검되어야 한다. 정직하지 못한 직원들이 도난 물품을 쓰레기 속에 숨기고 나중에 그것들을 회수하거나, 아니면 물품들이 우연히 버려질 수 있다. 몇몇 사례에서는 직원/절도범이 엄청난 양의 상품을 훔치기 위해 쓰레기 처리업자들과 공모하였다.

자산손실의 70%가 직원에 의해 야기된 것임을 감안한다면, 몇몇 정직하지 못한 직원들이 회사에서 절도를 하다가 붙잡힐 개연성이 높다. 통상적으로 회사에서 절도를 하다 붙잡힌 직원은 해고되고 기소되어야 한다. 하지만 빈번하게도 현실은 그렇지 않다. 직원들에게는 두 번, 세 번, 심지어 네 번의 기회가 주어진다. 혹은 그들이 해고되더라도 해고 이유는 비밀에 부쳐진다. 해고된 사람이 다른 곳에서 취업하려 하고 새로운 잠재적 고용주가 배경 조사를 할 때, 그 해고 이유는 감춰지게 된다. 그러한 관행들은 오직 내부 절도를 조장하기 때문에 중단되지 않으면 안 된다.

범죄의 심각성 수준이 다르고 경감 사유도 있을 것이므로, 범죄성의 유형, 자산손실액, 안전상의 고려 사항 및 그 밖에 구두 경고에서 형사소추까지의 여러 가지 처벌적 조치들의 다양성을 고려할 수 있는 방안들을 개진하는 방침들이 존재해야 한다.

정직하지 않은 직원을 해고하는 것은 필수적이다. 만약 보안 직종 종사자가 늘어나고 존경을 받기 위해서는 정직하지 못한 보안 직원들이 반드시 축출되어야 한다.

재고 조사 및 감사

정확한 기록은 경영진이 언제 어느 곳에서 자산 누수가 발생했는지를 발견하는데 도움을 준다.

몇몇 절도는 끊임없는 재고 조사 및 정기적인 내·외부 감사에 의해 감지될 수 있다.

끊임없는 재고 조사는 특정 자산 목록으로부터 추가된 것과 삭제된 모든 것을 계속해서 반영한다. 지속적인 재고 조사를 유지하는 것은 시간과 노력을 요구하지만, 소유자나 관리자가 기존의 비품과 재고품에 대한 실시간 자료를 얻음으로써 재고 자산의 누수에 대해 즉각적으로 경계 태세를 갖출 수 있어 그 이득은 가치가 있다. 끊임없는 재고 조사는 절도에 대한 심리학적 억제 요인으로서도 기여한다. 이것은 거의 1년 동안 자산 누수 사실이 드러나지 않을 것임을 알고 있는 어떤 직원이 재고 조사가 완료된 이후에 단기적으로 절도를 행할 수 있는 연간 재고 조사 체계와 대조된다. 전산화된 재고 조사는 이와 같은 보안 절차를 상당히 쉽게 만든다.

재고 조사가 이루어졌을 때, 밀폐된 상자(closed carton)나 컨테이너 속에 들어 있을 것으로 여겨지는 것이 실제 들어 있다고 가정해서는 안 된다. 상품이 실제 그곳에 있는 것을 확인하기 위해 임의 추출 조사(spot check)가 이루어져야 한다. 어떤 주유소에서는 종업원이 기름을 팔고 받은 현금을 깡통 속에 넣어 빼돌렸고 가게 안의 빈 깡통은 선반 뒤에 두었다. 대충 눈으로 깡통을 판단하는 것은 자산 누수를 적발하지 못한다. 오직 재고 조사 그 자체의 물리적인 조작만이 이러한 손실을 감지할 수 있을 것이다.

주의 깊은 주기적인 내·외부 감사 또한 자산 누수를 탐지하는 데 도움이 된다. 회계 절차에 대한 내부 감사는 의도적인 유인 오류에 의해 행해질 수 있다. 예를 들어, 공인된 서명 없이 구매 주문서가 제출되었다면 구매 부서에서는 어떻게 하는가? 과외 품목들이 포함된 화물이 배송되었다면 수령 부서에서는 어떻게 하는가? 오류가 보고될 것인지, 단지 과외 품목들이 사라질 것인지, 혹은 그 오류는 간과되는가? 지불 부서에서는 아무런 구매 주문도 하지 않은 청구서를 어떻게 처리할 것인가? 부족분, 손실 및 오류에 대한 신속한 보고는 장려되고 긍정적으로 시행되어야 한다. 주기적인 외부 감사 또한 보안에 중요하다.

귀중품의 운송

값비싼 재화와 현금의 운송 절차가 마련되고 엄격히 지켜져야 한다. 위에서 간략히 언급한 것처럼, 귀중품의 운송에 책임이 있는 모든 직원들은 완벽하게 점검되어야 하고 어쩌면 보증되어야 한다. 대규모 배송은 둘 혹은 세 개로 보다 작게 나뉜 뒤, 분리하여 배송되어야 한다. 귀중품의 운송에 사용되는 모든 운송 수단들은 기계적으로 좋은 상태에 있어야 한다.

> 귀중품을 운송할 때는 비밀이 유지되어야 한다. 시간, 경로, 인원 및 운송 수단이 다각화되어야 한다.

많은 기업들이 값비싼 상품과 현금 수송에 상업화된 회사를 이용하는 것을 선호한다. 무장 택배 회사(armed courier service)를 이용할 경우, 직원들은 택배 회사가 운송될 현금 혹은 품목들을 다루기 전에 그 회사가 검증이 된 곳인지 항상 주의 깊게 점검하도록 교육을 받아야 한다.

보험과 보증

제5장에서 언급되었던 것처럼, 위험을 다루는 하나의 수단은 이를 전이시키는 것이다. 위험을 제거하거나 감소하기 위한 모든 수단들이 완료된 이후에도 여전히 위험이 받아들일 수 없는 상태라면, 보험과 보증은 실행 가능한 대안이 된다. 보험, 요율 및 기타 사항에 대한 중요한 정보원의 하나가 보험 사무 기구(Insurance Services Office: ISO)이다.

특정 직원에 대한 보험과 보증은 손실을 감소하는 데 도움이 될 수 있다.

대부분의 관리자들은 자신의 건물과 고가 장비에 보험을 든다. 효과적인 물리적·절차적 통제에도 불구하고, 직원의 부정직함, 외부에 의한 범죄 또는 자연재해에 의해 큰 손실을 입을 수 있는 위험이 크다면, 많은 보안 관리자들은 보험에 들고 핵심적인 위치에 있는 개인들에 대해 보증이 세워지도록 권고한다.

상업 용지에 대한 보험에는 통상 건물, 기명 피보험자의 업무용 개인 자산과 피보험인의 보호, 관리 혹은 통제 하에 있는 다른 사람들의 개인적 자산이 포함된다(Rejda, 2008, p.569). 추가적인 보험 범위가 잔해의 제거, 자산 보전, 소방서 서비스, 오염물질의 청소와 제거, 증가된 건축 비용과 전자 데이터 비용에 대비할 것이다(pp.570-571). 그러한 정책들에는 빈번하게 공제 금액이 적용된다.

손실 원인에 기초한 형태는 전형적으로 다음과 같은 원인으로 인해 보험 적용 자산에 손실이 발생했을 때 보험 보장이 이루어진다: 화재, 번개, 폭발, 풍수해나 우박, 스모그, 항공기나 운송 수단, 소요나 폭동, 기물 파손 행위, 스프링클러의 누출, 빗물에 패인 구멍의 붕괴와 화산 작용. 기본 형태에 덧붙여 낙하 물체, 많은 양의 눈, 얼음, 진눈깨비, 수해에 대한 보험 보장이 포함될 수 있다(p.572).

사업 소득 보험 또한 가용하다. "상사(business firms)는 종종 복구 기간 동안 이익 손실, 임대료나 과외 비용과 같은, 보험에 든 자산에 대한 직접적인 물리적 손상에 의한 손실의 결과로써 간접적인 손실을 경험한다. 사업 소득 보험(예전에는 휴업 보험이라고 불렀음)은 사업 소득의 손실, 휴업 기간 동안 지속되는 비용, 그리고 감춰진 위험(covered peril)으로 인한 손실 때문에 발생한 과외 비용을 보장하기 위해 고안되었다"(Rejda, pp.574-575).

운송 보험은 많은 운송 위험으로부터 야기되는 피해나 손실에 노출된 수십억 달러의 상품을 매년 배송하는 기업들에게 공통적인 선택 사항이다. 이 상품들은 해양 운송이나 내륙 운송 계약에 의해 보호될 수 있다. 그러한 계약은 세 가지 함축적인 품질 보증서를 포함한다. 즉 항해에 적합한 대형 선박, 예정 항로의 미변경 및 합법적인 목적 등이다(Rejda, pp.580-581).

상업적인 책임 보험은 위험을 관리할 수 있는 또 다른 대안이다. "미국 사회의 소송을 좋아하는 본성은 회사의 핵심 결론(bottom line)에 영향을 미칠 수 있는 위험이다. 책임 보험은 이 위험을 관리하기 위한 핵심 도구이다"(p.592). 보통 책임 보험의 중요한 손실 노출위험(loss exposures)에는 구내 및 조업 책임, 생산 책임, 완료된 조업 책임, 계약 책임 및 불확정 책임이 포함된다(p.593). 이러한 보험은 통상 신체적 상해와 자산 피해, 개인 및 광고에 의한 손상 책임, 의료 비용 및 어떤 보충적인 비용, 변호사 수임료 등을 보장한다. 신체적 상해와 자산 피해는 설명이 필요치 않다. 개인 및 광고에 의한 손상 책임에는 잘못된 체포, 구류 혹은 구금, 악의적인 기소, 부당한 철거, 중상모략하거나 명예를 훼손하는 구두 혹은 서면상의 발표, 개인의 프라이버시를 침해하는 구두 혹은 서면상의 발표, 귀하의 광고에 다른 사람의 광고 아이디어를 사용하고 다른 사람의 저작권, 구호, 상품 외장에 대한 침해 등이 포함된다. 이러한 민사 책임 영역들은 제4장에서 소개하였다. 그러한 정책의 대부분은 보험 회사가 피보험자의 수, 설정된 청구권 혹은 야기된 소송에 관계없이 지불해야 할 최대한도를 언명하는 보험 한도를 갖는다.

고용 관련 업무 책임 보험은 고용주가 부당 해고, 차별, 성적 괴롭힘, 승진 실패, 채용 실패 및 직원에 대한 보복 행위, 직원에게 불법 행동이나 부작위를 강요하는 것과 같은 다른 고용-관련 업무로 인해 직원 및 잠재적 직원들에 의해 피소되는 것을 보호한다(Rejda, pp.600-601).

또 다른 중요한 보험 유형은 노동자 재해 보상 보험이다. 모든 주 정부는 근무-관련 상해나 직업병이 있는 노동자들에게 수당을 지급하는 법률을 제정하고 있다. 이 보험은 의료적 치료, 현금 수당, 유족 수당 및 재활 서비스를 제공한다. 이러한 수당들은 업무-관련 사고와 질병은 잘못에 관계없이 고용주가 절대적으로 책임을 진다는 것을 의미하는 **무과실 책임** 원칙에 기초하여 지급된다.

많은 보안 감독자들은 보험에 덧붙여서, 민감한 장소에서 근무하는 직원들에 대한 보증을 권고한다. **충실도 보증**(fidelity bonds)은 보험 계약자에게 손실을 입히려는 적극적이고 의도적인 목적을 갖고 혼자 혹은 다른 사람들과 공모한 직원들의 부정직하거나 기만적인 행위에서 직접적으로 야기되는 손실로부터 회사를 보호한다

(Rejda, p.625). 대부분의 보험 회사는 자신들이 직원들을 범죄로부터 보증하기 전에 모든 합리적인 예방 수단들을 도입하도록 요구한다. 그러한 보안 장치와 절차들이 존재할 때, 보험 납입금이 종종 의미 있는 수준으로 절약된다. 때때로 70%나 높게 감소하기도 한다.

이와 대조적으로, **계약 이행 보증**(surety bond)은 보통 보증된 당사자가 어떤 약속된 행동을 수행하지 못할 경우, 예를 들면 도를 넘은 계약자가 건설 프로젝트를 완수할 수 없을 때, 금전적인 보상을 제공한다(Rejda, p.626). 계약 이행 보증은 보험 계약과 유사한데, 그것은 둘 다 특정 손실에 대한 보호를 제공하기 때문이다. 하지만 표 7.2에 나타나는 것처럼 중요한 차이들이 존재한다.

표 7.2 보험과 계약 이행 보증의 비교

보험

1. 보험 계약에는 두 명의 당사자가 존재한다.
2. 보험 회사는 손실을 보상하도록 기대된다. 보험 납입금은 기대된 손실 비용을 반영한다.
3. 보험 회사는 보통 보험 계약자로부터 손실 지급액을 회수할 권리를 갖지 않는다.
4. 보험은 이론상 보험 계약자의 통제 밖에 있는 의도하지 않은 손실을 보장하기 위해 고안된다.

계약 이행 보증

1. 계약 이행 보증에는 세 명의 당사자가 존재한다.
2. 보증 회사는 이론적으로 아무런 손실도 발생하지 않는다고 기대한다. 보증금은 수수료로 간주되며, 그것에 의해 보증 회사의 신용이 피보증인의 신용으로 대체된다.
3. 보증 회사는 채무불이행 피보증인으로부터 손실 지급액을 회수할 법적 권리를 갖는다.
4. 보증 회사는 피보증인의 성격, 정직성, 청렴결백 및 수행 능력을 보증한다. 이러한 자질들은 피보증인 통제 하에 있는 것들이다.

출처: Rejda/McNamara, *Principles of Risk Management & Insurance*, 10th edition, p.627,

요 약

- 보안을 확립하고 자산 누수와 근무 태만에 대한 소송을 줄이기 위한 첫 번째 중요한 단계는 채용을 잘 하는 일이다. 채용 전 심사에는 지원서와 자기 소개서, 지능 및 심리 검사, 추천서가 포함된 철두철미한 배경 조사가 포함되어야 한다.
- 교육과 감독 역시 손실을 예방하는 데 기여할 수 있다. 모든 직원은 자신의 책임과 제한 사항에 대해 교육받아야 한다. 합리적인 규칙이 제정되고 시행되어야 한다.
- 대부분의 절차적 통제는 허가받지 않은 사람들이 특정 지역에 출입하는 것을 제한함으로써 손실이나 자산 누수를 예방하려 한다. 특정 지역에 대한 출입을 제한하기 위한 절차적 통제에는 경비원의 배치, 차량 통행의 제한, 등록 및 서명 후 입장 요구, 신분증이나 출입증 착용 요구, 키 통제의 보증, 효과적인 업무 개시·종료 절차 및 업무 시간 이후의 절차, 취약한 지역과 장비에 대한 접근 통제가 포함된다.
- 최소한, 효과적인 직원 명찰과 출입증은 공인된 서명뿐만 아니라 직원의 이름, 사번, 서명 및 사진을 표시한다. 그것들은 튼튼하고 조작이 불가능하며 주기적으로 변경된다.
- 키-통제 시스템은 열쇠를 소지하는 사람의 숫자를 제한하고, 사용되고 있는 모든 열쇠 및 그것이 누구에게 배당되었는지에 대한 원판 목록을 작성하며, 복사된 모든 열쇠를 안전하게 보관하고 주기적인 물리적 검사를 요구한다.
- 주거 침입 절도의 위험이 높고 야간에 보안 직원이 근무하지 않는 시설에서는 시설의 개시와 종료에 최소한 두 사람이 관여해야 한다.
- 효과적인 종료 절차는 모든 화장실 및 누군가 몸을 숨길 수 있는 장소의 점검, 불필요한 전등과 기계의 전원 차단, 현금 등록기를 열고 돈을 금고에 넣기, 모든 창문과 실내문 및 금고 잠그기, 보안등 켜기, 경보기 작동 및 모든 바깥문의 안전 상태 확인 등을 포함한다.
- 절도나 종업원 좀도둑질에 특히 취약한 곳은 창고, 현금, 귀중품, 기록 및 양식을 보관하는 장소, 우편물실, 비품실, 복사실, 컴퓨터실이다.
- 어떤 지역의 출입 통제를 위한 절차에 덧붙여, 회계 및 수령 절차도 자산 누수를 통제하는 데 기여할 수 있다. 현금은 제한된 양만 보유하고 있어야 한다. 소액의 현금이 통용되기 위한 엄격한 절차가 수립되어야 한다. 구매, 수령 및 지불 기능은 분리되어야 한다. 미리 번호가 매겨진 구매 주문서가 순서대로 사용되어야 한다.
- 사람, 소지품, 개인 사물함 및 차량의 보안 검색은 통상 그것을 시행하기 전에 모든 직원과 방문객들에게 조사 절차를 분명하게 설명하고, 프로그램 자체는 정중하고 공정하며 비차별적이라는 점, 다시 말해 그것은 모든 직원과 방문객들을 포함한다는 식으로 고지된다면 수용될 수 있다.
- 몇몇 절도는 지속적인 재고 조사 및 주기적인 내·외부 감사를 활용함으로써 감지될 수 있다.
- 귀중품이 운송될 때는 비밀이 유지되어야 하고, 시간, 운송 경로, 직원 및 사용되는 운송 수단이 다양화되어야 한다.
- 보험 및/혹은 특정 직원에 대한 보증 역시 재정 손실을 줄이는 데 도움을 줄 수 있다.

응 용

회사 규칙은 강력한 손실 예방 프로그램을 가동하는 데 있어 중요하다. 다음은 S. D. Astor의 종업원 좀도둑질 예방하기(*Preventing Employee Pilferage*, 1977, pp.4-5)에서 발췌한 종업원 절도로부터 안전을 확보하는 데 도움이 되는 몇 가지 규칙이다.

- 운전자와 수령을 관장하는 직원 간의 공모적 절도 가능성을 금지하기 위해 반입하는 자재들에 대해 믿을 수 있는 이중적인 점검을 할 것.
- 짐을 싣거나 하역 준비가 되기 전까지 어떤 트럭도 하역장에 접근하지 않아야 한다.
- 운전자들이 장물 수령의 배후가 되는 것을 허용하지 말아야 한다.
- 하역장에서 운전자는 특히 구매품으로부터 재화를 취하여 자신의 트럭에 하역하는 것이 허용되지 않아야 한다.
- 직원이 시설을 떠날 경우, 모든 도시락, 공구 상자, 가방 혹은 소지품은 감독자나 보안 직원에 의해 점검되어야 한다.
- 자물쇠의 스위치 전환을 방지하는 데 사용되지 않을 경우, 모든 (맹꽁이)자물쇠는 걸쇠 위에 딸깍 소리가 나도록 채워져야 한다.
- 자물쇠의 열쇠는 제작 과정에서 복제되지 않도록 통제되어야 한다.
- 귀중품이나 완성된 재화 보관 창고 근처에 쓰레기를 쌓아 두거나 그 근처에서 쓰레기를 긁어모아서는 안 된다.
- 쓰레기를 걷어 올리는 일은 감독되어야 한다.
- 다른 부정직한 직원들과 친하게 지내는 것을 단념하게 하고 직원의 느슨한 경계에서 비롯되는 지루함을 예방하기 위해 보안 직원들을 순환시킬 것.
- 동일한 가족 중 두 명 이상이 같은 장소에서 근무하도록 배정하지 말 것(회사에 대한 충성심보다 피가 더 진하다는 점을 예견할 수 있다).
- 송장의 복제나 기만적인 지불, 배송 주문서를 채워놓거나 훼손하는 것을 예방하기 위해(되도록이면 일련 번호에 의해) 수령 보고서와 배송 주문서를 통제할 것.
- 절도하다 붙잡힌 직원은 기소될 것이다(배상이나 사과로써 일을 매듭짓는 것은 절도 행위를 지속시킨다).

Green과 Farber(1978, pp.146-147)는 연간 기업 실패의 7~10퍼센트를 설명해 주는 부정직한 몇 가지 직원 유형을 언급한다. 좀도둑질을 좌절시킬 수 있는 Astor의 규칙을 염두에 두고서 그 목록을 읽어보라.[1]

- 존재하지 않는 직원을 이용하거나 계약 종료된 직원을 종업원 명부에 존속시키는 방법으로 기록을 위조하는 데 공모하는 급여와 인사 담당(payroll and personnel) 직원.
- 초과 근무 보고서 끼워놓기로서, 그 일부는 이를 승인한 상급자에게 상납된다.
- 사무실 장비를 훔쳐 파는 데 공모하는 유지 보수(maintenance personnel) 직원과 계약 수리공

1 Green and Farber, *Introduction to Security*, revised edition (Woburn, MA: Butter-worth Publishers, Inc)의 발행인의 허락을 받고 번각함. Copyright ⓒ Elsevier 1978.

(contract servicemen)

- 상품의 숫자를 위조하는 데 공모하는 부서 점원(receiving clerk)과 트럭 운전수. 셈이 되지 않은 여분의 재화는 얼렁뚱땅 편취된다.
- 부풀려진 가격으로 지불하고 수익을 나누기 위해 매도인과 공모한 구매 직원(purchasing agent)
- 자신이 되팔기 위해 상품을 포장하고 발송하는 우편물과 비품실 근무 직원
- 자기가 사용하기 위해 작성한 청구서에 대해 허위 어음을 지불하는 회계 담당 직원(accounts payable personnel)
- 들어온 현금을 고객 계정에 기입하지 않고 편취하기
- 현금화 될 수 있는 수표를 횡령하기
- 장비나 상품을 쓰레기와 섞어서 반출하기
- 정상 가격 이하로 재화의 송장을 작성하고 구매자로부터 상납받기
- 현금 출납기의 벨이 울리지 않게 하기

첫째 단락의 규칙들이 둘째 단락에서의 부정직한 특정 관행들을 억제할 수 있는가? 무언가 다른 규칙들이 요구되는가?

논의 사항

1. 왜 좀도둑질을 억제하는 일이 보안 관리자에게 그토록 중요한가?
2. 지원자의 채용 여부를 결정하기 위해 확보되어야 할 실제적인 정보는 무엇인가?
3. 내부 절도를 억제하기 위해 직원의 외투, 지갑과 손가방(purse) 및 소지품을 검사하는 데 어떤 절차들이 사용될 수 있는가?
4. 자신의 고용주에 대한 절도에서 종업원이 빈번하게 사용하는 몇몇 변명거리는 무엇인가?
5. 직원들의 어떤 행동이 보안 담당자들로 하여금 그 부정직성을 의심할 수 있게 하는가?

참고문헌

Astor, S. D. *Preventing Employee Pilferage.* Small Business Administration. Management Aids No. 209. Washington, DC: U.S. Government Printing Office, 1977.

Blades, Marleah. "Welcome to Shangri-La: The Integrated RFID Asset Management Conundrum." *Security Technology & Design*, February 2005, pp.34-38.

Bolles, Richard Nelson. *What Color Is Your Parachute? A Practical Manual for Job-Hunters & Career-Changers.* Berkeley, CA: Ten Speed Press, 2004.

"Five Reasons to Consider a Visitor Management System." *Security Technology & Design*, October 2004, p.54.

Gips, Michael A. "High on the Job." *Security Management*, February 2006, pp.50-58.

Grant, Stephanie and Lawn, Michael. "Integration of Access Control, Visitor Management Systems Part of Elite Properties." *Security Products*, January 2005, p.42.

Harr, J. Scott and Hess, Kären M. *Careers in Criminal Justice and Related Fields: From Internship to Promotion*, 5th edition. Belmont, CA: Wadsworth Publishing Co., 2006.

Pearson, Robert. "Well-Designed Badges Help Prevent Loss." *Security Technology & Design*, July 2005, pp.48-66.

Rejda, George E. *Principles of Risk Management and Insurance*, 10th edition. Boston, MA: Pearson/Addison-Wesley, 2008.

Roberts, Marta. "Problems Passe in Passaic Valley." *Security Management*, February 2005, pp.24-25.

Sanchez, Karina. "The Demise of the Visitor Logbook." *Security Products*, January 2005, p.88.

Scott, Kathy. "Case in Point: Manhattan." *Security Technology & Design*, December 2004, p.33.

U.S. Department of Justice. "Americans with Disabilities Act: Questions and Answers." Updated August 23, 2002. Online: http://www.usdoj.gov/ crt/ada/q%26aeng02.htm

Cases Cited

Baggs v. Eagle-Picher Industries, 750 F. Supp. 264, 957 F.2d 268 (1992).

Glide Lumber Products Company v. Employment Division, 741 P.2d 907 (Or. App. 1987).

Hazlett v. Martin Chevrolet, Inc., 25 Ohio St. 3d 279, 496 N.E.2d 478 (Ohio 1986).

National Treasury Employees Union v. Von Raab, 489 U.S. 656, 109 S. Ct. 1384 (1989).

Chapter 8

사고, 비상사태,
자연재해로부터의 손실 예방

학습할 내용

- 왜 사고 예방은 종종 보안 부서의 책임인가?
- 엄청난 대량 사고의 원인은 무엇인가?
- 사고는 어떻게 예방되거나 감소될 수 있는가?
- 비상사태 관리의 3R이란 무엇인가?
- 시민 소요나 시위, 폭동, 파업이 발생하는 동안 경비의 역할은 무엇인가?
- 폭발물에 대한 일차적인 대응책은 무엇인가?
- 화재가 발생하는 데 필요한 세 가지 요소는 무엇인가?
- 화재는 어떻게 분류될 수 있는가?
- 화재는 어떻게 예방될 수 있는가?
- 어떤 사람과 장비가 화재로부터 인명과 재산을 보호하는 데 도움을 줄 수 있는가?
- 화재 사건에는 어떤 절차가 지켜져야 하는가?
- 통상 자연재해의 네 가지 국면은 무엇인가?
- 통상 비상사태 후의 “살인자”란 무엇인가?

개념정의

보편적 예방조치	연방비상상태관리국	유행병
직업 안전·위생국	직업 안전·위생법	화재의 삼각형
화재하중		

도 입

사고, 비상사태, 자연재해로부터의 손실을 예방하는 것은 보안 관리자의 근본적인 책임이다. 사고, 비상사태, 자연재해는 그것들의 발생 가능성을 낮추려는 노력에도 불구하고 일어날 수 있다. 보안 관리자와 인력들은 그것들에 효과적으로 대응할 수 있도록 준비되어 있어야 한다. 만약 어떤 조직이 준비가 되어 있지 않다면, 단지 사고, 비상사태 혹은 자연재해가 일어났다는 사실만으로도 소송의 근거가 될 수 있다. 사고가 어떻게 다뤄지느냐 하는 점도 보안 담당자와 고용주를 상대로 하는 민사 소송의 원인이 될 수 있다.

보안 및 손실 예방 팀의 목적이 인명의 손실을 예방하고 재산을 보호하는 것이라는 환경, 위생 및 안전(EHS) 집단의 그것과 유사하더라도 그들의 접근은 이들과 갈등을 빚을 수 있다(Crosby, 2004). 예를 들어, 보안이 출입 통제에 집중될 수 있는데, 이는 EHS의 대피 계획(evacuation plans)에 역효과를 낳을 수 있다. 다양한 장애물이 안전의 완성을 이루면서 동시에 EHS에는 도전을 야기할 수 있다. "협력은 서로가 다른 부서에 의해 흡수될 수 있다는 두려움을 야기함으로써 각 부서를 위협한다. 뿐만 아니라 기업 문화는 부처 간 분할과 어쩌면 경쟁 관계까지도 형성할 수 있다"(Gips, 2005b, p.90). 장애물에도 불구하고 안전과 보안은 자연스런 동맹자이다.

사고에 대해 보호하는 것은 일반인의 공통의 감정일 뿐만 아니라 그와 같은 보호가 제공되어야 한다는 점은 연방정부에 의해 요구되는 것이다. 이 장은 직업 안전·위생법(OSH Act)에 대한 논의로 시작하는데, 그 법률은 기업과 산업의 수많은 안전 표준을 규제한다. 이어서 사고 예방에 대한 논의가 이루어진다. 그 다음에는 의료 응급 상황, 위험 물질 사고, 시민 소요, 폭동 및 파업, 폭발물과 폭발물 위협과 같은 특별한 사고를 다루는 방법을 고찰한 뒤, 비상사태에 대응하는 일반적인 지침이 소개될 것이다. 마지막으로 화재 및 자연재해에 의한 손실 예방과 보호에 대해 논의함으로써 이 장이 마무리될 것이다.

직업 안전·위생법

전통적으로 보안은 내·외부 범죄에 의한 손실을 예방하거나 최소화하는 데 초점을 맞춰 왔다. 하지만 1970년 직업 안전·위생법이 통과된 이후, 보안 기능은 점차적으로 특별한 안전 책임을 포함하는 쪽으로 확장되었다. 이 안전 프로그램에 관여하는 보안 관리자들은 종종 이러한 이중의 기능을 반영하는, 손실 예방 국장(Director of Loss Prevention), 보안·예방 국장(Director of Security and Prevention) 혹은 안전·보안 국장(Director of Safety and Security)과 같은 직책을 갖는다.

증가하는 직업적 상해의 충격적인 패턴에 자극받아 미 의회는 공법(Public Law) 91-596으로 미 연방 **직업 안전·위생법**(Occupational Safety and Health Act)을 제정하였는데, 그 법에 진술되어 있는 목적은 "미국 내의 모든 남녀 노동자들에게 가능한 정도까지 안전하고 위생적인 노동 조건을 보증하고 인적 자원을 보전하는 것"이다. 노동부 산하 연방 기구인 **직업 안전·위생국**(Occupational Safety and Health Administration: OSHA)은 이 법률을 집행하기 위해 설립되었다.

OSH 법령은 주와 주 사이의 무역에 관여하거나 자신의 사업이 주와 주 사이의 무역에 영향을 주고 최소한 한 명 이상의 직원을 고용한 모든 고용주들에게 적용된다. 그러므로 전국적으로 엄청난 숫자의 고용주들이 OSHA의 관할권 아래 놓이게 된다. 연방, 주 및 지방 정부에서 일하는 직원들과 1954년의 원자력법(Atomic Energy Act of 1954)이나 연방 탄광 안전·위생법(Federal Coal Mine Safety and Health Act)과 같은 연방 직업 안전 및 위생 법률에 의해 보호되는 사람들은 그 법에서 제외된다.

OSHA 요건의 준수

직업 안전·위생법은 고용주들로 하여금 직원들이 이 법률에 의해 보호받는다는 점을 알리는 고지문을 게시하도록 요구한다. 덧붙여 모든 직원들은 OSHA의 규제와 표준에 접근할 수 있어야 한다. 직원들은 자신의 근무지에 대한 OSHA의 검사를 요구할 수 있고, 그들이 위생적이지 않은 작업 환경에 노출되었는지 여부를 판정하기 위한 의학적 검사를 요구할 수 있다.

OSHA는 그 법령이 포괄하는 고용주들에게 모든 직업상의 상해, 사고와 질병의 일지 및 그 일지 정보의 연간 요약문을 작성하도록 요구한다. 연간 요약문은 그 해가 끝난 후 한 달 이내에 편찬되어 30일간 남겨져 있어야 한다. 그 법령은 또한 고용주들로 하여금 OSHA가 어느 때고 검토할 수 있도록 5년 동안 안전 및 위생에 관한 세부 기록들을 유지할 것을 요구한다.

조 사

그 법령의 요건들이 충족되었다는 점을 확인하기 위해, OSH 법령은 직업 안전·위생국(OSHA) 조사관들이 어떤 시설의 주체가 OSHA 표준에 대한 접근을 준수하는지 여부를 조사할 수 있음을 명기하고 있다. 조사관들은 그 시설을 조사하기 위해 합당한 시간에 언제든지 출두할 수 있다. 만약 그들이 자신들과 동행할 수 있는 직원을 요구할 경우, 이것은 받아들여져야만 한다.

1975년 중소기업인 Ferrol G. Barlow 씨는 OSHA의 기습 조사에 이의를 제기하면서, 그 조사관이 영장 없이 배관 및 전기 설비 업무의 구내로 들어오는 것을 거부했다. 이 거부는 연방 대법원까지 간 3년간의 법정 투쟁을 촉발시켰는데, 연방 대법원은 5 대 3으로 안전과 위생의 위험을 점검하는 정부 관료는 영장 없이 임의추출 검사(spot check)를 할 수 없다고 판결하였다(*Marshall v. Barlow's Inc.*, 1978). 연방 대법원은 그러한 조사는 사적인 가택뿐만 아니라 상업 시설까지도 보호하는 4차 수정헌법을 위반하는 것이라고 판시했다. 술과 무기 제조에 관여하는 사업체를 포함하여 어떤 시설들은 영장 요구가 면제될 수 있다. 안전 및 위생상의 위험을 점검하기 위한 영장은 다른 수색 영장과 달리 안전하지 않은 조건들이 존재한다는 개연성 있는 이유에 기초해야 하는 것은 아니다. 그러므로 표면적 변화(cosmetic change)를 피하기 위한 필수적인 특질로서 기습적인 조사의 본질은 온전히 유지된다. 경영진이나 직원 혹은 둘 다의 대표는 OSHA 조사관과 동행하여 조사 결과를 볼 권리를 갖는다.

미국 노동부는 OSHA 표준을 집행하고 위반에 대해 과태료를 부과할 책임이 있다. 과태료는 오직 고용주에게만 적용된다. 비록 OSH 법령은 직원들이 안전과 위생의 모든 표준과 규제에 순응할 것을 요구하지만, 고용주는 직원의 순응을 관찰할 책임이 있다. 예를 들어, 만약 어떤 노동자가 안전모와 같은 안전 장비가 요구되는 장소에서 그것을 착용하지 않고 있는 것이 목격된다면, 소환장을 발부받는 사람은 그 직원이 아니라 고용주이다. 특정 유형의 시설에 적용되는 OSHA 및 특별 표준에 관한 부가적 정보는 주 정부의 노동부나 미 연방 정부의 노동부 온라인으로부터 얻을 수 있다.

사업체의 구내는 종종 OSHA 조사관과 더불어 보험 사정사와 시 및 주 정부 조사관의 안전과 화재 조사의 대상이 된다.

사고 예방

OSHA는 매일 미국 전역에서 수천 건의 작업장 사고가 발생한다고 보고한다. 기대된 대로 행동하거나 반응하지 못하는 사람, 장비, 비품 혹은 환경이 이러한 사고의 상당수를 야기한다. 비록 사건을 다루기 위한 특정의 OSHA 표준이 있는 것은 아니지만, OSH 법령의 제5조 a(1)의 일반 의무 조항은 고용주가 "각 직원에게 직원의 사망 혹은 심각한 신체적 상해를 야기하거나 야기할 가능성이 있는 인지된 위험으로부터 자유로운 고용 및 고용 장소를 제공할 것"을 요구한다.

보안 관리자들은 종종 손실을 예방하고 자산을 보호할 수 있는 하나의 수단인 사고 예방 프로그램에 대한 책임이 있다.

종종 독성 화학 물질과 수압기, 톱, 그라인더, 펀치와 같은 안전을 위협하는 위해 요인은 매우 명확하다. 비록 사고는 일반적으로 중공업과 관련이 있지만, 전국 안전 위원회(National Safety Council)는 중공업보다는 도매업이나 소매업에서 더 많은 사고가 발생한다고 보고한다. 사고는 매년 인명과 경제에 막대한 피해를 입힌다.

전국 안전 위원회는 "모든 사고(근무 중 혹 근무 시간 이외의)의 95퍼센트가 사람의 잘못, 특히 안전 의식의 결여에 의해 야기되었다"고 진술한다.

대부분 사고는 부주의, 안전 규칙과 규제의 제정이나 준수의 실패, 거친 장난에 가담하는 것에 의해 야기된다.

사고는 위험의 제거, 보호 장비의 사용, 직원들로 하여금 제거될 수 없는 위험에 대해 인식하도록 하기, 좋은 시설 관리(housekeeping) 관행 및 직원들의 안전 의식 고양 등에 의해 예방될 수 있다.

사고는 어수선한 지역에서 발생하는 경향이 높기 때문에 좋은 시설 관리 관행이 중요하다. 쓰레기와 잡동사니를 쌓아두는 것은 눈에 거슬릴 뿐만 아니라 화재 비상구, 소화기 및 경보기 상자를 가릴 수 있다. 단정함은 안전한 작업 환경을 제공하고 보통 효율성도 증가시킨다.

사고나 상해가 발생할 때, 그것들은 보고되고 기록되고 조사되어야 한다. 효과적인 사고 조사는 사고가 왜 어떻게 발생하였는지를 확정하고 사고 날짜, 부상당한 사람의 이름과 직업, 사고의 세부 사항, 위험 혹은 원인의 판명과 정확하게 어떤 행동이 취해졌는지 등을 포함한다.

많은 관리자들은 최고의 안전 기록을 달성한 직원에게 수여하는 현금 혹은 상품과 같은 안전 인센티브 계획을 사용한다. 트럭 운송 회사는 종종 사고나 교통 위반 딱지 없이 지정된 마일리지 체크 포인트에 도달한 운전수에게 상을 수여한다.

사고를 예방하기 위한 회사의 최선의 노력에도 불구하고 몇몇은 여전히 발생할 수 있으며, 따라서 미리 이에 대한 대응책이 마련되어야 한다. 뿐만 아니라 보안 관리자는 비상사태와 자연재해는 피할 수 없는 일이므로 이에 대한 계획이 세워져야 한다는 점을 예견해야 한다.

비상사태에 대응하기 위한 일반 지침

보안 관리자와 그 스태프들은 의료적인 응급 상황, 위험 물질에 의한 사고, 시민 소요, 폭동 및 파업, 폭발물과 폭발물 위협, 화재 및 자연재해와 같은 다양한 비상사태와 마주할 수 있다. 모든 비상사태는 독특한 보안상의 도전을 제기한다. 회사가 직면할 수 있는 다양한 유형의 비상사태에 대한 특별한 대응을 살펴보기 전에 가장 효과적인 대응이 가능하도록 보증하는 데 기여할 수 있는 몇몇 일반 지침을 고려해 보자.

비상사태 관리의 3R은 신속성(readiness), 반응(response), 회복(recovery)이다.

미국 산업 보안 협회(American Society for Industry Security)는 그림 8.1에서 묘사된 것과 같은 비상사태, 위기 혹은 자연재해에 뒤따르는 사업 연속성 계획(business continuity plan: BCP)을 위한 지침을 개발해 왔다. 이 접근에서 신속성은 비상사태, 위기 혹은 재해를 예방하거나 최소한 그 영향을 낮출 수 있다. 그 계획의 핵심은 훈련과 평가이다.

비상사태 이전 – 신속성

사고, 비상사태 및 자연재해로부터의 손실을 예방하기 위한 첫 번째 단계는 그것들을 예견하고 이에 대응할 준비를 갖추는 일이다. 이 단계의 일반적 지침에는 다음과 같은 사항이 포함된다.

- 준비를 갖출 것. 사전 예방적일 것. 긴급사태 및 그것에 대응하는 데 필요한 인력을 예견할 것.
- 준비가 되어 있는 계획을 작성해놓을 것. 누가 무엇을 언제 어떻게 할 것인지 구체적으로 써놓을 것. 서로 다른 형태의 비상사태를 위한 계획들 사이에 공통의 요소가 많을수록 더 좋다. 이것은 서로 다른 유형의 비상사태를 위한 대피 경로(evacuation routes) 및 응급 전화 번호의 개시를 포함해야 한다.
- 요구되는 장비와 자원을 확정하고 그것들이 가용한지 혹은 즉시 이용할 수 있는지를 확실히 할 것.
- 화재 예방 시스템, 응급 처치 장비, 위험 물질 통제 장비, 통신 시스템 등 비

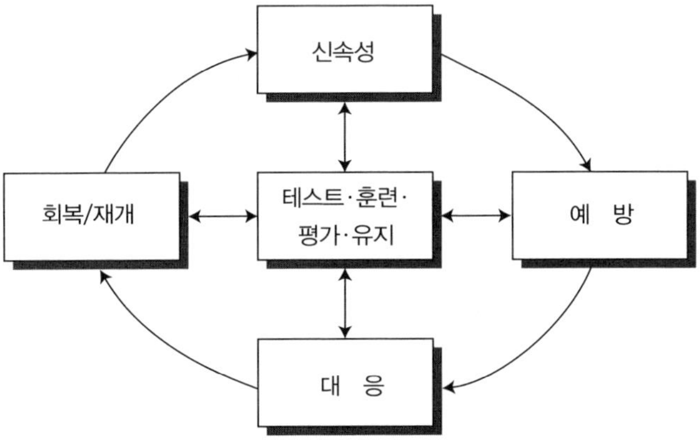

신속성

목표
BCP 구축의 강력한 토대를 제공하는 데 필요한 준비 단계의 소개

과업
1. 책무의 할당
2. 위험 평가의 수행
3. 사업 영향 분석의 수행
4. 전략적 계획에 대한 동의
5. 위기 관리 및 대응 팀 개발

그림 8.1 사업 연속성 계획

출처: *Business Continuity Guideline. A Practical Approach for Emergency Preparedness, Crisis Management, and Disaster Recovery* (Alexandria, VA: American Society for Industrial Security, 2005), p.10. ASIS International, Alexandria, VA의 서면 허락에 의해 재출간함.

상사태 장비에 대한 이용 방법을 알아둘 것.

- 최소한 한 달에 한 번씩 응급 장비를 점검할 것. 손전등의 배터리를 확인할 것.
- 가능한 시간에 예행 연습할 것.

비상사태에 대응하는 예행 연습은 신속성의 핵심부분이다. 실제 비상사태에서 만약 직원들이 이에 대응하기 위해 먼저 그 계획을 찾아내고 그 다음으로 쓰여진 것을 읽는다면 귀중한 시간이 낭비될 것이다. Phelps(2007, p.55)는 "비상사태에 대한 입안과 사업 연속성을 갖고 있는 도시와 회사는 정말 제대로 알고 있는 것이다. 그들은 통상 책상 위에서 이루어지는 단순한 모의 실험과 본격적인 훈련을 번갈아 가면서 하고 다른 기관들을 포함하여 상호작용적 훈련으로 끝나는 예행 연습을 정규적으로 시행한다"고 주장한다. 하지만 보안 책임자에 대한 설문 조사에서는 오직 응답자의 56퍼센트만이 위기 관리 계획을 정규적으로 연습하고 테스트한다는 사실이 발견되었다(*Security Director News's* "Newspoll," 2007, p.23).

가장 효과적이기 위해서는 최소한 3개월에 한 번씩 비상사태 대응 훈련이 시행되어야 하고 여기에는 고위 경영진을 포함하여 모든 직원들이 참여해야 한다. "고위 경영진은 비상사태에서의 자신들의 책임을 인식할 필요가 있다. CEO뿐만 아니라 인적 자원, 법률, IT 및 재정 책임자도 모두 서로 다른 역할을 수행한다"(Phelps, p.56). 최종적으로 훈련과 테스트가 필요한 주요 영역에는 내부 통신, 외부 통신, 자원, 시스템, 안전, 조정, 기록 보존 및 법률문제 등이 포함된다(p.60).

비상사태를 더 잘 준비하기 위해 보안 관리자는 특별한 위협, 그것들이 발생할 가능성과 그러한 사건이 사업에 미칠 영향을 고려하는 위험 분석을 수행할 것이다. 표 8.1은 고려되어야 할 사건들과 그것들의 상대적 중요성을 어떻게 저울질할 수 있는지를 보여 준다.

위험 평가에서 고려되어야 할 부가적인 변수로는 개시 속도(1=느림, 2=빠름), 사전 경고(1=충분, 2=불충분), 지속 기간(1=단기, 2=장기) 및 강도(1=낮음, 2=높음) 등이 포함된다.

일단 개연적인 손실 시나리오가 확정되었고, 대응 계획이 작성되었으며, 모의 비상사태에 대한 예행연습이 이루어졌다면, 회사는 실제적인 비상사태가 발발할 때 보다 잘 대응할 수 있는 위치에 있게 될 것이다.

비상사태가 발생하는 동안 – 대응

비상 조치는 생명을 살리고, 상해, 손실 혹은 손해를 최소화하며, 가능한 한 신

표 8.1 위험 평가

아래의 견본 매트릭스는 위협의 사례들을 예시하고 어떤 식으로 위험이 범주화되고 수량화될 수 있는지를 보여 준다. 참고: 이 목록은 모든 것을 포괄하지 않았으며 조직의 경영 환경을 반영할 수 있도록 재단되어야 한다.
개시 속도(1=느림, 2=빠름), 사전 경고(1=충분, 2=불충분), 지속 기간(1=단기, 2=장기) 및 강도(1=낮음, 2=높음)와 같은 부가적인 변수도 부가적인 칼럼에 덧붙여져 공식 속에 포함될 수 있다. 예: 가능성 × (개시 속도 + 사전 경고 + 지속 기간 + 강도) × 영향 = 상대적 가중치.

위협 혹은 촉발 요인	가능성(점수 1-5)	×	영향(점수 1-5)	=	상대적 가중치
	1=매우 낮음 2=낮음 3=중간 4=높음 5=매우 높음		1=무시할 만함 2=약간 3=보통 4=큼 5=심각함		
지 진			×	=	
정 전			×	=	
화 재			×	=	
허리케인			×	=	
홍 수			×	=	
폭 발			×	=	
현장에서의 NBC* 공격			×	=	
50마일 이내에서의 NBC* 공격			×	=	
사이버 공격			×	=	
유 괴			×	=	
사보타주(파괴)			×	=	
환경 파괴 물질 사고			×	=	
제품의 리콜			×	=	
공중 위생			×	=	
조업 중단			×	=	

* 핵(Nuclear), 생물학(Biological) 및 화학적(Chemical)

출처: *Business Continuity Guideline: A Practical Approach for Emergency Preparedness, Crisis Management, and Disaster Recovery* (Alexandria, VA: American Society for Industrial Security, 2005), p.12. ASIS International, Alexandria, VA의 서면 허락에 의해 재출간함.

속하고 안전하게 정상으로 복귀하기 위해 고안된 것이다. 대부분의 경우, 보안 인력의 일차적 책임은 경찰, 소방관 혹은 의료진과 같은 지원 전문가들이 도착하기 전까지 신속하고 적절하게 대응하고 상황 통제를 유지하는 것이다. *사업 연속성 지침(Business Guidelines)*(2005, p.19)은 대응은 다음과 같은 목표에 우선 순위대로 도달할 수 있어야 한다고 제안한다.

- 인명 구출 및 차후의 부상 기회 감소.
- 자산 보호.
- 중요한 사업 과정과 시스템의 복구.
- 사업 중단 기간의 단축.
- 명성 훼손의 보호.
- 미디어 보도 범위의 통제.
- 고객 관계의 유지.

다음의 일반 지침은 비상사태가 진행되는 동안 실제적 대응에 적용된다.

- 상황을 평가할 시간을 가질 것. 생각 없이 행동함으로써 상황을 악화시키지 말 것.
- 통신 채널을 열어두고 필요한 사람이 요구할 경우에 정보가 전달되도록 할 것.
- 가능한 많은 선택지를 열어둘 것. "이것이냐/아니냐" 생각하는 것을 피할 것.
- 도움을 요청하는 사람들의 개별적 요구에 의해 옆길로 새지 말고, 적절한 지원 자원에다 개별적인 요구의 경로를 설정함으로써 다소 "큰 그림"에 초점을 맞출 것.
- 가능한 신속하게 핵심 인물을 포함시킬 것. 경찰, 소방서, 의료 센터 및 그 밖에 다른 지원 부서로부터 필요한 도움을 요청하는 데 주저하지 말 것. 도움 요청 시에는 다음과 같이 할 것.
  - 천천히 분명하게 말할 것.
  - 자신의 이름, 직위, 회사 이름, 비상사태가 발생한 주소와 장소.
  - 어떤 질문에든 대답하기.
  - 지시가 있기 전까지는 전화를 끊지 말 것.
  - 보안 요원이 모든 것을 할 수 없다는 사실을 받아들일 것. 보안 관리자는 우선 순위를 정하고 신속하게 책임을 위임해야 한다.
- 고위 경영진이 진행 상황과 문제들을 충분히 알 수 있게 알릴 것.

- 비상사태 동안 누군가는 반드시 "정규적인" 보안 요구들에 응대하도록 할 것.
- 미디어에 대한 통제를 유지할 것. 미리 마련된 절차들을 따를 것.

통신 Scott(2006, p.20)은 "어떤 공공 안전 전문가이든 자연재해의 여파 속에서 사용할 수 있는 가장 핵심적인 기술이 무엇인지 묻고 그 대답은 변함없이 '통신'으로 되돌아올 수 있도록 요청하라"고 언급한다. Pogar(2007, p.98)는 "9.11 및 허리케인의 분명한 교훈에도 불구하고 많은 조직들은 중요한 직원들에게 신뢰할 만한 통신을 제공하는 데 준비가 되어 있지 않다… 종종 이러한 조직들은 사업의 연속성을 제공하기 위해 인터넷 프로토콜(IP) 기능성의 형태로써 즉각적으로 활용 가능한 하부 구조의 핵심 요소를 이미 갖추고 있지만, 그것의 장점을 이용하는 데 실패한다"고 강조한다. 이러한 기술에는 무선 인터넷 전화(Voice over IP: VoIP), 콜센터 번호, 음성 메일(voice mail), 이메일, 가상 회의를 위한 공동 온라인 환경 등이 포함된다.

상당수의 청중들에게도 정보가 제공되는 것이 필요하다. 내부 청중에는 직원 및 그의 가족, 기업 소유주와 동업자, 경영진 및 사내 계약자와 판매자 등이 포함된다. 외부 청중에는 현재 및 잠재적 고객과 의뢰인, 계약자와 판매자 및 미디어, 정부 및 규제 기관, 지방 법 집행 기관, 응급구조대(emergency responders), 투자가와 주주 및 주변 지역 사회 등이 포함된다(*Business Guidelines*, p.20).

대피(Evacuation) 만약 대피가 필요하면 구내 방송 설비를 통해 다음과 같은 안내 방송이 실시되어야 한다.

> 알립니다. 모든 장비와 기계의 전원을 차단하고 즉시 가장 가까운 출구를 통해 건물 밖으로 나가주시기 바랍니다. 건물로부터 200피트 이상 이동하시고 그곳에 머물러 주십시오. 지시가 있기 전까지는 구내를 떠나지 말아주십시오.

이 메시지는 최소한 세 번 반복되어야 한다. 누군가 여전히 건물 안에 있는지 여부를 판단하기 위해 모든 인원을 점검할 수 있게 사람들이 그 장소를 떠나지 말도록 지시되어야 한다.

일단 위기가 지나면 비상사태 계획은 복구 단계로 들어간다.

비상사태 이후 – 복구

비상사태가 종료된 이후의 후속 조치에 대한 일반 지침에는 다음과 같은 사항들이 포함된다.

- 가능한 한 조속히 정상 상태로 되돌아갈 것.
- 발생한 것과 행해진 모든 것을 기록할 것. 정확한 기록이 중요하다(법률가들이 언젠가 관여할 수 있음을 기대하라).
- 상황이 정상화된 후 그 대응을 평가하라. 학습 기회로서뿐만 아니라 최소한의 효과적인 대안으로서 "실수"를 살펴보라.
- 남아 있는 확인된 위험들이라면 무엇이든 수정하고 학습된 것에 기초하여 필요한 비상사태 대비 계획을 수정하라.

위기 후에 몇몇 직원들이 자신의 직무 수행에 영향을 미치는 정서적 문제로 고통 받은 것은 이상한 일이 아니다(McKee and Guthridge, 2007, p.102). 재해 관련 문제를 인식하고 그 재해로 인해 야기된 가슴 아픈 경험을 극복하도록 도움을 주는 것은 경영진의 책임이다. 행동상의 경고 신호로는 잦은 결석, 집중력 저하, 완고함과 직무 관련 빈약한 대인관계 등이 있다(McKee and Guthridge).

위기에 대응하기 위한 일반 지침을 살펴봤으므로, 이제 다양한 유형의 비상사태와 효과적인 손실 예방을 위해 필요한 사건-특정적 대응에 관한 논의로 넘어가보자.

의료적 응급 상황

만약 의료적 응급 상황에 대응하는 보안 요원이 응급처치나 CPR(심폐소생술)과 같은 필수적인 훈련을 받았다면, 그들은 도움을 제공해야 한다. 만약 그들이 그와 같은 훈련을 받지 않았다면, 그들은 훈련된 요원이 도착할 때까지 기다려야만 한다. 응대하는 보안 요원은 자신이 하도록 훈련받은 것 이상을 하려 해서는 안 된다. 부상당한 사람이나 심하게 아픈 사람을 가게 놔두는 것이 움직이지 않게 하는 것보다 그들을 더 큰 위험에 처하게 하지 않는 한, 그들이 움직이게 해서는 안 된다(화재의 경우처럼). 부적절한 이동은 더 큰 상처나 사망을 야기할 수 있으며 필시 민사소송으로 귀결될 수 있다. 시설들은 휠체어, 들것 및 기본적인 응급 처치 장비를 쉽게 이용할 수 있도록 해야 한다.

유행병

유행병은 넓은 지역에 걸쳐 발생하고 예외 없이 높은 비율의 인구에 영향을 미치는 질병이다. 1918년, 1957년 그리고 1968년 등 가장 최근에 발생한 세 개의 유행성 전염병(influenza pandemic)은 전 세계적으로 각각 4천만 명, 2백만 명, 1백만 명의 목숨을 앗아갔다. 역사와 과학은 21세기에서 사람들이 하나 이상의 전 세계적인 유행병에 직면할 것이라고 추정한다. 전 세계적인 유행병 혹은 전 세계적으로 발달하는 새로운 인플루엔자 바이러스는 잠재적으로 수십만 명의 사망, 수백만 명의 입원 그리고 수천억 달러의 직·간접적인 손실을 야기할 수 있다(*A Quick Reference Guide*, 2006).

오늘날 수많은 기업들은 조류독감을 우려한다. 새로운 설문 조사에 응한 응답자의 93퍼센트가 조류독감을 전 세계 기업 공동체에 대한 위험으로 간주하고 있고 80퍼센트는 가능한 전 세계적 유행병이 그들의 특정 조직에 위협이 될 것이라고 보고한다(Daniels, 2006, p.2). 그림 8.2는 기업들이 그러한 비상사태에 대비하기 위해 취하고 있는 조치들을 보여 준다.

에이즈 및 B형 간염에 대한 보호

사고 피해자들을 다루는 보안 요원은 주의하여 행동해야 한다. 혈액은 빈번하게 그리고 종종 대량으로 출혈한다. 혈액은 잠재적으로 치명적인 인체 면역 결핍 바이러스(HIV)뿐만 아니라 B형 간염 바이러스(HBV)와 폐결핵(TB)을 전염시킬 수

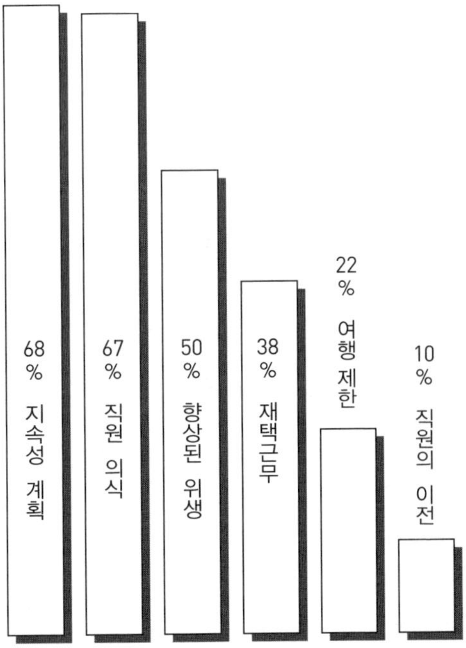

설문 조사: 귀하는 그 위험을 완화하기 위해 어떤 조치들을 취하고 있습니까?

"우리는 병원 시설인데, 만약 간병을 담당하는 핵심 직원들 중 상당 비율이 유행성 독감에 걸린다면, 이는 직원 수의 극적인 감소를 야기할 수 있습니다."

- City of Hope National Medical Center 보안 책임자 Gary Ward

그림 8.2 조류독감 유행병의 위험을 완화하는 데 사용되는 조치

출처: "Newspoll," *Security Director News*, May 2005, p.23. 허가받고 재출간함.

있기 때문에, 보안 요원은 조심스럽게 행동하지 않으면 안 된다. **보편적 예방 조치(universal precautions)**라는 개념은 감염 통제 기법에 적용되고 모든 혈액과 혈액 이외의 감염 물질은 마치 오염된 것처럼 취급되어야 한다고 명시하는데, 이는 혈액 및 체액이 출혈하는 사고나 다른 사건에 응하는 사람들은 비투과성 장갑과 같은 보호 장비를 항상 착용해야 한다는 점을 의미한다.

에이즈를 유발할 수 있는 인체 면역 결핍 바이러스(HIV)는 바짝 마르거나 액체 상태의 혈액 속에서도 상온에서 최소 15일 동안 생존할 수 있다. 사고 현장에서 어떠한 혈액이든 청소할 책임이 있는 사람은 잠재적인 위해에 관해 주의해야 하고 그에게는 라텍스 장갑과 같은 적절한 보호 장비가 제공되어야 한다.

B형 간염 바이러스의 감염은 간에 영향을 주고 인체 면역 결핍 바이러스(HIV)보다 더 큰 위험을 제기한다. 그것은 만성적인 간질환이나 간암으로 진행되어 사망에 이르게 할 수 있다. 증상은 피부의 황화(황달)뿐만 아니라 열나고 아픈 근육과 식욕 상실에서부터 오래 지속되는 매스꺼움과 구토에 이르기까지 다양하게 나타난다. 백신은 거의 9년 동안 면역력을 제공하는 데 유효하다. 만약 특정 작업 라인에서 근무하는 직원이 B형 간염 바이러스(HBV)에 노출될 가능성이 있다면, OSHA는 고용주로 하여금 직원에게 무상으로 백신을 제공하도록 요구하고 있다.

일산화탄소 중독

근무지에서의 또 다른 위험은 (무색, 무취로) 감지하기 어렵고 시간이 흐르면서 치명적인 수준에 이를 수 있어 종종 소리 없는 살인자로 불리는 일산화탄소(CO)이다. 가정용 기기, 히터, 장작 난로 또는 벽난로, 내연 기관이나 연료로 프로판 가스를 사용하는 환기가 불충분한 지역은 치명적인 CO 축적에 취약하다. 지게차, 아이스링크를 정리하는 기계(잼보니)와 바닥 닦는 기기, 콘크리트 절단 톱과 용접 기계와 같은 도구들도 일산화탄소를 배출시킬 수 있는 다른 요인들이다. 결과적으로 폐쇄된 공간에서 그와 같은 장비를 가지고 작업하는 사람이라면 누구든지 일산화탄소 중독을 겪을 수 있다.

사고와 의료적 응급 상황이 보안 요원의 대응이 요구되는 유일한 상황은 아니다. 몇몇 다른 유형의 응급 상황과 다른 보안 문제들도 위험을 야기할 수 있다.

위험 물질 사고

미국에서 매일 일어나는 HAZMAT의 선적 숫자가 80만을 초과하고 있고 매년 미국 전역으로 운송되는 위험 물질의 31억 톤 이상을 옮기는 운송률(traffic rate)을 고려할 때, 위험 물질(H/M 혹은 HAZMAT) 사고는 증가하는 관심사이다. 2000년 미국 교통부(USDOT)는 13명이 사망하고 246명이 부상을 입었으며 7,200만 달러 이상의 재산 피해를 야기한 17,514건의 HAZMAT 사고 보고서를 접수하였다. 미국 교통부는 다음과 같이 주장한다. "인간의 오류는 대부분의 교통 사고 및 위험 물질 누출을 포함해서 이와 결합된 결과에 대한 개연성 있는 원인이다."

HAZMAT 사고는 심각하고 심지어 생명을 위협하는 문제를 야기할 수 있기 때문에 즉각적이고 적절하게 다루어지지 않으면 안 된다. 매우 독성이 높은 화학적 액체, 고체 혹은 기체나 고도의 부식성 물질과의 접촉에는 극도의 주의가 요구된다. 위험 물질에 의한 비상사태는 가시성의 부족, 어려운 호흡, 화재, 히스테리 및 문제를 야기하는 물질에 대한 정보 부족을 포함할 것이다. 사고에 의한 HAZMAT 비상사태의 한 예로 노스다코타(North Dakota)에서 있었던, 새는 무수 암모니아(anhydrous ammonia)를 운반하던 4량 열차가 탈선하여 붕괴된 사건을 들 수 있다. 한 명이 사망하였고 수백 명이 대피하였으며 수많은 사람들이 병원에 입원해야 했다. HAZMAT 사건은 미국 우편 시스템을 이용하여 탄저병을 확산시킨 예처럼 의도적인 것일 수도 있다.

OSHA는 위험성 폐기물 활동에 관여하는 모든 직원들을 훈련시키고 비상사태 대응 계획을 수립하도록 의무화하고 있다. 위험 물질 사고에서 도움을 줄 수 있는 기관들로는 주립 소방서, 지역 EMS 시스템, 미국 연안 경비대, 선박 회사, 물질 제조 회사 및 화학 물질 운송 사고 대응 센터(CHEMTREC)(1-800-424-9300) 등을 꼽을 수 있다.

만약 위험 물질들이 특정 장소에 일상적으로 존재한다면, 그것들은 그와 같이 분명하게 표식이 되어야 한다. 뿐만 아니라, 보안 관리자는 문제를 야기할 수 있는 그런 물질들에 대응할 수 있도록 훈련받은 위험 물질 통제 팀의 운영을 고려해야 한다. 몇몇 경우에는 화학 물질 보호 의복(chemical suits), 장갑, 장화 및 휴대용 산소 공급기(air pack)와 같은 비상용 특별 장비가 사용될 수 있도록 구비되어야 한다.

위험성 화물이 운송될 경우, 연방법은 화물 운송업자로 하여금 무엇을 얼마만큼 어디로 운송하고 있는지를 특별히 세세하게 기록한 화물 목록을 지참하도록 요구하고 있다. 많은 화물 목록들은 또한 엎질러지거나 새거나 아니면 다른 부주의한 유출 사고에서 위험 물질이나 위험한 상품을 통제하고 봉쇄하며 중화할 수 있는 정보가 담겨져 있는 MSDS 혹은 물질 안전 자료 일람표(material safety data sheet)를 제공한다. 화물 운송업자에게는 또한 수송의 위험성을 알아볼 수 있도록 칼라 색상의 플래카드와 상징물을 전시하도록 요구된다. 가장 친숙한 경고는 트레일러나 배송 컨테이너 양 옆과 후면에 부착된 칼라 색상의 플래카드인데, 이것은 단순한 상징물이 아니라 일반적으로 멀리서도 잘 보이게 함으로써 긴급 구조원이 그에 맞춰 자신의 접근을 조정할 수 있도록 해준다. 표준적인 플래카드 색상 및 그것들이 나타내는 의미는 다음과 같다.

- 가연성 – 붉은색
- 부식성 – 검은색과 흰색
- 폭발성 – 오렌지색
- 독성 – 검은색과 흰색
- 비가연성 가스 – 녹색
- 산화제 – 노란색

어떤 전문화된 훈련이 부족할 경우, 담당 직원들은 HAZMAT 비상사태에 대응하기 위한 몇 가지 기초적인 지침들을 알고 있어야 한다. 만약 위험이 실내에서 발생한 것이라면, 출입문을 폐쇄하고 그 지역의 환기 시스템을 정지시킴으로써 그곳이 격리되고 봉쇄되도록 해야 한다. 만약 HAZMAT 사고가 실외에서 발생한 것이라면, 그 사고로부터 바람과 반대 방향으로 서서 움직이기 전에 가능한 한 멀리서 그 상황을 평가한다. 담당 직원들은 사고 트럭이나 화차에 부착된 플래카드와 표식을 읽을 수 있도록 자신의 차량에 쌍안경을 준비해두고 있어야 한다. Robinson(2004, p.64)은 "만약 소방서에 사다리 소방차가 있다면, (소방관들은) 먼 거리에 소방차를 세워놓고 사다리를 들어 올리고 쌍안경을 사용하여 전복된 대형 트럭의 측면에 있는 플래카드를 읽을 수 있을 것이다"라고 제안한다. 폭발, 화염 혹은 유독 가스의 위험이 항상 존재하므로 구조 대원은 가능한 멀리 떨어져 있으면서 해당 트럭이나 화차가 무엇을 운반하던 중이었는지 확인하려고 노력해야 한다.

뉴욕시 응급 의료 서비스 센터(New York City's Center for Emergency Medical Services: CEMS)는 활동의 핵심적인 측면으로서 상황실과 통신 네트워크, 선진적인 탐지 장비와 강도 높게 훈련된 스태프를 갖고 있다(Roberts, 2005a, p.131). 그 센터는 그곳이 서비스를 제공하는 병원으로부터 떨어진 곳에 위치하고 있고 경찰 및 소방서 스캐너, 지역 날씨, 지역 교통 상황, 지역 및 전국 뉴스를 보여 주는 몇 대의 TV를 갖추고 있다. 응급 의료 파견 절차 훈련을 받은 응급 의료진(emergency medical technicians: EMTs)과 의료 보조인으로 24시간 내내 근무하는 상황실 직원이 구성된다. Roberts에 의하면, "화학 문헌 도서관은 너무 특별하여 (일반의약품 이름인) 골드

본드 메디케이티드 파워(Gold Bond Medicated Power)와 닥터 숄(Dr. Scholl's)을 구분할 수 있다." 또한 그 센터는 그곳이 서비스를 제공하는 병원을 위한 조기 경보 모니터링 시스템으로서도 기여할 수 있다.

군중 및 시민 소요, 시위, 폭동과 파업

군중은 다음과 같은 네 가지 일반 범주로 구분될 수 있다.

- 우연적인 — 쇼핑몰, 콘서트, 기타 장소에서
- 특별한 목적을 지닌 — 하나의 목적을 위해서(예, 사건, 싸움, 방화 등)
- 표출적인 — 종교적, 정치적 혹은 다른 이유를 위해서
- 공격적인 — 매우 감정적이며, 어떤 것을 성취하려 함

이러한 군중 유형 중 어느 것이든지 특히 비상사태가 발생할 경우에는 이유 없이, 감정적으로, 때로 신경질적으로 행동하는 폭도로 변할 수 있다. 시설 안이나 그 근처에 운집한 집단은 그들이 누구이든 적절한 사람에게 보고되어 관찰되어야만 한다. 만약 상황이 보장된다면, 외부 출입문들을 폐쇄할 수 있을 것이다. 어떠한 폭력적인 소요든 특히 무기가 사용된 경우라면 통상적으로 이에 대응할 책임은 법 집행기관에게 있다. 사람과 재산을 보호하고 현장에 대응하는 경찰을 지원하는 것은 보안의 책임이다.

시민 소요나 시위, 폭동이나 파업 사건에서 보안 관리자는 질서를 유지하고 인명과 자산을 보호할 책임이 있다.

어떤 보안의 시험대들은 특정 군중 유형, 특히 시위, 폭동 및 파업을 위해 모인 사람들과 더불어 존재한다. 이러한 상황에서는 그것이 무엇이든지 물리력 사용이 요구될 것이다. "일반 공중, 미디어 및 사법 시스템은 이미 보여 줬던 것처럼 그러한 상황에서 적정한 물리력의 적용을 기꺼이 지지할 것이다. 하지만··· 부적절하게 사용된다면, 그러한(덜 치명적인) 선택지는 잘 해봐야 혹독한 비판을 낳고 최악의 경우에는 인명 손실과 부상으로 이어질 것이다"(Narr et al., 2006, p.59). 덜 치명적인 선택지의 사용은 공무원들이 직면하는 위협과 질서 유지의 목표와 균형을 이루어야만 한다. 물리력의 사용은 제4장에서 논의되었다.

시민 소요 혹은 시위

시위는 “한 개인이나 원인에 대한 감정의 공적 연출”이며 수많은 사람들이 공통의 목적을 위해 함께 결집하는 다양한 경우에 적용된다(예, 정치적인 전당 대회, 노사 분규 또는 심지어 메이저 스포츠나 사회적 사건 등)(Narr et al., p.3). 저항, 시위, 연좌농성, 피켓시위, 봉쇄 및 대치는 직원과 자산의 안전을 위협할 수 있다. 시민 소요나 대규모 시위를 관리하는 데 있어 시험대는 질서 유지와 언론·집회 자유의 보호라는 경쟁적 목표들 간의 균형을 유지하는 일이다. Narr와 그 동료들(p.7)에 의하면, “대규모 시위와 다른 주요 사건들을 효과적으로 관리할 수 있는 열쇠는 계획과 준비”이며, 혹은 Colin Powell의 말을 인용하자면 “성공에 대한 어떠한 비밀도 존재하지 않는다. 그것은 준비, 각고의 노력 및 실패로부터 학습한 결과물이다.”

어떠한 대규모 시위에서도 직원의 안전은 중요하며, 특히 무질서가 예견되는 경우에는 더욱 그렇다(Narr et al., p.58). 시위대는 종종 학대적인 언어를 사용하고 보안 직원들을 자극하려 한다. 기어를 선택할 때는 움직임의 유연성이 보호의 수준과 균형을 이루도록 해야 한다. 일자형 혹은 T자형 통제봉, 호신용 분사 액체 스프레이(pepper spray) 및 전도 에너지 장치(conducted energy devices)(테이저 총, 전기충격기 등)와 같은 기본 장비를 사용하는 것이 적절할 것이다.

비록 비폭력 시위는 통상적으로 적법하지만, 어떤 회사든 자신의 권리, 인력 및 자산을 보호하려 할 것이다. 만약 시위대가 불법적으로 행동한다면(예, 재산 파괴), 그들은 체포되고 기소되어야 한다. 시민 소요에서는 종종 공공 경찰의 지원이 요청된다.

폭 동

36명이 살해되고 700명이 부상을 입었으며 5억 달러로 평가된 재산 손실이 발생한 1965년 왓츠(Watts) 폭동 기간에 생생하게 입증된 것처럼, 몇몇 시민 소요는 엄청난 파괴를 야기하는 전면적인 폭동으로 분출된다.

1992년 4월, 배심원단이 흑인 운전자 로드니 킹(Rodney King)을 구타한 혐의로 기소된 네 명의 백인 경찰관에게 무죄를 선언한 이후, 로스앤젤리스에서 폭동이 발발했다. 최소한 37명이 살해되었고, 1,419명이 부상을 입었으며, 거의 4,400명이 체포되었고, 손실은 5억 5천만 달러로 평가되었다. 보통 폭동 때는 소매 상점이 가장 큰 타격을 입지만, 도매상, 제조업자 및 병원과 대학과 같은 기관들도 포함될 수 있다.

폭동 상황에서는 접근 통제가 대단히 중요하다. 문을 잠그고 움직이지 않고 가만히 있는 것이 최선이다. 경찰과 소방관들은 통상 바빠서 사적인 지원 요청에 응할 수 없기 때문에 인명과 자산을 보호하는 일은 소유주의 책임이다.

경영진은 보충적인 경비 인력을 고용하려 하겠지만, 폭동이 진행되는 동안에는 그러한 인력들을 종종 확보할 수 없다. 몇몇 시설에서는 비상사태 상황에서 이용할 수 있도록 보증하기 위해 사설 계약 경비 인력에 대한 의뢰 비용을 지불한다. 다른 시설들은 자체의 '보조' 경비 인력을 갖고 있다.

만약 그렇게 하는 것이 안전하다면, 직원들은 대피되어야 한다. 전등은 켜진 채로 남겨져 있어야 하고, 가게 창문과 출입구에는 바리케이드를 쳐야 한다. 몇몇 시설들은 폭동이 진행되는 동안 사용하기 위해 가시 철조망 뭉치를 마련해 둔다.

파 업

비록 파업은 심지어 비폭력적일지라도 불편하지만, 그것은 자신들도 조합에 소속되어 있는 보안 직원들에게 특히 어려운 상황을 부과한다. 일반 직원과 보안 직원을 위한 노동 계약이 구분되지 않는 때는 상황이 불가능하게 될 수 있다. 심지어 일반 직원들이 파업 중일 때도 보안 직원들은 경영진을 대신하여 구내를 보호할 목적으로 고용된다. 그들은 피켓 라인을 넘어가야만 할 수도 있다.

보안 직원들은 중립적으로 남아 있어야 하고 고용될 때 하도록 맡겨진 업무를 수행해야 한다. 피켓 시위는 비폭력적으로 유지되고 이에 대한 아무런 제한 명령도 없는 한 적법하다. 어떠한 공격적인 행동도 기소되어야 한다. 잠재적으로 매우 위험한 다른 어떤 상황과 마찬가지로 경영진은 피켓 라인을 준수하는 보안 직원들에게 발생할 결과들을 포함하여 미리 수립된 파업 대처 계획을 갖고 있어야 한다.

폭탄 및 폭파 협박

1993년 2월 26일에 발생한 세계무역센터에 대한 폭탄 공격으로 6명이 사망했고 1,000명이 부상했으며 트윈 타워 복합 건물에 5억 달러의 손실이 야기되었다. 1995년 4월 19일 오클라호마 시의 알프레드 P. 머라 연방 건물(Alfred P. Murrah Federal Building)에 대한 공격은 다시 미국인들에게 그들의 취약성을 상기시켜 주었다. 하지만 2001년 9월 11일의 공격은 보안을 인식되고 재평가되어야 할 하나의 자원으로 승격시킴으로써 미국의 얼굴을 영원히 바꾸는 인상을 남겼다.

테러범들은 폭탄을 사용하는 유일한 집단이 아니다. 중범죄자들(hard-core

criminals)은 건물에 접근하기 위해서 혹은 범죄 현장의 흔적을 깨끗이 지우기 위해 폭발물을 사용하려 할 것이다. 폭발물은 종종 마약 거래와 결합된다. 흥미롭게도 폭탄 공격의 가장 공통적인 동기는 복수에 의해 추동되는 파괴주의(vandalism)이다.

폭파 협박은 주요한 보안 관심사이자 동시에 연방법 위반 행위이다. 비록 어떠한 기업, 산업 혹은 기관도 폭파 협박이나 실질적인 폭탄 공격의 피해자가 될 수 있지만, 폭탄 공격과 폭파 협박의 일상적인 피해자는 항공기, 은행, 병원, 공업 단지, 공급 처리 시설(utilities), 교육 기관, 정부 건물, 사무용 건물 등이다.

대부분의 폭파 협박은 전화로 수신되며, 이 전화로 걸려온 위협의 98퍼센트는 장난 전화이다. 발신자가 직원일 경우, 그 또는 그녀는 단지 하루 쉬려 하거나, 아니면 업무에 지장을 주고자 할 것이다. 경고 후에 실제 폭탄 공격이 이루어지는 경우는 많지 않다. 그러한 경고가 주어지는 경우라면, 그것은 거의 항상 인명을 구한다. 대부분의 폭탄 공격은 같은 이유, 즉 누군가를 살해할 기회를 줄이기 위해 야간에 발생한다. 전화로 걸려온 대다수의 폭파 협박이 장난 전화임에도 불구하고, 그와 같은 협박은 지장을 초래하고 불안을 조성한다. 뿐만 아니라, 그 협박에 대한 대응은 대가가 크고, 감정적으로 고조되며 심지어 위험하기조차 할 수 있다.

몇몇 지하 출판물들은 폭탄 제조에 관한 자세한 설명을 제공한다. 사제 폭탄의 공통 유형 중 하나는 흑색 화약이 채워진 납관, 양쪽이 나사로 고정된 마개, 퓨즈로 구성된다. 또 다른 공통 유형의 폭탄은 서로 테이프로 묶고 타이머나 인계 철선에 의해 폭발하는 막대형 다이너마이트로 제조된다. 소이탄은 매우 인화성이 높은 물질, 보통은 가솔린이 채워진 유리병과 같은 용기로 구성된다. 심지에 불을 붙여 폭탄이 투척되거나, 거기에 타이밍 장치가 부착될 수 있다. 그러한 폭탄은 자주 "화염병"(molotov cocktails)으로 불려진다.

Hason(2004, p.66)은 질산 암모늄(ammonium nitrate)(비료), 아지드화물 나트륨(sodium azide), 아지드화물 마그네슘(magnesium azide), 메세나민(mathenamine), 질산 칼륨(potassium nitrate), 무수히드라진(anhydrous hydrazing)(보일러 세정액, 로켓 연료 부품), 액체 니트로메탄(liquid nitromethane)(경주용 연료), 황산과 질산 등을 포함하여 사제 폭발물을 만드는 데 사용될 수 있는 다양한 다른 화학 물질에 대해 언급한다. 차량을 이용한 사제 폭발물(VBIED)은 파이프 폭탄, 개인 자살 폭탄 테러범 및 다른 육상용 장비들과 구분되는 별개의 폭탄 그룹이다(p.65). 사제 폭발물(IEDs)과 차량을 이용한 사제 폭발물(VBIED)에 대해서는 제13장에서 자세히 다루게 된다.

폭탄 공격의 예방

질서 정연, 즉 사물이 적절한 장소에 있도록 관리하는 일은 폭탄이 될 수 있는 친숙하지 않은 대상물의 감지를 보다 쉽게 할 것이다. 직원들은 자신의 근무 지역에서 우연히 마주치는 의심스러운 품목들은 무엇이든 경계하도록 교육받아야 한다. 쓰레기는 시설 밖의 금속 용기 속에 저장되어야 한다. 배송된 상품은 가능한 빨리 점검되어야 하고 적절한 장소로 신속하게 옮겨져야 한다. 방화문은 비상용을 제외하고는 항상 닫힌 상태로 유지되어야 한다.

접근 통제, 질서 정연 및 정규적인 검사는 폭탄에 대한 일차적인 방어이다.

동물 검사, 핵 폐기물, 임신 중절 등에 관여하는 시설을 포함하여 몇몇 시설들은 우편물을 통한 폭발물에 특히 민감하다. 만약 봉투나 소포가 의심스러우면, 보안 부서는 지역 법 집행 기관에 연락하여 지원을 요청해야 한다. 봉투나 소포는 물이 잠기거나 둘러막힌 곳에 놓여서는 안 된다.

폭파 협박에 대한 대응

폭파 협박은 잠재적 위험을 안고 있는 소름끼치는 경험이며, 따라서 대응 계획은 그러한 전화가 접수되기 전에 존재하고 있어야 한다. 순간의 압박 속에서 내려진 결정도 사전에 수립된 지침에 기초해야 하므로, 준비가 되는 것이 필수적이다.

폭파 협박에 대한 준비가 이루어지려면 보안 관리자는 직원들에게 그런 협박을 하는 사람에게 어떻게 이야기하고 누구에게 통지해야 하는지 교육시켜야 한다. 보안 부서는 사람들을 대피시켜야 할지 여부를 누가 결정할지, 만약 대피가 필수적이라면 직원들에게 어떻게 알리고 그들이 무엇을 하도록 할지 결정해야만 한다. 보안 부서는 어떻게 폭탄을 찾고 그것이 발견될 경우 무엇을 해야 하는지를 특정화하는 계획을 갖고 있어야 한다.

전화에 응답하는 모든 직원들은 전화로 걸려온 폭파 협박에 대해 적절히 대응하도록 교육되어야 한다. 몇몇 전화는 대화를 기록할 수 있게 활성화될 수 있는 테이프 레코더를 갖추고 있다. 다른 것들은 통신 회사에서 전화를 추적할 수 있도록, 전화 수신자가 수화기를 들고 있는 한 전화선이 통화 상태로 유지되는 전화 추적 장치(phone traps)가 장착되어 있다. (그러한 추적 장치는 장거리 전화에서는 작동되지 않는다.) 많은 조직들은 폭파 협박에 관한 정보를 기록할 수 있는 전화 교환기에 의해 유지되는 보고 양식을 갖고 있다(그림 8.3).

총무부
8구역
폭탄 위협 정보

날 짜 ____________________

통화 시간 수 신 ________ 종 료 ________

발신자가 사용한 정확한 단어

____

____

(뒷면에 계속해서)

물어볼 질문

1. **언제** 폭탄이 폭발하는가?
____
2. 지금 폭탄이 **어디**에 있는가?
____
3. **어떤** 종류의 폭탄인가?
____
4. 폭탄은 **무엇**과 비슷한가?
____
5. **왜** 폭탄을 설치했는가?
____

발신자 목소리에 대한 서술

☐ 남 성 ☐ 여 성

☐ 청년층 ☐ 중년층 ☐ 노년층

억 양

목소리의 음색 ____________________

배경 소음 ____________________

목소리가 익숙한가?

☐ 예 ☐ 아니오

만약 그렇다면, 누구의 목소리와 유사하게 들렸는가?
____

추가적인 언급

____

____

수신자 성명 ____________________ 조직 및 장소 ____________________

집 주소 ____________________ 사무실 전화 ____________________

집 전화 ____________________

그림 8.3 폭탄 위협 보고 양식 범례

출처: 출판사의 허가를 받고 Green and Farber, *Introduction to Security*, 개정판 (Woburn, MA: Butterworth Publishers, Inc.). Copyright ⓒ Elsevier 1978에서 발췌하여 재인용함.

폭파 협박 전화의 수신자는 다음 사항을 준수해야 한다.

- 발신자가 가능한 오랫동안 말하도록 유지할 것.
- 특히 언제 폭탄이 터질 예정이고 그 장소가 어딘지, 가능한 한 폭탄에 대해 많이 알려고 노력할 것.
- 발신자의 성별, 연령, 억양 및 발음 패턴 및 그 혹은 그녀가 술을 마셨는지 혹은 약물에 취했는지를 확인하려고 노력할 것.
- 배경적인 소음은 무엇이든 놓치지 말고 들을 것.
- 적절한 사람에게 그 전화에 대해 즉각적으로 알릴 것.

폭파 협박이 적절한 사람, 통상적으로 수석 집행관이나 관리자에게 보고되면, 그는 그 전화를 신중하게 취급할지 여부는 물론 그 밖에 누구에게 이 사실을 통보해야 할지 결정한다. 폭파 협박의 진실성(legitimacy)을 평가하는 것은 중요하다. 뒤에서 웃고 있는 사람은 이것이 짓궂은 장난임을 내비칠 것이다. 만약 그 전화가 장난이라는 사실이 확인되더라도 이를 경찰에게 알려야 한다.

어떤 폭파 협박이든 실제 상황이 될 수 있으므로, 많은 전문가들은 그러한 모든 위협은 사실처럼 다뤄져야 한다고 권고한다. 이를 가정하고, 대피시켜야 할지에 대한 결정이 내려져야 한다. 보통 이러한 결정은 종종 경찰과 더불어 경영진에 의해 내려진다. 비록 대피가 가장 안전한 접근인 것처럼 보이지만, 이것이 항상 사실인 것은 아니다. 대규모 집단을 이동시키는 것은 그렇지 않는 것보다 그들을 더 큰 위험에 노출시킬 수 있을 것이다. 사람들을 대피시키는 것은 정확히 발신자가 원했던 것일 수 있으며 추가적 통화를 유발할 것이다. 또한 불필요한 대피는 극단적으로 비용이 많이 들 수 있다.

때때로 가장 최선의 대안은 폭탄이 있을 것으로 의심되는 지역이나 건물 전체를 비우는 일이다. 전체 피난은 아마도 극심한 공포를 유발할 것이고, 특히 폭파범이 피난 계획을 알고 있다면 더 많은 사람들을 위험에 노출시킬 것이다. 때로 피난이 발신자를 자극하거나 흥분시킨다고 생각되어진다. 미리 주의 깊게 수립한 계획은 안전하고 질서 정연한 피난으로 귀결되어야 한다.

이념적으로 말하자면, 직원들은 경보기가 아니라 중앙의 구내 방송 시스템을 통해 폭탄 위협에 대해 알게 된다. 만약 경보기가 사용된다면, 화재에 사용되는 것과 뒤따르는 절차가 다소 다르기 때문에 그것과는 구분되어야 한다. 화재 시에는 창문과 출입문을 닫는다. 폭파 협박 상황에서는 폭발의 배출구를 위해 창문과 출입문을 열어 둔다. 화재로 인한 피난과 폭파 협박으로 인한 피난 둘 다의 경우, 직원들은 밖으로 걸어 나와 한 블록 떨어질 때까지 건물로부터 멀리 벗어나고 건물로 돌아가는 것이 안전하다는 이야기를 듣기 전까지 대기하고 있어야 한다.

폭탄 수색

직원들이 피난하든 그렇지 않든 협박이 사실이라고 가정된다면 수색이 이루어져야 한다. 폭탄 수색은 극단적으로 위험이 뒤따르는 과업이다. 그것은 시설을 잘 알고 있는 사람들에 의해 수행될 때 보다 효과적일 것이므로, 종종 직원들은 피난하기 전에 자신의 구역을 수색하도록 요청받는다.

화장실, 로비, 구내 식당, 엘리베이터, 계단통과 같이 보통 잠겨 있지 않고 주목받지 않는 지역들은 폭탄이 설치되는 가장 공통적인 장소이다. 폭탄은 도시락, 서류 가방, 쇼핑백, 사탕 상자 그리고 얼마든지 다른 유형의 용기들 속에 숨길 수 있다. 핵심은 제자리에 있지 않거나 화장실 안에 있는 도시락처럼 그 지역과는 어울리지 않는 무언가를 찾는 것이다.

협박이 진정성 있게 다뤄져야 한다는 결정이 내려지자마자 지휘 본부가 설치되어야 한다. 그리하여 전 건물을 도표화하고 수색된 지역들을 지워나가야 한다. 몇몇 보안 관리자들은 수색대로 하여금 수색이 완료된 지역의 출입문에 표식을 하도록 지시한다. 만약 충분한 보안 직원들을 확보하는 것이 가능하다면, 그들은 호기심 많은 구경꾼들이 위험에 노출되지 않도록 폭탄이 설치되었을 것으로 보이는 지역의 둘레를 빙 둘러 자리 잡고 있어야 한다.

수색대 간의 통신 시스템도 수립되어야 하지만, 휴대용 무전기는 폭탄을 폭파시킬 수 있으므로 사용되지 않도록 해야 한다. 전등을 켜는 것 역시 폭탄을 폭파시킬 수 있으므로, 모든 수색대는 이러한 행동을 하지 않도록 주의가 주어져야 한다. 수색대는 어떠한 똑딱거리는 소리에도 귀를 기울이고 인계 철선(trip wire)을 조심하면서 천천히 주의 깊게 움직여야 한다. 때로 금속 탐지기나 탐지견이 수색을 지원하는 데 활용된다.

수색대는 폭탄 수색 도중 발견한 의심스러운 대상은 무엇이든지 만지거나 옮기지 않도록 해야 한다. 그들은 그 장치로부터 최소한 300피트 둘레의 안전 지대를 마련하고서 가장 근처에 있는 폭탄 해체 전문가나 경찰을 불러야 한다. 덧붙여 모든 창문과 출입문은 개방되어야 하고 모든 소화기가 준비되어야 하며 시간이 허락한다면 매우 불에 잘 타는 물질은 귀중한 문서, 파일, 서류와 마찬가지로 옮겨져야 한다.

폭탄 탐지 기술은 계속 향상되고 있고 점차 효과적인 방법으로 사용되고 있다. 두 가지 개괄적인 탐지 기술로는 흔적 탐지(trace detection)와 엑스레이 기술이 있는데, 그것들은 종종 동시에 사용된다(Cohen, 2004, p.48). 흔적 탐지기들은 이온화된 분자를 함유하고 있는 폭발 물질의 독특한 전기적 속성들을 발견하기 위해 이온 이동도 분광계(ion mobility spectrometry)를 사용한다. 그 속성들이 이온화된 분자를 함유할 때, 흔적 탐지기는 폭발물의 입자를 인식한다. 엑스레이 시스템들은 수화물 내부의 품목들의 형상을 보여 줄 수 있다. 하지만 폭발 물질은 일반적인 여행 물품을 닮은 형상으로 본떠 만들어질 수 있으므로, 많은 공항에서는 의료계에서 사용되는 CAT 스캔 엑스레이 기술과 유사한 컴퓨터 단층촬영법(computerized tomography: CT)에 기초한 폭탄 검색기를 사용하기 시작했다.

개와 돼지도 폭탄의 탐지에 사용되어 왔다. 아마도 돼지가 개보다 훈련시키기가 용이하다. 하지만 "만약 개가 혹사당하지 않고 적절하게 보상이 주어지고 조련사도 적절하게 훈련을 받는다면, 탐지견(sniffer dog)은 믿을 수 없을 만큼 뛰어난 폭탄 탐지 기계이다"(Cohen, p.48).

현재 개발 중인 폭발물 탐지 기술은 대기 중의 핵, 생물학적 혹은 화학적 흔적의 출현을 탐지하기 위해 핸드폰 내부에 센서를 설치한다(Cohen, pp.53-54). 그 핸드폰은 그와 같은 기술을 장착함으로써 지휘 본부에 알릴 수 있고 동시에 사용자로 하여금 의료적인 도움을 구하도록 경고를 준다. "과학자들은 그 센서들이 탄저병에서부터 사린 가스까지 무엇이든 탐지할 수 있고 사상자 비율을 70%까지 낮출 수 있을 것이라는 희망을 갖고 있다"(Cohen).

폭파 협박을 다루는 모든 절차는 가능하면 연습되어야 한다. 교환원은 반응을 알아보기 위해 가짜 폭파 협박 전화를 받을 수 있을 것이다. 폭탄을 숨길 수 있는 의심스러운 용기가 몰래 설치되고 실습 폭탄에 대한 수색이 행해질 수 있을 것이다. 뿐만 아니라 대피 계획도 연습할 수 있을 것이다.

화재로 인한 손실의 예방과 보호

화재는 아마도 보안 부서가 다뤄야만 할 단일의 가장 큰 위협이다. 심각한 화재에 의해 강타당한 많은 기업들이 다시는 문을 열지 못한다. 2005년 미국 소방부서들은 3,675명의 시민이 사망하고 17,925명의 시민이 부상당했으며 직접적인 재산 손실이 10,672,000,000달러로 평가된 약 1,602,000건의 화재에 대응했다(Karter, 2006, p.11). 보안 담당자들은 화재 가능성에 대해 지속적으로 경계해야만 한다. 화재 위험의 제거는 모든 보안 담당자들의 으뜸가는 책임이자 사실상 기업, 회사 혹은 조직에 속한 모든 사람들의 책임이다.

출입 통제는 보안 부서와 인명 안전 전문가 사이에 갈등이 발생하는 일차적인 영역이다(Minieri, 2005, p.95). 비록 사람들이 건물 안으로 들어오지 못하도록 막기 위해 바깥문들을 잠그는 일이 허용될 수 있지만, 모든 출간된 소방 법규 요건에서는 구속받지 않는 피난(free egress)을 금지하지는 않는다. 전국 소방 협회(National Fire Protection Association's: NFPA)의 인명 안전 법규 101조(Life Safety Code 101)에 의하면, 건물 안에 있는 모든 사람은 열쇠, 도구 혹은 특별한 지식을 사용하거나 밖에서 작동시키려는 노력이 없더라도 자신의 통행 방향에 있는 모든 출입문을 통해 밖으로 나갈 수 있어야 한다. 많은 보안 관리자들은 이와 같은 출입문에 비상용 빗장의 설치를 선택하는데, 그것은 직원들과 다른 건물 입주자들이 문을 열고 탈출할 수 있도록 허용하지만 동시에 출입문이 열려 있다는 경보를 촉발시킨다. 이와 같은 비상용 빗장은 기계적으로 작동할 수도 있고 전기적으로 작동할 수도 있을 것이다.

보안 관리자는 어떻게 화재가 발생하는지, 무엇이 빈번한 원인인지, 그리고 어떤 장비와 절차가 손실을 최소화하는 데 도움이 될 수 있는지를 이해함으로써 화재 손실을 보다 잘 예방하고 보호할 수 있다. 어떻게 불이 타오르는지를 아는 것은 잠재적인 화재 위험과 그 통제 방법을 이해하는 데 도움을 준다.

화재의 삼각형은 타는 데 필요한 세 가지 요소, 즉 열, 연료, 산소로 구성된다.

산소와 연료는 사업체와 기업에 상존하므로, 화재의 잠재력은 항상 존재한다. 가연성 물질이 특정 온도, 말하지만 점화 온도에 이를 때까지 가열되면, 점화가 되고 산소가 있는 한 타오를 것이다. 하지만 만약 세 가지 요소 중 어느 것이라도 제거된다면, 불은 꺼진다. 산소는 공기 산화(smothering)에 의해, 연료는 격리(isolating)에 의해, 그리고 열은 냉각(cooling)에 의해 제거된다.

전국 소방 협회는 화재를 다음과 같은 네 가지 범주로 구분하고 있다.

- A유형의 화재에는 종이, 포장용 상자, 나무 및 의류와 같은 일상적인 가연성 물질이 포함된다.
- B유형의 화재에는 가솔린과 기름과 같은 불에 잘 타는 액체가 포함된다.
- C유형의 화재에는 전원이 공급되고 있는 전기 설비, 기기, 배선이 포함된다.
- D유형의 화재에는 마그네슘, 나트륨, 칼륨과 같은 가연성 금속이 포함된다(때로 D유형의 화재를 "특이한 금속성 화재"라고 부른다).

파손과 사망은 화염에 의해서뿐만 아니라 연기, 열, 가스 및 공황 상태에 의해서도 야기된다. 연기는 앞을 가로막고 질식시킬 수 있다. 연소의 부산물인 이산화탄소와 일산화탄소는 독이 되고 건물을 폭파시키는 원인으로 작용할 수 있다. 강한 열은 가스를 폭파시키고 자재를 점화시키며 공기를 팽창시킬 수 있다. 팽창된 공기는 문과 창문을 산산조각 나게 할 정도로 엄청난 압력을 가할 수 있다. 연기, 가스, 열 및 팽창된 공기는 모두 동시에 일어나기 때문에, 건물 구조와 사전 계획이 적절하다면 안전한 지역과 안전하지 않은 지역을 결정하고 화재의 진행 방향을 통제하는 것은 가능하다.

화재의 원인

산업 화재에서 발화의 주요 원인은 전기 회로, 과열, 불똥이 튀는 것(sparking), 마찰, 화학 반응, 화염과 열전도이다. 화재 위험을 야기하는 물질에는 산, 기름, 페인트, 용제, 폭발물, 인화성 혹은 가연성 액체, 가연성 가스와 자연 발화의 대상이 되는 물질이 포함된다.

종종 화재는 인화성 액체의 부적절한 보관이나 사용, 전기 퓨즈를 너무 높은 암페어 수를 가진 퓨즈나 동전, 철사 또는 못으로 대신하거나, 전기 접속 상자의 3피트 이내에 가연성 물질을 두는 일, 전기 회로의 과부하, 담배꽁초와 성냥을 부주의하게 버리는 일, 가열된 접시, 커피 포트, 실내 난방기를 방치하는 일, 기름 찌꺼기, 쓰레기 혹은 다른 물질이 쌓이도록 내버려둠으로써 자연 발화에 이르게 하기 등과 같이 부주의나 부실한 시설 관리 관행으로부터 야기된다. 화재는 또한 결함 있는 배선과 접속, 길거나 잘못된 사이즈의 전기 기구용 연장 코드(extension cords), 정전기, 번개 및 방화에 의한 점화 스파크에 의해서도 야기되어 왔다.

효과적인 화재 안전 프로그램은 두 부분으로 구성된다. (1) 화재 예방 및 (2) 발생한 화재로 야기되는 손실에 대한 보호.

화재 예방

대부분의 화재는 예방될 수 있다. 가장 큰 단일한 촉발 요인은 사람의 실수와 부주의이다. 비록 많은 현대 건물들이 불에 견디도록 건축되고 있으나, 화재로부터 전적으로 자유로운 내화 건물은 존재하지 않는다. 철근과 콘크리트의 외장재는 불에 타지 않는다는 사실에도 불구하고, 내장재는 불에 탈 수 있는 수많은 인화성 물질들을 함유하고 있어 건물이 용광로가 되게 할 수 있다. 충분한 열이 주어진다면, 건물이 붕괴될 수 있다.

화재는 화재 하중(fire-loading)의 감소, 인화성 물질에 대한 적절한 보관과 통제, 금연 규제의 강화, 적절한 배선 사용 및 알맞은 시설 관리 관행의 추구에 의해 예방될 수 있다. 출입 통제는 방화의 기회를 줄일 수 있다.

화재 하중은 인화성 융단, 커튼, 종이 및 페인트나 용제와 같은 액체를 포함한, 어떤 지역 내의 인화성 물질의 양을 의미한다. 가능한 범위에서 내화성 커튼과 가구를 사용하여 화재 하중을 감소하라.

불이 매우 잘 붙는 화학 물질과 같은 것이 사용될 때는 통풍이 적절하도록 확실히 하라. 그러한 물질의 주요 공급은 적절히 환기가 되는 장소에서 보호 용기 속에 넣어 보관되도록 해야 한다. 대팻밥과 종이 재료가 들어 있는 포장용 상자는 금속이어야 하고, 금속 상자에 열이 발생했을 때 산소 공급을 줄임으로써 잠재적인 화재를 억제할 수 있도록, 덮개가 제자리를 잡게 하는 납으로 된 고리를 가급적 갖추도록 해야 한다. 공기를 차단함으로써 불을 끄도록 고안된 화재 방지용 쓰레기통도 유용하다. 기름때가 묻은 걸레와 다른 가연성 물질들이 쌓이도록 내버려두어서는 결코 안 된다.

화재 손실에 대한 보호

모든 노력에도 불구하고 화재의 잠재력은 항상 존재한다. 화재 손실에 대한 최선의 보호는 미리 준비하는 것이다.

화재로부터의 손실은 소방대, 화재 감지기, 화재 경보기, 적절히 표시된 충분한 출구, 방화문 및 화재 대피로, 내화 금고와 내화 귀중품 보관실, 소화기, 스프링클러 시스템 및 적절하고 접근 가능한 물 공급에 의해 보호될 수 있다.

소방대 인명 보호는 항상 가장 우선되는 일이다. 조직은 직원들이 소방관처럼 봉사할 수 있도록 훈련시키는 일의 중요성을 인식해야만 한다. 이 사람들은 보안 직원이 아니라 회사 직원 중 여러 직급에서 나온 자원자여야 하며, 비상사태가 발생하는 동안 모든 직원들이 건물에서 안전하게 대피하는 것을 보장하는 데 기여하는 중요한 역할을 훈련받게 된다(Hewitt, 2005, p.100). 대피 계획이 이행되는 것을 보장하는 것은 소방대에 달려 있다. 통상 직원 50명에 1명의 소방대원이 적절하다.

소화기 화재 보호의 중요성은 과장될 수 없다. 취할 수 있는 가장 손쉬운 조치 중의 하나는 소화기를 전략적으로 건물 전체에 설치하고 그것들이 적절하게 작동할 수 있도록 안전하고 접근하기 쉽게 유지하는 것이다. "소화기는 안전 장치 중에서 가장 이동하기 쉽고 파손되기도 쉬우며 우연히 폭발하기도 쉽다. 가끔 사람들은 그것들을 출입문 받침대나 안전과 관련이 없는 목적에 생각 없이 사용한다"(Elliott, 2006a, p.40).

적절한 소화(extinguishing) 방식을 사용하는 것은 효과적인 화재 대응 계획의 결정적인 부분이다. 예를 들어, 물 혹은 A급 소화기는 동력이 공급되는 전기 장치에 사용되어서는 안 된다(C급 화재). 왜냐하면 전기 전하가 물줄기를 따라 흘러 소화기를 쥐고 있는 사람에게 순간적인 감전사를 유발할 수 있기 때문이다. 마찬가지로 물 혹은 A급 소화기는 B급 화재에 사용되어서는 안 된다. 타오르는 기름이나 휘발유를 튀게 함으로써 불을 끄기보다 더 넓은 지역으로 불길이 번지게 할 수 있기 때문이다. 다목적 소화기는 다양한 등급의 화재에 어떤 유형의 소화기를 사용할지 결정하는 데 수반되는 몇 가지 혼란과 위험을 제거한다. 표 8.2는 특정 유형의 화재를 진압하는 방식을 요약한 것이다.

전산실 전산실은 특별한 화재 위험에 직면하며 특별한 화재 주의가 요구된다. 전산실에는 종종 이온화 검출기(ionization detector)나 열 증가율 탐지기(thermal rate of rise detector)가 구비되어 있다. 그곳에 스프링클러 시스템을 설치해서는 안 된다. 증기와 물이 컴퓨터를 손상시킬 수 있고 물은 전산실에서 가장 흔히 발생하는 C급 화재에 사용되어서는 안 되기 때문이다.

표 8.2 특정 화재 유형의 소화 방법

등 급	타고 있는 것	소화 방법
A	나무, 종이와 같은 일상적인 가연성 소재	물이나 물안개를 이용하여 끄거나 가라앉힘. 산 알칼리 소화기, 펌프 탱크(물) 혹은 거품. (공기 산화는 비효과적)
B	가솔린, 등유와 같은 인화성 액체	담요를 덮거나 산소가 공급되지 않게 함. 이산화탄소(CO_2, 분말 혹은 거품) 이용
C	전기 제품	분말 거품, 이산화탄소(CO_2) 혹은 기화 액체 소화기 사용
D	마그네슘, 티타늄과 같은 금속	D급 소화기 사용

화재 손실에 대한 보호 절차

화재를 예방하는 데 도움이 되는 장비를 확보하고 유지하는 것에 덧붙여 화재 안전 프로그램은 화재가 발생한 곳에서 인명과 자산을 보호할 수 있는 특별 절차를 수립한다.

화재발생 시 보안 관리자의 책임

모든 보안 요원들은 소화기, 화재경보기 함, 스프링클러 밸브 작동기, 에스컬레이터와 엘리베이터 정지 장치, 전등 통제 판, 비상등, 휠체어, 들것, 구급 장비의 위치를 알고 있어야 한다. 보안 관리자는 계획을 수립하고, 책임을 지며, 냉정을 유지하고, 인명을 먼저, 자산은 그 다음으로 보호하기 위한 즉각적인 조취를 취해야 한다.

몇몇 보안 관리자는 화재 감식을 두려워하지만, 실제로 그들은 그것에 대해 철저히 준비하고 이를 기꺼이 받아들여야 한다.

자연재해

자연재해는 어쩔 수 없는 현실이지만, 적절한 준비를 통해 그 영향을 최소화할 수 있다. 불행하게도 "토네이도, 홍수 및 화재로부터 혹독한 교훈을 배운 그 다음 해에도 업무 연속성 계획을 수립한 미국 회사의 백분율은 전혀 증가하지 않았다" (*2007 AT&T Business Continuity Study*). 회사의 30퍼센트가 업무 연속성은 우선 사항이 아니라고 말했는데, 이것은 그들이 보안에 대해 잘못된 생각을 갖고 있음을 시사한다. 재해 피해를 입은 기업 중 정부가 경고를 보냈을 때 오직 41퍼센트만 조치를 취했다. 보안 관리자는 대부분의 자연재해에서 나타나는 네 가지 국면을 인식해야 한다.

대부분의 자연 재해는 네 가지 국면으로 발생한다. (1) 경고 기간, (2) 영향 기간, (3) 영향 이후의 즉각적인 대응, (4) 지연 반응 기간.

통상적으로 경보는 가능한 많을수록 바람직하다. 두 가지 모니터링 시스템이 보안 요원에게 곧 닥칠 위험한 날씨를 알림으로써 그들을 지원할 수 있다.

- 배타적으로 기상청 주파수에 맞춰졌으며, 계속 켜둔 채 두고 있다가 날씨가 이에 부합할 때면 기상청에 의해 활성화되는 날씨 경보 라디오

■ 날씨 정보를 위한 AM 라디오

주의보(*watch*)와 경보(*warning*)의 차이가 중요하다. 주의보는 기후 조건이 예를 들어 토네이도, 눈보라, 혹은 심각한 뇌우와 같은 특정 사건이 발생하는 것에 꼭 맞을 때를 의미한다. 경보는 그러한 조건이 전개됨으로 인해 아마도 그 지역에 문제를 야기할 것으로 보일 때를 의미한다. 비상사태가 토네이도 혹은 폭풍 경보일 때 다음과 같은 "대피 방송"을 포함하여 예방 조치가 즉각적으로 시행되어야 한다.

> 주목하십시오. 우리 지역에 토네이도 경보가 발령되었습니다. 모든 장비의 전원을 차단하고, 모든 불(flames)을 끄며, 책상이나 두꺼운 테이블 밑, 혹은 지정된 피난처로 즉각 대피하십시오. 창문이나 유리문 근처로 가거나 밖으로 나가는 일이 있어서는 **절대** 안 됩니다. 모든 것이 명확해지기 전까지 몸을 숨기고 있으십시오.

이 메시지는 최소한 세 번 이상 반복되어야 한다. 응급 처치 용품은 손쉽게 이용할 수 있도록 해야 하고, 앰뷸런스, 소방서, 경찰 및 다른 확보 가능한 지원을 위한 응급 전화 번호가 게시되어 있어야 한다.

하지만 가끔 예를 들어 지진과 같은 상황이 발생했을 때도 경보가 발령된다. 부가적으로 미리 발령되는 경보가 몇몇 사람들에게는 아마 역효과를 가져올 수도 있을 것이다. 그들은 이미 비상사태가 발생한 것처럼 공황 상태에 빠져 전적으로 속수무책이 된다. 그들의 공황 상태는 다른 사람에게도 전염될 수 있을 것이다. 예를 들어 이런 반응은 때때로 폭풍의 눈이 인구가 매우 밀집한 지역에 상륙할 것으로 예상된다는 허리케인 경보를 게시했을 때 뒤따라 발생한다.

비상사태가 실제 발생하고 있는 *충격 기간* 동안 다양한 사람들이 서로 다르게 반응할 것이다. 많은 경우 그 기간에는 놀라서 아무런 행동도 못하고, 일종의 마비 상태에 빠지고, 사람들은 효과적으로 행동할 수 없을 것이다. 다른 사람들은 아드레날린이 분비되어 결단력과 목적을 갖고 온 힘을 다해 행동할 것이다. 몇몇은 "자동적으로" 행동한다고 보고한다. 재해 다음에 즉각적으로 이어지는 기간은 구호 작전의 관점에서 가장 중요하다. 효과적인 수행은 인명과 재산을 구할 수 있다. 지연 반응은 아마도 즉각적인 위험이 지나갔을 때 나타날 것이다. 효과적으로 기능했던 사람은 그렇게 하는 것을 멈출 것이고, 그렇지 않았던 사람은 계속할 것이다.

자연재해 유형

첫 단계로 보안 관리자는 자신의 지리적인 위치에서 발생할 수 있는 자연재해를 알아봐야 한다. 긴급 사태 대책이 필수적인 자연재해에는 홍수, 토네이도, 허리케인, 지진 등이 포함될 것이다.

홍수 비록 피해를 야기하지만 통상적으로 예측이 가능한 홍수는 사전에 주도면밀하게 작성된 대책의 공동 대응과 수행을 요구한다. 보통 경찰은 영향 지역의 주민과 상인들이 집과 가게로부터 대피할 수 있도록 지원할 것이다. 경찰서는 임박한 홍수 예고를 접수하자마자 통상적으로 현직 및 예비역 경찰관의 업무 복귀를 요청한다. 어떤 경우, 그들은 필요에 따라 경계 태세에 들어갈 수도 있고 대기할 수도 있다.

대피가 이루어지고 비상사태가 진행되는 동안 경찰은 약탈과 기물 파손 행위를 막기 위해 영향 지역을 반드시 봉쇄해야 한다. 그 지역에서 정당한 용무가 있는 주민에게는 특별 통행증이 발급될 수 있다. 홍수가 난 지역에 살고 있지 않거나 용무가 없는 다른 모든 사람은 제외되어야 한다.

사이클론: 허리케인과 토네이도 엄격한 기상학적 용어법에 의하면, 사이클론은 북반구에서 시계 반대 방향으로 부는 풍향 체계에 둘러싸인 저기압 지역에서 발생한다. 이 기후 체계가 물 위에서 발달할 때를 허리케인이라고 부르고, 서태평양에서는 태풍이라고 부른다. 육지 위에서 발생하는 사이클론이 토네이도이다. 이미 논의된 많은 비상사태가 허리케인이나 토네이도의 기간 동안에도 발생할 것으로 보이는데, 이때 홍수, 화재, 폭발이 발생하고 약탈과 기물 파괴가 행해질 수 있다. 허리케인은 매우 강력한 열대성 사이클론으로 강한 비와 시속 74마일이 유지되는 바람을 수반한다. 또한 해안가의 건물과 주변 구조물에 엄청난 피해를 야기하는 강한 파도와 강력한 폭풍우를 동반하기도 한다.

비극적인 인명 손실과 재산 피해에 덧붙여, 그 재해에 대응하는 사람들은 통신과 이동의 문제에 직면할 수도 있다. 정규 전화선은 다운되고 양방향 무선 통신은 손상된 중계기로 인해 아마 사용할 수 없고 이동 통신 네트워크는 계속되는 사용으로 인해 주체하지 못할 것이다. 도로 표지판과 표석이 사라지고 없기 때문에 돌아다니기가 힘들며 가로등은 불이 나가고 많은 도로들은 넘어진 나무, 전류가 흐르는 전선 및 다른 잔해들과 같은 장애물로 인해 아마도 막혀 있을 것이다. 고속도로 및 다른 주요 도로들은 대피가 진행되는 동안 교통이 정체될 것이고, 도로 여기저기에 흩어진 잔해들은 수많은 타이어 펑크의 원인이 되며, 시민은 물론 긴급 구조원들도 포함된 다른 사소한 교통 관련 사고들을 유발할 수 있을 것이다.

허리케인 카트리나와 리타로 인해 야기된 파괴와 혼란은 허리케인의 파괴적인 힘을 보여 주는 생생한 사례들이다. 24개 이상의 911콜센터가 마비되었고 천 곳 이상의 기지국의 서비스가 중단되었으며, 2천만 통을 초과하는 전화가 불통되었다(Piazza, 2005, p.70). 뿐만 아니라 서로 다른 무선 주파수가 도시 간 비상 통신을 방해하였다(p.72).

종국적으로 사태는 통제되겠지만, 재해 전에 미리 대책이 준비되어 있으면 시간이 절약되고 아마 인명도 더 많이 구출될 것이다. 시민들은 대피하는 것이 좋다는 권고에 따라 대피하거나, 대피하지 못한다면 창문을 판자로 막거나 덧문을 내리며, 가용한 많은 양의 식수와 손전등 혹은 양초를 확보하는 것과 같은 단계별로 취해야 할 일들을 교육받아야만 한다.

그 지방의 다른 지역들은 뒤틀리고 솟구쳤다 떨어지며 격렬하게 소용돌이치는 공기를 품은 어두컴컴한 깔때기 모양의 구름, 토네이도에 의해 위협을 받는데, 그것이 닿는 대지 표면은 크게 파괴된다. 토네이도의 지름은 몇 피트에서 1마일 이상이 되기도 하고 풍속은 시속 200-300마일에 이른다. 토네이도가 지나간 통로의 길이는 1마일 미만에서 몇 백 마일까지 다양하다. 미국에서는 한 해 평균 약 800회의 토네이도가 천 명 이상의 사람들을 다치게 한다. 거듭해서 말하지만 준비성(preparedness)은 파괴되는 양을 줄일 수 있는 핵심 요소이다. 토네이도 경보 시스템은 어디에서 피난처를 구해야 하는지 등 단계별로 취해져야 할 행동에 대한 공중교육과 마찬가지로 준비성의 필요불가결한 부분이다.

지진 홍수와 허리케인은 보통 예측될 수 있지만, 지진은 아무런 경고 없이 강타한다. 지진이 발생하기 쉬운 지역은 그러한 비상사태에 대응하기 위한 사전 대책을 갖고 있어야 한다. 이 대책 속에는 붕괴된 건물과 다리, 넘어진 송전선, 화재, 폭발, 부상 및 사망에 대응할 수 있는 수단들이 포함되어야 한다. 다른 종류의 비상사태와 마찬가지로 교통 문제, 기물 파손과 약탈 역시 예견된다.

재해 전 대책

자연재해가 발생했을 때 인명과 자산을 보호하기 위한 대책이 개발되고 서면으로 작성되어 배포되고 주기적인 훈련이 이루어져야 한다. 좋은 대책은 논리적이고 복잡하지 않으면서도 이해가 되는 것이다. 그것은 누가 무엇을 언제 하며, 누구에게 통보되어야 하고 어떤 지원을 이용할 수 있는지를 규정한다. 또한 비상 주파수에 맞춰진 라디오 청취가 가능한 지역이 어디인지도 규정되어야 한다.

연방 비상사태 관리국 **연방 비상사태 관리국(The Federal Emergency Management Agency)**, FEMA는 1979년에 설립된 독립적인 기관으로서 그 임무는 포괄적이고 위험에 기초한, 완화(mitigation), 준비(preparedness), 대응(response), 회복(recovery)의 비상사태 관리 프로그램을 통해 모든 유형의 위해로부터 인명과 재산 손실을 줄이고 미국의 중요한 하부 구조를 보호하는 일이다. FEMA는 2,600명이 넘는 상용 직원과 재해 이후에 도움을 주는 데 활용할 수 있는 거의 4,000명에 이르는 재해 지원 예비 인력으로 구성된다. 2003년 3월 1일자로 FEMA는 국토안보부(DHS)의 하위 부서가 되었다. FEMA의 세 가지 전략적 목표는 다음과 같다.

1. 자연 및 기술적 위해로부터 인명을 보호하고 재산 손실을 예방한다.
2. 인간의 고통을 경감하고 재해가 강타하고 난 이후 지역 사회의 회복을 고양한다.
3. 일반 공중에게 적절한 시간에 효율적인 방법으로 봉사하는 것을 보장한다.

FEMA는 지역 사회가 재해 대책과 관련하여 다음과 같은 기능들을 고심하도록 권고한다: (1) 통신, (2) 운송, (3) 공공 사업, (4) 화재 진압, (5) 손실을 평가할 수 있는 정보활동, (6) 집을 떠나 피신한 사람들에 대한 대규모 보호, (7) 자원 지원(재해에서 지원하는 데 필요한 노동 계약), (8) 보건과 약물 치료, (9) 수색과 구조, (10) 위해 물질, (11) 음식 혹은 급식, 그리고 (12) 에너지. 통신이 가장 우선시되어야 한다. FEMA는 허리케인 카트리나와 리타에 의해 야기된 상황에 효율적으로 대응하지 못했다고 혹독하게 비판받았다. 결과적으로 그 기관은 강도 높은 수정을 경험하고 있다.

비상사태 대책의 다른 측면 비상사태 대책은 또한 발생 가능성이 있는 비상사태의 수준을 규명해야 한다. 비상사태 및 서로 다른 자연재해들에 대응하기 위한 대책은 가능한 많은 요소들이 동일해야 한다. 예를 들어, 화재가 발생했을 때 대피하는 절차는 홍수가 났을 때 대피하는 절차와 아마도 같을 것이다. 두 경우 모두 엘리베이터가 결코 사용되어서는 안 된다. 토네이도 경보와 같은 몇몇 상황에서 대피는 적절한 절차가 아니다. 그 경우 화재가 발생했을 때 사용되는 것과는 다른 경보가 발령되어야 한다. 직원들은 분명하게 표식이 된 시설 내부의 피난처로 향해야 한다. 보통 피난처는 시설에서 가장 낮은 곳에 위치해 있고, 건물의 중앙에 있으며, 유리로부터 떨어진 곳에 설치된다. 민방위부(The Civil Defense Department)(많은 지역에서는 긴급구조·재해국[Emergency Service and Disaster Agency]이라고 부름)는 보안

관리자들이 가장 적합한 "안전 지대"의 위치를 결정하고 그러한 재해에 효과적인 대책을 개발하는 데 도움을 줄 수 있다. 민방위 당국에 의하면, 토네이도와 같은 어떤 자연재해가 발생하는 동안 작업장에서 가장 안전한 지역은 사무실 책상 밑, 두꺼운 테이블 밑 혹은 특별 피난 구역 안이다.

재해가 지나가고 난 이후

자연재해의 여파로, 많은 부서는 기대되었던 것과 달리 자신들의 가장 중요한 문제가 해소되지 않고, 대신 연간 초과 근무 수당으로 책정된 예산이 빠르게 고갈되고 재해에 의해 야기된 비용의 변제를 위해 관할 지역에서 요구되는 엄청난 양의 서류 작업이 완료되는 것을 발견한다.

비상사태 이후의 "고된 일"은 아마도 초과 근무와 과도한 서류 작업이 들끓는 일일 것이다.

다른 재난

항공기 추락 사고, 정전, 송수관이나 가스관의 파열 및 독성 화학물의 누출 혹은 폭발과 같은 다른 모든 잠재적인 비상사태에도 대책이 필요하다. 비상사태 대책은 단순한 것이 가장 좋다. 그것들은 누가 무엇을 언제 어떻게 하는지를 문서로 특정화한다. 서로 다른 유형의 비상사태들 사이에 공통 요소가 많으면 많을수록 더 좋다.

허리케인 카트리나로부터 배운 교훈

Harowitz(2005, p.60)는 허리케인 카트리나에 대해 논평하면서 다음과 같이 주장한다. "참여한 복수의 주 정부들이나 영향을 받았던 수많은 사기업의 대부분이 그 재해에 대처할 수 있는 준비가 된 적절한 대책을 전혀 갖추고 있지 않았다. 반면 일단 그 거대한 위기가 분명해졌을 때, 사기업은 직원들을 돕는 일뿐만 아니라 자산 보호와 업무 연속성을 처리하는 데 있어 그 상황에 매우 민첩하게 대응하였다." 보안 서비스 공급자들 중에서는 그 스토리가 단순했다. 공급자들은 자신들의 직원뿐만 아니라 영향 지역에 있는 자신들의 고객의 요구들에 대처하기 위해 애를 썼다.

다음은 이 재해로부터 배울 수 있는 관찰 결과이다.

- 회사는 심각한 위기가 도래하기 전에 그것을 피해 나갈 수 있는 준비가 되어

있어야 한다. 그들은 정부의 도움이 미미하거나 전혀 없어도 피난, 자산 보호와 복구 노력들을 다룰 수 있어야 한다(Harowitz, p.61).

- 우선 가장 먼저 회사는 예를 들어 직원들을 대피시킬 수 있는 버스를 임대하고, 피신한 사람들을 돕기 위한 센터를 구축하며, 계속 급료를 지불하는 등 직원들의 안전을 보장해야 한다(Harowitz).
- 재해가 강타하기 전에 회사는 보안 인력들에게 다른 전문 영역들을 같이 훈련시켜야 한다(Straw, 2007, p.32).
- 비상용 발전기는 범람할 수 있는 지하실에 위치해서는 안 된다(Harowitz, p.65).
- 난민은 위엄과 존중으로써 처우되어야 한다(Gips, 2005a, p.66).
- 피난민들은 목적지에 도착해서가 아니라 자신들이 이동하는 버스 안에서 절차들이 진행되어야 하고 그들을 돌보고 주거를 마련하는 일과 관련하여 협조를 얻을 수 있어야 한다(Gips).
- 공격적인 차선 변경이 시행되어야 한다(Gips)
- 교통 카메라와 도로 포장 시에 박아 놓은 가늘고 긴 조각들(strips)은 공무원들이 차량 흐름을 평가하고 실시간으로 우회로를 안내할 수 있게 해준다(Gips).
- 가난한 사람, 장애인, 병약자와 같이 특별한 것이 필요한 사람들에게 도움을 줄 수 있도록 분리된 대피소가 마련되어야 한다(Gips).
- 트레일러를 임시 거처로 사용할 수 있어야 한다(Gips).
- 준비된 대피소 계획(Shelter-in-place: SIP)은 다양한 비상사태 동안 직원들을 보호하는 데 도움을 줄 수 있다. 그것을 준비하기 위해 경영진은 수요를 분석하고, 안전한 대피소 구역을 지정하며, 보급품을 비축하고 직원들을 채비시켜야 한다(Lee, 2007, p.59).
- 긴급 구조 대원 간 상호운용성(interoperability)을 달성하는 데 자원이 집중되어야 한다(Piazza, p.72).
- 의료 서비스 프런트에서 병원과 지역 사회 대변자는 비상사태를 위한 포괄적인 대책을 마련하고 잉여 인력을 자신들의 대책 속에 산정하여 훈련시켜야 한다(Roberts, 2005b).
- 재정 부문은 자신의 신분증과 모든 재정 기록을 남겨 두고 온 피난민들과 거래를 맺어야 한다. 인터넷 거래에 의존하고, 다양한 은행들 사이에 소재를 공유하며, 수표를 현금으로 바꾸는 것에 대한 제한을 완화하는 등 불필요한 요

식을 느슨하게 함으로써 그것의 회복력을 보여 주었다(Elliott, 2005).

- 적합한 재해 대책에는 중요한 자원이 부족할 때를 위한 대비, 즉 잉여분의 비축이 포함되어야 한다(Piazza, p.76).
- 긴급 구조 대원과 도움 요청 전화에 응대하는 그 지역 외부의 사람들은 필수적인 장비들을 미리 갖춤으로써, 상황이 발생했을 때 바로 착수해야지 그것들을 재해 지역에서 조달하려 해서는 안 된다(Piazza, p.73).
- 고객들에게는 재해가 임박하기 전에 미리 알려 필요한 예방 조치를 취할 수 있도록 주의를 주어야 한다(Elliott, 2006b, p.90).

일반 공중에 대한 교육

재해를 어떻게 준비할지에 대해 가족이 교육을 받아야 한다. 가족들은 재해가 닥쳤을 때 해야 할 것과 대피소, 호텔, 가족, 친구 등 피신할 장소를 포함하여 자신들만의 고유한 대비책을 개발해야 한다. 가족이 서로 분리되었을 때 만나는 지점의 역할을 할 수 있도록 다른 도시 혹은 주에 거주하는 가족이나 친구를 확인하는 가족 연락 계획을 고안해야 한다. 또한 가족들은 최소 3일 간의 식량과 병에 든 생수, 수동식 캔 따개, 건전지로 작동되는 라디오와 손전등 및 여분의 건전지, 구급약, 가족 전체를 위한 의약품, 위생 용품과 개인 생활용품, 비상시 접촉 가능한 리스트와 전화번호, 그리고 필요할 경우 애완 용품 등이 구비되어 있는 재해 대비용 세트를 만들어야 한다(Scott, p.23).

극단적 사건에 대한 위험 분석

극단적인 사건들은 예를 들어 2001년 9월 11일에 발생한 미국에 대한 공격처럼 그 잠재적인 영향은 물론 발생 가능성에 있어서도 상당한 모호성과 불확실성을 포함한다(Kunreuther et al., 2004, p.1). 그와 같은 사건들은 종종 어떤 상호의존성을 드러낸다. 예를 들면 가구주가 온수기를 끄지 않았을 때 지진이 나면 그것이 넘어져서 화재가 발생할 수 있다. 다음 질문들은 극단적인 사건들을 다루는 데 효과적인 전략들을 개발하기 위해 반드시 도입되어야 할 사항들이다(Kunreuther et al.).

- 이러한 위험과 관련 있는 상호의존성은 무엇이고 보호 수단들에 대해 투자하기 위한 개별적인 결정에 영향을 미치는 것은 무엇인가?
- 어떻게 위험 평가와 위험 인식에 대한 지식이 성공적으로 수행될 가능성이 있는 위험 관리 옵션들을 개발하는가?

■ 고객들에게는 재해가 임박하기 전에 미리 알려 필요한 예방 조치를 취할 수 있도록 주의를 주어야 한다(Elliott, 2006b, p.90). 어떤 경제적 유인 동기가 비용-효과적 경감 수단들을 장려하고 어떻게 이 유인 동기가 보험, 규제 및 건축 규약과 같은 다른 도구들과 연계될 수 있는가?

그림 8.4는 이 질문을 검증하기 위한 개념틀을 제공한다. Kunreuther와 동료들(p.2)은 그 그림이 상당한 상호의존성, 즉 "어떤 특정사건이 하나의 단위를 강타한

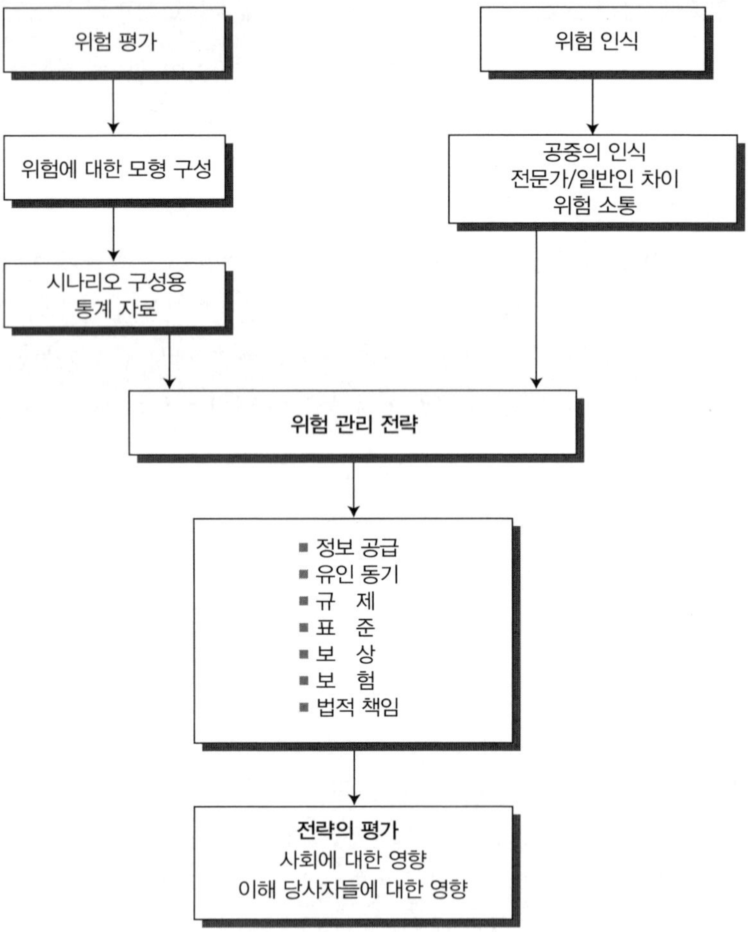

그림 8.4 극단적인 사건들의 평가와 관리를 위한 개념틀

출처: Howard Kunreuther, Robert Meyer, and Christopher Van den Bulte, *Risk Analysis for Extreme Events: Economic Incentives for Reducing Future Losses*(Washington, DC: National Institute of Standards and Technology, 2004).

다면 그것은 다른 단위가 동일한 사건을 경험할 위험을 증가시킬 수 있다"는 사실을 반영하지는 않는다고 특별히 언급한다. 뿐만 아니라 이 그림은 공공부문과 민간부문 간 협력의 필요성을 반영하지 않는다.

경험적 자료는 비록 그 비용이 저렴하더라도 위해가 발생할 가능성이 높은 지역에 거주하는 사람들 중 상대적으로 소수만이 그 보호 조치들을 취한다는 사실을 보여 준다(Kunreuther et al., p.35). 재해의 가능성에 대한 과소 평가와 단기적 시야와 결합된 높은 할인율이 그 주된 두 가지 이유이다. 결론은 개연성들이 구체적인 비교를 활용하여 그것들이 충분히 크기 때문에 진지하게 받아들여질 수 있는 형태로 제시된다면 사람들은 보호를 매력적인 것으로 간주할 가능성이 높다는 것이다(Kunreuther et al.).

요 약

- 보안 관리자들은 종종 손실을 막고 자산을 보호하는 수단의 하나인 사고 예방 프로그램에 책임이 있다.
- 모든 사고(근무 중 혹은 근무 시간 이외의)의 95퍼센트는 사람의 실수, 특히 안전 의식 부족에 의해 야기된다.
- 사고는 위해를 제거하고, 보호 장비를 사용하며, 직원들에게 제거될 수 없는 위해를 알게 하고, 적절한 관리 업무를 실천하도록 하고 직원들에게 안전 의식을 고취시킴으로써 예방될 수 있다.
- 비상사태 관리의 3R은 준비(readiness), 대응(response), 복구(recovery)이다.
- 시민 소요나 시위, 폭동 혹은 파업이 발생했을 때, 보안 관리자는 질서를 유지하고 인명과 자산을 보호할 책임이 있다.
- 출입 통제, 질서정연, 정규적인 검사는 폭발물에 대한 주요한 방어 수단이다.
- 폭파 위협에 대비가 되도록, 보안 관리자는 직원들에게 그러한 위협을 제기하는 사람과 대화하고 그를 확인하는 방법을 가르쳐야 한다. 보안 관리자는 대피가 필요한 경우에 대피를 시킬지 여부를 누가 결정해야 하는지, 직원들에게 어떻게 알릴지, 그리고 그들이 무엇을 해야 하는지에 대해 판단을 내려야 한다. 또한 그들은 폭발물을 어떻게 수색하고 그것이 발견될 경우 무엇을 해야 하는지를 특정화하는 대책을 갖고 있어야 한다.
- 폭파 위협 전화를 받은 사람은 가능한 오랫동안 통화 상태를 유지하고, 폭발물에 대해 가능한 많은 정보, 특히 폭발물이 언제 터지며 어디에 설치되어 있는지를 알려고 노력하며, 통화자의 성, 연령, 억양 및 발화 패턴을 알아내도록 하고, 그 또는 그녀가 술 혹은 약물에 중독된 상태인지를 확인하고, 배경 소음은 무엇이든 듣고, 적절한 사람에게 그 전화에 대해 즉시 알려야 한다.
- 화재의 삼각형은 타는 데 필수적인 세 가지 요소, 즉 열, 연료, 산소로 구성된다.
- 전국 화재 보호 협회는 화재를 다음과 같이 네 등급으로 분류해왔다. A급 화재는 종이, 포장용 상자, 나무, 의류와 같이 일상적인 가연성 소재에 의한 것이다. B급 화

재는 가솔린이나 기름과 같은 인화성 액체에 의한 것이다. C급 화재는 동력이 공급되는 전기 설비, 전기 기구 및 전선에 의한 것이다. D급 화재는 마그네슘, 나트륨, 칼륨과 같은 가연성 금속과 관련이 있다(때때로 D급 화재를 "특이한 금속성 화재"라고 부른다).

- 화재는 화재 하중을 줄이고, 인화성 물질을 적절히 보관하고 관리하며, 금연 규제를 시행하고, 적절한 전선을 사용함과 아울러 적합한 시설 관리를 따름으로써 예방될 수 있다.
- 화재로 인한 손실은 소방대, 감지기와 경보기, 적절하게 표식이 된 충분한 비상구, 방화문 및 화재 대피용 비상계단(혹은 사다리), 내화성 금고와 귀중품 보관실, 소화기, 스프링클러 시스템, 적절하고 이용 가능한 물 공급에 의해 보호될 수 있다.
- 보안 요원은 화재를 진압하려 하기 전에 항상 도움을 요청해야 한다. 직원들은 화재가 났을 때 무엇을 해야 하는지에 대해 교육을 받아야 한다. 화재로 인한 손실을 예방하는 다른 절차들에는 대피 계획을 수립하고 연습하기, 출입문과 창문 닫기, 엘리베이터 대신 계단을 이용하기 등이 포함된다.
- 대부분의 자연재해는 네 가지 국면으로 발생한다. (1) 경고 기간, (2) 영향 기간, (3) 영향 이후의 즉각적인 대응, (4) 지연 반응 기간.
- 비상사태 이후의 "고된 일"은 초과 근무와 과도한 서류 업무가 들끓는 일일 것이다.

응 용

다음과 같은 대학 시설의 비상사태에 대한 절차들을 읽고 그 효과성을 평가하시오.

직원을 위한 비상사태 절차

관리자, 전화 교환원, 건물 내 근무자, 야외 근무자를 위한 분리된 절차들이 개발되었다.[1]

화재 경보

1. 모든 경보기는 실제 화재처럼 다뤄져야 한다.
2. 만약 누군가 화재를 발견하면, 그 사람은 가장 가까이에 있는 수동식 화재 경보 작동기(pull station)를 찾아 경보를 작동시킨다.
3. 다음으로 전화 교환원에게 화재가 발생한 장소를 알린다.
4. 교사들은 학생들이 안전하고 질서정연한 방식으로 가장 가까이에 있는 비상구를 통해 건물로부터 최소한 250피트 떨어진 곳으로 신속하게 나가도록 지시해야 한다.
5. 교사들은 자신의 교실 혹은 다른 지정된 공간에서 가장 나중에 나가는 사람이어야 하고 전등이 꺼졌는지, 실험실 가스는 차단되었는지, 위해한 화학 물질은 가능한 곳에 안전하게 두어졌는지 관찰해야 한다. 모든 출입문을 닫아야 한다.
6. 그 누구도 캠퍼스를 떠나기 위해 자신의 차량으로 들어가서는 안 된다. 이것은 소화 장비가 화재 현장에 닿지 못하도록 영향을 미칠 것이다.

1 출처: *Staff Handbook of Policies and Procedures* (Bloomington, MN: Normandale Community College). 허가받고 재인용함.

정 전

1. 전화 교환원은 북부 지역 전력소(Northern States Power)에 접속될 수 있음을 알고 있어야 한다.
2. 전화 교환대의 업무가 종료되었을 때는 북부 지역 전력소(전화번호 #)에 전화하시오.
3. 모든 학생과 직원들은 다른 지시가 있지 않은 한 사무실과 교실에 남아 있어야 한다.
4. 관리팀은 각 건물을 점검하여 누군가 도움이 필요한지 살펴봐야 한다. 그들은 엘리베이터도 점검할 것이다.

토네이도 경보

1. 전화 교환원은 민방위 경보가 울릴 때 즉시 근무 중인 관리자에게 통화하고 WCCO에 채널을 맞출 것이다.
2. 만약 대피 결정이 내려지면, 담당 관리자는 PA 시스템을 통해 적절한 안내 방송을 내보낼 것이다. **토네이도 안내 방송**: 현재 토네이도 비상사태가 발생하였습니다. 공동 비상구(Commons lower level), LRC 터널 또는 비상 탈출용 터널(Activities Tunnel)로 가 주십시오. 내부에 머무르시고 모든 창가로부터 벗어나 주십시오. 모든 것이 명확해질 때까지 기다리십시오.
3. 일단 경보기가 울리면, 모든 직원과 학생들은 대피해야 한다. 그 누구도 다음과 같은 구역에 있어서는 안 된다. 체육관, 극장, 강당, LRC 독서실 및 외부 창문이 있는 모든 구역.

상수도 본관의 파열

주간 — 전화 교환대 개방

1. 전화 교환대에 전화를 걸고 파열된 장소와 특징을 설명한다.
   a. 물 흐름에 의해 손상될 수 있는 것은 무엇이든 옮겨놓는다.

야간 — 전화 교환대 폐쇄

1. 경찰 긴급 전화(911)에 전화를 걸어 파열된 장소와 특징을 설명한다.
2. 긴급 복구 반원을 만나서 그들을 파열 지역으로 안내한다.
3. 당직 중인 관리자에게 통보한다.

가스관 붕괴

주간 — 전화 교환대 개방

1. 인접 지역을 깨끗이 한다.
2. 전화 교환원에게 전화를 걸어 붕괴된 지역과 정도를 말한다.
3. 필요한 경우 화재 경보를 작동하여 그 지역을 비운다.

야간 — 전화 교환대 폐쇄

1. 소방서에 전화(전화번호 #)를 건다. 붕괴된 장소와 정도를 말한다.
2. 인접 지역을 깨끗이 한다.
3. (당직 중인) 관리자에게 통보한다.

의료적 응급 상황

1. 전화 교환원에게는 가능한 많은 정보가 통보되고 부여되어야 한다. 도움이 필요한 사람의 정확한 위치가 주어져야 하고 그 사람은 응급 차량과 교류할 수 있도록 가장 가까운 주 출입구로 보내져야 한다.
2. 전화 교환원은 그런 다음에 경찰에 통보할 것이다.

3. 전화 교환대의 업무가 종료되었을 때는 911로 경찰에 전화하고 그들에게 가능한 많은 정보를 제공한다. 한 명은 도움이 필요한 그 사람과 같이 머물러야 하고 다른 사람은 가장 근처에 있는 문에서 응급 차량과 교류해야 한다.

학생 소요

1. 중대한 소요나 무질서를 목격한 사람은 학생 주임이나 근무 중인 관리자에게 알리고 그/그녀에게 중요한 세부 사항들을 모두 전달해야 한다. 그 다음 어떤 행동이 취해질지를 결정하는 것은 그 관리자의 몫일 것이다.
2. 관리자가 부재중일 경우, 직원은 자신의 최선의 판단을 사용해야 한다. 경찰에게는 〔전화번호 #〕로 연락을 취할 수 있다. 이 사건은 다음 수업 일에 학생 주임에게 보고되어야 한다.

폭파 위협

1. 가능한 한 오랫동안 통화자의 통화를 유지하라.
2. 가능한 한 폭발물에 관해 많은 정보를 얻으려고 노력하라. 즉 폭발물의 위치, 장치의 유형, 폭발 시간 및 그 밖에 대학교와 내부에 있는 학생들의 안전에 관련이 있을 것으로 보이는 것이면 무엇이든 알아내도록 노력하라.
3. 목소리, 억양, 배경 소음 등 그 전화에 관한 모든 것을 기억하려고 노력하라. 당신이 생각하는 이 항목들이나 그 밖에 어떤 것이든 발신자를 규명하는 데 도움을 줄 수 있다.
4. 그 사건을 학장이나 근무 중인 관리자에게 보고하라.
5. 학장이나 근무 중인 관리자는 어떤 행동이 취해질지에 대한 최종 결정을 내릴 것이다.
6. 만약 전화 교환대가 업무를 종료한 상태라면, 911로 경찰에 전화하여 그 건물을 비워라. 필요한 경우 화재 경보기를 작동하라.

논의 사항

1. 직원 갈등을 해결하는 데 보안 관리자가 활용할 수 있는 대안들은 무엇인가? 그것들은 보안 관리자의 책임인가?
2. 당신의 지리적 지역에 어떤 자연재해가 발생할 가능성이 있고, 보안 관리자는 그것들에 적절히 대응하기 위해 어떻게 준비해야 하는가?
3. 당신의 시설에 대한 일련의 폭파 위협에 대응하기 위해 당신이 접촉할 수 있는 자원은 무엇인가?
4. 파업이 발생할 것이 확실한 경우, 보안 관리자는 만일의 사태에 대비한 어떤 계획에 관심을 두어야만 하는가?
5. 만약 보안 책임자가 OSHA 위반을 인지하여 고위 경영진에 이를 보고했는데, 고위 경영진이 그 위반을 무시하는 쪽을 선택했다면, 보안 책임자는 무엇을 해야만 하는가?

참고문헌

Business Continuity Guidelines: A Practical Approach for Emergency Preparedness for Crisis Management and Disaster Recovery. Arlington, VA: American Society for Industrial Security, 2005.

Cohen, Lawrence Mark. "Bombs Away." *Security Management*, August 2004, pp.47-54.

Crosby, Peter A. "Are Health and Safety in Sync?" *Security Management*, March 2004, pp.158-156.

Daniels, Rhianna. "Survey: Avian Flu Poses a Major Risk to the Business Community." *Security Director News*, May 2006, pp.2-4.

Elliott, Robert. "Banking on Recovery Plans." *Security Management*, November 2005, pp.78-81.

Elliott, Robert. "Extinguishing Fire Safety Problems." *Security Management*, May 2006a, pp.40-42.

Elliott, Robert. "Masters of Disasters." *Security Management*, January 2006b, pp.87-91.

Gips, Michael A. "Evacuation Procedures." *Security Management*, November 2005a, pp.66-69.

Gips, Michael A. "Safe and Secure." *Security Management*, February 2005b, pp.83-90.

Hanson, Doug. "Bomb Attack in Your Town." *Police and Security News*, November/December 2004, pp.65-68.

Harowitz, Sherry L. "Engulfed by Disaster." *Security Management*, November 2005, pp.60-65.

Hewitt, John. "Preparing Fire Wardens." *Security Management*, July 2005, pp.100-101.

Karter, Michael J., Jr. *Fire Loss in the United States during 2005: Full Report*. Quincy, MA: National Fire Protection Association, September 2006.

Kunreuther, Howard; Meyer, Robert; and Van den Bulte, Christopher. *Risk Analysis for Extreme Events: Economic Incentives for Reducing Future Losses*. Washington, DC: National Institute of Standards and Technology, 2004.

Lee, James D. "Gimme Shelter." *Security Management*, January 2007, pp.52-59.

McKee, Kathryn and Guthridge, Liz. "Working through Emotional Turmoil." *Security Management*, February 2007, p.102.

Minieri, Michael. "Don't Lock in Fire Code Violations." *Security Management*, July 2005, pp.95-98.

Narr, Tony; Toliver, Jessica; Murphy, Jerry; McFarland, Malcolm; and Ederheimer, Joshua. *Police Management of Mass Demonstrations: Identifying Issues and Successful Approaches*. Washington, DC: Police Executive Research Forum, 2006.

"Newspoll." *Security Director News*, May 2007, p.23.

Occupational Safety and Health Administration (OSHA), www.osha.gov

Phelps, E. Floyd. "No Lights, No Camera, Just Action." *Security Management*, November 2007, pp.55-61.

Piazza, Peter. "Communication Breakdown." *Security Management*, November 2005, pp.70-72.

Pogar, Joel A. "Keep Communications in a Crisis." *Security Management*, June 2007, pp.98-107.

A Quick Reference Guide for Handling Disasters, Emergencies and Pandemics. Insert in Security Management, August 2006.

Roberts, Marta. "A Dash of Danger." *Security Management*, June 2005a, pp.129-133.

Roberts, Marta. "Emergency Medical Services." *Security Management*, November 2005b, pp.74-76.

Robinson, Patricia A. "The Leaking Tanker." *The Law Enforcement Trainer*, March 2004, pp.59, 64.

Scott, Mike. "Preparing for Disasters." *Police and Security News*, July/August 2006, pp.20-25.

Straw, Joseph. "Disaster Management Done Right." *Security Management*, July 2007, pp.30-36.

2007 AT&T Business Continuity Study. Online: http://www.att.com/gen/press- room?pid=7922

Case Cited

Marshall v. Barlow's Inc., 436 U.S. 307 (1978).

Chapter 9

범죄 행동으로부터의 손실 예방

학습할 내용

- 민간경비원의 법 집행을 요청할 수 있는 권한은 무엇이겠는가?
- 민간경비에게 매우 중요한 범죄는 무엇인가?
- 이러한 범죄들의 위험을 어떻게 감소시킬 수 있는가?
- 절도, 주거침입 절도, 강도를 어떻게 구분하는가?
- 방화를 암시하는 환경은 무엇인가?
- 화이트칼라 범죄의 가장 일반적인 유형은 무엇인가?
- 컴퓨터 범죄의 가장 일반적인 유형은 무엇인가?
- 컴퓨터 관련 범죄의 세 가지 핵심적인 특징은 무엇인가?
- 민간경비원은 언제 어떻게 체포를 행할 수 있는가?
- 물리력 혹은 치명적인 물리력 사용은 언제 정당화될 수 있는가?
- 용의자에 대한 수색은 언제 어떻게 행해질 수 있는가?

개념정의

경범죄	불법 수표 사용	사이버 공간
사이버 범죄	스팸	시민에 의한 체포
신분 도용	암수 범죄	운반체
중범죄	점화자	표준범죄보고서
피싱	해커	화이트칼라 범죄

도 입

"세상은 범죄라는 세계적 유행병을 경험하고 있다"(Naim, 2007). 기업과 산업에서 발생하는 범죄 활동은 수많은 형태를 띠며 상점절도나 좀도둑질에 의한 단순 재산 손실에서부터 무장 강도의 경우처럼 신체적 폭력에 의한 재산 손실까지 다양하다. 기업 공동체에 대한 침입 절도와 강도의 영향은 상당히 크다.

미국의 연간 범죄 비용을 살펴보자. 형사사법체계의 비용이 780억 달러, 사적인 보호 노력이 640억 달러, 인명과 직업 상실 비용 2,020억 달러, 기업에 대한 범죄 1,200억 달러, 장물 및 사기 600억 달러, 약물 남용 400억 달러, 음주운전 사고 1,100억 달러 등 총 비용은 믿기 어렵지만 6,750억 달러에 이른다(K. Anderson,

2007). 다양한 연구들이 미국인들이 한 해 동안 직·간접적으로 범죄와 관련된 비용으로 1.7조에서 2조 달러가량 지불하는 것으로 평가한다("Senate Judiciary Committee Explores the True Cost of Crime on Society," 2006, p.4; D. Anderson, 2007).

범죄 행동으로 말미암은 손실을 예방하는 것은 보안 관리자의 중요한 책임이다. 범죄 발생 가능성을 줄이려는 최선의 노력에도 불구하고 범죄는 발생할 것이다. 보안 관리자와 보안 요원들은 범죄에 효과적으로 대응할 수 있도록 준비를 갖춰야만 한다. 이 장은 경비원들(security officers)로 하여금 법을 집행하도록 요청할 수 있는 소유권(proprietary rights)의 소개에서부터 시작한다. 그러고 나서 범죄 행동으로 인한 손실과 민간경비에 가장 이해관계가 많은 범죄들을 소개한다. 다음으로 추방, 억류, 체포에서 요구되는 행동, 물리력 사용 및 용의자 수색에 대해 설명한다. 이 절에서는 컴퓨터 범죄 문제의 심각성과 존재하고 있는 위협의 특정 유형들을 제시한다. 이어 컴퓨터 범죄의 관련 입법과 컴퓨터 시스템에 대한 보안 수단들이 논의된다. 이 장은 컴퓨터 범죄의 수사 및 범죄자 기소에 대한 간략한 논의로써 결론을 맺는다.

민사 사건과 형사 사건의 검토

제4장에서 민사 사건(civil offenses)과 형사 사건(criminal offenses)의 차이를 논의하였다. 공공 경찰과 달리 민간경비원은 이 두 가지 모두에 대해 신경을 써야만 한다.

민사 사건

민사 사건 혹은 불법 행위(torts)는 피해를 입은 개인으로부터 배상청구 소송을 당할 수 있는 위반이다. 만약 그와 같은 위반이 사유지에서 발생한다면 관련 당사자들은 경비원이 그 사건에 대해 완전한 보고서를 작성하도록 기대할 것이다. 경비원들은 민사 사건을 경계하는 것과 더불어 종종 고용주의 소유권을 행사하도록 요청받는다.

소유권의 집행

모든 범죄가 예방되지는 않을 것이다. 범죄가 예방되지 않을 때 보안의 책임은 변한다. 하지만 그 문제를 지역 당국에 떠넘기는 일이 가능하지 않을 때가 종종 있다. 보안 관리자는 고용주의 자산을 보호하는 행동을 취하도록 기대된다.

보안 관리자는 다음과 같은 권리를 집행하도록 요청할 수 있다.

- 무단 침입 예방
- 구내에서의 사람들의 행위에 대한 법적 통제
- 자신과 타인 및 재산의 방어
- 범행의 예방

이 권리를 행사하는 방법은 시설에 따라 다양하다. 사람들에 대한 체포, 수색, 심문의 표준과 절차는 분명하게 규정되어 있어야 한다. 왜냐하면 이 영역에서 발생한 잘못은 형사 소송이나 민사 소송, 아니면 그 둘 다로 이어질 수 있기 때문이다. 보안 관리자는 민간경비 활동의 수행과 관련된 자신의 주 법률을 완벽하게 알고 있어야 한다. 민간경비의 다른 영역에서와 마찬가지로 상식과 합리적인 행동이 중요하다.

형사 사건

범죄는 소매치기에서부터 살인에 이르기까지 심각성에 차이가 있으며 그 심각성에 기초하여 경범죄나 중범죄로 분류된다. **경범죄**(misdemeanor)는 상점 절도나 소액 절도와 같이 벌금이나 상대적으로 단기간의 구금형 또는 그 두 가지 모두에 의해 처벌을 받을 수 있는 사소한 범죄이다. 이와 대조적으로 **중범죄**(felony)는 살인, 강도, 강간처럼 심각한 범죄로서, 사형 또는 주 정부의 교도소나 교정 시설에 구금되는 구금형에 의해 처벌받는다.

미국에서는 주 법률과 연방 법률이 각각 범죄를 규정하는데, 포함된 요소와 결부된 형벌도 각기 다르다. 범죄의 요소는 법에 의해 특정 범죄를 구성하기 위해 반드시 존재해야만 하는 것으로 규정된 특별한 조건과 행동들이다. 이 요소들은 주마다 각기 상이하다.

범죄 문제의 심각성 미국 범죄에 대한 정보의 주 원천은 **표준 범죄 보고서**(Uniform Crime Reports: UCR)이다.[1] 이 보고서는 미 연방 수사국(FBI)에서 매년 집계하며, 범죄 관련 통계 정보를 위한 전국적인 정보 센터로서 기여한다. UCR 프로그램은 전국적으로 약 17,000개 법 집행 기관에서 제출한 자료에 기초하여 범죄에 대한 연간, 전국 단위의 요약을 제공한다. 2005년 UCR 수치에 기초할 때, 미국의 범죄 문제의 심각성은 다음과 같다.

- 22.7초당 1건의 폭력 범죄

---

1 이 보고서는 미국의 범죄(*Crime in the United States:* CIUS)라는 제목으로 매년 발간된다.

- 31.5분당 1건의 살인
- 5.6분당 1건의 강간
- 1.3분당 1건의 강도
- 36.5초당 1건의 중폭행(aggravated assault)
- 3.1분당 1건의 재산 범죄 신고
- 14.6분당 1건의 주거침입(burglary)
- 4.7초당 1건의 절도(larceny-theft)
- 25.5초당 1건의 자동차 절도(motor vehicle theft)

이 통계는 오로지 법 집행 기관에 신고된 범죄에만 기초하고 있음이 언급되어야 한다. 전문가들은 행해진 모든 범죄 중 절반 미만만이 실제로 경찰에 보고되는 것으로 평가한다. 따라서 **암수 범죄**라고 부르는 범죄의 실제 숫자는 알려지지 않은 채 남아 있다.

Eggen(2006, p.A01)에 의하면, "〔2005년에 시작된〕 폭력 범죄의 급증은 2006년 상반기에 가속화되었는데, 이는 역사적인 미국 범죄율의 하락이 끝나 이제는 역전되고 있음을 보여 주는 가장 분명한 신호이다." 폭력 범죄는 거의 4퍼센트 증가했는데, 이는 지난 15년 사이에 가장 많이 증가한 것이다. 이것은 2005년의 증가가 비정상적인 현상이 아니라 "1990년대 초반 이래 폭력 범죄에서 첫 번째의 의미 있는 상승세임을 암시한다."

민간경비와 관련 있는 범죄

보안 관리자는 자신의 시설에서 범죄가 발생할 수 있는 가능성을 주의 깊게 분석해야 한다. 어떤 유형의 범죄가 발생할 가능성이 있는가? 그 확률은? 언제? 어떤 범행 수법이 사용될 가능성이 있는가? 피해 비용은 얼마나 될 것 같은가? 범죄가 발생할 위험이 크다면, 그 위험을 줄이거나 분산시키거나 아니면 다른 곳으로 옮겨 가도록 적절한 보안 조치가 취해져야 한다.

범죄의 예측 가능성을 고려할 때 가장 좋은 지표는 이 특정 장소에서 발생했던 과거의 범죄이다. 종종 범죄는 이전에 발생한 적이 없는 유형, 한두 번 발생했던 유형, 몇 차례 발생했던 유형으로 구분된다. 하지만 심지어 한 번만 발생했던 범죄라도 근본적인 원인이 무엇이고 보안상의 어떤 변화가 요구되는 것은 아닌지 주의 깊게 조사해야 한다. 비록 이 장은 잠재적·실제적 범죄에 대처하는 경비원의 역할을 강조하지만, 보안 관리자는 시간의 상당 부분을 범죄가 아닌 일(noncriminal matters)을 처리하는 데 소비한다.

UCR 보고서에 포함된 자료는 민간경비 관리자가 행정적·운영적·관리적 결정을 내리는 데 이용될 수 있다. UCR에 덧붙여 보안 관리자는 그들이 취급할 가능성이 가장 높은 범죄에 대한 그들의 주 법률을 잘 알고 있어야 한다. 만약 그들이 범죄자를 기소하는 데 도움을 주고자 한다면 입증되어야 할 요소들을 잘 알고 있어야 한다.

민간경비와 가장 관계가 깊은 범죄는 절도, 주거침입 절도, 강도, 무단 침입, 기물 파손 행위, 폭행, 방화, 횡령을 포함한 화이트칼라 범죄이다.

특정 범죄에 대한 다음 논의에 사용된 정의는 표준 범죄 보고서(Uniform Crime Reports)에 사용된 것에 기초하였다.

절 도[2]

*절도(Larceny/Theft)*는 (1) 재산이나 재화의 소유주로부터 영원히 빼앗을 의도로 (2) 특정 총액보다 많거나(중한 절도) 적은(경미한 절도) 가치의 (3) 개인적 재화나 다른 유형의 재산을 (4) 불법적으로 취득하는 것을 말한다. 이 범죄에는 상점 절도와 제7장에서 이미 논의한 종업원 절도가 포함된다. 또한 절도에는 소매치기, 날치기, 자동차 내부의 물품 절도, 자동차 부품 및 액세서리 절도, 기타 절도 등이 포함되는데, 이 모든 것들은 물리력이나 폭력이 사용되지 않는 상황에서 발생한다. 그는 자신의 것이 아닌 어떤 것을 단순히 앗아간다. 그림 9.1은 2006년 절도 범죄의 백분율 분포를 보여 준다.

도난당한 자산의 가치는 통상 절도가 행해졌을 때의 그것의 실질 가치 혹은 합당한 시간 내에 그것을 대체하는 데 드는 비용으로 결정된다. 그 가치에 따라 해당 절도가 중대한 절도인지 경미한 절도인지 결정된다. 주 법령은 절취 금액이 얼마 이상이면 중범죄인 중한 절도에 해당하고 얼마 이하이면 경범죄인 경미한 절도에 해당하는지를 설정한다.

절도에 의한 손실을 예방하거나 줄이기 위해서는 자산에 대한 접근을 제한하고 직원이 아닌 사람에 의한 절도뿐만 아니라 직원에 의한 절도까지 억제할 수 있는 기본적인 보안

2 절도에 해당하는 용어는 larceny와 theft인데, 이 교재에서는 이 두 가지 용어를 혼용해서 사용한다. 미국의 몇몇 주 법령에서는 larceny를 사용하고 있고, 다른 몇몇 주에서는 theft를 사용하고 있다. Uniform Crime Reports는 larceny/theft라는 용어를 사용한다.

장비와 절차를 사용한다.

신원 보증(fidelity bonds)은 내부자 절도에 대한 가장 강력한 보호 수단 중 하나이다. 이 보증은 부정직한 직원에 의해 발생하는 손실로부터 고용주를 보호하는 보험의 형태를 띤다. 기업들은 종종 그들 자신의 내적 손실을 조사하는데, 누군가 죄가 있다는 것을 알았을 때는 그들을 간단히 해고한다. 경찰과 미디어에는 종종 알리지 않는다.

미국에서 가장 빠르게 증가하는 범죄 중 하나가 **신분 도용**(identity theft)이다. 이 범죄는 타인의 성명, 사회보장번호, 신용카드 번호 혹은 기타 개인 정보를 사기적인 목적으로 부당하게 사용하는 것이다(Fleck, 2004, p.3). 신분 도용 범죄는 1998년 신분 도용의 추정과 억제에 관한 법률(Identity Theft Assumption and Deterrence

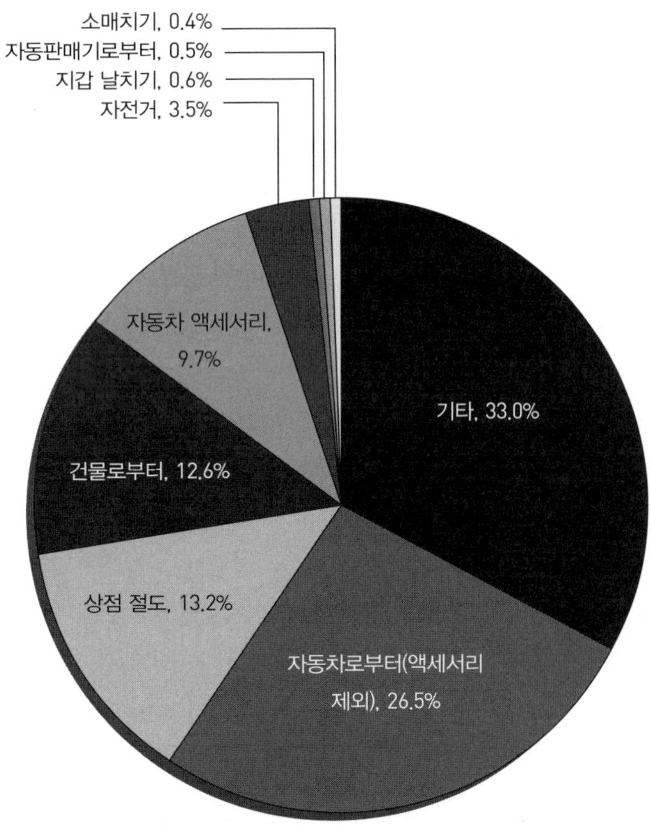

그림 9.1 2006년 절도의 백분율 분포

비고: 라운딩으로 인해 백분율 합이 100.0이 되지 않을 것임.
출처: www.fbi.gov/ucr.

Act)이 제정됨에 따라 미국에서는 연방 범죄가 되었다. 미국의 전국 범죄 피해 조사(National Crime Victimization Survey: NCVS)는 신분 도용을 다음과 같은 세 가지 행위로 규정하고 있다(Baum, 2006, p.1).

1. 타인의 카드를 허가받지 않고 사용하거나 사용하려는 행위
2. 당좌 예금 계좌와 같은 타인이 개설한 계좌를 허가받지 않고 사용하거나 사용하려는 행위
3. 새로운 계좌나 대부를 얻기 위해, 혹은 다른 범죄를 저지르기 위해 타인의 개인정보를 부정하게 사용하는 행위

연방 거래 위원회(Federal Trade Commission: FTC)는 매년 거의 1,000만 명의 사람들이 신분 도용의 피해자가 된다고 보고한다. 그 결과 기업의 피해는 거의 480억 달러, 개인의 피해는 약 50억 달러에 이르고 그 상황을 해결하기 위해 거의 3억 시간이 소비된다(Majoras, 2005, p.14). FTC는 또한 2007년 자신들에게 접수된 불평(complaints) 중에서 사기와 관련된 것이 8년 연속 가장 많았다고 보고한다(*Consumer Fraud and Identity Theft Complaint Data*, 2008).

FBI("Corporate Takeover: A New Twist on Identity Theft," 2007)는 어떤 회사가 다른 회사인 것처럼 가장하여 2,300만 달러를 훔치려 했을 때 전적으로 새로운 국면으로 접어들었다고 진술한다. 신용 사기(scam)는 두 개의 경비 회사가 거의 동일한 이름을 사용하고 있는 놀라운 우연의 일치에 의해 가능해졌다. 하나는 미시간에 토대를 두고 있는 Executive Outcome Inc라는 이름의 회사이고 다른 하나는 남아프리카에 있는 Executive Outcome Inc이다. 범죄는 2001년 말엽부터 시작되었는데, 그때 영국의 부채 수금 대행업자가 미시간의 Executive Outcome사에 전화를 걸어 시에라리온(Sierra Leone) 정부가 군사 장비, 경비원 및 훈련을 위해 빚진 2,300만 달러의 부채를 수금하는 일에 대한 도움을 원하는지 물었다. 하지만 그 부채는 실제 다른 회사에게 갚아야 하는 것이었다. 예견되는 것처럼 법적 충돌이 따랐고 갈등은 악의적이었다. 남아프리카 회사의 대표는 경찰에 요청했고 런던에서 법률 관계 담당 수행원(legal attaché)으로 임명되었던 FBI의 특수 요원이 그 사건을 인계받았다. 그들은 수색영장을 가지고 미국 회사를 수색하여 위조된 문서들의 증거를 발견했다. 범죄자들은 공모, 텔레뱅킹 금융 사기(wire fraud) 및 다른 죄목의 유죄를 인정했고 징역형에 처해졌으며 그들이 위협했던 남아프리카 회사 대표에게 51,000달러를 지불했다.

다양한 기업에서 발생하는 종업원 절도와 비-종업원 절도의 특별 유형은 뒷장들에서 논의한다.

주거침입

*주거침입(burglary)*은 (1) 범죄를 범할 의도를 갖고 (2) 소유주의 동의 없이 (3) 어떤 건물에 들어가는 것을 말한다. 통상 의도한 범죄는 절도이지만, 강간이나 폭행과 같은 다른 범죄일 수도 있다. 상업적인 주거침입 절도는 종종 휴게소, 가게, 학교, 창고, 사무용 빌딩, 제조 공장과 같은 곳에서 행해진다. 종종 주거침입 절도범들은 한 가지 유형의 시설을 전문으로 한다.

2005년의 경우, 2,154,126건의 주거침입이 보고되었는데, 그 수치는 2004년보다 0.5퍼센트 증가한 것으로서 재산 범죄의 21.2%에 해당하였다. 평균 도난 금액은 1,725달러였다. 전체 주거침입 중 65.8퍼센트는 주택에서 발생한 것이었고, 대부분(62.4%)은 오전 6시에서 오후 6시 사이의 주간에 발생하였다. 발생 시간이 확인된 비주거용 건물에서 발생한 주거침입의 58.0%는 야간에 발생하였다.

주거침입 절도를 저지르기 위해 침입하는 방법은 수도 없이 많으나, 가장 일반적인 수법은 문이나 창문을 쇠막대로 비틀어 여는, 지미(jimmy)* 방식이다. 또한 잠겨 있지 않은 문이나 열린 창문, 터널 혹은 통풍용 수직 통로를 통해 쉽게 걸어 들어가거나 업무가 종료된 이후 건물에 남아 있는 식으로 침입이 이루어지기도 한다. 진열장을 부수고 물건을 탈취하는(smash-and-grab) 주거침입 절도범은 진열장 유리를 깨고 취할 수 있는 상품은 무엇이든 탈취한다.

많은 주에서는 특정 시간에 그곳에 머무를 수 있는 법적 권리가 전혀 없는 어떤 사람이 그 건물 안에서 발견되었을 경우, 그 용의자가 다르게 입증하지 못하는 한 그 사람은 범죄를 범할 의도가 있었던 것으로 간주된다. 몇몇 주에서는 실제 그 건물에 침입하는 것, 즉 강제적으로 들어가는 행위가 있어야 한다고 요구한다. 다른 주에서는 그 건물이 주거지(*dwelling*)이거나 그 범죄가 야간에 발생하는 것을 요구한다. 이러한 조항들로 인해 보안 관리자들은 미수에 그치거나 혹은 실제 행해진 범죄를 효과적으로 다루기 위해서는 필수적으로 그들 자신의 주 법령을 잘 알고 있어야 한다. 그림 9.2의 경비원 점검 목록은 아마도 어떤 시설의 범죄 대응력을 평가하는 데 사용될 수 있을 것으로 보인다.

이 조치들은 주거침입으로 인한 손실 위험을 예방하거나 줄일 수 있다.

- 성능 좋은 자물쇠, 효과적인 실내 및 실외 조명과 경보 시스템을 설치하고 사용하기. 아마도 여기에 경비원 순찰을 덧붙일 수 있을 것이다.

* 역자 주: 도둑이 문이나 창문을 열기 위해 가지고 다니는 짧은 쇠막대.

성 명 ________________________ 전 화 ________________________

주 소 ________________________

피면접자 ________________________

	☐ 소유주	☐기 타			
구 조	☐ 나 무	☐금 속	☐콘크리트	☐ 석 조	☐기 타 ________
조 건	☐ 매우 우수	☐우 수	☐보 통		

출입문	적절한	목 재	금 속	유 리	조 합	제거 불가능한 경첩 핀
전면부	☐ 예 ☐ 아니오	☐	☐	☐	☐	☐ 예 ☐ 아니오
후면부	☐ 예 ☐ 아니오	☐	☐	☐	☐	☐ 예 ☐ 아니오
측면부	☐ 예 ☐ 아니오	☐	☐	☐	☐	☐ 예 ☐ 아니오
측면부	☐ 예 ☐ 아니오	☐	☐	☐	☐	☐ 예 ☐ 아니오

자물쇠	적절한	데드볼트	드롭볼트	손잡이 열쇠(Key in knob)	맹꽁이 자물쇠(padlock)	슬라이드 볼트	기 타
전면부	☐ 예 ☐ 아니오	☐	☐	☐	☐	☐	☐
후면부	☐ 예 ☐ 아니오	☐	☐	☐	☐	☐	☐
측면부	☐ 예 ☐ 아니오	☐	☐	☐	☐	☐	☐
측면부	☐ 예 ☐ 아니오	☐	☐	☐	☐	☐	☐

조 명	적절한	약 한	전혀 없음	켜져 있음	장 소
실 내	☐ 예 ☐ 아니오	☐	☐	☐ 예 ☐ 아니오	☐ 좋음 ☐ 나쁨
실 외	☐ 예 ☐ 아니오	☐	☐	☐ 예 ☐ 아니오	☐ 좋음 ☐ 나쁨
전면부	☐ 예 ☐ 아니오	☐	☐	☐ 예 ☐ 아니오	☐ 좋음 ☐ 나쁨
측면부	☐ 예 ☐ 아니오	☐	☐	☐ 예 ☐ 아니오	☐ 좋음 ☐ 나쁨
측면부	☐ 예 ☐ 아니오	☐	☐	☐ 예 ☐ 아니오	☐ 좋음 ☐ 나쁨
후면부	☐ 예 ☐ 아니오	☐	☐	☐ 예 ☐ 아니오	☐ 좋음 ☐ 나쁨

창 문	적절한	빗 장	문 짝	철 망	자물쇠
전면부	☐ 예 ☐ 아니오	☐	☐	☐	☐ 예 ☐ 아니오
후면부	☐ 예 ☐ 아니오	☐	☐	☐	☐ 예 ☐ 아니오
측면부	☐ 예 ☐ 아니오	☐	☐	☐	☐ 예 ☐ 아니오
측면부	☐ 예 ☐ 아니오	☐	☐	☐	☐ 예 ☐ 아니오
비 고					

경보기	출입문			창 문			천 정			벽		
	적절	취약	전혀없음	적절	취약	전혀없음	적절	취약	전혀없음	적절	취약	전혀없음
지 역	☐	☐	☐	☐	☐	☐	☐	☐	☐	☐	☐	☐
중 앙	☐	☐	☐	☐	☐	☐	☐	☐	☐	☐	☐	☐
전 화	☐	☐	☐	☐	☐	☐	☐	☐	☐	☐	☐	☐

금 고	거리에서 볼 수 있음	☐ 예 ☐ 아니오	고정되어 있음	☐ 예 ☐ 아니오
	불이 켜져 있음	☐ 예 ☐ 아니오	적합한	☐ 예 ☐ 아니오
현금등록기	거리에서 볼 수 있음	☐ 예 ☐ 아니오	고정되어 있음	☐ 예 ☐ 아니오
	불이 켜져 있음	☐ 예 ☐ 아니오	적합한	☐ 예 ☐ 아니오

총평: ☐ 매우 우수 ☐ 우 수 ☐ 보 통 ☐ 부적합

가게 주인에게:
이것은 귀하께서 주거침입 절도로부터 귀하 자신을 보호하는 데 도움이 되도록 지역 경찰서에 의해 수행되는 프로그램의 일부입니다.
만약 귀하께서 이 기록의 권고사항을 따른다면, 주거침입 절도범이 귀하의 사업체에 침입하는 것은 매우 어려울 것입니다.

조사관 ________________________ 전화번호 ________________________

주거침입 절도 예방팀

권고 사항: 준수 일자 ________________________

그림 9.2 보안 점검표

출처: Fargo(North Dakota) Police Department.

- 귀중품을 주거침입 절도 방지용 금고나 보관실에 보관하기
- 수중에 적은 양의 현금만 소지하기
- 밖으로 나가기 전에 모든 보안 장비가 작동하는지 확인하기

강 도

*강도*란 (1) 물리력을 사용하거나 물리력을 사용하겠다고 위협함으로써 어떤 사람의 의지에 반하여 (2) 그로부터 혹은 그의 면전에서 (3) 그 사람의 소유물을 불법적으로 빼앗는 행위를 말한다. 소유물을 빼앗긴 사람이 반드시 그 소유물의 주인일 필요는 없으며 그 소유물을 맡고 있는 사람이어도 가능하다. 통상 "어떤 사람으로부터 혹은 어떤 사람의 면전에서"라는 말은 강도가 그 소유물을 빼앗는 것을 그 피해자가 본다는 의미이지만, 이것이 항상 나타나는 것은 아니다. 강도범은 피해자를 방에 가두고 강도를 행할 수도 있을 것이다. 만약 그 소유물의 분리가 강도범이 사용한 물리력이나 물리력 사용의 위협에 따른 직접적인 결과라면, 이것은 그 범죄가 "그 사람의 면전으로부터"의 요건에서 벗어난 것이 아니다.

2006년 미국에서는 전국적으로 447,403건의 강도가 행해진 것으로 평가되었는데, 이는 2005년에 비해 7.2% 증가한 수치이다. 강도 1건당 빼앗긴 자산의 평균 금액은 4,330달러였다. 그림 9.3은 2006년 강도가 발생한 장소를 요약한 것이다.

대부분의 강도는 무기를 사용하거나 혹은 무기를 소지하고 있음을 보여 주고 만약 피해자가 강도의 요구를 들어주지 않을 경우에는 피해자를 해칠 것임을 암시하는 명령에 의해 행해진다. 요구는 말로 할 수도 있고 메모에 적어서 할 수도 있으며, 위협은 피해자, 피해자 가족 혹은 피해자와 같이 있는 다른 사람에 대해 가해질 수 있다. 2006년의 경우 보고된 강도 중 42.2%에서 총기가 사용되었다. 강도가 발생하면 폭력 가능성이나 인질 상황이 항상 고려되어야 한다.

이 조치들은 강도에 의한 손실을 예방하거나 줄일 수 있다.

- 강도가 발생했을 때 대응하는 방법을 직원들에게 훈련시키기.
- 현금을 쌓아두지 말 것. 현금 수송에 무장 운송 회사를 이용할 것.
- 영업의 개시와 종료에 관한 엄격한 절차를 수립하고, 누군가 영업이 종료된 이후 시설에 들어오려 할 경우에는 강경하게 경고할 것.

강도가 들 가능성이 있는 장소에 근무하는 모든 직원들은 그런 상황에서 어떻게 대응할지에 대해 알고 있어야 한다. 영웅적인 행동이 기대되어서는 결코 안 되며 그것은 사실상 치명적인 실수가 될 수 있음이 강조되어야 한다. 강도범들은 전적으로 예측 불가능하지만, 직원들은 강도가 발생했을 때 나타날 수 있는 위험을 줄일

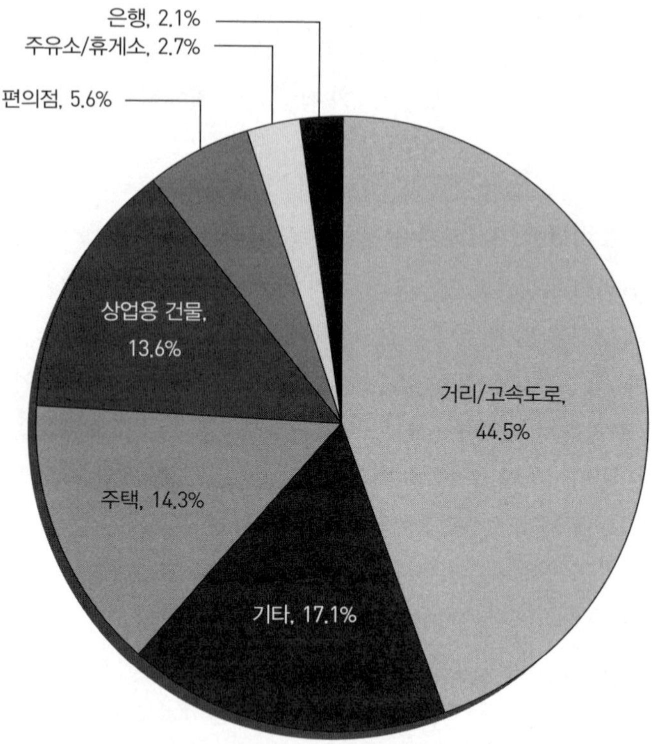

그림 9.3 2006년도 강도 발생 장소

비고: 라운딩으로 인해 백분율 합이 100.0이 되지 않을 것임.
출처: www.fbi.gov/ucr.

수 있는 다음과 같은 가이드라인을 따르도록 교육 받아야 한다.

- 조용하게 가만히 있을 것.
- 들은 대로 정확하게 행동할 것.
- 전적으로 협조하겠다고 강도를 안심시킬 것. 하지만 자발적으로 무언가를 하지는 말 것.
- 내보여진 총기는 무엇이든 진짜이고 장전되어 있는 것처럼 취급할 것.
- 들키지 않을 수 있으면 경보기를 작동시킬 것.
- 가능하다면 다른 사람들에게 알릴 수 있도록 노력할 것.

강도 수사에 도움을 줄 수 있도록 직원들은 그 강도의 용모, 의복, 목소리 및 독특한 특징 등 구분되는 것은 무엇이든 가슴 속에 새겨두어야 한다. 몇몇 고용주는 강도와 맞닥뜨린 직원들이 그 강도의 신장을 가늠하는 데 도움이 되도록 벽이나 문

틀에다 기준점을 준비해 둔다.

"불법 취득"에 대한 정확한 분류법

앞선 논의들은 보안 관리자가 맞닥뜨릴 수도 있는 "불법 취득"의 몇 가지 유형을 분명히 보여 준다. 이러한 절취 유형 간 기본적인 차이점들을 분리해서 구분하는 것이 중요하다.

절도는 불법 침입이나 대결 없이 타인의 재산을 불법 취득하는 것이다. 주거침입 절도는 불법 취득과 불법 침입으로 이루어진다. 강도는 불법 취득과 대결을 포함한다.

민간경비는 대부분 보통 절도와 관계가 있다. 하지만 만약 적절한 예방 조치가 뒤따르지 않는다면 주거침입 절도나 강도에 의해 피해를 입는 손실액은 매우 클 것이다. 이와 더불어 강도는 범행 시 폭력의 잠재력을 수반한다.

무단출입과 기물파손

민간경비 관리자가 빈번하게 조우하는 두 가지 문제는 무단출입(trespassing)과 기물파손(vandalism)이다. *무단출입*이란 다른 누군가의 부동산이나 구내 안에 불법적으로 있는 것을 말한다. 무단출입자는 전혀 해를 미치지 않을 수도 있다. 사실 경계가 분명하게 표시되지 않거나 푯말이 세워져 있지 않다면, 무단출입은 의도하지 않은 것일 수도 있다. 하지만 종종 무단출입자는 위해할 수 있는 장소에서 담배를 피우거나, 아니면 재산을 훔치든지 손상을 입히려 할 수도 있을 것이다. "무단출입을 금함"이라는 푯말은 침입자가 그곳에 있는 것이 우연의 일치였다는 변명을 제거할 수 있다.

*기물파손*은 재산에 대해 악의적 혹은 의도적으로 피해를 입히거나 파괴하는 행위를 말한다. 그것은 또한 범죄적인 재산 손상 혹은 악의적인 재산 파괴라고 불려진다. 이 범죄의 중대성은 재산 손상의 정도에 달려 있다. 어떤 의미에서 재산의 파괴는 절도보다 더 심각하다. 왜냐하면 그것은 재산 회복의 가능성을 제거하기 때문이다. 의도는 항상 기물파손의 한 요인이다. 학교 건물, 공장, 창고, 자동차, 주택, 이 모든 것은 기물파손 행위의 취약한 표적이다. 기업과 산업 내부적으로 얼마나 많은 기물파손이 발생하는지는 기록되어 있지 않다. 하지만 그 양은 상당할 것으로 예상된다. 몇몇의 경우 기물파손은 사실상 사보타주와 다르지 않을 것이다. 예를 들어 자신의 과업에 불만을 가진 조립 노동자는 기계 고장을 일으킬 수도 있을 것이다(제11장에서 논의될 것임).

무단침입과 기물파손은 엄격한 출입 통제, 보안등, 푯말 및 순찰에 의해 예방되거나 감소될 수 있다.

폭 행

몇몇 보안 관리자는 직원들이 성폭행을 포함한 언어적 혹은 신체적 폭행의 위험에 처한다는 점을 직시해야 한다. *폭행*은 개인에 대한 공격을 말한다.[3] 그것은 신체적 상해를 야기하기 위해 행해질 수도 있으며 아니면 강도나 강간 같은 다른 범행의 결과로써 나타나기도 한다. 야간 근무가 있거나 여성을 많이 고용하는 시설은 특히 이런 위험에 노출되기 쉽다.

UCR은 중폭행(aggravated assault)을 심각한 혹은 중한 신체적 상해를 야기할 목적으로 누군가가 다른 누군가를 불법적으로 공격하는 행위로 규정한다. 이 유형의 폭행은 보통 사망 혹은 중대한 신체적 손상을 야기할 가능성이 있는 무기나 다른 수단들에 의해 행해진다. 중폭행과 절도가 함께 발생하는 경우, 그 범죄는 강도의 범주로 분류된다. 2005년의 경우 전국적으로 862,947건의 중폭행이 발생한 것으로 보고되었는데, 이는 2004년보다 1.8% 증가한 것이다.

적절한 조명, 순찰 및 통신 시스템은 폭행의 위험을 감소할 수 있는 수단들이다. 호송 서비스 역시 활용될 수 있을 것으로 보인다.

주차장까지의 거리는 직원들이 폭행에 얼마나 민감한지를 나타내는 핵심 요인이다. 실질적으로 이 거리는 최소화되어야 한다. 제6장에서 논의했던 것처럼, 주차 지역은 조명이 잘 되고 울타리가 설치되어 있어야 한다.

방 화

*방화*란 사취할 의도가 있든 없든 고의로 혹은 악의적으로 주택, 공공 건물, 자동차, 항공기, 그 밖에 다른 개인의 재산에 불을 내거나 불을 내려 한 행위이다. 2005년의 미국의 경우, 전국적으로 2004년보다 2.7% 감소한 67,504건의 방화가 보고되었다. 구조물(주거지, 창고, 공공건물 등)이 포함된 방화는 보고된 방화 사건의 43.6%에 해당하는 것으로 계산되었다. 방화 사건 1건당 평균 재산 손실액은 14,910달러였다. 공업용 건축물과 제조업 건축물에 대한 방화는 평균 재산 손실액이 가장 높다(방화 1건당 356,324달러).

---

3 몇몇 주에서는 폭행(협박 threat)과 구타(battery 실질적인 신체적 접촉)를 구분하지만, UCR은 그것들을 단일한 범죄 용어인 폭행으로 결합하고 있다.

방화는 금전상의 이득을 목적으로 행해질 수도 있고, 주거침입이나 횡령과 같은 다른 범죄를 감추기 위해, 복수를 위해, 혹은 테러리즘의 한 형태로써 행해질 수 있다. 방화가 발생하는 공통의 장소로는 지하실, 물품 보관실, 복사실, 파일 및 우편 보관실, 다용도 벽장 등이 있다. 그러한 지역에 대한 출입 통제는 방화를 예방하는 데 중요한 부분이다. Fahim(2006)은 방화는 수사하기 가장 힘든 범죄 중의 하나라고 진술한다. 통상 방화 수사를 위해 소방 대장에게 도움을 청한다.

보안 관리자는 화재 삼각형의 세 가지 요소 중 어느 한 가지의 양이 비정상적으로 많이 나타난 화재에서 방화를 의심할 수 있을 것이다. 정상적인 양보다 더 많은 산소가 열린 창문, 출입문, 비집어 열린 환기구나 균열이 난 벽의 틈새로부터 유입될 수 있다. 화재 현장에 있거나 그 현장으로 가져온 쌓여 있는 신문, 대팻밥 혹은 다른 가연성 물질은 비정상적인 양의 연료를 제공할 수 있다. 과도한 열은 가솔린(가장 일반적으로 사용됨), 등유, 테레빈유나 페인트 제거제 등의 촉매에 의해 야기될 수 있다.

방화의 다른 지표는 성냥, 양초, 궐련초, 담배, 담배 라이터, 폭발물 및 전기적·기계적·화학적 장치와 같은 **점화자**(igniter)이다. 전원이 "켜진" 채로 남겨진 시한신관(time fuses), 단기 점등 스위치(shorted light switches), 전기 장치, 쓰레기통 속에 있는 등유에 흠뻑 젖은 종이, 확대경, 불이 붙은 담배 근처에 놓인 성냥 및 상당히 많은 다른 점화자들이 방화를 행하는 데 사용되어져 왔다.

그렇지만 방화의 다른 조짐은 한 곳에서 다른 곳으로 화재를 확산시키는 데 사용되는 **운반체**(trailers), 즉 종이 통로(paths of paper)나 촉매의 출현이다. 방화범은 완벽하게 파괴할 수 있도록 여러 군데에 불을 놓을 수 있을 것이다. 그러고 나서 그들은 소화용 기구를 못 쓰게 만들 수도 있을 것이다. 앞서 거론한 그 어느 것이든 방화의 강력한 증거가 될 수 있다.

보안 관리자는 다음과 같은 화재에서 방화를 의심해야 한다.

- 최초의 발화 지점이 하나보다 많은 경우.
- 보통의 발화 패턴과 상이한 경우.
- 운반체의 증거를 보이는 경우.
- 촉매가 있었던 증거를 보이는 경우.
- 비정상적인 양의 공기, 연료 혹은 열이 존재했던 것으로 나타나는 경우.
- 최초 발화 지점에서 불을 지르기 위한 점화자의 증거가 드러나는 경우.
- 그 장소에서는 보통 나타나지 않는 물질과 결합된 냄새 혹은 연기 색깔이 생성되는 경우.

화재가 발생하기 직전에 구내로부터 옮겨진 재화, 초과 보험, 소유주의 경제적

곤란, 낡거나 망가진 물품, 수리가 필요한 물품의 과잉 등은 다른 의심스러운 상황에 해당한다. 아마도 이것들은 OSHA 조사관에 의해 발견될 위반들에 부합한다.

화이트칼라 혹은 경제 범죄

때로 경제 범죄로 칭해지는 **화이트칼라 범죄**는 기업과 관련되는 범죄이다. 미국 상무부(Chamber of Commerce)는 *화이트칼라 범죄*를 "물리력이나 폭력, 혹은 위협 등의 적용에 의존하지 않고… 교활, 기만, 은닉을 특징으로 하는 불법적인 행동"으로 기술해 왔다. 화이트칼라 범죄는 독립적으로 행동하는 개인에 의해서 행해질 수도 있고 아니면 잘 계획된 공모에 가담한 사람들에 의해서도 행해질 수 있다. 그 목표는 아마도 돈, 재산 혹은 서비스를 얻으려 하거나, 비용의 지불이나 화폐, 재산, 서비스의 손실을 회피하기 위한 것이거나, 아니면 기업 혹은 개인의 이점을 안전하게 지키기 위한 것으로 여겨진다. 간략히 논의했던 것처럼 화이트칼라 범죄에 종종 컴퓨터가 관련되기도 한다.

*기업 범죄*는 화이트칼라 범죄의 일종으로서 변별적인 특징은 그 범행이 일차적으로 그것을 수행하는 개인을 위해서가 아니라 현재 영업을 하고 있는 합법적인 기업체의 이익을 위해 행해진다는 점이다. 소비자 사기, 증권 사기, 보험 및 조세 사기, 환경 범죄, 불법 지불 및 불공정한 거래 관행도 이 범죄에 포함된다. Tyco International, Health South, Adelphia Communications, WorldCom 및 심지어 Martha Stewart를 포함하여 몇몇 악명 높은 화이트칼라 범죄자들은 최근 헤드라인을 장식해 왔다.

화이트칼라 범죄에는 (1) 신분 도용을 포함한 신용카드 및 수표 사기, (2) 증권 절도 및 사기, (3) 보험 사기, (4) 소비자 사기, 부당 경쟁 및 사기적 관행, (5) 파산 사기, (6) 횡령 및 좀도둑질, (7) 뇌물(bribes), 불법적인 사례금(kickbacks)과 헌금(payoffs), (8) 장물 수수 등이 포함된다.

FBI의 금융범죄과(Financial Crimes Section: FCS)는 미국 혹은 국제 금융 공동체 내에서 또는 그것에 대해서 발생한 절도나 횡령 관련 문제들을 조사한다. 그것은 기업 사기, 의료 사기, 담보 사기, 신분 도용, 보험 사기, 자금 세탁과 같은 범죄에 집중한다(*Financial Crimes: Report to the Public*, 2005, p.1). 현재 FCS는 기업 사기에 가장 우선권을 두고 있다.

사기 Wetzel(2007)은 어떻게 남부 맨해튼 재건축이 수많은 사기의 기회로 나타날 수 있는지 언급한다. 향후 5년간 총 220억 달러 이상의 건설 업무가 1만 명 정도로 추산되는 노동자에 의해 수행되어질 것이다. 남부 맨해튼 건설 지휘 본부(Lower Manhattan Construction Command Center)는 사기 예방 프로그램을 개발해 왔다. 그 핵심 구성 요소는 사기적인 관행을 신고하려는 익명자를 위한 긴급 직통 전화, 인식 훈련, 계약자 조회(보안 부서의 승인이나 동의를 받기 위해 평가됨), 직원 심사, 접근 통제, 무결성 검증에 의한 관리 등이다. 그 프로그램에는 계약자들에게 금지되는 행위와 법 위반의 결과가 무엇인지를 상기시켜 주는 계약자를 위한 사기 예방 훈련이 포함된다. 그것은 여러 기관들과 그 감찰관들 간의 밀접한 협력으로부터 시작한다.

신분 도용 비록 새로운 것은 아니지만, 신분 도용은 매년 수십억 달러의 손실을 초래함으로써 소비자와 금융 서비스 회사 모두에게 구석구석 퍼지는 심각한 위협

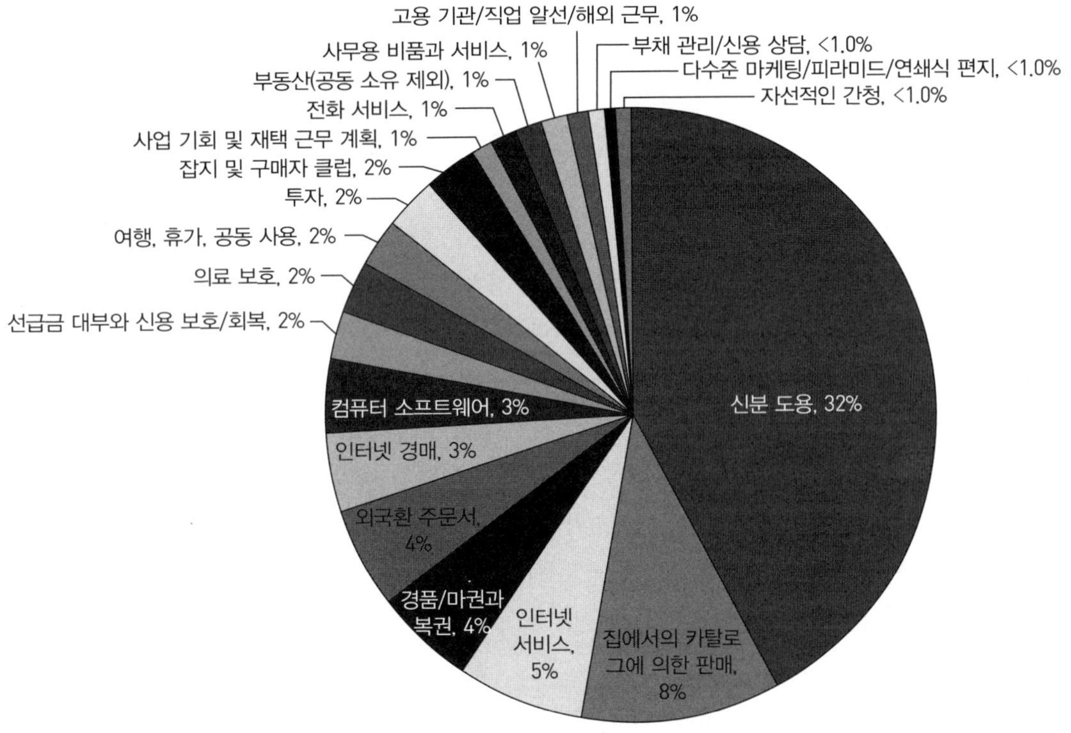

그림 9.4 상위 불평 범주

비고: 백분율은 2007년 1월 1일에서 12월 31일까지 「파수꾼」(Sentinel)에 접수된 총 불평 수에 기초하였다.

출처: *National and State in Fraud & Identity Theft*, January-December 2004(Washington, DC: Federal Trade Commission, February 1, 2005).

으로 진화해 왔다. 절도에 관한 절에서 이미 언급했듯이 신분 도용 역시 FBI 경제범죄의 우선 사항에 포함되는데, 이 유형은 많은 사건들과 중첩되고 몇 가지 사건으로 분명하게 분류하는 데 어려움을 보인다. "신분 도용의 형태를 띠는 사기는 〔화이트칼라 범죄 중에서〕 가장 많이 발생하는 사건으로 부상하였다. 그것은 통제를 벗어났다"(Mills-Senn, 2005, p.16). 그림 9.4는 2007년 FTC에 신고된 불평의 범주들을 보여 주는데, 신분 도용이 목록의 가장 첫머리에 위치해 있다.

다른 범죄

상점 절도, 부정수표 발급, 스파이 행위 및 사보타주와 같은 몇 가지 다른 범죄들은 다음 장에서 언급되는데, 그것들은 어떤 유형의 시설과 특히 더 관련이 있다. 이 장에서 언급되는 범죄의 마지막 범주는 컴퓨터 범죄로서 하나의 절로 다룰 만큼 중요한 관심사이다.

컴퓨터 범죄

19세기에 Thomas Carlyle는 다음과 같이 말했다. "인간은 도구를 사용할 줄 아는 동물이다. 도구가 없다면 인간은 아무것도 아니다. 도구가 있음으로 해서 인간은 완전해진다." 컴퓨터는 궁극의 도구로 생각될 수 있을 것이다. 그것들은 정보를 빛의 속도로 처리하고 인쇄하고 저장한다. 마찬가지로 컴퓨터는 범죄를 행하는 데도 사용될 수 있다. 그 범죄는 쉽게 저지를 수 있지만 밝히기는 매우 어렵다. 적절한 보안은 물리적 보안뿐만 아니라 컴퓨터가 어떻게 작동하고 어떻게 범죄를 범하는 데 이용될 수 있는지에 대한 최소한의 지식을 요구한다. 컴퓨터 범죄가 존재하기 때문에 컴퓨터 보안은 사업체와 기업에 강제적인 요소가 되었다.

때로 **사이버 범죄**로 지칭되는 컴퓨터 범죄의 정의는 다양하다. 컴퓨터 범죄에는 사보타주나 사기 목적으로 허가 없이 혹은 허가 사항을 넘어서서 컴퓨터의 데이터베이스에 접속하는 행위가 포함된다. 그것은 소프트웨어와 하드웨어의 절도나 파괴를 포함한다(주목: IT보안에 대한 포괄적인 논의는 제11장에서 다루어진다. 이어지는 절에서는 단지 컴퓨터 범죄에 대한 간략한 개괄만을 다룬다).

문제의 심각성

대부분의 사업체에게 있어 컴퓨터는 그들의 사업과 통신의 핵심이다. 따라서 컴퓨터 범죄는 심각한 보안의 도전이며 연간 수천만 달러의 손실을 초래함으로써 미국의 사업체와 소비자들에게 급격하게 증가하는 위협으로 자리하고 있다. 컴퓨터 범죄로 인한 금전적 손실은 연간 100억 달러 정도로 높게 평가되어 왔지만 심지어 전문가들조차 실제 손실액을 알지는 못한다(Whitlock, 2004, p.11).

많은 조직들이 전자적인 자료 처리(electronic data processing: EDP)에 크게 의존하고 있어 컴퓨터 없이는 오랫동안 효과적으로 기능할 수 없다. 사실상 컴퓨터 범죄나 데이터베이스 고장은 한 사업체를 파괴할 수 있다. National Cash Register Company사의 컴퓨터 보안 전문가인 Robert Huber는 컴퓨터에 의존하는 사업체는 컴퓨터가 작동하지 않을 경우 3-5일 안에 문을 닫을 것이라고 넌지시 말한다. 하지만 컴퓨터는 결코 결점이 없지도 않고 철벽인 것도 아니다. 그러므로 컴퓨터에 의존하는 시설은 컴퓨터 사용 속에 내포된 내재적 위험을 무시할 수 없다.

컴퓨터 보안에 대한 위협 유형

대부분의 대기업은 직원에 의한 비밀 파일 염탐에서부터 거래 비밀의 범죄적 절취에 이르기까지 사이버 범죄의 피해자가 되어 왔다. 하지만 심지어 소규모 사업체와 조직들도 컴퓨터 범죄의 피해자가 될 수 있다. CSO〔기업의 보안 담당자 Corporate Security Officer〕 조사 응답자들은 전자적 범죄(electronic crimes)의 20퍼센트가 내부자에 의해 저질러지며, 80퍼센트는 외부자의 소행이라고 응답하였다(*2005 E-Crime Watch Survey*, p.18).

매우 기초적인 수준에서 봤을 때, 컴퓨터 관련 범죄는 입력 데이터, 출력 데이터, 프로그램 그 자체 혹은 컴퓨터 시간을 포함할 수 있다. 입력 데이터는 변경될 수 있다. 예를 들어 가공의 설비업자가 대금 청구 시스템에 들어갈 수도 있고 완전히 흔적을 남기지 않고 수치가 바뀌거나 제거될 수도 있다. 몇몇 학교에서는 학생 성적이 불법적으로 바뀌는 어려움을 경험해 왔다. 전화 도청, 전자 픽업(electromagnetic pickup) 혹은 허가받지 않은 사람이 데이터 시트나 펀치 카드의 절도를 통해 출력 데이터를 획득하는 것도 가능해보인다. 컴퓨터 프로그램 자체는 구매 품목에 비용을 덧붙이거나 특정 거래에 대해 이중으로 지불하도록 조작될 수도 있다. 컴퓨터 시간 역시 때때로 개인적인 사용이나 이익을 위해 사용되어진다.

자료 처리 관리 협회(Data Processing Management Association: DPMA)에 의해 포춘 1,000(Fortune 1,000)대 기업의 자료 처리 임원 1,000명을 대상으로 수행된 조사에 의하면 컴퓨터 남용의 대다수가 다소 일상적인 것으로 밝혀졌다. 보고된 모든 사건의 거의 절반가량이 자금 전환이나 기록 변경을 위해 게임이나 개인 용무를 위한 컴퓨터 사용과 같이 컴퓨터 서비스를 오용한 것과 관련이 있었다. 그 다음으로 가장 일반적인 영역은 프로그램 남용, 즉 프로그램의 복사나 변경이다. 세 번째는 데이터 남용으로 권한이 없는 사람에게 정보를 돌리는 것이다. 네 번째는 하드웨어 남용으로 컴퓨터 장비에 손상을 입히거나 훔치는 것이다.

가장 공통적인 범죄 유형은 컴퓨터를 개인 용도로 사용하고, 비밀 파일에 허가 없이 접근하며, 저작권이나 면허를 취득한 소프트웨어를 불법 복제하는 것이다. 컴퓨터 센터에 대한 다른 보안 위협은 사기나 횡령에 의한 절취(신용카드 사기, 전기통신 사기), 해커, 사보타주(바이러스/컴퓨터 파괴 소프트웨어, 스파이웨어, 피싱, 스팸), 직원의 부주의나 실수, 화재 등이다.

사기나 횡령에 의한 절취 외부인이 허가 받지 않고 수백만 달러를 지정된 계좌로 이체하기 위해 원격 터미널로부터 전화기나 필수적 패스워드를 이용하여 자금을 절취하는 것도 가능해 보인다. 그와 같은 사기에는 1억 달러 이상의 손실을 야기했던 1970년대의 주식형 펀드 사기(Equity Funding Fraud)도 포함된다.

전산화된 은행은 빈번하게 **불법 수표 사용**(check kiting)의 피해자가 된다. 이 유형의 사기는 한 개인이 동시에 여러 개의 예금 구좌를 만들고 수표를 확인하는 데 충분한 시간이 경과되기 전에 신용을 얻기 위해 개설한 2개 이상의 구좌를 철회하는 방식으로 행해진다. 컴퓨터가 사용되기 전에는 은행 직원이 그런 거래가 이루어질 때 이를 점검했었다. 하지만 지금은 단지 특별 컴퓨터 프로그램을 사용하기만 해도 불법 수표 사용을 감지할 수 있는데, 이 프로그램은 통상적으로 큰 규모의 거래와 소액의 잔고만 남아 있는 계좌를 통해 지속적으로 이루어지는 활동을 감시한다. 자금은 예를 들어 보험 회사에서 허위로 보험금을 청구하는 직원, 앞서 언급한 가공의 설비 회사(fictitious supply company)를 갖고 있는 컴퓨터 프로그래머에 의해서도 절취될 수 있다.

절취되는 것이 항상 돈은 아니다. 때로 정보나 데이터가 절취되기도 한다. 컴퓨터 데이터 뱅크는 고객 명부, 은행 기록, 소비자 기록, 거래 비밀, 사업 계획 등과 같은 수십 억 달러의 가치를 지닌 정보를 보관한다. 뿐만 아니라 컴퓨터 제작과 관련된 비밀 역시 때때로 컴퓨터 절도범의 표적이 된다.

절도에 많은 양의 돈이나 정보가 포함될 필요는 없다. 서비스 절도 또한 문제이다. 직원들은 게임을 하거나 자기 자신의 프로그램을 가동하기 위해 회사 컴퓨터를 이용할 수 있으며, 소수의 문서로 기록되는 사례이지만 심지어 고용주의 컴퓨터를 사용하여 근무 시간에 자신의 사업을 운영하기도 한다.

해커 컴퓨터 보안에 대한 또 다른 심각한 위협이 **해커**이다. 해커란 전자적인 염탐, 소프트웨어 해적질 및 다른 유형의 하이테크 불법 활동에 가담하는 컴퓨터 광을 말한다. 때때로 이러한 해커의 활동은 상대적으로 해가 되지 않는다. 다른 경우 그들은 회사에 막대한 손실과 혼란을 야기한다. 해킹은 상대적으로 쉬운 일이며 그 도구들은 즉각적으로 획득이 가능하다(Albrecht, 2005).

해커들은 허가 없이 컴퓨터에 접속할 뿐만 아니라 컴퓨터 회사에 수백만 달러의 손실을 야기하는 소프트웨어 해적질에 빈번하게 가담한다. 소프트웨어 판매는 큰 사업이다. 회사들은 그와 같은 해적질을 멈출 수 있는 수많은 방법들을 강구해 왔다. 한 비디오 게임 제작자는 그 해적질에 가담한 자들에게 소송을 제기하기 위해 상근 변호사를 고용하였고, 다른 회사에서는 복제를 막기 위한 특별 코드들을 사용해 왔다.

사보타주 예방해야 할 또 다른 위험이 사보타주(방해 행위)이다. 경쟁자, 행동주의자 또는 불만 있는 직원들은 컴퓨터를 자신의 표적으로 삼을 수 있다. 행동주의자들은 컴퓨터실을 사업체의 "취약한 심장부"로 간주하고 공격의 표적으로 삼을 수 있다. 예를 들어 직원들에게 급여가 지불되었을 때 자신의 급여 명세서가 없어 자신이 해고될 것이라 생각하는 불만을 품은 프로그래머는 아마도 컴퓨터가 데이터베이스를 파괴하도록 프로그램을 짤 수 있을 것이다. 직원의 빈약한 사기(morale)는 컴퓨터 사보타주의 가능성을 한층 더 고양시킬 수 있다.

사보타주는 컴퓨터 바이러스에 의해 행해질 수도 있는데, "버그"가 컴퓨터 프로그램에 들어가 파일이나 심지어 전체 프로그램들을 파괴하는 심각한 메모리 문제를 야기할 수 있다. 또한 컴퓨터 바이러스는 컴퓨터에서 컴퓨터로 확산될 수 있다. 바이러스는 누군가 해당 컴퓨터에 접속하여 활성화되기 전까지 수주에서 수개월 동안 잠복기를 거칠 수 있다. CSO 조사(*2005 E-Crime Watch Survey*)에 의하면, 응답자의 82퍼센트(사례수=554명)가 전자적 범죄의 가장 일반적인 유형으로 바이러스나 악성 코드(컴퓨터 파괴 소프트웨어 male ware)인 것으로 응답하였고, 그 다음은 스파이웨어(61%), 피싱(57%), 스팸 메일의 불법적인 생성(48%)의 순인 것으로 나타났다.

컴퓨터 파괴 소프트웨어와 스파이웨어는 제11장에서 논의된다. **피싱**(phishing)은 이메일과 웹 사이트가 잘 알려진 적법한 사업체, 금융 기관 및 정부 기관으로 보이게끔 고안된 사기적인 이메일과 웹 사이트의 범죄적인 생성을 지칭하는 일반적인 용어로서, 인터넷 사용자를 기망하여 그들의 은행 및 금융 계좌, 혹은 사용자

이름과 암호와 같은 다른 개인적 데이터를 공개하게 하는 데 사용된다. 피싱 사기범은 그런 다음 그 정보를 신분 도용과 사기와 같은 범죄 목적에 사용한다(Special Report on "Phishing," no date). 피싱은 불법이다.

전자적인 쓰레기 메일인 **스팸**(spam)은 동의를 구하지 않고 발송된 상업적인 이메일(unsolicited commercial e-mails: UCEs)이라고 기술적으로 용어가 붙여진 것이다. 이메일 박스는 수백 개의 이러한 이메일로 과부하가 걸릴 수 있고 몇몇 인터넷 서비스 공급자들(ISPs)은 미국에서 1주일 간 수신되는 207억 개의 이메일 메시지 중 2/3에서 3/4이 스팸 계정인 것으로 평가한다(Donofrio, 2004, p.86). 걱정거리는 가장 일반적인 스팸 유형 중의 하나가 성인용 포르노그래피 광고라는 점이다. 스팸을 보내는 것 역시 불법인데, 몇몇 주에서는 반 스팸 법(antispam legislation)이 통과되었다.

다른 위협 직원의 부주의와 실수 또한 중대한 위험이다. 부적절하게 보관된 컴퓨터 테이프와 디스크들은 사용할 수 없게 파손될 수 있다. 과도한 열이나 습기도 데이터를 파괴할 수 있다. 12cm 이내에 있는 자석은 컴퓨터 디스크를 삭제할 수도 있다.

또 다른 문제는 컴퓨터가 정확하게 작동하는 데 필요한 통제된 환경이다. 전기 공급의 변동은 부정확성의 원인으로 작용할 수 있기 때문에, 일정불변의 지속적인 전기 공급이 가능해야만 한다. 에어컨이 반드시 유지되어야 하며, 그렇지 않을 경우에는 컴퓨터가 이상 작동을 할 수 있다. 또한 컴퓨터는 습기로부터 보호되어야 하며, 따라서 급수 본관, 에어컨 파이프, 하수관 등의 위치는 컴퓨터의 고장을 일으킬 수 있는 위협을 제기하지 않도록 확실하게 점검되어야 한다. 만약 그러한 파이프가 존재한다면, 컴퓨터실 바닥에 배수관이 설치되어야 한다. 만약 외부에서 공사나 모래 분사 중이라면 그러한 활동이 컴퓨터를 망가뜨릴 수 있으므로 컴퓨터와 디스크를 반드시 덮개로 덮어야 한다.

화재 위협은 또 다른 심각한 위험이다. 컴퓨터 설치에 사용된 수많은 전선과 접속부들이 종종 상층부 바닥에 설치되어 있어, 컴퓨터실이 많은 양의 가연성 물질로 화재 하중이 걸려 있다는 사실이 화재 위험을 더 크게 할 수 있다. 심지어 화재가 일찍 감지되더라도 소화 과정에서 발생하는 증기와 습기가 컴퓨터 테이프, 드라이브나 다른 데이터를 손상시킬 수 있다.

어떤 유형의 컴퓨터 범죄가 관련되더라도 보통 몇몇 공통적인 특징이 발견된다.

컴퓨터 관련 범죄에 포함되는 특징
- 컴퓨터 범죄는 상대적으로 저지르기 쉽다.
- 컴퓨터 범죄는 종종 감지하기 어렵다.
- 대부분의 컴퓨터 범죄는 기소되지 않는다.

컴퓨터 범죄의 조사와 신고

이미 언급했듯이, 오로지 모든 컴퓨터 범죄 중 소수만 발견된다. 이것들 중 오직 12퍼센트가 당국에 보고되고 오로지 가해자의 3퍼센트만 감옥에 간다. 컴퓨터 범죄자가 체포되어 감옥에 갈 기회는 27,000분의 1에 가깝다.

사이버 사건 수사 자료 분석 센터(Cyber Incident Detection Data Analysis Center: CIDDAC)는 컴퓨터 범죄의 수사에 도움이 되고자 개발된 자원으로서 참여하는 조직들로부터 정보를 중앙에 집중시키는 비영리적인 민간 부문 사이버 위협 보고 시스템이다. CIDDAC의 "기폭제"가 된 것은 미국에 대한 9·11 공격이었다(Moore, 2005, p.86). CIDDAC는 참가자들의 컴퓨터 네트워크들을 "실시간 사이버 공격 감지 센서"(Real-Time Cyber Attack Detection Sensors) 혹은 RCADSs에 연결한다. 만약 네트워크가 공격을 받으면 센서들은 즉시 가치가 큰 과학 수사 데이터를 CIDDAC 운영본부에 보내 분석하도록 한다. CIDDAC 직원들은 그 상황을 감시하고, 그 데이터를 분석하며 즉각적으로 정보를 사이버 수사관과 국토방위부(Department of Homeland Security)로 보낸다.

이 새로운 조직의 중요성은 그것이 사이버 범죄자들이 병원, 상수도 시스템, 전력망, 은행, 911서비스, 대학, 교통 시스템 등과 같은 중요한 하부구조를 공격할 수 있고 공격해 왔다는 사실을 인지한다는 점이다(*Sharing Information Real-Time*, 2005). 이 하부구조의 85퍼센트를 민간 기업이 소유하고 있다(Moore, p.88). 이 기관과 조직의 데이터를 실시간 공격하는 것은 위태로운 일이다.

사이버 범죄의 탐지를 개선하기 위한 또 다른 노력이 전국 범죄 예방 위원회(National Crime Prevention Council)의 "사이버 범죄 물어뜯기"(Take a Bite Out of Cyber Crime) 캠페인이다. 유명한 범죄 탐지견인 맥그러프(McGruff)는 미국 전역에서 수천 명의 어린이 사이버 감시대원들을 훈련시켜 가정과 사업체에서 사이버 범죄를 발견하고 신고하도록 함으로써 "홈 네트워크를 수호할" 것이다("*Take a Bite Out of Cyber Crime*" Campaign, 2006).

만약 컴퓨터 범죄가 발견되면, 반드시 신고하여 수사가 이루어져야 한다. 하지만 조사에 의하면 대부분의 컴퓨터 범죄는 신고되지 않는 것으로 나타난다. 컴퓨터 범죄가 신고되지 않는 이유는 다양하다. 용의자가 다년간 근속한 신뢰할 만한 직원일 수도 있으며, 고용주가 컴퓨터 시스템의 업무 정지를 두려워할 수도 있다. 경영진은 다른 사람들이 그 시스템에 접근하는 것이 얼마나 쉬운지 알게 되는 것을 두려워할지도 모른다. 혹은 그 조직이 주주들의 비판을 두려워할 수도 있다.

몇몇 사이트와 서비스들은 컴퓨터 범죄 피해자가 스스로 더 직접적으로 참여하여 의심스러운 사이버 범죄 사례들을 신고할 수 있도록 하고 있다. 한 가지 사례가 FBI에서 개설한 인터넷 사기 고소 센터(Internet Fraud Complaint Center: IFCC)와 전국 화이트칼라 범죄 센터(National White Collar Crime Center: NW3C)이다. 이 기관들의 직원은 일련의 컴퓨터 관련 범죄 수사에 탁월한 다양한 사이버 탐정으로 구성되어 있다.

컴퓨터 범죄의 조사

컴퓨터 범죄의 조사에서 고려해야 할 요인에는 조사 요원의 지식과 외부 전문가의 필요성 여부, 피해자나 직원이 연루되었을 가능성 및 이러한 범죄 조사에서 나타나는 어려움 등이 포함된다. 전형적인 컴퓨터 "범죄자"는 젊은 층이고, 중간계급의 전문가이며(technical person), 고등교육을 받고, 범죄 경력이 전혀 없으며, 그 범죄를 신고하는 회사에 고용된 사람이다. 그러므로 컴퓨터 범죄를 조사할 때는 그 컴퓨터와 프로그램에 접근할 수 있고 이를 알고 있는 모든 직원들을 주의 깊게 점검하는 것에서 시작하는 것이 논리적이다(주목: 보안 직원의 일반적 책임으로서의 조사는 제10장에서 논의한다. 이 논의는 오직 컴퓨터 범죄의 조사에 초점을 맞춘다. 조사 요건과 기술이 다소 독특하기 때문이다.).

어떻게 보안 시스템이 뚫렸고 어떤 유형의 범죄가 행해졌는지를 정확하게 아는 것이 필요할 것이다(데이터의 변경, 데이터의 절도 등). 종종 수색 영장을 발부받기 위해서는 특히 어떤 정보가 절취되었는지 아는 것이 필요하다.

뿐만 아니라 컴퓨터 범죄 조사는 종종 국가 간 경계를 포함해서 다양한 사법관할의 경계를 넘나든다. "서로 다른 국가들에 위치한 수백만 대의 컴퓨터를 통합하여 정보를 획득하고 교환할 수 있도록 광대한 기회를 개방하는 글로벌 세계 네트워크가 더욱 더 자주 범죄 목적에 이용되고 있다"(Golubev, 2005). 온라인과 컴퓨터 시스템 간의 인공적 세계를 지칭하는 용어인 **사이버 공간**이 허용하는 익명성과 물리적 경계의 결여는 범죄자에게 인터넷을 효율적이고 강력한 무기로 만들어준다. "컴퓨터 범죄의 조사와 예방은 '두통'으로 변모했다"(Golubev). 결과적으로 보안 요원들은 보통 그러한 범죄의 조사를 혼자서 처리하지 않는다. 종종 법 집행 기관들이 참여한다. 미국의 첩보부(Secret Service)는 해커들을 체포하는 데 상당한 도움을 줄 것이다.

"해커 사냥꾼"(Hacker Hunters)(2005)은 어떻게 한 엘리트 세력이 쉐도우크루(ShadowCrew)로 알려진 단단하게 조직된 사이버 범죄 갱을 고용했는지에 대해 언급한다. 마피아처럼 해커 집단도 전략을 구상하기 위한 가상적인 대부, 병사로 하여금 "지저분한 일"을 수행하도록 명령을 내리는 두목이 있다. 그들의 침묵의 서약은 웹의 익명성에 의해 보다 쉽게 행해진다. 합법적인 사업체처럼 그들도 지구화되어 왔다. 쉐도우크루는 미국인, 브라질인, 영국인, 러시아인, 스페인 사람을 포함하여 전 세계적으로 활동하는 4,000명 이상의 조직원을 갖고 있었다. 해커 추적 수사대는 1980년대 조직 범죄를 진압하는 데 사용되었던 몇 가지 동일한 전술인 정보원과 사이버 세계에서 작동하는 도청 장치를 사용하였다. 첩보부는 1,800만 개 이상의 이메일 계정 자료와 수천 명의 신분 데이터에 접근할 수 있는 1,700만 개의 신용카드 숫자를 적발하였다. 불시 단속으로 4,000명이 넘는 용의자의 증거를 확보하였다.

컴퓨터 범죄 가해자의 기소

컴퓨터 범죄가 보고되어 조사가 이루어지더라도 대다수는 기소되지 않는다. *CSO Magazine(2005 E-Crime Watch Survey)*에 의하면, 전자 범죄나 침범을 보고한 554명의 응답자 중 59퍼센트는 불충분한 손상 수준 때문에 법적 행동에 대해 언급하지 않았다. 절반(50%)은 기소에 필요한 증거나 정보 부족을 들었다. 기소 또한 선례와 분명한 정의 부족으로 인해 어렵다. 빈번하게 도난당하는 것은 정보인데, 그것은 만질 수 없는 자산으로 가치를 평가가 쉽지 않다.

컴퓨터 범죄 관련 법령

컴퓨터 범죄가 증가함에 따라 주 정부들은 그것을 다루기 위한 법령을 통과시켰다. 그 법률들은 전통적인 절도는 금하지만 컴퓨터로부터 전자적인 자극을 훔치는 것을 포함하지는 못하는 형법 규정의 흠결을 막기 위한 것이다. 예를 들어, 1976년의 *United States v. John DiGilio et al.* 사건에서 DiGilio는 근무 시간 중 정부 소유의 복사기를 이용하여 수사 기록을 복사했고 정부의 복사 용지로 그것들을 출력했으며, 그 기록들을 수사를 받고 있는 개인들에게 판매하였다. 제3 순회 법원(*The Third Circuit Court*)은 정부의 시간과 장비가 불법적으로 사용되었을 뿐만 아니라 문서의 내용 자체 또한 절취되었다고 판결을 내렸다.

유사하게 *United States v. Paul A. Lambert*(1978) 사건에서 피고는 컴퓨터에 저장된 정보를 훔쳤다고 기소되었는데, 그 정보에는 정부의 마약 수사 정보원과 그 지위에 대한 목록이 담겨 있었다.

캘리포니아는 다음과 같은 특정 위반을 포함하는 컴퓨터-범죄의 견본 규약을 제정하였다.

- 컴퓨터를 사용하여 접근 코드를 공개하기
- 컴퓨터 데이터의 절도
- 허가 없이 컴퓨터 서비스를 방해하기
- 컴퓨터의 부당 변경
- 허가 없이 컴퓨터 시스템에 접근하기

전기 통신 프라이버시 법(1986) 1986년 11월 6일 로널드 레이건 대통령은 전기 통신 프라이버시 법안에 서명하였는데, 그 법률은 허가 없이 의도적으로 전기 통신 서비스를 제공하는 시설에 접근하거나 혹은 그런 시설에 접근할 수 있는 권한을 의도적으로 넘어서는 행위를 불법으로 규정한다. 그 법안은 전자 메일, 화상 회의 전화, 차량 내 이동통신 전화를 이용한 대화 및 컴퓨터와 컴퓨터 간 송신과 같은 하이테크 통신의 프라이버시를 보호하려는 것이다.

그 법령은 허가받지 않은 사람들이 교묘하게 사적으로 의도된 전기 혹은 무선 통신에 접근하고 또 종종 이를 부당하게 변경하려 하는 문제가 증가하고 있는 것을 다룬다. 만약 그러한 접근이 상업적인 이득, 악의적인 파괴나 손상 혹은 사적인 상업 이익을 목적으로 하는 것이라면, 아마 해커도 포함되는 "다른" 유형의 접근보다 훨씬 더 심각한 제재가 가해진다. 비록 해커들이 자신의 행동이 해가 되지 않는다고 생각할지 모르나, 해킹은 현재 불법이다. 대부분의 컴퓨터 전문가들이 보기에 그것은 항상 비윤리적이었다.

학교는 종종 컴퓨터 프로그래밍 수업에 컴퓨터 사용자의 도덕적 책임을 포함하는 데 실패한다. 이러한 "윤리 교육"은 컴퓨터 활용 교육의 한 부분으로 통합되어야 한다.

컴퓨터 범죄를 예방하려는 컴퓨터 보안 프로그램에 대한 권고 사항

물리적 보안의 다른 측면과 마찬가지로 컴퓨터 보안은 접근 통제에 엄격한 주의가 요구된다. 접근 통제는 컴퓨터를 사용하여 행해질 수 있는 다양한 범위의 범죄를 예방하는 데 있어 핵심 사항이다.

바이러스는 컴퓨터 보안에 있어 주요한 관심사이다. 효과적인 소프트웨어 관리는 바이러스를 예방할 수 있다. 신뢰할 수 있는 판매자로부터 소프트웨어를 임대하거나 구매하는 것은 중요한 조치이다. 모든 새로운 디스크는 점검되어야 한다. 그리고 직원들에게 바이러스가 어떻게 컴퓨터를 감염시키고 이것을 어떻게 피할 수 있는지를 교육시키는 것이 최고로 중요하다.

국립 표준 및 기술 연구원(National Institute of Standards and Technology: NIST)은 컴퓨터 보안부(computer Security Division) 산하에 컴퓨터 보안 자원 센터(Computer Security Resource Center: CSRC)를 운영하고 있다. 이 기관은 회사 컴퓨터 보안 프로그램을 향상시키고자 애쓰는 보안 관리자에게는 유용한 자원이다. 어떤 규모의 사업체라도 그들의 컴퓨터 보안의 관심사를 처리하는 데 도움을 줄 수 있는 상당수의 문서를 온라인으로 얻을 수 있다(http://csrc.nist.gov). 특히 유용한 NIST 보고서 중의 하나인 컴퓨터 보안 사건 처리 지침(Computer Incident Handling Guide)은 패치 관리, 호스트 보안, 네트워크 보안, 악성 코드 예방 및 사용자 의식과 훈련을 포함하여 보안 네트워크, 시스템 및 응용 프로그램을 위한 추천 관례들을 제공한다(Scarfone et al., 2008, pp.3-4). 층을 이룬 컴퓨터 시스템의 방어 전략을 수행하는 데 포함되는 부가적인 조치에는 암호 정책을 위한 인증 및 허가 지침과 매우 중요한 자원에 대한 접근을 제한할 수 있는 물리적 보안 수단이 포함된다(p.6-2).

컴퓨터 소프트웨어를 취급하는 사람은 다음과 같은 지침을 잘 알고 있어야 한다.

- 컴퓨터 디스크의 데이터 저장(recording) 부위에 접촉하는 것을 피할 것.
- 컴퓨터 디스크 주변에 종이 클립이나 고무 밴드를 절대 사용하지 말 것.
- 컴퓨터 디스크를 화씨 70도 정도에서 수직으로 세워 보관할 것.
- 컴퓨터 디스크를 강한 빛, 먼지, 자기장으로부터 멀리 보관할 것.
- 컴퓨터 디스크를 비닐 봉투 속에 보관하지 말 것.

화재로 인한 손실의 예방 비록 화재는 어떤 사업체라도 잠재적인 위해가 되지만, 대부분의 다른 영역보다 컴퓨터 센터가 가장 위험하다. 왜냐하면 화재 가능성이 가장 높고, 그러한 화재를 제압할 수 있는 방법이 제한되어 있으며, 하드웨어, 소프트웨어, 데이터에 엄청난 손실을 야기할 수 있기 때문이다.

대부분의 컴퓨터 센터는 화재를 예방할 수 있는 수단들을 갖추고 있다. 예를 들면, 흡연을 허용하지 않는다거나, 내화성 전선과 연결부를 사용한다거나, 가능한 실질적으로 출력 시트(빈번히 많이 쌓임)를 제거하는 것 등이다. 다른 일반적 원인으로는 부주의한 흡연과 잘못된 배선 등이 있다. 하지만 많은 관리자들은 가장 큰 위협이 컴퓨터 센터 외부에서 시작되는 화재라는 사실을 인식하는 데 실패한다. 그러므로 중요한 예방 수단은 컴퓨터 센터와 벽을 공유하고 있는 방들뿐만 아니라 그 위아래를 포함하여 모든 인접 지역의 화재 하중을 줄이는 것이다.

컴퓨터실의 화재 감지 시스템으로는 각 컴퓨터의 내부나 제어판 보관함(console cabinet), 바닥 아래, 천정 속과 파일 보관함 속에 설치되는 이온화 유형의 감지기가 가장 흔하게 활용된다. 몇몇 감지기들은 전력과 모든 에어컨 장치들을 차단하도록 설계되었다. 많은 감지기들이 정확한 화재 발생 장소를 보여 주는 영상 디스플레이 패널과 연결되어 있다.

비록 전문가들은 컴퓨터실에 가장 적합한 소화 시스템 유형이 무엇인지에 대해 동의하지 않겠지만, 감전 위험 및 물과 증기로 인해 야기되는 손상 때문에 물을 이용하는 시스템에 대해서는 반대한다. 또한 전문가들은 이산화탄소를 이용하는 시스템에 대해서도 반대하는데, 그것은 이 장치가 치명적인 가스를 산출하기 때문이다. 그럼에도 불구하고 많은 보험 회사에서는 화재 보험금을 지급하기 전에 컴퓨터 센터에 살수 시스템이 설치되어 있을 것을 요구한다.

몇몇 유형의 자동 소화 시스템과 더불어 컴퓨터실은 곳곳에 휴대가 가능한 이산화탄소 소화기와 바닥끌개(floor puller)(양쪽 끝에 고무 흡입 컵이 부착되어 있는 핸들)를 갖추고 있어야 한다. 이것들은 하드웨어의 배선을 보관하는 바닥 밑에서 불이 날 경우 바닥 타일을 쉽게 제거할 수 있도록 해준다.

백업 시스템의 설치 EDP를 사용하는 시설들은 컴퓨터에 의존하는 정도가 높기 때문에, 백업 시스템은 통상적으로 강제 사항이다. 여기에는 백업용 전력과 에어컨, 백업 기록 및 백업 하드웨어에의 접근 등이 포함된다. 몇몇 회사에서는 거의 모든 파일을 테이프나 디스크에 복사하여 보관하는 데 반해, 다른 회사에서는 오직 매우 중요한 파일들만 복사한다. 정보의 중대성과 예산 사정은 어떤 데이터가 복사되어야 하는지를 결정하는 데 도움을 줄 것이다. 복사본은 컴퓨터 센터가 있는 시설로부터 떨어진 안전한 장소에 두어야 한다.

백업의 역할을 하도록 센터 안에 '별도의' 컴퓨터를 갖추는 것은 통상 경제적으로 적합하지 않다. 일반적인 관행은 두 개의 시설이 한 회사의 컴퓨터가 망가졌을 때 다른 회사의 컴퓨터를 사용할 수 있도록 "상호 지원" 협약을 체결하는 것이다. 분별 있는 사전 계획은 손실을 상당히 줄일 수 있다. 긴급 사태 대책은 회사의 운용에 매우 중요한 컴퓨터가 작동하는 데 적합한 시간이 확보될 수 있는지 확인해야 한다. 예를 들어, 어떤 회사의 컴퓨터가 봉급명세서를 처리하기 직전에 고장이 났다면, 그 봉급명세서가 발부되도록 하는 것이 중요하다. 만약 화재로 인해 컴퓨터가 교체되어야 할 정도로 손상을 입었다면, 봉급명세서가 다른 컴퓨터를 통해 처리될 수 있도록 하는 것이 중요하다. 이와 같은 "상호 지원" 시스템이 작동하기 위해서는 각 회사는 컴퓨터 프로그램의 호환성을 보증해야 한다. 이것은 시운전을 통해 가장 효과적으로 확립할 수 있다. 각 회사는 하드웨어와 일정 관리 요건에 어떠한 변화가 있더라도 다른 편이 확고하게 자리를 유지할 수 있도록 해야 한다. 호환성을 위한 초기의 시운전은 주기적으로 재점검되어야 한다.

컴퓨터 센터 또한 충분하게 보험이 설정되어 있어야 한다. 하드웨어와 소프트웨어는 실질적인 투자를 반영하므로 발생할지도 모를 모든 위험에 의거하여 보험에 가입되어 있어야 한다.

IT 보안을 고양시킬 수 있는 부가적인 수단들은 제11장에서 집중적으로 다루게 된다.

범죄가 행해졌다는 사실이 탐지된 경우에는, 그것이 컴퓨터 범죄이든 아니면 보다 더 "전통적인" 유형의 범죄이든 간에 공적인 법 집행 공무원은 필요하다면 물리력을 사용해서라도 그 용의자를 체포할 의무가 있다. 하지만 범죄를 발견한 사람이 민간 경비원일 경우에는 체포, 또는 추방이나 억류의 권한은 때때로 분명하지 않다.

추방, 억류, 체포

무단출입을 막거나 구내에서 사람들의 행위를 합법적으로 통제하기 위해 민간경비원들을 소매 상점에서 상점 절도범을 적발하기 위한 사복 차림의 직원으로, 공업 단지에서 침입 절도를 억제하기 위한 순찰 대원으로, 사무실에서 출입 통제를 담당하는 직원으로, 혹은 운동 경기나 공연에서 입장권 없이 입장하는 사람들을 추방하고 제멋대로인 관중을 통제하거나 쫓아내는 데 활용할 수 있을 것이다. 직원들은 필요하다면 그렇게 하기 위해 합당한 물리력을 사용할 수 있다. 자주 있는 일이지만, 추방될 사람은 떠나는 데 동의할 것이다. 그런 경우 어떤 물리력도 정당화되지 않는다.

많은 주에서 민간경비원은 다음과 같은 일을 할 수 있다.

- 상점 절도 혐의가 있는 사람의 억류
- 그들의 면전에서 경범죄를 범하는 사람을 시민 자격으로 체포하기
- 개연적인 이유가 있는 어떤 사람이 중범죄를 저지를 경우, 그 사람을 시민 자격으로 체포하기

모든 시민은 범죄를 저지르고 있거나 막 저지른 사람을 체포하고 그를 지역 경찰에 인도할 수 있는 권한을 갖는다. 이것을 **시민에 의한 체포**(citizen's arrest)라고 부른다. 하지만 시민에 의한 체포의 허용 범위와 권한은 주마다 상이하다. 체포권은 종종 그 사건이 중범죄인지 아니면 경범죄인지에 달려 있다. 대부분의 주에서는 시민들이 범죄가 행해지고 있는 모습을 실제로 목격한 경우 경범죄에 한하여 그 현행범을 체포할 수 있다. 시민들은 어떤 중범죄가 행해졌음을 목격하였고 그들이 체포하려는 사람이 그 범죄를 저질렀다고 타당성 있게 확신할 때 그 중범죄자를 체포할 수 있다.

시민에 의한 체포는 오직 체포권을 행사하려는 사람이 용의자를 가능한 한 즉시 지역의 법 집행 공무원에게 인도하려는 의사가 있을 때만 정당하다. 질문을 하거나 자백을 받기 위해 체포된 사람을 억류할 수는 없다. 보안 직원들은 용의자를 경찰에 인계하는 과정에서 부당하게 늦장을 부렸다는 명목으로 소송을 당할 수 있다.

많은 주에서는 체포에 관한 전술한 제한이 예외가 되는 경우가 있는데, 상점 절도도 그중 하나이다. 상점 절도 사건의 대부분은 경범죄이고 보안 직원들이 항상 목격하지도 못하며, 상점 절도 중 많은 사례가 기소되지 않기 때문에, 상당수의 주에서는 질문이나 때로 소지품 검사를 위해 상점 절도 용의자를 억류할 수 있도록 규정한다. 억류는 용의자가 관계 당국에 인계되어야 함을 요구하는 공식적인 체포와 상이하다.

용의자를 체포할 경우, 체포된 사람은 왜 자신이 체포되었는지 그 이유를 반드시 들을 수 있어야 한다. 종종 시민에 의한 체포의 증명서는 체포하는 시민에 의해 작성된다(그림 9.5를 볼 것). 미시시피 항소 법원은 *Coleman v. Smith*(2005) 사건에서 카지노 보안 직원은 카지노 직원을 절도 혐의로 체포할 때 적절한 조사 기법을 사용했기 때문에 잘못된 체포라는 카지노 직원의 주장은 받아들여지지 않는다고 판결했다.

물리력의 사용

합당한 물리력은 제4장에서 소개하였다. 연방 헌법은 가장 최소한의 물리력 혹은 가능한 최소의 물리력에 대한 정책과 훈련 요구를 강제하지 않고 있다(Means, 2007, p.12). 어떤 직원이 범죄 사건에서 물리력을 사용하기 전에 더 나은 선택이나 결정을 내릴 수도 있었다는 사실이 그 직원이 물리력으로 대응하는 것을 헌법에 위배되는 행동으로 만들지는 않는다.

사인에 의한 체포의 증명 및 신고와 치안관에 대한 피체포자의 인도

날 짜 ______________________
시 간 ______________________
장 소 ______________________

나, __________ 는 다음과 같이 체포하였음을 신고하고 확인합니다.
(이름)______________________
(주소)______________________
다음과 같은 이유로 ______________________________
____
____
____
____
____

그리고 다음과 같이 치안관 __________가(이) 내가 체포한 이 사람을 가장 가까운 치안 판사에게 데리고 가서 법에 따라 처리될 수 있도록 하고, 만약 내일 아침까지 치안 판사와 접촉하지 못할 경우에는 그 치안 판사 앞에서 필수적인 출석이 정해지기 전까지 이 사람을 유치장에 안전하게 유치할 것을 요청하고 요구합니다. 나는 그 시간에 출석할 것이고, 선서를 한 뒤, 이 사람이 행한 범죄 행위와 내가 체포했다는 이유를 들어 이 사람에 대해 적절한 고소를 취하고 서명할 것입니다. 그런 다음 그곳에서 혹은 그 이후에 이 범죄 행위나 원인에 대한 심리가 열릴 수 있게 되자마자 여기에 연관된 사실과 상황들에 대해서 선서하고 증언할 것입니다. 나는 내 관점에서 봤을 때 그 또는 그녀의 행동에 의해 야기되는 어떤 종류, 어떤 본질, 어떤 기술로 인한 모든 손실의 주장으로부터 언급된 치안관이 아무런 해를 입지 않도록 할 것입니다.

이 체포를 행한 사인의 이름
____

주 소 ______________________

이 진술을 목격한 치안관
____
____
____

그림 9.5 시민에 의한 체포 양식 예시

출처: U.S. Government Printing Office.

물리력은 오직 필요할 경우에 필요한 한도 내에서 사용될 수 있다. 치명적인 물리력은 오직 인간의 생명을 보호하는 데만 사용될 수 있다.

"합당한" 물리력이 무엇인지는 보호되는 이해(interest)의 본질, 반격되어야 할 행위의 유형, 주어진 상황에서의 특정 사실들에 달려 있다. 부가적으로 허용되는 물리력의 양은 종종 방어되는 권리가 무엇인지에 의존한다. 만약 재산권이 연루되었다면, 어떤 물리력을 사용하기에 앞서 자발적인 협조를 구해야만 한다. 오직 재산만 관계된다면, 총과 같은 치명적인 물리력의 사용은 허용되지 않는다.

통상적으로 범죄를 막기 위해 치명적인 물리력을 사용하는 것은 오로지 그 범죄가 생명을 위협하고 그 범죄를 막는 데 다른 수단들은 전혀 없을 때에 한해 허용된다. 치명적인 물리력의 사용과 관련된 질문은 경비원이 자신의 책임을 이행하기 위해 총을 사용했을 경우에 가장 빈번하게 제기된다. 총기 휴대가 요구되는 경비원은 총기 사용과 관련한 훈련을 충분하게 받아야만 한다.

자기 방어를 위한 물리력은 상해의 위협으로부터 보호를 위해 필수불가결한 경우로 한정된다.

수 색

법률은 체포하는 직원이 피체포자가 그 직원이나 다른 사람을 해칠 수 있는 무기를 가졌는지 여부를 확인할 수 있도록, 합법적으로 억류된 사람을 수색할 수 있는 권리를 분명하게 설정한다. 심각한 범죄(중범죄)를 저질러 체포된 사람은 누구든지 반드시 수색을 받아야만 한다. 몇몇 기관은 경비원들로 하여금 중범죄로 체포된 사람들은 기회가 주어질 경우 그 경비원을 살해할 수도 있다고 가정하여 그들을 다루도록 충고한다.

경비원들은 보통 용의자를 억류하거나 체포할 정당한 이유가 있을 때, 그 용의자와 그 사람이 휴대하고 있는 어떤 것을 수색할 수 있는 권한을 갖는다.

하지만 대부분의 보안 수색은 체포를 수반하지 않는다. 그것들은 제7장에서 언급된 것과 같이 미리 수립된 정책에 기초하여 수행되며 차량, 도시락, 사물함, 지갑, 가방과 상자도 포함한다. 심지어 체포가 없더라도, 도난당한 재산을 되찾기 위한 관습법(common-law)의 특권은 절도 혐의가 있는 사람들에 대한 수색을 지지하는 경향이 있는 것처럼 여겨진다. 수색에 대한 동의를 구할 수 있으면 더 좋다.

어떠한 수색이든 물리력, 위협, 당혹감은 가능한 최소한이 되도록 합당하게 수행되어야 한다.

수색은 비상사태의 경우를 예외로 할 때 비공개로 수행되어야 한다. 용의자와 성별이 같은 사람이 수색하거나, 이것이 가능하지 않을 경우에는 용의자와 성별이 같은 사람이 그 수색을 지켜보도록 하는 것이 가장 좋다. 만약 누군가 보안 요원에게 체포되었다면, 그 용의자에 대한 수색이 이루어지는 동안에 발견된 무기나 증거는 무엇이든지 지역 당국에 인계해야 한다. 그러나 만약 기소되지 않을 경우라면, 수색하는 동안에 발견된 장물은 적법한 소유주가 반환을 요구할 수 있을 것이다.

United States v. Tartaglia(1989) 사건에서 법원은 철도 조사관과 마약 집행국(Drug Enforcement Administration: DEA) 요원들이 앰트랙(Amtrak) 열차를 통해 운송되던 마약 운반에 대해 조치를 취했을 때 피고인에 대한 4차 수정헌법의 권리를 위반하지 않았다고 판결했다. 그 조사관과 DEA 요원들은 마약 탐지견의 도움을 받아 피고인의 서류 가방 속에서 마약을 발견하였다.

요 약

- 보안 관리자는 무단출입의 예방, 구내에서의 사람들의 행동에 대한 합법적인 통제, 인명과 재산의 수호 혹은 범죄 실행의 예방과 같은 권리를 집행하도록 요청될 수 있다.
- 보안 관리자는 또한 범죄 사건이나 민사 사건에 의해 야기되는 손실을 예방하거나 줄일 책임이 있다. 민간경비와 가장 관계되는 범죄는 절도, 주거침입 절도, 강도, 무단출입, 기물 파손, 폭행, 방화, 횡령을 포함한 화이트칼라 범죄이다.
- 절도에 의해 야기된 손실은 종업원의 좀도둑질과 종업원이 아닌 사람에 의한 절도를 억제할 수 있는 기본적인 보안 장비와 절차를 사용함으로써 예방되거나 감소될 수 있을 것이다.
- 주거침입 절도에 의한 손실은 성능 좋은 자물쇠, 적절한 실내 및 실외 조명과 경보 시스템을 사용하고 아마 보안 순찰에 의해 보충됨으로써, 귀중품을 주거침입 절도에 저항력이 있는 금고나 보관실에 보관함으로써, 수중에 현금을 최소한만 갖고 있음으로써, 영업시간이 종료되었을 때 현금 등록기를 개봉하여 빈 채로 놔두고 떠나기 전에 모든 보안 장비가 작동하는지 확인함으로써 예방되거나 줄일 수 있을 것이다.
- 강도에 의한 손실은 강도가 발생했을 때 대응하는 방식을 직원들에게 훈련시킴으로써, 현금을 쌓아두지 않음으로써, 영업의 개시와 종료에 대한 엄격한 절차를 수립함으로써, 그리고 누군가 영업 시간 이후에 시설에 들어오려 할 경우 엄중한 경고를 사용함으로써 예방되거나 줄일 수 있을 것이다.
- 절도, 주거침입 절도, 강도는 종종 혼동된다. 절도는 불법적인 침입이나 대결 없이 다른 사람의 재산을 불법적으로 취하는 것이다. 주거침입 절도는 불법적인 취득과 불법적인 출입을 포함한다. 강도는 불법적인 취득과 대결, 즉 물리력 또는 물리력의 위협을 포함한다.
- 무단출입과 기물 파손은 엄격한 출입 통제, 보안 조명, 표지와 순찰에 의해 예방되거나 감소될 수 있다.
- 폭행은 적절한 조명, 순찰, 통신 시스템과 호위 서비스에 의해 감소될 수 있을 것이다.
- 보안 관리자는 발화 지점이 하나보다 많은 화재, 정상적으로 불타는 유형에서 벗어난 화재, 운반체의 증거를 보이는 화재, 촉매 작용이 있었다는 증거가 있는 화재, 비정상적인 양의 산소, 연료 혹은 열이 존재했던 화재, 최초의 발화 지점에서 방화 점화자의 증거가 드러나는 화재 혹은 화재 장면에서는 통상적으로 나타나지 않는 물질과 결부된 냄새나 색깔의 연기를 생성하는 화재에서 방화를 의심해야 한다.

- 화이트칼라 범죄는 (1) 신분 도용을 포함하는 신용카드 및 수표 사기, (2) 증권 절도 및 사기, (3) 보험 사기, (4) 소비자 사기, 불법 경쟁 및 사기적 관행, (5) 파산 사기, (6) 횡령 및 좀도둑질, (7) 뇌물, 불법적인 사례금과 헌금, (8) 장물 수수 등이 포함된다.
- 가장 일반적인 범죄 유형은 직원들이 개인적인 용도로 컴퓨터를 사용하는 행위, 비밀 파일에 허가받지 않고 접근하는 행위, 저작권이나 면허를 취득한 소프트웨어를 불법 복제하는 행위이다. 컴퓨터 센터에 대한 다른 보안 위협은 사기나 횡령에 의한 절취(신용카드 사기, 전기통신 사기), 해커, 사보타주(바이러스/컴퓨터 파괴 소프트웨어, 스파이웨어, 피싱, 스팸), 직원의 부주의나 실수, 화재 등이다.
- 컴퓨터 관련 범죄의 특징에는 상대적으로 저지르기 쉽고, 감지하기 어려우며, 대부분 기소되지 않는다는 점이 포함된다.
- 만약 범죄 활동이 의심되거나 사실상 목격될 경우, 많은 주에서는 민간경비원들이 상점 절도의 혐의가 있는 개인을 억류하고 시민 자격으로 체포할 수 있다.
- 물리력은 합당하고 필요한 경우에 합당하고 필요한 한도 내에서 사용될 수 있다. 치명적인 물리력은 오직 인명 보호를 위해서만 사용될 수 있다.
- 경비원들은 보통 용의자를 억류하거나 체포할 만한 정당한 이유가 있을 때, 그 용의자와 그 사람이 휴대하고 있는 어떤 것을 수색할 수 있는 권한을 갖는다. 어떠한 수색이든 물리력, 위협, 당혹감은 가능한 최소한이 되도록 합당하게 수행되어야 한다.

응 용

1. Smithtown Security Services사에 소속되어 순찰하던 도중, Kathy Ross는 여러 대의 세미 트레일러가 주차되어 있는 큰 창고의 마당에 들어간다. 순찰 중 차량의 헤드라이트로 트랙터 바퀴 중 하나의 뒤쪽에 몸을 숨긴 두 명의 청소년을 발견한다. 그녀는 또한 트레일러의 타이어가 펑크 난 사실을 알아차린다. 그녀가 두 청소년으로 하여금 밖으로 나오라고 요구했을 때, 그녀는 그들 중 한 명이 어떤 도구를 멀리 던지는 것을 본다. 그녀는 그들에게 그것을 되찾아 오도록 하며 검사한 결과 그것이 얼음 깨는 송곳임을 안다. 더욱이 타이어 두 개가 펑크났으며 모두 얼음 깨는 송곳으로 보이는 것에 의해 구멍이 나 있다. 경비원 Ross는 그 청소년들을 체포하고 그들을 경찰서로 데리고 간다. 그 청소년들은 12살과 13살로 과거에도 여러 번 모두 기물 파손 행위로 경찰과 접촉한 경험이 있었다. Smithtown Security Services의 관리자로서 당신은 Ross의 행동을 어떻게 평가할 수 있겠는가?
2. Downtown Manufacturing Company의 사무실 관리자가 보안 관리자에게 그녀가 그 건물의 옆문 밖으로 사무실 컴퓨터를 가지고 나가는 Joe Myers라는 직원을 방금 체포하였으며, 그를 억류하고 있다고 언급한다. 사무실 관리자는 보안 관리자에게 경찰에 전화를 걸어 Myers를 강도로 기소하도록 요구한다. 만약 당신이 보안 관리자라면 이러한 요구에 어떻게 대응하겠는가?
3. 당신은 Uptown Department Store 사장으로부

터 그가 자신의 사무실에 들어갔을 때 발견한 열려 있고 텅 빈 금고를 조사하도록 요청받은 보안 책임자이다. 당신은 조사를 어떻게 시작하려 하는가? 당신이 확보할 필요가 있는 정보는 무엇인가?

4. Housing Authority Security Police 직원으로서 당신은 빈발하는 방화 사건과 관련한 수많은 조사에 직면해 있다. 당신은 FBI의 표준 범죄 보고서(Uniform Crime Report)가 가장 빈번하게 행해지는 방화의 패턴과, 체포, 유형과 관련하여 어떤 통계를 제시하고 있는지에 대해 발표를 준비하라고 요청받았다. 온라인으로 가장 최신의 FBI 표준 범죄 보고서를 찾고 공공 주택 단지 주민들에게 이야기한다고 생각하고 학우들에게 발표해 보라.

논의 사항

1. 민간경비원은 때때로 사람들을 체포하도록 요구받는다. 보안 책임자로서 당신은 이 상황을 다루기 위해 어떤 정책이나 지침을 채택하겠는가?
2. 민간경비원의 총기 휴대의 장점과 단점에 대해 논하라.
3. 당신의 주에서는 민간경비원의 체포 권한이 공공 경찰관의 체포 권한과 어떻게 비교되는가?
4. 당신의 지역에 최근 컴퓨터 범죄가 있었는가? 만약 그렇다면 그것들이 수반한 것은 무엇인가?
5. 당신의 지역 은행 컴퓨터 시스템은 얼마나 신뢰할 만한가?

참고문헌

Albrecht, Trenton. *Combating Computer Crime*. Computer Crime Research Center, January 10, 2005.

Anderson, David A. "New Crime Study Pegs Cost at $1.7 Trillion Annually." *Davidson News and Events*, 2007.

Anderson, Kerby. "Cost of Crime in America." Probe Ministeries, 2007.

Baum, Katrina. *Identity Theft, 2004*. (Estimates from the National Crime Victimization Survey). Washington, DC: Bureau of Justice Statistics Bulletin, April 2006. (NCJ 2122113)

"Corporate Takeover: A New Twist on Identity Theft." Washington, DC: Federal Bureau of Investigation Headline Archives, June 18, 2007.

Data Processing Management Association (DPMA). Park Ridge, Illinois.

Donofrio, Andrew. "What Can Be Done about Spam?" *Law Enforcement Technology*, May 2004, pp.86-91.

Eggen, Dan. "Violent Crime Is Up for 2nd Straight Year: Biggest Cities Showed Largest Increase." *Washington Post*, December 19, 2006, p.A01.

Fahim, Kareem. "In the Hottest of Crimes, Trails Are Often Cold." *The New York Times*, May 4, 2006.

Financial Crimes: Report to the Public. Washington, DC: Federal Bureau of Investigation, May 2005.

Fleck, Carole. "Stealing Your Life." *AARP Bulletin*, February 2004, pp.3-4.

Golubev, Vladimir. *International Cooperation in Fighting Cybercrime*. Computer Crime Research Center, April 16, 2005.

"Hacker Hunters." *Business Week*, May 30, 2005.

Majoras, Deborah Platt. "Combating Identity Theft: Partnerships Are Powerful." *The Police Chief*, February 2005, pp.14-15.

Means, Randy. "Least Force? Or Reasonable Force?" *Law and Order*, June 2007, pp.12-14.

Mills-Senn, Pamela. "Swindles, Cons and Rip-Offs." *Law Enforcement Technology*, October 2005, pp.16-26.

Moore, Carole. "Protecting Your Backdoor." *Law Enforcement Technology*, June 2005, pp.80-89.

Naim, Moises. "The Crime Pandemic." *Los Angeles Times*, June 17, 2007.

Scarfone, Karen; Grance, Tim; and Masone, Kelly. *Computer Security Incident Handling Guide*. Gaithersburg, MD: U.S. Department of Commerce, National Institute of Standards and Training, March 2008. (NIST SP800.61-Rev1)

"Senate Judiciary Committee Explores the True Cost of Crime on Society." *NCJA Justice Bulletin*, September 2006, p.4.

Sharing Information Real-Time. Washington, DC: Federal Bureau of Investigation, June 13, 2005.

Special Report on "Phishing." Washington, DC: Department of Justice Criminal Division, no date.

"Take a Bite Out of Cyber Crime" Campaign. Washington, DC: National Crime Prevention Council, 2006.

2005 E-Crime Watch Survey: Summary of Findings. Conducted and printed by CSO Magazine in cooperation with the U.S. Secret Service and CERT© Coordination Center. May 3, 2005. http://www.cert.org/archive/pdf/ecrimesummary05.pdf. Accessed August 10, 2005.

Wetzel, Deborah. "Towers of Integrity: Rebuilding Fraud Free." *Security Management*, July 2007, pp.77-82.

Whitlock, Chuck. "The Con Artist of the Future." *The Law Enforcement Trainer*, March/April 2004, pp.11-15.

Cases Cited

Coleman v. Smith, Mississippi Court of Appeals, No. 2004-CA-01918-COA (2005).

United States v. John DiGilio et al., 538 F.2d 972 (1976).

United States v. Paul A. Lambert, 446 F. Supp. 890 (1978).

United States v. Tartaglia, 864 F.2d 837 (1989).

Chapter 10

예방이 실패할 때
조사, 보고와 증언

학습할 내용

- 조사자의 가장 주요한 임무가 무엇인가?
- 성공적인 사건해결에 있어서 가장 중요한 요소가 무엇인가?
- 보안담당자는 어떤 형태의 범죄에 대해 조사하게 되는가?
- 면담(interview)이 취조(interrogation)와 어떻게 다른가?
- 비언어적 의사소통에는 어떤 것들이 포함되는가?
- 효과적인 메모란 무엇인가?
- 잘 작성된 보고서란 어떤 것인가?
- 소송과정의 일반적인 절차는 어떻게 되는가?
- 어떤 형태의 진술들이 법정에서 사용되어서는 안 되는가?
- 어떻게 하면 보다 효과적으로 증언할 수 있는가?
- 어떤 전략을 사용하면 보다 효과적인 법정 증언을 할 수 있는가?
- 변호사가 사용할 만한 방어전략에는 어떤 것들이 있는가?

개념정의

결론적인 말	공감	반대심문
보관/증거 사슬	비언어적 의사소통	음어
증인 보호구역	지시적 언어	직접심문
진술녹취	질문서	탄핵
판사 단독 재판	함축적 언어	핫 스팟
혐의 확신		

도 입

이 전 장에서는 손실을 예방하고, 안전하고 생산적인 직장환경을 확보하는 방법들에 대해 알아보았다. 그러나, 예방이 항상 효과가 있는 것은 아니다. 사고가 발생하거나 범죄가 저질러지게 되면, 보안요원들은 이에 대해 조사하여야 하는데, 때로는 단독으로 때로는 정부 관료나 경찰관과 함께 조사를 하게 된다. 효과적인 조사의 핵심 열쇠는 '좋은 의사소통 기술'이라고 할 수 있는데 여기에는 언어적 의사소통(필요한 정보의 습득)과 문서를 통한 의사소통(습득된 정보를 다른 사람들에게 전달하기 위한 전문적 보고서의 작성)이 모두 포함된다. 그리고, 보안 담당자와 관리자들은 자기 직원들이 연루된 민·형사 사건에 대해 증언하기 위해 법정에 소환될 수도 있다.

이 장에서는 전문적으로 승인받은 조사관(Professional Certified Investigator: PCI, 이하 전문조사관)이 무엇인지와 효과적인 조사관의 자질 및 책임에 대해 먼저 간략하게 논의하고 의사소통 절차에 대해 설명할 것이다. 그 다음으로 사고, 화재와 성범죄 조사에 관한 사항들에 대해 알아볼 것이다. 그리고 효과적인 보고서작성과 법정 증언에 대해 알아볼 것이다. 그런 다음 소송 전에 어떤 일들이 일어나는지 살펴보고 나서 소송절차에 대해서도 자세히 알아볼 것이다. 그 다음으로 법정에서 증언을 잘 할 수 있는 방법과 보안 요원들이 전문가적 증인으로 인정받을 수 있는 방법들에 대해서 알아보기로 한다.

전문적으로 승인된 조사관(PCI)

효과적인 민간 조사에 대한 사용자들의 증가하는 요구를 충족시키기 위해 ASIS 인터내셔널은 조사업무를 수행하는 사람들이 필요한 지식과 기술을 갖출 수 있도록 '전문조사관(PCI)을 위한 프로그램'을 만들었다. 전문조사관이 되기 위한 시험은 다음의 세 가지 섹션으로 이루어진다: (1) 사건 관리(시험 문제의 약 40%), (2) 증거 수집(시험 문제의 약 40%로 주로 물리적·전자적 감시에 관한 것으로 이루어진다.), (3) 사건 보고(약 20%로 보고서 작성 및 법정 증언에 관한 사항들이다.)

조사관의 임무

조사관들에게는 몇 가지 의무가 부과되는데 이는 조사의 초점에 따라 조금씩 달라지게 된다. 때때로 조사관들은 안전 의무 위반이나 범죄행위가 이루어지고 있는지에 대해 감시활동을 하게 된다. 비디오 감시활동을 할 때 주의사항: 직원들의 프라이버시권을 침해하지 말라(제4장 법적 책임 참조).

대부분의 조사활동에서 조사관들의 주된 임무는 긴급한 도움을 주거나 사건 현장을 봉쇄하고 증거와 정보를 수집하며, 사진을 촬영하고 정보를 노트와 보고서에 기록하고 민·형사 절차에서 법정 증언을 하는 것이다.

조사관들은 조사과정에서 거짓말 탐지기를 사용할 수도 있다. 피고용인 거짓말 탐지 보호법(The Employee Polygraph Protection Act)에서는 진행 중인 사건 조사에서 다음과 같은 조건이 충족될 때에만 거짓말탐지기 검사가 시행될 수 있다고 규정하고 있다.

- 고용인의 사업이 손실이나 부상을 겪고 있고 이러한 행위들이 의도적이어야 한다.
- 직원이 해당 자산에 대한 접근권이 있어야 한다.
- 해당 직원이 부정행위와 관련되었다는 합리적인 의심이 있어야 한다.
- 이 직원에게 검사 전에 이러한 사항들에 대해 설명해 주어야 한다.

성공적인 사건처리에 있어서 가장 중요한 요소는 최초 보고를 할 때 보안 요원이 수집한 정보이다.

구체적 조사 관련 사항

보안 부서에 의해서 행해지는 가장 빈번한 조사는 그림 10.1에 나타난 바와 같이 직원/내부 절도, 직장 폭력과 사기이다(*Security Director's News* "Newspoll," 2006, p.31). 직원/내부 절도는 매우 중요한 문제이기 때문에 후반부의 다른 장에서 다시 논의될 것이다. 이 장에서는 내부절도를 제외하고 보안담당자들이 조사해야 할 여타 사건들: 사고, 화재, 성희롱, 손실, 사기와 범죄에 대해 알아볼 것이다.

사고 조사

OSHA에 의하면 사고(accident)는 개인적인 상해나 재산상 손해로 이어지는 모든 예견되지 않은 사건(event)들이다. 사고가 발생하는 것은 대개 두 가지 이유 때문이다: 안전 장치 구입을 위한 예산이 배정되지 않았거나 업무가 지나치게 빠른 시간 내에 이루어져야 하기 때문이다. 그러나 현실적으로 사고는 그렇게 간단하지 않고 몇 개의 원인들이 함께 작용하여 사건(event)이 발생하게 되며, 이 원인들은 대부분의 사건들에서 3개의 계층을 이루게 된다: 기본, 간접적, 그리고 직접적(그림 10.2 참조).

흔히 사건발생의 "원인"을 직원들의 부주의함과 안전 주의사항을 따르지 않은 것에서 찾기 쉽다. 그러나 이렇게 하는 것은 그와 유사한 형태의 사건이 향후에 발생치 않도록 하는 데 전혀 도움이 되지 않는다. 사건 조사를 통해 사람, 장비, 기계 및 주변 요소들이 왜, 어떻게 규정된 대로 행동하거나 작동하지 않았는지를 확인하게 된다. 심도 있는 조사는 이와 유사하거나 이보다 더 안 좋은 사건이 발생하는 것을 예방할 수 있다.

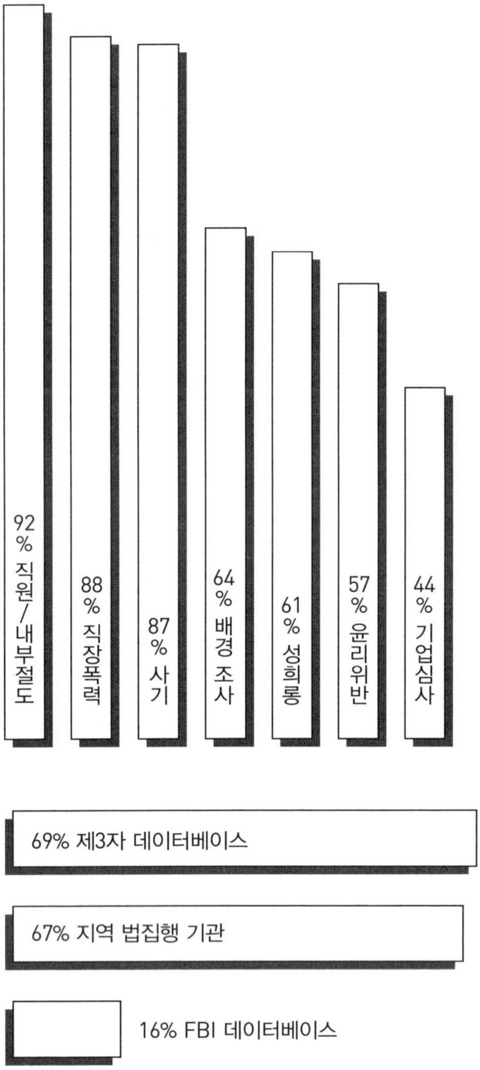

설문: 당신의 보안 부서는 어떤 조사를 하고 있는가?

"우리는 직장폭력에 대한 조사가 증가하는 것을 보고 있다. 예산이 줄어들면서 해고와 정원 감축이 되고 있다. 이로 인해 직원들 사이에서 전체적인 불안감이 높아지고 이것이 폭력으로 이어질 수 있다."

- Bill Crews, 보안 부서 차장, NASA Dryden 항공 연구 센터, Edwards, CA.

설문: 당신 부서에서 조사관들이 정보를 수집하는 데 어떤 수단을 사용하는가?

"최근의 가장 큰 변화는 데이터를 수집하고 사건 파일을 합치는 방법의 변화이다. 이제는 조사를 한 후에는 면담이 필요없을 정도이다.

- Jason Van Tol, 자산보호팀장, Target Corporation.

그림 10.1 보안 부서에서 다루는 조사 사항들

출처: "Newspoll" *Security Director News*, 2006, p.31.

조사팀장은 조사의 범위를 결정한다: 조사관들을 선발하고 이들 각자에게 특정한 임무를 부여하고(되도록 문서를 통해); 최신 정보를 얻기 위해 사건 현장을 방문하며; 사건 현장을 점검하고; 사건 현장을 확보(secure)하고; 필요한 스케치와 사진을 준비하며 이들에 대해 색인을 하며 정확한 기록을 유지하고; 피해자와 목격자

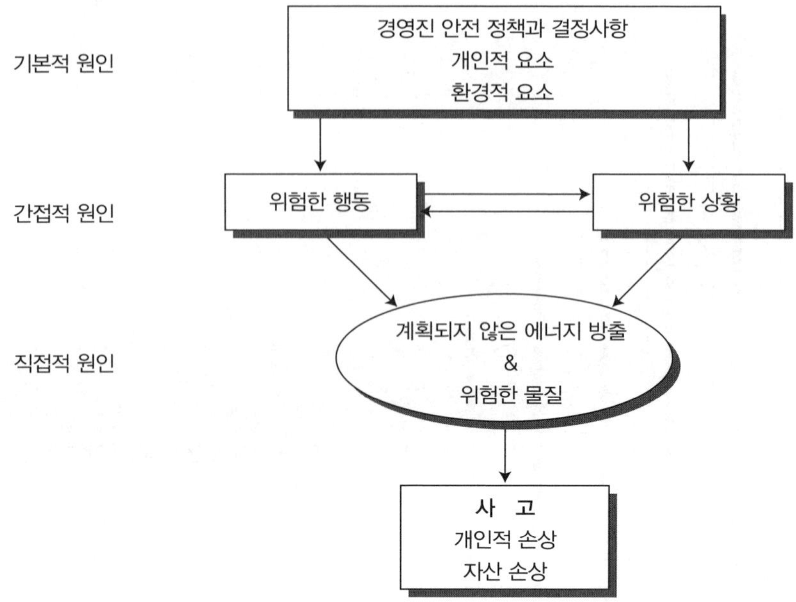

그림 10.2 3단계 사고 원인

출처: 미 노동청, Mine Safety and Health Administration Safety Manual No. 10, 사고 조사, 1990 개정.

및 사건 전에 현장에 있었던 사람과 사건 발생 직후에 현장에 도착한 사람들을 조사한다.

조사관들은 사건 전에 비정상적인 것은 무엇이 있었는지, 이러한 비정상적인 행위/작동들이 어디에서 발생하였는지, 이것들이 언제, 어떻게 인지가 되었는지를 확인하여야 한다. 이처럼 사건 전에 발생한 것들에 대한 조사가 이루어지고 나면 조사관들은 왜 사건이 발생하였는지, 사건의 발생과정은 어떠했는지, 그리고 사건의 원인(직접, 간접, 기본)은 무엇인지를 알아내야 한다. 그리고 이와 다른 발생원인이나 가정에 대해서도 검토하여야 한다.

그 다음으로 조사관들은 조사 결과에 대한 브리핑을 하여야 하고 사건발생경위와 추정손실; 정상적인 작업절차; 지도(지역과 전체); 사건 현장의 위치; 목격자와 선행사건들의 목록과 재발방지를 위한 제언을 포함한 요약 보고서를 작성하여야 한다.

화재 조사

화재가 발생하게 되면 보안 요원들의 역할은 절대적이게 된다. 번지고 있는 연기와 불길은 즉시 진압되어야 한다. 첫 번째 할 일은 소방서에 신고하는 것이다. 화재가 잡히면 조사관은 화재 장소와 그 주변에 있는 사람들의 이름과 시간을 기록한다. 현장 주변에 있는 사람들은 잘 관찰한 후 사진과 비디오를 찍고, 목격자들의 진술을 듣고 화재가 어떻게 시작되었는지 알아내며, 화재로 인한 손실액을 평가하고, 추가적인 손실을 막기 위해서 무엇을 할 수 있는지 파악하고 필요한 경우 보험회사에 연락한다.

성희롱(Sexual Harassment) 사건 조사

몇몇 유명한 성희롱 사건들로 인해 성희롱 문제에 대한 관심이 제고되었다. 성희롱은 주법뿐만 아니라 'Title Ⅶ of Civil Rights Act of 1963과 1972년', '1991년 수정조항'에 의해 불법으로 규정되었다. 고용기회평등위원회(The Equal Employment Opportunity Commission: EEOC)는 성희롱을 고용 상황에서 암시적 혹은 명시적으로 이루어지는 불쾌한 성적 접근, 성적인 행위의 요구, 언어적 혹은 육체적 성적 접촉으로 규정하고 있다.

성희롱에는 두 가지 조건이 있다. 먼저, 성희롱은 직장이나 직장생활의 연장선상에서 발생해야 한다. 두 번째로, 합의에 바탕을 두지 않고 로맨스가 결부되지 않은 행위이어야 한다. 성희롱에는 성적인 멘트나 유머, 성적 행위를 요구하는 교묘하거나 직접적인 압박, 다른 사람의 신체를 토닥거리거나 문지르는 등의 육체적 접촉, 어떤 사람의 지위나 봉급에 영향을 줄 수 있는 성접대에 대한 요구, 성적인 장면이 드러나는 것을 게시하는 행위 등이 포함된다.

보안 관리자를 포함한 관리자들은 성희롱을 구성하는 상황과 조건들에 대해 알고 있어야 하고 성희롱이 발생할 경우에 이를 처리하는 규정을 마련하고 있어야 한다. 모든 직원들은 이 규정의 사본을 가지고 있어야 하며 성희롱을 신고하는 절차에 대해 알고 있어야 한다. 관리자들은 자신들 스스로가 성희롱에 해당하는 행동을 하지 않도록 유념해야 한다.

성희롱 신고사건에서는 당사자들 간의 진술이 엇갈리는 경우가 많다. 따라서, 조사관은 이들 중 누가 진실을 말하고 있는지를 밝혀내야 한다. 성희롱 신고사건 조사시 유의사항은 다음과 같다.

- 피해자와 피의자의 관계를 파악하라.
- 성희롱의 정확한 본질을 파악하라; 언어적인지 육체적인지 이 둘 모두인지?
- 성희롱이 얼마나 오랜 기간 지속되고 있는지 파악하라.
- 그 사건을 목격한 증인이 있는지 파악하라.

- 동일 피의자에 대해 다른 성희롱 신고가 제기된 적은 없는지 파악하라.
- 성희롱에 대한 피의자의 주장을 받아주어라.
- 회사 규정에 있을 경우 인사담당자에게 연락하라.
- 적절한 사람이나 기관에 이 사건에 관한 조언을 구하라.

조사관은 피의사실을 직접적으로 언급하는 것은 피하고, 대신 일반적인 상호작용에 초점을 맞추도록 한다. 그리고 향후에 성희롱으로 제소당하는 것을 피하기 위해 다음 사례를 참조하도록 하자. *Austin v. Norfold Southern Corp.*(2005) 사건에서 연방 항소 법원은 원고가 회사를 상대로 낸 소송에서 회사가 직원의 성희롱 신고에 대해 즉각적이고 효과적인 행동을 취했다며 회사의 손을 들어 주었다. 이 사건에서 여직원은 동료직원들이 그녀에게 부적절한 말을 하였고 기분을 상하게 하는 낙서를 하였다고 주장하였다. 신고를 받자마자 회사 대표는 이 여직원을 만나 보았고 성희롱에 관한 회사의 규정을 게시하고, 가해자들과 낙서의 본질적인 내용을 조사하였으며 안전훈련 프로그램에 성희롱 교육에 관한 사항을 포함시켰다.

손실 조사

어떠한 손실이든 손실에 대해서는 철저한 조사가 이루어져야 한다. 손실조사에 대해서는 때로 지역 감독기관, 경찰, 소방서, 직장안전과 건강관리국(Occupational Safety and Health Administration: OSHA) 등과 협조를 해야 할 때가 있다. 손실에 대한 정확한 기록이 이루어져 문제의 원인을 보다 쉽게 발견할 수 있도록 해야 한다. 보안 파일들은 잘 정리되고 업데이트가 되어 있어야 한다. 보안 시스템을 발전시키기 위해 손실에 대한 내부 데이터가 사용될 수 있어야 한다.

범죄 수사

민간 보안은 민·형사 소송에 있어서 중요한 역할을 수행한다. 보안 요원들이 행하는 형사사건 조사는 일반적으로 경찰이 행하는 수사와 매우 다른 양상을 띤다. 보안 요원에 의해 수행되는 조사는 적절한 혐의확신(adequate predication)에 바탕을 두고 있어야 한다. 다시 말해, 전체적인 정황이 합리적이어야 하고, 전문적인 훈련을 받은 사람들이 보았을 때 침해가 이루어졌거나 이루어질 것이라고 생각할 수 있어야 한다는 것이다. 여기서 **혐의확신**(predication)은 공 경찰이 범인을 체포할 때 필요한 만큼 강할 필요는 없지만 적어도 단순한 의심의 정도는 넘어야 한다.

좋은 조사관은 지식이 풍부하고 창의적이며 인내심과 끈기가 있어야 한다

(Bennett and Hess, 2007, p.9). 좋은 수사관은 정보를 수집할 때는 오픈 마인드이어야 하고, 객관적이며 논리적이어야 한다. 그리고 성별, 인종, 세대, 사회적 정치적 집단에 상관없이 모든 사람들과 의사소통할 수 있는 능력이 있어야 한다(p.9).

보안 조사관이 조사하게 될 가장 흔한 형태의 사건은 폭행, 평온의 파괴/소란/무질서 행위, 침입절도/불법 침입/강제 진입, 절도, 사기, 무단침범과 공공기물파손 등이 될 것이다.

사기사건에 대한 조사는 모든 회사에 있어서 공통적인 문제이지만 특히 보험회사의 경우에는 전형적인 내부자 사기뿐만 아니라 고객에 의한 사기에도 신경을 써야 하는 이중의 문제를 안고 있다(Magno, 2005, p.91). 많은 보험회사에 특수조사반(Special investigation unit: SIU)이 설치되어 고객이 제기하는 사기의심사건을 전담하여 조사하고, 내부감찰(Internal investigative group)을 활용하여 직원들에 의해 저질러진 비위행위들을 조사한다. 회사입장에서는 SIU와 내부감찰이 자신들의 중요성을 회사에 보여 주기 위해 서로 경쟁하기보다는 상호 협조하는 것이 가장 바람직하다고 할 것이다(Magno).

증거 확보

물리적 증거의 처리(process)에는 증거를 발견하고 인지하는 것; 수집하고 기록하고 확인하는 것; 포장하고 운반하고 저장하는 것; 검사하는 것; 법정에서 제시하는 것; 사건이 종결되었을 때 폐기하는 것이 모두 포함된다. 증거는 적절하게 포장되고 안전하게 보관되어 최초에 발견된 것과 같은 상태가 유지되도록 해야 한다. 조사의 각 단계에서 증거 보관상태에 대한 기록이 유지되어야 한다. 이것을 **보관 사슬**(Chain of custody) 혹은 **증거 사슬**(Chain of evidence)이라고 한다.

범죄현장사진은 증거의 한 형태로 인정되기도 했지만 디지털 이미지가 도래하면서 사진의 신뢰성에 상당한 제약이 가해지기 시작했는데, 이는 디지털 사진들이 얼마든지 조작이 가능하기 때문이다. 디지털 사진과 감시 테이프의 증거 사슬(chain of evidence)이 매우 중요한데, "워터마킹(watermarking)처럼 디지털 이미지의 진위성을 확보해 주는 기술이 개발되고는 있지만 이러한 기술들은 아직 표준화되지 않고 있다"(Davison, 2005, p.140).

의사소통 기술: 정보 확보

보안 전문가들은 커뮤니케이션 비즈니스에 속해 있다고도 볼 수 있다. 성공적인 관리자가 되기에 필요한 모든 기술들 중에 의사소통 기술이 단연코 가장 중요하다고 할 수 있다. 게다가, 보안 업무의 모든 단계가 일정 형태의 의사소통과 관련이 되어 있다. 보안관리자와 온라인 요원들은 그들 업무의 모든 부분에서 일상적으로 의사소통을 하고 있는데, 이러한 의사소통은 그들의 고용인과 피고용인뿐만 아니라 일반 대중이나 다른 분야의 전문가들과도 이루어지게 된다.

효율적인 의사소통은 몇 가지 긍정적인 산출물을 생산해 낸다. 의사소통을 통해 정보를 전달하고, 가이드하며, 확인하고, 설득하며, 동기를 부여하고, 협상하거나 소산시킨다. 이와 반대로 비효율적인 의사소통은 혼란, 잘못된 기대, 잘못된 결론, 부정적 고정관념 형성(stereotype), 좌절, 분노, 적대감, 공격성과 물리적 충돌을 불러오게 된다.

면담과 취조(Interviewing and Interrogating)

사건이 발생하면 보안 조사관은 목격자와 면담하고 용의자를 취조해야 한다.

면담은 범죄사건의 목격자나 피해자와 하는 통제된 대화라고 할 수 있다. 취조는 범죄행위에 직·간접적으로 가담했다고 의심받고 있는 용의자와 하는 통제된 대화이다.

목격자 면담과 용의자 취조에 있어서 대체적으로는 겹치지만 때로는 극명하게 대조되는 서로 다른 접근방법이 요구된다(McDonough, 2005, p.88).

> 조사관들은 일반적으로 통상적인 면담과 좀 더 강도높고 어려운 취조를 모두 수행하게 되는데, 특히 취조는 "적대적 면담"이라고 불리기도 한다. 면담과 취조는 모두 형사절차의 일환이지만 각기 다른 목적에 사용되고 그 접근방법도 구별된다.
>
> 면담은 일반적으로 조사를 진행시키는 데 필요한 기본적인 정보, 사실들과 배경이 되는 사항들에 대한 정보를 수집하는 데 사용된다. 모든 목격자와 사건에 관련된 정보를 가지고 있다고 생각되는 모든 사람들이 대상이 된다. 면담을 실시하는 또 다른 이유는 절차와 과정에 대한 배경정보를 얻기 위해서이다.
>
> 예를 들어, 한 회사의 금고에서 자금이 사라진 사건에 있어서 금고에 현금을 집어 넣는 절차의 허점을 이용하여 범죄가 저질러졌다면 이 회사에서 현금을 금고에 넣는 표준절차를 정확히 파악하는 것이 사건해결의 관건이 될 것이다. 이렇게 함으로써 조사관은

나중에 금고 직원들을 조사할 때 모든 사람들이 절차를 준수하였는지 아니면 어떤 사람이 정상적인 절차를 벗어나는 행동을 했는지 등을 확인할 수 있다.

효과적인 면담은 친절하고 사무적인 톤으로 이루어지며 적대적이지 않다 - 최소한 처음 시작할 때는 면담은 단지 정보를 제공할 의도가 있는 사람에게 질문을 하는 것이다. 그리고 면담은 어떤 사람이 정보를 숨기거나 왜곡시키려고 하는지 알아내도록 하는 기능을 한다. 이러한 사람들은 나중에 취조의 대상이 된다.

비록 많은 조사관들이 최초 면담을 실시하기도 전에 누가 범인인지를 안다고 믿기는 하지만 최소한 이론적으로는 어느 누구도 사건 초기에는 유죄의 혐의를 받지 않는다.

면담과 달리 취조는 주된 범죄자이거나 범죄자들을 보호하기 위해 사실을 말하려고 하지 않는 사람들로부터 정보를 얻어내려고 하는 것이다. 취조가 면담과 가장 분명하게 구분되게 하는 것은 대상자의 비협조적인 태도이다. 따라서 취조는 반드시 피의자를 대상으로 하는 것이 아니라 무언가를 숨기려고 하는 사람을 대상으로 하는 것이라고 할 수 있다.

McDonough(p.86)는 "조사관은 면담이든 취조이든 결코 아무런 전략 없이 시작해서는 안 된다. 여기에는 접근방법을 결정하는 것, 사건의 기초사실관계를 조사하는 것, 타이밍을 잡는 것, 적절한 조사환경을 찾는 것, 대상자로부터 내가 무엇을 얻고자 하는지 명확히 하는 것과 구체적인 질문의 순서 등이 포함된다"고 한다.

취조의 한계 공공 경찰관은 취조를 하기 전에 피의자들에게 그들의 헌법적 권리를 고지하여 주게 되어 있다. 잘 알려진 미란다 판결(*Miranda v. State of Arizona*)에 의해 4세기 이상 이 권리가 보호받고 있다.

어떤 주들에서는 민간 조사관들이 면담을 할 경우에는 그 대상자들이 경찰에 의해서 강제적으로 체포되는 상황이 아니기 때문에 미란다 원칙을 고지하지 않아도 된다고 결정한 바 있다. 캘리포니아 사건(In re Debrorah C., 1981)에서 상점 보안요원(store detective)이 피의자에게 미란다 원칙을 고지하지 않고 체포하는 일이 발생하였다. 캘리포니아 대법원은 민간 보안 요원이 "강압의 가장 중요한 수단이 되는 공권력의 심리적 이점(Psychological advantage)을 가지고 있지 않기" 때문에 민간 보안 요원들은 미란다 원칙을 고지할 필요가 없다고 판시하였다. 그러나 고용주들은 공공 경찰과는 다른 형태의 강압(coercion)을 사용할 수 있는데 이 중 가장 강력한 방법은 퇴사를 시키는 것이다. 그리고 사업은 이익을 창출하기 위해 하는 것이기 때문에 회사의 이익보다 직원들의 안녕을 우선시할 의무는 없다.

공식적인 판결이 부족하긴 하지만, 많은 법원들과 판사들이 피의자에게 그들의 권리를 고지해 줄 것을 요구하고 있다. 왜냐하면 이들이 실제적으로 법을 집행하는 일과 같은 일을 하고 있기 때문에 공공 법집행기관의 기준을 따라야 한다는 것이다. 예를 들어, *People v. Haydel*(1973) 사건에서 법원은 상점 보안요원(private store detectives)들이 주법의 권한을 사용하였고 이에 따라 공공 경찰이 하듯이 '주의 대리인(agent of the state)'으로서 행위한 것이라고 판결하였다.

위법수집증거 배제법칙(exclusionary rule)은 공공 법집행관들의 불법적 행위를 막기 위해 고안된 것이기 때문에 주의 대리인으로 행위하지 않는 민간인이 증거를 수집하였을 경우에는 이 원칙이 적용되지 않는다. 그럼에도 불구하고 캘리포니아 대법원은 잘 훈련되고 재정적 지원을 받는 민간 보안 요원들은 상당부분 법집행에 관여하기 때문에, 특히 '형법 837조, 시민 체포 조항' 같은 주법의 경우, 공공과 민간 법집행 사이의 경계가 불분명해진다고 판시하였다.

비언어적 의사소통

보안 관리자의 외관은 —정장과 타이 혹은 사무적인 복장— 프로페셔널리즘(Professtionalism)을 나타낸다. 이와 마찬가지로, 보안 요원의 외관은 —유니폼과 배지, 때때로 총기— 권한(Authority)을 나타낸다. 이러한 '이미지'는 많은 사람들에게 위압감을 줄 수 있다. 딱딱한 표정은 이러한 위압감을 가중시킬 것이다; 미소는 이러한 위압감을 줄이거나 아예 없애 줄 수도 있다. 보안 요원들은 자신들이 보내는 비언어적 메시지에 대해 인식하고 있어야 하고 이를 자신들에게 유리한 쪽으로 활용할 수 있어야 한다.

비언어적 의사소통에는 눈동자의 움직임, 얼굴 표정, 자세, 복장, 목소리 톤, 거리와 접촉 등이 포함된다.

청 취

사람들은 너무나 자주 그저 듣기(Hearing)만 하고 진정으로 청취(Listening)하지는 않는 경향이 있다. 다음의 가이드라인이 청취력을 높일 수 있다.

- 대화의 상대방과 그가 보내는 메시지에 관심을 가지라. 공감하고 당신이 신경쓰고 있음을 보여 주어라.
- 자기 중심적이 되지 말라.
- 주의력을 흐트러뜨리지 않도록 하라.

- 개인적 편견에 의해 좌우되지 않도록 하라.
- 청취할 준비를 하고 다른 생각은 비우도록 하라.

효과적인 의사소통의 열쇠는 대화의 상대방에 대해 **공감**(empathy)을 표시하는 것인데 이것은 동정(sympathy)과는 다른 것이다. 공감은 상대방이 말하고자 하는 것이 무엇인지를 이해하고 어느 부분에서 그것에 동의하거나 그렇지 않을지를 아는 것이다.

다른 정보의 원천들

조사관들은 사건에 대해서 직접적 관련이 있다고 판단되는 정보 이외에 다른 정보의 원천들에 접근해야 한다. 보안 관리자들에 대한 설문조사결과 69%의 조사관들이 제3의 데이터베이스를 사용하였고, 67%가 지역 법집행기관으로부터 정보를 얻었고, 16%가 자신들의 사건과 관련해서 FBI 데이터베이스에서 정보를 얻었다고 한다(*Security Director News* "Newspoll," 2006, p.31).

조사 능력을 갖춘 보안 전문가는 IT 전문가와 팀을 이루어 데이터 마이닝(data mining)이라는 방법을 통하여 그들의 능력과 성공률을 제고할 수 있다. "디지털 데이터는 지문, 섬유조각 등과 같은 물리적 증거뿐만 아니라 행동패턴 분석을 통해 보다 분명하지 않은 증거들도 활용할 수 있도록 도와준다"(Harold, 2006, p.66). 과거의 조사관들은 발품을 팔고 문을 두드려서 정보를 획득했다면 오늘날의 조사관들은 최대한 기술을 활용하고 단서와 사실에 대한 데이터를 끌어 모음(mine)으로써 정보를 획득하고 사건을 해결한다(Harold, p.72).

맵핑(Mapping)은 사건해결을 위한 또 다른 유용한 도구이다. 일반적으로 지리적 구역에서 사용되지만 맵핑은 여러 장소에 있는 많은 회사들에 의해 사용될 수 있다. 맵핑은 **핫 스팟**(Hot Spot)을 알아내는 방법이기도 하다. 범죄의 핫 스팟에 대한 통일된 정의는 존재하지 않지만 일반적으로 '핫 스팟은 평균 범죄 혹은 무질서 행위의 건수보다 더 많이 발생하는 지역 혹은 평균보다 더 많은 사람들이 범죄의 피해를 당하는 지역'이라고 이해되고 있다(Eck et al., 2005, p.2).

의사소통 기술: 정보 제공하기

외부 의사소통(External Communication)은 일반 대중, 미디어나 법정과의 사이에서 일어나게 된다. 이것은 회사 외부의 모든 기관들 및 개인들과의 상호작용을 모두 포함한다. 이러한 의사소통은 효과적인 사업운영뿐만 아니라 건강한 홍보 프로그램의 운용을 위해서도 매우 중요하다.

대부분의 보안 관리자들은 현장 근무자들이 미디어에 자신들의 업무와 관련된 활동이나 상황에 대해 이야기하거나 의견을 표명하는 것을 금하고 있다. 의견 표명이나 설명에 대한 요청이 있을 경우 이를 보안 관리자에게 전달하여야 하고 보안 관리자는 또 회사 홍보부서에 이를 알려야 한다.

모든 사건들은 문서로 보고하도록 되어 있다. 어떤 시설에서는 그림 10.3에서 나타난 것과 같은 '사건 보고 일지(log)'를 사용하기도 한다. 이 일지에는 보안 요원이 업무시간 중에 보고 행한 것들을 시간대별로 상세하게 기록하도록 되어 있다. 예를 들어, 문을 열고 잠그는 것, 수돗물이 새는 것이 있는지, 기계가 오작동하는 것은 없는지, 특별히 부탁받은 것은 무엇인지, 어떤 사람을 특정 장소까지 에스코트한 것은 없는지, 그 외에 특별한 사건은 무엇이 있었는지 등을 모두 기록한다.

그리고, 보안 요원은 모든 잠재적이고 의심스러운 보안 위협과 실제적 보안 위협에 대해서 사건보고서를 작성하여야 한다(그림 10.4 참조). 이러한 보고서 대부분은 잘못된 것들을 바로잡는 행동이 취해져야 하는 상황들에 관한 것들이다. 잘못을 바로잡는 조치가 취해지면 그림 10.5에 나타난 것과 같은 후속조치 보고서가 작성되어야 한다. 후속조치나 결과보고서가 필요없다면 그러한 내용이 사건보고서에 기재되어야 한다.

이러한 보고서의 내용은 비밀이 지켜져야 하고, 보고서 자체도 승인받은 사람 이외에는 접근할 수 없도록 해야 한다. 좋은 보고서를 작성하는 요령에 대해 살펴보기 전에 일반적인 보고서의 기본을 생각해 보자 — 그것은 꼼꼼한 기록이다.

메모하기

메모는 기억에 대한 영구적인 보조수단이다. 어떤 것이든 긴급성을 띠는 일과 맞닥뜨리게 되면 모든 관련 정보들을 읽을 수 있도록 노트에 잉크로 기록하도록 하라. 잘 작성된 노트는 보안 요원으로 하여금 그들이 관찰한 사건이나 상황들, 그리고 조사관 자신과 다른 사람들이 취한 행동들을 잘 기억할 수 있도록 도와준다. 이러한 내용들은 공식 보고서의 토대가 되고 만약 법정에 출석하여 증언하게 되면 큰 도움이 될 것이다.

좋은 노트 작성의 ABC는 정확성, 간결성, 명확성과 완결성이다. 정확성은 정보를 거꾸로 반복해 보거나 이름들의 스펠링과 숫자를 확인함으로써 담보될 수 있다.

보안 서비스 일일 활동 일지(Daily Activity Log)

이 름	배지 #	근무시간	일 자
근무 구역			

시 간	세부 활동 내역

모든 내용을 상세하고 정확하게 기재하시기 바랍니다.

책임자 ______________________ 일 자__________

그림 10.3 사건 보고서 일지(Log)

간결성은 축약성을 의미하는데 관사(a, the)를 생략하거나; 불필요한 모든 단어를 생략하거나; 공통적인 약어(abbreviation)를 사용함으로써 달성될 수 있다. 보안 노트에서 일반적으로 사용되는 약어는 표 10.1에 정리되어 있다.

기업 사건 보고서

사건명 # ______________

일 자 ______________________ 사건 발생 일시 ______________________

사건 내용 요지 ____

____

____

세부 사건 내용(일자, 시간, 관련자, 장소, 상황 등

____

____

____

____

____

____

____

____

외부 관련 사항(장소, 진술 내용, 연락처, 법집행기관 연락처 등)

____

____

____

____

추정 손실액 ______________________ 추정 환수액 ______________________

사건 해결 방안 ____

____

____

후속조치 책임자 ____

보고자 ______________________ 전 화 ______________________

관리 책임자 ____

추가적 설명 및 관련 자료 첨부 가능.

사건 정보는 엄격히 비밀이 보장되어야 함.

그림 10.4 사건 보고서 양식

효과적인 메모는 정확하고, 간결하고, 분명하고 완전하다.

기업 사건 후속(Follow-up) 보고서

원 사건 보고서 번호 # ____________________

일 자 ____________________ 원 사건 보고일자 ____________________

본 사건은 ______________ 에 의해 조사 · 보고되었음. ____________________

____

____

____

이 사건으로 인해 어떠한 징계 내지는 시정조치가 취해졌거나 취해질 예정인가? ____________________

____

____

____

____

외부 기관/법집행 기관이 본건에 관여한 바가 있는가?

____

____

____

어떤 자원, 자산, 이익이 손실/회수되었는가? ____________________

____

____

이 사건으로 인해 누군가가 부상을 당하거나 협박받은 사실이 있는가? ____________________

____

____

이 사건으로 인한 교훈이나 개선방안은 무엇인가? ____________________

____

____

이 사건으로 인해 취해졌거나 취해져야 하는 조치는 무엇인가? ____________________

____

____

코멘트 ____________________

____

____

이 사건에 관한 조사내용의 사본과 관련 서류 및 기타 사항을 첨부하시오.

그림 10.5 사건 후속 보고서

표 10.1 보안 분야에서 사용되는 일반적 약어들

A&A	Assisted and advised	Off	Officer
AKA	Also Known as(alias)	Rec'd	Received
Asst.	Assistant	R/F	Right front
Art.	Attempt	R/O	Reporting Officer
Dept.	Department	R/R	Right rear
Dist	District	S/B	Southbound
DOB	Date of birth	Sub.	Subject
DOT	Direction of travel	Sup.	Supervisor
E/B	Eastbound	Susp.	Suspect
GOA	Gone on arrival	S/W	Stationwagon
Hdqtrs.	Headquarters	UNK	Unknown
I.D.	Identification	V.	Victim
L/F	Left front	Viol.	Violation
Lic.	License	W/B	Westbound
L/R	Left rear	Wit.	Witness
Memo	Memorandom	WFA *	White female adult
N/A	Not applicable	WFJ	White female juvenile
N/B	Northbound	WMA *	White male adult
NFD	No further description	WMJ	White male juvenile
NMN	No middle name		

메모의 명확성은 특정되고 구체적인 사실을 기록하는 것을 의미한다. 이때 사건 현장 자체가 복잡할 경우 다이어그램이나 스케치를 사용할 수 있다. 그리고 이후에 메모를 활용하여 보고서를 작성할 때 이해할 수 있도록 읽을 수 있게 써 놓아야 한다. 완결성은 조사관이 누가? 무엇을? 어디서? 언제? 어떻게? 왜? 하였는가 하는 데 대한 답을 메모로부터 얻을 수 있음을 의미한다.

좋은 메모는 객관적이고 주로 사실에 국한되며 추정이나 개인적 의견을 최소화하여야 한다. 좋은 메모의 중요성은 결코 과장될 수 없다 — 이것은 좋은 보고서의 바탕이 된다.

보고서 작성

대부분의 사람들은 활동성과 다이나믹한 면을 보고 민간 보안 영역에 들어간다. 그러나 이들은 민간 보안 영역에서 일하면서 얼마나 많은 서류 업무를 해야 하는지 잘 알지 못하고 있다. 민간 보안 요원들이 하는 거의 모든 행동에 대해 보고서가 작성되어야 한다. 보안 관리자 역시 많은 서류작업을 해야 한다.

가장 중요한 보고서로 행정(administrative) 보고서와 운영(operational) 보고서의

Canterbury Downs Security Report

일 자	
사건번호	

분류 - 사건 혹은 범죄 형태	담당자

사건 발생 시간	신고자	주 소	전화번호	신고 시간

피의자

성명-성-이름-중간이름									M.R.C 년도
성 별	인 종	생년월일	나 이	키	몸무게	머 리	눈		주민번호

고용주	회사명	직 위	대표번호	부서번호

주 소

피의자 이름과 주소

(1) ______________________________

(2) ______________________________

증 인 이름과 주소

(1) ______________________________

(2) ______________________________

세부 내용 : ______________________________

____

____

____

____

____

____

____

____

________ ________ ______________________________

작성자 서명 배지 번호

그림 10.6 캔터베리 다운스 운영(operational) 보고서 양식

출처: Canterbury Downs Race Track, Shakopee, MN.

두 가지가 있다. 행정 보고서에는 보안 부서의 일상적인 기능에 관한 사항을 기재하고 규정이나 절차, 적절한 보고 절차, 보안 설문, 평가 보고와 업무수행 보고 등이 포함된다. 운영 보고서에는 특정한 사건에 대해 보안요원이 취한 조치들이 기재된다. 대부분의 회사들은 자신들의 고유한 양식과 절차가 있지만 이들 양식들은 공통적인 요소를 가지고 있다. 일반적으로 보고서 상단에는 빈 칸들이 있어서 이것들을 보안 요원들이 채우도록 하고 있다(그림 10.6).

만약 한 부서에서 빈 칸, 밑줄이나 괄호를 채우는 형태의 보고서를 사용한다면 빈 곳이 모두 채워지도록 해야 하는데 해당사항이 없을 경우에는 '해당사항 없음: N/A(Not Applicable)', 알지 못할 경우에는 '모름(Unknown)'이라고 쓰더라도 모든 칸이 채워져야 한다. 기본적인 정보들이 빈 칸 안에 기재되고 나면 보안 요원은 아래 공간에 보다 상세한 설명을 써야 한다.

보고서는 향후에 사용될 중요한 정보를 저장하고 있는 영구적인 문서 기록이다. 보안 요원의 보고서는 단순히 사용되고 창고에 쌓아 두는 것이 아니다. Swobodzinski(2007, p.48)는 잘 작성된 보고서의 중요성을 강조한다: "당신의 보고서가 언젠가 대법원까지 가게 될 것이라는 생각을 가지고 작성하라."

조사 보고서는 이것을 읽는 사람에게 작성자에 대해 말해 준다: "배심원들과 지방 검사는 조잡한 보고서를 저급한 사고, 부주의한 조사와 동일시한다"(Sievert, 2004, p.35). 더구나 "당신은 훌륭한 조사를 하고 범인을 체포할 수 있다. 그러나 당신이 무엇을 하였는지 정확하고 명확하며 간결하게 설명하는 보고서를 쓸 수 없다면 유죄판결을 받지 못할 수도 있다"(Kanable, 2005, p.168).

잘 작성된 보고서의 특징

보고서는 보안 업무에 있어서 매우 중요하기 때문에 보안 요원이 좋은 보고서를 쓰는 능력을 개발하는 것이 매우 중요하다고 할 수 있다. 이러한 보고서는 정보를 잘 전달할 뿐만 아니라 보안 요원의 교육, 능력과 전문성을 보여 준다.

> 잘 작성된 보고서는 사실적이고 정확하며 객관적이고 완결성을 띠고 간결하며 명확하고 정확하며, 표준 영어로 되어 있고 읽을 수 있으며 시간에 맞추어 작성되어 있다(Hess and Orthmann, 2008, pp.38, 52).

사실 관계 모든 운영 보고서의 기본적인 목적은 사실을 기록하는 것이다. 사실은 증명될 수 있는 진술인데(이것이 나중에 거짓으로 판명날 수도 있지만 그러기 전까지는 여전히 사실로 분류된다) 예를 들면, '어떤 사람이 주머니가 불룩한 검정색 가죽 자켓을 입고 있다'라고 하는 것은 사실이다. 사실은 추정, 의견이라는 두 가지 형태의 진술과는 구분되어야 한다. 추정(때로는 판단으로 불리기도 한다)은 알려지지 않은 사실에 대한 논리적 추리이다. 위의 예에서는 '그 사람의 주머니가 불룩한 것은 총이 들어 있기 때문이다'라고 하는 것이다. 이러한 추정은 검정색 가죽 자켓을 입은 사람을 체포해서 주머니를 수색하여 총을 발견하게 되면 사실이 된다. 물론 그 반대의 경우일 수도 있다. 공식 보고서 상의 모든 추정들은 사실이 아니라 추정이라는 점을 분명히 밝혀야 한다.

의견은 개인적 믿음의 표현이다. 예를 들어, '검정색 가죽 자켓을 입은 사람들은 모두 불량배들이다'라고 하는 것이다. 공식 보고서에 의견을 삽입해서는 안 된다. 잘 쓰여진 보고서는 사실적이어야 하고 의견이 포함되어서는 안 된다.

사건 보고서에는 가정이나 **결론적인 말**들을 사용하지 말아야 한다. 여기서 가장 큰 문제는 어떤 사람이 무엇을 할 수 있고 무엇을 할 수 없는지에 대해 말하는 것이다. 예를 들어, "그 사람은 조사관의 질문에 답을 할 수 없었다"라고 하는 문장은 사실적 보고서에서는 "그 사람은 조사관의 질문에 답을 하지 않았다"라고 쓰여지게 될 것이다. 이보다 좀 더 정확하게 쓰려면 "그 사람은 어깨를 움츠리고는 아무 말도 하지 않았다"라고 할 수 있을 것이다.

흔히 하는 실수 중의 또 다른 하나는 "~에 의해 사인되었다"라고 하는 것인데 예를 들어 "카메라 출입증이 'John Doe'에 의해 사인되었다"라고 하는 문장에서 실제로 존 도우가 사인하는 것이 확인되지 않은 이상 "카메라 출입증 확인란에 'John Doe'라고 사인되어 있었다"라고 해야 한다. '~에 의해서(by)'라고 하는 작은 단어가 증인석에 서 있는 보안 요원에게 큰 문제가 될 수 있다는 점을 명심하라.

또 다른 문제는 보안 요원이 어떤 사람의 심리상태에 대해 이야기할 때 발생한다. 예를 들어, 대상자가 '긴장했다, 겁먹었다, 비협조적이다, 적대적이다'라고 하는 것이다. 이런 것들은 모두 보안 요원 입장에서 내린 결론들이다. 보고서는 결론이 아니라 결론으로 이어질 수 있는 정보들을 담고 있어야 한다. 따라서 위의 단어들을 사용하기보다는 대상자의 외관이나 행동을 묘사하는 것이 좋다. 예를 들어, 대상자가 '긴장했다'라고 하기보다는 '그 사람은 떨기 시작했고 땀을 많이 흘렸고 목소리도 떨렸다. 그는 반복적으로 자신의 어깨 너머로 문 쪽을 바라보았다'라고 하는 것이 좋다.

정확한 좋은 보고서에는 시간과 날짜, 관련된 모든 사람들의 이름, 전화번호, 주소가 정확하게 기록되어 있어야 하고, 자산, 차량, 피의자에 대한 정확한 설명이 담겨 있어야 한다. 그리고 정확성을 기하기 위해서는 내용이 구체적이어야 하는데, 예를 들어 피의자가 단순히 '작다'라고 하기보다는 '약 170cm 정도이다'라고 하는 편이 보다 정확하다.

객관적인 보고서는 사실적이고 정확할 뿐만 아니라 객관적이어야 한다. 그런데 보고서는 사실적인 내용들로 이루어져 있더라도 객관적이지 않을 수 있다. 객관적이라는 것은 공정하고 형평성을 잃지 않은 것을 의미한다. 보고서가 객관성을 상실하게 되는 것은 대개 두 가지 점에 기인한다. '잘못된 단어 선택'과 '구체적 사실의 생략'이 그것이다.

객관성은 사실에만 집중하고, 감정적으로 치우친 단어를 사용하지 않으며 양쪽의 주장을 모두 실어줌으로써 달성될 수 있다. 단어 선택은 객관적 보고서 작성에서 매우 중요한데 보고서를 읽는 사람은 다음 세 문장에 매우 다르게 반응할 것이다.

그 사람은 울었다. 그 사람은 눈물을 흘렸다. 그 사람은 흐느꼈다.

감정적인 효과가 거의 없는 울었다(cried)와 같은 단어들은 **지시적 언어**(denotative words)라고 불리는데, 어떤 단어의 지시적인 의미가 객관적인 의미인 것이다. 이와 반대로, 눈물을 흘렸다(wept), 흐느꼈다(blubberred)와 같이 감정적인 효과를 가지고 있는 단어들은 **함축적 언어**(connotative words)라고 불리는데, 한 단어의 함축적인 의미에는 긍정적이거나 부정적 의미가 내포될 수 있다.

완결성 있는 좋은 사건 보고서에는 최소한 6 가지 질문에 대한 답이 포함되어 있어야 있다: 누가, 무엇을, 언제, 어디서, 왜, 어떻게 하였나. 이 육하원칙에 해당하는 내용들이 상단 빈 칸들에 모두 포함되어 있더라도 보다 자세한 내용들을 아래쪽 공란에 기재해 주어야 한다. 보안 요원이 한 번 작성한 내용은 그 상태로 영원히 보관되기 때문에 모든 내용을 담아내는 것이 매우 중요하다. "보고서에 쓰여진 말들은 바꿀 수가 없다. 그리고 보고서에 실리지 않은 내용은 조사관의 진실성을 손상시키지 않으면서 추후에 첨가될 방법이 없다"(Scarry, 2007, p.68). 보안 요원이 빼놓는 것은 나중에 소송에 있어서 엄청나게 부정적인 영향을 미칠 것이다.

완결성의 또 다른 측면은 '독자 친화적(reader friendly)'이어야 한다는 것인데, 상단 빈 칸에 들어간 정보들은 하단에 설명을 적어 놓는 공란에 포함되어야 한다는 것이다. 보고서 작성자가 "위에 기재된 날짜에, 위에 기재된 시간에, 위에 기재된 이름의 피의자가…"라고 하단 공란에 쓰는 것은 매우 부적절하다고 할 것이다. 하단의 서술형 보고는 그 자체로 완결성을 띠어야 하는 것이다. 앞의 내용은 다음과 같이 써야 할 것이다. "2008년 12월 12일, 22:00시에 피의자, 잭 존스는…"

간결한 간결하려면 모든 단어가 제 역할을 하도록 해야 한다. 좋은 보고서는 가능한 한 적은 단어를 사용하여 관련된 모든 정보를 포함하고 있어야 한다. 그러나 그렇다고 해서 중요한 정보를 누락한다거나 'a, the'와 같은 관사를 빼 놓아서도 안 된다. 말이 많아지는 것은 다음 두 가지 기본적인 방법에 의해 줄여질 수 있다: (1) 불필요한 정보를 제거하는 것과 (2) 가능한 적은 단어를 사용하는 것이다. 예를 들어, "Blue in color"라고 하는 말은 "Blue"에 이미 색깔이라는 의미가 포함되어 있으므로 "in color"는 생략할 수 있다. 다음은 긴 구절을 같은 의미의 좀 더 간단한 단어로 바꾼 것이다:

made note of the fact that = noted (사실을 확인하다)
in view of the fact that = because (왜냐하면)
square in shape = square (네모난)
month of April = April (4월)

명확한 보고서의 내용은 오직 하나의 의미로만 해석되어야 한다. 예를 들어, "그 사람은 키가 컸다"라고 하는 것은 여러 가지의 의미로 해석이 가능하다. 그러나 "그 사람은 170cm였다"라고 하는 것은 그렇지 않다. 또 다른 예로 "보안 요원은 침입자를 엘리베이터에서 발견하고 그는 총을 발사했다"라는 문장에서 '그가 발사했다'라고 했는데 보안 요원과 침입자 중 누가 발사했다는 것인가? 명확하지 않은 문장이다.

때때로 명확하지 않은 문장은 의도치 않게 웃음을 줄 수 있다. 다음과 같은 예들을 살펴보자.

- ABC 보안회사에 의해서 차 3대가 도난당했다는 신고가 어제 접수되었다.
- 다음은 보안 관리자로부터 음란한 전화가 왔을 때 처리하는 방법입니다.
- 어두운 복도에서 승인받지 않은 사람이 나에게 다가왔을 때, 그를 나의 손전등으로 내리쳤습니다.
- 죄책감, 복수심과 고통은 참모들에게 파괴적인 감정일 수 있습니다. 당신은 그들을 제거해야 합니다.

문장을 명확하게 쓰기 위해서는 수식하는 단어와 문장을 그들이 수식하고자 하는 단어에 가깝도록 해야 한다. 예를 들어, "그는 방금 전 발사한 총집에 총을 넣었다"라는 문장에서 그가 발사한 것은 총집이 아니라 총이다. 이 문장은 "그는 방금 전 발사한 총을 총집에 넣었다"라고 하는 것이 보다 명확하다.

보고서 작성에서 명확성을 확보하는 또 다른 방법은 짧은 문장을 사용하고 이것을 짧은 문단으로 잘 정리하는 것이다. 너무 긴 문장은 읽기가 어렵다. 마찬가지로, 문단도 비교적 짧은 것이 좋은데 대개 5-10개의 문장 정도가 적절하다. 또한 보고서는 논리 정연해야 한다. 대부분의 보고서에서는 일반적으로 '언제'와 '어디서'로 시작해서 '누구'와 '무엇'에 대해 이야기하게 된다. 여기서 '무엇'에 해당하는 것들은 시간대별로 나열이 되어서 처음에서 끝으로 이어져야지 앞뒤로 왔다 갔다 해서는 안 된다. 대답이 필요한 질문에 대해서도 그 문단 내에서 답을 찾을 수 있어야 한다. 또한 문단 사이에는 칸을 띄우는 것이 독자 친화적(Reader friendly)이라고 할 수 있다.

기술적으로 정확한 잘 작성된 보고서는 기술적으로 정확하다. 메모한 것이 보고서로 전환될 때 문법에 맞추어 작성되어야 한다. 여기에는 철자법, 대문자 쓰기와 구두법 등이 포함된다. Arp(2007, p.101)는 철자법이 글쓰기에서 가장 주요한 부분이라고 주장한다. 그는 만약 당신이 어떤 단어의 철자를 정확히 모른다면 이 단어를 사용하지 말아야 한다고 주장한다.

표준 영어의 사용 모든 직업에는 의사소통을 간명하고 빠르게 하도록 해주는 자신들만의 **음어**(Jargon) 내지는 특화된 언어가 존재한다. 그러나 이러한 음어에 대해 전혀 알지 못하는 사람들이 읽게 될 보고서에는 음어들을 사용해서는 안 된다. 마찬가지로, 많은 사람들이 유식한 단어들을 사용하면 보고서를 읽는 사람들에게 깊은 인상을 남길 수 있을 것이라고 생각한다. Moore(2004, p.266)는 한 보안 요원의 사례를 들었는데 이 요원은 피의자가 "에로틱하게(erotically) 행동하였다"라고 썼는데 사실은 "괴상하게(erratically) 행동하였다"라고 쓰려고 했던 것이다. 이 요원은 그가 아는 단어를 썼어야 했다. 좋은 글은 인상(impress)을 주기 위해서가 아니라 표현(express)하기 위해서 쓰는 것이다.

게다가, 철자법, 대문자 쓰기, 구두법 등에 규칙이 있는 것처럼 언제 어떤 단어가 사용되어야 하는지에 대해서도 규칙이 있다. 예를 들어, 'he dont't'가 아니라 'he doesn't'가 맞고 'I seen it'이 아니라 'I saw it'이 맞다.

읽을 수 있고 시간에 맞는

잘 쓴 보고서는 읽을 수 있는 보고서이다. 그리고 시간에 맞추어서 작성되어야 한다. 보고서가 아무도 읽을 수 없거나 제때에 제출되지 못한다면 아무리 잘 썼어도 아무런 의미가 없다.

보고서 평가하기

그림 10.7과 같은 체크리스트가 보고서 평가에 사용될 수 있다. 만약 보안 책임자가 직원들의 보고서작성 능력이 향상되어야 한다고 생각하면 컨설턴트에게 의뢰

보고서 평가 체크리스트

- 보고서가
  - 사실적인가?
  - 정확한가?
  - 객관적인가?
  - 완결성이 있는가?
  - 간결한가?
  - 명확한가?
  - 읽을 수 있는가?
- 보고서가 다음을 사용하는가?
  - 1인칭 시점
  - 능동형 진술
  - 정확한 수정방법
  - 정확한 대명사
  - 평행적 문장 구조
- 문장들이 다음 요소들을 가지고 있지 않은가?
  - 분절된(fragments) 문장
  - 런 온(Run-on) 문장
  - 여러 가지 아이디어를 하나의 문장에 집어 넣기
- 문장들이 기술적으로 정확한가?
  - 철자법
  - 따옴표 사용
  - 약자
  - 숫자
  - 대문자 쓰기
  - 마침표
- 문장들이 문법적으로 정확한가?
  - 대명사의 사용
  - 주어와 동사의 일치
  - 형용사와 부사의 사용
  - 부정어의 사용
  - 관사의 사용
- 보고서가 읽는 사람으로 하여금 무슨 일이 발생했는지 그려볼 수 있도록 하고 있는가?

그림 10.7 보고서 평가 체크리스트

출처: Karen M. Hess and Christine H. Orthmann, 법집행기관에서 보고서 쓰기. 6th edition (Innovative Systems Publishers, Inc., 2008), p.208.

하여 '보고서작성 워크숍'이나 '보고서작성 훈련코스' 등을 개설하여야 할 것이다. 그리고 보안 요원은 보고서를 잘 써야 할 뿐만 아니라 법정에 출두하여 증언도 하여야 한다.

법정에서 증언하기

효과적인 수사와 전문적인 보고서의 중요성은 사건이 법원까지 가게 되었을 때 가장 잘 드러나게 된다. 사건은 고용주와 보안 요원을 피고로 한 민사소송이 될 수도 있고, 보안 요원이 검찰측에서 증언하는 형사사건이 될 수도 있다. 어떤 경우이든 보안 요원이 이에 대해 잘 준비가 되어 있고, 외관상 전문가로 보이고 또 그렇게 행동하는 것이 매우 중요하다. 따라서 모든 보안 인력들이 법정에서 무슨 일이 발생하는지에 대해 알기 위해 자신들과 상관 없는 재판을 몇 번 정도 참관하는 것이 바람직하다고 할 것이다.

재판이 있기 전에 '질문서'와 '진술서'가 사용될 수 있다. **질문서**는 피고가 답변해야 하는 질문들로 구성되어 있다. **진술녹취**는 작은 공판과 같은 것으로 피고의 진술이 녹음된다. Nyberg(2006, p.20)는 "당신과 검사가 진술녹취를 검토하여 공판정에서 의도하지 않은 실수를 하지 않도록 하라"고 조언한다. 준비는 보안 요원이 증언대에서 잘 할 수 있는 가장 중요한 요소이다(Nyberg, p.22). 보안 요원이 더 잘 준비될수록 배심원들에게 더 자신감 있어 보일 것이고 원고가 준비한 함정에 빠지게 될 가능성이 줄어들 것이다.

완벽한 준비는 사건과 관련된 모든 메모와 보고서에 대한 검토로부터 시작되어야 한다. 가능하다면 검사와 사전에 사건에 대해 논의하고 증언과 관련해서 발생할 수 있는 문제점들을 예상하도록 한다.

외관 역시 중요하다. 대부분의 경우에 보안 관리자는 법정에 사무적인 복장으로 출두하고 보안 요원들은 유니폼을 입고 간다. 그리고 효과적인 증언에 있어서 행동과 태도가 매우 중요하다. 보안 요원은 모든 것을 다 아는 것처럼 행동하는 것으로 보이거나 소송절차를 개인적인 것으로 받아들여서는 안 된다. 보안 요원은 법정에 있는 모든 사람들이 들을 수 있도록 분명하고 크게 말해야 한다. 그리고 법정에 있는 사람들을 '존경하는 판사님', '선생님' 등의 적절한 호칭으로 불러야 한다.

변호사는 보안 요원의 증언에서 허점을 찾기 위해 총력을 기울일 것이다. 증언의 허점을 찾는 것을 기술적으로 '증인 **탄핵하기**(impeaching)'라고 한다. 보안 요원이 검사 측에 서 있고 저질러진 범죄에 대해 중요한 정보를 가지고 있을 경우에는 별로 큰 어려움이 없지만, 보안 관리자나 보안 요원이 자신들의 어떤 행동 때문에 소송을 제기당했을 때는 훨씬 더 큰 어려움을 겪게 된다.

재 판

재판의 주된 참여자는 판사, 배심원, 변호사, 피고와 증인이다. 판사는 재판을 주재하고 증거와 절차의 채택여부를 결정하고, 질서를 유지하며, 배심원들에게 법을 해석해 주고 피고가 유죄로 판명될 경우 판결을 내린다.

배심원들은 모든 증인들의 증언을 듣고 그들의 경중을 가린다. 배심원들은 진술 이외의 다른 요소들도 고려한다. 증인들과 피의자, 검사, 변호사의 태도와 행동은 배심원들에 의해 지속적으로 관찰된다. 배심원들은 증인들이 질문에 어떻게 대답하는지와 검사 측과 변호인 측에 대해 어떤 태도를 보이는지를 눈여겨본다. 이들은 재판 과정에서 그들이 보고 듣고 느낀 것을 바탕으로 평결을 내린다. 전형적인 배심원들은 뉴스나 TV에서 보고 들은 것 이외에는 형사절차에 대한 경험이 거의 없다고 할 수 있다.

법률가들은 판사와 배심원들 앞에서 기소를 제기하거나 변호를 하는 활동을 한다. 법률가들은 서로를 견제하는 역할을 하며 법원과 판사가 요구하는 형사절차대로 소송을 진행시킨다.

피고들은 증언대에 설 수도 있고 그렇지 않을 수도 있다. 만약 증언대에 서게 되면 모든 질문에 대해 답을 해야 할 것이다. 이들은 제 5 수정조항을 이용하여 답변을 거부할 수 없다. 증인들은 자신들이 개인적으로 알고 있는 사실들을 말하여야 한다. 그림 10.8은 재판에서 참여자들의 관계를 보여 준다.

형사 재판 절차

배심원 없이 판사의 배석만으로 이루어지는 재판을 **판사단독재판**(bench trial)이라고 하는데, 검사와 변호사는 법원에 대하여 직접적으로 모두진술(Opening statement)을 하게 된다. 모두진술은 검사가 어떻게 혐의를 입증할지와 변호사가 어떻게 검사의 주장을 방어할지를 요약하여 간략하게 진술하는 것을 말한다. 배심원 재판에서는 모두진술이 판사와 배심원 앞에서 행해지게 된다.

형사 절차는 다음과 같다:

- 배심원 선정
- 검사와 변호사의 모두진술
- 검사의 사건 관련 진술
- 변호사의 사건 관련 진술

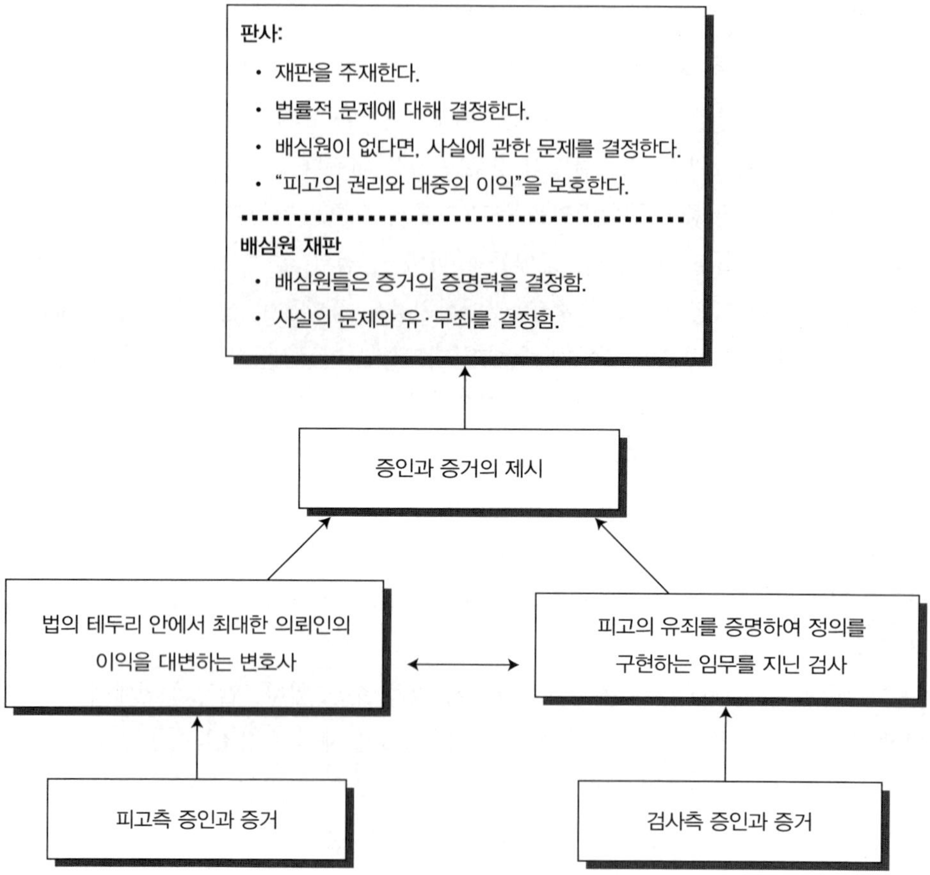

대부분의 민 · 형사 재판에서 배심원들의 이름과 주소를 공공기록을 통해 알아 볼 수 있다. 이것이 대부분의 사람들에게는 문제가 되지 않지만 형사사건에서 피고가 잠재적으로 위험하거나 보복할 가능성이 있는 경우에는 배심원 자신들과 가족들의 안위가 문제될 수 있다.

이렇듯 배심원들에 대한 보호가 필요한 경우에 법원은 배심원 정보의 공개를 제한할 수 있다. 법원은 배심원 정보 공개 제한을 정당화하는 사유로 다음과 같은 것들을 열거하였다. (1) 피고가 조직범죄에 연루된 경우, (2) 배심원을 해할 수 있는 집단에 피고인이 참여한 경우, (3) 피고가 과거에 배심절차에 개입하려고 한 적이 있는 경우, (4) 배심원들의 이름이 공개되어 협박이나 위해를 당할 수 있는 가능성이 커진 경우. *United States v. Darden*, 70 F. 3d 1507, 1532 (8th Cir. 1995); *United States v. Ross*, 33 F. 3d at 1520.

그림 10.8 재판 참여자의 관계

출처: Thomas J. Gardner and Terry M. Anderson, 형사 증거: 원칙과 사례들, 5th ed.(Belmont, CA: Wadsworth Publishing, 2004), p.22.

- 검사와 변호사의 최후 진술
- 배심원에 대한 교양
- 배심원 심사
- 평결 낭독
- 판결 선고

검사가 사건에 대해 먼저 진술한다. 검사측 증인들은 법정에 출두하여 증언을 하고 검사의 질문에 답하는 방식으로 조사를 받게 된다. **직접 심문**(Direct Examination)은 증인이나 피고인을 증인신청한 사람이 자신의 주장을 증명하기 위하여 먼저 질문하는 것을 말한다. 직접 조사가 끝나게 되면 반대편 사람이 **반대 심문**(Cross-examination)을 하게 된다. 반대 심문은 증언의 신빙성을 검증하기 위하여 반대편에서 질문을 하는 것을 말한다. 반대 심문이 끝나면 반대편이 다시 질문을 할 수 있고 이 질문이 끝나면 다시 반대편이 질문을 할 수 있다.

검사가 모든 검사측 증인에 대한 직접 심문을 마친 다음에 변호사가 변론을 시작할 수 있다. 변호인이 자기 측 증인에 대해 직접 심문을 하고 나면 검사가 반대심문을 할 수 있고 이 다음에 변호사가 재반대심문, 검사가 다시 재반대심문을 할 수 있다.

양측이 모두 자신들의 자기측 증인을 조사한 다음에 반대(rebuttal) 증인을 조사할 수 있다. 이렇게 해서 모든 증거조사가 끝나게 되면 검사와 변호사는 배심원에게 최후변론을 하게 된다. 여기서 변호인은 양측의 증거들을 검토하고 왜 피고가 무죄인지에 대해 배심원들을 설득하게 된다. 피고의 무죄를 입증하기 어려운 경우에는 선처를 구하기도 한다.

판사는 배심원들에게 해당 사건에 적용할 수 있는 법에 대해 교양하고 어떻게 결정을 내릴지에 대해서도 지도한다. 배심원들은 배심원실로 가서 의견을 나누고 심사숙고한 후 평결에 도달한다. 평결이 내려지면 법정이 다시 소집되고 평결이 낭독된다. 만약 평결이 무죄이면 피고는 풀려나게 되고 평결이 유죄이면 판사가 판결을 선고하거나 다른 날짜를 정하여 판결을 선고하게 된다.

직접 조사 시 증언하기

> 당신이 법정에 서게 되면 당신의 신뢰성, 전문성, 지식, 능력, 판단력, 현장에서의 행동, 무력의 사용, 회사 규정의 준수여부, 피고인의 권리 보호 등 모든 측면이 판단을 받게 된다
>
> \- Devallis Rutledge(2000, p.12)

첫인상이 중요하다. 보안 요원들은 법정에 들어설 때 자신들이 무엇을 하고 있는지를 잘 알고 있어야 한다. 보안 요원들은 법정에 정해진 시간보다 일찍 가서 법정의 구조와 분위기를 익혀야 한다. 이름이 호명되면 '여기요' 내지는 '참석했습니다'라고 답하고 법정 앞쪽으로 이동해야 한다. 보안 요원들은 변호사를 지나 검사와 판사 사이로 이동한다. 검사, 변호사와 판사 사이의 구역을 '**증인 보호구역**(the well)'이라고 하는데 이곳은 판사가 진술인을 보호하기 위한 장소이다. 판사가 요청하지 않는 한 아무도 이곳에 다가갈 수 없다.

먼저 검사는 진술인의 이름과 지위를 물어볼 것이다. 보안 요원들은 질문에 답할 때 부적절한 형태의 진술을 하지 않도록 주의해야 한다.

부적절한 진술에는:

- 의견 (증인이 전문가가 아닌 한 하지 말아야 한다)
- 전문(전해 들은 말)
- 면책특권의 공표
- 피고인의 범죄 경력을 포함한 피고의 성격과 세평에 대한 진술

효과적인 증언을 위한 가이드라인

- 명확하고 분명하게 진술하라.
- 질문에 대해서만 답하라. 먼저 자발적으로 정보를 제공하지 않도록 하라.
- 대답을 하기 전에 잠시 멈추도록 하라.
- 세부적인 내용이 잘 기억나지 않으면 메모를 참조하도록 하라.
- 답을 알지 못할 경우는 조용히 인정하라.
- 증언과정에서 실수를 하게 되면 인정하라.
- 음어, 비꼬는 말과 유머를 피하라.
- 자신이 알고 있는 진실만을 이야기하라.

보안 요원들은 법정 진술에 대해 잘 준비해야 하지만 모든 것을 다 알고 있을 것을 기대할 수는 없기 때문에 진실을 말하고 있는 한 '저는 모르겠습니다'라고 말하는 것이 항상 가능하다. Moore(2005, p.84)는 질문에 대한 답을 하고 나면 입을 다물라고 조언한다: "결코 질문이 요구하는 이상의 정보를 자발적으로 제공하지 말아라."

보안 요원들은 증언대에서 인간적인 모습을 보일 수 있다 —울거나 실수를 인정하는 등의— 그러나 거짓말을 하거나 거짓말을 하는 듯한 모습을 보여서는 안 된다(Navarro, 2004, p.29). 이들은 또 논쟁하거나 비꼬거나 위트를 사용하지 않도록 해야 한다. 보안 요원들은 직접적이고 확실하며 적극적인 자세로 대답하고 검사측이

질문하든 변호사측이 질문하든 상관없이 예의바른 태도로 답변해야 한다. 그리고 피고인 측에 이익이 되는 정보를 주는데도 주저함이 없어야 한다. 이들의 가장 중요한 임무는 사건에 대해 그들이 알고 있는 것을 있는 그대로 진술하는 것이다.

효율적인 증언을 위한 전략

전직 경찰관인 Rutledge(2000)는 현재 검사로 재직 중인데 다음과 같은 법정 진술 전략을 제안한다.

효율적인 증언 전략에는 (1) 바른 자세로 앉고 (2) 피고측 변호사를 자극하여 당신에게 설명할 수 있는 기회를 주도록 하고 (3) 조건적이지 말고(be unconditional) (4) 시간을 끌지 않기 등이 있다.

- 법원 규칙은 당신이 질문에 답하는 것을 엄격하게 제한하고 있다. 제 정신인 변호사라면 결코 당신에게 변명할 기회를 주려고 하지 않을 것이다. 따라서 만약 당신이 배심원들에게 설명할 기회를 얻고 싶다면 변호사를 자극하여 당신에게 설명할 기회를 주도록 유도해야 한다. 이런 자극을 가할 수 있는 말들로 '결단코, 분명히, 분명히 아닌, 당연히, 당연히 아닌' 등이 있는데, 이보다 더 단순하지만 항상 효과가 있는 '예, 아니오'를 사용할 수도 있다(pp.24-27).
- 조건적이지 않아야 한다. 때때로 경찰들은 조건적인 단어 'Would'를 사용하는 것을 좋아하는 것으로 보이는데 내가 사건을 기소할 때 이 단어를 들으면 짜증이 난다. 이 단어는 너무 애매모호하기 때문이다.

  예:

  문 : 당신의 파트너는 누구였습니니까?

  답 : 그건 Hill 요원이라고 해야겠네요(That would be Officer Hill).

- 시간을 끌지 말라. 변호사가 하는 질문에 질문으로 답하지 말라.

  예:

  문 : 손전등 들고 있었나요?

  답 : 내가 손전등을 들고 있었냐구요? 예, 그렇습니다(p.75).

반대신문에 답하기

반대신문이 증언에서 가장 어려운 부분이다. 변호사는 피고의 무죄를 주장하는 보안 요원의 직접 증언에 의문을 표시한다. 보안 요원이 무능하거나 거짓말을 하거나 아니면 양자 모두일 것이라는 인상을 주게 함으로써 보안 요원의 신뢰성에 흠이

표 10.2 반대신문의 일반적 전략의 요약

변호사의 전술	예	목적	보안 요원의 대답
속사포 질문하기	대답할 시간을 거의 주지 않고 질문을 연달아 하기.	당신을 혼란시키고, 일관성 없는 답을 하도록 유도하기 위함.	시간을 가지고 대답을 생각한다. 주의깊게 답변한다. 질문을 다시 해 달라고 요구한다. 답변을 하지 않는다.
거들먹 거리기	자상한 척 다가와서 조롱하듯이 지나치게 동정심 표시하기.	당신이 자질이 없고 자신감도 없다거나 믿을 만한 목격자가 아니라는 인상을 주기 위함.	확신을 가지고 명확하게 대답하고, 부적절한 표현이 있으면 다시 질문해 줄 것을 요청한다.
친절하게 대하기	매우 정중하고 예의바름; 변호사의 생각대로 당신을 유도해 가는 질문들.	당신을 잘 구슬려서 변호사측에 유리한 진술을 하도록 하기 위함.	정신을 차리고 있는다. 변호인은 당신 증언의 증명력을 떨어뜨리거나 부정하려는 목적을 가지고 있음을 명심하라.
적대적으로 대하기	얼굴을 똑바로 쳐다보면서 소리지른다. "그렇지 않아요, OO씨?"	당신을 화나게 해서 논리적인 사고를 못하도록 하기 위함인데, 흔히 속사포 질문을 함께 사용하기도 한다.	침착을 유지하고, 안정된 목소리로 말하고, 검사에게 이의를 제기할 시간을 주도록 한다.
이름과 직책을 의도적으로 잘못 부르기	당신의 이름은 잰슨인데 변호사는 당신의 이름을 존슨이라고 부름.	당신의 주의를 모르는 사이 흩뜨려 질문에 집중하지 못하게 함으로써 실수를 하도록 하기 위함.	잘못된 발음에는 신경쓰지 말고 질문에 집중하도록 한다.
유도질문하기	"차 색깔이 파란색이었나요?"	질문을 통해 대답을 유도해 내기 위함.	유도하는 내용은 무시하고 질문의 핵심에 집중한다.
설명이 필요한 내용에 '예', '아니오'로 대답할 것을 요구하기	"당신이 OO를 곤봉으로 때렸나요?"	배심원이 고려해야 하는 세부적 관련 사항을 말하지 못하게 하기 위함.	질문에 대한 설명을 할 것. 변호사가 대답을 가로막고 '예'나 '아니오'로만 대답하라고 하면 판사가 충분히 답변을 하라고 할 때까지 기다린다.
목격자의 말 뒤집기	당신이 "사고가 사거리에서 27미터 떨어진 곳에서 발생했습니다"라고 하면 변호사가 "사고가 사거리에서 72미터 떨어진 곳에서 발생했다구요?"라고 한다.	당신을 혼란스럽게 하고 당신에 대한 불신을 표시하기 위함.	변호사가 당신이 한 말을 반복할 때마다 주의깊게 듣고, 잘못된 부분이 있으면 정정하도록 한다.
반복적 질문하기	약간씩 말을 바꾸어 다시 같은 질문을 반복한다.	일관성이 없고 모순되는 진술을 얻기 위함.	질문을 주의깊게 듣고 "그 질문에 방금 전에 대답했습니다"라고 말한다.
모순되는 답변하기	"Smith 요원, Brown 형사는 방금…라고 말했는데요."	수사의 일관성 부족을 보여 주기 위함. 이 전략은 주로 측정치와 시간 등에 사용됨.	침착을 유지한다. 모순되는 진술은 증인을 초조하게 만든다. 측정치와 시간 등을 정확히 모른다면 '대략'이라는 말을 사용하고 메모를 참조한다.
응시하기	당신이 답변을 한 후에 변호사는 더 나올 것이 있다는 듯 당신을 바라본다.	정지하고 바라보면 그 공간을 무언가로 채우게 되어 필요이상의 말을 하게 되는데 이 점을 노림.	다음 질문을 기다린다.

출처: "보안요원의 법정 진술" 훈련의 열쇠 #248에서 발췌.

가도록 하는 것이 변호사의 가장 중요한 임무이다(Rutledge, p.118). 변호인은 보안 요원의 가장 취약한 부분을 찾아 공격하고, 속이고, 혼동시키고, 좌절하게 만들고 짜증나게 함으로써 이 목표를 달성할 수 있다. 표 10.2는 반대신문 동안에 변호사가 사용하는 일반적인 전략들을 요약한 것이다.

반대신문 동안에 변호인은 다음과 같은 것들을 할 수 있다:

- 경계심을 무너뜨릴 정도로 친근하거나 무서울 정도로 무례하게 대한다.
- 증인의 신뢰성과 편향성을 공격한다.
- 증인의 수사기법을 공격한다.
- 모순이나 불일치한 점이 생기도록 유도한다.
- 유도신문을 하거나 의도적으로 증인이 한 말을 잘못 인용하도록 한다.
- 복잡한 질문에 대해 간단히 답할 것을 요구한다.
- 속사포 질문법을 사용한다.
- 침묵의 전략을 사용한다.

최고의 증언은 정확하고 진실되며 사실에 근거하고 있는 것이다. 보안 요원이 말하는 모든 단어들은 녹음이 되고 변호사들에 의해 재생이 되고 이용될 것이다. 그러나 25년 전 Dr. Albert Morabian에 의해 실시된 연구와 UCLA 연구의 결과, 의사소통은 3개의 채널을 통해 전달되는 것으로 밝혀졌다.

- 의사소통의 7%는 우리가 말하는 것을 통해 전달된다 — 실제 사용된 단어들
- 의사소통의 38%는 우리가 어떻게 말하는가 하는 것이다 — 목소리 톤, 피치, 높낮이 등
- 의사소통의 55%는 비언어적 채널을 통해 전달된다 — 바디 랭귀지, 제스처, 태도 등

이 연구결과는 법정에서 증언하는 사람들에게 엄청나게 큰 메시지를 던져 준다. Van Brocklin(2005, p.48)은 증언대에서 보안 요원이 자신의 신뢰성을 약화시키는 행동으로 다음과 같은 것들이 있다고 한다: 방어적이거나 회피적인 목소리 톤, 불편하거나 초조해 보이는 것, 눈맞춤을 하지 못하는 것, 방어적으로 팔짱을 끼는 것, 일반적 용어를 얼버무리는 것, 경직되게 앉아 있는 것, 반대신문 동안에 검사를 도움을 청하는 눈길로 바라보는 것, 부적절한 유머를 사용하는 것과 '아', '어'를 많이 사용하는 것.

반대에 대한 대처방법

Rutledge(p.97)는 다음과 같이 반대에 대처할 것을 제안하였다: "대부분의 주에는 최소한 44개의 표준적인 재판상 반대가 존재한다. 우리는 여기서 증언하는 조사관이 직면하게 될 문제의 최대 90%까지 차지하게 될 2가지 사항에 대해 이야기하고자 한다: 그 첫 번째는 당신의 대답이 추정적인 경우이고, 두 번째는 질문에 대해 적절하지 않은 답변을 하는 것이다.

- 추정적인 답변을 하지 않는 방법 중 하나는 질문 형태가 무엇인지를 먼저 파악하는 것이다. 상대편 변호사는 당신에게 다음과 같은 어구로 시작하는 질문을 던짐으로써 당신으로 하여금 추정이나 짐작하는 대답을 하도록 유도할 것이다: 당신은 ~이라고 추정하시나요? ~이라고 추측하시나요? ~이라고 생각하시나요? ~이라고 할 수도 있나요? ~이라고 상상하시나요? ~이라고 추정하는 것이 합당할까요? ~이라는 것이 좀 이상하지 않나요? 그리고 조사관들이 흔히 듣게 될 말 중 하나는: ~하는 것이 가능한가요? 이다(pp.98-99).
- 추정적 증언에서 또 다른 주요한 부분은 내가 '생각읽기'라고 부르는 것이다. 우리는 다른 사람의 머릿속에 들어갈 수 없다. 이것은 당신이 다른 사람이 무엇을 보고, 듣고, 느끼고, 생각하고 원하는지 알 수 없기 때문에 여기에 대해서 증언할 수 없다는 것이다. 그리고 당신은 다른 사람이 무엇을 하려고 하는지, 무엇을 할 수 있는지, 아니면 그가 긴장하고 있는지, 흥분하고 있는지, 화가 났는지, 두려운지, 기쁜지, 열 받았는지, 혼란스러운지 등에 대해 알 수 없다. 이런 감정들은 단지 추정적 어구와 함께 정의될 수 있을 뿐이다.

전문가의 증언

어떤 분야에서 전문가로 인정받는 요원들은 의견과 최종판단을 제시할 수 있다. 그러나 이렇게 되기 위해서는 검사가 증인석에 서 있는 해당 보안 요원을 전문가로 인정해야 한다. 다시 말해, 이 보안 요원이 일반적인 교육을 받거나 적당한 경험을 가진 사람들이 가질 수 없는 전문적인 지식을 갖고 있는 것으로 판단되어야 한다. 전문가적 증인으로 인정받기 위해서는 다음의 사항들이 충족되어야 한다.

- 특정 분야에서 과거 혹은 현재에 일하고 있을 것.
- 해당 분야 전문가 집단의 적극적 참여자일 것.
- 해당 분야에서 연구실적이 있을 것.
- 해당 분야에 관한 학위가 있을 것.

- 해당 분야에 고용된 적이 없다면 직접적인 경험이 있을 것.
- 해당 분야에 대한 학술논문, 저서 등이 있거나 강의 경험이 있을 것.

전문가로 인정받은 보안 요원이 증인석에 서게 되면, 세 가지 형태의 질문을 받게 될 것이다. (1) 개인적 지식에 관한 것, (2) 사건 관련 사실에 관한 것, (3) 가설적 질문에 관한 것. 모든 가설적 질문들은 증언이 되었거나 증언이 될 사실에 바탕을 둔 것이라야 한다. 마지막으로 ASIS는 보안 요원이 증언을 하는 데 돈을 받는 것을 부끄러워할 필요가 없다고 한다. 보안 요원들은 단지 진실을 말하기만 하면 되는 것이다.

요 약

- 조사관의 주된 임무는 긴급한 도움을 주고, 사건 현장을 확보하고, 증거와 정보를 수집하고, 정보를 메모하고 보고서를 작성하고 민·형사 법정에서 증언하는 것이다.
- 사건의 성공적인 해결을 결정하는 가장 중요한 요소는 보안 요원이 최초 보고시에 수집한 정보이다.
- 보안 요원이 조사하게 될 가장 흔한 형태의 범죄들은 폭행, 불안감 조성/소란/무질서행위/침입절도/무단출입/강제침입 절도, 무단침입과 기물파손이다.
- 면담은 범죄의 목격자나 피해자와 행하는 통제된 대화이다. 취조는 범죄에 직·간접적으로 가담했다고 의심받는 사람과 하는 통제된 대화이다.
- 비언어적 의사소통은 눈동자 움직임, 얼굴 표정, 자세, 제스처, 복장, 목소리 톤, 거리와 접촉 등을 포함한다.
- 효과적인 메모는 정확하고, 간결하며, 분명하고, 완전한 것이다.
- 잘 작성된 보고서는 사실적이고, 정확하며, 객관적이고, 완결성이 있으며, 간결하고, 분명하며, 기술적으로 정확하고, 표준영어로 쓰였으며, 읽을 수 있고 시간에 맞추어 작성된다.
- 형사재판의 절차는 배심원 선정, 검사와 변호사의 모두진술, 검사의 기소내용 설명, 변호사의 변론, 검사와 변호사의 최후변론, 배심원에 대한 교양, 배심원의 평결을 위한 숙고, 평결 낭독, 판결 선고.
- 보안 요원은 증언을 할 때 의견(전문가로 인정되어 증언할 때는 예외임), 전해들은 말, 전과를 비롯한 피의자의 성격이나 세평에 대한 말을 하지 않도록 주의해야 한다.
- 효과적인 증언을 위한 가이드라인은 다음과 같다.
  - 명확하고 분명하게 진술하라.
  - 질문에 대해서만 답하라. 먼저 자발적으로 정보를 제공하지 않도록 하라.
  - 대답을 하기 전에 잠시 멈추도록 하라.
  - 세부적인 내용이 잘 기억나지 않으면 메모를 참조하도록 하라.
  - 답을 알지 못할 경우는 조용히 인정하라.
  - 증언과정에서 실수를 하게 되면 인정하라.
  - 음어, 비꼬는 말과 유머를 피하라.
  - 자신이 알고 있는 진실만을 이야기하라.

- 효율적인 증언 전략에는 (1) 바른 자세로 앉고 (2) 피고측 변호사를 자극하여 당신에게 설명할 수 있는 기회를 주도록 하고 (3) 조건적이지 말고(be unconditional) (4) 시간을 끌지 않기가 있다.
- 반대신문 동안에 변호인이 일반적으로 사용하는 전략들을 예상하고 있어야 한다. 변호사들은 경계심을 무너뜨릴 정도로 친근하거나 무서울 정도로 무례하게 대하고, 증인의 신뢰성과 편향성을 공격하며, 수사기법을 공격하고, 모순이나 불일치한 점이 생기도록 유도하고, 유도신문을 하거나 의도적으로 증인이 한 말을 잘못 인용하도록 하며, 복잡한 질문에 대해 '예', '아니오'로만 대답하도록 하고, 속사포 질문법을 사용하거나 침묵의 전략을 사용할 수 있다.

응 용

1. M. C. 자동차 부품 유통 센터에 근무하는 보안요원 Bart Gibson은 최근 재고목록조사에서 스파크 플러그 박스가 많이 사라진 것이 발견되었고 손실이 점점 더 커지고 있다는 말을 들었다. 사건의 진상을 밝히고 손실을 줄이는 것은 Gibson의 임무였다.

상당한 시간동안 유통센터의 직원들을 면담을 하고 조사를 한 결과, Gibson은 일부 직원들이 점심시간에 창문 밖 풀숲으로 부품들을 내던진다는 것을 알게 되었다. 이들은 근무시간이 끝나게 되면 훔친 물건들을 주워서 회사를 떠났다. 보안요원은 또 회사 근처의 카센터에서 훔친 스파크 플러그를 아주 싼 가격에 사 준다는 것도 알아냈다.

Gibson이 정보원이 부품을 밖으로 내던진다고 알려준 풀숲 옆에 있는 창문을 감시하기 시작한 첫날, Gibson은 누군가가 무언가를 밖으로 내던져서 그런 것처럼 나뭇가지가 움직이는 것을 포착하였다. 점심시간이 끝난 후에 나뭇가지가 움직인 지점을 빠르게 수색했고 스파크 플러그, 워터 펌프, PCV 밸브 각 한 상자씩을 발견했다.

그는 이 장소를 벗어났고 오후 4시 30분에 근무시간이 끝나자 Gary Schmitz가 풀숲으로 들어가서 위 물건들을 들고 나오는 것을 보았다. 그는 Schmitz가 그의 차에 물건을 싣고 회사를 떠나도록 했다. 그런 후 Schimitz가 유통 센터에서 5 블록을 갔을 때 Schmitz를 멈춰 세워 훔친 물건들을 압수하고 Schimitz를 체포하여 회사 보안 사무실로 데려갔다. 여기서 그는 보안 책임자에게 위 사실을 보고하고 Schmitz가 한 일에 대해 취조하기 시작했다.

Schmitz는 어느 정도 협조적이긴 했지만 보안요원들에게 절도행각에 대해 이야기하기를 꺼렸다. 보안 요원은 계속해서 Schmitz를 추궁했고 그를 기소해서 법이 허용하는 최고형량을 받게 해서 교도소에 복역하게 할 것이라고 위협했다. Schmitz는 만약 보안 요원들이 거래를 한다면 모든 것을 말하겠다고 했다. 그는 기소되게 되면 직장을 잃게 되므로 기소되는 것을 원하지 않는다고 했다. 그는 부품절도에 관해서 어떤 일이 벌어지고 있는지와 자기 말고 부품절도를 하고 있는 사람들도 알고 있었다.

Schmitz의 이러한 제안은 보안 요원들에게 고민거리를 안겨 주었다. 왜냐하면 보안 요원들은 그들이 일을 잘해서 회사내 절도조직을 일망타진했다는 것을 그들의 상사에게 보여 주고 칭찬받기를 원했기 때문이다.

- 이러한 상황에서 당신이라면 더 이상의 절도를 막기 위하여 Schmitz의 요구에 어디까지 동의할 것인가?
- 아니면 Schmitz와 계속 상대해야 하는 것인가?
- Schmitz를 믿을 수 있는가?
- Schmitz가 보안요원들을 훔친 물건을 구입한 장물아비에게 데려다 줄 것인가?
- Schmitz와 거래하는 것이 윤리적인가?
- 다른 직원들에 대한 영향은 어떠할 것인가?

이것은 당신이 결정해야 할 문제이다. 어떻게 할 것인가?

2. 당신은 Allen Security 회사의 감독자이다. 그런데 당신의 보안 요원 중 하나가 민사소송 사건으로 법원에 출석해야 한다고 한다. McDuff 요원은 한 번도 법정에서 증언해 본 적이 없기 때문에 당신에게 어떻게 전문가로서의 이미지를 보여 줄 수 있는지 물어보고 있다. McDuff 요원에게 어떻게 조언해 주겠는가?

논의 사항

1. 좋은 조사관이 되기 위해 필요한 기본적인 기술들을 습득하기 위해 어떻게 해야 하는가?
2. 당신이 조사하는 사건의 성공적인 처리를 위하여 가장 중요한 요소는 무엇이라고 생각하는가?
3. 민간보안의 영역에서 'predication(혐의 확신)'을 어떻게 이해해야 한다고 생각하는가?
4. 메모하기와 보고서작성 능력을 향상시키는 방법은?
5. 증언대에 서 있는 보안요원에게 속사포 질문을 하여 혼동을 일으키고 결과적으로 진술의 일관성을 흐트러뜨리려는 변호사에 어떻게 대응해야 하는가?

참고문헌

Arp, Don, Jr. "Effective Written Reports." *Law and Order*, April 2007, pp.100-102.

Bennett, Wayne W. and Hess, Karen M. *Criminal Investigation*, 8th edition. Belmont, CA: Thomson Wadsworth, 2007.

Davison, Dean P. "The Verdict on Digital Evidence." *Security Management*, May 2005, pp.139-142.

Eck, John E.; Chainey, Spencer; Gameron, James G.;

Leitner, Michael; and Wilson, Ronald E. *Mapping Crime: Understanding Hot Spots*. Washington, DC: National Institute of Justice, August 2005.

Harold, Charles A. "The Detective and the Database." *Security Management*, March 2006, pp.66–72.

Hess, Kären M. and Orthmann, Christine H. *For the Record: Report Writing in Law Enforcement*, 6th edition. Bloomington, MN: Innovative Systems-Publishers, 2008.

Kanable, Rebecca. "Getting It Right." *Law Enforcement Technology*, September 2005, pp.160–168.

Magno, Cynthia. "Where Crimes Converge Investigations Merge." *Security Management*, April 2005, pp.91–96.

McDonough, Edward. "Asking the Hard Questions." *Security Management*, July 2005, pp.85–93.

Moore, Carole. "Plain English." *Law Enforcement Technology*, December 2004, p.266.

Moore, Carole. "Taking the Stand." *Law Enforcement Technology*, July 2005, pp.76-84.

Navarro, Joe. "Testifying in the Theater of the Courtroom." *FBI Law Enforcement Bulletin*, September 2004, pp.26–30.

"Newspoll." *Security Director News*, March 2006, p.31.

Nyberg, Ramesh. "How to Testify in Court." *Police*, April 2006, pp.18–22.

Occupational Safety & Health Administration. Online http://www.osha.gov

PCI™ Examination Structure and Content. Arlington, VA: American Society of Industrial Security, 2007.

Rutledge, Devallis. *Courtroom Survival: The Officer's Guide to Better Testimony*. Belmont, CA: Wadsworth Publishing, 2000.

Scarry, Laura L. "Report Writing." *Law Officer Magazine*, February 2007, pp.68–71.

Sievert, Gordon. "The Essence of Quality: Writing Successful Reports." *The Law Enforcement Trainer*, Fourth Quarter 2004, pp.35–39.

Swobodzinski, Kimberle. "The Crime Scene Report." *Law Officer Magazine*, February 2007, pp.47–49.

Van Brocklin, Valeria. "Winning Courtroom Confrontations." *The Law Enforcement Trainer*, April/May/June 2005, pp.44–49.

A helpful pocket-sized reference for taking notes and writing reports for private security is *An Outline Guide for Private Security* by Floyd Stokes, Kären Hess and Henry Wrobleski. Available online from www.innsyspub.com.

Cases Cited

Austin v. Norfolk Southern Corp., U.S. Court of Appeals for the Third Circuit, No. 04.1568 (2005).

In re Deborah C., 635 P.2d 446 (Cal. 1981).

Miranda v. State of Arizona, 384 U.S. 436, 86 S. Ct. 1602 (1966).

People v. Haydel, 109 Cal. Rept. 222 (Cal. 1973).

Chapter 11

IT(정보기술) 보안

학습할 내용

- 21세기 보안에서의 전문용어에 어떠한 것들이 있는가?
- 전체적인 물리적 보안 프로세스에 필수적인 세 가지 요소에 어떠한 것들이 있는가?
- 정보기술 프로젝트들이 어떻게 조직의 변화에 영향을 미칠 수 있는가?
- 새로운 기술 보안 관리자들은 어떠한 것에 더욱 친숙해져야 하는가?
- 통상 어떠한 장비들이 보안 위협에 적절히 배치될 수 있는가?
- 컴퓨터 공격은 일반적으로 어떠한 것에 초점을 맞추고 있는가?
- 기업의 소유 정보에는 어떠한 것들이 포함되는가?
- 기업의 소유 정보에 대한 잠재적인 위협에는 어떠한 것들이 있는가?
- 기업의 정보 자산 보호에 가장 비용 효율적인 수단은 어떠한 것들이 있는가?
- 조사를 실행하는 데 있어서 중요한 요소에는 어떠한 것들이 있는가?
- 정보기술 위협에 의한 손실을 줄이기 위해 취할 수 있는 보안조치에는 어떠한 것들이 있는가?

개념정의

경쟁금지서약	경쟁정보	기밀유지서약
기술임치	망사형 네트워크	맥락적 온전성
면책 증거	보트	비밀서약
사베인즈-옥슬리 법	상표	소유정보
악성프로그램	암호화	원격통신
저작권	지적 재산권	트로이(안) 목마
특허		

도 입

당신이 그동안 알고 있었던 보안커리어라는 것은 끝이 났다. 향후 몇 년 내로 보안 산업에는 혼란과 통합이라는 중요한 변화가 일어날 것이다.

기업 가치의 85% 이상이 소유 정보에 의해 좌우되게 됨에 따라 정보를 보호하는 일의 가치가 점차 증가하고 있고, 이러한 사실은 기업의 가치가 물리적 자산과 연관되어 있었던 과거와는 정반대의 것이라 할 수 있다. 불과 20년 만에 상황이 크게 변화한 것이다.

정보의 가치 상승은 보안시장에 새로운 시대를 열었다. 보안시장은 기존의 사람중심인 총포, 경비, 게이트로부터 기술중심인 정보(information), 지식(intelligence), 통합

(integration)으로 전환되고 있다(Daniels, 2007b, pp.8, 10).

Kevin Coleman이 2007년 5월에 전문 보안 자문위원 국제협회(International Association of Professional Security Consultants)의 연례 회의에서 행한 위의 연설은 오늘날의 보안 공급의 상황에 엄청난 변화가 있음을 보여 주고 있다. 즉, 정보기술에 대한 보안이 조직의 전체 보안 프로그램에서 가장 중요한 부분이 되었다는 것을 의미한다.

이 장의 순서는 다음과 같다. 우선, 새로운 정보 보안 전문가들은 일반적으로 사용되는 보안 장비들에 대해서 반드시 알아야 한다는 것에 대해서 설명한 후에 정보기술에 대한 간단한 개괄과 집중성(convergence), 통합(integration), 단일화(unification) 그리고 전체적인 보안에 대해 논의할 것이다. 다음으로는, 공격과 잠재적인 위협의 목표(target)에 대해서 설명할 것이다. 그 후에 IT 위협에 대해 대항할 수 있는 보안조치나 보호해야 할 정보 자산들에 대해 논한 후, 경쟁 정보활동(competitive intelligence: CI)과 사생활 보호의 문제에 대해서 설명을 할 것이다. 이 장에서는 소송과, IT 보안이라는 문제의 관점에서 추천할 만한 IT 보안 프로그램에 대해서도 다룰 것이며, 보안 전문가들은 IT 보안 대책을 수립·실행할 때 기술적인 요소뿐만 아니라, 인적 요소까지도 고려해야만 한다는 것에 대해서도 언급할 것이다.

정보 기술: 개괄

많은 보안 개발업자들은 정보 기술이라는 것이 상당히 어려운 영역이라는 점을 잘 알고 있다. 여기에 상황을 더 어렵게 만드는 것은 바로 기술 자체가 계속 발전하면서 '정보 기술'의 구성요소에 대한 정의가 계속 변한다는 사실이다: "지난 수십 년 동안 IT에 대한 개념은 컴퓨터 그리고 컴퓨터를 LANS(근거리 통신망) 또는 WANS(장거리 통신망)와 연결하는 케이블, 전선 그리고 각종 요소들을 의미하는 것으로 인식되어져 왔다. 하지만, 오늘날 IT 영역은 단순히 컴퓨터나 유선 네트워크만을 의미하는 것이 아니라 이와 관련된 각종 기술들을 모두 포함하고 있기 때문에 IT 전문가들조차도 이 영역을 구성하는 모든 시스템이나 구성요소들을 완벽하게 이해하는 것이 어렵다"(Cowper, 2005, pp.113-114).

게다가 "그 목적이 자동화, 정보 공유 또는 더욱 효과적인 커뮤니케이션 등 어떠한 것이든 상관없이 새로운 기술을 실행하는 것은 항상 어려운 일이다"(Wexler, 2005, p.v). 새로운 기술을 사용하는 데에는 항상 위험이 따르고, 자원이나 시간을 낭비하게 되는 결과를 낳을 수도 있다. 하지만 이로 인해서 생기는 이득이나 장기적인 효율성 그리고 개혁을 위한 기회라는 측면에서 새로운 기술을 사용하는 것으로 얻을 수 있는 이득이 비용을 넘어설 수도 있다(Wexler). 좋은 소식은 대부분의 보안 전문가들이 이미 여러 형태로 IT를 사용하고 있으며, IT를 여러 측면에서 점차 보다 편안하게 사용하고 있다는 것이다.

Boyd(2005, p.1)는 다음과 같이 주장하였다: "급격하게 기술이 변화하는 오늘날의 보안환경에서, IT 혁신에 페이스를 맞춰 따라가는 것은 보안 관리자가 해야 할 필수적인 부분이 되었다." 이를 시작하는 첫 단계로서, 보안 관리자들은 그들의 IT에 대한 기본적인 철학을 검토해 보아야 한다. 즉, 그들이 IT를 기존에 존재하는 프로세스를 바꾸는 도구로서 생각하는 것인지, 아니면 기존의 프로세스를 더욱 효율적으로 만드는 도구로서 생각하는 것인지 혹은 이 두 가지 모두라고 생각하고 있는지에 대해서 숙고해 보아야 하는 것이다. Stephens(2005, p.17)는 아래와 같은 가이드 원칙을 제시하였다.

- 가장 먼저 해야 할 일은 기술에 대한 현재의 투자를 관리하는 것이다.
- 기술에 대한 새로운 투자는 명확하고, 적절하며, 효율적이어야 한다.
- 투자에 대한 결정은 전략적이고 협력적인 과정에 의해서 이루어져야 한다.
- 조직은 그들이 현재 전략적으로 추구하는 사업 목표와 이를 달성할 수 있는 방안들을 적극적으로 발굴하여야 한다.

FBI 예시

FBI의 최고정보책임자인 Zai Azmi는 "FBI의 기술적 토대에 대해서 조사하는 것은 달리는 차량의 타이어를 바꾸는 것과 비교할 수 있다. 이는 도전적이고 힘든 일이지만, 수리를 수월하게 하기 위해서 차량의 속도를 늦추거나 멈추게 하는 것은 우리가 선택할 수 있는 옵션이 아니다"라고 말하였다.

전통적으로, 사건 파일과 중요한 데이터들을 열람하기 위해 FBI의 중앙 저장소를 이용하는 FBI요원들과 분석가들은 몇몇 "녹색 스크린(green screen)"을 통해야만 했다. 이들의 메인프레임 기술은 마우스를 사용하기 이전의 것으로서, 간단한 사건 정보를 보기 위해서도 반드시 키보드를 힘들게 사용해야 했다. 하지만 프로젝트의 첫 단계로 정보의 사용 및 공유가 쉽도록 하기 위한 웹 베이스 정보 관리 시스템, '보초병(Sentinel)'에 30,000 FBI 사용자들이 접속하면서 이러한 불편함은 2007년 6월로 끝나게 되었다.

Azmi의 이 첫 번째 주요 웹 베이스 어플리케이션은 FBI IT 기반의 기준이 되었으며, 민간 기업에 있어서도 가장 최선의 실행 모델이 되었다. 계약자인 Lockheed Martin이 진행한 이 네 단계 프로젝트는 총 4억 2,300만 달러의 비용이 투자된 끝에 2011년에 완료되었다.

수렴(convergence), 집적화(integration), 통합(unification) 및 전체적인 보안

보안산업에 IT를 도입하는 데 있어 일반적으로 가장 문제가 되는 부분은 제2장에서도 언급하였듯이: "보안산업은 진화하는 위협 및 새롭게 떠오르는 IT와 물리적 보안의 수렴(convergence)에 의해 유도된 변화의 교차점에 서 있다"(Daniels, 2007b, p.8). 물리적인 보안과 정보적 보안을 어떻게 통합시킬 것인가에 초점을 맞춰야 한다.

수렴, 집적화, 통합, 통합적 보안(holistic security) — 이 용어들은 21세기 보안산업의 유행어들이다.

보안은 더 이상 쉽게 정의를 내리거나 구별할 수 있는 독립된 요소가 아니다. 전체적인 보안은 과거에 분리되어 있던 각각의 사업 혹은 조직들을 어떻게 서로 연결시킬 것인가 하는 통합적인 접근을 필요로 한다. 사실 "수렴(convergence)은 보안 영역에서 가장 관심이 많은 주제 중의 하나이다"(Lasky, 2005, p.6). 물리적 보안과 IT 보안 사이에 갭이 존재하면 해당 조직은 보안 공격에 취약하게 된다: "물리적 보안과 IT 보안의 빈틈을 연결하는 것의 중요성 때문에 보안산업에서 통합 전략을 배우고 또 이를 채택하기 위해 노력하고 있다"(Piccolomini, 2005, p.8).

*Security Director News*의 "Newspoll"(2007, p.22)은 보안 관리자들에게 'IT 보안 부서'와 '물리적 보안 부서'를 통합하는 것의 이득에 대해서 질문하였다. 두 부서의 통합으로 인해서 얻게 될 이득 1순위로는 '위협에 대한 넓은 시각'(20%)이, 2순위로는 '효율적인 기술의 설치'(15%)가 선정되었다. 이 조사의 결과로는 다음의 그림 11.1에 나타나 있다.

Hamilton(2004, p.14)은 "C-level 최고보안요원의 지위가 오르고 있다는 것은 과거에는 제대로 운영되지 못하고 잘 조직되어 있지 못하던 보안의 구조가 역동적으로 변화하고 있음을 나타내는 것이다. 이것은 또한 보안에 대한 최근 경향이 정보보안, 건물 시스템 및 물리적 보안과 같은 요소들을 하나의 요소로 통합하는 거시적인 접근방법이 강해지고 있다는 것을 의미하는 것이다." 예를 들어서, 미국의 회

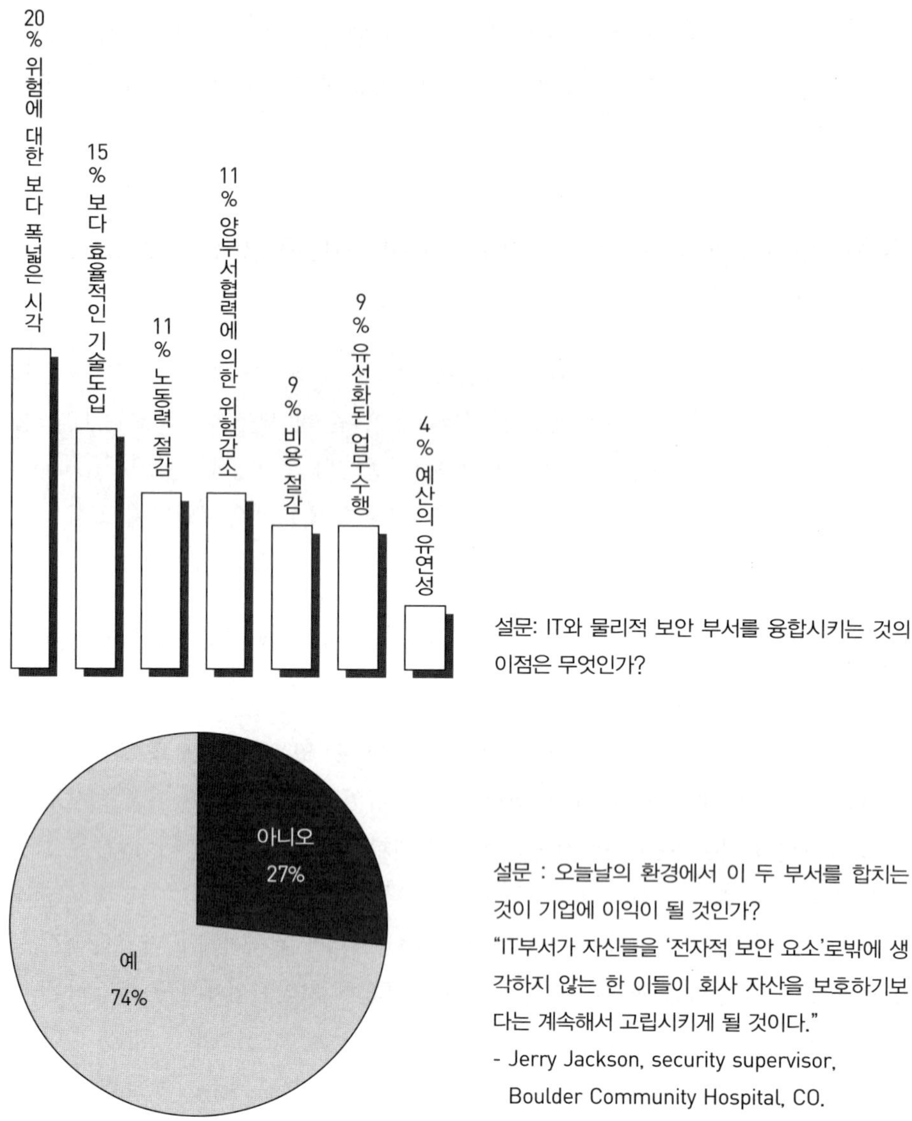

그림 11.1 IT 보안 부서와 물리적 보안 부서의 통합의 이득

출처: From "Newspoll" in *Security Director News*, April 2007, p.22. Reprinted by permission.

계감사원은 세 가지 필수적인 융합보안 프로세스의 개념을 도입함으로써 융합보안(holistic security)을 연방 건물에 적용하고 있다(Hamilton).

융합물리보안 프로세스의 세 가지 필수적인 요소는 바로 보호, 감지 그리고 반응이다.

보호는 안전하게 보호되는 자산에 대한 공격에 대해서 방어할 수 있는 대책을 제공해 주는 역할을 한다. 감지는 보호 통제가 실패하는 것을 모니터링한다. 반응은 감지된 위반 행위에 대해서 인간이 대응함으로써 손상이 생기기 전에 공격을 막아내는 것을 의미한다.

Harowitz(2005, p.75)는 이것에서 더 나아가서 시장, 회사 그리고 시스템들 사이에서 연결도를 발전시키는 방법은 보안운영(security operation)을 새롭게 하는 것이라고 하였다. 그는 또 조직 내에서 보안 시스템이 어떠한 곳에 적합한지에 대해서도 제시하였는데, "연결도 —유선 혹은 무선— 의 향상은 지속적으로 모든 사업영역에서 강력한 역할을 한다. 공급자들은 수직시장에서 핵심적인 강점과 협력(partnering)에 집중함으로써 경쟁에 대응하려고 한다. 협력(partnering)은 분명히 새로운 패러다임으로서 강력히 자리매김하고 있다"고 주장하였다(Harowitz, p.77).

통합에는 많은 이점이 있음에도 불구하고, 분명히 힘든 점 또한 존재한다. Straw(2007, p.48)는 다음과 같이 언급하고 있다 : "생산품들이 서로 소통하는 것을 보장할 수 있는 생산자의 표준(standard)이 결여되어 있다는 것은 피상적인 상호교환 커뮤니케이션이라는 목표를 달성하는 것을 가로막는 하나의 장애물에 불과하다."

한 조직이 기존에 존재하는 시스템의 통합을 이루기 위하여 IT 시스템을 실행하든지 혹은 새로운 프로젝트에 착수하든지 간에 보안 전문가들은 그들이 마주치게 될 현실뿐만 아니라 예상되는 변화에 대해서도 반드시 알고 있어야 한다.

IT 프로젝트는 어떠한 변화를 가져오는가

정보기술(IT) 프로젝트들은 네 가지의 실질적인 범주에서 변화를 가져다줄 수 있다(Kolpack, 2005, p.79).

1. 인력으로 하기에는 시간과 비용이 지나치게 많이 들어가는 작업을 자동화할 수 있다.
2. 적절한 정보를 지휘계통을 따라 상부에 보고함으로써 효과적인 지원을 요청할 수 있다.
3. 적절한 정보를 지휘계통에 따라 아래로 내려 보냄으로써 부하직원이 직무를 수행하는 데 도움을 줄 수 있다.
4. 조직이 어떻게 기능하느냐에 따라 긍정적으로 바뀔 수도 있는 조직 업무의 요소들을 (IT 프로젝트를 통해)향상된 효율성이나 새로운 프로세스를 통해서 변화시킨다.

정보기술 프로젝트들은 업무를 자동화시키거나, 적합한 정보를 상부에 보고하거나 하부에 하달함으로써, 그리고 업무를 더욱 효율적으로 만듦으로써 변화를 불러올 수 있다.

왜 일부 IT 프로젝트들은 실패하는가

Stephens(p.8)는 "환경은 실패한 IT 프로젝트들에 의해서 어수선해진다"라고 주장하였다. 그는 연구를 통해서 Standish Group의 프로젝트 중 57.7%가 당초 예상보다 189%의 비용이 소모되었다는 것을 보여 주면서 민간 기업에서 전체 프로젝트 중 31%는 중간에 취소가 되며, 오로지 42%만이 겨우 산출물을 내고, 16%만이 기간 내에 예상된 예산 범위 내에서 완성이 된다고 보고하였다.

Integrated Computer Engineering 기업이 800개 이상의 성공적인 프로젝트들의 데이터베이스를 사용하여 이들을 평가한 것에 의하면, 실패한 프로젝트들은 아래와 같은 공통적인 특성들을 가지고 있었다(Kolpack, p. 80).

- 필수적인 프로젝트 관리를 하는 것에 실패함
- 관리를 함에 있어서 지나친 낙관주의와 비현실적인 기대
- 효과적인 소프트웨어 프로세스의 부재
- 성급한 성공 선언
- 프로그램 관리에 있어서 리더십의 부재
- 시기를 놓치는 의사결정
- 생산적인 위험 관리의 부재

앞에서 언급하였듯이, 많은 IT 프로젝트들은 기존의 기술들을 융합보안 시스템과 통합하려 노력하며, 종종 새로운 기술들까지 접목하기도 한다.

새로운 기술들

이 장 초반에 인용된 '새로운 기술들'이란 '기술 중심적인 보안'을 의미한다고 할 수 있다. 좀 더 적절한 표현은 '망 중심적인 보안'일지도 모른다. 최근의 IT 시스템들은 보안에 있어서 조직의 모든 구성원들에게 실시간으로 넓은 범위의 정보를 수집·분석하고 퍼뜨릴 수 있는 전례 없는 기회를 제공한다. "실시간 정보가 네트워크로 연결된 조직 내의 모든 권한이 있는 사람들에게 전달될 때, 구성원 개개인들이 달성한 성과의 총합을 넘어서는 이득을 얻게 된다"(Cowper, p.121). IT의 발전은 효율성과 효과성 측면에서 엄청난 향상을 가져올 수 있다.

보안 관리자들이 익숙해질 필요가 있는 새로운 기술들에는 IP 영상 감시 시스템, VoIP, USB 기술, 망사형 네트워크, 그리고 컴퓨터 텔레포니 인터페이스(CTI) 가 있다.

IP 영상 감시 시스템

IP 영상 감시 시스템은 제6장에서 물리적 통제의 효과적인 수단으로써 자세하게 서술되었다. 많은 사업들이 이미 네트워크를 가지고 있기 때문에, IP 기반 시스템은 상대적으로 간단하고 비용-효율적으로 적용될 수 있다. 왜냐하면, 이 시스템은 값비싸고 설치하는 데 어려움이 있는 동축 케이블을 사용할 필요가 없고, 네트워크화한 PC를 통해서 사용자에게 실시간 영상 및 저장된 이미지를 제공할 수 있기 때문이다(Goy, 2005, p.94). 가장 최근의 IP 감시 생산품들은 완전한 통합 솔루션이 가능하도록 되어 있다. 예를 들어서, 회사의 기존 IT 인프라 구조들로 하여금 CCTV 뿐만 아니라, 화재 시스템 혹은 침입자 경보 시스템들까지도 함께 통합할 수 있도록 되어 있는 것이다(Goy).

이 기술은 보안부서보다도 위험관리부서, 영업부서, 법 담당 부서, 교육훈련 부서 그리고 IT 부서에 더 많은 이점을 가져다줄 수 있다(Long-more-Etheridge, 2006, p.42). 예를 들어서, 위험관리부서에서는 이 감시 시스템을 이용하여 직원들이 허위 보상요구를 하는 것을 밝혀낼 수 있고, 보험회사에 제기한 보험금 청구를 뒷받침하는 자료를 제시하는 데도 사용할 수 있다. 교육훈련 부서에서는 감시 시스템에 의해 적발된 실제 위반 사례를 훈련 시에 보여 줌으로써 어떠한 행위를 하면 안 되는지를 알려주는 새로운 안전 매뉴얼이나 훈련 프로그램을 개발하는 데 사용할 수 있다. 법률 담당 부서에서는 고객으로부터 제기된 보험 요구 및 소송의 유효성을 검토하는 데 영상을 사용할 수 있다.

IP 영상 감시 시스템 시장은 2006년에 41.9% 성장하였으며, 향후 계속해서 급속도로 성장할 것이라고 예상된다. "IP 기반 보안 기술의 등장 —그리고 이에 대한 급격한 수요 증가— 은 다양한 방법으로 산업에 영향을 미칠 것이다. 그리고 조직의 보안 프로그램과 관련된 이해 당사자의 수도 증가할 것이다. 또한, 해당 프로그램을 관리하는 데 필요한 정보의 수준도 지속적으로 증가할 것이다"(Daniels, 2007c, p.7).

IP 기반 보안 기술만이 보안 관리자들에게 양질의 영상을 확보할 수 있도록 하는 것이 아니다. 다른 새로운 기술들에 의해서도 보안 관리자들은 보안에 있어서 주도적인 역할을 할 수 있다(Edwards, 2007, p.20). 예를 들어, 영상분석은 절도를 막는 데 중요한 역할을 할 수 있고, 이미 벌어진 범죄를 해결하는 데도 이용될 수 있다.

인터넷 전화 통화 규약(VoIP)

인터넷 전화 통화 규약은 제6장에서 감시 기술 발전의 한 형태로 다루어졌다. FCC 의장이었던 Power는 VoIP를 "전화가 발명된 이후로, 현대 통신의 역사에 있어서 가장 중요한 패러다임의 변화"라고 말했다(Wilkins, 2007, p.21). 매달 35,000명의 고객들이 그들의 전화 서비스를 VoIP 제공업체로 전환하고 있다. 장비 제공업자들은 2005년에 대략 24억 달러 가치의 VoIP 인프라기반 생산품을 판매하였으며, 이 수치는 2010년에는 약 47억 달러까지 증가할 것으로 예상된다.

VoIP가 미래의 큰 흐름이라는 이러한 현실에도, 이 인기 있는 플랫폼을 기존의 텔레커뮤니케이션, IT 인프라 그리고 음성녹음 시스템에 통합하려고 노력하는 사람은 거의 없다.

범용 직렬 버스(USB) 기술

USB 플래시 드라이브는 각종 시사회에 가면 기념품으로 주는, 회사 노트북 컴퓨터의 폴더에 있는 파일을 집 컴퓨터로 옮기는 데 필요한 것 정도로 간주되었으나, 점차 좀 더 유용한 것으로 —또는 잠재적으로는 위험한 것으로— 진화되었다(Piazza, 2007, p.48). 이렇듯 진화된 위협의 예로서는, 대상 컴퓨터와 연결된 모든 USB 드라이브의 정보들을 빼낼 수 있는 프로그램을 이용하여 모든 정보를 흔적도 없이 빼내는 것이 있다. USB 드라이브의 광범위한 사용은 공격자들로 하여금 대놓고 특정 기업의 시스템에 접근할 수 있는 길을 열어 주고 있다. USB 기술은 기존의 직렬포트나 병렬포트와는 달리 하드웨어가 컴퓨터에 플러그로 연결되는 순간 컴퓨터가 자동으로 인식하는 기능(Plug and Play 기능)이 가능하도록 하였다. 또한, USB는 기존의 직렬포트 및 병렬포트가 갖고 있던 IRQ 충돌이나 확장성의 한계와 같은 번거로운 상황을 제거하기도 하였다.

망사형 네트워크

망사형 네트워크를 가장 간단하게 설명하자면, 각각의 라디오 장치가 라우터(데이터를 보내거나 이를 중계지점으로 하여 데이터가 의도된 목적지까지 도착할 수 있도록 하는 것)로서 기능을 할 수 있도록 하는 무선 통신 기술이라 할 수 있다(Canning, 2007, p.96). 사실상, 망사형 네트워크는 P2P 수준의 전파 통신을 제공하며, 결과적으로 "전통적인 통신 기술로는 불가능하였던 조정적이고 유연한 통신"을 가능토록 해 준다(Canning). Cowper(p.121)에 따르면, "망사형 네트워크의 가장 큰 장점은 바로 지상기반의 통신 구조로부터 독립되어 추가적인 중계타워를 건설하지 않고도 더 넓은 통신 범위를 제공하는 데 있다"고 하였다.

컴퓨터 텔레포니 인터페이스(CTI)

CTI 기술은 전화와 PC가 서로 상호작용을 할 수 있도록 하여 전화와 PC가 서로 통합 및 조직화될 수 있도록 해 주었다(Scott, 2007, p.32). 통신 채널이 음성에서 이메일, 웹, 팩스까지 확장됨에 따라, CTI의 정의도 모든 고객의 통신채널(음성, 이메일, 웹, 팩스 등)을 컴퓨터 시스템과 통합시키는 것을 포함하는 것으로 확장되었다. CTI는 단순히 전화통화를 관리하거나 전송하는 것뿐만 아니라, 빠르고 포괄적인 정보를 각 기관들로 보내는 용도로 사용된다.

CTI 어플리케이션은 전화를 건 사람의 번호를 인지할 수 있으며, 리시버의 PC를 통해서 유용한 정보(예를 들어서, 전화를 건 사람의 주소, 비상 연락정보, 가장 가까운 곳의 공공 서비스 요원(경찰, 보안요원)의 위치, 전화를 건 사람 기록, 사고 기록, 구매 내역 등 의사결정을 내리는 데 도움이 될 수 있는 많은 정보)를 전화를 받은 사람에게 제공할 수 있다. 잘 설계된 CTI 어플리케이션을 보유한 보안 전문가는 텔레포니 기반 통신이 시작된 상황에서 필요한 조치를 취하고 상황에 맞는 의사결정을 내리는 데 소모되는 노력과 시간을 절약할 수가 있다.

새로운 기술을 실행하는 데 따르는 위험

Johnston and Warner(2005, p.114)는 "하이테크 장비들은 보안에 있어서 매우 중요한 역할을 한다. 하지만, 최신 기술들을 실행하거나 최신 장비가 완벽하다고 가정하는 것은 상당히 위험한 것이다. 실제로, 일반적으로 사용되는 하이테크 장비들과 시스템들은 매우 단순한 수단에 의해서도 고장나거나 무너지는 경우가 많이 있다. 이는 일정 부분 사용하는 사람이 최신 시스템 및 장비가 어떻게 작동되는지를 잘 이해하지 못하는 것에서 비롯되기도 한다"라고 경고하였다. 기술 판매자들은 시스템의 취약한 부분을 경시하거나 당초 제작된 목적 및 설계를 변경하여 판매하는 경우가 있다. 예를 들어서, 보안 장비로서 판매가 촉진되고 있는 몇몇 장비들은 실제로는 재고관리 어플리케이션인 경우가 있다.

위와 같은 방식으로 상대적으로 쉽게 위조를 할 수 있는 것으로는 전파식별(RFID)태그, 컨택 메모리 버튼(contact memory button), 템퍼 인디케이팅 씰(tamper indicating seal) 등의 여러 유형들의 보안 태그들이 있다. 기업들이 이러한 장치들에 지나치게 의존함으로써 안전하다고 잘못 판단하게 되는 경우에는 보안을 증가시키는 것이 아니라 오히려 보안을 약화시킬 수 있다(Johnston and Warner). 게다가, 매우 낮은 기술 수준의 장비들이 상대적으로 하이테크인 어플리케이션들을 무너뜨리는 데 사용되기도 한다. 예를 들어서, 공격자가 암호화된 통신신호가 송신되는 지점에 쉽게 접근을 할 수 있는 경우라면, 그 공격자는 암호화 소프트웨어를 상당히 쉽게 무너뜨릴 수 있다. 이와 비슷하게, 위성위치확인시스템(GPS) 장비들은 한 조각의 알루미늄 호일만으로도 시스템을 혼란에 빠지도록 할 수 있다(Johnston and Warner).

이러한 잠재적 기술적 함정들에 대해 지적하는 것은 시간, 돈, 인력과 자원을 절약하면서 중대한 보안의 향상을 가져올 수 있는 하이테크 상품의 사용을 억제하려는 것이 아니라, 보안 관계자들로 하여금 기술의 한계와 취약성을 인식하도록 하기 위한 것이다: "우리는 하이테크와 관련해서 확인되지 않은 사항들에 대해 무조건적으로 맹신하거나 지나치게 희망적으로 생각하는 것을 경계해야 한다"(Johnston and Warner, p.121). 보안 관리자들은 저명한 암호학자인 Schneider의 말을 명심해야 한다: "만약 당신이 기술이 당신의 보안문제를 해결해 줄 거라고 믿는다면, 당신은 문제에 대해 이해하지 못하는 것이고, 기술에 대해서도 이해하지 못하는 것이다"(Johnston and Warner).

보안관리자들은 IT의 급격한 변화에 뒤쳐지지 않으려고 노력하는 동안에 보안위협을 야기할지도 모르는 기술들을 간과해서도 안 될 것이다.

보안의 위협을 야기할 수 있는 일반적인 장비들

보안 위협에 직면할 수 있는 일반적인 장비들에는 노트북 컴퓨터, 휴대폰 그리고 PDA가 있다.

노트북 컴퓨터와 관련된 보안 위협에 대해 설명하기 위해, 국토안보부(DHS)의 감찰관에 의해 발견된 연방재난관리청(FEMA)의 비보안 노트북 컴퓨터들에 대해서 이야기하고자 한다. FEMA에서는 효율적인 업무를 위해서 직원들에게 32,000개가 넘는 노트북 컴퓨터를 사용하는 것을 허용하고 있다. 그러나, 이러한 상황이 바이러스의 침투, 비인가 데이터 접근, 데이터 유실 등의 위협을 증가시키고 있다. 2006년, DHS에서는 FEMA에서 노트북 컴퓨터와 관련하여 16건의 보안 사건이 발생하였다고 보고하였다. 게다가, 회계감사원에서는 FEMA 내에서 100대가 넘는 노트북 컴퓨터가 분실(대부분 절도를 당한 것으로 추정)되었으며, 이를 돈으로 환산하면 약

30만 달러가 된다고 하였다.

원격통신(텔레커뮤니케이션)은 전자 임펄스를 전송함으로써 통신을 하는 기술이다(예 : 텔레그래프, 전화, 팩스 등). 텔레커뮤니케이션 보안에는 음성에 의해 전달된 정보와, 마이크로웨이브 링크, 위성 시스템 그리고 광섬유를 통해 팩스 및 컴퓨터로 전달된 정보가 모두 포함된다. 보안이 되지 않은 전화통신(유선 전화, 인터컴, 휴대폰을 모두 포함)은 다른 사람이 의도적이든 비의도적이든지 간에 통화 내용을 엿들을 수 있는 위협에 직면하게 된다.

보안이 되지 않는 팩스 기계들은 대부분의 사업장에서 빠르고 편리하게 통신을 하기 위한 수단으로 많이 사용된다. 그러나 이 팩스들은 팩스피오나지(faxpionage: 팩시밀리 전송에 대한 비인가 접근) 형태의 보안 위협에 직면할 수 있다. 그리고 위성통신들은 원격통신회의에 사용될 경우에 각종 보안 위협에 직면할 수가 있다.

정보자산보호(Information Asset Protection)(2007, p.26)에서는 보안 위협을 받을 수 있는 휴대용 장비들과 관련하여 아래의 권고사항들을 제안하였다.

- 정보를 저장하거나 생성할 수 있는 휴대용 장비(예 : 노트북 컴퓨터, 블랙베리 등)를 반출하는 경우에는, 직원들은 반드시 해당 장비와 장비 안의 모든 정보들은 본인의 것이 아니라, 고용주(회사)의 자산임을 인정하는 서명을 해야 한다.
- 휴대폰과 같이 내장형 카메라가 장착된 휴대용 장비를 사용하는 것은 통제 및 제어를 받아야 하며, 특히나 중요한 자료가 있는 곳이나 제한 구역 내에서는 가능한 사용을 금해야 한다.
- 주민등록번호, 신용카드 번호, 비밀번호 등과 같이 중요한 정보를 무선 장비에 저장하는 것도 피해야 한다.
- 이메일 주소 및 휴대폰 번호를 함부로 게시하면 안 된다. 해커들은 공격의 대상이 되는 이메일 주소 등을 웹사이트를 검색하는 소프트웨어를 사용하여 찾아내기 때문이다.
- 당신의 이메일이나 메시지로 온 링크를 무조건 클릭하지 마라. 요청한 적 없는 이메일이나 메시지를 통해서 발송된 URL은 의심해 보아야 할 것이다. 그 링크들은 합법적인 것을 가장하면서 당신을 불법적인 사이트로 연결시킬 수 있다.
- 휴대폰을 사용하지 않을 때는 비밀번호 등을 이용하여 당신의 휴대폰을 잠그는 것을 고려해 보아야 한다.
- 휴대폰을 원격으로 잠그거나 휴대폰을 분실하거나 절도를 당하였을 경우에

휴대폰 내의 정보를 원격으로 지울 수 있는 소프트웨어를 설치해야 한다.

- 노트북 컴퓨터에 조직의 이름, 주소, 전화번호 등과 같은 표식들이 영구히 남아있을 수 있는 방법으로 마크하거나 새기게 되면 해당 기기를 분실하였을 경우에도 다시 되찾을 수 있는 확률이 높아진다.
- 별로 눈에 띄지 않는 휴대용 가방을 이용해야 한다.
- 호텔, 까페 혹은 공항 라운지와 같은 곳에서 무선 핫스팟을 통해서 온라인에 로그인하는 경우에는 주의를 해야 한다. 왜냐하면, 당신은 자신도 모르는 사이에 유효한 네트워크가 아니라 당신의 정보를 빼내려는 사람이 설치한 네트워크에 접속될 수도 있기 때문이다.

다른 IT 보안 위협들

제9장에서는 컴퓨터 범죄의 문제점에 대해서 논의하였다. 컴퓨터 범죄는 정보기술의 이점을 이용함에 따라 직면하게 되는 보안 위협 중 하나에 불과하다. "컴퓨터와 관련된 범죄에 의한 손실이 다른 전통적인 범죄에 의한 손실보다 커졌다는 것이 새로운 사회적 통념이다"고 하는 주장이 있다(Gips, 2006a, p.24). 하지만, 범죄의 유형에 따른 손실 액수는 짐작이나 추측에 근거하고 있기 때문에 이에 대한 정확한 수학적 통계를 내는 것은 어려운 일이고, "미국에서의 물리적 범죄로 인한 손실액이 사이버 범죄로 인한 비용보다 여전히 많다"라는 주장도 있다(Gips). FBI에서는 매년 사이버 범죄로 인한 손실액은 4,000억 달러 정도인 반면, 직업과 관련된 사기에 의해서만 발생하는 손실액(인터넷 이용 범죄 제외)이 매년 6,600억 달러에 이른다고 추정하고 있다.

Trend Micro의 연구에 따르면, 인터넷을 이용한 범죄는 2005년에서 2007년 사이에 무려 540%가 증가한 것으로 나타났다("Web Threats Increase 540 Percent in Two Years," 2007). "사이버공간 보호 팁"(Cyberspace Protection Tips, 2007)에 의하면: "당신은 인터넷 서핑을 하는 동안에 충분한 보안을 확보할 수가 없다. 왜냐하면, 온라인 범죄자들은 컴퓨터시스템 파괴 소프트웨어(malware)를 사용하여 당신의 시스템을 공격하거나, 비밀번호나 계좌번호와 같은 정보를 몰래 알아내고 있기 때문이다."

보안 연구자들은 2005년을 사이버 범죄자들이 단순히 '자랑할 권리(bragging rights: 라이벌을 이김으로써 얻을 수 있는 자부심과 같은 특권)'를 원하던 존재에서 경제적인 이득을 원하는 자본주의적 사기꾼으로 전환된 시점이라고 보았다(Piazza,

2006d, p.49). 사이버 범죄 중 많은 수는 **악성프로그램**(malware) 즉, 컴퓨터시스템 파괴 소프트웨어를 사용한다. Panda Software사에 의하면, 새로운 악성프로그램은 매일 매일 발견되고 있으며, 2006년에 새로 발견된 악성프로그램의 숫자는 그 이전 15년 동안 발견된 악성프로그램의 수와 거의 일치한다고 한다. 또한, 바이러스 백신프로그램 업체들은 이렇게 빠르게 발전하고 있는 사이버 위협의 추세를 완벽히 따라가고 있지 못하고 있기 때문에, 수많은 컴퓨터들이 이용자들이 눈치채기도 전에 이미 악성프로그램에 감염이 되어 있다고 한다(Panda Software Study, 2007).

범죄에 사용되는 악성프로그램은 바이러스를 이용한 범죄가 점차 쇠퇴하는 것에 비해서 매우 급증하고 있다. 트로이안(Trojan)의 경우 이미 바이러스와 웜이 차지하는 비율보다 4배의 비율을 차지하고 있다(Jaques, 2006). 2005년도에는 트로이안 목마가 27%, 바이러스 또는 웜이 25%, 애드웨어가 18%, 스파이웨어가 11% 그리고 보트(bot)가 10%를 차지하였다.

트로이안 목마

트로이안 목마는 무언가 다른 것을 하는 척 가장을 하면서 악의적인 소프트웨어를 프로그램에 설치한다. 예를 들어서, 마치 무료로 제공되는 무지개 화면보호기인척 하면서, 실제로는 컴퓨터의 포트를 열어서 해커가 컴퓨터를 원격조정할 수 있도록 하는 경우가 그러한 것이다. 트로이안 목마는 바이러스와는 달리 해당 컴퓨터 파일에 코드를 삽입하지도 않으며 작동이 되기 전까지는 전혀 유해해 보이지 않는다. 트로이안 목마라는 용어는 트로이 전쟁에서 그리스가 후퇴한 척 가장하여 몰래 성 안에 잠입하였다는 신화에서부터 비롯된 것이다.

트로이안 목마 프로그램의 가장 중요한 양상은 바이러스나 웜은 자동적으로 작동하는 데 비해, 트로이안 목마는 독자적으로 작동하지 않는다는 것이다. 트로이안 목마는 컴퓨터 사용자가 파일을 클릭하거나 다운로드 등 프로그램의 악의적인 코드를 활성화시키는 행위를 해야만 작동하도록 되어 있다.

바이러스와 웜

Piazza(2004, p.67)에 따르면, "기존의 바이러스 백신 프로그램 체계가 새로운 유형의 악의적인 코드에 압도당하면서, 회사들은 더욱 효과적인 해결책을 찾기 위해 애를 쓰고 있다"고 한다. FBI와 컴퓨터보안기관(Computer Security Institute: CSI)에 의한 조사에서는 바이러스에 의한 오염이 2003년부터 3년 연속으로 가장 대가가 큰(비용이 많이 드는) 사고의 유형으로, 매년 약 1,570만 달러의 비용이 들고 있다고 하였다. 설문에 참여한 530개의 기업 중에서 최소 99%는 바이러스 방어 체계를 사용하고 있었고, 98%는 방화벽을 사용하고 있었다. 그러나 연구에 의하면 설문에 참여한 기업들 중 82%가 바이러스에 감염된 적이 있는 것으로 나타나기도 하였다.

스파이웨어

스파이웨어는 위험하면서도 번식을 잘 하는 프로그램으로서, 컴퓨터 이용자의 행동을 추적하여 개인정보를 수집한 후에 해당 정보를 다른 곳으로 보내는 코드를 의미한다(Honen, 2005, p.64). 이러한 스파이웨어는 여러 문제점을 야기할 수 있다. 첫째, 스파이웨어는 시스템 자원을 탈취해버리거나 인터넷 반응 속도를 느리게 만들 수 있다. 또한, 자신의 존재를 감추기 위해서 파일을 지워버리거나 바꿔버릴 수도 있다. 그리고 다른 네트워크와 몰래 연결 및 통신을 하여서 비밀스럽게 개인정보 및 기업의 중요한 정보를 다른 곳으로 보낼 수도 있다. 그리고 스파이웨어는 악성 코드를 쉽게 다운로드하거나 설치할 수 있다(Honen).

사용자의 컴퓨터가 스파이웨어에 감염되는 가장 일반적인 경로는 컴퓨터 사용자가 무료 프로그램을 찾아다니는 경우이다. 스파이웨어는 사진편집기나 파일공유 소프트웨어와 같은 어플리케이션에 함께 묶여 있는 경우가 많다. 몇몇 악성 어플리케이션들은 "드라이브바이 다운로드(drive-by download)"를 사용하여 컴퓨터를 감염시킨다. 드라이브바이 다운로드란, 웹 브라우저의 취약점을 이용하여 컴퓨터 사용자가 미리 악의적으로 설정되어 있는 웹사이트에 방문하는 순간 스파이웨어에 감염시키는 것을 의미한다.

스파이웨어를 막는 한 가지 방법은 바로 안티스파이웨어 솔루션을 기업의 인터넷 게이트웨이(조직의 네트워크가 끝나고 인터넷이 시작되는 지점을 의미)에 설치하여 운영하는 것이다. 이 방법은 스파이웨어가 설치되는 것을 막고, 이미 네트워크 상에 존재하는 스파이웨어가 게이트웨이를 통과하지 못하도록 하는 것이다. 그리고 네트워크 주변에 보호막이 여러 층으로 겹쳐지도록 되어 있다. 게이트웨이 안티스파이웨어 솔루션은 또한 방화벽이나 IPS를 둘러서 빠져나온 악성프로그램(malware)들을 막을 수도 있다.

애드웨어

스파이웨어의 친척격인 애드웨어는 일반적으로 무료 소프트웨어에서 많이 발견된다. 이는 프로그램이 실행될 때 광고를 내보내는 기능을 하며, 이 광고로 인해서 소프트웨어 제작자는 일정 수익을 거둠으로써 소프트웨어를 계속 개발 및 유지할 수 있게 된다. 하지만, 최근에 많은 애드웨어 판매자들이 자신들의 소프트웨어에 스파이웨어 요소를 추가함으로써 컴퓨터 이용자의 행동을 감시 및 추적할 수 있도록 하고 있다.

보 트

새로운 컴퓨터 웜들은 **보트**(bot)라고 불리는 소프트웨어 물질을 운반한다. 보트는 회사의 네트워크를 이용하여 스팸을 보내고, 공격을 가하고 다른 컴퓨터들을 감염시키는 소프트웨어 물질이다(Piazza, 2006b, p.71). 보트는 공격자가 감염된 컴퓨터에 대해서 완전한 통제권을 갖도록 해주는 악성프로그램(malware)의 한 유형이다(Bradley, 2007). 보트에 감염된 컴퓨터들은 "좀비" 컴퓨터라고 불려진다. 공격자들은 좀비 컴퓨터들의 리스트에 접근할 수 있으며, 이 좀비 컴퓨터들을 활성화시켜서 웹 사이트에 대해서 DoS(denial-of-service) 공격을 시도하거나, 피싱사기를 주도하거나 수천 개의 스팸 메시지를 보내기도 한다 : "SophosLabs에 의하면 오늘날 보내지는 스팸 메시지 중 60% 이상이 좀비 컴퓨터들에 의해서 보내지는 것이라고 추정된다"("Zombies Computers...," 2006). 누군가가 좀비 컴퓨터의 근원을 추적한다면, 그들은 공격한 사람을 찾는 것이 아니라 애꿎은 피해자인 좀비 컴퓨터를 찾아내게 되는 것이다. 인터넷 상에는 이미 여러 종류의 보트에 감염된 수만 대의 컴퓨터가 존재하고 있으며, 컴퓨터 이용자들은 자신들이 감염되어 있다는 것을 알아채지 못하고 있다.

좀비 컴퓨터가 DDoS(distributed denial-of-service) 공격을 위해서 사용된 국제적인 사건으로는 러시아 온라인 협박 범죄조직 사건이 있는데, 전해지는 바에 의하면 이들은 여러 영국 회사들(특히, 카지노 및 도박 사이트)로부터 400만 달러가 넘는 금액을 갈취하였다고 한다("Online Russian Blackmail Gang...," 2006). 온라인 협박 범죄조직의 피해 회사인 Canbet Sports Bookmakers는 1만 달러를 지불하라는 협박에 응하지 않은 대가로 Breeders' Cup Races 기간 동안에 해커에 의해서 웹 서버가 다운되어서 매일 20만 달러가 넘는 손실을 보게 되었다. 검찰에 따르면 이 범죄조직은 6개월 동안 30여개 국에서 무려 50여개의 협박 및 갈취 사건을 일으켰다고 한다.

이 온라인 범죄조직의 가해자들은 결국 체포되어 기소되었고, 각각 8년의 징역과 3,700 달러의 벌금을 부과받았지만, 많은 컴퓨터 범죄자들은 처벌받지 않은 채 지속적으로 활동하고 있다. 소포스 시큐리티(Sophos Security)의 고위 기술 자문위원은 다음과 같이 조언한다. "상업적 웹 사이트에 가해진 악성 DDoS 공격은 사업에 막대한 재정적 손해를 입히는 동시에 이를 이용하는 인터넷 이용자에게는 상당히 큰 방해 및 성가심을 야기할 수 있다. 위의 선고(징역 8년 및 3,700달러의 벌금을 부과받은 선고)는 온라인 협박 및 갈취를 생각하고 있는 인터넷 해커들에게 그들이 잡히면 혹독한 처벌을 받게 되리라는 것을 알리는 강력한 메시지가 될 것이다. 하지만, 많은 범죄조직들이 인터넷 공간의 익명성이 자신들이 범죄를 저지르는 데 유리한 환경을 제공한다고 생각하고 있다. 그러므로 모든 컴퓨터 이용자들은 해커들의 범죄를 예방하기 위한 안전한 방어수단을 준비하고 있어야 함을 명심해야 한다.

또 한 가지 특별히 위험한 bot 공격 유형은 바로 표적공격(targeted attack)이다. 이는 보트를 매우 제한적인 기준으로 전송함으로써 일반적인 보트 공격 발생시 발생하는 트래픽(traffic) 양의 변화를 감지해내는 프로그램을 피하는 방법이다(Elliott, 2007, p.52). 게다가, 보트넷(botnet : bot에 의해 감염되어 제어를 당하는 컴퓨터 그룹을 의미함)들은 HTTP 트래픽이나 P2P 통신 채널을 사용함으로써 발견과 추적을 어렵게 만든다.

이러한 공격에 대비하는 가장 좋은 방어 수단 중의 하나는 안티바이러스 소프트웨어와 안티스파이웨어 소프트웨어를 컴퓨터에 설치하여 운영하는 것이다. 또한, 소프트웨어를 자주 업데이트하고 방화벽 프로그램을 사용함으로써 비인가 접근으로부터 컴퓨터를 보호하는 것도 필요하다.

그러나, 보트에 감염되는 가장 흔한 경우는 바로 직원이 회사의 노트북 컴퓨터를 집으로 가져가서 이를 케이블 모뎀에 연결하면서 감염이 된 이후에 다시 회사로 가져와서 회사의 네트워크에 연결함으로써 방화벽과 안티바이러스 스캔을 모두 통과해버리는 경우이다. 장래를 생각하는 회사라면, 회사 외부에서 인터넷을 접속한 후에 내부로 들여오는 것에 대한 위험성을 항상 적극 알려야 하며, 직원들에게 노트북 컴퓨터에 항상 안티바이러스 프로그램을 실행시키게 하고 항상 가상 사설망(VPN)을 통해서 회사의 네트워크에 재접속하도록 함으로써 보트에 의해서 생길 수 있는 문제를 사전에 예방해야 할 것이다.

공격 대상

Security Director News "Newspoll"(2007, p.23)은 "당신의 회사는 어떠한 정보자산을 가장 가치있는 것으로 생각하는가?"라는 설문조사를 하였다. 설문대상의 76%가 '**소유 정보**(proprietary information)'라고 답하였으며, 10%는 '특허권', 3%는 '저작권 및 기업비밀'이라고 각각 답하였다. 또한, 응답자의 72%는 그들의 회사가 지적 재산 및 무형의 자산을 보호하기 위한 전략을 갖추고 있다고 응답하였다.

컴퓨터 공격은 일반적으로 소유 정보에 초점을 맞춘다.

연방획득규정(the Federal Acquisition Regulation)에 의하면, 소유 정보(proprietary information)는 재산권 또는 민간 투자로부터 발생하는 데이터에 대한 소유권 내지는 다른 유효한 경제적 이득으로 정의된다. 이러한 데이터를 비인가 사용 및 공개로부터 보호하는 것은 재산권 및 경제적 이득이 위태롭게 되는 것을 방지하기 위해 필요하다.

소유정보에는 지적 재산, 기업비밀, 특허권 및 재산권도 포함이 된다.

지적 재산

정보자산보호(Information Asset Protection)(p.7)에서는 **지적 재산권**(IPR)은 "인간 지력에서 도출된 상업적으로 가치가 있는 산출물을 보호하는 무형의 권리들의 범주로, 이 범주에는 상표, 저작권 그리고 특허권뿐만 아니라, 기업비밀, 퍼블리시티권, 저작인격권 그리고 불공정한 경쟁에 저항할 수 있는 권리까지도 포함된다"고 규정하고 있다(주의 : 일부 국가들은 특허권, 상표, 재산권 등 지적 재산권에 대한 인식이나 법집행이 다른 국가들에 비해서 현저히 다른 경우가 있다. 그러므로 사업상으로 타 국가에 진출하는 경우라면 해당 국가의 지적 재산권에 대한 환경이나 법적인 보호 같은 것에 대해 충분히 이해를 하고 진행해야 할 것이다).

조직의 경쟁우위는 직원들의 창조성과 개혁성으로부터 비롯되는 경우가 종종 있다. 이러한 자산의 손실은 회사의 인력, 시간, 재정, 생산품 그리고 지적 재산권에 대한 투자에 부정적인 영향을 미칠 수 있다(Daniels, 2007a, p.2). 보안 관리자들은 더 이상 기업비밀에 대한 스파이 행위와 같은 위협에 개별적인 접근 방식에 초점을 맞추는 "사일로 접근방법(silo approach)"으로 대응할 수 없다(Daniels). 기업비밀, 상표, 저작권을 포함하는 모든 종류의 지적 재산권들은 위험에 직면하고 있다. 그러므로 사업을 언제 전 세계로 확장해야 하는지는 점차 더욱 중요한 문제가 되고 있다.

International Airport Centers v. Citrin(2006)에 의하면, 미국의 상소법원에서는 직원이 회사의 노트북 컴퓨터에 있는 정보를 파괴한 것을 연방법을 어긴 것이라고 판결하였다. 이 직원은 해당 데이터를 훔쳐서 경쟁 회사에 들어가려는 목적으로 중요한 회사 파일과 문서를 절취하고 이를 삭제하였다.

기술임치(Technology Escrow) 기술임치란, 지적 재산에 대한 일종의 보험정책과 비슷한 것이다. 기술임치는 다수의 기업이 '미션 크리티컬 소프트웨어'와 같은 기술 라이센스에 대해서 협상을 하는 경우에 필요하다(Johnson, 2005, p.68). 만약, 라이센스 허가를 받은 회사가 현재에 미션 크리티컬 소프트웨어의 핵심 기술을 공급해 주고 있는 개발자 측에서 갑자기 지원을 중단함으로써 자신들이 미션 크리티컬 소프트웨어를 운영하지 못할 것이 우려된다면, 이 회사는 소프트웨어의 핵심 코드와 같은 기술자료를 에스크로우 계정에 임치시킬 것을 요청하게 되는데, 이를 기술임치 제도라 한다. 이러한 협의를 할 시에, 기술임치 중개인은 중립적인 제3자로서 역할을 하면서 어떠한 조건 하에서 해당 기술자료가 라이센스를 허가받은 회사에게 공개가 되는지 등에 대해 자세히 정하는 계약을 성사시키게 된다. 이러한 에스크로에 들어가는 비용은 일반적으로 보호 대상인 기술자료(코드) 가격의 5% 이하로 책정된다(Johnson, p.68).

기업 비밀

기업비밀이란, "모든 형태 또는 유형의 재정, 사업, 과학, 기술, 경제 혹은 공학적 정보라 할 수 있다. 또한, 해당 정보의 소유자가 정보의 비밀을 보호하기 위해서 특정 조치를 취하였거나 해당 정보가 잠재적 혹은 실질적으로 경제적 가치가 있는 경우라면 패턴, 계획, 모음집(편집본), 프로그램 장치, 공식, 디자인, 원본, 방법, 기술, 프로세스, 절차, 프로그램 또는 코드 등이 어떠한 형태로(유형인지, 무형인지) 그리고 어떠한 방법으로 저장되어 있는지(물리적, 그래프, 사진, 전자, 서술 등)에 상관없이 모두 기업 비밀에 포함된다고 할 수 있다"(*Information Asset Protection*, p.8). 1996년에 제정된 경제스파이법의 범죄에 대한 조항 중 맨 처음 조항이 기업 비밀 절취행위에 대해 규정하고 있다.

종종 이러한 비밀들은 **상표**(트레이드마크)에 의해서 보호되기도 한다. 상표란, "제조업자 혹은 판매업자가 자신들의 생산품을 다른 생산품들과 구별하기 위해서 사용하는 단어, 문구, 로고 혹은 다른 종류의 시각적 상징"이라고 정의 내릴 수 있다(*Information Asset Protection*, p.8). 1946년 상표권침해방지법(Lanham Act)에서는 상표 보호의 국가적 시스템을 민법에 성문화하였으며, 1984년 제정된 상표위조방지법에서는 상표를 위조하여 상표나 서비스를 밀거래하는 것을 중대한 범죄로 규정하였다.

개개인은 자신이 업무를 하는 데 있어서 반드시 알 필요가 있는 정보에 대해서만 접근해야 한다는 것을 확실히 하기 위해서 반드시 "need-to-know 기준"이 설립되어야 한다. 또한, 개개인에게 이에 대해 경고할 수 있는 내용을 담은 효과적인 정보를 마련하여 공지함으로써, 자신에게 필요한 정보가 무엇인지 개개인이 정확히 알 수 있도록 해야 할 것이다.

기업 비밀과 관련된 소송에서 유리한 위치를 점하기 위해서는, 해당 자산(정보)의 가치와 역할이 무엇인지를 확실히 기록해야 한다. 예를 들어, 해당 정보가 타 기업과의 경쟁에서 어떠한 역할을 하는지, 그리고 우리 기업에서는 이 정보를 지키기 위해서 어떠한 대책과 노력을 하고 있었는지와 같은 것들이 있다. 보안 관리자들은 기업 비밀에 대한 비인가 접근을 막기 위해서 어떠한 합리적이면서도 신중하게 짜여진 전통적인 혹은 사이버적인 보안 대책들이 마련되어 있는지에 대해서 정확하게 알고 있어야 한다. 또한, 정기적으로 그리고 수시로 보안 감사를 실시하여야 한다.

특허 정보

특허란, "개발한 장치 또는 프로세스가 새로운 것이거나 유용한 것일 경우에 개발자에게 부여되는 것으로서, 특정한 기간(특허권이 부여된 지 20년 동안) 다른 사람이 판매를 목적으로 해당 장비 및 프로세스를 제작, 이용, 판매, 제공, 마케팅 등을 하지 못하게 하거나 해당 발명품을 수입하지 못하게 할 수 있는 권리, 특권 또는 권한"을 의미한다. 특허라는 개념이 도입되기까지 새로 개발되는 프로세스나 생산품에 대한 기업 비밀 가이드라인은 지속적으로 계속 발표되어져 왔다. 특허권 보호에 대해 보장하고 있는 특허권 전략(법령)은 모든 유효한 사법권 내에서 확립되어 있다(*Information Asset Protection*, p.7).

저작권 보호 자료

저작권이란, "어떠한 유형의 표현 매체에 의해서 그 형태가 고정된 저자의 원저작물(문학작품, 음악, 연극, 무용, 그림, 조각 그리고 건축물; 영화 그리고 다른 시청각 작품; 그리고 음반 등을 포함)에 대해서 부여되는 재산권으로서 해당 작품을 갖고 있는 소유자가 그것을 재생산, 적용, 배포, 실행 그리고 전시할 수 있는 독점적인 권리를 부여하는 권한"을 의미한다(*Information Asset Protection*, p.7). "인터넷의 자유분방한 환경 및 분위기는 사람들로 하여금 저작권 보호 자료에 대해서 느슨한 태도를 갖도록 할 수도 있다"(Gips, 2006c, p.22). 문제를 심각하게 만드는 것은 바로 인터넷 이용자들 상당수가 자신들이 저작권법을 위반하고 있다는 사실을 모르고 있다는 것이다: "인터넷 상에서의 불법 복사는 이미 걷잡을 수 없을 정도로 만연되어 있다. 심지어 이는 보안회사 및 보안전문가들 사이에서도 만연하게 이루어지고 있다. 이것은 많은 사람들이 인터넷은 공짜라고 생각하고 있기 때문이다"(Gips). 1976년 제정된 저작권법은 오늘날의 저작권법에 기본적인 틀을 제공하였다. 1992년 제정된 저작권 중범죄법(Copyright Felony Act)은 컴퓨터 소프트웨어의 대량 불법 복제 행위를 대상으로 하고 있으며, 10번 이상의 저작권 위반 행위를 중대범죄로 규정하였다.

저작권 침해로부터의 보호를 위해서, 변호사들은 모든 웹페이지 하단에 저작권 경고문을 넣고, 매 분기마다 저작권을 미 저작권협회에 등록할 것을 권고한다. 저작권 대상이 될 수 있는 것으로는 기업이 시간과 자원을 투자해서 만든 설립목적, 사업계획, 정책, 표준과 가이드라인 등이 있다. 일반적으로 저작권법은 아이디어 자체가 아닌 아이디어의 표현을 보호하기 때문에 저작권침해가 발생하기 위해서는 저작물을 훔치는 사람이 최소한 35단어 이상을 원문에서 그대로 따와야 한다.

저작권이 설정된 제품은 소유권을 추정케 하고 다른 사람이 이를 무단으로 사용하는 데 대해 소송을 제기할 경우 법원에서 유리하게 작용하게 된다. 저작권을 얻은 후에 저작권법에 명시된 대로 저작권을 침해당하게 되면 한 제품당 최대 3만 달러, 만약 저작권 침해가 다분히 의도적이었다면 한 제품당 15만 달러까지 피해보상을 받을 수 있다는 것이다. 하지만 저작권을 침해한 사람의 행위가 미국 밖에서 이루어졌다면, 저작권 소유자가 이에 대항할 수 있는 방법이 거의 없는 경우도 있다.

저작권 침해 범죄자들이 저작권이 있는 음악, 영화, 소프트웨어 그리고 게임을 디지털 불법 복제를 하여 이를 웹사이트, 채팅방, 대량 이메일, FTP 그리고 P2P 네트워크에 배포함으로써 2004년에만 무려 230억 달러의 피해가 발생하였다("Pirates in Cyberspace," 2004). 와레즈(warez)라고 잘 알려진 온라인 해적 일당들은 사이버 공간의 지하에서 비공식적으로 조합을 운영하였으며, 이 조합에서 멤버들은 최신 저작권 자료들을 교환하였다. 와레즈 그룹은 해외에 기반을 둔 경우가 많고, 멤버들의 수준이 매우 전문적이며, 서로 간에 암호화된 메시지를 통해서 통신을 하기 때문에 이들의 정체를 밝혀내는 것은 상당히 어려운 일이다("FBI Piracy Bust," 2005).

2005년에 법무부는 저작권이 있는 비디오 게임, 소프트웨어 그리고 영화를 불법적으로 배포하는 국제적인 해적행위에 대한 엄중한 단속을 실시하여 4명을 체포하였으며 수백 대의 컴퓨터를 압수하였다. 법무부는 '사이트 다운 작전(Operation Site Down : 지적재산권을 침해하는 와레즈그룹의 사이트를 다운시켜 버리는 작전의 일종)의 일환으로 90여장의 수색영장을 이용하여 미국을 비롯한 10여 개국의 인터넷을 검색하였다. 이 급습을 통해 최소 8개의 불법 유통업체(불법 배포 사이트)를 폐쇄하였으며 5천만 달러 이상의 저작권 침해 자료들을 압수하였다. 체포된 네 명은 저작권 침해 및 모의죄로 고소되었다("FBI Piracy Bust").

미국영화협회의 연구에 따르면("FBI Breaks Worldwide Piracy Ring," 2006), 주요 영화 스튜디오들은 2005년 저작권 침해행위로 인하여 약 61억 달러의 피해를 보았다고 한다. 2006년 FBI는 미국 뉴욕 남부 검찰청과의 3년간 공조 수사를 통해 뉴욕에 기반을 두고 조직적 네트워크를 갖추고 있는 영화 절도범 13명을 체포하였다. 이들은 새로 개봉된 영화의 90%를 인터넷 상이나 길거리에 배포하였다. 이 자료들은 계속 복제가 되어 암시장에서 거래가 되었으며, 인터넷에 업로드되어 결국 수백만 건의 불법다운로드가 이루어지게 되었다.

디지털 저작권 관리(DRM) DRM은 소프트웨어 프로그래머, 음악가 그리고 영화감독과 같은 디지털 저작권 소유자가 이용하는 무단복사 방지 기술로서, 자신의 저작물에 접근하는 사람을 통제할 수 있다. DRM은 저작권 소유자로 하여금 사람들이 자신의 디지털 파일을 어떻게 설치하고, 듣고 시청하고 복제하는지를 원격으로 통제할 수 있게 해준다. 접근에 대한 통제는 "허가 암호키(licensed encryption key)"라고 불리는 디지털 자물쇠를 사용하여 할 수 있다. 이 디지털 자물쇠는 비인가 사용자가 해당 파일에 접근하거나 해당 파일을 복사하는 것을 막아주는 기능을 한다. 파일에 접근하여 이용하기 위해서는 비용을 지불하고 암호키를 풀기 위한 코드를 구매한 후 해당 코드를 입력해야 한다.

워터마킹(투명무늬) 기술 전통적으로 통화에 많이 적용되어 사용되어 왔던 개념인 워터마킹은 디지털 데이터 보호의 필요성이 커지면서 디지털 형식에까지 발전되어 적용되기 시작하였다. 다양한 회사들이 디지털 워터마킹을 발전시킴으로써 저작권자가 자신의 자산을 지키도록 도움을 주었다. 예를 들면, Fraunhofer Integrated Publication and Information Systems Institute(Fraunhofer IPSI)는 디지털 이미지 워터마크 기술을 발전시켜 유명한 브랜드 로고를 보유하고 있는 회사들이 자신들의 생산품 사진에 워터마크를 새겨놓도록 도와줌으로써 값싸게 모방하여 이익을 남기려고 하는 사람들로부터 생산품 이미지를 보호할 수 있도록 하였다. Fraunhofer는 또한 웹 서치 프로그램을 발전시켜서 인터넷 상에서 상표권을 침해하는 행위를 추적할 수 있도록 하였다. 워터마킹 기술은 사진의 색이나 명암에 미묘한 변화를 주는데 이 변화는 사진에 있어서 극히 일부분에 적용되기 때문에 사람의 눈으로는 식별할 수가 없다(Blau, 2006).

소유 정보에 대한 잠재적인 위협

소유 정보의 보안에 대한 잠재적인 위협으로는 직원, 행상인, 방문객 그리고 폐기정보가 있다.

직 원

대부분의 관리자들이 사람(직원)이 조직의 가장 중요한 자산이라는 사실에 동의를 한다고 할지라도, 이들은 동시에 가장 큰 골칫거리가 될 수도 있다. 일례로, 한 IT보안 부서에서 근무하다가 별다른 성과를 거두지 못하였다는 이유로 해고당한 사람이 있었다. 그는 매우 분노하고 좌절한 상태로 집으로 돌아갔는데, 이때 이미 술을 몇 잔 마신 뒤였다. 집에 도착한 그는 자신이 아직까지 이전 직장 네트워크에 접속할 수 있는지를 확인해 보았는데 접속을 할 수 있었다. 그는 아직까지 시스템 상의 모든 파일에 접근을 할 수 있었다. 그는 술을 몇 잔 더 마신 후에, 갑자기 자신은 복수를 할 자격이 충분히 있다고 생각하기 시작했다. 결국 그는 스프레드시트, 메모, 쪽지, 네트워크 계정 등과 같이 그 회사가 업무를 수행하는 데 필요한 모든 어플리케이션과 파일을 삭제해버렸다. 그는 이러한 행동이 회사에 상당히 큰 손해를 입힐 것이라는 것을 알고 있었다. 왜냐하면, 그는 이 시스템들을 백업하는 임무를 그 회사에서 맡고 있었기 때문이다. 술에서 깨어났을 때, 그는 자신이 한 행동의 증거가 될 수 있는 로그파일을 지우지 않았다는 사실을 깨달았으나 이미 때는 늦었고 곧바로 체포되었다. 그리고 회사는 삭제된 데이터를 다시 복구하기 위해 수천달러의 비용을 지불해야만 했다(Mallery, 2005, p.54).

직원에 의한 보안 위험 사건 대부분은 위의 예처럼 극단적이지는 않다. 하지만, 충분히 큰 손해를 입힐 수 있다는 것을 알아야 한다. 불만을 가진 직원이 할 수 있는 다른 행동으로는, 회계 부서에 들어가서 회사의 돈을 훔친다거나, 중요한 소유정보를 경쟁자에게 넘겨준다거나, 회사 웹사이트를 가족이 사망시에 박제를 해 주는 웹사이트로 바꾼다거나, 비밀번호를 바꾸는 등의 것들이 있다(Mallery, p.56).

이와 달리 직원들은 전혀 의도치 않게 보안에 위협이 될 수도 있다. 직원들은 중요한 정보에 대한 이야기를 개인 휴대폰으로 하지 않도록 반드시 교육 받아야 한다. 왜냐하면, 전화가 도청당할 수 있기 때문이다. 그리고 직원들로 하여금 경쟁금지서약 및 기밀유지서약 그리고/또는 비밀서약에 서명하도록 할 수도 있다. **기밀유**

지서약(nondisclosure agreements)은 일반적으로 중요한 정보에 접근할 수 있는 고위 임원직이나 연구개발부서의 직원 등에게 요구되는 경우가 많다. 이 조항은 직원이 중요한 정보를 외부의 다른 사람에 말하는 것을 금지하고 있다. **경쟁금지서약**(noncompete agreements)은 회사를 그만둔 후에 경쟁업체에서 일하는 것을 막기 위해서 만들어진 조항이다. **비밀서약**(secrecy agreements)이란, 사업에 매우 필수적이고도 중요한 기업 비밀을 다루도록 계약이 되어 있는 사람과 맺는 계약이다. 예를 들면, 회사의 중요한 기계의 매우 필수적인 부분을 수리하기 위해서 고용된 기술자가 있다. 이러한 사람들은 해당 정보를 반드시 비밀로 할 것에 대한 계약서에 서명을 하도록 요청받는다.

Kresevich(2007, p. 47)는 "저장된 모든 정보는 불만이 많은 직원을 범죄자로 만들 수도 있고 아니면, 스스로 문제점을 인식하고 환경을 능동적으로 바꾸어 직원이 사업의 번영과 번창을 위해서 애쓰도록 만들 수도 있다"고 말하였다. 자신이 다니던 직장에서 정보를 빼내는 등의 도둑질을 하다가 체포가 된 수백 명을 대상으로 인터뷰를 한 결과, 그들은 자신들이 다니던 기업이 어떠한 절차와 정책을 세우고 있는지는 신경쓰지 않았다. 다만, 자신들이 어떻게 대우를 받았는지 그리고 기업의 문화가 어떠하였는지에 대해서만 신경을 썼다(Kresevich). 훈련프로그램은 직원들이 서로 커뮤니케이션을 효과적으로 할 수 있도록, 윤리 정책을 잘 준수하도록, 특정상황을 다룰 수 있도록 그리고 진실성의 기반을 구축할 수 있도록 설계되어져 왔다. 이러한 사항에는 직원 핫라인(직통전화)도 포함된다고 할 수 있다.

강력한 조사가 뒷받침되어 잘 관리되는 핫라인은 궁극적으로는 조직에 큰 손해를 줄지도 모르는 사기나 다른 비윤리적인 행위를 알아내는 데 도움이 된다(Mohr and Slovin, 2005, p.51). 하지만 이를 위해서는 정보제공자의 익명성이 충분히 보장되어야 할 것이다. 예를 들어 보자. Cardinal Bankshares의 CEO인 David Welch는 내부자에 의한 잠재적인 회계 위법행위를 의심하게 되었고, 이러한 본인의 걱정을 그의 감독자에게 보고하였다. 하지만 얼마 뒤, 그는 곧 회사에서 해고가 되었다. Welch는 Cardinal Bankshares 사를 불법적인 해고 및 부당 보복행위로 고소하였다. 이 은행(Cardinal Bankshares 사를 의미)은 Welch가 해고된 이유는 증거 없는 회계 부정 의혹에 대한 조사에 대해서 제대로 협조를 하지 않은 탓이라고 주장하였다. 하지만, 법원은 은행 측이 제시한 증거가 그들의 증언을 뒷받침할 수 없다는 결론을 내렸으며, 결국 Cardinal Bankshares 사는 Welch가 내부고발을 했다는 이유로 해고를 시킨 것으로 결론이 나서 유죄 판결을 받았다(Mohr and Slovin).

위 사건은 **사베인즈-옥슬리**(Sarbanes-Oxley)**법**(기업은 직원이 회계 부정행위를 익명으로 신고할 수 있도록 반드시 보장해 줘야 한다는 내용이 포함되어 있는 법)에 근거하여 재판에 회부된 첫 번째 내부 고발자 사건이라는 점에서 매우 중요한 사건이라고 할 수 있다. "직통전화는 반드시 24시간 운영되어야 한다. 왜냐하면, 전체 내부고발 전화의 40%가 일반적인 근무시간 이외의 시간대에 걸려오기 때문이다"(Mohr and Slovin, p.53).

판매자

공급업자와 유통업자들은 모두 반드시 정보 보안 링크 내부에 있어야 한다. 만약, 상당히 가치가 있고 중요하다고 판단되는 정보에 접근하려는 자들은 반드시 기밀유지계약에 서명을 하도록 해야 한다.

방문객

배지 착용, 특정 주요시설에 대해서는 직접 안내를 해 주거나 접근을 통제하는 것, 그리고 출입 시 서명을 하도록 하는 절차와 같이 방문객들이 기업의 중요한 소유 자산에 접근할 수 없도록 하는 절차는 제7장에서 다루었다.

폐기정보

"누군가에겐 의미 없는 쓰레기도 다른 누군가에는 보물처럼 가치가 있는 것일 수 있다"라는 속담이 있다. 이 속담이 가장 잘 들어맞는 것이 바로 개인의 신상정보가 풍부하게 포함되어 있는 폐기 회사문서일 것이다. 사업을 할 때에는, 엉뚱한 사람의 손에 들어갈 경우에 사업에 큰 손해를 끼칠 수 있는 정보가 포함되어 있는 어떠한 문서라도 처분을 할 때에는 과도할 정도로 주의를 해야 한다. 미네소타 대학의 트윈 시티스(Twin Cities) 캠퍼스 대학생들이 독립적으로 만드는 신문인 '미네소타 데일리(Minnesota Daily)'는 학교의 직원들이 의학 기록, 사회보장번호, 신용카드 번호와 같은 정보가 포함된 수천 장의 문서를 매주 바깥에 있는 뚜껑도 없는 쓰레기통에 내다버리고 있다고 보도하였다(Longmore-Etheridge, 2004, p.59). 다른 예로, St. Louis의 한 건강보험 회사에서 고객의 약물중독 경력, 성병 경력, 정신병 치료 경력 등과 같은 매우 민감한 정보가 담긴 문서들을 뚜껑도 없는 커다란 쓰레기통에 버린 사건이 있었다(Longmore-Etheridge). 이러한 사건들은 잘못된 문서 폐기 정책이 보안에 얼마나 많은 영향을 미치는지, 그리고 법적으로 어떠한 위험성을 내포하고 있는지를 잘 보여 준다: "민감한 정보를 포함한 문서를 폐기하는 회사들은 문서를 온전히 매장하는 방법을 택하지 말고, 완벽하게 소멸시켜버리는 방법을 택해야 한다”(Longmore-Etheridge).

너무 자주, 중요하고 민감한 정보들이 단순히 쓰레기통으로 던져지거나, 플라스틱 가방에 보관되거나, 혹은 대형 쓰레기통에 던져지는 방법으로 폐기되고 있다. 대부분의 대형 쓰레기통들은 일반인들이 쉽게 접근할 수 있는 곳에 위치하는 경우가 많다. 특정 회사나 직원의 정보를 찾으려는 사람은 누구라도 쓰레기통에 접근하여 자신이 목표로 삼은 회사나 직원과 관련된 단서나 봉투를 찾아내는 단순한 방법을 통해서 정보를 얻을 수 있다.

몇몇 회사들은 모든 문서를 반드시 파쇄하도록 하는 정책을 가지고 있거나, 복사기 옆에 보안이 유지가 되는 쓰레기통을 설치해놓기도 한다. 그리고 직원들에게 모든 문서를 보안이 유지되는 쓰레기통에 넣도록 교육하기도 한다. 하지만 대부분의 대기업에서는, 위와 같은 정책을 실시하는 것이 사실상 불가능하기도 하거니와 문서를 모두 처리하는 데 드는 비용을 감당하기 어렵기도 하다. 따라서 이러한 작업은 보통 외부업체에 의해서 이루어진다. 그리고 좀 더 신중하게 이를 진행하고 싶다면, 보안 관리자들은 세계정보파기국립협회가 인증하는 파기 전문 업체를 찾아보는 것이 좋을 것이다(Longmore-Etheridge, p.60).

문서파기 정책이 연방법이나 주법 혹은 관련 규정을 위반해서는 안 된다. 예를 들어, 사베인즈-옥슬리법에서는 법인의 문서를 파기하는 행위를 위법으로 규정하고 있다. 왜냐하면, 문서를 파기함으로써 연방의 조사를 방해할 가능성이 있기 때문이다. 이러한 경우를 피하기 위해 일정 기간 동안은 문서를 보관한 후, 일정 기간이 지난 후에 자동으로 문서를 파기하는 정책을 실시하는 것이 좋을 것이다.

보안관리자는 불법적으로 획득된 것 같아 보이는 정보도 자신이 그러한 정보를 찾을 충분한 능력이 있다면 실제로는 불법적인 것이 아니라 대중에 공개된 것이라는 점을 인식해야 한다.

경쟁정보(competitive intelligence: CI)

경쟁정보(CI)는 사업 세계에서는 피할 수 없는 현실이다. CI에 종사하는 사람들은 윤리 강령까지 완벽하게 갖춘 전문가협회인 ‘경쟁정보전문가협회’를 설립하였다. 보안 관리자들은 지적 재산에 대한 절도행위, 저작권법을 위반하는 행위 그리고 경쟁정보 행위를 반드시 구별할 수 있어야만 한다.

경쟁정보(CI)는 두 가지의 사실로 구성된다. “첫째, 데이터(가공되지 않은 순수사실)를 발전시키기 위해서 공공 자료를 사용하여야 한다. 둘째, 분석을 통해서 그 지식(intelligence)을 정보(information)로 바꾸어야 한다"(McGonagle and Vella, 2007, p.64). 이러한 맥락에서, '공공' 은 바로 무엇을 찾고 있는지 알고 있는 사람이 법적으로 그리고 윤리적으로 문제 없이 정의 내릴 수 있고, 찾을 수 있으며, 접근할 수 있는 모든 정보를 의미한다. McGonagle와 Vella(p.66)는 많은 경우에 절도라고 여겨지는 행위들이 실제로는 경쟁 업체에 의해서 이루어진 효과적인 CI인 경우가 많다고 경고하였다. 이들은 그 예로써, 아래에서 설명하는 Big Rick's 와 Little Joe's 사이에 있었던 "버거 전쟁"을 들고 있다:

> Big Rick's 햄버거 회사는 항상 새로운 제품을 출시하였는데, 이 회사 임원진들은 곧바로 비슷한 제품을 출시하여 좀 더 낮은 가격에 판매하는 주 경쟁업체인 Little Joe's 햄버거 회사 때문에 매우 고통스러워하였다. 이러한 경우가 세 번 연속으로 발생하자 Big Rick's 회사의 임원진들은 이것은 우연히 발생한 것이 아니며, 회사 보안에 매우 심각한 구멍이 뚫린 것이라고 확신하였다. 이 당시에만 해도, 그 누구도 사건의 원인이 내부 직원의 불충한 행동 때문인지 아니면 컴퓨터 시스템에 구멍이 뚫려서인지 전혀 알지 못하였다.
>
> 고위 경영진은 회사의 보안담당 인력들을 불러서 조사를 벌였다. CIO의 제안에 따라서 CI 단체도 불러서 함께 조사를 실행하였다. 나중에 알려진 것이지만, 느슨한 프랜차이즈 계약에 의한 구멍 때문에, 비도덕적인 프랜차이즈점이 양 쪽 기업 모두에서 합법적으로 일을 하고 있었던 것이다.
>
> CI는 이러한 핵심 사실을 알아낸 후, 어떠한 일이 발생한 것인지에 대해서 설명하였다. 새로운 제품의 공지는 모든 프랜차이즈로 발송되었다. 그런데, 이 공지에는 "비밀사항" 이라는 것이 표기되어 있지 않았다. 왜냐하면, 모두가 너무나 당연한 것이라고 생각하여 불필요하다고 생각하였기 때문이다. 프랜차이즈 규정에서는 경쟁적인 프랜차이즈를 함께 소유하는 것을 전면금지하는 내용을 포함하고 있었다. 하지만 초창기에 이 회사의 프랜차이즈가 된 상당수의 점포들은 이 규정의 적용을 받지 않았다. 이 규정의 적용을 받지 않는 초창기 프랜차이즈 점포들 중에서, 경쟁회사인 Little Joe's 햄버거 회사에도 프랜차이즈 계약을 맺은 업체가 있다는 것을 조사를 통해 알아내었다.
>
> Big Rick's가 고용한 CI 분석가들이 이러한 점포들을 발견하였고, 이들 중 하나가 정보를 넘겨주는 대가로 이득을 얻기를 바라는 마음에 Little Joe's 햄버거 회사와 정보를 공유하고 있었던 것이다.

기업들이 반드시 취해야 하는 다른 조치들 중 하나는 새로 고용하는 사람들로 하여금 반드시 기밀유지협약(NDA)에 서명을 하도록 하는 것이다. NDA란, "기밀에 해당하는 물건 및 지식을 다루는 그룹들 사이의 합법적인 계약으로서, 특정한 목적을 위해서는 다른 그룹의 기밀을 공유할 수 있으나, 기밀을 일반적으로 함부로 사용하는 것은 제한할 수 있도록 하는 계약이다(*Information Asset Protection*, p.8). 이를 다른 말로 하자면, 계약의 범위에 들어가는 정보에 대해서는 비밀을 유지하겠다고 약속하는 계약을 맺는 것이다.

CI의 일반적인 목표물은 대체로 R&D, 마케팅, 제조 및 생산 그리고 인사담당 부서이다. 필요한 정보는 직원, 설비투어, 기업의 발행물, 사업 동료, 유통업자, 공급업자, 보전작업자 등 사업과 관계된 누구로부터도 획득될 수 있다.

회사에서는 방어를 위한 CI를 고용할 수도 있다. 방어적 CI는 합법적인 방법으로 경쟁회사에서 우리 회사의 정보를 수집하는 것을 막을 수 있다. 방어적 CI는 경쟁회사에서 감시할지도 모르는 회사의 사업 활동들을 분석하고 모니터링하다가 경쟁회사에서 발견하였거나 감시하고 있다고 판단되는 경우에는 해당 데이터들을 은폐해버려서 경쟁회사의 CI 노력을 무력화시킨다(McGonagle and Vella, p.68). 은폐는 기본적으로 세 가지 개념을 포함한다. (1) 경쟁회사가 회사의 데이터를 수집하는 채널을 알고 있어야만 한다. (2) 해당 채널로 데이터가 오가는 것을 통제할 수 있어야 한다. (3) 경쟁 회사가 어떠한 방법으로 수집한 데이터를 분석하는지를 알고 있어야 한다.

사생활 보호

대부분의 조직들은 그들의 직원, 경영, 사업관계, 고객 등과 관련된 "사생활" 정보를 다루게 된다. ASIS 가이드라인(*Information Asset Protection*, 2007)에서는 아래에서 제시하는 방법들을 실행함으로써 사생활 정보 보호에 필요한 수준의 신뢰도를 유지할 것과 법적 요건을 충족시킬 것을 강조하고 있다.

- 사생활 보호를 위한 정책을 수립하여야 하며, 직원들에게 사생활 보호 프로그램을 유지하고 실행할 책임이 있다는 사실을 명확히 알려야 한다.
- 직원, 파트너, 판매자, 고객 등과 관련된 사생활 정보가 잘 유지되고 있는지를 지속적으로 측정·평가하여야 하며, 이와 관련된 법적 요건을 확인하여야 한다.
- 직원의 사생활 정보문제가 발생하지 않았는지 확인할 수 있는 시스템이 마련

되어 있어야 한다.

- 직원들의 사생활을 보호하기 위해 적합한 내부 제어가 잘 갖추어져 있는지를 확인하는 데 적용할 수 있는 연방, 주, 국제적인 가이드라인이 있는지를 살펴보아야 한다.
- 다음의 세 가지 내용이 잘 나타날 수 있도록 사생활 정보를 명확하게 표시하여야 한다.
  (1) 이 정보가 어떻게 사용되고, 어떠한 방식으로 공개되는지에 대한 설명
  (2) 만약, 해당 정보에 문제가 발생하면 어떻게 되는지에 대한 적절한 공지
  (3) 해당 정보가 더 이상 필요가 없어졌을 때 어떻게 파기되고 처리되는지에 대한 설명
- 사생활 보호 정책이 효과적으로 실행되고 있는지에 대한 주기적인 감사를 실시하여야 한다.

사생활 보호 정책은 직원들로 하여금 그들에게 필요가 없는 어떠한 파일, 문서 또는 데이터도 그들의 개인 노트북에서는 절대로 실행하지 못하도록 하여 중요한 고객 및 직원의 정보가 노트북 컴퓨터로 인해서 손실되는 위험을 최소화하도록 규정하여야 한다. 중요한 고객 및 직원의 정보와 같이 중요한 정보들을 손실하게 되면 회사의 명성에 상처를 입을 뿐 아니라, 20여개 이상의 사생활 비밀에 대한 법률을 어기는 결과가 발생할 수도 있다.

스탠포드 대학(Stanford University)에서는 **맥락적 온전성**(**contextual integrity**)에 대한 연구가 진행되고 있다. 맥락적 온전성이란, 데이터 사용을 모니터링하는 소프트웨어에 포함된 알고리즘에 의해서 표현되는 복잡한 사회 원칙들을 이용하여 사생활을 정의내리는 것이다(Barth et al., 2007, p.56). 이 어플리케이션의 목표는 회사가 사생활 관련법과 자신들의 사생활 정책을 잘 조화시키도록 돕는 것이다. 이 알고리즘 모델은 1) 개인적 정보를 전송하는 데 적용되는 행동의 기준, 2) 연관된 정보의 적절성, 3) 정보를 주고받는 개개인들의 역할 그리고 4) 전송의 원칙이라는 네 가지 변수에 의해 결정된다. 마지막 변수(전송의 원칙)는 정보의 흐름(정보가 누군가에게로 가는 것)을 규제하는 것 즉, '통제'에 주로 초점을 맞추는 변수이다. 예를 들면, 어떤 사람이 정보를 받았다고 가정하자. 이 사람이 그 정보를 받은 이유는 그 정보를 알 자격이 있기 때문일 수도, 누군가가 그 정보를 이 사람과 공유하고 싶어서일 수도 있으며, 마지막으로 이 사람이 그 정보를 비밀로 유지하기로 약속을 하였기 때문에 받았을 수도 있다.

전자보안을 어긴 고객에 대한 공지

미국의 많은 주에서 고객이 전자 보안을 어기는 경우에 어떻게 되는지에 대해 고객들에게 공지하는 것을 의무화하는 법을 제정하고 있다. 단, 공지를 하는 데 있어 지나치게 많은 비용이 들어갈 경우에는 예외를 인정하고 있고, 이에 대한 기준은 각 주마다 서로 다르다(Anderson, 2007, p.90). 예를 들어, 버몬트(Vermont)주에서는 그 기준이 5천 달러이며, 워싱턴 주에서는 그 기준이 25만 달러이다. 단, 정보의 오용이 발생할 가능성이 낮은 경우에는 공개를 의무화하고 있지는 않다. 세 개의 주에서는 제9장에서 논의한 피싱을 특정범죄로 지정하고 있기도 하다. 예를 들어, 오클라호마 법에서는 피싱을 불법으로 규정하고 있으며, 인터넷 서비스 제공업체들이 한 개의 위반 사건당 최대 10만 달러까지 민사상 손해배상을 받을 수 있도록 하고 있다.

(법률, 규정 등의) 준수

이론적으로, 데이터 보안에 관한 규정을 준수하는 회사들은 더욱 보안 네트워크에 가까워져야만 한다. 하지만 연구에 따르면, 해당 규정을 준수하는 것이 실제로는 그와 반대의 효과를 나타내는 경우도 있다(Piazza, 2006c, p.50). 규정을 준수하고 있더라도 "어느 정도 하였으니, 이제는 좀 안심하고 슬슬 해도 되겠어"라고 안일하게 생각해서는 안 된다. 관련 규정은 지속적으로 준수되어야 하고, 상황은 언제든지 바뀔 수 있다. 이 전에 비해서 해당 법률이나 규정을 준수하는 데 더 많은 시간과 공을 들이고 있다고 하더라도, 실제로는 잘못된 안도감에 빠져 있는 것일 수도 있다. 예를 들어, 어떤 기업이 International Standardization Organization(ISO)의 기준이나 Sarbanes-Oxley의 기준 혹은 이와 비슷한 기준을 잘 따르고 있을 수도 있지만 적합한 보안 인프라를 아직 갖추고 있지 못하고 있을 수도 있는 것이다.

정보자산 보호의 기본적인 원칙

ASIS의 *정보자산보호 가이드라인*(*Information Asset Protection Guidelines*, p.6)에서는 자산의 종류(전자, 구두, 서면 혹은 다른 형식)에 상관없이 자산을 보호하는 것에는 아래의 다섯 가지 원칙이 있다고 한다.

1. 정보의 분류 및 표시
2. 정보의 이용, 배포, 저장, 보안 목표, 비밀해제, 반송 그리고 파기방법에 대

표 11.1 소유정보의 분류

정보 자산의 카테고리	
■ 소유 자산 (고객 정보, 마케팅 계획, 가격 전략, 실험 결과 등)	■ 물리적 제품 (원형, 모델, 주조, 염색 그리고 생산 장비 등)
■ 기업 비밀	■ 상표 및 서비스마크
■ 특허 정보	■ 사생활 정보 (개인적 데이터, 평가, 신용자료 등)
■ 저작권 정보	■ 규제 정보 (건강정보, 재정 데이터, 기밀정부 정보 등)

출처: From *Information Asset Protection Guideline, DRAFT*(Alexandria, VA: American Society for Industrial Security, 2007) p.10. Reprinted with the written permission of ASIS International, Alexandria, VA.

표 11.2 정보의 등급 결정

무제한	내부 사용	제 한	엄격히 제한
1. 조직의 내부 및 외부에서 제한 없이 공유가능	1. 조직 내부의 사람들에게는 제한 없이 읽기 권한이 있으며, 업데이트 등의 권한은 콘텐츠 소유자에게 있음. 2. 외부와 공유를 할 때는 외부의 사람(조직)은 해당 정보를 비밀로 다룰 것에 대해서 명확히 알아야 함. 3. 공공에 공유되어서는 안 됨.	1. 콘텐츠 소유자가 해당 정보에 대한 접근권한 리스트 및 공유가능 리스트를 관리. 2. 특정 그룹 혹은 특정 부서(법무팀, 엔지니어 팀 등) 사람에게 접근권한이 제한. 3. 정보 접근의 유형(읽기, 쓰기, 삭제 등)이 제한되는데, 이는 역할이나 사기방지 요건에 기초하여 제한됨. 4. 다른 기업과 정보를 공유하기 위해서는 NDA정책 및 "need to know" 정책이 확립 및 갖추어져 있어야 함.	1. 콘텐츠 소유자가 접근 및 공유유형에 따라서 접근 리스트를 관리한다. 2. 접근은 "need to know"에 의해 특정된 사람에게만 제한된다. 3. 동료직원에게 권한을 부여할 때에는 해당 직원의 자격을 확실히 조회하여야 하며, 사용목적에 대해 명백히 알고 있어야 함. 4. 다른 기업과 정보를 공유하기 위해서는 반드시 확정된 NDA와 적절한 계약이 체결되어 있어야 함. 5. 분기별로 지속적으로 검토해야 함.

출처: From *Information Asset Protection Guideline, DRAFT*(Alexandria, VA: American Society for Industrial Security, 2007) p.37. Reprinted with the written permission of ASIS International, Alexandria, VA.

표 11.3 정보 공유를 위한 보호 규정

	내부 사용(Green)	제한(Yellow)	엄격히 제한(Red)
문서 표기			
(종이/전자 공통)	수정 불가능한 형식으로 공유해야 하며, "Internal Use(내부 사용)"라고 표기.	첫 번째 페이지 혹은 어플리케이션/웹 입구에 "Restricted(제한)"라고 표기.	"Highly Restricted(엄격히 제한)"라고 모든 페이지 혹은 모든 화면에 표기.
편지 발송			
(회사 내부)	별다른 표기 불필요.	이중 밀봉봉투 사용. 봉투 내부에 "수신인만 열어볼 것"이라 표기. 봉투 외부에 별도의 표기 불필요.	이중 밀봉봉투 사용. 봉투 내부에 "반드시 수신인만 열어봐야 함"이라 표기. 봉투 외부에 별도의 표기 불필요.
FAX발송			
(회사 내부)	특별한 요건 없음.	팩스번호 확인하고, 팩스가 보안이 되는 것인지 확인할 것. 팩스가 수신될 때, 수신인이 그 자리에 있는지 확인할 것.	가능하면, 팩스 사용 지양할 것. 꼭 필요하다면, 기밀 부분을 삭제하는 것이 좋다.
(회사 외부)	수신인에게 알리고 팩스번호 확인할 것.	팩스가 수신되는 동안 수신인이 그 자리에 있는 것 확인.	다른 더 좋은 방법이 없을 경우에만 팩스 사용할 것. 1. 기밀 부분 삭제. 2. 수신되는 동안 수신인이 반드시 위치할 것 요청. 3. 중요부분을 체크하는 등의 행위 엄금.
이메일 등 전자발송			
(회사 내부) (인트라넷, 전용 회선 등 사용)	특별한 요건 없음.	암호화를 하는 것을 권장하나, 내부 전자통신 이용 시에는 꼭 필요한 것 아님.	1. 능하면, 이메일메시지, 파일 등을 암호화할 것. 2. 가능하면, 암호화 기술 사용할 것.
(인터넷 등 외부망)	1. 특정한 개인 앞으로 보낼 것. 2. 게시판에 공지하거나, 대중 포럼에 보내지 말 것.	1. 가능하면, 암호화 기술 사용할 것. 2. 사업상 필요성 및 수신인의 신원 확인할 것.	3. 사업상 필요성 및 수신인의 신원 확인할 것.
저장			
(회사 내부)	스크린 보호기가 15분 내로 작동하도록 설정 후, 암호 사용.	1. 전자문서를 암호화하고, 접근 통제할 것. 2. 개인적인 통제 및 잠금장치 사용할 것.	
(외부)	1. 당신의 통제 하에 정보를 보관. 2. 스크린 보호기가 15분 내로 작동하도록 설정 후, 암호 사용.		
파기 및 처분			
	1. 적절하다면, 조직의 보유제한 규정을 지켜라. 2. 종이는 파쇄를 하거나, 잠금장치가 된 재활용 쓰레기통 사용할 것. 3. 전자 정보는 삭제할 것. 4. 이동용 저장매체(디스켓, CD 테이프, 집 디스크 등)는 처리 전에 파괴할 것.		

출처: From *Information Asset Protection Guideline, DRAFT* (Alexandria, VA: American Society for Industrial Security, 2007) p.39. Reprinted with the written permission of ASIS International, Alexandria, VA.

해 명시하는 프로토콜
3. 연습 및 훈련
4. 사고발생시 통보 및 조사
5. 감사/준수 절차 프로세스 및 특수 요구(예 : 복구계획)

정보의 분류 및 표시

ASIS에서는 모든 정보는 1) 무제한, 2) 내부 이용, 3) 제한, 4) 엄격한 제한이라는 네 단계 중에서 하나로 분류할 것을 권장한다. 표 11.1에서는 소유 정보를 분류하는 것에 대한 ASIS의 권장사항을 요약하여 보여 주고 있다.

정보의 배포를 위한 프로토콜

ASIS에서는 소유 자산을 배포하는 포로토콜에 대한 가이드라인을 제시하고 있다. 표 11.2에서는 해당 정보의 중요성(등급)을 결정할 때 고려해야 할 점에 대해서 나타내고 있으며, 표 11.3에서는 다양한 레벨의 소유 정보를 보호할 때의 권장사항을 요약해서 나타내고 있다.

보안의식 강화 훈련

정보 보안은 조직의 모든 요소에 스며들어 있는 일상적인 활동에 의해서 달성될 수 있다. 그러므로 자산을 지키는 데 책임이 있는 개인 각각이 신중한 조치를 취하는 등의 책임있는 행동을 평소에 실천한다면, 굳건한 보안 환경은 자연스럽게 유지될 것이다.

보안의식 강화 훈련은 기업의 정보자산을 보호하기 위한 가장 비용대비 효과적인 방법의 하나이다.

ASIS의 가이드라인에서는 아래의 사항들을 권장하고 있다.

- 사업의 특성 및 조직의 위험도 평가 등에 기초하여 정보 보안의식 강화 훈련 프로그램의 범위 및 필요정도를 결정하라.
- 신뢰관계 있는 모든 사람들에게 적합하도록 짜여진 보안의식 강화 훈련을 개발하라.
- 이 훈련에는 비정규 직원, 임시직 직원, 자문위원과 같이 정규 고용된 것이 아닌 직원들이 포함되어야 한다.
- 모든 직원에게 효과적인 훈련이 될 수 있도록 여러 모드를 통해서 반복적으

로 훈련을 실시하라.

- 가능한 정보 보안의식과 이에 대한 훈련을 문서화하라.

사고 보고 및 조사

훌륭한 조사를 하기 위해서는 여섯 가지 요소가 중요하다(Albrecht et al., 2004, p.78).

위의 여섯 가지 요소란, 1) 경영진에게 계속 보고할 것, 2) 객관적일 것, 3) 조사에 대해 논의할 때 신중할 것, 4) 사실에 대해 독자적으로 입증할 것, 5) 올바른 조사 툴을 사용할 것, 마지막으로 6) 비효과적이고, 증명되지 않았거나 불법적인 조사 기술을 사용하지 말 것이다.

Albrecht et al.(p.78)은 "경영진이 빨리 개입하는 것은 조사에 있어 책임을 더욱 보장해 준다. 왜냐하면, 이렇게 함으로써 조사관이 신뢰를 얻고, 근거 없는 주

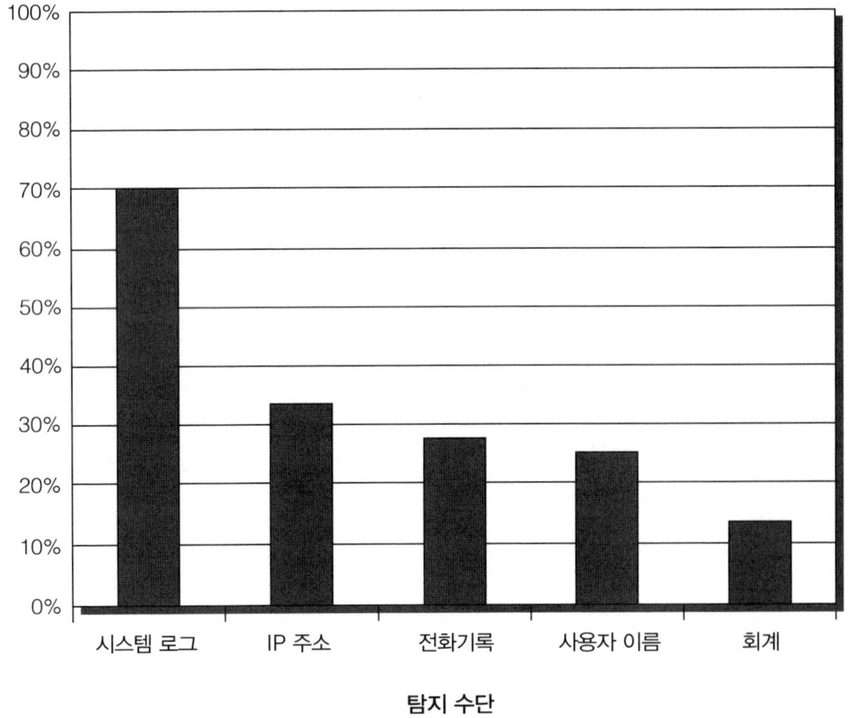

그림 11.2 내부 공격 탐지

출처: 내부자 위험에 관한 연구 : 주요 내부구조에 대한 컴퓨터 시스템 사보타지(Michelle Kenney et al.), 2005 카네기 멜론 대학, 소프트웨어 엔지니어링 인스티튜트의 허가로 게재.

장으로부터 보호받을 수 있기 때문이다"라고 말하였다. 객관성 또한 중요하다. 조사관의 처신과 행실은 사건의 결론을 성공적으로 이끌어내는 데 있어 매우 중요하다. 증거를 제시하지 못하는 것은 경험이 부족한 조사관들이 일반적으로 하는 실수이다. 수사관은 피의자의 유죄를 입증하는 자료뿐만 아니라, 그의 무죄를 입증하는 **면책증거**(exculpatory evidence)도 함께 제출해야 한다. 훌륭한 조사관은 보고를 할 때 긴말을 하지 않으며, 전반적인 어조도 객관적으로 유지한다.

조사관은 회사의 기록이 바뀌었을지도 모른다는 것을 예견할 수 있어야 한다. 또한, 데이터 분석 툴은 조사관이 회사의 수많은 데이터베이스나 서버들로부터 증거를 추려내는 데 도움을 줄 수 있다.

U.S. Secret Service and Carriage Mellon's Computer Emergency Response Team(CERT)의 조사에 따르면, 내부자는 종종 부주의한 경향이 있는데, 이 때문에 그들의 IP 주소, 전화기록, 아이디 등을 추적함으로써 그들의 불법행위를 알아낼 수도 있다(Keeney et al., 2005). 그림 11.2는 2005년도에 내부자의 공격이 어떻게 해서 감지되었는지를 나타내고 있다.

회계 감사

Gips(2006b, p.18)는 "첨단기술을 보유한 회사들은 행동수칙을 확장하고 있으며, 회계감사 위원회에 사기에 초점을 맞추어 줄 것을 요구하고 있다"고 하였다. 그는 아무리 최고의 사기 방지(antifraud) 프로그램이라 하더라도, 최고 경영진이 마음대로 직권을 남용하여 중단시키는 경우가 발생한다면, 효과적으로 사기를 방지할 수 없다고 말하고 있다. 결과적으로, "내부통제가 작동하지 못하도록 하는 이유에 대해 조사하기를 꺼리거나 그럴 능력이 없는 경영진이나 회계감사 위원회로 인해 커다란 사기 피해를 보게 된다."

미국공인회계사회(AICPA)에서는 내부의 회계감사위원들은 그들이 속한 회사의 사업에 대한 이해를 위해 지속적으로 학습해야 하고, 끊임없이 회의적인 태도를 유지해야 하며, 사기의 위험성을 밝혀내기 위해 브레인스톰해야 하고, 활발한 내부고발 프로그램을 구축해야 한다고 권고하고 있다(Gips, 2006b, p.18).

IT 위협에 대한 보안조치

컴퓨터와 정보를 보호하는 것은 보안 요원이 반드시 해야 하는 일이다.

IT 보안조치로는, 1) 논리적 통제, 2) 물리적 접근 통제 그리고 3) 관리적 통제가 있다.

논리적 통제

논리적 통제란, 소프트웨어에 포함된 특별한 프로그램을 의미한다. 가장 일반적인 것으로는 비밀번호를 입력할 것을 요구함으로써 접근을 통제하는 방식이다. 이 소프트웨어는 사용자가 접근할 수 있는 정보가 어떠한 유형인지를 결정하기도 한다. 예를 들면, 어떤 직원들은 파일의 특정 부분에만 접근할 권한을 부여받을 수 있고, 다른 직원들은 데이터를 읽을 수만 있고 편집은 할 수 없을 수 있다.

원격 단말기도 반드시 보호되어야 한다. 회사들이 컴퓨터 상에서 서로 시간을 분할하는 경우에, 시분할을 하고 있는 고객들은 자신의 데이터베이스에만 제한적으로 접근하도록 하여야 한다. 전화기나 단말기를 통해서 컴퓨터에 접근하려고 하는 이용자의 신원을 확인할 수 있는 세 가지 방법으로는 비밀번호, 키(key)나 카드 그리고 물리적 특성들이 있다.

비밀번호를 사용하는 것은 가장 일반적인 방법이긴 하지만, 비밀번호는 권한이 없는 사람이 우연히 듣거나, 획득할 수가 있기 때문에 자주 변경을 해 주어야 한다. 일반적인 비밀번호(알아내기 쉬운 비밀번호)를 사용하기보다는 온라인 툴에 의해서 무작위로 생성되는 비밀번호를 사용하는 것이 좋다(Elliott, 2006, p.32). 이러한 비밀번호들은 알파뉴메릭(영문자와 숫자의 합성어로, 프로그램 작성에서 자열의 구성이 영문과 숫자로 이루어진 것)인데도 불구하고, 발음이 가능하기 때문에 기억하기가 쉬우며, 간단한 해킹 툴로도 크래킹이 될 수 있는 일반적인 사전적 용어(dictionary term)의 사용을 피할 수 있는 장점이 있다.

당연한 말이지만, 키나 카드로 제어하는 시스템도 (앞 장에서 설명한)엄격한 키/카드 제어 절차를 통해서 보호되어야 한다. 가장 안전한 승인 및 신원조회 시스템은 바로 물리적인 특성(지문, 홍채, 피부 등 개인적 생체정보를 이용하는 인식방법, biometrics)을 사용하는 것이다. 하지만, 이러한 조회 시스템들은 비용이 많이 들고, 만약 음성인식 시스템을 사용할 경우에는 신원조회 대상자가 감기 등으로 인해서 일시적으로 목소리가 바뀌면 시스템은 그 사람의 접근을 거부하는 등의 오류가 발생할 수도 있다.

다단계 접근 능력은 컴퓨터를 더욱 유연하게 만들어준다. 어떤 접근 시스템들은 서로 다른 오퍼레이터(operator)들에게 다른 유형의 정보를 얻게 해 주면서, 일부의 오퍼레이터들에게만 전체 프로그램에 접근할 수 있게 할 수도 있다.

논리적 통제의 가장 효과적인 유형들 중 하나는 바로 데이터 **암호화**인데, 여기서는 암호화 장치가 호스트 컴퓨터(주 컴퓨터)와 모뎀 사이에 위치하게 된다. 이 암호화 장치는 데이터가 전송 라인으로 들어서기 전에 데이터를 암호화하며, 전송이 끝난 지점 즉, 수신 지점에서 다시 데이터로 해독된다. 군대에서는 메시지를 변경해버리는 복잡한 암호화 시스템을 사용함으로써 국가의 기밀을 보호한다. 많은 암호화 프로그램들이 무료로 제공되고 있지만, 사용자들은 해당 프로그램을 어떻게 적용하고 관리하는지를 알아야 한다. 암호화 프로그램을 적절히 사용하면 가장 강력한 슈퍼 컴퓨터들을 20여 년 동안 암호 해킹으로부터 보호할 수 있다. 하지만, 논리적 통제를 사용한다 하더라도, 100퍼센트 안전한 시스템은 없다. 만약 해커들이 암전문 병원에 장난을 목적으로 침투할 수 있다면, 중범죄자나 테러리스트들은 어떤 짓을 저지를 수 있겠는가?

프로그램을 사기나 횡령 행위를 탐지해내는 컴퓨터 안에 설치할 수도 있다. 하지만, 최근에는 대부분의 컴퓨터 범죄들은 감사에 의해서 탐지되는 것이 아니라 우연히 탐지된다. 왜냐하면, 부당변경(tampering)에 대한 증거(삭제 혹은 조작된 번호 등)가 잘 발견되지 않기 때문이다. 최근에 정보를 지워버리거나 바꾸는 범죄 행위들은 그 흔적을 남기지 않고 이루어지고 있다.

물리적 통제

물리적 통제는 컴퓨터 단말기나 다른 장비 그리고 소프트웨어에 대한 접근을 제한한다. 물리적 접근 통제는 컴퓨터 보안에 있어서 중요하다. 대중적 이미지를 높이기 위해서 회사 내 투어에 컴퓨터 센터까지 포함하던 관행은 지금 대부분의 조직에서 시행하지 않고 있다. 대신에, 대부분의 조직에서 컴퓨터 센터는 잠금장치, 경보센터 그리고 담당 감시인력에 의해서 보안이 유지되는 제한 구역 내에 설치하고 있다. 통기구, 창문 그리고 문을 통해 접근할 수 있는 가능성도 항상 평가하도록 해야 한다. 엄격한 접근 통제가 필요한 컴퓨터 센터는 단 하나의 통로(복도)와 양 쪽에 한 개씩의 문(문이 'riot door'인 것이 가장 이상적이다.)이 있어야 하며, 양쪽의 문 모두 전기로 제어되고 보호되어야 한다. 출입구는 신분증, 키, 키-카드 또는 생체정보(지문, 손금, 목소리 등) 인식 시스템을 통한 신원확인 시스템을 갖추고 있어야 할 것이다. 또한, 컴퓨터를 잠그기 위해 다양한 장비들을 이용할 수도 있다.

컴퓨터 출력물들도 반드시 보호되어야 한다. 해당 출력물들이 더 이상 필요가 없을 경우에는 반드시 파쇄기를 통해서 파쇄해야 한다. 회사의 기밀들은 도청과 같은 방식보다는 컴퓨터 출력물들을 부주의하게 처리함으로써 유출되는 경우가 더 많다. 그럼에도 불구하고, 도청도 반드시 막아야 한다. 이를 위해, 도청이 이루어질 경우 이를 감지해낼 수 있는 장비를 사용할 수 있을 것이다.

디스크, USB, 메모리 카드 등과 같은 모든 유형의 이동식 컴퓨터 미디어들은 반드시 파일을 암호 등으로 잠근 상태로 저장해야 할 것이다. 이동식 컴퓨터 미디어 라이브러리는 비인가 접근으로부터 보호되어야 하며, 매우 엄격한 사인-인/아웃(sign-in/out) 절차를 사용하여야 한다.

직원의 사기행위, 횡령행위 그리고 부정부패의 위협을 최소화하기 위해서, 컴퓨터 기술자, 운영자 그리고 프로그래머들의 기능은 서로 반드시 분리되어져 있어야 한다. 프로그래머들은 새로운 프로그램을 시험하는 경우를 제외하고는 절대로 프로그램을 운영해서는 안 될 것이다. 또한, 새로운 프로그램을 시험하는 경우에도 반드시 철저한 관리 감독 하에 프로그램을 운영해야 한다. 일반적으로, 개발자들은 생산시스템이나 데이터에 영향을 미치지 않고 자신들이 원하는 어떠한 것이라도 할 수 있는 테스트를 할 수가 있다. 프로그래머는 감독이 이루어지지 않는 경우에는 컴퓨터실이나 생산 시스템에 접근해서는 안 된다. 또한, 반드시 그에 대한 권한이 있는 사람만이 프로그램을 바꿀 수 있도록 허가되어야 한다. 때때로, 이와 같은 역할들의 분리가 불가능한 경우가 있다. 하지만, 만약 가능한 상황에서라면 반드시 지켜져야 한다. 콘텐츠 관리와 반출 관리(release management)는 누가 데이터를 다루고, 그에 대한 책임이 있는지를 정의내릴 때 일반적으로 사용되는 용어이다. 또한, 다양한 프로그램들을 다루는 직원을 로테이션 돌리는 것도 좋은 정책이 될 수 있다.

관리적 통제

관리적 통제에는 모든 직원의 배경에 대해서 신중히 조사하고, 미팅 시에 직원들에게 보안에 대해서 지속적으로 강조하는 것 등이 포함된다: " IT 직원들을 선발할 때 범죄 경력, 교육 그리고 직장경력 등에 대해 강력히 조사하는 것이 매우 중요하다. 왜냐하면, 이들은 시스템과 데이터에 대한 매우 높은 접근 레벨을 부여받기 때문이다. '직업적으로는, 그들은 현대의 왕국으로 갈 수 있는 열쇠를 갖고 있는 것이나 다름없다'라고 고용배경에 대해서 조사하는 회사의 운영부서 차장이 말하였다"(Wagley, 2007, p.76). 다른 관리적 보안조치들로는 회계감사관으로 하여금 컴퓨터 프로그램을 설계토록 하는 것뿐만 아니라 정기적인 외부 감사를 받게 하는 것이 있다.

관리적 통제는 컴퓨터에 의존하여 운영되는 회사로 하여금 엄청난 손실을 불러올 수 있는 직원의 부주의함과 무관심함을 줄이도록 하기 위하여 사용되기도 한다. 모든 컴퓨터 운영자들은 충분한 자격요건을 갖추고 있어야 하며, 자신들이 사용할 하드웨어 및 소프트웨어에 대해서 지속적으로 훈련을 받아야만 한다. 체크리스트와 사용설명서는 각각의 기계마다 부착되어 있어야 하며, 따라야 할 절차와 주의해야 할 점에 대해서도 기술되어 있어야 한다. 자세한 매일 매일의 로그들은 각각의 운영자에 의해 기록되어야 한다. 하지만, 가장 능숙한 운영자라고 하더라도 실수를 할 수 있다. 따라서 직원이 한 실수를 감춰버림으로써 더욱 큰 문제를 야기하기보다는 반드시 보고가 이루어지도록 함으로써 실수를 수정할 수 있도록 해야 한다. 오류에 대한 분석 시스템은 더욱 심각한 오류를 줄이기 위해서 반드시 마련되어 있어야 한다. 규칙적인 리뷰나 조사뿐만 아니라 명확한 절차 및 원칙을 제정하는 것도 직원의 부주의나 무관심으로 인해서 발생할 수 있는 손실을 줄일 수 있다.

IT 보안 프로그램을 위한 권장사항

제9장에서는 미 사법통계국의 컴퓨터 보안 프로그램 권장사항에 대해 개략적으로 설명하였다. *현대 위협의 경향(The Trend of Threats Today)*(2005)에서는 사이버 공격을 피하기 위해서 아래의 내용과 같은 권장사항을 제시하였다.

- 공격 방법(method)을 스캔하는 HTTP를 활용하라. HTTP는 통신 프로토콜로서, 정보를 웹 상에서 옮기는 역할을 한다. 모든 기업에서 웹 바이러스 스캔 시스템을 사용할 것을 권장한다. 감염된 파일이 마지막 이용자에게 도착하기 전에 해당 위협을 감지해서 멈추게 하는 것은 기업의 네트워크 인프라구조에 새로운 보호막을 제공하는 것과 같다.
- 불필요한 프로토콜들이 기업의 네트워크에 들어오는 것을 막아야 한다. 가장 위험한 프로토콜은 바로 1MP2P 통신 프로토콜과 IRC이다. 이 두 가지는 그들의 보트마스터(bot를 통제하는 해커)와 통신을 하는 보트 무기의 일종이기 때문에 반드시 막아야 한다.
- 네트워크 상에서 취약부분을 스캔하는 소프트웨어를 활용하라. 지속적으로 소프트웨어를 업데이트하는 것은 새로운 네트워크가 취약해질 수 있는 부분을 최소화할 수 있으며, 웜에 감염될 위험을 줄일 수 있다.
- 모든 이용자에게 관리자 권한을 주지 말아야 한다. 모든 권한 중에서 가장 위험한 것은 "장치 드라이버를 로드하거나 언로드하는 것"이다. 이것은 루트킷에 의해서 영향을 받는 것을 막을 수 있는 방안 중 가장 권장되는 조치이다.

일반적으로 루트킷들은 장치 드라이버가 모든 운영시스템 내부에 접근하면서 실행된다. 이런 식의 이용자들을 제한하기 위해서 이용자 정책을 재설계하는 것은 네트워크를 보호하기 위한 방안 중 가장 유용한 방안 중 하나이다. 만약 관리자가 이용자들의 이용권한을 박탈한다면, 공격적인 악성프로그램(malware)이 안티바이러스 프로세스를 제거하지 못하게 하는 추가적인 이익을 얻을 수 있을 것이다.

- 기업의 안티스파이웨어 스캐닝을 활용하라. 스파이웨어는 점차 기업에게 일반적인 위협이 되고 있으므로, 관리자들은 이러한 위협을 감지하고 막기 위한 소프트웨어를 사용할 필요가 있다.
- 이용자들을 교육하여, 네트워크 상의 보안 정책을 강화하라. 소프트웨어나 방어 시스템만이 악성프로그램(malware)에 대항할 수 있지만, 이용자들을 교육하여 이용자들이 기계를 감염시키는 행위를 하지 않도록 하는 것도 중요하다. 스파이웨어가 설치된 웹 페이지에 접속하거나, 감염된 이메일을 다운로드받는 등의 행위는 악성프로그램이 사용자를 공격하도록 만들 수 있다는 것을 사전에 알아야 예방할 수 있다. 사용자가 미리 이에 대해서 알고 있는 것은 안전한 네트워크의 중요한 열쇠이므로, 관리자들은 계속 업데이트되는 악성프로그램에 대해서 사용자들에게 지속적으로 교육을 실시하고 정보를 제공해야 할 것이다.

이러한 추가적인 권장사항들은 정보 자산들을 보호해 줄 뿐만 아니라, 소송으로부터도 회사를 보호해 줄 것이다.

IT와 소송

전자증거의 발견과 관련된 새로운 법들은 기업들이 소송에서 증거를 제출해야 하는 경우에 기업으로 하여금 시간과 돈을 절약하게 해 준다 : "민사소송규칙의 일부인 이러한 법들은 회사들이 모든 이메일, 서류문서, 엑셀 파일, 파워포인트 자료 그리고 다른 전자 정보들을 민사 소송에서 사용가능하도록 저장 및 보관하도록 하고 있다"(Piazza, 2006a, p.44).

새로운 법들에 따르면, 소송에 응소하는 쪽은 그들이 접근할 수 있는 한도 내에서 전자적으로 저장되어 있는 정보를 제출하기만 하면 된다. 이 법은 또한, 변호사로 하여금 어떠한 것을 요청받을 것이며, 요청자료를 어떠한 방법으로 보낼지에 대해 논의할 회의를 빠른 시간 내에 개최할 것을 의무화하고 있다.

누가 망을 소유하는가?

IT 보안에 대한 논의를 마무리하기 전에, 제기할 핵심 질문은 바로: 누가 망을 소유하는가이다. Piazza(2006e, p.50)에 따르면, 정답은 바로 아무도 모른다는 것이다. 그는 가능한 후보로 국토안보부의 국가사이버대응위원회(NCRCG)를 제시하였다. 국가사이버대응위원회는 13개 기관으로 구성된 포럼으로, 대규모 사이버 공격에 대응하고 이로 인한 피해를 복구하기 위해 편성된 조직이다. 그런데 이 위원회에 의하면 중요 사태가 발생할 때 정부가 인터넷을 복구하는 데 3가지 장애요인이 있다고 한다.

첫 번째는, "덫으로 쳐 놓은 철사"의 부재이다. "덫으로 쳐 놓은 철사"란 공격이나 위급상황이 진행 중이었다는 것을 즉시 나타내주는 것이다. 둘째, 너무 많은 기관들이 그들의 인터넷 복구 관리를 담당하고 있다. 셋째, 제한된 자원이 인터넷 재구성에 할당되어 있다.

이러한 문제점을 해결하기 위한 권장사항에는 민간 영역이 "주요 인터넷 자산의 취약점을 수리하는 데 책임을 질 수 있도록" 하는 내용이 포함된다(Piazza, 2006e, p.50). 이는 "연락 지점을 하나로 하고, 조기경보 및 대응 조직들을 통합하며, 연방정부가 핵심 용어를 정의하게 하고, 책임 당사자를 임명하며, 마지막으로 인터넷 공격에 대해 신속히 반응하고 널리 경고를 할 수 있는 능력을 향상시키기 위해 민간과 공공 영역이 함께 함으로써 성취될 수 있다."

기술 이상의 것

이 장이 인적 요소에 대해서는 언급하지 않은 채 기술에 초점을 맞추고는 있지만 전 세계의 모든 기술로도 조직을 보호할 수는 없다: "당신은 가장 훌륭한 기술자를 당신의 회사에 고용할지도 모른다. 하지만 네트워크 보안을 유지해야 하는 자신의 역할을 제대로 인지하지 못하는 부주의하고 아는 것이 없는 종업원에 의해서 이 기술이 무너질 수도 있다.… 최종 분석에 의하면, 회사의 사이버 공간을 보호하는 것은 전반적인 보안을 성취하는 것과 거의 같다고 한다. 즉, 이것은 목표와 수단의 문제만이 아니라, 문화와 헌신의 문제이기도 한 것이다"(Imparato, 2005, p.62). 인적 요소의 몇몇 예로는, 자신의 비밀번호를 그냥 포기하도록 하는 꼬임에 넘어간 직원이나, 자신의 접근코드를 보호하는 데 무관심한 직원이 있다. 공항에서, 까페 또는 다른 공공 장소에서 '낯선 사람'이 누군가를 가벼운 대화에 참여시키는 경우가 있는데 그는 대화를 최대한 길게 하여 그 사람의 웹사이트 및 어플리케이션 비밀번호를 수집하려 한다. 사람들이 저지르는 매우 간단한 실수 중 하나는 문을 잠그지 않아서 다른 누군가가 그 문 안으로 들어가도록 함으로써 보안에 구멍이 뚫리게 하는 것이다.

신중하면서도 보안의식이 강한 직원 이외에도, 최고 경영자의 리더십이 매우 중요하다. 이에 대해서 Wexler(p.v)는 다음과 같이 주장한다: "효과적으로 강력한 리더십을 발휘하는 것은 IT 계획 및 실행의 초석이다"

요 약

- 수렴(convergence), 집적화(integration), 통합(unification) 및 전체적인 보안 - 이들은 21세기 보안의 신조어들이다.
- 전체적인 보안의 세 가지 주요한 구성부분은 보호, 탐지와 대응이다.
- IT 프로젝트들은 사무를 자동화하고, 적절한 정보를 지휘통솔 라인 위아래로 보내 주며, 업무를 보다 효율화시킬 수 있다.
- 보안 관리자들이 친숙해져야 하는 새로운 기술들에는 IP 비디오 감시 시스템, VoIP, USB 기술, 망사형 네트워크와 컴퓨터 텔레포니 인터페이스(CTI)가 있다.
- 보안 위협이 될 수 있는 일반적인 장비에는 휴대폰, 노트북 컴퓨터와 PDA 등이 있다.
- 컴퓨터 공격은 일반적으로 소유정보에 초점을 맞춘다.
- 소유정보에는 지적 재산권, 거래 기밀, 특허 물건과 저작권 물건이 포함된다.
- 소유정보에 대한 잠재적 위협에는 직원, 판매업자, 방문객과 버려진 정보 등이 포함된다.
- 기업정보자산 보호에 있어서 가장 비용효과적인 것은 보안의식과 훈련이다.
- 효과적인 조사에 가장 중요한 요소에는 관리자에 대한 보고, 객관성 유지, 증거 확보, 적절한 수단의 사용과 불법적이거나 승인되지 않은 수사기법 사용의 지향 등이 있다.
- IT 보안 수단에는 논리적 통제, 물리적 접근 통제와 행정적 통제가 있다.

응 용

1. 젊고 똑똑한 고등학생 데이비드가 '전쟁 게임(War Games)'이라는 영화에 유능한 해커로 등장한다. 그의 여자친구를 제외하고는 컴퓨터가 그의 인생의 모든 것이다. 데이비드는 보통 때는 수줍음을 타는 성격이지만 컴퓨터를 대할 때는 완전히 다른 사람이 되어 버린다. 초기의 그의 해킹은 학교 컴퓨터에 들어가서 성적을 바꾸는 정도였다. 그러나 나중에 그는 우연히 비밀방위부서에 접속하여 궁극의 컴퓨터 게임을 접하게 된다.
   - 실제로 데이비드가 자신의 학교 컴퓨터에 무단침입하여 성적을 바꿀 가능성이 얼마나 될까? 이것은 어떠한 범죄에 해당하는가?
   - 그가 방위부서의 비밀 컴퓨터에 침입할 수 있는 가능성이 얼마나 될까? 이것은 어떠한 범죄에 해당하는가?
2. 혼다 지점의 전직 세일즈 매니저였던 '조지 니콜슨(George Nickolson, k를 씀)'이라는 사람은 자신의 지위를 이용하여 학교교사인 다른 '조지 니콜슨(George Nicholson, h를 씀)'이라는 사람의 신용카드번호와 주민번호를 알아낸다. 불법적으로 취득한 정보를 이용하여 그는 한 은행으로부터 5,000달러를 대출받고, 다른 은행으로부터 7,500달러를 대출받았으며 아메리칸 익스프레스 카드를 이용하여 6,750달러어치의 상품을 구매하였다.

   얼마 후, 은행에서 니콜슨(Nicholson)에게 자신이 전혀 알지 못하는 채무를 상환할 것을 요구한다. 그와 그의 아내는 이후 삼년간 채권자들에게 시달리는 악몽과 같은 날들을 보내게 된다. 결과적으로 니콜슨(Nickolson)은 체포되고 지난 삼년간 진 빚 26,750달러에 대해 기소되게 된다.
   - 니콜슨은 무슨 죄명으로 기소될까?
   - 수사관들은 피의자를 어떻게 발견했을까? 어떤 증거가 필요했을까?
   - 피해자 니콜슨은 가해자 니콜슨을 상대로 악몽같은 지난 삼년에 대해 고소할 수 있을까?

논의 사항

1. 주변에 당신이 아는 컴퓨터 해커가 있는가(아니면 당신이 해커인가)? 해커들은 어떤 것에 가장 관심이 있는가? 이들은 자신들의 행동이 불법이라는 사실을 인지하고 있는가?
2. 물리적 보안과 IT 보안을 융합시키는 것의 장점은 무엇인가? 그리고 단점은 무엇인가?
3. 보안 전문가들은 어떻게 IT 기술과 관련 프로그램의 발달을 따라갈 수 있는가?
4. 이 장에서 기술한 악성프로그램 중 어떤 것이 정보 보안에 가장 큰 위협이 되는가?
5. 가장 효과적인 컴퓨터 비밀번호는 어떤 특징들을 가져야 한다고 생각하는가?

참고문헌

Albrecht, W. Steve; Albrecht, Conan; Albrecht, Chad; and Williams, Timothy L. "Guilt by Investigation and Other Pitfalls." *Security Management*, November 2004, pp.77-85.

Anderson, Teresa. "State Legislature Wrap-Up." *Security Management*, January 2007, pp.88-93.

Barth, Adam; Datta, Anupam; Mitchell, John; and Nissenbaum, Helen. "A New Perspective on Protecting Personal Data." *Security Management*, May 2007, pp.54-56.

Blau, John. "Digital Image Watermarks Could Combat Trademark Theft." *ComputerWorld*, IDG News Service, August 16, 2006. Online: http://www.computerworld.com/action/article.do?command=viewArticleBasic&articleId=9002500

Boyd, David. "Introduction." In *Issues in IT*. Washington, DC: Police Executive Research Forum, 2005, pp.1-6.

Bradley, Tony. "What Is a Bot?" About.com: Internet/Network Security, 2007.

Canning, Ryan. "All Mesh Networking Is Not Created Equal." *Law Enforcement Technology*, June 2007, pp.96-105.

Cowper, Tom. "Emerging Technology." In *Issues in IT*. Washington, DC: Police Executive Research Forum, 2005, pp.113-125.

"Cyberspace Protection Tips." *Security Products Online*, July 5, 2007. Online: http://www.secprodonline.com/print.aspx?aid=48988. Accessed July 13, 2007.

Daniels, Rhianna. "ASIS Seeks to Protect Intellectual Property." *Security Director News*, February 2007a, pp.2, 4.

Daniels, Rhianna. "Practitioners Face Change in Industry." *Security Director News*, June 2007b, pp.8, 10.

Daniels, Rhianna. "Security Directors Look for Methods to Manage the Information from Sensors." *Security Director News*, *Supplement on IP Security Technology*, 2007c, p.7.

Edwards, Al. "IP Gives Security Directors Strong Weapon to Mitigate Today's Risks." *Security Director News*, *Supplement on IP Security Technology*, 2007, p.20.

Elliott, Robert. "Healthy Approach to Data Protection." *Security Management*, February 2006, pp.32-34.

Elliott, Robert. "Malware's Evolving Threat." *Security Management*, June 2007, p.52.

"FBI Breaks Worldwide Piracy Ring." Motion Picture Association of America Press Release, June 28, 2006.

"FBI Piracy Bust." Federal Bureau of Investigation Press Release, July 1, 2005.

Gips, A. Michael. "Has Cybercrime Surpassed Physical Crime?" *Security Management*, July 2006a, p.24.

Gips, Michael A. "Tips for Tightening Fraud Control." *Security Management*, 2006b, pp.18-19.

Gips, Michael A. "Where Copyright Meets the Internet." *Security Management*, October 2006c, pp.22-24.

Goy, John. "Tapping In on IT." *Security Products*, April 2005, pp.94-95.

Hamilton, Caroline R. "The Future Is Holistic Security." *Security Technology & Design*, April 2004, pp.14-18.

Harowitz, Sherry L. "Unification Theory." *Security Management*, January 2005, pp.75-80.

Honen, Tomer. "Don't Be Spooked by Spyware." *Security Management*, December 2005, pp.64-70.

Imparato, Nicholas. "Foxes in the Coop." *Security Technology & Design*, February 2005, pp.60-62.

Information Asset Protection Guidelines, DRAFT, Arlington, VA: American Society for Industrial Security, 2007.

Jaques, Robert. "Criminal Malware Surges as Virus Threat Fades." *Computing*, July 5, 2006.

Johnson, Jeffrey. "With IT, You Get Escrow." *Security Management*, July 2005, pp.67-74.

Johnston, Roger G. and Warner, Jon S. "The Dr. Who Conundrum." *Security Management*, September 2005, pp.112-121.

Kenney, Michelle; Kowalski, Eileen; Cappelli, Dawn; Moore, Andrew; Shimeall, Timothy; and Rogers, Stephanie. *Insider Threat Study: Computer System Sabotage in Critical Infrastructure Sectors*. Washington, DC: U.S. Secret Service, and Pittsburgh, PA: Carnegie Mellon University CERT Program, May 2005.

Kolpack, Bryce. "What the Police Chief Needs to Know about IT Management." In *Issues in IT*. Washington, DC: Police Executive Research Forum, 2005, pp.79-90.

Kresevich, Millie. "Using Culture to Cure Theft." *Security Management*, February 2007, pp.47-51.

Lasky, Steven. "Convergence: Catch the Fever." *Security Technology & Design*, February 2005, p.6.

Longmore-Etheridge, Ann. "On the Eve of Destruction." *Security Management*, December 2004, pp.59-62.

Longmore-Etheridge, Ann. "Olden Days, New Technology." *Security Technology*, September 2006, pp.42-44.

Mallery, John. "You're Fired!" *Security Technology & Design*, March 2005, pp.54-60.

McGonagle, John J., Jr. and Vella, Carolyn M. "I Spy Your Company Secrets." *Security Management*, February 2007, pp.64-70.

Mohr, Timothy L. and Slovin, Dave. "Making Tough Calls Easy." *Security Management*, March 2005, pp.51-56.

"Newspoll." *Security Director News*, March 2007, p.23.

"Newspoll." *Security Director News*, April 2007, p.22.

"Online Russian Blackmail Gang Jailed for Extorting $4M from Gambling Websites." Sophos Online, October 5, 2006: www.sophos.com/pressoffice/news/articles/ 2006/10/extort-ddos-blackmail.html

"Panda Software Study Evaluates Criminal Activity on the Internet." Panda Software, as indicated by a *PRNewswire* Press Release, May 31, 2007. Online: http://www.prnewswire.com/cgi-bin/stories.pl?ACCT=109&STORY=/www/story/ 05.31-2007/0004599087&EDATE=

Piazza, Peter. "Defenses Morph as Viruses Mutate." *Security Management*, March 2004, pp.67-72.

Piazza, Peter. "Discovery Rules of the Digital Age." *Security Management*, December 2006a, pp.44-48.

Piazza, Peter. "I, Bot." *Security Management*, February 2006b, pp.71-78.

Piazza, Peter. "More Compliance, Less Security?" *Security Management*, June 2006c, pp.50-52.

Piazza, Peter. "When Cybercriminals Turn Pro." *Security Management*, May 2006d, pp.48-49.

Piazza, Peter. "Who Owns the Net?" *Security Management*, October 2006e, p.50.

Piazza, Peter. "The ABCs of USB." *Security Management*, January 2007, pp.48-50.

Piccolomini, Paul J. "Developing a United Front." *Security Products*, January 2005, p.8.

"Pirates in Cyberspace." Federal Bureau of Investigation Press Release, February 19, 2004.

Scott, Mike. "CTI and VoIP: IP-Based Trends in Computer Telephony Interface." *9-1-1-Magazine*, June 2007, pp.32-35, 52.

Stephens, Darrel W. "IT Changes in Law Enforcement." In *Issues in IT*. Washington, DC: Police Executive Research Forum, 2005, pp.7-28.

Straw, Joseph. "The Barriers to Interoperability." *Security Management*, July 2007, pp.48-49.

"Study: Web Threats Increase 540 Percent in Two Years." *Security Products Online*, July 9, 2007. Online: http://www.secprodonline.com/

articles/49038/. Accessed July 13, 2007.

Swette, Robert. "Meeting the Challenges of the VoIP Revolution." *9-1-1-Magazine*, June 2007, pp.36-37, 53.

The Trend of Threats Today: 2005 Annual Roundup and 2006 Forecast. Internet Security.

Wagley, John. "Checking IT Backgrounds." *Security Management*, September 2007, p.76.

Wexler, Chuck. "Foreword." In *Issues in IT*. Washington, DC: Police Executive Research Forum, 2005, pp.v-vi.

Wilkins, Elisabeth. "The VoIP Revolution." *Security Director News, Supplement on IP Security Technology*, 2007, p.21.

"Zombie Computers—Are Your PCs under Someone Else's Control?" Sophos Online, October 5, 2006: www.sophos.com/pressoffice/news/articles/2006/10/extort- ddos-blackmail.html

Case Cited

International Airport Centers v. Citrin, U.S. Court of Appeals for the Seventh Circuit, No. 05.1522 (2006).

Chapter 12

마약 및 직장폭력

학습할 내용

- 마약이나 위험 약물을 판매하거나 사용하는 행위를 위법으로 규정하고 있는 법은 무엇인가?
- 직장 내에서 흔하게 남용되는 약물은 무엇인가?
- 길거리에서 가장 흔히 발견되는 약물은 무엇인가?
- 미국에서 가장 구하기 쉽고 남용되는 불법 약물은 무엇인가?
- 다양한 마약류와 기타 위험 약물의 공통적인 효과는 무엇인가?
- 폭력의 잠재적 원인은 무엇인가?
- 매년 직장 내에서 폭력 범죄로 피해를 입는 사람은 얼마나 되는가?
- 직장폭력의 일반적인 동기는 무엇인가?
- 전형적인 직장폭력 가해자의 특성은 무엇인가?
- 직장폭력의 징후로는 어떤 것이 있는가?
- 폭력적 성향을 지닌 사람들이 폭력을 행사하기 전 어떤 행동을 하는가?
- 위협은 어떻게 분류되어지는가?
- FBI의 4중 위협 평가는 무엇으로 구성되어 있는가?
- 직장폭력과 학교폭력의 일반적 특성은 무엇인가?

개념정의

간접적 위협	관문이론	누출
디딤돌 이론	마약류	메스암페타민
무관용	바르비투르	섬망 발생물질
신세밀랴	심리사회적	안구진탄증
암페타민	위장 위협	유해 작업환경
조건부 위협	직접적 위협	환각제

도 입

오랜 연구에 따르면 술, 담배 및 불법 약물의 남용이 미국 내에서 단일 문제로서는 가장 심각한 건강상의 문제이다. 이로 인해 의료보험체계의 재정이 악화되고, 경제위기가 심화되며, 매년 수백만 명의 미국인이 질병과 사망에 직면하고 있다. 오늘날, 약물 남용으로 인해 점점 더 많은 미국인이 사망하거나 질병 및 장애를 앓고 있다.

- Nels Ericson

게다가, 마약과 범죄의 상관관계도 확고하게 입증되었다. 기결수의 약 3/4, 미결수와 가석방자의 절반 이상이 약물남용자이다. 마약 사용자들은 종종 마약 복용을 계속하기 위해 범죄를 저지른다. 연방, 주 및 지방 정부의 교정시설에서 마약 관련 혐의로 복역 중인 500,000명의 수감자 대부분이 마약 소지 혐의만으로 구금된 것이 아니다(Katel, 2006).

범죄와 마약은 분명히 연관되어 있지만, 불법 약물과 범죄의 관계는 복잡하다. 일부 법은 마약의 효과로 인하거나 또는 마약을 구하기 위하여 저질러진 범죄와 관련이 있다. 이러한 범죄는 마약관련 범죄라고 불리며, 그 예로 합성 헤로인에 환각되어 폭력적 범죄를 저지르는 자나 마약 구입자금을 위해 절도를 저지르는 중독자를 들 수 있다. 이러한 폭력이 직장 내까지 침투하고 있으며, 보안상의 또 다른 당면문제로 떠오르고 있다.

이 장에서는 우선 마약의 위협과 직장 내 마약 문제의 범위를 살펴본다. 다음으로 마약류, 대마초, 기타 위험 마약 및 처방약물의 오남용 문제에 대해 논의한다. 이어서 마약에 취한 사람들을 식별할 수 있는 방법을 설명하고 마약에 대한 국가적 전쟁과 보안의 역할을 논의한다. 직장 내 마약 문제를 다루는 부분에서는 직장 내 음주로 인한 문제점들을 살펴보는 것으로 마무리한다.

이 장의 두 번째 논점인 직장 내 다양한 형태의 폭력과 관련해서는 미국 내 폭력에 대한 일반적 논의 및 그 증가현상 및 원인에 대한 논의로 시작한다. 이어서 직장폭력의 포괄적 개념정의와 이들의 형태를 분류하는 다양한 방식에 대해 논의한다. 다음으로 직장폭력 문제의 가능한 원인 및 범위를 살펴보고, 직장폭력 징후 및 폭력에 취약한 대상을 파악할 수 있는 징후에 대해 논의한다. 또한 폭력 예방 및 대처방안을 살펴본 뒤, 가정폭력이 직장폭력에 미치는 영향, 학교폭력 및 직장폭력과 관련된 몇몇 법적 문제를 논의하는 것으로 이 장을 마무리한다.

마약의 위협

미국의 역사는 술과 담배를 포함한 중독성 약물 사용으로 점철되어 있다. 초기 정착민들이 서부로 이동하면서 개척지에 가장 먼저 세운 건물 중 하나가 바로 술집이었다. 그리고 1880년대까지 코카인도 흔하게 사용되었다. 20세기 초, 코카인은 선택 가능한 약물 중 하나로서 소화불량부터 치통에 이르기까지 만병을 고칠 수 있는 대안으로 여겨졌다. 그러나 1909년 대통령위원회는 Theodore Roosevelt 대통령에게 코카인이 위험 물질이며, 시민의 삶과 생명을 위협하고 있다고 보고했다. 사람들이 코카인과 다른 약물의 위험을 점차 인식하게 되면서 이러한 약물의 사용을 금지시키는 입법에 대한 압력도 커졌다.

1914년 미국 연방정부는 일부 약물의 판매 및 사용을 불법으로 규정하는 Harrison Narcotics Act를 통과시켰다.

1920년 모든 주는 학교에서 학생들에게 마약류의 영향에 대해 가르칠 것을 의무화했다. 1937년 Franklin Delano Roosevelt 대통령 시절, 대마초가 마지막으로 금지 약물로 지정되었다. 이후 25년 여간, 마약 문제는 잠잠했다.

그러다 1960년대 젊은 층의 사회변혁 시위와 베트남 전쟁 반대시위가 일어났다. 모든 문화의 화두가 종종 LSD나 대마초를 통한 "tune in(자신을 둘러싼 세계와의 조화로운 상호작용), turn on(신경과 유전적 물질의 활성화), drop out(강압적이고 무의식적인 책무로부터 활발하고 선택적이며 우아한 분리)"이었다. 1970년대에 이르러 18세에서 21세 연령층의 약 40%가 대마초를 접하고 있었고, 베트남 전쟁에 참여한 많은 군인들도 대마초를 사용하고 있었다. 또 군인들 중 상당수는 헤로인을 사용했다. 동시에, 5천만 명에 달하는 미국인들이 미국에서 헤로인을 다시 흡입하기 시작했다.

미국은 대마초를 필두로 하여 세계에서 가장 마약이 만연된 사회가 되었다. 1980년대 이르러 마약사용에 있어 전환기가 찾아온다. 유명인사들은 "마약을 하는 것은 전혀 멋져 보이지 않는다," "마약에는 딱 잘라 '안 돼요'라고 말해요"라는 슬로건을 지지했다. 그러나 한 편에서 술과 담배가 "재미있는" 일이라고 암시 광고도 행해졌다.

2002년 마약 남용으로 인한 경제적 비용은 1,800억 달러로 추산된다. 이는 마약 남용으로 인한 건강 및 범죄 문제를 해결하는 데 드는 비용과 장애, 사망, 퇴직 등으로 인한 잠재적 생산성 손실 비용을 나타낸다. 이 같은 비용은 1992년부터 2002년까지 연평균 5.3% 증가해 왔으며, 마약 오남용은 미국에서 가장 많은 비용이 드는 건강 문제가 되었다(미국의 마약 오남용으로 인한 경제적 비용, 1992-2002). 표 12.1은 마약 오남용에 관한 보다 종합적인 관점을 제시하고 있다.

크든 작든, 도시든 지방이든 미국 내 지역사회는 많은 동일한 위협에 직면해 있다. 그리고 가장 큰 위협 중 하나가 바로 불법 마약 오남용이다. 마약은 삶을 파괴시키고 지역사회 전체의 삶의 질을 훼손시킨다. 정부 대책만으로는 마약의 흐름을 차단하거나 사람들의 마약 사용을 근절시킬 수 없다. 주요 지도자급 인사들과 전문가, 지역 차원에서 시민들의 적극적인 지지와 참여가 절실하다(Walters, 2005, p.1).

표 12.1 불법약물 사용의 비용

〈범죄로 인한 형사사법 비용〉	〈건강보험 비용〉	〈생산성 손실 비용〉	〈기타 사회적 비용〉
■ 마약 구입자금 마련을 위한 강·절도 수사, 피의자 재판 및 수감 비용 ■ 마약 중독자가 환각 상태에서 저지른 폭력 및 살인 사건 수사, 피의자 재판 및 수감 비용	■ 약물 관련 아동학대로 인한 부상 ■ 약물 관련 사고에 따른 부상 ■ 약물 관련 범죄에 따른 부상 ■ 기타 불법약물 사용자 치료비용 ■ 병원 외 치료시설에 사용된 재원	■ 약물 관련 사고 피해자 ■ 약물 관련 범죄 피해자 ■ 결근일수 및 약물 중독자 및 그 가족 지원을 위한 비용 ■ 약물로 인한 교육 문제 및 학생들의 중퇴 ■ 약물 관련 범죄를 저지른 수감자	■ 약물 관련 범죄로 인한 지역 내 부동산 등 자산 가치 하락 ■ 화재, 직장 및 차량 사고로 손상 또는 파괴된 재물이나 시설 ■ 불법 약물 재배/생산에 투입된 농업자원 ■ 약물 생산으로 대기 및 하천에 유입된 유독성 물질 ■ 마약 테스트 및 직원지원 프로그램 등 직장 내 약물예방프로그램들 ■ 마약 관련 범죄 피해에 대한 두려움 ■ 마약 사용자 및 그 가족, 친구들의 정신적·육체적 고통 비용

출처: *Drugs, Crime and the Justice System: A National Report from the Bureau of Justice Statistics* (Washington, DC: Bureau of Justice Statistics, December 1992) p.127.

직장 내 마약 문제

비록 일부 마약 사용자들이 코카인과 같은 마약이 그들의 집중력을 향상시키고 다양한 업무 수행능력을 증진시켰다고 주장하고 있지만, 이러한 주장을 뒷받침할 구체적인 증거는 어디에도 없다. 대부분의 마약은 그 효과가 한 시간 이내 소멸되며, 이후 사용자는 피곤과 무기력함을 느끼게 된다. 게다가, 사용자들은 마약 사용을 지속하기 위해 절도까지 저지른다.

직장에서 흔히 사용되는 마약은 술, 대마초, 코카인으로 순화(freebase)된 상태이거나 혹은 정제된 것을 코나 입으로 흡입한다.

Largo사 v. Crespin 판결(1986)에서 콜로라도 대법원은 고용주나 소유주는 근무 중이나 영업장소에서 음주한 직원이나 손님의 행위에 대해 책임이 있다고 판시했다. 직장에서의 음주는 이 장의 후반부에서 다시 논의할 것이다.

마약사용 현황에 대한 연구

비록 마약사용이 대체적으로 감소하고 있지만, 여전히 심각한 문제이다. 약 1,910만 명의 12세 이상 미국인들이 현재 불법 약물을 사용하고 있으며, 미국 전체 인구의 약 8%가 지난 30일 내에 어떤 형태로든 불법 약물을 사용한 적이 있는 것으로 나타났다(*Cities without Drugs*, 2005, p.3). 처방약물의 비의료목적 사용비율은 여전히 높으며, 특히 Vicodin과 OxyContin 같은 합성 진통제의 경우가 그렇다. 장기적 추세 분석에 따르면 OxyContin의 남용이 두드러지게 증가하고 있다. 그림 12.1은 다양한 불법 약물을 습득하는 것의 어려움의 정도를 보여 주고 있다.

미국 내 약물 사용에 대한 두 건의 전국적 연구에서 약물의 위협 현황을 조명하고 있는데 이는 *National Drug Threat Assessment 2007*과 *Pulse Check: Trends in Drug Abuse*이다.

National Drug Threat Assessment 2007 법무부 산하 국립마약정보센터(NDIC)에서는 마약의 사용 및 분포 현황을 보여 주는 연례보고서를 제공하고 있다. 2007 마약 위협 평가에 따르면(2007, p.1):

> 코카인, 헤로인, 대마초, 메스암페타민, MCMA(엑스터시) 등과 같은 불법 마약의 밀거래는 지속적이고 효과적인 국내외적 마약단속에 따라 전략적 변화양상을 보이고 있다. 이러한 변화에는 코카인과 메스암페타민 생산 추세의 변화, 국내 마약 배포에 있어 멕시코 및 아시아계 범죄조직의 영향력 향상, 더욱 약효가 강한 메스암페타민과 대마초의 입수 가능성 증대, 처방약물의 불법마약으로의 대체가 포함된다.

기타 발견사실에는:

- 메스암페타민의 국내 생산이 현격히 감소함
- 대마초의 효력이 급격히 증가함
- 엑스터시 밀거래가 2004년 이후 크게 증가하는 추세임
- 약국판매 약물의 오남용률이 대마초를 제외한 모든 기타 약물의 오남용률을 상회하고 있으며, 대마나 약물 과용으로 인한 사망자가 상당수임

Pulse Check: Trends in Drug Abuse(2004) 법무부 산하 국립마약단속정책청은 25개 대도시의 마약 추세를 분석했다. 조사 대상 77%가 마약 문제가 "매우 심각하다"고 생각하고 있었으며, 나머지는 "다소 심각하다"라고 대답했다. 대다수는

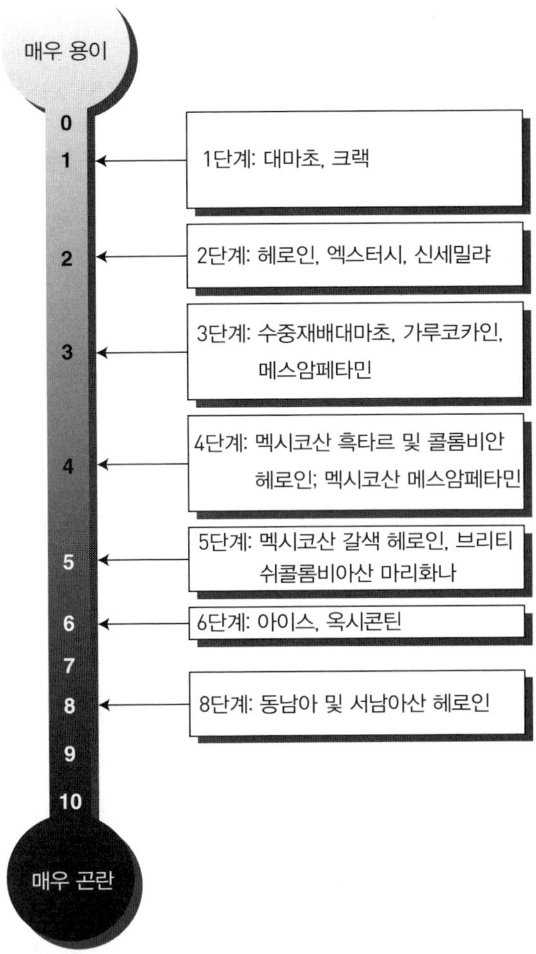

그림 12.1 불법 약물 구입의 난이도 정도

출처: *National Drug Threat Assessment, 2007* (Washington, DC: National Drug Intelligence Center, October 2007), p.1.

(66%) 마약 문제가 별로 변하지 않았다고 인식하고 있었다. 이 보고서의 주요 발견 사항에는 아래와 같은 내용이 포함된다(*Pulse Check*, 2004, p.5):

- 대마초는 가장 널리 남용되는 불법 약물이다.
- Crack(정제 코카인)은 18개 도시에서 심각한 문제였다. 12개 도시의 16개 기관에서 크랙이 가장 많이 남용되는 약물이라고 발표했다.
- 메스암페타민은 15개 도시에서 새롭게 부각되거나 심각해지고 있는 문제라고 보고되었다.

- MDMA(엑스터시)는 16개 도시에서 대두되거나 심각해졌다.
- 헤로인은 가장 심각한 결과(과다사용으로 인한 사망 등)를 초래하는 약물이다.
- 2002년 봄에서 가을 사이 불법 마약의 가격은 전반적으로 일정하게 유지되었다.

길에서 가장 흔히 발견되거나 사용자가 소지하고 있는 약물은 헤로인, 아편, 몰핀, 코데인, 코카인, 정제코카인, 대마초이다.

마약, 대마초 및 기타 위험 약물

1984년 통제물질법(The Controlled Substances Act: CSA)에서는 연방차원에서 규제하는 모든 물질을 각각의 효과, 의료 목적, 오남용 가능성 및 안전성 또는 중독경향성에 기초해 다섯 가지로 분류하고 있다. 1급 분류표에 포함된 약물은 오남용 및 부작용 위험성이 가장 크고 의학적 효용이 공인되지 않았다. 여기에는 헤로인, LSD, GHB 및 대마초가 포함된다. 반면 5급 분류표에 포함된 약물은 오남용 위험성이 가장 낮고, 제한적인 신체적, 심리적 중독을 야기하며, 공인된 의학적 효용이 다수 있는 것들이다. 여기에는 Lomotil, Robitussin A-C, 및 코데인을 함유한 비처방 또는 처방약이 포함된다. 2급 분류표에는 모르핀, PCP, 코카인과 메스암페타민, 3급에는 아나볼릭 스테로이드(근육 강화제), 코데인 및 일부 바르비누르산염(진정·최면제)이, 4급에는 발륨(신경안정제), 제낵스(신경안정제), 로힙놀(수면제) 등이 각각 포함된다. 대부분의 주에서 마약 및 기타 위험 약물은 처방전 없이 구입이 불가능하다. 연방법에서도 처방전에 의하지 않는 판매나 유통을 금지하고 있다.

마 약

마약류는 졸음, 무기력감, 또는 진통효과를 유발하는 약물로서 헤로인, 코카인 및 크랙(흡연용 정제 코카인)이 포함된다. 흔히 사용되는 헤로인은 모르핀에서 합성한 마약으로 모르핀보다 최대 10배까지 강력한 효과를 지녔다. 헤로인은 신체적 중독을 일으키며 고가이다. 헤로인을 복용하면 두려움이 사라지며, 도취감과 무감각을 느끼게 된다. 주로 정맥에 주입시켜 복용하며 코로 흡입하거나 먹는 경우도 있다.

코카인은 남아공의 코카나무에서 추출된 백색 결정성 분말이다. 최근까지 대부분의 사용자는 "비강흡입"을 통해 복용한다. 코카인의 다른 형태는 순화 코카인(freebase)으로서, 간단히 흡입할 수 있도록 화학적으로 변형한 것이다. 이는 지극히 위험하면서도 동시에 인기 있는 형태이다. 흡입 또는 정맥주사를 통해 복용된 코카인은 도취감, 흥분, 불안, 근력강화감, 수다, 피로감소 등의 효과를 야기한다. 종종 동공이 확장되며 심박과 혈압이 상승한다. 코카인의 경우 정신적 중독 효과가 매우 높다.

최근에 가장 우려되는 것은 크랙(crack)이다. 이는 염산코카인에 암모니아나 베이킹소다, 물을 첨가한 후 가열하여 염소를 제거한 후 흡입하는 형태이다. 외관상 비누조각과 비슷한 작고 단단한 덩어리같이 생겼으며 작은 병이나 접힌 종이, 또는 두꺼운 알루미늄 호일에 담겨져 판매된다. 순화 코카인과 마찬가지로 파이프로 흡입하거나 대마초나 담배에 뿌린 다음 함께 흡연하는 식으로 사용된다. 크랙도 코카인과 마찬가지로 도취감이나 강한 쾌감을 불러일으키나 비용이 훨씬 저렴하다. 1～2회 복용분이 5～10달러 선일 정도로 저렴하여 누구나 마음만 먹으면 구입할 수 있다. 실제로 크랙은 "가난한 자들의 코카인," "누구에게나 공평한 마약" 등으로 불린다.

대마초(마리화나)

대마초는 사회적으로 가장 많이 수용되는 불법 약물로서 그 사용에 대한 처벌을 감경하고자 하는 취지의 입법시도가 빈번하게 있어 왔다. 이미 5,000여 년 전부터 알려진 약물임에도 모든 천연 약물 가운데 가장 적게 이해되어진 동시에 가장 다방면에서 사용되고 있는 약물이다.

대마초는 미국에서 가장 구하기 쉽고 많이 남용되는 불법 약물이다.

대마초는 대마의 입과 꽃에서 얻어지는 물질로서, 대부분의 기후에 적응하고, 미국 여러 지역에서 여전히 천연 상태로 자생하고 있다. 한 해 동안 묘목에서 20피트까지 빠른 속도로 자란다. 많은 국내 재배자들은 실외 재배에서 실내 재배로 전환하고 있다. **신세밀랴**(sinsemilla)는 씨 없는 대마에서 채취한 마리화나로서 매우 강도가 높다.

대마초는 통상 담배처럼 말아서 흡입하는데 독특한 냄새가 난다. 일단 흡입되면 혈액에 빠르게 흡수되어 즉각적인 증상을 야기한다. 대마초의 강도와 사용량에 따라 흡입자의 기분이나 사고방식에 미치는 효과가 매우 가변적이다. 통상 15분 이내에 효과가 나타나 2～4시간 동안 지속된다.

대마초 남용으로 인한 주요 문제점 대마초는 보다 강력한 약물로의 "관문" 또는 "디딤돌"로 여겨지고 있기 때문에 연방 마약관련 당국은 지속적으로 대마초를 단속하고 있다(Katel). 그러나 일각에서 이러한 "**관문이론**(gateway theory)" 또는 "**디딤돌 이론**(stepping stone theory)"에 의문을 제기하고 있다: "대마초와 다른 약물 사용 간에 인과관계를 증명할 객관적 증거들이 충분치 않다"(Caulkins 등, 2005, p.11). 이들 연구자에 따르면(p.9): "마약의 사용을 유발시키는 단 한 가지 핵심 요인은 가족이나 주변의 친구들이 마약을 사용하는지 여부이다." 그들은 또한 대부분의 마약 사용자들이 10대나 성인이 되자마자 마약을 시작하고 있으며, 어떤 마약이든(심지어 헤로인이라도) 마약을 접해본 사람들은 호기심에 시험 삼아 마약을 해 봤으며 적절하게 그리고 부작용 없이 마약을 사용하고 있다고 주장했다: "중요한 것은 대마초가 필연적으로 다른 마약중독으로 이어지게 된다는 것이 아니라 그럴 가능성이 있다는 점이다"(Caulkins 등, p.11). Bennett와 Hess(2007, p.518)는 "대마초 남용자가 다른 보다 강한 마약이나 약물로 이어질 것인지에 대한 연구는 아직 완전하지 않다. 물론 대부분의 강한 마약 복용자들이 한때 대마초를 경험했지만, 얼마나 많은 대마초 이용자들이 더 강한 마약을 사용하게 되었는지는 알려져 있지 않다"고 하였다.

기타 위험 약물

여기에는 진정제, 각성제, 환각제, 섬망 발생약(deliriants) 등이 포함된다. 다양한 마약 및 기타 위험 약물들이 상이한 효과를 지니지만, 다음과 같은 일부 공통적인 효과를 보인다.

(1) 향정신작용, (2) 신체적·정신적 중독 유발, (3) 과다 복용 시 경련 또는 사망 초래

진정제 (바르비투르산염) 작은 알약이나 캡슐로 경구 섭취하며 수면을 유도하거나 긴장을 완화시켜주는 작용을 한다. **바르비투르산염** 소량을 복용하면 편안해지고, 사교적이 되며 기분이 좋아진다. 다량을 복용하게 되면 무기력감과 우울증을 느끼고, 깊은 수면 또는 혼수상태에 빠지게 된다. 진정제 중독자는 종종 술에 취한 사람의 행태를 보인다. 즉, 말투가 어눌하고 불분명하며, 신체 조정능력이 떨어지고, 정신적·정서적으로 불안정해진다. 과다복용 시 종종 사망에 이르게 된다.

각성제 (암페타민) 작은 알약이나 캡슐로 경구 섭취하거나 정맥주사를 사용하며

식욕을 억제하고 정신적 우울증을 완화시켜주는 작용을 한다. **암페타민** 적당량을 복용 시 정신이 맑아지고 주의력이 높아지고 활동항진상태가 된다. 다량을 복용하면 자신감, 활력 및 행복감이 과다해진다.

중독자의 경우 지루함과 초조함, 손떨림, 동공확장, 땀과다분비 등의 증상을 보인다. 경우에 따라 말이 많아지거나 환각 증세를 경험하기도 한다. 각성제로 인한 비정상적 행위들을 다루는 것은 보안요원들에게 늘 걱정거리이자 위험요소이다.

메스암페타민 "메스"라고도 불리며 스피드, 아이스, 크리스털이라고도 알려져 있으며 고용주들 입장에서 항상 주요한 문제로 취급되어 왔다. 코카인과 마찬가지로 메스는 강력한 중추신경계 자극제로서, 미연방마약단속청(DEA)에서는 웹사이트를 통해 메스가 위험하고 예측불가능하며 때로는 치명적인 약물이라고 소개하고 있다. "**메스암페타민**은 사용자(피해자)들에게 심각한 중독성 행태와 육체적·정신적 위해를 가하는 위험한 약물이다"(Wuestewald, 2005, p.34). 메스는 백색이며 냄새가 없는 대신 쓴 맛이 나는 가루로서 물에 잘 녹는다. 이것은 집에서 흔히 사용하는 화학물질과 약국에서 처방 없이 구입할 수 있는 감기약 등을 이용해 은밀한 작업실에서 생산된다. 코나 입으로 흡입하거나 정맥주사 혹은 구강으로 복용한다. 메스암페타민을 복용할 경우 대개 폭력적이고 비정상적인 행동을 하게 된다. Irvin과 Me Hoang(2007)에 따르면, "전국적으로 메스 남용은 2004년에서 2005년 사이에 정점에 달했었다는 것이 학계의 의견이다." 메스 남용 문제가 전국적으로 확산되어 왔지만, 여전히 지역적으로 집중화되고 있다. "직장 내 약물검사 결과에 의한 메스 사용자의 숫자는… 서부 지역에서 가장 높다"(*국가마약통제전략*, 2007, p.6).

환각제 지각변화를 야기하고 오감을 강화시키며 사실과 환상을 구별하는 능력을 약화시킨다. 예측불가능한 정신적 효과에는 환상, 공포, 정신병적 혹은 반사회적 행동, 폭력 및 자살충동 등이 있다. 통상 알약이나 캡슐로 구강복용하지만, 외형상 일반적인 분말이나 액체 등으로 위장하기 쉽다. 가장 잘 알려진 **환각제**는 LSD(lysergic acid diethylamide)이다.

또 다른 환각제인 PCP(phencyclidine)는 마취제로 개발되어 여전히 수의사들이 많이 사용한다. 1960년대 샌프란시스코에서 등장하여 "평화를 주는 약(peace pill)"으로 불렸다. 전국적으로 그 사용이 확산되면서 엔젤더스트(angel dust) 등 다른 이름도 다양하게 생겨났다. 중독 증세는 복용량, 전력, 복용방식 등에 따라 개인별로 많은 차이가 난다. 공통적으로 나타나는 증상은 눈 떨림 현상(**안구진탕증**, nystagmus)이다. PCP 중독에 따른 우려는 이 약이 비정상적이고 공격적, 폭력적인 행위를 야기한다는 사실에 기인한다. 중독자들은 환각상태에서 사고체계가 교란됨에 따라 비정상적이고 공격적인 행동을 보이게 된다. PCP 중독 상태에 있는 사람들을 제압하는 과정에서 보안요원들이 부상을 입는 것도 이 때문이다. PCP에 의해 "환각에 빠진" 사람들이 공격적 행태를 보이는 과정에서 초인적인 괴력을 발휘하는 경우가 많다. 이는 중독자들이 그들의 환각이 실제라고 믿기 때문이라는 설명이 있다. 그리고 아드레날린이 분출되고, 중독자들이 공포를 벗어나기 위한 모든 방법을 동원하여 생존을 위해 싸우기 때문이라는 설명도 있다. 또한 초인적인 괴력은 중독자가 고통을 거의 혹은 전혀 느끼지 못하게 하는 약물의 마취효과와 직접적으로 관련이 있다.

섬망 발생물질 **섬망 발생물질**은 접착제나 헤어스프레이, 공기청정제, 라이터액, 페인트 제품 등 1,000여 가지 이상의 일반 가정용 제품에서 발견되는 휘발성 화학물질이다. 이를 흡입하게 되면 일반적으로 "황홀감을 느끼고" 술에 취한 것처럼 억제심을 잃게 된다. 이러한 황홀감 뒤에는 우울증이 따른다. 사용자들은 또한 두통, 호흡곤란, 구역질, 발음곤란, 운동능력 감소, 시간과 공간 인지능력 왜곡 등을 경험한다. 콧구멍과 입술 주변에 "환각제 사용자 발진"이라 불리는 홍조나 가려움증이 생긴다. 어린이와 청소년 층에서 흔히 남용된다.

처방약물의 오남용

2005년 연방마약단속청은 통제약물의 온라인 매매를 포함한 100건의 인터넷 수사를 실시하여 4천4백만 달러 상당의 현금, 제품, 컴퓨터 및 은행계좌를 압수하였다(Garett, 2006, pp.79-80). Burke(2004, p.21)는 "비록 처방약물 남용은 통상 길거리 폭력과는 관련이 없지만, 처방약물의 오남용으로 인한 사망이 불법 약물로 인한 사망보다 많다. 처방 약물의 남용 및 유용은 널리 퍼진 범죄행위이다." 보안요원들은 이러한 범죄행위에 보다 적극적이고 선제적으로 대응해야 한다고 하였다.

불법약물 사용자 식별하기

고용주들은 직원이 약물에 중독되어 있는지, 어떤 위험성을 지니는지를 식별해 낼 수 있어야 한다. 표 12.2에서는 술을 포함하여 가장 흔히 사용되는 마약으로 인한 신체적 증후, 착안사항, 위험요소 등을 요약하였다.

표 12.2 흔히 남용되는 약물의 보편적 증상, 징후 및 위험요소

남용 약물	신체적 증상	징 후	위험요소
알코올(맥주, 와인, 위스키)	취함, 혀꼬부라짐, 보행실조, 안정감, 운동부조화, 반응속도 저하	옷이나 입에서 술냄새, 비틀거리기, 숙취, 눈충혈	중독, 판단력 저하로 인한 사고, 다른 진정제와 혼용 시 과다복용, 심장 및 간질환
코카인(coke, rock, crack, base)	일시적 황홀감, 혈압 및 심박 상승, 무기력함, 흥분, 행복감 뒤 우울증(조울증)	유리약병, 유리파이프, 백색결정가루, 면도날, 주사기, 주사자국	중독, 심장마비, 발작, 폐손상, 중증 우울증, 편집증
대마초(pot, dope, grass, weed, herb, hash, joint)	인식장애, 충혈, 구강건조, 집중력 저하, 운동력 저하, 황홀감, 박장대소, 허기짐	말아놓은 종이, 파이프, 마른 잎 부스러기, 타는 냄새, 대마초 꽁초 집게	공포감, 단기기억력 손상, 중독
환각제(acid, LSD, PCP, MDMA/Ecstasy, psilocybin, mushrooms, peyote)	인식장애 및 조울증, 사소한 일에 대한 집착, 걱정, 공포감, 메스꺼움, 공감각(색의 냄새, 소리보기 등)	캡슐, 알약, "마이크로도트"	예측불가 행동, 정서 불안, 폭력적 행위
흡입제(가스, 본드, Rush, Whith Out)	메스꺼움, 어지러움, 두통, 운동조정력 상실	옷이나 입에서 해당물질 냄새, 취하기, 현기증, 근육통제능력 저하	의식두절, 호흡곤란, 메스꺼움 및 구토, 뇌와 중추신경계 손상, 돌연사
마약: 헤로인(junk, dope, Blace Tar, Chite White), Demerol, Dilaudid D'sl, 몰핀, 코데인	황홀감, 나른함, 통증감각마비, 메스꺼움, 구토, 눈물, 콧물	팔에 주사 자국, 주사기, 스푼, 초점고정, 차갑고 축축한 피부	중독, 무기력, 체중감소, 소독되지 않은 주사바늘을 통한 2차 감염(에이즈, 간염)
각성제(speed, uppers, crank, bam, black beauties, crystal, dexies, 카페인, 니코틴, 코카인, 암페타민)	주의력 향상, 수다, 불면, 혈압상승, 식욕감퇴, 기분상승	알약 및 캡슐, 불면 및 식욕감퇴, 짜증 및 불안, 체중감소, 활동항진	피로 및 체력고갈, 중독, 과대망상, 우울증, 혼란, 환각, 일시적 과다복용
진정제: 바르비투르산염, 안정제, 진정제(downers, tranks, ludes, reds, Valium, yellow jackets, 술)	호흡곤란 및 심박 저하, 취하기, 나른함, 운동조정력 상실	알약 및 캡슐, 일관성 없는 행동, 과다 수면, 혀꼬부라짐	술과 함께 과다복용, 근육경직, 중독, 밖으로 나가지 않기, 치료를 요하는 과다복용

출처: *1991 Drug Education Guide*, The Positive Line #79830, Positive Promotion, 222 Ashland Place, Brooklyn, NY 11207.

약물 중독자들은 정신적·정서적·신체적 상태가 악화되어 종종 근무할 수 없는 상태가 된다. 다음은 마약 남용을 파악할 수 있는 증후들이다.

- 복무기강이나 업무성과의 급격한 변화
- 비정상적 수준의 활동성 또는 비활동성
- 갑작스럽고 비정상적인 감정의 폭발

- 확연한 외관상 악화
- 팽창된 동공 및 부적절한 시간 및 장소에서의 선글라스 착용
- 바늘자국이나 면도칼 상처, 혹은 이들을 가리기 위해 항상 긴소매 옷 착용
- 갑자기 돈을 빌리거나 훔치려는 시도
- 마약 중독자나 밀매인과의 빈번한 연락

마약 중독자들은 일반적으로 용모가 단정치 못하고, 졸린 듯 보이며, 건강이 안 좋아 보이고, 눈이나 코에 점액이 많다. 또한 오한과 발열이 번갈아 가며 나타난다. 문신과 비슷한 바늘 자국이 팔꿈치 주변에 보이며, 장기 복용자의 경우 몸의 다른 부위에서도 발견된다.

"마약과의 전쟁" 및 국가적 마약 통제 전략

1973년 Nixon 대통령은 마약과의 "전쟁"을 선포한다. 그 이후로 마약 밀매인, 구매자와 판매자를 상대로 한 이 전쟁을 위한 연방 지출은 30배나 증가하여 1973년 4억 2천만 달러에서 현재의 127억 달러에 이르게 되었다(Katel).

약물 오남용을 줄이기 위해서는 예방과 치료를 병행하는 것이 필수적이다. George Bush 대통령은 2001년 취임하면서 세 가지 접근방식을 발표하였고, 2008년에 이를 국가마약통제전략에 반영하였다.

1. 약물 사용을 시작하기 전에 막아라: 교육과 지역사회 참여

가정, 학교, 예배당, 직장, 기타 민간 및 사회조직에서 미국인들은 책임과 선량한 시민의 가치를 재확인하는 규범을 수립해야 하는 동시에 마약 사용이 개인의 자유로운 선택이라는 개념을 불식시켜야 한다. 국가마약통제전략에서는 정부와 지역사회가 공동으로 과거 마약과의 전쟁에서 승리한 원동력을 부활시킬 것을 모색하고 있다.

2. 미국의 약물사용자들을 치료하라: 필요한 치료를 제공

사람들이 필요한 치료를 받도록 하기 위해서는 가족, 친구, 고용주와 지역사회 내에 "동정적 강제(compassionate coercion)" 분위기가 형성되어야 한다. 동시에 형사사법체계를 적극 활용하여 사람들이 치료를 받을 수 있도록 해야 한다.

3. 시장을 붕괴시켜라: 약물 매매의 경제적 기반 무력화시키기

연방, 주, 지역 법집행기관이 협력하여 국내 마약 매매 시장을 무력화시켜야 한다.

민간보안은 이러한 국가적 마약통제전략의 두 가지 핵심적 측면에서 지원자 역

할을 할 수 있다. 즉, (1) 마약사용의 예방과 (2) 마약사용자의 치료이다. 약물 문제를 해결하는 데 있어 먼저 술로 인한 문제점들을 짚고 넘어가는 것이 중요하다.

주류 남용

많은 사람들이 대수롭지 않게 생각하는 술은 엄연한 약물이다. 술을 마시는 것 자체는 불법이 아니지만, 연령이나 음주량을 규제하고 음주운전을 금지하는 법이 제정되어 왔다. 우리 사회에 만연한 과음 문화는 음주 자체가 합법이라는 점과 사회적으로 널리 용인되는 분위기에 기인한다. 연구에 따르면 알코올중독자의 자녀들이 그렇지 않은 자의 자녀들보다 성장 과정에서 마약이나 알코올에 중독될 위험성이 70%나 높다고 한다.

알코올문제연구소의 보고서에 따르면, 전 세계적으로 3~5%의 직장인들이 술을 즐겨 마시며 최대 25%까지 알코올중독 위험에 이를 정도의 폭음을 하는 것으로 알려졌다(Alcohol and the Workplace, 2007, p.3). 이 보고서에서는 또한 음주가 다음과 같은 세 가지 주요 이유로 인해 업무 성과를 저해시킨다고 한다.

1. 혈중 알코올 농도가 증가하면 효율성과 안전성을 위협한다. 예컨대, 실수나 판단오류 가능성이 높아지고 사고발생 확률이 높아진다.
2. 음주 뒤 숙취로 인해 결근을 하거나 업무성과가 떨어진다.
3. 상습적인 과음은 중독을 포함한 다양한 사회적, 심리적, 의학적 문제를 야기하며, 업무능력 저해나 업무 태만을 초래한다.

직장 내 음주는 공공의 안전을 위협하고, 업무 수행에 지장을 초래하며, 고용주와 직원 모두에게 의학적, 사회적 비용을 치르게 한다. 직종별로 음주율에 차이가 있기는 하나 음주의 문제는 사회의 어느 한 부분이나 직종에 국한된 문제가 아니다. Alcohol Alert에 따르면, 다양한 요인들이 직장 내 음주에 영향을 미친다: 직장문화, 술에 대한 관용성 정도, 직장 내 따돌림, 술 반입 또는 소지의 용이성, 직장 내 알코올 규제 정책의 존재 여부 등이 그 요인들이다.

직장 문화는 음주를 용인(또는 조장)할 수도 있고 금지할 수도 있다. 직원들의 성별 비율에도 일부 영향을 받는다. 연구에 따르면 남성이 지배적인 직장의 경우 연대감이나 충성심을 조성하기 위해 종종 직원들이 과음을 하게 된다. 지루하고 스트레스를 많이 받는 일에 종사하는 직원 역시 술을 찾게 된다. 직원들의 음주는 낮은 자율성, 단순 업무, 업무환경이나 성과에 대한 관리감독 부재, 지루함, 성희롱,

욕설이나 폭행, 반항적 행동 등과 관련되어 있다. 직장 내에서 술을 소지하거나 반입하는 것이 얼마나 용이한지도 직원들의 직장 내 음주에 영향을 준다. 한 대형 제조업체 공장 직원들을 상대로 한 설문조사에서 3분의 2 이상의 응답자들이 직장에 술을 가져와서 마시는 것이 "쉽거나 매우 쉽다"고 응답했다. 이것은 특히 근무교대 시간에 철저한 관리감독이 이루어지지 않기 때문이다. 직장 내 음주를 규제하는 규정의 유무, 이러한 규정에 대한 직원들의 인식, 또는 규정의 강행성 정도도 직원들의 음주에 영향을 미친다.

음주로 인한 업무 수행상의 문제점은 비단 직장 내뿐만 아니라 직장 밖에서의 과음행태에도 기인한다. 실제로 음주 후 "숙취" 빈도는 근무 중 아프다든지, 졸리든지, 혹은 업무 성과가 미달되거나 동료와 마찰이 있다든지 하는 빈도와 정(+)의 상관관계가 있다.

직장 내 음주 문제 예방

직장에서 제공하는 건강증진프로그램을 통해 직원들의 음주와 관련된 문제점들을 감소시킬 수 있다. 직원지원프로그램(EAPs)을 통해 직원들의 음주 문제를 사전에 감지하고 적극적으로 개입할 수 있다. 음주 및 약물 문제를 해결하기 위한 치료서비스는 (1) 약물 중독 및 남용에 관한 공식적 이론에 근거하여야 하고, (2) 가능한 최고의 치료도구를 사용해야 하며, (3) 참여자들에게 인지 기술을 익힐 수 있는 기회를 제공해야 한다.

음주 및 약물 사용은 직장폭력에도 영향을 미친다. 그러나 직장폭력도 일반적인 폭력 문제의 하위범주이므로 다음에서는 우선 미국 내 폭력 문제를 개괄적으로 살펴보고 이어서 직장폭력 문제를 세부적으로 논의하고자 한다.

미국 내 폭력

미국은 독립전쟁을 통한 폭력의 와중에 탄생했으며, 형제끼리 총을 겨눈 남북전쟁의 아픔도 경험했다. 그 이후 미국은 자유를 쟁취하기 위해 끊임없이 투쟁해 왔고, 폭력은 끊임없이 이어져 왔다. 이러한 폭력은 가장 극단적인 형태를 취할 경우 치명적이다. 신문의 헤드라인과 TV뉴스를 통해 회사에 불만을 품은 직원들의 총기 난사 사건이 보도되자 직장폭력이 전국적으로 관심을 받게 되었다. 비록 모든 직장폭력이 이처럼 극단적인 형태를 취하지는 않지만, 어떤 형태든 직장폭력은 회사 직원들의 사기에 악영향을 미친다. 미 연방수사국(FBI)의 공식범죄통계보고서에 따르면:

- 2006년 한 해 동안 전국적으로 약 140만 건의 폭력 범죄가 발생했다.
- 2006년 인구 10만 명당 473.5건의 폭력 범죄가 발생했다.
- 2006년 폭력 범죄건수는 2005년 대비 1.3% 증가했다.

전국범죄피해자조사에 따른 범죄피해자율, FBI 및 기타 관련 자료들은 법무부 형사통계국(Bureau of Justice Statistics) 웹사이트(www.ojp.usdoj/gov/bjs)를 통해 입수할 수 있다.

전국 보안분야종사자연합 보고서에 따르면: "미국에서는 매년 15,000건 이상의 살인사건이 발생한다. 신고되지 않은 비공식 통계까지 감안하면 이 수치는 두 배로 껑충 뛴다. 폭력사건의 경우는 7,560,000건(비공식 통계 감안 시 37,800,000건), 성폭력사건 약 500,000건(비공식 통계 감안 시 5,000,000건 이상)이 발생하였다. 미국에서는 매 23.9분마다 살인사건이 발생하고, 0.83초마다 폭력사건, 6초마다 성폭력사건이 벌어지고 있는 셈이다"(*Violence: Prevention, Management and Survival(VPS)*).

강력범죄의 증가

2006년 상반기 연방수사국 통계에 따르면 미국 내 강력범죄는 전년 동기 대비 3.7% 증가하였다(Ryan, 2006). Eggen(2006, p.A01)은 "지난 해 시작된 강력범죄의 급증은 2006년 상반기에 가속화되었으며, 이는 현재까지 감소일로에 있던 미국의 범죄가 반전되는 국면에 있음을 방증한다"고 지적했다. 즉, 2006년 상반기 범죄 건수는 "1990년대 초반 이래 최초로 나타난 급증"으로서 15년간 감소 추세를 보이던 강력범죄가 향후 증가 추세로 돌아설 것으로 예상된다. 많은 학자들도 이러한 추세에 공감하고 있다: "충격적인 새 통계가 전국적인 범죄 증가를 예고하고 있다"(Thomas 등, 2006), "강력범죄의 증가 때문에 미래가 걱정된다"(Cormier, 2007).

고위직 경찰연구포럼(Police Executive Research Forum)의 소장인 Wexler(2006a, p.ii)는 2005년 미국에서는 16,000건 이상의 살인사건이 발생한 데 비해 영국에서는 불과 1,000여건, 캐나다에서는 고작 658건의 살인사건이 발생했다고 지적했다. 지난 5년간 미국에서는 80,000건의 살인사건, 2백만 건의 강도, 4백만 건의 가중폭행 사건이 발생했다.

이러한 강력범죄의 증가현상은 지역과 인구분포, 도시/교외를 불문하고 나타나고 있다(Wexler, 2006b, p.2). Wexler는 이러한 증가현상의 명확한 한 가지 원인을 찾기란 어렵다는 점을 시인하면서 전국의 경찰서장들이 제시하는 몇 가지 설득력 있는 원인들을 제시하고 있다: 조직폭력단 활동의 현저한 증가; 뉴올리언스 출신

조직폭력단원의 다른 도시로의 유입; 1990년대 수감되었던 범죄자들의 석방; 범죄다발 주거지역이 해체된 도시로부터 타 도시로의 범죄요인 확산; 마약시장의 변화; 강력 범죄로 이어지는 사소한 시비의 증가 등이다.

폭력의 원인: 개관

폭력의 원인은 범죄의 원인만큼이나 명확히 밝혀내는 것이 어렵다. 많은 사람들은 자유로운 총기(특히 권총) 소지가 주된 원인이라고 지적한다. 사실, 식민지 시대 많은 가정에서 생존을 위해 총을 소지하고 있었다. 그러나 한 교실에서 공부하는 어린아이들이 서로 총질을 하는 일은 없었다. 그럼에도 불구하고, 총기는 매우 중요한 고려사항이다.

폭력 불감증도 또 다른 주요 원인이다. 오늘날 폭력은 수많은 TV와 라디오 프로그램, 영화, 게임에 스며들어 있다. 언론을 통해 길거리에서 벌어지는 폭력이 생생하게 묘사되고 있다.

폭력의 원인으로는 총기, 마약, 주류에 대한 용이한 접근성; 폭력 불감증; 가정과 지역사회의 해체; 사회적, 경제적 박탈; 폭력적인 가정환경에서 성장한 아이들의 증가 등을 들 수 있다.

표 12.3은 폭력을 조장할 수 있는 사회적, 개인적 요인들을 통해 폭력행위 위험요인들을 제시하고 있다. 총기 등 무기의 사용이 거시사회적 상황과 미시사회적 상황에서 동시에 검토되고 있는 사실에 주목할 필요가 있다. 거시사회적 환경에는 가용한 사회적 자본의 양과 경제적 다양성을 포함한 현존하는 다양성이 포함된다. 미시사회적 환경은 가족과 같은 소단위에 초점을 둔다. **심리사회적 요인**은 기질이나 자아정체성 등과 같은 개인의 심리적 특성을 지칭한다.

폭력에 관한 개괄적 검토는 이 정도로 마치고, 지금부터는 구체적으로 직장폭력과 관련하여 보안업 종사자들이 직면하게 되는 문제에 대해 살펴보도록 하겠다.

직장폭력

직업안전 및 보건법(The Occupational Safety and Health Act)과 여러 주의 법에서는 고용주가 심각한 부상이나 사망을 야기할 수 있는 "인지된 위험요소"로부터 직원들을 보호할 "포괄적 의무"가 있음을 명시하고 있다. 연방 및 주 직업안전및보건청에서는 직장폭력을 그러한 위험요소 중 하나로 분류해 왔다. 직장폭력은 협박이

표 12.3 폭력행위 위험인자 조합 매트릭스

관찰단위 및 구분	배경 요소	상황 요소	유발 요소
사회적			
거시사회적	가난 심화 기회부여 구조 사회적 자본 감소 반대 문화 성역할의 사회화	물리적 구조 일상적 활동 무기 입수, 긴급 의료서비스 제공	사회적 촉발 사건
미시사회적	지역사회 조직 불법 시장 조직폭력단 가족 해체 기존 사회구조	책임 감시자의 근접성 참여자의 사회적 관계 방관자의 행동 일시적 통신 장애 무기 소지 및 제시	참여자의 의사소통
개인적			
심리사회적	기질 학습된 사회적 반응 폭력에 대한 보상/처벌 인식 폭력적 변태 성욕 사회적 의사소통 기술 사회적 서열 내 자기 인식	축적된 감정 주류/마약 소비 성적 자극 계획	자극 기회 인식
생물학적	신경행동적 특성 유전적 특성 정신활성 물질의 만성 사용 또는 신경독에의 노출	일시적 신경행동적 상태 정신활성 물질의 영향	감각신호 처리장애

출처: Jeffrey A. Roth, *Understanding and Preventing Violence* (Washington, DC; National Institute of Justice Research in Brief, 1993), p.7.

나 욕설에서부터 신체적 폭력이나 살인을 아우르며 직무관련 사망의 주된 원인 중 하나이다. 어떤 형태를 취하든, 직장폭력은 전국적으로 고용주나 직원 모두에게 점점 더 큰 걱정거리로 부각되고 있다(OSHA 자료표). 관리자급 보안담당자들을 상대로 한 설문조사에서 "2006년 업무 수행 중 가장 큰 우려사항은 무엇이었나요?"라는 질문에 23%의 응답자가 직장폭력이라고 응답했다("Newspoll: What is your biggest Security Fear for Your Organization in 2006?", 2005, p.23).

직장폭력의 정의

미국 산업보안협회(ASIS)는 직장폭력을 정의함에 있어 부상이나 시설손괴, 정규업무방해나 직원 및 고객의 안전을 위협할 수 있는 모든 형태의 행위들을 포괄적으로 포함시켜야 한다고 주장하였다. ASIS의 *직장폭력예방 및 대응지침*(2005, p.6)에서는 직장폭력을 다음과 같이 정의하고 있다:

> 직장폭력은 그 성격과 심각성으로 인해 직장에 심각한 영향을 미치고, 개인적 안전에 위협을 느끼게 하거나 신체적 상해나 사망을 초래할 수 있는 광범위한 형태의 행위들을 지칭한다.
>
> 심각성 정도에 따라 분류해 보면, 가장 아래쪽에는 불안을 야기하고 불신의 분위기를 조성하여 업무생산성과 직원사기에 악영향을 미치는 공격적이거나 적대적이고 감정을 상하게 하는 행위들이 위치한다. 이러한 행위들은 경우에 따라 보다 심각한 정도의 행위로 이어진다.
>
> 다음으로 상식적인 판단에 의할 때 직원들이 위협이나 협박을 느낄 정도여서 개인적 안전에 정당한 불안을 느끼게 만드는 말이나 기타 행동들이 있다. 이러한 행동에는 무엇보다 직접적으로 또는 은연중에 행하는 협박이나, 스토킹, 공격적인 괴롭힘 등이 포함된다.
>
> 가장 심각한 형태는 신체적 상해를 초래하는 명백한 폭력 행위이다. 이러한 행위는 흉기를 소지 또는 미소지한 채로 행하는 신체적 폭행으로서 밀거나 때리거나 차거나 무는 행위 등이 포함된다. 가장 극단적인 경우는 총기나 칼, 폭탄 또는 기타 치명적 수단에 의해 살상을 초래하는 행위이다.

직장폭력의 분류

전국보안분야종사자협회(The National Association of Safety Professionals)는 폭력을 위에서 살펴본 정의에 따라 세 가지 수준으로 분류하고 있다: 1단계에는 협박/괴롭힘, 외설적 발언이나 몸짓, 고성, 거짓말, 약한 정도의 신체적 협박 등이 포함된다. 2단계에는 상해, 자살 협박, 외설적 전화, 스토킹 및 심각한 괴롭힘 등 공격적/위협적 행위가 해당된다. 3단계에는 신체적 공격으로서 물건을 던지거나 밀거나 강하게 붙잡거나 칼로 찌르거나 성폭행을 하거나 총기를 사용하는 경우를 포함한다.

Rudewicz(2004, p.42)도 직장폭력을 HARM 모형이라 불리는 연속적 모형으로 제시하고 있다: 괴롭힘, 피해주기, 폭력사태 및 혼란이 그것이다. 괴롭힘(harassment)은 상대방을 짜증나게 하거나 불편하게 하는 행위이면서 거들먹거리는

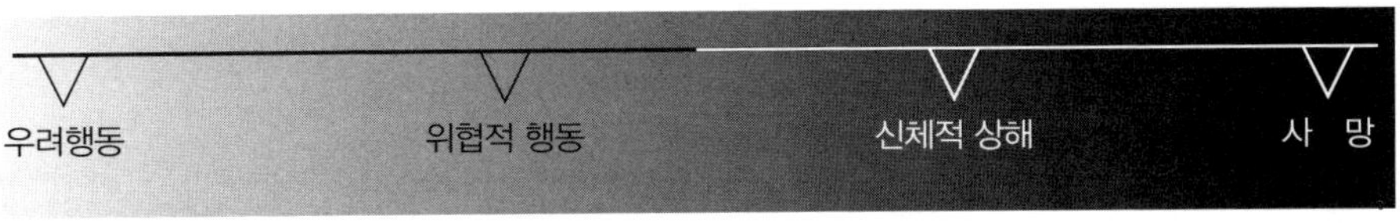

그림 12.2 직장폭력의 심각성 단계별 유형

출처: From *Workplace Violence Prevention and Response Guidelines*(Alexandria, VA: American Society for Industrial Security, 2005). Reprinted with the written permission of ASIS International, Alexandria, VA.

행동이나 문을 쾅쾅 닫는 행위, 뚫어져라 쳐다보기, 고약한 농담을 하거나 동료에 대해 거짓말을 하는 행위 등 직장에서 부적절하다고 여겨지는 행위들이다. 피해주기(aggression)는 동료에게 해를 끼치거나 불편함을 초래하는 적대적 행동이다. 다음 단계인 폭력사태(rage)는 다른 사람을 두렵게 만드는 심각한 행동으로 신체적·정신적 상해나 재물손괴를 초래하는 경우이다. 혼란(mayhem)은 마지막 단계로서 사람이나 재물에 대한 물리적 폭력을 의미한다. 그림 12.2에서 이러한 직장폭력의 단계를 보여 주고 있다.

연방수사국과 직업안전및보건청(OSHA)은 폭력행위자와 피해자간의 관계에 기초하여 네 가지 범주로 직장폭력을 분류하고 있다(표 12.4). 고용주들이 매일 접하는 대다수의 사건들은 사소한 폭력, 가정폭력, 스토킹, 협박, 괴롭힘(성희롱 포함), 신체적·정신적 학대 등이다(Rugala and Isaacs, p.12).

표 12.4 직장폭력의 유형

FBI의 분류	OSHA의 분류	가해자/피해자 관계	구체적 폭력 사례
1유형 폭력	유형 1	관계없음	가해자의 침입강도, 테러리스트의 직장 공격
2유형 폭력	유형 2	서비스를 제공받는 고객, 환자, 학생, 수강자 등	환자가 의사 폭행, 불만에 찬 고객이 회사 또는 그 직원 협박
3유형 폭력	유형 3	동료 대 동료, 직원 대 상사	최근 해고된 직원이 회사로 찾아와 전 상사 및 동료 총기 살해 후 자살
4유형 폭력	유형 4	직원의 직장 외적 지인(배우자 등)	가정폭력을 당하는 아내가 신변보호 청구 또는 남편의 접근금지명령을 요청하자, 남편이 그녀가 퇴근하기를 기다리다 주차장에서 총/칼로 무참히 살해

출처: Eugene A. Rugala and Arnold R. Isaacs, *Workplace Violence: Issues in Response* (Washington, DC: Federal Trade Commission) p.113.

직장폭력의 범위 및 영향

직장폭력으로 인해 매년 어림잡아 1~2백만 명의 직장인들이 피해를 입고 있을 만큼 이는 "만연한" 문제이다.

매년 2백만 명 이상의 사람들이 직장에서 폭력의 피해자가 되고 있다(미 법무부 사법통계국).

직장 내 살인사건의 경우 민간 부문 일터에서 감소추세에 있긴 하지만, 직장폭력의 전반적인 상황은 복잡하다. 2004년의 경우 직장 내 살인사건은 전년 대비 14% 감소하여 4% 감소하는 데 그친 전국적 살인사건의 경우보다 4배 가까운 감소율을 보였다(Ceniceros, 2006). 직장폭력—최신 분석(2006)이라는 보고서에 따르면, 살인사건의 감소 비율이 특히 눈에 띄는데 예컨대 1992년부터 2002년간 택시 기사간의 살인사건은 5배나 감소하였다. 그러나 전국적으로 볼 때 지속적인 감소세를 보인 단순폭행사건의 경우와 달리, 업무공백을 가져오는 직장폭력사건의 경우 1999년 이래 증가추세에 있다. 보고서의 다른 주요 결론에는 다음과 같은 내용이 포함된다:

- 강도는 직장 내 살인사건의 독보적인 원인으로, 전체 사건의 75%를 차지한다.
- 반면에, 약 60%의 직장폭력은 의료서비스, 사회지원 및 보건 부문 직장에서 집중 발생하고 있다.
- 직장보험금 청구건 중 "범죄행위"로 피해를 입은 직원들의 경우 3%라는 높은 사망률을 보이는데, 이는 다른 원인에 의한 보험금 청구시의 사망률에 비해 월등히 높은 수치이다.

전국보안업종사자연합에 따르면 직장폭력으로 인한 경제적 비용은 연간 7천만 달러에서 2억 달러에 이를 것으로 추산된다. 구체적으로 연간 기준 손실근무일수가 1,175,100일, 5천 5백만 달러 상당의 손실 임금, 손실 생산성, 법적 비용, 자산 피해, 대외 이미지 하락, 보안비용 증가 등이다. 이러한 수치들이 정확한 것은 아니지만, 분명한 것은 직장폭력으로 인한 경제적 비용이 매년 수십억 달러에 이를 것이라는 점이다(Rugala and Isaacs, p.12).

직장폭력의 동기

많은 연구와 전문가들의 진단에 따르면, 직장폭력의 원인으로 (1) 완전 고용을 뒷받침하지 못하고 광범위한 정리해고를 유발시키는 경제구조(감원), (2) 교도시설 과밀화로 인해 수감된 범죄자들을 조기 석방시킬 수밖에 없는 형사사법적 시스템, (3) 폭력을 미화시키는 언론과 그에 따라 폭력 및 그 결과에 둔감해지게 만드는 문화적 구조, (4) 총기 등 무기입수 및 소지의 용이성을 들 수 있다.

직장폭력은 **유해 작업환경**에서 발생하기 쉽다. 유해 작업환경의 특성은 사생활을 침해하는 독재적 관리 스타일, 변화를 예측하기 어려운 감독 형태, 투명하지 않은 근무 환경 등이다. 이러한 환경 속에서 직원들이 느끼는 업무상 좌절이 폭력이라는 극단적인 형태로 표출되는 것이다. 즉, 특히 근속년수가 긴 직원들의 경우 임금인상이나 승진, 포상 등에 있어 정당한 대우를 받지 못했다고 느끼게 되면 시간이 지날수록 직장에서 느끼는 좌절이 누적되게 되는 것이다.

흔히 거론되는 직장폭력의 유발요인에는 감원에 따른 실직, 열악한 업무환경, 총기소지의 용이, 부당한 대우에 대한 개인적 분노나 원망, 높은 스트레스, 약물 중독, 정신적 질환 등이 있다.

직장폭력 위험 인지하기

보안분야 종사자들은 전형적인 직장폭력 행위자들이 누구인지, 직장폭력을 경고하는 징후들은 어떤 것인지, 누가 피해자가 될 가능성이 높은지를 인지할 수 있어야 한다.

전형적 범죄자

전형적인 직장폭력 행위자들은 외톨이 스타일의 25세에서 50세 백인 남성으로서, 다른 사람들과 다투거나 폭력을 휘두른 적이 있고, 우울증 증세를 보인 사람들이다. 2000년 12월 국세청으로부터 임금 압류 통보를 받고 매사추세츠 Wakefield 소재 직장에서 총기를 난사하여 7명을 살해한 혐의를 받고 있는 Michael McDermott도 이러한 전형적인 특성을 보였다. 그는 42세의 백인으로서 사건 발생 일주일 전 임금 압류 소식을 듣고 자신의 부서(회계)에서 격노한 적이 있었다.

전형적인 직장폭력 행위자는 불만에 가득 찬 중년 백인으로서 직장에서 외톨이이거나 독불장군 스타일이고, 해고된 적이 있거나 해고될 예정인 사람이며, 총기사용을 열렬히 지지하는 사람들이다.

그는 아메리칸 드림을 달성하지 못해 심히 좌절감에 빠져 있었다. 그는 자신에게 재정적으로 안정된 미래가 보장되어 있어야 한다고 느끼고 있었고 이것이 위협받게 되자 심히 분개하게 되었다. 그는 아마도 직장에 남아 있을 수 있는 동료들이나 자신보다 앞서 승진한 동료들에게 분노를 느끼고 있었을지도 모른다. 따라서 그는 총이야말로 "불평등을 바로 잡아 줄 도구"라고 생각하고 복수심에 불타 총을 사용하였을 것이다.

경고 징후들

직원들이 폭력적으로 변할 수 있음을 경고하는 단서들은 여러 가지가 있다. 갑자기 총기 등 무기에 심취해 있다거나, 부당하게 화를 낸다거나, 비이성적인 믿음이나 생각들을 가지고 있다거나, 피해의식을 느낀다거나, 다른 사람들에게 상처를 주는 말을 하거나, 약물을 사용한다거나, 비판을 받아들이지 못한다거나, 항상 불평불만을 한다거나, 제때 출근하지 못하거나, 업무 성과에 문제가 있다거나 하는 것이다. 폭력행위가 임박했음을 나타내는 징후들로는 자주 크게 화를 낸다거나, 동료나 고객에게 심한 욕설을 퍼붓는다거나, 전화나 이메일로 누군가를 괴롭힌다거나, 원한을 품는다거나, 습관적으로 변명을 늘어놓고 다른 사람을 비난하는 행위 등이 있다(직장폭력예방 및 대응지침, pp.18-19).

감독자들은 직원들의 행동에 변화가 생기는 경우를 잘 인지해 낼 수 있어야 한다. 즉, 어떤 직원의 결근이 잦아지거나, 갑작스럽게 조퇴 혹은 무단 이석하는 경우가 많아지거나, 업무패턴이 변하거나, 근무기강이 해이해지거나, 외모에 급격한 변화가 있거나, 화를 내는 경우가 잦아지고 싫은 소리를 듣기 싫어한다거나 하는 경우 위험을 인식해야 한다: "중요한 것은 어떤 행동상 변화가 주목할 만한 것인지 알고 감독자들이 이를 인지할 수 있도록 훈련시키는 것이다"(Rudewicz, p.42). 회사차원에서 이러한 위험 징후들을 감지할 수 있는 방안을 강구할 수 있다면, 사전에 직장폭력에 대비할 수 있는 조치를 취하기가 용이해질 것이다(p.46).

폭력행위가 임박했음을 알리는 징후에는 폭력적 행각들의 "누출(leakage)," 우울증, 편집증, 기이한 행동, 동료에 대한 병적 집착이나 협박 등이 있다.

누출은 개인이 의도적 혹은 비의도적으로 감정, 생각, 환상, 태도나 의도들을 표출하여 폭력행위가 임박했음을 드러내는 것이다. 이러한 누출은 미묘한 협박이나 허풍, 빈정거림, 예언, 최후통첩 등의 형태로 나타난다. 직접 말로 하는 경우도 있고 일기나, 수필, 시, 편지, 노래, 그림, 낙서, 문신이나 비디오 등에 나타나는 경우도 있다. 이러한 누출은 실제로는 도움을 요청하는 제스처이거나, 내면적 갈등의 발로이거나, 별 의미 없어 보이는 허풍으로 보일 수 있지만 실제로는 상당한 위협을 표출하는 것이다. 이러한 누출은 폭력 행위가 발생하기 전에 주목해야 할 가장 중요한 단서 중 하나로 여겨진다.

대부분의 폭력적인 사람들은 실제 행위를 저지르기 몇 달이나 몇 주 전에 자신들의 감정과 의도를 "누출"한다. 이러한 메시지를 간과해서는 안 된다.

일반적으로 알려진 바와 달리, 대부분의 폭력적 직원들은 즉흥적으로 행동하지 않는다. 그들은 냉철하고 치밀하게 자신들의 폭력적 행위를 계획한다. 따라서 대부분의 경우, 이들의 행동은 즉흥적이라기보다는 의도적이다. 직장 내 살인자들은 우울하고 의기소침하며, 매사에 환멸을 느끼거나 약물 등으로 인한 환각상태에 빠져 있으나, 일반적으로 미친 것은 아니다.

위협 동료나 상사에게 폭력을 휘두르는 직원들은 대부분 사전에 위협을 한다. Paul Calden의 경우가 좋은 예이다. 그는 Fireman's Fund Insurance사(플로리다 탬파 소재)에서 해고당하면서 꼭 다시 돌아오겠다고 경고했다. 8개월뒤 돌아온 그는 구내식당에서 점심을 먹고 있던 전 상사 3명에게 "나를 해고한 대가를 보여 주겠다"며 총기를 난사하여 이들 상사 3명을 살해하고 다른 직원 2명에게 중상을 입힌 후 자살했다.

연방수사국 폭력범죄분석센터에서 연구를 통해, "모든 위협이 동일하게 취급되어서는 안 된다는 것"을 경고했다. 이 연구에서는 모든 직장에 적용될 수 있는 위협을 네 가지 범주로 분류하고 있다(p.7).

위협은 직접적, 간접적, 위장, 조건부 위협으로 분류될 수 있다.

"휴게실에 폭탄을 설치하겠다"는 것은 **직접적 위협**이다. 특정한 목표를 대상으로 특정 행동을 취할 것을 경고하고 있으며, 직설적이고 분명하며 명백한 형태로 표출된다. 반면에, **간접적 위협**의 경우 계획이나 목표대상 및 동기에 있어 직접적 위협보다 모호하다. 예를 들어 "내가 원하기만 한다면, 이 공장의 모든 사람을 죽일 수 있다"라는 식이다.

"저 상사년만 없으면 여기가 훨씬 더 잘 돌아갈 텐데 말야"라는 식의 위협은 **위장 위협**이다. 폭력행위를 강하게 암시하고 있지만 어떤 행위가 명시적으로 드러나 있지 않다. **조건부 위협**은 공갈 행위 시 주로 나타나는데, "나를 승진시켜주지 않으면, 후회하게 만들어주겠어"라는 경우처럼 어떤 요구가 수용되지 않으면 폭력을 사용하겠다는 경고이다.

누가 취약한가?

직장폭력은 어디서나 발생할 수 있으며, 누구나 그 피해자가 될 수 있다. 그러나 일부 직업군에 종사하는 자들의 취약성이 증대되고 있다. 예를 들어 고객과 금전거래를 하는 직종, 승객이나 물품을 운반하는 직종, 심야나 새벽에 소규모 또는 단독으로 업무를 수행하는 직종, 범죄율이 높은 지역이나 시민들과의 접촉이 빈번한 지역사회에서 일하는 사람들이 그러하다. 여기에는 방문간호사, 정신과 평가사, 가스나 수도 등 기반시설 종사자, 전화나 케이블 TV 설치기사, 우편배달부, 소매상 및 택시기사 등이 포함된다(*OSHA 현황 보고서*).

직장폭력 예방

예방대책에는 채용전 검증, 약물테스트, 직원교육, 어떤 폭력도 용납지 않는 "무관용 정책," 건전한 직무환경, 개방된 의사소통 및 인간적인 해고절차 등이 포함된다.

계획단계

대부분의 다른 위험과 마찬가지로, 직장폭력을 예방하는 일은 계획에서 출발한다. Rugala와 Isaac(p.19)은 다음과 같이 제안한다:

- 조직의 최상층부에서부터 직장폭력 문제에 관심을 가져야 한다. 회사의 중역층에서 이 문제에 진정으로 관심을 갖지 않는다면, 어떤 대책이든 실효성 있게 집행될 수 없다.
- 모든 경우에 통용되는 만능 전략이란 존재하지 않는다. 좋은 계획이란 직원들과 조직의 필요, 자원 및 환경에 맞춰 수립되는 것이다.
- 계획은 수동적이 아니라 선제적이어야 한다.
- 계획은 직장 문화, 업무 환경, 직원들의 상하 및 수평적 관계, 관리 스타일 등을 감안해야 한다. 직장 내 따돌림을 용인하는 분위기, 동료 및 상하 간의 신뢰 부족, 고도의 스트레스, 좌절 및 분노, 소통의 단절, 일관성 없는 규율, 내부규정의 비상식적 집행 등 유해한 환경을 초래하는 요인들은 즉시 시정되어야 한다.

- 관리자들은 직장폭력 관련 규정들을 적극적으로 직원들에게 알려야 하며 각종 위험 징후들을 민감하게 살펴야 한다.
- 계획은 결국 실천되어야 한다. 실제 혹은 잠재적 폭력사건 발생 시 의사결정권을 지닌 고위층 역시 교육을 받아야 한다.
- 재평가 및 재고를 통해 수정해야 한다. 인사나 작업환경, 업무조건 등의 변화에 맞추어 열린 자세로 계획이나 관행들을 수정해야 한다.

명확한 "無위협, 無폭력" 정책

"무위협, 무폭력" 정책은 모든 직원들 사이에 전파되어야 하며, 안전한 일터를 위해 직원들의 헌신이 필요함을 명확히 기술해야 한다. 또한 직원행동강령을 마련하여 용납되지 않는 행위들을 명확하게 규정하고 직장 내외에서 모든 형태의 폭력과 협박을 금지해야 한다. 또한 이 정책에는 모든 직원들이 폭력금지 정책에 반하는 어떠한 위반행위나 기타 직장 안전을 위협할 수 있는 상황들을 발견 즉시 보고하도록 규정해야 한다. 아울러, 위반 행위 시 해고 등 불이익 조치가 수반될 것임을 명확히 규정해야 한다. 만약 무관용이라는 용어를 사용한다면, 통일되고 기계적인 벌칙을 의미하지 않는 것이 이상적이다. 대신에 회사차원에서 어떠한 폭력이나 협박도 용인하지 않을 것이며 위반행위의 성질과 심각성 정도에 상응하는 벌칙이 부과될 것임을 의미해야 한다(*직장폭력예방 및 대처지침*, p.20).

Hershkowiz(2004, p.86)는 **무관용**이란 용어가 때때로 상황에 관계없이 무조건 해고 등 극단적인 처벌로 이어지는 금지된 행동에 대한 무관용이라 이해되고 있다고 지적한다. 이러한 획일적인 형태의 무관용은 이의제기 및 소송의 대상이 될 수 있다. 모든 사안들은 개별적으로 검토되어야 하며, 감경 사유가 있는지를 고려해야 직원들이 해당 정책을 공정하다고 수용할 수 있다. *Jones v. Potter*(2007) 사건에서 미국 연방고등법원(제6순회구)은 회사의 무관용 정책을 위반하여 동료를 구타한 미국 체신국 직원을 해고한 것과 관련된 하급심의 결정을 지지한 바 있다.

훈 련

안전한 직장 환경을 조성하기 위한 한 가지 방법은 스트레스 관리, 갈등 해소, 분쟁 관리, 약물 및 주류 위험성 교양 등에 관한 직원 훈련을 실시하는 것이다: "회사는 직원들이 위험 징후들을 인식할 수 있도록 훈련하고 예방 및 대응 절차를 마련함으로써 직장폭력 위험을 줄일 수 있다"(Gane, 2007, p.140). 뉴욕주의 공공기관 근로자 안전 및 보안법(Public Employee Safety and Security Act)에서는 모든 신입

직원이 입사하자마자 직장폭력 예방지침을 교육받고 매년 환기교육을 실시할 것을 의무화하고 있다(Edwards, 2007, p.4). 관리자급 상대로는 범죄자 신상정보, 위험직원 관리, 위험징후 및 지표, 폭력의 결과, 직장 내 역학관계, 성희롱 및 정당한 처우 등에 관해 특화된 교육을 실시해야 한다.

직원들의 불만이나 좌절을 다루는 가장 효과적인 방안 중 하나는 직원들이 자신의 고민이나 좌절을 털어 놓을 수 있는 무기명 핫라인 전화를 설치·운용하거나 직원지원프로그램(EAP)을 통해 상담 및 스트레스 관리 서비스를 제공하는 것이다(Payson and Piazza, 2007, p.95). 동료평가와 같은 중재 프로그램도 좋은 방법이다.

동료평가

많은 동료평가 프로그램은 구내식당 등 회사 내 여러 장소에 포스터나 공지문을 부착하여 직원들의 참여를 독려하는 것에서부터 시작된다(Payson and Piazza, p.95). 참여를 원하는 직원들은 효과적인 듣기, 질문하기, 중립적이고 객관적인 입장 취하기 등의 분야에서 훈련을 받게 된다. 어떠한 이유로든 부당한 취급을 받았다고 느끼는 직원은 동료평가인명부에서 무작위로 몇 명의 동료직원들을 추첨한 뒤, 일부를 선택하여 패널에 참여시킬 수 있다. 패널은 해당 사안을 청취한 후 토의를 거쳐 비밀투표를 실시하여 사안에 관한 최종 결정을 내리게 된다.

Payson과 Piazza(p.81)는 다음과 같은 예를 들고 있다. 한 식료품점 경비원은 아이들을 동반한 여성고객이 쇼핑카트를 밀고 상점내로 들어오는 데 애를 먹는 모습을 보고 도움을 주기 위해 잠시 근무지를 이탈했다. 그는 원래 카트에 실려 나오는 물품들에 계산완료 스티커가 붙어 있는지를 확인하는 업무를 담당하고 있었다. 그가 근무지로 돌아왔을 때 그의 상사가 그가 무단으로 근무지를 이탈한 것에 대해 잔뜩 화가 난 채 기다리고 있었다. 그는 고객을 도운 선행에 대해 칭찬은커녕 서면경고조치를 받았다. 이 일로 인해 그는 자신의 일에 대한 열정을 잃거나, 화가 나거나, 다른 경고를 피하기 위해 앞으로는 고객을 돕지 않고 자기 업무에만 신경 쓸 수도 있다. 이 외에도 이 사건으로 인해 몇 가지 불미스런 시나리오도 전개될 수 있었다. 그러나 그 경비원은 직장 내 동료평가 프로그램을 활용하였다. 5명으로 구성된 패널(3명의 시간제 근로자와 특별교육을 받은 직원풀에서 해당 경비원이 선정한 2명의 관리자)은 서면경고를 구두교양으로 감경했다. 해당 경비원은 이러한 결정에 만족했고, 분노와 좌절이 사라져서 다시 만족하며 일을 할 수 있었다.

그러나 동료평가 프로그램이 모든 상황에서 적절한 것은 아니다. 예컨대, 성희롱이나 차별사건의 경우, 동료평가 패널이 회사정책이나 근무규정, 근무평정성적,

급여, 승진 등에 관해 변경권한이 없기 때문에 동료평가 프로그램이 적절하지 않다(Payson and Piazza, p.95).

기타 방안들

폭력적인 보복 가능성에 직접적으로 영향을 줄 수 있는 한 가지 중요한 분야는 해고 절차이다. 자신이 왜 해고되는지 모르고 적절한 구제절차도 알지 못하는 직원들은 분노를 느끼고 그에 따라 행동할 수 있다. 만약 해고되는 직원이 불안정한 정서적·정신적 행태를 보여 위험 소지가 있다고 판단되면, 회사의 보안부서에 연락하여 건물 입구 등에 경고문을 부착해야 한다.

채용 전 검증도 직장폭력 예방을 위해 매우 효과적인 방안으로 거론된다. 최근 직장폭력을 예견할 수 있게 하는 테스트가 개발되었다. 그러나 이러한 검증절차에도 한계는 있다: "검증절차를 통해 아무런 문제가 없는 것으로 판명된 직원들도 입사 후에 이혼, 도박, 주류 및 약물중독 등의 문제에 빠질 수 있다. 이러한 문제들로 인해 멀쩡한 사람들도 내면에 잠재된 폭력적 성향이 분출될 수 있는 것이다" (Harne, 2008, p.102).

당연한 사항이지만, 회사들은 어떠한 종류의 무기도 회사 내로 반입할 수 없도록 하는 명문 규정을 두어야 한다. 보안관리자들을 상대로 한 설문조사("Newspoll: Does Your Company Prohibit Employees from Bringing Weapons to Work?," 2007, p.22) 결과, 19%의 응답자들이 자신들의 회사에 그러한 규정이 미비하다고 응답했다.

앞서 제6장에서 논의된 물리적 보안시설들도 직장에서의 안전 확보에 도움을 줄 수 있다. 즉, 감시카메라, 조명시설 증설, 경보시스템 설치, 신원확인배지나 전자키 등을 이용한 출입통제 등이 바로 그것들이다. 또한 저녁이나 심야시간대에 계산대에 최소한의 현금만 보유할 수 있도록 돈이 일정시간마다 안전하게 저장될 수 있는 금고를 설치하는 것도 좋은 방법이다.

피해야 할 것들

다음과 같은 조치들은 직장폭력을 예방하는 데 별 도움이 되지 않는다: 천편일률적 접근방식, 경직성, 문제부정, 핵심 당사자 간 의사소통 결핍, 협력 부족, 상호 비존중, 위험징후 무시, 문화 및 다양성 문제에 대한 이해 부족, 책임 전가, 안전 불감증 등이 그것이다(Rugala and Isaacs, pp.33-34). 이러한 잘못된 관행들은 즉시 수정되어야 한다.

발생한 폭력사안 다루기

고용주들은 직장폭력 대응프로그램을 개발하고 기존의 사고대응프로그램, 직원 교양핸드북, 업무매뉴얼에 그 내용을 포함시켜야 한다. 모든 직원들은 직장폭력 관련 규정을 숙지하고 직장폭력 사건신고 시 즉시 조사 및 시정조치가 뒤따르게 된다는 사실을 알고 있어야 한다(*OSHA 현황 보고서*). 동료 간 협박 사건을 다루는 경우, 관리자들은 피고인 측의 권리와 고용주의 의무 사이에서 균형감을 유지해야 한다. 아울러, 고용주들은 아래와 같은 조치를 행할 수 있다:

- 직원들이 직장폭력을 당하거나 목격했을 때 무엇을 해야 하고 어떻게 스스로를 보호할 수 있는지에 대한 안전교육 실시
- 현장 직원들에게 휴대폰, 휴대경보기 등을 소지시키고 일일업무계획을 준비하도록 요구하며, 근무 중 자신들의 위치를 사내 연락담당 직원에게 알리도록 요구
- 관용차량 철저 관리
- 직원들에게 안전하지 않다고 생각되는 장소에는 들어가지 않도록 교육
- "단짝(buddy) 시스템"을 도입하거나 위험한 상황이나 야간에 에스코트 서비스나 경찰의 도움을 제공(*OSHA 현황 보고서*).

보안업 종사자들은 직장폭력 취급방법을 교육받은 협박 및 사건관리팀을 운영할 수도 있다. 이러한 팀에는 최소한 세 가지 요소가 구비되어야 한다: 보안, 인력 및 법적 자문이다. 이 팀의 책무는 부상당한 직원과 외상을 입은 주변직원을 돕고 상담 서비스를 제공하는 일이다.

폭력사건이 발생하는 경우에 대비하여, 사전에 특정 임무를 명확히 규정해 두어야 한다. 직원 및 고객과의 의사소통이 개방되어 있어야 한다. 정확히 어떤 일이 있었는지, 조사 중인 사건의 원인은 무엇인지, 필요한 시정조치는 무엇인지가 분명히 기록되어야 한다. 그림 12.3은 ASIS가 제시한 사건관리절차를 보여 주고 있다.

가정폭력이 직장안전에 미치는 영향

민간 회사의 이사나 관리자급 인사들은 직원들의 가정에서 배우자에 의한 폭력이 그들의 건강과 안전에 미치는 영향에 대해 전혀 고려하고 있지 않다. 인식부족, 거부, 당황, 사생활, 피해자 탓하기, 학대받는 여성을 통한 자기인식, 변화에 대한

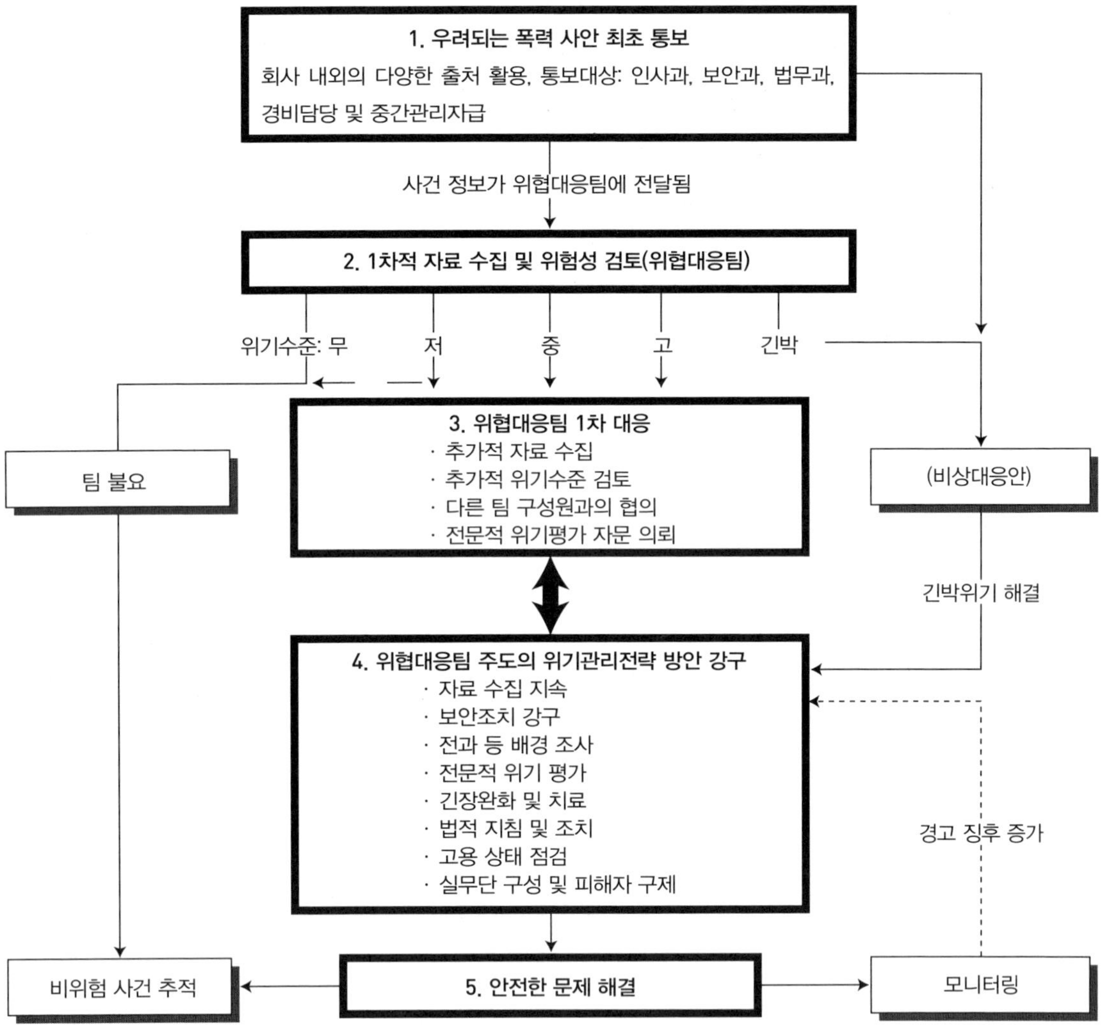

그림 12.3 사건관리 절차도

출처: From *Workplace Violence Prevention and Response Guidelines*(Alexandria, VA: American Society for Industrial Security, 2005) p.27. Reprinted with the written permission of ASIS International, Alexandria, VA.

두려움, 학대받는 여성을 돕는 것에 대한 남자직원들의 곱지 않은 시선, 회사 이미지 하락 등의 이유가 가정폭력 피해를 당하고 있는 직원들을 이해하고 돕는 것을 가로막고 있다.

직원지원전문가들을 상대로 한 설문조사 결과 대다수가 가정폭력 사례(접근금지명령 위반, 직장 내 스토킹)를 다룬 적이 있다고 응답했다. 직장폭력에 대한 일반적

규정은 마련되어 있으나, 가정폭력을 다루고 있는 경우는 거의 없다. 일부 대기업의 경우, 직원지원 담당자들은 유급휴가, 병가 및 단기장애 등 가정폭력으로 인해 피해를 입은 직원들을 돕는 프로그램을 활용하고 있다.

이러한 가정폭력의 유형을 보면 직원에게 장난 전화를 한다거나 배우자가 직장까지 쫓아와서 난동을 피운다거나 심지어 살인까지 저지르는 경우도 있다. 점점 더 많은 회사들이 가정폭력 문제를 인지하고 그 예방책을 강구하기 시작했다. 학교폭력 역시 직장폭력과 밀접하게 관련되어 있는 문제이다.

학교폭력

학교폭력을 언급할 때면 떠오르는 도시들이 있다. 펄(미시시피주), 스프링필드(오레곤주), 리치몬드(버지니아주), 리틀턴(콜로라도주), 레드레이크(미네소타주) 등은 전 미국을 경악케 했던 폭력 사건이 발생했던 곳이다. 최근에는 버지니아 공대에서 총기난사 사건이 발생했다. 그러나 이들 사건은 빙산의 일각에 불과하다. 매일 약 100,000에서 250,000정의 총이 학교로 반입되고 있다.

학교 범죄 및 안전 지표(*Indicators of School Crime and Safety*) 2007 보고서에 따르면 2005년 7월 1일부터 2006년 6월 30일까지 5세에서 18세 학생 35명이 학교폭력 사건으로 목숨을 잃었다. 또한 2005년에는 12세에서 18세 학생의 약 6%가 학교에서 공격을 당하거나 해를 입을까 걱정된다고 대답했다. 특히 흑인이나 히스패닉계 학생들이 백인 학생들보다 더욱 안전에 대한 두려움을 갖고 있었다.

폭력행위의 조기 경고 징후들

학교폭력행위를 예고하는 징후들에는 폭행피해자 되기, 따돌림당하고 있는 느낌, 저조한 학교 성적, 참을 수 없는 분노감, 징계전력, 약물 및 주류 접촉 등이 있다(*Early Warning, Timely Response*, 1998, pp.8-12). 이 책(p.11)에는 폭력이 임박했음을 알리는 다음과 같은 징후들을 제시하고 있다: 동료 또는 가족과 심각한 몸싸움, 학교시설 파괴, 사소한 이유로 인한 격노, 총기 및 기타 무기의 소지 및 사용, 자해행위 및 자살협박 등이다. 학교폭력으로 인한 사망 사건과 관련하여 가장 이목을 끄는 것은 총기난사 사건이다.

학교 내 총기사고

O'Toole(p.10)은 협박을 한 사람과 그 협박을 실제로 행할 가능성을 평가하도록

고안된 혁신적인 모델을 제시하였다.

연방수사국의 4중 위협평가에서는 "모든 상황을 아우를 수 있도록" 네 가지 주요 분야에 대한 평가를 실시한다: (1) 협박하는 사람의 개인적 특성, (2) 가정 내 역학관계, (3) 직장(또는 학교) 내 역학관계 및 당사자의 역할, (4) 사회적 역학관계이다.

성격적 특성 및 행동 전술한 바와 같이 폭력과 관련이 있는 첫 번째 행위는 누출이다. 폭력을 행하는 사람들은 일반적으로 "한 순간에 갑자기" 폭력적으로 변하는 것이 아니라 많은 징후들을 노출하며 서서히 변해간다(O'Toole). 경비원, 고용주, 학교의 경우 교사의 업무는 이러한 누출을 해석하고 당사자가 실제로 다른 사람에게 위협을 주고 있는지 아니면 단지 기분이 안 좋아서 화가 많이 나 있는 것인지를 정확하게 평가하는 일이다.

누출 이외에도 좌절에 대한 인내심 부족, 문제대처 기술 저하, 융통성 부족, 실연, "부당한 처우 수집(injustice collector)," 우울증, 자아도취, 소외감, 타인에 대한 인격모독, 동정심 결핍, 과도한 자존심, 우월감, 주목 받고 싶어하기, 남 탓하기, 자존심 저하, 분노관리 실패, 썰렁한 유머, 폐쇄적 동료관계, 행동의 변화, 폭력에 대한 갑작스런 관심, 폭력물에 대한 심취, 부정적 역할 모델, 기타 협박을 실행에 옮길 것과 관련된 행동들도 폭력과 관련이 있는 개인적 특성이다(O'Toole, pp.17-21). 그러나 여기에 열거된 특성들은 폭력을 사전에 예상케 하는 체크리스트라기보다는 누군가 협박을 하면 그 협박을 평가한 이후에나 고려해야 하는 사항들이다: "각각의 특성들을 따로따로 고려하거나 어느 하나에 다른 요인보다 가중치를 부여해야 하는 것은 아니다.… 행동을 통해 개인적 특성이 표출되긴 하지만, 어떤 사람의 일진이 유난히 사나운 날에 한 행동들을 통해 개인의 실제 성격이나 일반적인 행동 패턴을 알아내기는 어렵다"(O'Toole, p.15).

가족 내 역학관계 가족 및 폭력적 행위와 관련된 요인에는 안정적이지 못한 가족관계, 병적 행동 묵과하기, 무기 소지, 친밀감 부족 등이 포함된다.

직장 내 역학관계 O'Toole(p.22)에 따르면: "직장에서 폭력사건이 발생한 경우, 그것은 곧 범죄현장이 된다. 여기서 고려해야 할 사항은 직장만족도, 불손한 행동에 대한 관용, 불공평한 규율, 경직된 문화, 직원 간 서열 등이다." 학교폭력의 경우, 학교 환경이 직장 환경과 마찬가지의 지위를 갖는다.

사회적 역학관계 O'Toole(p.13)에 따르면 "사회적 역학관계"란 "직원들이 거주하는 지역사회에 존재하는 행동양식, 사고, 믿음체계, 전통 및 역할"을 의미한다. 여기서 고려해야 할 사항은 동료집단, 마약 및 주류, 그리고 외적 관심사이다.

직장폭력으로서의 학교폭력

학교폭력은 전반적으로 직장폭력과 많은 속성들을 공유하고 있다. 사실 학교 직원들에게 있어 학교폭력이란 곧 직장폭력과 같다. 비록 때때로 "직장"이라고 여겨지진 않지만, 수천 명의 교사, 교직원 및 경비원들이 학교에서 일하고 있다.

직장폭력과 학교폭력의 공통된 특성에는 폭력행위자의 특성, 대상, 경고징후, 폭력의 수단과 경로 등이 포함된다.

효과적인 학교 안전

효과적인 학교 안전 유지를 위해서는 4중 접근방식이 요구된다: (1) 학교, 법집행기관, 보안업체 간의 협력관계, (2) 따르지 않을 때 처벌이 수반되는 행위에 대한 명확한 정책, (3) 보안절차 및 기술, (4) 위기관리 계획이다. 첫 두 접근방식은 자명해 보인다.

안전절차와 기술 학교를 보다 안전하게 만들 수 있는 기술에는 원격감시시설, 위성지리정보시스템, 버츄얼 관람, 휴대폰, 생물측정학, 최신무기감지시스템 등이 있다.

뉴저지주 학교들은 보안 강화를 위해 동공인식프로그램을 활용하고 있다. T-Pass(Teacher-Parent Authorization Security System)라 불리는 이 시스템은 학교에 출입이 사전에 허가된 사람을 판별하기 위해 눈을 스캔하는 카메라와 컴퓨터단말기를 연결시킨 구조로 되어 있다(Cohn). 동공 스캐너를 거쳐 학교에 들어오는 사람을 인식한 9,400여회 이상의 경우에 있어, 단 한 번의 오작동이나 오인식이 발생하지 않았다. 이러한 시스템을 통해 교사와 교직원들이 학교에서 더욱 안전하다고 느끼게 된 사실이 중요하다. 그러나 이 시스템의 한 가지 허점이라면, 동공 인식을 통해 학교 출입이 허가된 사람이 문을 열어 줄 경우 그렇지 않은 사람도 동공 스캐닝 없이 학교로 들어올 수는 있다는 점이다.

위기대응계획 학교 안전을 증진시킬 수 있는 또 다른 방안은 위기상황(내부인 혹은 외부인에 의한 폭력사건)이 발생할 경우를 대비한 비상계획이다. 이러한 비상계획은 개별 학교의 고유한 실정에 맞도록 신중하게 설계되어야 한다. 아울러, 교직원 및 학생들이 이러한 계획을 잘 숙지하고 유사시 실행에 옮길 수 있어야 한다.

테러리스트의 학교 점거에 대한 대비

"가까운 장래에 미국의 교외 지역에 있는 학교에서 이슬람 테러분자에 의한 학생 인질극이 벌어질 것이다. 이러한 사건이 실제로 발생하기 전에, 지금 당장 보안요원들은 이러한 테러에 대응할 수 있도록 훈련하고 준비해야 한다"(Giduck, 2006, p.29). Giduck은 지역사회 내 모든 학교의 지도, 청사진, 배선도, 단면도, 내부시설 동영상 자료를 수집해야 한다고 제언한다. 그는 학교에서 무장한 테러리스트가 수백 명의 학생들을 인질로 잡고 있는 상황은 노련한 보안요원에게도 당혹스런 경험일 수 있다고 지적한다. 이러한 상황에 대비하기 위해, 보안요원들은 실제 상황을 가정한 모의 훈련을 해야 한다.

법적 문제들

몇 가지 법적 문제들이 직장폭력과 관련되어 있다. 관련법은 고용주 및 기타 직장폭력 예방을 담당하는 사람들에게 상충되는 의무를 지우고 있다(Rugala and Isaacs, p.47). 즉, 한편으론 고용주들은 직원들의 안녕과 안전을 보장할 다양한 법적 책무를 지니고 있다. 직업안전 관련법은 폭력으로부터의 안전을 포함한 안전한 직장을 유지할 일반적 의무를 부과하고 있다. 이 장의 서두에서 언급한 바와 같이, 직업안전 및 건강에 관한 법률(Occupational Safety and Health Act)의 "일반적 의무 조항"은 고용주들이 직장을 "인지된 위험이 없는" 곳으로 만들어야 한다고 규정하고 있다. 근로자보상법 역시 고용주들이 직원들의 업무 관련 상해에 책임을 져야 한다고 규정하고 있다. 또한 시민권법에 따르면, 고용주는 직원들을 협박이나 폭력 등 다양한 형태의 괴롭힘으로부터 보호해야 한다고 규정하고 있다.

고용주는 직장폭력 사건이 발생 시 몇 가지 이유에 근거하여 민사적 책임을 지게 된다. 즉, 채용절차에서 과실은 없었는지, 위험한 직원을 잘 관리하였는지, 적절한 감독 및 훈련을 실시했는지 등이다.

동시에 고용주들은 정당한 절차 및 기타 직원들의 권리를 잘 보호해야 한다. 사생활보호법, 차별금지법 등으로 인해 고용주들이 근무하는 직원이나 미래의 직원들의 배경을 확인하는 일이 제약을 받고 있다. 부당해고에 따른 소송 부담으로 인해 설사 어떤 직원이 위험하다는 증거가 있는 경우라도 그 직원을 해고하기를 꺼려하는 회사도 있다. 설사 해고를 강행한다 해도 길고 어려운 과정이 될 가능성이 높다. 직원권리와 직장안전 문제는 직원들이 직을 유지하기 위한 조건으로 의무적인 상담이나 치료를 받아야 하는지, 받아야 한다면 언제 받아야 하는지와 같은 문제와도 충돌한다.

심지어 장애인법 역시 폭력적인 직원들을 다루는 데 있어 때때로 장애물이 되기도 한다. 예를 들어, *Gambini v. Total Renal Care*사(2007) 사건에서 연방 고등법원은 고용주가 폭력적 행위를 한 여직원을 해고한 것이 부당하다고 판시하면서, 그 이유를 그러한 폭력적인 행위가 장애로 인한 것이었기 때문이라고 지적하였다. 이러한 판결은 비록 장애가 있는 직원이라도 직장폭력만큼은 용인되어서는 안 된다던 이전 판례와 충돌되는 것이다(Anderson, 2007, p.86).

한 가지 특히 어려운 문제는 과거 직장폭력 등 문제성 행위를 한 전력이 있는 직원들에 관한 정보를 배포하는 데 제한이 있다는 사실이다. 이러한 제약으로 인해 고용주들은 채용 전 단계에서 위험성 높은 직원을 배제한다거나 폭력 사건이 발생한 경우 위협평가 시 꼭 필요한 관련 정보를 입수하기가 어려워진다. 예를 들어, 개별 기관마다 규정상 다소 차이가 있긴 하지만, 일반적으로 회사들은 근무 중인 직원이나 입사지원자에게 폭력 전과가 있다 하더라도 다른 직원들에게 이러한 사실을 알리거나 공개할 수 없도록 되어 있다. 마찬가지로, 비밀보호규정으로 인해 폭력 행위에 영향을 줄 수 있는 의료기록이나 정신 병력을 입수할 수 없다.

이러한 딜레마들은 법적 시스템 내에 존재하는 두 가지 목표, 즉, 개인적 권리의 보호와 동시에 공동선 보호라는 목표들 사이의 내재적 충돌 관계를 방증한다. 다른 모든 법 분야에 있어서와 마찬가지로, 직장안전법 역시 이러한 두 가지 목표 사이에서 균형을 잘 유지해야 한다. 적법절차와 개인의 권리 보호, 또는 안전유지 조치 및 폭력방지 정책과 적절한 사생활 보호 사이에서 균형감을 유지할 필요에 대해 이의를 제기할 사람은 없을 것이다.

요 약

- 1914년 미국 연방정부는 일부 약물의 판매 및 사용을 불법으로 규정하는 Harrison Narcotics Act를 통과시켰다.
- 직장에서 흔히 사용되는 마약은 술, 대마초, 코카인(순화 혹은 정제된 것을 코나 입으로 흡입)이다.
- 길에서 가장 흔히 발견되거나 사용자가 소지하고 있는 약물은 헤로인, 아편, 몰핀, 코데인, 코카인, 정제코카인, 대마초이다.
- 대마초는 미국에서 가장 구하기 쉽고 많이 남용되는 불법 약물이다.
- 다양한 마약 및 기타 위험 약물의 공통적 효과: (1) 향정신작용, (2) 신체적·정신적 중독 유발, (3) 과다 복용 시 경련 또는 사망 초래
- 폭력의 원인으로는 총기, 마약, 술에 대한 용이한 접근성; 폭력 불감증; 가정과 지역사회의 해체; 사회적, 경제적 박탈; 폭력적인 가정환경에서 성장한 아이들의 증가 등을 들 수 있다.
- 매년 2백만 명 이상의 사람들이 직장에서 폭력의 피해자가 되고 있다(미 법무부 사법통계국).
- 흔히 거론되는 직장폭력의 발생요인에는 감원에 따른 실직, 열악한 업무환경, 총기소지의 용이, 부당한 대우에 대한 개인적 분노나 원망, 높은 스트레스, 약물 중독, 정신적 질환 등이 있다.
- 전형적인 직장 내 폭력 행위자는 불만에 가득 찬 중년 백인으로서 직장에서 외톨이이거나 독불장군 스타일이고, 해고된 적이 있거나 해고될 예정인 사람이며, 총기 사용을 열렬히 지지하는 사람들이다.
- 폭력행위가 임박했음을 알리는 징후에는 폭력적 행각들의 "누출," 우울증, 편집증, 기이한 행동, 동료에 대한 병적 집착이나 협박 등이 있다.
- 대부분의 폭력적인 사람들은 실제 행위를 저지르기 몇 달이나 몇 주 전에 자신들의 감정과 의도를 "누출"한다. 이러한 메시지를 간과해서는 안 된다.
- 협박은 직접적, 간접적, 위장, 조건부 협박으로 분류될 수 있다.
- 연방수사국의 4중 위협평가에서는 "모든 상황을 아우를 수 있도록" 네 가지 주요 분야에 대한 평가를 실시한다: (1) 협박하는 사람의 개인적 특성, (2) 가정 내 역학관계, (3) 직장(또는 학교) 내 역학관계 및 당사자의 역할, (4) 사회적 역학관계이다.
- 직장폭력과 학교폭력의 공통된 특성에는 폭력행위자의 특성, 대상, 경고징후, 폭력의 수단과 경로 등이 포함된다.

응 용

당신은 Gopher사의 보안직원이다. 상사는 당신이 보안요원으로 근무하는 공장에서 사진이 부착된 신분증을 제시한 직원들만 출입을 허용하라는 지시를 받았다.

Keith Wilson은 당신에게 일견 유효한 것으로 보이는 신임장을 제시하고 공장 안으로 들어왔다. 그러나 그가 신임장을 주머니에 집어넣는 과정에서 당신은 그가 무기를 몰래 소지하고 있는 것을 발견하였다. 주변에 다른 사람은 아무도 없었으며, 당신은 순간 당황하였다. 그러나 뭔가 조치를 취해야 한다

는 느낌을 받았다. 여기에 몇 가지 대안이 있다. 이 상황에서 가장 적절하다고 여겨지는 것은 무엇인가?

1. Keith Wilson을 제지하고 무기를 내 놓으라고 요구한다.
2. 경찰에 신고하여 경찰이 무기를 압수하도록 한다.
3. 이러한 상황에서 어떻게 행동해야 하는지 교양이나 훈련을 받은 적이 없으므로 그냥 아무 조치도 취하지 않는다.
4. 상사에게 알린다.
5. 회사 관리자에게 알린다.

논의 사항

1. 당신은 정서적으로 매우 긴장해야 하는 구역에 근무하는 보안요원들이 직원들의 안전을 위하여 선제적인 조치를 취해야 한다고 생각하는가?
2. 최근 아이오와 주립대학의 박사과정에 재학 중인 학생이 소중하게 간직해 오던 우수논문상을 분실하였다. 이후 그는 5명을 사살하였는데, 사건 직전에 총이 "위대한 불평등 시정 도구"라고 언급하였다. 이처럼 감정을 표현하기 위해 극단적인 폭력을 행사하는 사람들에게 당신은 어떤 조언을 해 주겠는가?
3. 당신이 재학했던 고등학교에서 폭력이 문제시되었는가? 그렇다면 가장 중요한 문제가 무엇이었는가?
4. 당신은 마약과 관련된 관문 이론이나 디딤돌 이론이 타당하다고 생각하는가?
5. 당신이 사는 도시나 주에서 직장 내 폭력 사건이 발생한 적이 있는가?

참고문헌

Alcohol Alert Newsletter. Online, 2007.

Alcohol and the Workplace. IAS Factsheet. Institute of Alcohol Studies, Cambs, England, July 15, 2007.

Anderson, Teresa. "U.S. Judicial Decisions." *Security Management*, July 2007, 86-87.

Bennett, Wayne W. and Hess, Kären M. *Criminal Investigation*, 8th edition. Belmont, CA: Wadsworth Publishing Company, 2007.

Burke, John. "Prescription Drug Diversion." *Law Enforcement Technology*, May 2004, pp.16-21.

Caulkins, Jonathan P.; Reuter, Peter; Iguchi, Martin Y.; and Chiesa, James. *How Goes the "War on Drugs"? An Assessment of U.S. Drug Problems and Policy.* The Rand Corporation, 2005.

Ceniceros, Roberto. "Trends in Workplace Violence Mixed." *Business Insurance*, October 4, 2006.

Cities without Drugs. The "Major Cities" Guide to Reducing Substance Abuse in Your Community. Washington, DC: Office of National Drug Control Policy, November 2005.

Cohn, Jeffrey P. "Keeping an Eye on School Security: The Iris Recognition Project in New Jersey." *NIJ Journal*, July 2006.

Cormier, Anthony. "Spike in Violent Crime Creates Fears for Future." *Herald Tribune* (Southwest Florida), January 23, 2007.

DEA Web site, www.dea.gov.

Early Warning, Timely Response: A Guide to Safe Schools. Washington, DC: U.S. Department of Education, April 1998.

The Economic Costs of Drug Abuse in the United States, 1992-2002. Washington, DC: Office of National Drug Control Policy, 2006.

Edwards, Al. "New Video Highlights Workplace Violence Prevention." *Security Director News*, June 2007, p.4.

Eggen, Dan. "Violent Crime Is Up for 2nd Straight Year: Biggest Cities Showed Largest Increase." *Washington Post*, December 19, 2006, p.A01.

Federal Bureau of Investigation, 2006. www.fbi.gov.

Gane, Scott R. "Avoiding Violent Outcomes." *Security Management*, June 2007, pp.138-140.

Garrett, Ronnie. "Part I: Pill Pushers on the 'Net.' " *Law Enforcement Technology*, August 2006, pp.72-81.

Giduck, John. "Responding to School Sieges." *Police*, September 2006, pp.28-34.

Harne, Eric. "Terminations and Violence." *Security Management*, February 2008, p.102.

Hershkowitz, Ronald M. "Zero Tolerance Equals Trouble." *Security Management*, 2004, pp.83-88.

Indicators of School Crime and Safety: 2006. Washington, DC: National Center for Education Statistics, 2007, pp.12-17.

Irvin, Martha and Me Hoang, Francis Q. "Preplanning for School Violence." *Law and Order*, December 2007, pp.107-109.

Katel, Peter. "War on Drugs." *CQ Researcher Online*, June 2, 2006.

National Drug Control Strategy 2008. Washington, DC: The White House, February 2008.

National Drug Threat Assessment 2007. Washington, DC: National Drug Intelligence Center, October 2007. http://www .usdoj.gov/ndic/products.htm

"Newspoll: Does Your Company Prohibit Employees from Bringing Weapons to Work?" *Security Director News*, December 2007, p.22.

"Newspoll: What Is Your Biggest Security Fear for Your Organization in 2006?" *Security Director News*, December 2005, p.23.

OSHA Fact Sheet. Washington, DC: Occupational Safety and Health Administration.

O'Toole, Mary Ellen. *The School Shooter: A Threat Assessment Perspective*. Washington, DC: Federal Bureau of Investigation, no date.

Payson, Martin F. and Piazza, Peter. "Peer Reviews Yield Results." *Security Management*, May 2007, pp.81-96.

Pulse Check: Trends in Drug Abuse. Washington, DC: Office of National Drug Control Policy, January 2004. (NCJ 201398)

Rudewicz, Frank E. "The Road to Rage." *Security Management*, 2004, pp.41-49.

Rugala, Eugene A. and Isaacs, Arnold R. *Workplace Violence: Issues in Response*. Washington, DC: Federal Bureau of Investigation, no date.

Ryan, Jason. "FBI Stats Show Spike in Violent Crime." *ABC News*, December 18, 2006.

Thomas, Pierre; Date, Jack; and Ryan, Jason. "Startling New Stats Show Cross-Country Crime Spike." *ABC News*, October 12, 2006.

Violence in the Workplace–An Updated Analysis. National Council on Compensation Insurance, September 2006.

Violence: Prevention, Management and Survival (VPS). National Association of Safety Professionals, 2007.

Walters, John P. "Foreword." *Cities without Drugs. The "Major Cities" Guide to Reducing Substance Abuse in Your Community.* Washington, DC: Office of National Drug Control Policy, November 2005.

Wexler, Chuck. "Foreword." *Chief Concerns: A Gathering Storm–Violent Crime in America*. Washington, DC: Police Executive Research Forum, 2006a, pp.i-ii.

Wexler, Chuck. "Violent Crime Up Nationwide." *Subject to Debate*, March 2006b, p.2.

Workplace Violence Prevention and Response Guidelines. Alexandria, VA: American Society for Industrial Security, 2005.

Wuestewald, Todd. "Enlisting Community Help in the Investigation of Methamphetamine Laboratories." *The Police Chief*, March 2005, pp.34-37.

Cases Cited

Gambini v. Total Renal Care, Inc., U.S. Court of Appeals for the Ninth Circuit, No. 05.35209 (2007).

Jones v. Potter, U.S. Court of Appeals for the Sixth Circuit, No. 06.3845 (2007).

Largo Corp. v. Crespin, 727 P.2d 1098 (Colo. 1986).

Chapter 13

테러리즘과 국토안보책무

학습할 내용

- 국토안보와 관련된 보안요원의 책무는 무엇인가?
- 테러리즘의 개념
- 테러리즘의 3요소
- 9·11테러의 결과 설립된 연방기구는 무엇인가?
- 대테러를 담당하는 주요 연방기관들은 무엇인가?
- 미연방범죄수사국은 테러활동을 어떻게 분류하는가?
- 어떤 테러조직이 미국 내에서 활동 중인가?
- 알카에다 테러 공격의 3단계 모델은 어떻게 구성되어 있는가?
- 테러공격의 동기는 주로 무엇인가?
- 테러리스트들이 사용가능한 수법은 무엇인가?
- 군사화된 테러공격이 취하는 두 가지 형태는 무엇인가?
- 현재 "테러와의 전쟁"과 관련된 두 가지 우려사항은 무엇인가?

개념정의

비대칭적 전쟁	상호운용가능성	생물학적 테러
잠복요원	지하드	추정적 언어
테러리즘	통합센터	

도 입

"테러리즘은 가장 오래된 갈등형태의 하나이다. 그 수단과 목적은 시간에 따라 변화할지라도, 공포, 공황, 폭력 및 혼란을 활용하는 전략은 변하지 않았다" (Sanow, 2002, p.5). 미국은 항상 국내외적 테러공격을 경험해 왔다: KKK단(the Ku Klux Klan), 유나바머(the Unabomber), 1993년 세계무역센터공격, 1995년 오클라호마 폭탄테러, 그리고 2001년 9·11테러 등이다.

미 연방범죄수사국과 관세청은 테리리즘을 최우선 업무사항으로 다뤄왔다. 그러나 양 기관만의 힘으로는 테러와의 전쟁에서 이길 수 없다: "9·11테러 이후, 법집행기관과 민간보안업체들의 파트너십이 테러를 예방하고 대처하는 데 매우 중요해졌다. 지방 법집행기관이 통상 기반시설과 관련된 위협정보를 다루고 있기는 하지만, 민간부문이 국가 기반시설의 85%를 소유·보호하고 있기 때문에, 법집행기관과 민간보안산업간 파트너십을 통해 핵심적인 정보를 필요로 하는 사람에게 정보를 제공해 줄 수 있다. 따라서, 국가 기반시설을 효과적으로 보호하기 위해 양 부문의 긴밀한 협력이 필수적이다”(Morabito and Greenberg, 2005, p.vii).

미국 산업보안협회의 *위협대처 가이드라인*(*Threat Advisory System Response Guideline*)에 따르면, “민간 기업과 산업은 재화와 서비스의 주요 공급자이자 약 85%에 달하는 국가 기반시설의 소유자로서 국내사건의 물리적 영향과 경제적 비용을 완화하는 데 중요한 보조자 역할을 수행한다. 공공-민간부문의 파트너십은 테러에 대응하기 위한 국가전략과 기반의 핵심적 요소이다.” 이러한 파트너십의 중요성은 제3장에서 중점적으로 다루었다.

대학학부과정에 국토안보전공이 신설된 것은 국토안보의 중요성을 방증한다. 2006년 리치몬드 소재 Virginia Commonwealth대학은 미국 내 최초로 국토안보 및 위기대응 전공자들에게 학사학위를 수여했다(Straw, 2007c, p.34). 이 분야의 대학원 과정 역시 전국에 걸쳐 신설되고 있다. 민간보안이 실질적으로 국가안보에 있어 핵심적인 분야가 된 것이다.

민간보안요원의 국토안보 관련 책무

- 적을 알고 항상 경계심을 갖는 것
- 테러 공격을 예방하기 위한 모든 가능한 조치를 취할 것
- 교육과 훈련을 통해 발생 가능한 테러 공격에 대해 만반의 준비를 갖출 것
- 테러공격에 신속히 대응할 것
- 테러공격에 대한 조사

Note: “국토안보”는 자연재해 및 인재로부터의 보호를 아우르는 개념이지만, 이 장의 초점은 인재, 그중에서도 테러위협으로부터의 보호에 맞추어져 있다. (자연재해에 대한 민간부문의 대응에 대해서는 제8장에서 다루었다.)

민간보안업 종사자들은 적, 즉 테러리스트를 이해하는 것이 가장 중요하다. 따라서 이 장에서는 주로 테러리스트들이 누구이며, 그들의 동기와 활동방식을 논의할 것이다. 우선 테러리즘의 개념과 1세기부터 9·11테러 시점까지의 간략한 역사에 대해 살펴본다. 이어서 비대칭적 전쟁이라 불리는 새로운 유형의 테러리즘을 설명하고 그 위험성을 살펴본다. 테러리즘을 국내적, 국제적, 그리고 양자 통합적인 유형으로 분류하는 것도 논의한다. 다음으로 적을 아는 것의 중요성을 논의하면서 알카에다 소속 테러리스트들이 이수하는 훈련도 살펴본다. 또한 테러리즘의 다양한 동기와 빈번하게 사용되는 테러방법 등을 설명한다. 테러방지를 위한 노력과 발

생한 테러에 대한 대응 및 수사기법도 논의할 것이다. 마지막으로 테러와의 전쟁과 관련된 두 가지 우려점, 즉 시민적 자유의 후퇴와 중동계 시민에 대한 보복 위험에 대해 간략히 살펴볼 것이다.

테러리즘의 정의

테러리즘에 관하여 보편적으로 받아들여지는 정의는 없다. 테러연구센터(Terrorism Research Center)에서 언급한 대로 "어느 한 사람에게는 테러리스트일지 모르지만 다른 사람에게는 자유수호자일 수 있는 것이다." 이 센터는 **테러리즘**을 "위협, 강압, 또는 몸값요구의 목적으로 미국 형법에 위반하여 행해지는 사람이나 재산에 대한 물리력 또는 폭력의 행사"라고 정의한다. 연방수사국(FBI)도 비슷한 개념을 사용한다. 즉, "테러리즘은 사람이나 재산에 대해 불법적으로 물리력 또는 폭력을 행사하여 정부, 시민을 위협 또는 강압함으로써 정치적 또는 사회적 목표를 증진코자 하는 것"으로 정의한다. 미연방법 제22편(Foreign relations and intercourse)에서는 테러리즘이 "국가 내 조직이나 비밀행위자들이 비전투원(non-combatant)에 대해 행하는 사전에 계획된 정치적 동기에 의한 폭력으로서 종종 추종자들을 감화시키기 위한 목적으로 행해진다"라고 정의한다. James Poland는 보다 생생한 정의를 내린 바 있다: "테러리즘은 무고한 사람들을 대상으로 저질러지는 미리 계획된 치밀하며 체계적인 살인, 상해, 협박으로서 정치적 또는 전술적 우위를 점하기 위해 공포와 위압감을 조성하는 것이다."

테러리즘에 대한 정의들은 대부분 실제적 혹은 협박된 물리적 폭력의 체계적 행사, 비전투원 대상, 종교적·정치적 혹은 사회적 변화를 위한 공포분위기 조성이라는 요소를 포함한다.

테러리즘의 간략한 연대기

테러리즘은 최소한 1세기로 거슬러 올라간다. 유대인인 Zealots는 로마의 현 이스라엘 점령에 대항하여 싸웠다. 이후 18세기에 이르기까지 대부분의 테러활동은 종교적 믿음에 근거한 것이었다. 테러리즘이라는 단어는 프랑스 혁명(1789-1799) 기간 중 처음 생겨났다. 당시 프랑스에서 집권한 혁명단원들은 적들에 대해 폭력을 사용하였고, 그들의 통치기간은 공포의 통치(Reign of Terror)라고 일컬어졌다.

19세기 동안, 그리고 이후 20세기에 이르기까지 테러활동은 정치적 원인에 기반을 두었다. 1930년대 독일의 히틀러와 이탈리아의 무솔리니, 그리고 소련의 스탈린은 각각 자신의 정부에 대한 반대를 억압하기 위해 테러리즘을 사용했다. 1945년 아랍국가들과 이스라엘의 분쟁의 결과 중동 전역에 걸쳐 테러리즘이 만연하게 되었다. 1960년 이후 팔레스타인 단체들은 독립국가 수립을 위해 테러활동을 벌여왔다: "테러리즘의 현대기, 즉 요즘 우리가 알고 있는 테러리즘은 1960년대에 시작되었다.…전 세계적으로 1968년부터 1999년까지 14,000여 건의 테러공격이 있었고 이로 인해 10,000여 명이 사망했다"(Van Etten, 2004, p.31).

테러리즘의 세 가지 요소: (1) 본질적으로 범죄행위이고, (2) 통상 대상이 상징적이며, (3) 항상 공격적이고 폭력적이다.

미국에서는 1800년대 후반부터 1900년대 기간 중 KKK단이 흑인과 그들의 동조자를 위협하기 위해 폭력을 사용했다. 1978년부터 1995년까지 유나바머(unabomber)라고 알려진 무정부주의자 및 테러리스트 조직은 수제폭탄을 발송하거나 설치하는 방식을 사용하였는데, 이로 인해 3명이 사망하고 23명이 다쳤다. 1996년에 체포된 Theodore Kaczynski는 급진적 환경론자와 산업화 및 기술의 영향에 반대하는 자들에 대한 충성을 주장하며 대학교수, 컴퓨터 전문가 및 기업의 중역들을 테러의 목표로 삼았다.

미국이 이스라엘을 지원한 결과, 팔레스타인 과격론자와 지지자들은 미국인을 상대로 수 차례 테러행위를 벌였다. 1983년 레바논 베이루트 소재 미국대사관과 해병대 막사에 대한 자살폭탄테러로 약 300명(대부분 미국인)이 사망하였다. 1988년에는 Pan American 항공 103편이 스코틀랜드 상공에서 피격당하여 승객 259명(미국인 189명)이 사망하였다. 두 사건 모두 리비아 테러리스트의 소행으로 추후 밝혀졌는데, 한 사람은 259명의 승객과 승무원 살인에 대해 유죄로, 다른 한 피의자는 증거불충분으로 결론지어졌다.

1980년대 후반 동물해방전선(Animal Liberation Front)은 캘리포니아(데이비스), 애리조나(투싼), 텍사스(루복) 등지에서 방화를 통한 테러활동을 전개하였다. 1990년에는 Popular Liberation Party가 푸에르토리코에서 방화와 폭탄을 사용하였다. 1993년 이슬람 과격파는 농업비료로 만든 천연폭탄(crude bomb)을 사용하여 뉴욕 세계무역센터를 공격, 6명이 죽고 1,000여 명이 다쳤으며, 6억 달러 상당의 재산피해를 야기하였다. 이러한 일련의 노골적인 외국 후원 테러리즘 행위에 미국인들은 경악을 금치 못하였다. 그러나 세계무역센터는 재건되었고 테러리즘의 공포는 빠르게 사라졌다.

그리고 1995년 4,800 파운드의 폭탄을 실은 트럭이 오클라호마시티 Murrah Federal 빌딩 앞에서 폭발하여 168명이 사망하고 500명이 다쳤다. 이 사건은 당시까지 미국에서 행해진 가장 치명적인 테러공격인 동시에, 우익민간무장집단(right-wing militia)을 추종하는 미국인에 의해 행해졌다. 미국은 이제 국제적 테러뿐만 아니라 국내 발생 테러의 위협에도 직면하게 된 것이다. 같은 해 애리조나에서 발생한 앰트랙 탈선사건도 테러리스트의 소행이었다.

1996년 또 다른 폭탄트럭이 사우디아라비아 다란에 있는 미군 막사를 공격하여 19명의 군인이 사망했다. 또한 1996년 오사마 빈 라덴은 공식적으로 미국에 대한 전쟁을 선포했다.

1998년 동아프리카 지역의 미 대사관 두 곳이 폭탄 피습을 당해 200명 이상(미국인 12명 포함)이 사망하였다. 이 사건으로 22명의 용의자가 검거되었다. 2000년 말, 1명은 공격공모행위로 유죄판결을 받았고, 5명은 뉴욕에서 수감되어 재판을 기다리고 있으며, 3명은 영국에서 미국으로의 범죄인 인도를 기다리고 있고, 나머지 13명은 도피중인데 이 중 오사마 빈 라덴도 포함되어 있었다. 빈 라덴은 연방수사국(FBI)의 10대 중요수배자 목록에 올랐으며, 1998년 8월 7일에 벌어진 탄자니아와 케냐 주재 미국 대사관 폭탄테러혐의를 받고 있다.

1999년 FBI국장인 Louis Freeh는 "우리의 최우선 업무는 테러방지이다"라고 천명하였다. 연방수사국(FBI)은 대터러담당 부서를 신설하고 그 밑에 국제테러계, 국내테러계, 국가기반시설보호센터, 국내대응사무소(National Domestic Preparedness Office)를 두었다.

테러리즘은 21세기에도 지속된다. 2000년 10월 12일, 예멘의 Aden항에서 급유중이던 미해군 구축함에 대한 자살폭탄테러로 17명의 미 해군이 전사했다. 그리고 이듬해인 2001년 9월 11일, 미국 역사상 최악의 테러공격이 발생하였다. 테러리스트들은 4대의 만간항공기를 이륙 직후 납치하였다. 두 대의 비행기가 뉴욕의 세계무역센터 쌍둥이 타워를 충돌하여 실종자가 4,815명, 확인된 사망자가 417명(비행기 승객 157명 포함)에 이르렀다. 한 시간 뒤 77편 항공기가 미 국방성에 부딪혀 승객 전원을 포함하여 189명의 사망자가 발생하였다. 이 사건 직후, 백악관이나 미의회건물로 향할 것이라 추정되었던 마지막 납치 항공기가 펜실베니아 외곽지역에 추락하여 승객 및 승무원 44명이 사망하였다. 실종자 및 확인된 사망자 중 소방관은 311명, 경찰관은 65명이었다.

2001년 9월 11일

테러리즘 연구센터는 "9·11 테러공격은 새로운 세기를 맞아 새로운 형태의 전쟁을 촉발시키는 계기가 되었다. 이 전쟁은 음지에서 치러질 것이며, 적들은 무고하고 방어능력이 없는 대상을 목표로 할 것이다"라고 발표했다. 또한 9·11테러의 영향을 아래와 같이 개관했다.

> 이러한 위협은 공포심 유발이라는 목적을 달성하지 못했다. 오히려 그러한 시도는 미국을 자극하여 적극적 조치를 취하게 만들었다. 미국은 이제 국가안보위협이 전례 없는 단계로 고조되었다고 보고 있다. 그러나 미국은 이를 또한 이러한 위협과 맞서 싸우기 위한 국제적 지원을 확보하고 국내적 결속을 다지는 기회로 삼았다.… 이러한 위협은 단지 미국만을 겨냥한 것이 아니며, 자유와 평화, 안정을 추구하는 모든 국가들을 향해 있다. 테러리즘에 대한 전 세계의 대응은 테러리즘과 관련된 국제적인 노력을 변화시킬 것이다. 아울러, 국가들이 이전과는 달리 테러리즘에 대응하기 위한 협력을 강화하고 상호 이익을 추구하게 되면서 지정학적 요인도 변화할 것이다.

실제로, 9·11테러사건을 통해 미국인들은 역사적으로 볼 때 그 어느 때보다도 하나로 뭉치게 되었다. 애국주의가 갑자기 인기를 끌면서 9월 12일에는 월마트에서만 88,000개의 성조기가 판매되었다. 수천 명의 자원봉사자들이 피해자 수색에 동참했고 혈액과 돈을 기부했다.

왜 9·11 테러와 같은 비극적인 사건이 발생한 것일까? 우선, 테러리스트들은 미국 항공보안시스템상 소형칼(날 부분이 4인치 이하)을 기내로 반입하는 것이 허용된다는 점을 악용했다. 게다가, 보안검색을 담당하는 직원들은 제대로 숙련되지 않았으며, 저임금으로 인해 부수적인 일까지 해야 하는 실정이었다. 비행기를 타기 위해 한시가 급한 여행객들의 원활한 흐름을 위해 검색요원들은 X레이를 통과하는 물품 한 개를 3초에서 6초 사이에 처리해야 했다. 잠시도 한 눈을 팔 겨를이 없는 고된 업무였던 것이다.

또한, 미국 이민정책은 테러리스트들이 상대적으로 쉽게 입국하여 자유롭게 이동할 수 있도록 하고 있었다. 실제로, 오사마 빈 라덴의 알카에다와 관련된 몇몇 사람들이 미국에서 비행훈련을 받았다. 미 국토안보부 장관인 Michael Chertoff는 입국자들의 행적을 추적할 더 좋은 방법이 없다면, "테러리스트와의 전쟁에서 백전백패할 것"이라고까지 언급했다(Jackson, 2007).

9·11에 대한 미국의 대응 미국은 강도 높은 수사를 실시하는 한편, 탈레반 정부가 오사마 빈 라덴의 신병인도 요청을 거절하자 아프가니스탄에 대한 군사행동을 개시하였다. 또한, 전국 주요 공항 등지에서 보안을 강화시켰다.

9·11테러의 결과로 미국 정부는 기존의 연방정부기관을 재정비하여 국토안보청(추후 국토안보부로 개편)을 신설하였다.

국토안보부(Department of Homeland Security: DHS)의 임무는 "테러리스트의 위협과 공격으로부터 미국의 안전을 확보하기 위한 포괄적 국가전략의 개발, 조정 및 집행"이다. 국토안보부의 업무영역은 광범위해서 지방 및 연방정부 법집행기관간에 협력을 조정함으로써 미국 내 테러리스트들의 공격을 감지하고 예방하며, 공격 발생 시 신속히 대응하고 피해복구를 하기 위한 국가적 전략을 수립하는 것이다.

연방 차원에서, 연방수사국(FBI)이 국내 테러행위에 대응하는 일차적 담당기관이다. 연방재난관리청(Federal Emergency Management Agency: FEMA)은 (테러공격 이후) 결과수습 및 관리를 위한 일차적 책임기관이다.

미 애국법(USA PATRIOT Act)의 통과도 국가안보 증진을 위한 또 다른 노력의 일환이다.

미 애국법 2001년 10월 26일, 부시 대통령은 테러리즘 차단 및 방지를 위한 적절한 도구를 제공함으로써 미국을 결속하고 강화하는 애국법(USA PATRIOT Act)을 서명 발효시켰다. 이 법에 따라 경찰은 의심이 되는 테러리스트를 추적하는 과정에서 수색, 체포, 구금 혹은 도청할 수 있는 전례 없이 강력한 권한을 부여받았다. 부시 대통령은 "우리 정부는 전시 중 국가 위급상황에 준하여 이 법을 집행해 나갈 것이다"라고 언급했다. 그는 또한 미국 정부는 작금의 교묘한 테러리스트들에 대처하기 위해서는 "다이얼식 전화기 시대에 쓰여진" 감시절차를 업데이트할 수밖에 없다고 강조했다. 애국법은 연방수사국의 도청 및 전자감시권한을 확대하고 수색영장과 전자감시장비의 전국적 관할을 인정하고 있다. 또한 전자감시의 대상을 이메일과 인터넷으로까지 확장하는 방안도 포함하고 있다. 이러한 조치들에 테러리즘과의 전쟁을 보조하는 경비보안 전문인력의 노력이 매우 중요하다. 미국 애국법은 또한 생물학 무기 소지에 대한 처벌규정을 신설하였다.

새로운 형태의 전쟁 – 비대칭적 전쟁

비대칭적 전쟁(asymmetric war)이란 힘에서 훨씬 열세를 보이는 쪽이 강한 상대방과 정면으로 맞서지 않는 방식으로 수행되는 전쟁이다. 약한 쪽은 강한 상대방이 전혀 예측하지 않은 장소에서 기습적으로 전쟁을 벌임으로써 기습을 당한 강한 상대방에게 심리적으로 극심한 충격을 가하게 된다. 즉, 약자가 오히려 힘을 얻게 되고 강자가 보유한 재래식 무기들이 무용지물이 되고 만다. 이러한 전쟁에서는 경찰이 가장 빈번한 공격 대상이 되며, 정부 기구 및 기관이 그 뒤를 잇고 있다(표 13.1).

이러한 전 세계에 걸친 목표물들은 미국에서도 역시 취약하며, 한동안 실제로 그러해 왔다. Griffith에 따르면(2006a, p.10):

> 우리는 공식적으로는 5년 동안 이슬람 테러리스트들의 공격을 받아 왔다. 그러나 사실 그들은 훨씬 더 오랫동안 우리를 죽이려 해 왔으며 단지 우리가 5년 전 정말 강한 공격을 받고 나서야 각성했다고 하는 것이 정확하겠다.
>
> 우리는 각성했다. 하지만, 머지않아 우리는 지금 우리가 하고 있는 일을 다시 하기 시작했다. 즉, 정치를 두고 서로 옥신각신하고, 가진 것보다 더 많은 소비를 하며, 좋은 게

표 13.1 전 세계적 테러발생 및 피해 현황(대상별)

	발생건수			사망자			부상자		
	2005	2006	2007*	2005	2006	2007*	2005	2006	2007*
기 업	248	264	141	323	379	249	1,134	1,188	955
교육시설	188	220	139	64	120	233	103	148	454
정 부	1,177	1,010	533	1,207	1,147	725	2,201	1,615	1,417
경 찰	1,166	2,013	1,245	2,714	3,309	2,476	4,701	6,091	4,720
민간인 및 민간시설	909	1,274	519	1,872	4,682	3,334	3,489	8,184	7,590
종교인/종교시설	178	462	180	494	561	452	1,035	1,141	870
기 타	1,130	1,417	722	1,520	1,873	1,294	2,606	2,624	2,688
Total	**4,996**	**6,660**	**3,479**	**8,194**	**12,071**	**8,763**	**15,269**	**20,991**	**18,694**

출처: From *MIPT Terrorism Knowledge Base*. Used by permission of the Memorial Institute for the Prevention of Terrorism.

좋다는 식으로 살고, 우리가 위험에 처해 있다는 사실을 부정하면서 살게 될 것이다.

대다수의 미국인들이 비대칭적 전쟁을 심각하게 생각하지 않는다. 우리가 도대체 누구와 싸우고 있는지를 분명히 말할 수 없다는 점도 한 이유이다. 2차 세계대전 당시 우리는 독일, 일본, 이탈리아 및 이들 국가와 동맹 관계에 있는 몇몇 국가와 싸웠다. 한국전쟁에서는 북한과 중국이 우리의 적이었다. 베트남에서조차도 우리는 누구와 싸우는지를 알았다.

하지만 지금 우리는 테러리즘에 대한 전 세계적 전쟁을 수행하고 있다.

Griffith(2006b, p.12)는 "많은 미국인들이 그 날이 주는 진정한 메시지를 깨닫지 못했다. 우리는 소형 커터칼을 든 소규모 광신자 집단에게 공격을 받은 것이 아니다. 우리를 공격한 것은 여전히 우리가 사는 세계에 건재한, 하지만 평화를 위해 반드시 물리쳐야 하는 이데올로기인 것이다"라고 결론지었다.

테러리즘의 위협과 현실

2001년 9월 11일 테러사건은 미국 시민들에게 테러리즘의 위협을 현실로 바꾸어 놓았다. 그러나 민간보안업 고위직을 상대로 한 설문조사 결과, 이들 대다수는 테러리즘보다 오히려 직장폭력이 더 주요한 위협이라고 여겼다. 그럼에도 불구하고 *국가 정보 전망(National Intelligence Estimate): 미국에 대한 테러리스트의 위협*(2007)에서 보고된 것처럼 테러리즘의 위협은 매우 현실적이다. 이 보고서는 **추정적 언어**, 즉 사실이나 증거보다는 분석적 평가나 판단에 근거한 언어를 사용하고 있다. 이 보고서는 추정한다(assess)와 판단한다(judge)를 동의어로 사용하고 있다. 보고서의 주요 판단내용 중 일부는 다음과 같다:

우리는 미국 본토가 향후 3년간 지속적으로 진화하는 테러리스트의 위협에 직면할 것이라고 판단한다. 이슬람 테러단체 및 점조직 특히 알카에다와 같은 조직이 노골적으로 미국 본토 공격의 의도를 밝히고 있고, 자신들의 능력을 강화하고 확대하기 위해 끊임없이 노력하고 있다.

우리는 지난 5년간 전 세계가 테러 대처를 위해 노력한 결과 알카에다가 미국 본토를 다시 공격할 만한 역량을 갖추기 어려우며, 이들 단체들이 9·11테러 당시와는 달리 미국 본토를 공격하는 것이 쉽지 않은 일이라는 것을 인식하게 만들었다. 이러한 조치들은 9·11테러 이후 미국에 대한 알려진 음모를 차단하는 데 도움이 되었다. 그러나 우려되는 점은 현 수준의 국제적 협력이 9·11테러 사건이 점점 먼 기억이 될수록 또 위협에 대한 인식이 분산될수록 약해질 것이란 점이다.

알카에다는 현재 그리고 앞으로도 미국 본토에 대한 가장 중대한 테러 위협으로 남을 것이다. 알카에다 지도부는 큰 타격을 줄 수 있는 전략을 지속적으로 구상하는 한편, 수니파 극단주의자들로 하여금 그들의 노력에 동참할 것을 종용해 나갈 것이다. 우리는 미국을 둘러싼 현재 환경이 한층 더 위협적이라고 판단한다.

우리는 알카에다가 지역 테러조직들과 연계를 강화함으로써 미국 본토를 공격하기 위한 역량을 강화해 나갈 것으로 추정한다. 특히, 알카에다 이라크 지부의 연락망과 역량에 주목할 필요가 있다고 판단한다. 이 지부는 알카에다 조직 중 대외적으로 가장 활발하게 활동하며 미국 본토를 공격하겠다고 공공연하게 선언한 유일한 조직이다. 아울러, 알카에다는 이라크 지부와의 긴밀한 협력을 통해 수니파 극단주의자들을 활성화시키고, 재원을 마련하며, 첩보원을 모집하고 훈련시키기가 더욱 용이해질 것으로 보인다.

우리는 알카에다가 대규모 희생자, 확연한 파괴, 심각한 경제적 타격, 대중들의 공포심을 조성하기 위해 주요 정치적, 경제적 대상 및 사회기반시설을 테러 목표로 삼을 가능성이 높다고 판단한다. 이들 조직은 재래식 소형 무기와 간이 폭발장비를 능숙히 다루며, 보안상 장애물을 극복하기 위한 새로운 수법을 고안해 낸다.

우리는 알카에다가 테러공격에 사용할 화학물질, 세균(생물학물질), 방사능물질 혹은 핵물질을 지속적으로 확보해 나갈 것으로 보며, 실전에 사용할 수준이 된다면 언제든지 주저 없이 사용할 것으로 판단한다.

우리는 비이슬람 테러조직 — 종종 연방수사국(FBI)에서 "단일 쟁범(single-issue)" 집단이라고 칭하는 — 이 그간 보여 온 과격성에 비춰볼 때 이들이 아마도 향후 3년 내에 테러공격을 감행할 것으로 추정한다. 그러나 이러한 폭력성은 소규모일 가능성이 높을 것으로 추정한다.

미국에 대한 다음 테러 공격은 아마도 2007년 6월 영국에서 시도되었던 테러 공격과 유사하게 상대적으로 덜 정교하고 동시다발적인 양상을 가질 가능성이 크다. 즉, 이러한 테러 공격은 대규모 손실을 가하기보다는 광범위한 공포와 공황을 조성할 목적으로 감행될 것이다(DeYoung, 2007, p.A01). 대테러 관료들은 영국과 스코틀랜드에서 있었던 공격들이 미국의 첩보와 일치한다고 말한다. 즉, 미국의 첩보에 의하면 아프간 국경 부근의 파키스탄 부족지역에 있는 알카에다 캠프에서 자금과 인력 이동이 증가하는 움직임을 보였던 것이다(DeYoung).

테러리스트 활동의 분류

FBI는 미국 내 테러리즘을 국내 혹은 국제 테러리즘으로 분류한다.

국내 테러리즘

1995년 Alfred P. Murrah 연방빌딩(오클라호마 시티 소재) 폭탄테러 사건과 1996년 하계올림픽 기간 중 Centennial 올림픽 공원에서 발생한 파이프 폭탄 폭발을 통해 국내 테러리스트들로 인한 위협을 확인할 수 있었다. 이들 사건들은 극단적 우파 혹은 좌파, 그리고 특정 이익집단의 신념을 반영한다. 이들 상당수는 반정부적, 조세 저항적이며 백인 개신교적 국가를 영속화하기 위해 생존훈련을 받는다. 우익 민병대 또는 애국운동은 폭력성과 범죄행위 위험성으로 인해 보안상 우려를 낳고 있다. 일부 주는 민병대 및 이들의 훈련을 제한하는 법안을 통과시켜 왔다.

국내 테러조직에는 백인 우월주의자, 흑인 우월주의자, 민병대, 기타 우익 혹은 좌익 극단주의자, 극단적 낙태반대자, 극단적인 동물권리 보호운동가 및 환경운동가 등이 포함된다.

동물권리 보호운동가 동물해방전선(Animal Liberation Front)은 매우 활동적인 국내 테러집단으로서, 지금까지 몇 차례 정육 포장공장, 모피상인 및 연구소를 공격했다고 주장해 왔다. 이들은 기물파괴, 방화, 실험실 동물 방사 등을 통해 수백만 달러의 재산피해와 의학연구에 차질을 야기하였다.

극단적 환경운동가 극단적 환경운동가들은 종종 에코-테러리스트라고 불린다. 에코-테러리즘은 환경파괴를 통해 이익을 보는 자들에게 경제적으로 타격을 가하는 것이다. 종종 동물해방전선과 연대 활동하는 지구해방전선(Earth Liberation Front)이 한 예이다.

이들이 가장 선호하는 테러 수법은 방화로서, 미국농림부 건물, 미국산림감시소, 콜로라도 스키리조트 방화사건 등에서 수천만 달러의 재산피해를 야기한 바 있다. 지구해방전선은 또한 미시간 가죽농장에서 5,000마리의 밍크, 오레곤 목장에서 600마리의 말을 무단으로 방사하였고 미시간주립대학 유전공학연구소 사무실을 방화하였다고 주장한다. 에코 테러리스트의 범죄행위는 공공기물 파손, 우편물폭탄 또는 파이프폭탄, 연구데이터 파괴, 건물방화, 실험용 동식물 훼손 등이 있다.

국제 테러리즘

국제 테러리즘은 외국에 기반을 두거나 미국에 적대적인 국가나 조직에 의해 행해지는 테러이다. 연방수사국(FBI)은 국제 테러리즘을 세 가지 유형으로 구분하고 있다. 첫 번째 유형은 국제 테러리즘을 후원하는 국가로서 테러리즘을 외교정책 수단으로 활용하는 경우이다. 이라크, 리비아, 아프가니스탄이 그 예이다.

두 번째 유형은 레바논의 헤즈볼라, 이집트의 알 감스 알-이슬라미야, 팔레스타인의 하마스, 오사마 빈 라덴의 알카에다와 같은 공식화된 테러 조직이다. "알카에다는 매우 현실적인 위협으로 남아 있으며, 최근 다른 조직들과의 연합으로 분권화되긴 했지만 여전히 국제 테러리스트 활동의 중추이다"("FBI: Suicide Bombs a Big Concern," 2007).

Whitelaw(2007, p.32)는 알카에다의 지도부는 한때 도피 중이었으나 최근 다시 재조직되었으며, 빈 라덴은 파키스탄에 안전한 은신처를 마련하고 어느 때보다도 강해졌다고 주장했다: "알카에다는 대량 학살을 야기할 테러공격을 조직하고 다른 조직들에게 영향을 줄 수 있는 능력이 있다"(p.33). 그러나 "아랍계가 주축인 알카에다와 이란이 통제하는 헤즈볼라 간에 '경쟁' 양상이 눈에 띈다"(Jones, 2007a, p.36). 이 두 집단은 자금 및 조직원 모집을 위해 경쟁하고 있다.

세 번째 유형은 느슨하게 연결된 국제적 급진 극단주의자들로서 다양한 신분을 가지고 자유롭게 미국 내를 여행하고 있다. 따라서 법집행기관이나 정부에 쉽게 포착되지 않는다.

이중위협 (The Dual Threat)

테러리즘과의 전쟁에 있어 모든 경비보안요원들은 국제적 테러조직뿐만 아니라 국내에서 활동 중인 테러리스트들의 동향도 면밀히 관찰하는 것이 중요하다. 또한 그들이 상대해야 할 적에 대해서 가능한 한 많이 배우는 것이 중요하다.

테러리즘의 지표: 적을 알기

적을 알고 경계를 늦추지 않는 것의 중요성은 아무리 강조해도 지나치지 않다. 앞서 언급한 대로, 시간이 지남에 따라 9·11 테러의 악몽이 잊혀져가는 경향이 있다 해도, 국민과 기관을 보호할 의무를 가진 사람들은 잠재적 위협에 대한 경계심을 풀어서는 안 된다: "테러와의 전쟁에 있어 현재 가장 큰 문제는 보안요원 개개인이 어떻게 하면 방심하지 않도록 할 것인가 하는 문제이다"(Dowle, 2006b, p.22). 다음에 열거하는 지표들은 국내 및 국제 테러리스트에게 모두 적용된다(Savelli, 2004, pp.18-19):

- 위변조 신분증 소지
- 다른 주 신분증 소지
- 다른 이름으로 된 복수 신분증
- 사진이 눈에 띄게 다른 신분증이나 여권을 여러 장 소지하는 것
- 거꾸로 된 성조기나 선동적 도서 등 반미, 반유태, 반소수집단 혹은 반이스라엘 성향을 보이는 물품 소지
- 지난 몇 년간 여러 주에 거주한 기록
- 지난 몇 년간 여러 차례 국외 혹은 주외 여행 기록
- 공공건물, 공항, 지하철, 상가 등을 촬영한 동영상, 사진 혹은 도표 소지
- 공무원이나 정부기관 감시 행위
- 비행교습을 받거나 모의비행장치 사용
- 무술이나 격투기에 대한 지나친 관심
- 추적을 피하기 위해 인터넷 카페, 도서관, 인터넷 사용 가능 점포 등을 사용
- 자기 명의 전화 대신 선불폰이나 전화카드를 사용
- 현금 다액 소지 혹은 해외 이체 증거(신고 없이 가능한 10,000불 이하 이체)
- 해외로부터 현금 다액을 송금 받음
- 탈출이 용이한 아파트 1층 임대
- 통상 감시카메라가 설치되어 있지 않은 초고가 숙박업소 장기 투숙
- 호텔청소부 혼자 방정리를 하도록 하지 않고 항상 방에서 감시하는 행위
- 합법적인 수입원이 불분명
- 급진적 조직의 회원
- 테러리스트 혹은 급진주의자 상징 전시
- 최근 삭발을 했거나 체모를 제거한 행위

이상의 지표 중 어느 하나, 혹은 여러 개에 해당한다 해서 어떤 개인이 테러리스트라는 보장은 없다. 하지만 이들 지표 중 다수에 해당하는 자가 있다면 보안요원들은 경계할 필요가 있다.

적을 안다는 것의 또 다른 측면은 테러리스트가 전통적 범죄자와 어떻게 다른지

표 13.2 일반 범죄인과 테러리스트의 차이점

전형적 범죄인	테러리스트
즉흥적(우발적) 범죄	정치적 목표 추구
비헌신적	이념 혹은 종교적 동기
자기중심적	집단중심적-심지어 광포한 전사 또는 외로운 늑대들조차도
대의명분 없음	투철한 목표의식
훈련받지 않음	임무를 위해 훈련받고 동기부여 받음
탈출지향적	정면돌파형(공격적)

출처: Adapted from "Law Enforcement's New Challenge to Investigate, Interdict, and Prevent Terrorism" by D. Douglas Bodrero in *The Police Chief*, February 2002, p.44. Copyright held by the International Association of Chiefs of Police, 515 North Washington Street, Alexandria, VA 22314 USA. Further reproduction without express written permission from IACP is strictly prohibited.

를 이해하는 것이다.

테러리스트 對 전통적 범죄자

Polisar(2004, p.8)는 "갑자기 전통적 범죄에 대처하는 훈련과 장비를 갖춘 기관 및 요원들이 이제는 전혀 성격이 다른, 즉 상이한 동기를 지닌 개인을 제압하는 데 중점을 두고 있다. 이들은 전통적 범죄자들과는 상이한 목표를 지니고 있으며, 훨씬 치명적인 무기를 사용한다"라고 지적했다. 표 13.2는 테러리스트와 일반 범죄자들의 가장 기본적인 차이점을 요약해서 보여 준다.

Miller(2006, p.20)는 공통점보다 다른 점이 훨씬 많다고 지적한다: "범죄인들은 무관심한 태도를 보이고 범죄행위 중에도 크게 스트레스를 받지 않는다. 왜냐하면 그들은 범죄와 관련된 경험을 축적해 왔기 때문이다. 그러나 대부분의 테러리스트들은… 대단히 높은 스트레스를 보인다." 대부분의 테러리스트들은 초범이다. 게다가, 이들은 범죄자들이 사사로운 이익을 추구하는 것과는 달리 대규모의 피해 야기를 추구한다. Linett(2005, p.59)은 양자 간의 확연한 차이점을 다음과 같이 언급했다: "범죄자와 테러리스트의 차이점은 언어상의 차이점이 아니라 생사의 문제이다. 테러리스트와 맞설 때는 죽이느냐 죽느냐가 문제이다. 단순히 체포 또는 유죄의 문제가 아닌 것이다. 테러리즘과의 전쟁은 범죄와의 전쟁의 경계를 허물었다."

알카에다 매뉴얼로부터 배운 교훈

수많은 테러리스트들이 알카에다의 매뉴얼을 학습한다. 이 매뉴얼은 영국 맨체

스터 경찰청에서 입수하였다(White, 2004, pp.99-101). 이 매뉴얼의 첫 번째 장은 현 세계의 상황에 대한 개탄으로 시작하는 일반적 소개로 시작하여 성전(**지하드**)을 요구하는 것으로 끝난다. 두 번째 장은 알카에다 조직원의 개인적 자질을 중점적으로 다룬다. 세 번째 장은 위변조 기술을 가르친다. 네 번째 장은 안전한 은신처를 마련하는 법을 다루며, 비밀 테러리스트 망을 구축하는 법을 포함한다. 다섯 번째 장은 비밀 교통 및 통신수단을 다룬다. 연락은 신속명료해야 하며, 지휘부에서만 통신을 개시할 수 있다.

여섯 번째 장은 훈련 및 훈련 중 보안을 논의한다. 일곱 번째 장은 테러리즘의 핵심 수단인 무기를 다루며, 무기고를 건설하고 폭발물을 안전하게 은닉하는 법을 포함한다. 여덟 번째 장은 기밀 유지 및 조직원 안전에 대해 다루며, 작전 지역에서 가족 및 이웃 간에 연계를 유지할 필요성을 역설한다. 아홉 번째 장은 보안에 대해 장황하게 논의하면서 계획 및 작전의 중요성을 강조한다. 또 비밀 유지가 여러 차례 강조된다. 열 번째 장과 열한 번째 장은 비밀정탐 및 포로생포 등을 포함한 정찰 업무를 가르친다. 열두 번째 장은 정보수집, 특히 은밀한 수단에 의한 정보수집을 논의한다. 이 장에서는 또한 방첩활동에 대한 정보를 제공한다. 12장과 18장에 걸친 중급편에서는 모집된 요원들을 다루고 대응수단을 취급하는 데 대한 조언을 제공한다. 공작원들은 위장폭탄을 탐지하는 법, 잠재적 적의 암살시기 등을 배운다. 18장에서는 체포되었을 때의 행동요령을 가르친다. 알카에다는 서방 법체계에서의 범죄자의 권리에 대한 세부적인 지식을 습득하고 있는 것으로 보인다.

White(2004, p.98)는 또한 비밀테러요원/**잠복요원**(sleeper cell)을 활용한 알카에다 테러 공격의 3중 모형을 제시한다. 슬리퍼 셀이란 지역사회 속으로 위장잠입한 테러리스트 조직이다.

알카에다 테러 공격의 3중 모형은 아프가니스탄의 지도자들과 연계하여 공격을 감행하는 슬리퍼 셀, 중앙 통제와는 별도로 독자적으로 공격을 감행하는 슬리퍼 셀, 소규모 점 조직의 후원을 맡은 개인으로 구성되어 있다.

테러리즘을 이해하고 예방하기 위한 또 다른 접근방식은 테러리즘의 동기를 검토하는 일이다.

테러리즘의 동기

이슬람 극단주의에서는 종교적 동기를 발견할 수 있다. 정치적 동기에는 독일

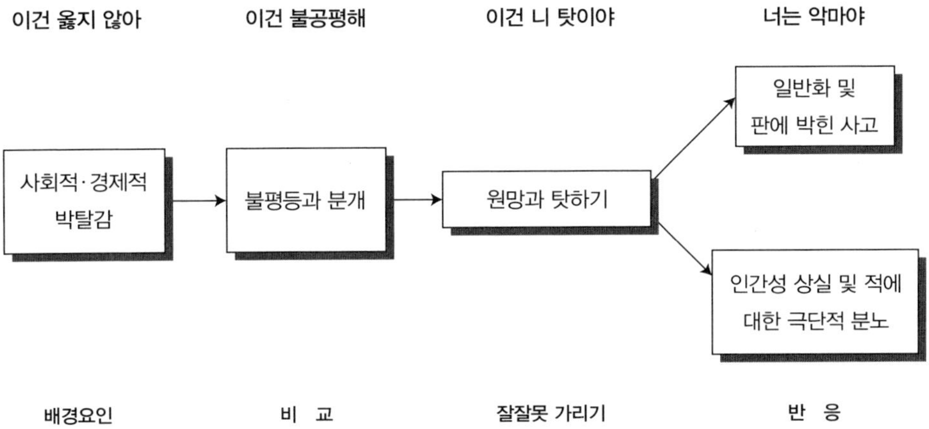

그림 13.1 이념적 발달 과정

출처: From Randy Borum, "Understanding the Terrorist Mind-Set" in *FBI Law Enforcement Bulletin*, July 2003, p.9. Reprinted by permission.

적군파(Red Army Faction)에서 발견되는 것과 같은 동기가 포함된다. 사회적 동기는 반낙태단체, 동물권리보호단체 및 환경단체 등 단일쟁점 조직들에서 발견된다.

> 대부분의 테러활동은 종교적, 정치적 혹은 사회적 체제, 또는 정책에 대한 불만이나 이러한 체제 또는 정책의 틀 안에서 비폭력적인 수단을 통해 개혁하지 못하는 무능에 대한 좌절에서 비롯된다.

그림 13.1은 증오(적개심)가 어떻게 테러리스트 활동으로 전개되고 귀결되는지를 보여 준다. 첫 번째 단계에서 바람직하지 못한 사건이나 상황이 지속되면서 개인이나 집단이 "이건 옳지 않아"라고 생각하도록 만든다. 다음으로 이러한 불만족스러운 상황은 정의롭지 못한 것으로 받아들여진다. 즉, "이건 공정하지 않아"라고 생각하게 되는 것이다. 이러한 불공정은 어떤 잘못된 행동의 결과로 여겨진다. 즉, "이건 바로 당신의 책임이야"라는 인식이다. 마지막으로 이러한 불공정한 상황에 책임이 있는 개인이나 집단이 "악한 것"으로 받아들여진다. 즉, "당신이 악이다"라고 규정되는 것이다.

1978년부터 1996년까지 Theodore Kaczynski는 유나바머로서 전국을 공포에 몰아넣었다. 그는 16개의 우편물 폭탄 묶음을 이용해서 3명을 살해하였다. Ramzi Ahmed Yousef는 1993년 세계무역센터 폭탄테러를 배후 조종한 혐의로 유죄판결을 받았다. 그는 자신이 테러리스트임이 자랑스러우며 테러리즘만이 미국 정부에 대한 유대인들의 로비를 응징할 유일한 수단이라고 주장했다. Timothy McVeigh

는 1995년 Alfred P. Murrah 연방정부 건물 폭파에 사용되었던 차량폭탄을 통해 정부와 웨치코 다윗파(무장 기독교 단체) 급습사건에 대해 저항하였다. 2002년 Lucas Helder는 중서부지역 다섯 개 주의 우편함에 반정부 서한과 함께 18개의 파이프 폭탄을 설치하였다. 6개가 폭발하였고 4명의 우편배달부와 2명의 주민이 다쳤다. 그리고 미국 역사상 가장 끔찍한 테러사건이 2001년 9월 11일 발생하였다. 납치된 항공기 두 대가 세계무역센터를 폭파시키는 미사일로 사용되었고, 또 다른 한 대는

그림 13.2 테러유형별 가능성

출처: From Melissa Reuland and Heather J. Davies, *Protecting Your Community from Terrorism: Strategies for Local Law Enforcement, Volume 3: Preparing for and Responding to Bioterrorism*(Washington, DC: Community Oriented Policing Services Offi ce and the Police Executive Research Forum, September 2004) p.7. Reprinted by permission of the Police Executive Research Forum.

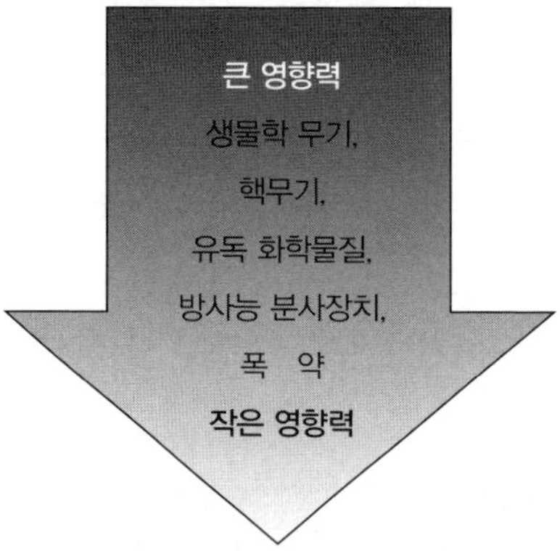

그림 13.3 테러유형별 영향력 정도

출처: From Melissa Reuland and Heather J. Davies, *Protecting Your Community from Terrorism: Strategies for Local Law Enforcement, Volume 3: Preparing for and Responding to Bioterrorism*(Washington, DC: Community Oriented Policing Services Office and the Police Executive Research Forum, September 2004) p.8. Reprinted by permission of the Police Executive Research Forum.

표 13.3 세계적 테러발생 현황(수법별)

	사건 수			사망자 수			부상자 수		
	1월~12월	1월~5월		1월~12월	1월~5월		1월~12월	1월~5월	
	2006	2006	2007	2006	2006	2007	2006	2006	2007
무장공격	2,620	1,208	478	5,025	2,105	678	2,446	1,020	340
방 화	140	66	10	4	2	0	10	5	0
암 살	90	9	15	152	20	34	264	15	85
인질극	5	5	0	6	6	0	4	4	0
폭 발	3,346	1,460	900	6,229	2,193	3,086	18,132	6,265	7,485
납 치	358	127	103	487	205	86	57	18	3
기 타	94	23	52	162	23	95	56	12	596
TOTAL	**6,653**	**2,898**	**1,558**	**12,065**	**4,554**	**3,979**	**20,969**	**7,339**	**8,509**

출처: From *MIPT Terrorism Knowledge Base*. Used by permission of the Memorial Institute for the Prevention of Terrorism.

펜타곤을 덮쳤다.

"적을 아는" 또 다른 방법은 그들이 흔히 사용하는 수법과 이에 대처하는 법을 아는 것이다.

테러리스트들이 사용하는 수법

테러리스트들은 방화, 폭발물 및 폭탄, 대량살상무기(생화학 물질 및 핵물질)와 첨단 기술을 사용한다.

일부 전문가들은 생물테러리즘이 세 번째로 발생 가능성이 높은 테러라고 조언한다. 제조가 용이한 방화 장치 및 폭발물들이 사용될 가능성이 가장 높다. 화학 장치들은 원재료 확보 및 사용법이 용이해서 그 다음으로 가능성이 높은 무기이다. 그림 13.2는 테러리스트의 공격수단을 가장 가능성이 높은 것부터 낮은 것 순으로 보여 주고 있다. 그림 13.3은 사용된 무기의 파괴력을 역시 높은 것에서 낮은 것 순으로 나타낸다. 표 13.3은 세계적으로 발생한 테러를 수법별로 요약한 것이다.

방화 수법은 이미 논의되었다. 폭탄은 가장 많이 사용되는 동시에 가장 치명적인 전략이다.

폭발물 및 폭탄

앞서 살펴본 국내외 테러리스트의 예는 미국 시민을 상대로 한 폭탄이 어떻게 사용되어 왔는지를 보여 준다. Haber(2004, p.14)에 따르면, "파이프 폭탄과 기타 급조 폭발장치(Improvised Explosive Devices: IEDs)는 연방, 주, 지방 정부시설에 심각한 위협을 제기하고 있다. 이들 무기는 쉽고 저렴하게 제작할 수 있다는 점에서 더욱 그러하다. 학교와 쇼핑몰, 대형운동장 및 기타 공공장소와 같이 많은 사람들이 쉽게 드나드는 곳 또한 테러공격이 발생할 위험성이 높다." 파이프 폭탄 및 방화장치 제작법은 인터넷상에서도 찾을 수 있다. Dowle(2006a, p.17)은 테러리스트들의 급조 폭발장치 중 수제폭발물(HMEs)이 만연하고 있다면서, 구글을 통한 수제폭발물 검색건수가 3천4백5십만 건에 이른다고 보고했다.

테러리스트의 폭파수법과 관련하여 유념해야 할 점은 첫 번째 폭탄이 터진 후 이어서 두 번째 폭탄이 폭발한다는 사실이다. 이러한 수법은 2003년 10월 인도네시아 발리에서 실제로 사용되었다. 당시 한 나이트클럽에 먼저 수류탄이 투척되자 손님들이 거리로 긴급히 대피하였고 이어서 차량폭탄이 터졌다. 200명의 목숨이 희생된 이 폭탄 공격은 알카에다와 연계된 인도네시아 이슬람 과격파의 소행이었다.

이러한 폭탄 공격을 예방하기 위한 한 가지 방법은 수상한 소포 발견 시 행동요령에 관한 엄격한 정책과 절차를 마련하는 것이다.

수상한 소포 보안요원들은 수상한 소포, 방치된 가방 등의 발견 신고를 받고 출동한 경우 각별히 주의해야 한다. 만약 실제 폭탄일 것으로 의심된다면, (1) 의심스러운 물건이 직접 시야에 들어오는 범위를 벗어나야 하고, (2) 유리나 주차된 차량으로부터 떨어져야 하며, (3) 전기나 가스 등 2차 위험물로부터 떨어져야 하고, (4) 단단한 물체 뒤쪽으로 움직여야 하고, (5) 손으로 나를 수 있는 물건의 경우 100야드 지점에, 승용차나 소형 밴의 경우 200야드 지점에, 대형차량의 경우 400에서 800야드 지점에 각각 경계선을 설치해야 한다(Dowle, 2006c, p.13).

자살폭탄테러 Morgenstern(2006, p.32)은 "자살테러공격은 분명히 현존하며, 미국에서 쉽게 행해질 수 있다"라고 주장했다. 그는(p.36) 자살테러리스트를 젊은 남성 근본주의 광신자라고 보는 개념은 옳지 않다고 지적했다. 오히려 잠재적 자살테러리스트는 다양한 배경, 연령대, 성별, 교육수준을 지닌 보통 시민이거나 혹은 괴짜 시민일 수 있다. 대부분의 자살테러리스트들은 자신들의 행위는 순교로서, 그들이 믿고 있는 천국으로 갈 것이라고 확신한다. 남겨진 가족들은 존경과 보살핌을 받게 된다. 자살폭탄테러리스트들은 가능한 한 많은 사람을 희생시키려 노력한다.

비록 이들이 아직 미국을 공격한 적은 없지만, 대의명분을 위해 기꺼이 죽을 수 있다는 이들의 확고한 신념으로 인해 '상시적 위험요소'로 볼 수 있다("FBI: 자살폭탄이 큰 걱정이다"). 그러나 Wexler(2007, p.i)가 지적한 바와 같이 "9·11 항공기 납치범들이 결국 자살폭탄테러리스트들이다. 그들은 폭탄이 든 가방을 매는 대신 민영항공기를 폭탄으로 사용한 것이다. 그러나 이들의 내부적 동기는 동일하다. 즉, 그들은 정치적, 종교적 이념이 무고한 시민을 살해하고 그 과정에서 본인들의 생명까지 희생하는 행위를 정당화시켜 준다고 믿었던 것이다." Wexler에 따르면 전문가들의 시각에서 가장 발생확률이 높은 두 가지의 테러 유형은 "자살폭탄공격"과 "주요기반시설 타격"이다.

보안업체들은 자살폭탄 대처규약을 마련하고 회사의 무력행사지침, 절차 및 훈련과 일치하는 원칙들을 마련해야 한다. 표 13.4는 다양한 상황에서 행사할 수 있는 물리력에 대한 권고사항들이다.

잠재적 자살테러리스트를 접한 첫 번째 대응자에 대한 추천 전략은 "움직이지마"와 같이 분명하게 구두로 경고하는 것이다(Chudwin, 2007, pp.62-63). 실탄 소지

표 13.4 단계별 유형력 행사 방안들

위협 평가	자살폭탄 사건 시나리오	단계별 유형력 행사 방안
저	수상하게 행동하는 자로서, a. 무기 미소지 b. 전화로만 연락(관련 첩보 무) c. 일부 이상 행동	시민 접촉: 무기 사용 없이 일상적 검문 및 수색
중	수상하게 행동하는 자로서, a. 무기 미소지 b. 일부 첩보 및 이상 행동	비치명적 수단을 사용한 저지-테이저건 등 미사용
고	자살폭탄 발견 및 폭탄소지를 의심한 상당한 사유	무기 사용 강력 저지 1. 가능한 경우 선 경고 2. 대상자 무력화를 위한 조준 발사
폭 발		

출처: Lisa L. Spahr, Joshua Ederheimer and David Bilson, *Patrol-Level Response to a Suicide Bomb Threat: Cuidelines for Consideration* (Washington, DC: Police Executive Research Forum, 2007).

(살상력 높은 소총이 선호됨) 요원들은 목표물의 머리를 조준해야 하며 언제든지 쏠 수 있는 상태가 되어야 한다. 그리고 "거짓 복종"에 속아 경계를 풀어서는 안 된다. 또한 요원들은 몸에 부착된 폭발물의 폭발반경이 최소 100야드라는 점을 감안하여 용의자 주변에 경계선을 설치해야 한다.

K-9 소총도 이들을 제압하는 데 유용하다. 탐지견은 19,000여 유형의 폭발물을 감지할 수 있어 잠재적 폭탄 테러리스트를 체포하는 데 보안카메라나 무작위 검색보다 효과적이다(Horwitz, 2005, p.A01).

대량살상무기(WMD)

핵, 생물학, 화학 물질은 NBC 물질이라고도 불린다. 풍향이나 풍속, 기압, 상대습도 등 기상 데이터는 핵 및 생화학 테러현장 초동 대응 시 매우 중요한 요인이다. 로봇 탐지 및 확인 기술 덕분에 현장의 초동조치자는 이러한 위험 물질이 현장에 얼마나 존재하는지를 알 수 있다. 위성위치정보시스템(GPS) 역시 초동조치자나 기타 주요 위치정보를 기준으로 핵 및 생화학 물질이 유포된 지역의 정확한 좌표를 결정하는 데 활용되고 있다. 또한 이러한 테러용 물질을 싣고 목표지점으로 운반하는 차량도 추적할 수 있게 해 준다.

생물학 물질 생물학 테러공격에는 탄저균, 보툴리누스균, 살모넬라균, 천연두균 등 생물학적 대량살상무기가 사용된다. 미 중앙정보부(CIA)에 따르면 최소한 10여 개국이 이러한 **생물학적 테러**물질을 보유하고 있거나 개발을 위한 연구를 진행하고 있다: "9·11테러와 탄저균 테러 이후 미국 내 생물학적 대량살상물질을 이용한 테러 가능성은 불행히도 현실이 되고 말았다"(Hanson, 2004, p.18).

2001년 10월, 플로리다의 한 사진편집가가 탄저균을 흡입하고 사망했다. 몇 주 뒤, 탄저균이 묻어 있는 편지가 몇몇 주요 언론사와 워싱턴 주변 정부건물에 배달되었다. 환경샘플조사 결과, 여러 우체국과 우편집중시설에서도 다량의 탄저균 포자가 퍼져 있는 것으로 확인되었다. 아직까지 9·11 테러나 알카에다 조직과 관련된 탄저균 테러사건은 없으나, 이러한 사건들은 국내적 테러리즘으로 간주되어 수사가 실시되었다.

특히, 국가의 식품 및 음용수 공급시스템이 이러한 생물학적 테러리즘에 매우 취약하다.

화학 물질 1995년 일본 동경의 지하철에서 발생한 옴 진리교 테러사건으로 인해

(테러)국가가 아닌 집단도 대량살상용 화학물질(사린가스)을 개발하여 공공장소(지하철)에 살포할 수 있다는 우려가 현실이 되었다. 인터넷에 접속하면 누구나 40분만에 사린가스 만드는 법을 배워 실제로 저렴하게 제조할 수 있다.

최근 염소가스에 대한 관심과 우려가 증가하고 있다. 물론 염소가스는 환경조건이 완벽하게 갖춰지고 위기대응시스템이 허술하다는 조건이 갖추어진 경우에만 대량살상 효과를 거둘 수 있지만, "다중이 운집한 지역에 적절히 살포된다면, 언제든지 수만 명이 희생될 위험이 있다"(Harwood, 2007, p.18).

화학적 테러물질의 네 가지 유형은 통상 신경작용물질, 혈액작용물질, 질식유발물질, 그리고 최루물질이다. "테러공격에 대비한 위기대응절차"(2006, p.4)에서는 다음과 같은 화학적 테러물질의 누출 징후를 제시하고 있다: 호흡곤란, 눈통증, 운동조정력 상실, 메스꺼움, 코, 목, 폐 등 호흡기관내 작열감, 곤충이나 새들의 사체 등이다. 아울러 화학적 테러가 발생할 경우, 즉시 모든 문과 창문을 닫고 환풍구(벽난로, 에어컨, 환풍팬 등)를 차단해야 하며, 강력접착테입이나 비닐커버로 철저히 봉해야 한다. 공격 이후에는 인체에 대한 피해를 최소화하기 위해 수 분 이내에 오염제거작업을 실시해야 한다.

국토안보부는 전국적으로 고위험군 화학시설에 대한 연방보안규정을 간소화하기 위한 임시규정을 발표하였다(Edwards, 2007, p.1). 이에 따라, 국토안보부는 15,000여 개 이상의 화학시설을 점검하고, 특정 화학물질을 일정 기준 이상 취급하는 시설은 의무적으로 위험수준 결정을 위한 평가를 받도록 의무화할 예정이다. 위험수준이 높은 업체의 경우 취약성 평가를 실시한 후, 국토안보부 기준에 부합하는 시설보안계획을 제출해야 한다(Daniels, 2007, p.8). 이러한 규제를 위반할 경우, 하루 25,000달러에 달하는 벌금이 부과되거나 또는 영업정지 명령을 받게 된다.

국토안보부는 화학물질탐지신속배치시스템(Rapidly Deployable Chemical Detection System)을 개발·시행하여, 여러 화학물질을 낮은 농도에서도 정확하고 신속하게 탐지해 낼 수 있도록 하였다(Elliot, 2006, p.40). 이 시스템의 목적은 테러리스트들의 공격목표가 되기 쉬운 공공장소에서 사전에 화학물질을 탐지하여 대량살상을 사전에 방지하고자 하는 것이다.

핵 테러리즘 Page(2005, p.124)는 "방사성 원료는 풍부하며, 방사능분산장치(RDD), 일명 더러운 폭탄(dirty bomb)을 제조하는 것은 어렵지 않다"라고 보고했다. 미국 핵규제위원회는 평균적으로 매년 약 375종의 방사성 원료를 포함한 장비들이 분실 또는 도난당하고 있다고 주장한다: "더러운 폭탄은 테러 목적 달성에 안

성맞춤인 무기이다”(Page). 그러나: “더러운 폭탄으로 인한 주요 파괴 및 혼란은 방사능이 아니라 대중들의 패닉에 의해 야기될 것이다”(Hughes, 2004, p.32). 최신 기술에 의하면 핵무기로 인한 치명적인 방사능과 병원에서 의료검진을 받은 지 얼마 안 된 환자에게서 검출되는 무해한 방사능을 탐지기를 통해 구별할 수 있다(Faherty, 2007). 이 기술은 현재 최종 시험단계에 있으며 3천억 달러 규모의 ‘도시안보구상(Securing the Cities Initiation)’의 일환이 될 것이다. 이 구상의 목표는 뉴욕 주변 50마일 지점에 방어경계선을 구축함으로써 핵무기의 시내유입을 차단하는 것이다.

기술적 테러리즘

White(2006, p.273)는 “기술적 테러리즘은 매우 섬뜩한 유형의 테러이다. 현대사회는 두 가지 방식의 기술적 테러에 노출되어 있다. 첫 번째는 대량살상무기를 사용하거나 또는 화학공장과 같은 산업시설을 사보타주를 통해 대량살상 도구로 전환하는 것이다. 다른 한 가지는 기술과 에너지 공급원 자체를 공격하는 것이다. 어느 쪽 유형의 공격이든 천문학적인 피해를 가져올 수 있다. 기술의 진보가 잠재적으로 테러리즘의 진화를 돕고 있는 것”이라고 언급했다. 역설적이게도 미국은 세계에서 가장 기술적으로 진보한 국가이면서도 오히려 그로 인해 기술적 테러 공격을 위한 매력적이고도 취약한 대상이다.

이러한 취약성으로 인해 연방정부가 테러리즘의 예방과 대처를 위한 핵심적인 역할을 수행해 왔다: “미국의 사이버공간을 보호하는 것은 국가 최우선업무 중 하나가 되었다”(Keeney 등, 2005, p.1). 대통령 직속 핵심기반시설보호위원회는 국가의 주요 기반시설을 보호하고 국가 사이버보안을 강화하는 데 있어 공공-민간부문의 협력관계가 중요하다고 강조한다. 국토안보부 역시 미국 핵심 기반시설이 대부분 사유시설인 만큼 정부와 민간산업간 실무적 협력관계가 이들 시설 및 네트워크 보호를 강화하는 데 필수적임을 강조하고 있다.

Keeney 등은 “국가가 서로 복잡하게 연결된 네트워크 및 통신체제에 의존하고 있는 만큼 내부자의 행위로 인한 피해위험성이 높아지고 있다고 하였다. 게다가 단 한 사람의 행위가 조직에 광범위한 경제적 피해를 입히거나 또는 조직의 자료, 시스템, 영업 또는 평판에 돌이킬 수 없는 타격을 가할 수 있다”고 지적한다. 이들은 주요 기반시설 전반에 걸쳐 내부직원의 행위, 이들의 동기와 방법이 무엇인지 점검하는 것을 권고한다. 아울러 내부 사고를 방지하고 사이버 보안을 강화하기 위해 내부직원의 행동과 활동을 확인해야 한다고 지적한다.

비밀경호국(Secret Service)이 실시한 연구결과를 보면 주요 기반시설에 근무하는 내부직원들의 사보타지 가능성을 확인할 수 있는 시사점을 얻을 수 있다(Keeney 등, p.2).

- 부정적인 업무관련 사건이 대부분의 내부자 행위를 촉발시키는 계기가 된다.
- 대부분의 내부자가 직장에서 주변 동료들이 우려할 만한 행동을 보인 적이 있다.
- 대부분의 내부자가 사전에 그들의 행동을 계획한다.
- 채용단계에서 대부분의 내부자는 시스템 운용자 또는 보안접속 권한을 부여받는다. 그리고 거의 절반에 육박하는 내부자가 사건 당시 접속권한을 가지고 있다.
- 내부자들은 시스템상의 취약점을 악용하기 위해 조잡한 방법을 사용하지만, 상대적으로 정교한 공격 도구를 사용하였다.
- 대부분의 내부자가 컴퓨터 계정을 훼손하고, 무허가 비밀계정을 만들거나 또는 공유 계좌를 사용하였다.
- 대다수의 공격이 원격 접속을 통해 이루어졌다.
- 대부분의 내부자 공격은 정보시스템에 확연한 이상이 나타나거나 혹은 시스템이 마비되고 나서야 적발되는 경우가 많았다.
- 내부자 활동은 조직의 재정적 손실을 야기하고, 영업활동 및 조직 평판에 부정적 영향을 미쳤다.

테러리즘이 우리 국가에 제기하는 위협이 심각한 만큼, 연방정부가 테러방지 및 대응을 위한 노력에 적극 관여하고 있다.

테러 방지

본 책의 앞 장에서 논의된 바와 같이, 보안요원들은 자신들의 지위에 따른 모든 기본적 책무를 수행해야 한다. 이들은 위험평가를 실시하고, 위기관리계획을 수립여야 한다. 이러한 책무에 대해서는 여기서 반복하여 논의하지 않기로 한다.

보안요원들은 테러 공격의 위험신호라 할 수 있는 일상적 범죄나 행위에 대해 항상 주의를 기울여야 한다. 이러한 행위에는 다음과 같은 제품들이 다량으로 생산, 저장 및 판매되는 상황을 들 수 있다: 표백제, 염소제품, 세척제, 시위진압 스프레이, 소독약, 하수구 청소제, 염색제, 비료, 훈증제, 살진균제, 아연도금제, 제초제, 제충제, 금속광택제, 유기화학품, 살충제, 제약품, 화학중합체 등이다(Buhrmaster, 2005, p.43). 보안요원들이 참작해야 할 다른 사항에는 수상한 사람의 배회 신고, 강도, 절도, 재고품 도난 및 수상한 신규채용 지원자 등도 포함된다(Buhrmaster).

이하에서는 연방정부 차원의 테러예방 또는 피해최소화 목적의 대책들을 몇 가지 살펴본다.

국가기반시설 보호 계획(The National Infrastructure Protection Plan: NIPP)

국토안보부 장관인 Michael Chertoff는 "미국의 핵심 기반시설과 주요 자원(CI/KR)을 보호하는 역량은 국가안보, 공중보건 및 안전, 경제적 활력 및 시민들의 생업을 보호하기 위해 필수적이다"라고 강조했다(NIPP, 2006, p.i). 국가 기반시설의 중요성을 감안하여, 국토안보부는 국가기반시설 보호 계획을 시행하는 한편, 17개 부문별 세부계획(SSPs)을 수립하여 민간, 연방, 주 정부 등 각급 정부가 기반시설 보호 역할 및 책무에 관하여 잘 협동하고 조율하도록 지원하고 있다(p.iii).

세부 부문에는 농식품, 금융 및 재정, 화학, 상업시설, 통신, 제방, 군사산업기지, 음용수 및 하수처리시스템, 재난관리, 에너지, 정부시설, 정보기술, 국가기념물(지역), 원자로, 핵원료 및 핵폐기물, 우편 및 배달, 공중보건 및 의료보험, 교통이 포함된다.

국가기반시설 보호 계획은 국가적 우선순위, 목표, 요구사항 등을 수립하여 자금과 재원이 테러 공격 및 기타 재난의 위험 감소, 취약성 완화, 위협 억제 및 피해 최소화를 담당하는 부문에 효과적으로 배분될 수 있도록 하였다(NIPP, 2006). 이 계획은 위험관리모형(그림 13.4)을 토대로 하고 있다. 이 모형에서는 피해, 취약성 및 위협 정보를 통합하여 핵심기반시설 및 주요 자원 보호활동에 대한 국가적 혹은 세부 부문별 위험을 종합적, 체계적, 합리적으로 평가할 수 있는 절차를 마련하였다. NIPP는 또한 부문 간 및 부문 내적으로 업무조정, 의사소통 및 협력을 용이하게 해주는 강력한 공공-민간 파트너십에 기초하고 있다.

이 장에서는 국가기반시설 보호 계획에 대한 심층적 검토와 민간보안 부문과의 관련성에 대해서 더 이상 논의하지 않는다. 그러나 독자들은 NIPP 웹사이트(http://www.dhs.gov/xlibrary/assets/NIPP_Plan.pdf)를 참조하여 주요 기반시설과 핵심 자원 보호에 관한 귀중한 정보를 얻을 수 있다.(주: NIPP의 부록 5B는 "민간부문 사용자를 위한 국토안보 권고 실천사항"이라 불린다.)

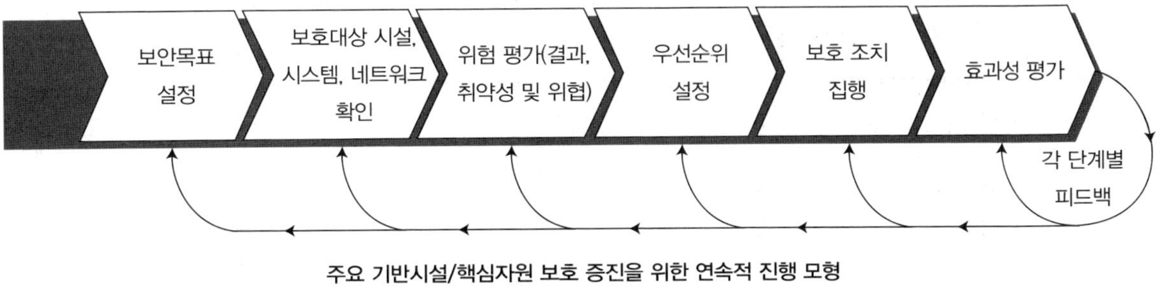

그림 13.4 NIPP 위험 관리 모형

출처: National Infrastructure Protection Plan (Washington, DC: Department of Homeland Security, 2006) p.4.

국토안보부의 목적

미국 국토안보부 장관인 Michael Chertoff는 국토안보부의 최우선 목표로 다음 다섯 가지를 제시한다("An Interview," 2007, pp.16-18).

1. 악당(bad people)의 국내 입국을 차단하기 위한 역량 증진
2. 공항과 항만 보안 강화를 통한 악한 물품의 국내 반입 차단
3. 기반시설 보호역량 강화
4. 최신 컴퓨터 장비를 이용한 대응역량 지속 증진
5. 연방정부 간 수평적 정보 공유 및 지방 정부와의 수직적 정보 공유 촉진

통합 센터(Fusion Centers) 다섯 번째 목표 달성을 위한 방안으로 전국적으로 **통합 센터**가 설치되었다. "통합은 정부와 민간산업 부문을 아우르는 절차를 의미한다. 통합은 정보와 첩보를 실행 가능한 지식으로 전환하는 절차이다.… 통합 센터는 정보교환, 재원극대화, 업무효율화, 범죄 및 테러대응 역량 증진을 위해 다양한 출처로부터 자료를 통합하는 효율적인 메커니즘이다"(*Fusion Center Guidelines*, 2006, p.3).

Hall(2007)에 따르면 37개 주에 42개의 통합 센터가 설치되어 상호 긴밀하게 협력하고 있다. 그러나 Hall은 이들 센터가 비용이 많이 들고 대체로 비효과적인 대테러 기구라고 평가한다. 국토안보부는 주정부에 3억 8천만 달러를 교부하여 센터 설립을 지원하고 있지만, 이들 센터는 수상한 행위, 형태 및 사람을 인식하고 테러 공격을 예방하기 위한 정보를 활용하는 데 초점을 맞추기보다는 "모든 범죄 및 모든 가능한 위험에 대처한다는 접근방식"을 취하는 데 그치고 있다.

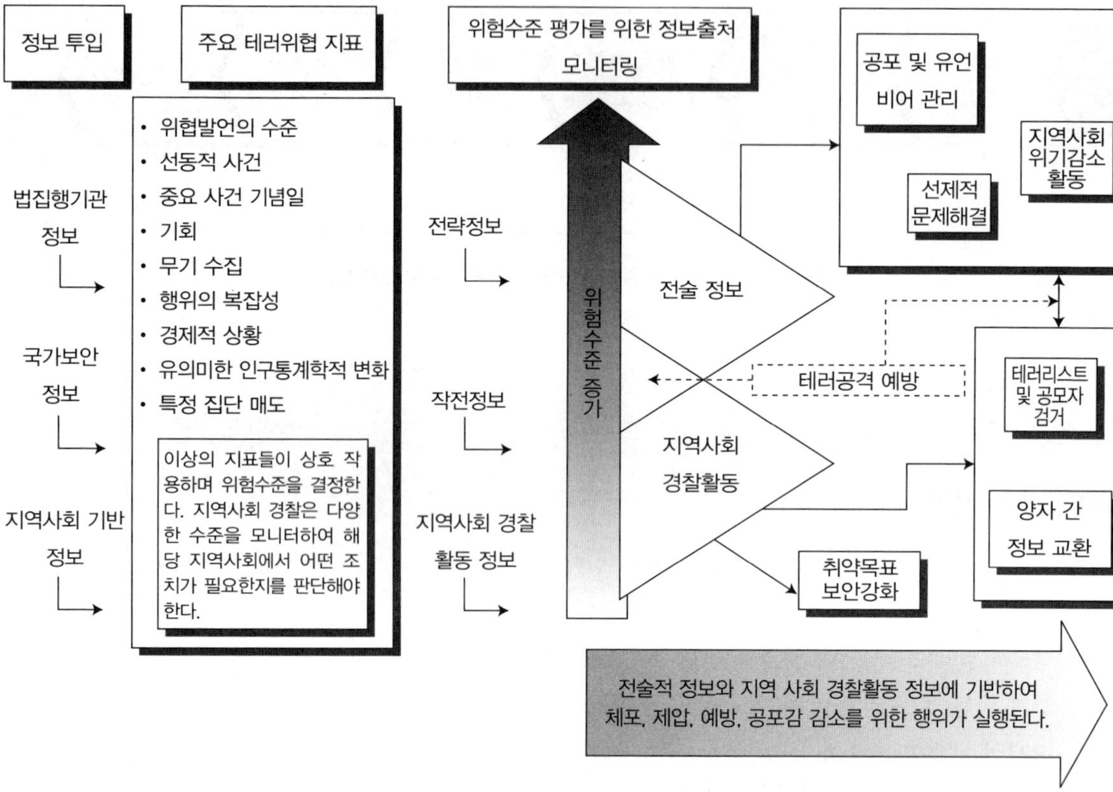

그림 13.5 대테러 주체별 역할 모형

출처: From David L. Carter and Richard N. Holden, "Terrorism and Community Security" in *Local Government Police Management,* 4th ed., edited by William A. Geller and Darrel W. Stephens (Washington, DC: International City/County Management Association, 2003) p.307. Reprinted by permission.

정보 수집 및 공유

보안요원들은 일상 업무를 수행하면서 테러리즘에 관한 잠재적 정보에 접하게 된다. 이러한 정보들은 공유되어야 한다. Heinecke(2004, p.80)은 행동패턴인식(Behavior Pattern Recognition: BPR)에 대해 다음과 같이 설명한다: "BPR은 두 가지 요소, 즉 주변 환경에 어울리지 않는 비정상적 행위 관찰 및 특정 용의자들과의 대화에 기반을 둔 보안 방법론이다.… BPR은 숙련된 관찰의 확장이다. 공항, 대형운동장, 컨벤션 센터 등에 근무하는 보안요원들은 그 장소에 어울리지 않는 행위들을 발견해야 한다." 그림 13.5는 지방 경찰들이 자신들의 새로운 대테러 책무를 수행하는 데 도움이 되는 모형을 보여 주고 있다.

국가적 대테러 정보 업무에 있어 기술적으로 가장 어려운 문제는 정보 처리를 위한 **상호운용가능성**(정보를 유기적으로 교환할 수 있는 능력)이다. 주 단위 국토안보부의 국장들은 대테러 1차 대응업무자들간에 상호운용가능한 통신기반을 2년 연속 최우선 업무사항으로 꼽았다(Gural, 2006, p.2). 이들은 자료를 수집하고 분석하기 위한 통합 센터 설치를 지지하였다. 이들은 또한 국토안보부가 재난관리보다 대테러대책 등과 같은 국토안보문제에 더 중점을 두고 있다고 생각했다.

Straw(2007a, p.28)는 "상호운용가능한 통신기준이 꼭 필요하긴 하지만, 지난 십여 년간의 연구 결과를 보면 여덟 가지 핵심 요소 중 단 두 가지만 밝혀냈다"라고 보고했다. Project 25(P25)는 위기상황 1차 대응자들이 사용하는 통신 장비의 상호운용성을 가능하게 하기 위해 활용할 수 있는 기술표준을 개발하기 위한 민관 합동 프로젝트이다. 1989년에 시작되어 현재 두 가지 가장 핵심적인 기술이 마무리 단계에 와 있다: 휴대용 무선장치를 위한 기술표준과 상이한 주파수에서 운용되는 별도의 무선체계를 연결하는 기술표준이 그것들이다(Straw).

형사사법과 공공안전(The Justice and Public Safety: JPS) 관련 소프트웨어 시장은 정보 공유를 해야 할 필요성이 명백하고 시급해지면서 급변하고 있다. 통합정보공유시스템은 네 가지 핵심 구성요소를 고려해야 한다: (1) 신뢰성, 확장성 및 보안성 확보를 위한 기반 표준화, (2) 데이터 배분, 취합 및 분석방식, (3) 업무절차, (4) 시스템 상 사용자의 숙련도-식별방식 및 사용용이성(Richey, 2007, p.34). 표준데이터교환형식은 Justice XML이라고 불린다. 경우에 따라 "Global Justice XML," "Data Model" 또는 "GJXDM"이라고도 불린다. 50개 이상의 주요 JPS 정보공유 프로젝트가 Justice XML standard를 사용 중이며 그 수는 계속 증가하고 있다(Richey, p.35).

정보 비공개 Pilant(2004, p.34)는 "대테러 업무는 거의 모든 경찰활동 및 기관에 존재하는 업무스타일, 즉 정보를 공유하기보다는 쥐고 있으려는 경향으로 인해 더욱 어려워진다"라고 설명한다. White(2004, p.17)는 "표면상으로는 단순해 보인다: 국방 및 첩보 공동체는 미국 내 발생 가능한 테러 활동 관련 정보를 수집한다.… 그러나 내면 상으로 기관 간 경쟁, 법규, 보안처리문제 및 관할권 보호 등이 복잡하게 얽혀 있어 정보 공유를 어렵게 만들고 있다"라고 지적한다. Polisar(p.8)는 "너무 오랫동안 관할권 다툼이나 케케묵은 규정들로 인해 범죄와 테러에 대처하는 연방 정부를 비롯한 각급 정부 담당자들 간에 협력적 업무관계를 조성하는 것이 어려웠다. 이는 조속히 시정되어야 한다"라고 주장한다.

테러 예방을 위한 연방 정부차원의 또 다른 노력은 테러리스트 검색 센터(Terrorist Screening Center)이다.

테러리스트 검색 센터(TSC)

국토안보부 대통령령 6호에 의거, 2003년 9월 16일 설치된 테러리스트 검색 센터는 테러리스트 감시 목록 및 검색절차를 수립하여 비자신청, 국경통과 및 항공여행을 통해 미국 입국을 시도하는 주요 지점에서 활용하고 있다. 센터장인 Bucella(2006, p.14)는 "테러리스트 검색 센터의 비전은 테러리스트 색출을 지원할 역동적인 글로벌 검색 네트워크를 수립하는 것이다"라고 하였다. 가장 우선순위 업무는 테러에 대한 1차 대응 업무수행자들이 미국의 시민과 지역사회를 보호하는 것을 돕는 것이다.

REAL ID

미국의 운전면허증은 원래 100년 이상 개인이 운전할 자격이 있는지를 확인하기 위한 서류였으나 오늘날 개인 신분을 확인하기 위한 가장 편리하고 신뢰할 수 있는 자료로 활용되고 있다. 80% 이상의 시민들이 운전자격증명 이외의 용도로 운전면허증을 활용하고 있다(*Improving Security and Protecting Privacy*, 2007, p.2). 그러나 새로운 기술의 발달로 이러한 운전면허증을 위조, 변조 및 교체하는 것이 가능해졌다. 9·11 테러리스트의 경우 총 17개의 위변조 운전면허증을 소지하고 있었다. 이러한 위협을 인식하고 2005년 5월 11일 미의회는 REAL ID 법안을 시행하였다.

REAL ID 법은 각 주들이 운전면허증이나 기타 신분증을 발급하기 전에 신청자의 신원을 확인하기 위한 새로운 조치를 취할 것을 의무화하고 있다. 2009년 12월까지 모든 주들은 사람들이 운전면허증을 취득하는 데 사용하는 출생증명서, 사회보장카드 및 기타 서류를 확인 및 인증해야 했다. 이 법은 또한 각 주들이 발행하는 운전면허증 및 기타 신분증을 훼손 및 위조가 어렵도록 설계할 것을 요구하고 있다. REAL ID는 주 당국에서 타주와 정보를 공유하고 신청자의 자료를 연방정부 데이터베이스와 대조·확인하도록 하고 있다.

자료 축적을 하는 경우 항상 사생활 보호가 문제로 부각된다. 그러나 국토안보부는 사생활 보호 문제에 대해 다음과 같이 분명히 언급하고 있다.

> 국토안보부는 REAL ID 법안의 시행과 관련된 개인정보의 보호가 정부가 시민의 사생활을 보호하는 동시에 시민에게 필요한 기본적인 서비스를 제공할 수 있을 것이라는 시민의 믿음에 핵심적인 문제라고 생각한다. 국토안보부는 이 법안과 관련된 중요한 사생활 보호의 문제를 분명히 인식하고 있다(NPRM, 일자미상).

미국정보기술협회(The Information Technology Association of America)는 의회, 국토안보부 및 주정부에게 REAL ID 법안의 시행을 추진할 것을 요구해 왔다. 협회 의장은 "현재의 시스템은 2001년 9·11 테러리스트들이 우리를 공격하도록 도와주었던 시스템이다. 우리는 문제가 무엇인지 알고 있으며 그것을 고치기 위한 기술도 있다. 절대 다수의 미국인들은 정부가 테러리스트와 범죄자들이 더 이상 이러한 법의 허점을 이용할 수 없도록 만드는 일에 박수를 보낼 것이다"라고 언급하였다 (Kerber, 2007).

Stateling.org에 따르면, 30개 주가 주 의회와 함께 비용, 사생활 보호 문제 및 새로운 국가 기준이 국가적 ID 카드를 만들게 될 것이라는 우려에 근거해서 의무적 면허증 기준을 반대하는 법안을 놓고 검토중이다("Montana and Washington First States to Opt Out of REAL ID," 2007, p.11).

국토안보 계획: 식료품보호 및 방어 센터

2004년 7월 미네소타 대학은 국립 식료품보호 및 방어센터를 위해 1천5백만 달러의 지원금을 받게 되었다. 미네소타 대학은 농업, 공중보건, 수의약학 및 약학 분야의 수준급 전문가를 모두 보유한 미국에서 몇 안 되는 대학 중 하나로서, General Mills, Cargill, 3M 및 Hormel사와 제휴를 맺고 있었다. 지원금 운영총괄을 맡게 된 Frank Busta 명예 교수(식품과학 및 영양학과)는 "우리의 임무는 국제적 오염으로부터 식료품을 안전하게 지키고 보호하는 일이다. 식료품은 매우 취약한 대상이다.… 만약 테러리스트들이 식료품 공급부분을 공격대상으로 삼으려 한다면, 우리가 하는 일을 보고 단념하게 되기를 희망한다"라고 언급했다(Smetanka, 2004a, p.A4).

이 센터를 개소하는 자리에서 당시 국토안보부 장관이었던 Tom Ridge는 "정부만의 힘으로는 무리다.… 정부는 유수한 종합대학, 기업 및 과학자들과 긴밀한 협력을 통해 시너지 효과를 모색해야 한다"라고 강조한 바 있다(Smetanka, 2004b, p.B1).

테러리스트 공격에 대한 대응

경찰, 소방관 및 응급의료진은 모든 테러 공격에 대해 가장 먼저 대처하는 "최초 대응자"들이다. 이들은 체계적인 훈련을 통해 인명 구조 및 피해확대 방지 역량을 갖추고 있다. 앞서 살펴본 대로, 최초 대응자들 사이에 상호운영가능성(interoperability)이야말로 이들의 성공적 임무 수행을 위한 핵심적 요소이다. 안타깝게도 9·11테러 당시에는 이러한 상호운영가능성이 없었고 그 결과는 참혹했다.

그러나 "5년이 지난 후에도 우리는 여전히 상호운영가능성에 무관심했다.… 위기상황을 담당하는 기관들은 정작 2001년 9·11테러라는 대재앙이 닥치자 서로 제대로 된 의사소통을 하지 못했다. 수많은 소방관들이 건물이 곧 붕괴할 것 같으니 서둘러 빠져 나오라는 경찰의 무전을 듣지 못한 채 세계무역센터 건물을 오르다 목숨을 잃었다"(Barrett, 2007).

2005년 8월 허리케인 카트리나가 멕시코만 해안을 강타했을 때, 폭풍으로 인해 통신탑이 무너지면서 모든 무전통신이 두절되자, 9·11테러 당시 제기되었던 의사소통상의 문제점들이 여전히 시정되고 있지 않음이 확인되었다.

화학 테러나 폭탄 테러와 같은 구체적인 위협에 대한 대응은 이 장 초반부에 논의되었다.

국토안보부의 위협대처시스템(Threat Advisory System)에 대한 미 산업보안협회의 가이드라인

Threat Advisory System Response는 국토안보부의 위협대처시스템(Threat Advisory System)에 대한 미 산업보안협회(ASIS)의 가이드라인으로서 민간기업 및 산업들이 국토안보부의 경보수준에 근거하여 취할 수 있는 행동들을 제공하고 있다. 이 지침에 따르면(p.6) 위협은 확률의 연속선상에 있으며, 적절한 수준의 보안조치를 통해 임박한 사건의 위험을 감소시키고 목표물을 강화할 수 있다. 위협 단계 및 각 단계별 권고 대응사항은 부록 B에 수록되어 있다.

국제 테러조직에 의한 군사화된 공격

군사화된 테러에 대응하는 것은 특히 어렵다. Jones(2007a, p.34)는 "군사화된 테러조직에 의한 조직적 공격의 일반적 목표는 무고한 시민이나 경찰 및 보안인력들을 무차별적으로 살해함으로써 한 국가나 지역사회의 구성원들 사이에 공포심을 유발하는 것이다"라고 설명한다. 그러한 군사화된 테러 공격은 대개 "대량인명살상공격(decimation assaults)"이거나 "대량인질극(mass hostage siege)"이다(Jones, 2007b, p.44).

대량인명살상 공격은 매스컴의 대대적인 조명을 받게 되며, 이로 인해 테러조직들의 자금 및 인력확보를 용이하게 해 준다(Jones). 이러한 공격은 전형적으로 1인에 의한 자살폭탄테러 혹은 "총과 수류탄" 유형의 공격으로 이에 대응하는 보안인력에게 전략적 문제보다는 전술적 문제를 야기한다. "이들 유형의 테러리스트들이 통제된 건물 안으로 진입을 시도하는 경우에는 잘 훈련된 무장 보안요원들이 즉각

반격하는 것이 최선의 대응책이다”(Jones, 2007c, p.30). 이처럼 초기 단계부터 신속하게 테러리스트를 제압하려는 보안요원들은 수세에 놓일 경우 목숨을 잃을 위험이 크다. “협상”이 있을 수 없기 때문이다: “공격을 개시한 테러리스트를 생포한다든지, 공격을 단념시킬 목적으로 무력진압을 경고하는 것은 전혀 실현가능한 시나리오가 아니라는 것이 모든 대테러 전문가들의 일관된 주장이다. 경찰과 보안요원들은 군사화된 테러리스트들의 성향과 전술에 신속하고 효과적으로 대처할 수 있도록 특수화된 훈련을 받아야 한다”(Jones, 2007c, p.31).

대량인질극은 군대화된 테러조직들이 즐겨 사용하는 유형의 공격이다. 이러한 대량인질극을 통해 인질들의 고통과 사망은 앞의 유형보다 적지만 테러효과는 더욱 크다(Jones, 2007b, p.45). 이러한 테러리스트의 첫 번째 목적은 언론매체와 접촉하는 것으로서 보안요원들이 이를 제지하기는 사실상 어렵다. 만약 그러한 접촉요구가 거절당할 경우, 이들은 인질을 살해하기 시작할 것이다. 두 번째 목적은 상황을 대응하는 요원들의 전술적 문제에서 해당 지역사회의 전략적, 정치적 문제로 전환시키는 것이다. 보안요원들이 긍정적인 결과를 원한다면 상황을 전술적 차원으로 유지시키는 것이 필수적이다(Jones).

세 번째 목적은 빌딩에 폭발물이나 자동화무기를 설치한 뒤에 건물을 포위하고 있는 요원들이 침투하도록 유도하는 것이다. 군대화된 테러리스트들에 의해 점거중인 요새화된 건물을 공격하기 위해 경찰과 보안요원들은 테러리스트의 숫자보다 최소 10배 이상 많은 인력을 보유해야 한다(Jones).

공격을 예방하지 못한 경우, 이러한 테러 공격들은 철저히 조사받아야 한다.

테러행위 수사

다행히도 테러리즘을 조사하는 것은 다른 일반 범죄를 조사하는 것과 대단히 유사하다. 실제로 마약과의 전쟁은 테러리즘과의 전쟁에 도움이 되는 여러 시사점을 제공한다. 예를 들어 양 “전쟁” 모두 정교한 비밀작전이 요구되는 위장침투행위(covert illegal activities)가 요구된다. 양자 모두 국내 및 외국 기지가 있다. 게다가, 양자 모두 다양한 기관 간 업무조정과 국내 및 국제적 업무파트너와 정보공유를 요구한다.

전통적 범죄와 테러리즘 간에는 확인된 “연결고리”가 존재한다. 위장신분, 테러 목적을 위한 불법품목 밀매 및 마약 판매 등이다(Loyka 등, 2005, p.7). Bratton (2006, pp.2-3)은 “조직범죄 사건을 수사하다 보면 우회적으로 테러리즘 사건으로 연결되는 경우가 많아지고 있다. 우리는 위조제품과 테러자금이 관련되어 있다는 것을 확인하였다.… 최근의 조직범죄는 국제화되고 있다. LA에서는 밀수담배 및 규제 약품(물질) 밀거래, 상표법 위반행위, 갈취, 우편사기, 전자통신사기, 세금사기, 보험사기, 돈세탁 등과 연루된 개인들이 헤즈볼라나 하마스 같이 잘 알려진 테러조직의 주요 자금원으로 활동하고 있다"고 강조했다.

수사도구로서의 감시카메라

2005년 런던 지하철 테러사건 당시, 가방 속에 담겨 있던 4개의 수제폭탄은 일부만 폭발하였다. 부상자는 한 명에 그쳤다. 하루 뒤, 용의자 4명의 사진이 테러지점 주변의 감시카메라에 포착되어 TV로 방송되었다. 2007년 7월 7일에도 이 같은 신속한 수사가 이루어졌다. 영국 수사관들은 감시카메라 자료를 활용하여 스코틀랜드 글래스고우까지 용의자들을 추적하고 일부를 검거하였다: "경찰은 소위 'Ring of Steel'이라 불리는 런던시내 교차로 등 구석구석에 설치된 수천 개의 감시카메라망 덕분에 자동차 번호판, 용의자 사진 및 기타 중요한 단서들을 확보할 수 있었다고 하였다"(Tanneeru, 2007). 뉴욕시, 특히 두 건의 테러가 발생한 맨하탄 남부 지역은 필요한 재원만 확보되면 2010년까지 런던시와 유사한 감시카메라망을 갖추게 된다. 맨하탄 남부 보안계획을 추진하기 위해 필요한 예산은 9천억 달러에 이른다. 이 계획이 시행되면 (논란의 여지는 있지만) 세계에서 가장 가치 있고 민감한 부동산인 1.7 평방마일에 달하는 맨하탄 남부지역의 안전을 확보할 수 있을 것이다(Tanneeru).

보안부문 종사자들은 테러와의 전쟁에 적극적으로 가담하면서도 개인의 권리와 사생활을 침해하지 않도록 주의해야 할 것이다.

테러와의 전쟁과 관련된 우려들

국토안보부는 미국의 자유와 사생활을 지키는 것이 얼마나 중요한지를 인식하고 있다. 그러나 일반 시민들은 법집행기관이 테러의 위협에 잘 대처해 주기를 기대하고 있다: "법집행기관은 가장 기본적인 시민권, 무슨 일이 있더라도 수호해야 하는 이 권리를 지켜내기 위해 유연하면서도 실제적이어야 한다"("An Interview," p.18). 민간 보안요원들은 비록 공공 법집행요원들과 같은 엄격한 헌법적 제약을 받지는 않더라도 안전의 필요성과 부당한 간섭이나 차별을 받지 않을 시민의 권리를 조율하는 과정에서 발생할 수 있는 잠재적 편견에 민감하게 대응해야 한다.

"테러와의 전쟁"과 관련된 두 가지 우려점은 시민의 자유가 침해될 수 있다는 점과 중동계 시민들이 차별을 받거나 증오 범죄의 피해자가 될 수도 있다는 점이다.

국토안보부의 첫 번째 준수원칙은 시민의 권리와 자유를 보호하는 것이다.

> 우리는 미국을 수호하는 동시에 미국을 정의하는 자유를 지켜낼 것이다. 우리는 헌법과 법치에 보장된 개인의 자유와 권리에 부합되도록 전략을 수립하고 행동할 것이다. 우리는 테러리스트에 관한 정보를 수집하고 공유하는 방식을 개선해나가면서도 비밀을 보장하고 우리 시민의 사생활을 보호하는 데 각별히 유의할 것이다. 우리는 국가를 수호하고 개인의 자유와 권리를 보호하기 위해 혼신의 힘을 다할 것이다(*Securing Our Homeland*, p.6).

또 다른 우려점은 일부 미국인들이 무고한 중동계 시민(대부분 미국에서 출생 또는 귀화)에게 보복할 가능성이 있다는 사실이다: "미국의 다문화 지역사회, 특히 아랍이나 이슬람계 지역사회는 테러공격 이후 가장 먼저 보복성 폭력이나 증오 범죄의 피해를 입었다"(Peed and Wexler, 2004, p.vii). Davies와 Murphy(2004, p.1)도 "세계무역센터가 붕괴하고 국방성이 공격당한 후 수 시간 내에 아랍, 이슬람, 시크교인들이 테러리스트들과 같은 국가적 배경 및 종교를 가졌다는 이유로 공격당하고 괴롭힘당했다"라고 지적했다. 미 법무부에서 지원한 연구에 따르면, 9·11테러 이후 아랍계 미국인들은 증오범죄의 피해자가 되는 것보다 인종차별관행 및 이민자 단속정책의 강화를 두려워했다(Elliott, 2006).

민간 보안요원들은 아랍계 미국인에 대한 인종차별관행 및 차별을 방지하기 위해 다음의 수칙을 따를 수 있다(Henderson 등, 2006, p.25).

- 의사소통과 대화를 늘려라.
- 개인과 일대일로 접촉하라.
- 문화의식함양연수를 받아라.
- 아랍계 미국인들에 대한 채용을 늘려라.

보안요원들은 미국이 이슬람 지역사회와 유대감 및 신뢰를 형성해 나가는 과정에서 테러와의 전쟁이 결코 이슬람과의 전쟁이 아니라는 점을 분명히 인식해야 한다(Straw, 2007b, p.30). 전문가들은 경제적으로 성공하고 미국에 잘 동화된 이슬람계 미국인들은 그렇지 않은 유럽국가내 이슬람계 시민과 달리 테러에 가담할 이유가 없으며, 오히려 테러에 연루될 경우 득보다 실이 많은 입장이라고 지적한다(p.32).

요 약

- 국토안보와 관련된 민간 보안요원의 책무는 적을 알고 항상 경계심을 갖는 것, 테러 공격을 예방하기 위한 모든 가능한 조치를 취할 것, 교육과 훈련을 통해 발생 가능한 테러 공격에 대해 만반의 준비를 갖출 것, 테러공격에 신속히 대응할 것, 테러공격에 대한 조사이다.
- 테러리즘에 대한 정의들은 대부분 실제적 혹은 협박된 물리적 폭력의 체계적 행사, 비전투원 대상, 종교적, 정치적 혹은 사회적 변화를 위한 공포분위기 조성이라는 요소를 포함한다.
- 테러리즘의 세 가지 요소: (1) 본질적으로 범죄행위이고, (2) 대상이 통상 상징적이며, (3) 테러행위는 항상 공격적이고 폭력적이다.
- 9·11테러의 결과로 미국 정부는 기존의 연방정부기관을 재정비하여 국토안보청(추후 국토안보부로 개편)을 신설하였다.
- 연방수사국(FBI)은 국내 테러행위에 대응하는 일차적 담당기관이다. 연방재난관리청(FEMA)은 (테러공격 이후) 결과수습 및 관리를 위한 일차적 책임기관이다.
- FBI는 미국 내 테러리즘을 국내적 혹은 국제적 테러리즘으로 분류한다.
- 국내 테러조직에는 백인 우월주의자, 흑인 우월주의자, 민병대, 기타 우익 혹은 좌익 극단주의자, 극단적 낙태 반대자, 극단적인 동물권리 보호운동가 및 환경운동가 등이 포함된다.
- 알카에다 테러 공격의 3단계 모형은 아프가니스탄에 있는 리더와 연계해 공격을 감행하는 잠복조직, 독자적으로 공격을 감행하는 잠복조직, 그리고 점조직의 지원을 받는 개인이다.
- 대부분의 테러 공격은 종교적, 정치적, 사회적 체제 및 정책에 대한 불만, 납득할 만하고 평화적인 수단으로 그러한 체제를 변화시킬 수 없다는 좌절감에서 비롯된다.
- 테러리스트들은 방화, 폭탄 및 폭발물, 대량살상무기(생물학, 화학, 핵) 및 기술을 이용한다.
- 군사조직화된 테러공격은 보통 대량 학살이나 대규모 인질극의 형태를 띤다.
- "테러와의 전쟁"과 관련된 두 가지 우려점은 시민의 자유가 침해될 수 있다는 점과 중동계 시민들이 차별을 받거나 증오 범죄의 피해자가 될 수도 있다는 점이다.

응 용

2006년 부시 대통령은 애국법에 서명하였다. 웹사이트(http://www.whitehouse.gov.infocus/patriotact)를 참조하여 이 법의 조항들을 개관해 보고, 이 법과 관련된 뉴스나 연설을 읽은 뒤 추가적인 정보를 덧붙여 보아라.

논의 사항

1. 국내 테러와 국제 테러 중 어느 것이 더 큰 위협인가? 그 이유는?
2. 경찰서에 대테러 전략이 마련되어 있는가? 만약 그렇다면 구체적으로 무엇인가?
3. 어떤 유형의 테러공격을 가장 두려워하는가? 그 이유는?
4. 미국인들이 테러에 대해 안일해졌다고 생각하는가?
5. 미국인들은 법집행요원들이 테러를 추적하는 과정에서 개인적 자유를 희생하는 것을 감수해야 하는가?

참고문헌

Barrett, Devlin. "6 of 75 Cities Get Top Disaster Rating." *Washington Post*, January 3, 2007.

Bratton, William J. "The Link between Organized Crime and Terrorism (and What We Need to Do about It." *Subject to Debate*, November 2006, pp.2-3.

Bucella, Donna A. "The Terrorist Screening Center." *The Police Chief*, August 2006, p.14.

Buhrmaster, Scott. "It's Not Over." *Law Officer Magazine*, July/August 2005, pp.42-45.

Chudwin, Jeff. "Homicide Bombers: Tactics for First-Responders." *Law Officer Magazine*, January 2007, pp.62-64.

Daniels, Rhianna. "Chemical Facilities Secure DHS Standards." *Security Director News*, February 2007, p.8.

Davies, Heather J. and Murphy, Gerard R. *Protecting Your Community from Terrorism: The Strategies for Local Law Enforcement Series Vol. 2: Working with Diverse Communities*. Washington, DC: The Office of Community Oriented Policing Services and the Police Executive Research Forum, 2004.

DeYoung, Karen. "Attempts Seen as Model for New Attacks on U.S. Soil." *Washington Post*, July 3, 2007, p.A01.

Dowle, Jim. "Homemade Explosives." *Law and Order*, October 2006a, pp.17-18.

Dowle, Jim. "Remain Vigilant." *Law and Order*, May 2006b, pp.22-24.

Dowle, Jim. "Suspicious Packages." *Law and Order*, November 2006c, pp.10-14.

Edwards, Al. "DHS Reveals Chemical Guidelines." *Security Director News*, May 2007, p.1.

Elliott, Andrea. "After 9/11, Arab-Americans Fear Police Acts, Study Finds." *The New York Times*, June 12, 2006.

Elliott, Robert. "Hi-Tech Chemical Nose." *Security Management*, November 2006, pp.38-45.

"Emergency Procedures for Acts of Terrorism." *A Quick Reference Guide for Handling Disasters, Emergencies and Pandemics*. King of Prussia, PA: Allied Barton Security Services (a supplement to Security Management), August 2006.

Faherty, Christopher. "Police Test Technology to Safeguard City from Nuclear Attacks." *The New York Sun*, April 2, 2007.

"FBI: Suicide Bombs a Big Concern." *The New York Times*, July 4, 2007.

Fusion Center Guidelines: Developing and Sharing Information and Intelligence in a New Era. Washington, DC: Department of Justice, April 2006.

Griffith, David. "Eyes Wide Shut." *Police*, June 2006a, p.10.

Griffith, David. "Get Real, America." *Police*, September 2006b, p.12.

Gural, Andrea. "State Security Directors Rank Communications Main Priority." *Security Director News*, May 2006, pp.2, 5.

Haber, Grant. "Facing the Threat of Improvised Explosives." *Law Enforcement News*, May 2004, pp.13-14.

Hall, Mimi. "State-Run Sites Not Effective vs. Terror." *USA Today*, July 23, 2007.

Hanson, Doug. "The Nation's Food and Water Supply: A New Target for Terrorists?" *Law Enforcement Technology*, January 2004, pp.18-24.

Harwood, Matthew. "Assessing Chlorine Gas Bombs." *Security Management*, June 2007, pp.18-19.

Heinecke, Jeannine. "Adding Another Layer to the Security Blanket." *Law Enforcement Technology*, March 2004, pp.78-85.

Henderson, Nicole J.; Ortiz, Christopher W.; Sugie, Naomi F.; and Miller, Joel. *Law Enforcement & Arab American Community Relations after September 11, 2001: Engagement in a Time of Uncertainty*. New York: Vera Institute of Justice, June 2006.

Horwitz, Sari. "Man's Best Terror Deterrent Still Somewhat-Reliable Dog." *Washington Post,* August 12, 2005, p.A01.

Hughes, Shawn. "Anxiety Attack." *Police*, September 2004, pp.32-36.

Improving Security and Protecting Privacy through REAL ID. Arlington, VA: Information Technology of America, May 6, 2007.

"An Interview with Homeland Security Secretary Michael Chertoff." *The Police Chief*, February 2007, pp.14-18.

Jackson, Derrick Z. "Tracking the Weapons of Homeland Terrorists." *The Boston Globe*, July 18, 2007.

Jones, Keith. "Terrorism Deterrence, Part I." *Tactical Response*, January/February 2007a, pp.34-36.

Jones, Keith. "Terrorism Deterrence, Part II." *Tactical Response*, March/April 2007b, pp.44-45.

Jones, Keith. "Terrorism Deterrence, Part III." *Tactical Response*, May/June 2007c, pp.30-31.

Keeney, Michelle; Kowalski, Eileen; Cappelli, Dawn; Moore, Andres; Shimeall, Timothy; and Rogers, Stephanie. *Insider Threat Study: Computer System Sabotage in Critical Infrastructure Sectors*. Pittsburgh, PA: CERT Program, Carnegie Mellon University, May 2005.

Kerber, Jennifer. *ITAA White Paper: Real ID Means Real Privacy*. Arlington, VA: Information Technology Association of America, May 10, 2007.

Linett, Howard. "Counter-Terrorism." *Police*, August 2005, pp.58-64.

Loyka, Stephan A.; Faggiani, Donald A.; and Karchmer, Clifford. *Protecting Your Community from Terrorism: Strategies for Local Law Enforcement. Volume 4: The Production and Sharing of Intelligence*. Washington, DC: Community Oriented Policing Services and the Police Executive Research Forum, February 2005.

Miller, Christa. "You Know It When You See It." *Law Enforcement Technology*, September 2006, pp.20-26.

"Montana and Washington First States to Opt Out of REAL ID." *Justice Bulletin*, May/June 2007, pp.11-12.

Morabito, Andrew and Greenberg, Sheldon. *Engaging the Private Sector to Promote Homeland Security: Law Enforcement-Private Security Partnerships*. Washington, DC: Bureau of Justice Assistance, September 2005. (NCJ 210678)

Morgenstern, Henry. "Suicide Terror: Is Law Enforcement Ready?" *Law Enforcement Technology*, September 2006, pp.32-41.

National Infrastructure Protection Plan. Washington, DC: Department of Homeland Security, 2006.

National Intelligence Estimate: The Terrorist Threat to the US Homeland. Washington, DC: National Intelligence Council, July 2007.

Notice of Proposed Rule Making, 4419-10, Department of Homeland Security, Office of the Secretary, 6 CFR Part 37, Docket No. DHS-2006-0030, RIN 1601-AA37, Minimum Standards for Driver's Licenses and Identification Cards Acceptable by Federal Agencies for Official Purposes, p.27.

Page, Douglas. "Dirty Bomb Detection: What's Hot." *Law Enforcement Technology*, August 2005, pp.124-129.

Peed, Carl R. and Wexler, Chuck. "Foreword." In *Protecting Your Community from Terrorism: The Strategies for Local Law Enforcement Series Vol. 2: Working with Diverse Communities*, edited by Heather J. Davies and Gerard R. Murphy. Washington, DC: The Office of Community Oriented Policing Services and the Police Executive Research Forum, 2004, pp.vii-viii.

Pilant, Lois. "Strategic Modeling: Los Angeles County's Counterterroism Program Is Being Duplicated Nationwide." *Police*, May 2004, pp.34-38.

Polisar, Joseph M. "The National Criminal Intelligence Sharing Plan." *The Police Chief*, June 2004, p.8.

Richey, Tom. "Connecting the Dots." *9-1-1 Magazine*, March 2007, pp.34-36, 64.

Sanow, Ed. "Vandalism? Terrorism." *Law and Order*, May 2002, p.5.

Savelli, Lou. *A Proactive Law Enforcement Guide for the War on Terrorism*. Flushing, NY: LooseLeaf Law Publications, Inc. 2004.

Securing Our Homeland. Washington, DC: Department of Homeland Security, no date.

Smetanka, Mary Jane. "'U' Studies Terrorism at Your Table." (Minneapolis/St. Paul) *Star Tribune*, July 6, 2004a, pp.A1, A4.

Smetanka, Mary Jane. "'U' Center Safeguards Food Supply." (Minneapolis/St. Paul) *Star Tribune*, July 7, 2004b, pp.B1, B4.

Spahr, Lisa L.; Ederheimer, Joshua; and Bilson, David. *Patrol-Level Response to a Suicide Bomb Threat: Guidelines for Consideration*. Washington, DC: Police Executive Research Forum, April 2007.

Straw, Joseph. "Interoperability Standards Stalled?" *Security Management*, August 2007a, pp.28-30.

Straw, Joseph. "Hearts, Minds and Homegrown Terror." *Security Management*, January 2007b, pp.30-32.

Straw, Joseph. "Q. What's Your Major? A. Homeland Security." *Security Management*, July 2007c, pp.34-37.

Tanneeru, Manav. "'Ring of Steel' Coming to New York." *CNN*, August 1, 2007.

The Terrorism Research Center. http://www.terrorism.com/index.php

Threat Advisory System Response Guideline. Alexandria, VA: American Society of Industrial Security, 2004.

Van Etten, John. "Impacts of Domestic Security on Law Enforcement Agencies." *The Police Chief*, February 2004, pp.31-35.

Wexler, Chuck. "Foreword." In *Patrol-Level Response to a Suicide Bomb Threat: Guidelines for Consideration*, by Lisa L. Spahr with Joshua Ederheimer and David Bilson. Washington, DC: Police Executive Research Forum, April 2007, pp.i-ii.

White, Jonathan R. *Defending the Homeland: Domestic*

Intelligence, Law Enforcement and Security. Belmont, CA: Wadsworth Publishing Company, 2004.

White, Jonathan R. *Terrorism and Homeland Security*, 5th edition. Belmont, CA: Wadsworth Publishing Company, 2006.

Whitelaw, Kevin. "A Resurgent Menace." *U.S. News & World Report*, May 14, 2007, pp.32-33.

부　　록

특정 범죄와 수사상 의무

다음 수사 배경, 의무사항과 조언들은 *민영보안을 위한 아우트라인 가이드* (Stokes et al., pp.52–61)에서 발췌한 것임.

공격행위 / 폭행

대부분의 주에서 공격행위는 다른 사람에게 부상을 일으키는 폭력행위를 저지르는 불법적인 행위로 규정되어 있다.

공격행위의 정도와 형태는 주마다 다르다. 예를 들어, 공격행위는 단순 공격행위에서 살상무기를 이용한 공격행위나 그 외에 심각한 부상을 초래할 수 있는 공격행위까지 다양한 수준이 있을 수 있다. 그 형태에 있어서도 타인에 대한 단순 공격행위에서 배우자에 대한 공격행위, 아동 학대나 노인 학대에 이르기까지 다양하다.

의무사항들

- 회사정책에서 규정하고 있을 경우 경찰에 신고하라.
- 사건의 세부사항을 완전히 파악하기 위해 피해자와 면담하라.
- 피해자의 부상 정도를 파악하라. 사진, 진료 기록, 응급실 정보, 치료에 관한 사항을 입수하라.
- 무기가 사용되었다면 현장에서 이를 촬영하는 것을 고려해 보라.
- 피의자, 차량, 무기 등에 대한 완전한 정보를 입수하도록 하라.
- 사건의 세부사항에 대한 완전한 정보를 입수하도록 하라: 도발하거나 악화시키는 행위 등이 있었는가?
- 목격자들을 분리시키고 면담하라.
- 피의자를 찾아내어 면담하라. 알리바이를 파악하고 적절하다면 사진을 찍도록 하라.

팁

- 피의자의 자기행위 부정과 자기방어는 일반적인 현상이다.
- 알코올이나 마약을 복용하고 있었던 사람이 있는지 파악하라.

평온의 파괴 / 소란 / 불법 행위

이것은 민간이나 공공시설에서 직원들이나 시민들에게 공포를 유발할 수 있는 일체의 행위들을 의미한다.

의무사항들

- 회사정책에서 규정하고 있을 경우 경찰에 신고하라.
- 사건에 보안요원이 개입한 시간을 기록하라.
- 사람이나 자산에 가해진 모든 손상을 평가하라.
- 목격자를 찾아내어 면담하라.
- 가능할 때에 목격자와 면담하라.
- 추가적인 지원이 필요한지를 결정하라.
- 부상당한 사람이 있다면 치료를 받도록 하라.
- 사건의 원인을 파악하라.
- 어떠한 조치를 취할지를 결정하라.

침입절도 / 무단침입 / 강제침입

방이나 건물에 무력이나 다른 수단을 사용하여 부당하게 침입하는 행위. 닫혀 있는 문이나 창문을 여는 것만으로 여기에 해당하고 문이 시정되었는지는 상관이 없다. 침입을 돕기 위해 사용된 모든 것들은 위법행위에 해당된다.

의무사항들

- 회사정책에 규정되어 있을 경우 경찰에 신고하라.
- 사건에 대해 보안요원이 알게 된 시간을 기록하라.
- 어떻게 침입이 이루어졌는지 파악하라.
- 누가 침입사실을 처음 발견하였는지 파악하라.

- 수량, 브랜드 명, 제조사, 모델 번호, 시리얼 번호, 색상, 크기, 개인 식별, 고유 마크, 추정 가치 등을 포함한 손실에 대한 모든 내용을 파악하라.
- 필요하다면 현장을 보존하라.
- 침입과 탈출지점을 파악하라. 그리고 여기서 물리적인 증거들을 발견하기 위해 철저한 점검을 실시하라.
- 목격자를 파악하라.
- 현장에서 발견되는 증거에 표시를 하도록 하라.
- 가능하다면 현장을 봉쇄하고 사진을 촬영하라.
- 사건에 대한 적절한 조치를 취하도록 하라.

절도

절도는 타인의 재물을 절취하는 행위이다. 절도에는 상점절도, 가방 낚아채기, 소매치기 등이 포함된다.

의무사항들

- 회사정책에 규정되어 있을 경우 경찰에 신고하라.
- 피해자와 면담하라. 절취된 물건을 마지막으로 본 것이 언제인지, 도난당했다는 사실을 안 것이 언제인지, 절취행위가 발생했을 때 상황이 어떠했는지 등을 포함한 완전한 진술을 확보하라.
- 수량, 브랜드 명, 제조사, 모델 번호, 시리얼 번호, 색상, 크기, 개인 식별, 고유 마크, 추정 가치 등을 포함한 손실에 대한 모든 내용을 파악하라.
- 적절하다면 현장을 보존하라.
- 지문, 유류 증거 등을 찾는 등 철저한 현장조사를 실시하라.
- 필요하다면 현장을 봉쇄하고 사진을 촬영하라.
- 족적, 타이어흔, 기타 물리적 증거들을 확보하기 위해 현장을 수색하라.
- 목격자를 발견하고 면담하라.
- 피의자가 발견되면 취조하고 알리바이를 포함한 진술을 확보하라.
- 적절하다면 보험회사에 연락하라.

사유지 침입

타인의 사유지를 허락 없이 침입하는 행위이다. 대부분이 다른 사람의 사유지에 허락을 받지 않고 들어가는 경우이다.

의무사항들

- 회사정책에 규정되어 있을 경우 경찰에 신고하라.
- 보안요원이 침입을 처음 인지하게 된 시간을 기록하라.
- 침입자가 어떻게 해서(행동, 복장 등) 보안요원의 주의를 끌게 되었는지에 주목하라.
- 침입자가 휴대용 무전기나 방화 물품을 지참하고 있는지 확인하라.
- 침입자에게 어떻게 대응하였고 보안요원이 어떠한 행동을 하였는지 파악하라.
- 목격자들로부터 진술을 확보하라.
- 적절한 조치를 취하라.

손괴 / 범법 행위 / 자산에 대한 손상

손괴는 자산의 유용성과 가치가 상당히 줄어들게 하거나 이를 파괴하는 행위이다. 이러한 자산에는 자판기, 유리창, 차량, 전화기 동전통, 사인, 건설 장비, 벽, 화장실 등이 포함된다. 낙서도 손괴에 포함된다.

의무사항들

- 회사정책에 규정되어 있을 경우 경찰에 신고하라.
- 보안요원이 손상을 발견하거나 신고를 접수한 시간을 기록하라.
- 필요하다면 현장을 봉쇄하라.
- 목격자나 사건에 대해 알고 있는 사람을 찾아내도록 하라.
- 철저한 현장 조사를 실시하라.
- 적절하다면 현장에 대해 사진을 촬영하라.
- 물리적 증거를 찾아라.
- 피의자가 발견되면 취조하도록 한다.

위협 대응 권고 시스템(Threat Advisory System Response: TASR) 가이드라인

위협 대응 메트릭스의 구조

TASR 가이드라인 메트릭스는 4개의 주요 하부구조로 나누어지고 그 아래로 다음의 세 개의 하위카테고리로 분류된다.

카테고리 1: 응급 대응 - 사업 연속성
카테고리 2: 인력 보호
카테고리 3: 물리적 보호

주의: 이해를 돕기 위해 "고려사항과 잠재적 행동들"이라는 제목하의 단계들은 추가적이다. 다음 단계는 이전 단계의 행동들을 모두 포괄한다.

메트릭스를 사용하기 위해:

1. 현재 맞닥뜨린 위협을 확인하라.
2. 국토안보부에 의해 발행된 국가 위협 권고 수준(National Threat Advisory Level)을 확인하고 권고수준에 따른 행동들이 무엇인지 검토하라.
3. 현재의 위협이 중요한 내부구조에 위협이 되는지와 이것이 어떤 위협 수준(국가적/지역적/주/지방)에 해당하는지를 결정하라.
4. 인력, 자산, 시설에 대한 잠재적 행동과 고려사항들의 적용가능성을 결정하라.
5. 어떤 대응활동을 취할지 결정하라.

13.0 위협 수준 메트릭스(국토안보부 권고 시스템을 참조함)

위협 수준	국가적	지역/주/지방
적색 혹은 심각 R	테러공격의 위협이 매우 높거나 테러공격이 임박하다는 신뢰할만한 정보가 주요기관에 의해 접수되었을 때 선언됨.	테러공격이 발생했거나 신뢰할만한 정보가 테러공격이 임박하며, 이것이 지역/주/지방 차원의 대응이 필요하고 특정한 공격대상이 지정되었을 때 선언됨.
오렌지 혹은 높음 O	테러공격의 위협이 높거나 주요시설에 대한 테러공격이 가해질 것이라는 신뢰할만한 정보가 존재할 때 선언됨.	신뢰할만한 정보가 테러공격의 위험이 높고 이것이 지역/주/지방 차원의 대응이 필요하다고 판단되나 특정한 공격대상이 지정되지 않은 경우에 선언됨.
황색 혹은 약간 높음 Y	테러공격의 상당한 위협이 존재하거나 주요시설에 대한 일반적인 위협이 존재할 때 선언됨.	테러공격의 위협이 증가되었으나 특정한 대상이 지정되지 않은 경우 선언됨.
청색 혹은 약간 낮음 B*	테러공격에 대한 일반적 위협이 있거나 주요시설에 대한 일반적 위협이 존재할 때 선언됨.	테러공격의 일반적 위협이 존재할 때 선언됨.
녹색 혹은 낮음 G*	주요시설에 대한 테러공격 위협이 낮을 때 선언됨.	테러공격의 위협이 낮은 경우에 선언됨.

* 국토안보부 권고 시스템은 녹색과 청색을 구분하고 있으나 이해와 실행의 편의를 위해 ASIS 위협 권고 시스템 대응 가이드라인에서는 녹색과 청색을 하나로 합침.

용어

간접적 위협(indirect threat) – 목표, 동기 등이 불분명하거나 모호한 위협. (12)

감독자 책임(respondent superior) – 직원이 그의 의무범위 내에서 또는 고용주의 이익을 위해서 행한 불법적 행위나 과실에 대하여 고용주에게 책임이 있다는 개념. (4)

감사(audit) – 객관적이지만 중요한 현장 검사이고, 사업·공장·공공/민간 기관 혹은 가정 등에서의 분석하고 이미 존재하는 보안을 식별하고, 약점을 알아내며, 필요한 보호를 결정하고, 전체 보안을 강화하기 위해 필요한 보호조치를 권고한다. (5)

건물 외피(envelope) – 건물의 외부이자 제1의 방어선. (6)

결론적인 말(conclusionary language) – 사실에 근거하지 않은 추정 혹은 의견. (10)

경범죄(misdemeanor) – 벌금이나 상대적으로 단기간의 구금형 또는 그 두 가지 모두에 의해 처벌을 받을 수 있는 사소한 범죄. (9)

경보대응(응답)자 또는 출동요원(alarm respondent) – 고객의 자산 또는 시설에서 발생한 경보상황에 응답하고, 경보의 원인을 파악하기 위해 자산을 조사하고, 경보시스템의 무결성이 회복될 때까지 고객의 자산을 보호하고, 지역의 협정에 따라 경찰을 돕는 일을 하기 위해 조직에 고용된 사람. 현장출동요원은 무장할 수도 있다. (1)

경쟁금지 서약(noncompete agreements) – 직원들이 경쟁회사로 가거나 회사를 그만두는 것을 막는 합의 사항. (11)

경쟁 정보(competitive intelligence) – 두 가지 종합적 사실로 구성된다: (1) 경쟁자와 시장 환경에 대한 데이터(가공하지 않은 사실들)를 구축하기 위해 공개적 소스를 사용하는 것, (2) 그 데이터를 분석하여 정보(사용할 수 있는 결과들)로 변환시키는 것. (11)

계약 이행 보증(surety bond) – 보통 보증된 당사자가 어떤 약속된 행동을 수행하지 못할 경우, 예를 들면, 도를 넘은 계약자가 건설 프로젝트를 완수할 수 없을 때 금전적인 보상을 제공한다. (7)

고의적 불법행위(intentional tort) – 의도적으로 저질러진 불법적 행위. (4)

공감(empathy) – 당신이 동의하고 안 하고와 상관없이 다른 사람을 이해해 주는 것. (10)

공격 트리(attack tree) – 몇몇 자산에 대한 공격의 목표를 가시적으로 큰 줄기(기둥)로 보여 주고, 이를 성사시키기 위한 가능성들을 가지로 표현한다. (5)

공인보호전문가(Certified Protection Professional: CPP) – 특정 경험과 교육 요건을 충족시키고 필기시험을 합격한 개인에게 자격증을 수여하는 미국산업보안협회의 프로그램. (2)

과도한 물리력(excessive force) – 저항을 무력화시킬 수 있는 합리적인 수준 이상의 물리력. (4)

과실(negligence) – 한 사람이 어떤 행동을 할 의무가 있음에도 하지 않아 다른 사람이 다치는 결과를 초래하는 것. (4)

관문이론(gateway theory) – 대마초의 사용이 더 강한 마약의 사용으로 이어진다는 이론. 디딤돌이론(stepping stone theory)이라고도 불림. (12)

교육학(pedagogy) – 아동의 학습을 돕는 과학. (2)

구타(battery) – 다른 사람에 대한 동의 받지 않은 공격적 접촉. (4)

권력(power) – 법적 권리가 존재하거나 혹은 존재하지 않더라도 어떠한 일을 수행하게 하는 것. (3)

권한(authority) – 명령을 할 권리. (3)

기밀유지 서약(nondisclusure agreements) – 직원들이 외부인에게 민감한 정보를 유출하는 것을 금지하는 합의 사항. (11)

기술임치(technology escrow) – 지적 재산에 대한 일종의 보험정책과 비슷한 것이다. 기술임치는 다수의 기업이 '미션 크리티컬 소프트웨어'와 같은 기술 라이센스에 대해서 협상을 하는 경우에 필요하다. 만약, 라이센스 허가를 받은 회사가 현재에 미션 크리티컬 소프트웨어의 핵심 기술을 공급해 주고 있는 개발자 측에서 갑자기 지원을 중단함으로써 자신들이 미션 크리티컬 소프트웨어를 운영하지 못할 것이 우려된다면, 이 회사는 소프트웨어의 핵심 코드와 같은 기술자료를 에스크로우 계정에 임치시킬 것을 요청하게 되는데, 이를 기술임치제도라 함. (11)

기업보안(enterprise security) – 기업 등 조직이 직면할 수 있는 모든 위험을 감시하는 것. (2)

기업위험관리(enterprise risk management) – 기업의 기능과 기업 내의 프로세스들 사이의 보안위험과 상호 의존성을 더 잘 규정하기 위해서 전통적인 보안과 IT보안의 융합을 요구한다. (5)

끊임없는 재고 조사(perpetual inventory) – 거의 매일같이 보유한 비품/상품을 기록하는 정책으로서, 단지 1년에 한 번만 재고 조사를 하는 것과 대조됨. (7)

누출(leakage) – 임박한 폭력적 행위를 암시하는 의도적 또는 비의도적 단서를 드러내는 것. (12)

대리(또는 대위)책임(vicarious liability) – 한 사람이 다른 사람과의 일정한 관계에 근거하여 그 사람의 행위에 대해 법적인 책임을 지는 것. 예를 들어, 고용주가 직원의 행위에 대해 지는 책임. (2, 4)

대리책임(vicarious liability) – 어떤 사람이 다른 사람의 행위에 대해서 갖는 법적 책임. (2)

대수의 법칙(law of large numbers) – 통계적인 자료가 많을수록 미래에 발생할 것에 대한 예측이 더 정확하다는 법칙. (5)

대용물(subrogation) – 피보험자가 제3자로부터 보험처리되는 손실을 받아 보험 회사에 보상을 요구하는 경우 보상을 대체하는 것. (5)

도급서비스(contract services) – 보수를 받고 보안서비스를 제공하는 외부 회사나 개인들. (1)

동심원 이론(concentric zone theory) – 자산을 보호하는 데 있어서 자산의 가치가 더욱 귀중할수록 자산 주위의 보호층이 많아야 한다는 이론. (6)

등록(registration) – 조사원, 탐정, 경비원, 보안순찰원, 안내원, 경보시스템 설치 및 수리인 혹은 비상출동요원으로서 고용되기 전에 주 당국으로부터 허가를 받는 과정. (1)

디딤돌이론(stepping stone theory) – 대마초의 사용이 더 강한 마약의 사용으로 이어진다는 이론. 관문이론(gateway theory)이라고도 불림. (12)

마약류(narcotics) – 수면, 무기력, 고통의 경감을 일으키는 약물로서 헤로인, 코카인, 크랙을 포함함. (12)

망사형 네트워크(mesh network) – 각각의 라디오 장치가 라우터(데이터를 보내거나 이를 중계지점으로 하여 데이터가 의도된 목적지까지 도착할 수 있도록 하는 것)로서 기능을 할 수 있도록 하는 무선 통신 기술. (11)

맥락적 온전성(contextual integrity) – 데이터 사용을 모니터하기 위하여 소프트웨어에 작성된 알고리즘에 표현된 복잡한 사회적 원칙들을 사용하여 프라이버시를 정의함. (11)

맹목검수(blind receiving) – 실제로 수령된 적하물을 계산하는 대신 패킹 슬립으로 셈을 함. (7)

메스암페타민(methamphetamine) – 강력한 중추신경흥분제. 메스, 스피드, 아이스, 크리스털이라고도 불림. (12)

메타분석(meta-analysis) – 양적분석 방법 중 하나로 여러 개의 유사한 실험을 평가한 뒤 각각 실험의 결과를 모아서 통계학적 유의성을 검증한다. (6)

면책 증거(exculpatory evidence) – 피의자의 무죄를 입증하는 자료. (11)

명예훼손(defamation) – 말이나 행동을 통해 제3자 앞에서 어떤 사람이 범죄를 저질렀다는 허위 사실을 밝히는 것과 같이 다른 사람의 평판을 해치는 것. (4)

명예훼손(libel) – 문서에 의한 명예훼손. (4)

명예훼손(slander) – 구두에 의한 명예훼손. (4)

무과실 책임(liability without fault) – 고용주는 과실에 관계없이 직무와 관련된 사고들과 질병에 대해 절대적인 책임이 있다. (7)

무관용(zero tolerance) – 직원이 금지된 행위를 하였을 때 행위와 관련된 상황과 관계없이 해고와 같은 무거운 처벌을 동일하게 부여하는 행위. (12, 15)

무선 주파수 감정(radio frequency identification: RFID). (7)

무장법(assize of arms) – 15세와 60세 사이의 모든 남성들이 "평화를 지키는 장비"로 집에 무기를 비치할 것을 요구하는 웨스트민스터 법령의 규정. (1)

물리적 보안 족흔적(physical security footprint) – 보안 조치 후 또는 과정에 남기는 마크로서 사람들이 보고 보안이 존재한다고 알게 해주는 것. (6)

민간보안(private security) – 인간의 잘못, 긴급사태, 재해 혹은 범죄행위에 의해 유발되는 손실을 예방하기 위해 인력, 장비와 절차를 제공하는 이윤추구산업. (1)

민간보안서비스(private security services) – 자체서비스, 도급서비스, 혼합서비스가 있으며, 경비원, 순찰원, 조사원, 무장호송원, 중앙경보대응자, 컨설턴트 등을 포함한다. (1)

민영화(privatization) – 경찰 등 공무원들이 할 일을 민간경비원과 같은 민간 인력이 대신하도록 하는 것. (3)

바르비투르(barbiturates) – 수면을 유도하거나 긴장을 완화시키기 위하여 작은 알약이나 캡슐 형태로 복용하는 진정제. (12)

반대 심문(cross-examination) – 증언의 타당성을 평가하기 위하여 반대측이 질문하는 것. (10)

방어공간(defensible space) – 오스카 뉴먼에 의해 개발된 이론으로서 범죄를 방해하는 건물 디자인은 입주민들에게 안전감을 주고 개인과 재산을 스스로 방어하도록 북돋는다는 이론. (6)

범죄(crime) – 법에 의해 처벌받을 수 있는, 사회 또는 타인에게 해로운 행위. (4)

범죄예방환경설계(crime prevention through environmental design: CPTED) – 건축 환경에 대한 적절한 설계와 효과적인 사용이 범죄와 범죄 두려움을 줄이고 삶의 질을 개선한다는 이론. (6)

보관 사슬(chain of custody) – 증거가 처음 발견 때부터 재판정에 제출될 때까지 누가 이것을 통제하고 있었는지에 대한 기록. 증거의 연쇄(chain of evidence)라고도 불림. (10)

보상 원칙(indemnity) – 보험 회사가 오직 실질적 손해액만을 지불하고 그 이상은 하지 않는다는 원칙. (5)

보안조사(security survey) – 이미 존재하는 보안을 식별하고, 약점을 알아내며, 필요한 보호를 결정하고, 전체 보안을 강화하기 위해 필요한 보호조치를 결정하는 것. (5)

보우가의 주자(Bow Street Runners) – 1750년에 Henry Fielding에 의해 영국에 설립된 최초의 형사기관. (1)

보트(bot) – 공격자가 감염된 컴퓨터에 대한 완전한 통제를 하도록 해주는 악성프로그램. (11)

보편적 예방 조치(universal precaution) – 모든 혈액과 다른 체액들은 마치 오염된 것처럼 취급되어야 한다는 것을 나타냄. (8)

불법 수표 사용(check kiting) – 한 개인이 동시에 여러 개의 예금 구좌를 만들고 수표를 확인하는 데 충분한 시간이 경과되기 전에 신용을 얻기 위해 개설한 2개 이상의 구좌를 철회하는 것. (9)

불법행위(tort) – 법정에서 손해배상을 청구하게 되는 민사적 불법행위. (4)

불법행위법(tort law) – 책임을 제대로 이행하지 못하여 발생한 손실이나 손상에 보상을 받기 위해 소송 기회를 주는 시민의 책임을 규정한 민사법. (3)

비대칭적 전쟁(asymmetric war) – 힘에서 훨씬 열세를 보이는 쪽이 강한 상대방과 정면으로 맞서지 않는 방식으로 수행되는 전쟁. (13)

비밀 서약(secrecy agreements) – 기업의 주요한 거래 비밀에 대해 알게 되는 사람들에게 적용되는 합의 – 예를 들어, 주요 기계를 수리하기 위해 들어오는 기술자. 이런 사람들은 이러한 정보의 비밀을 보장하겠다는 서약서에 사인해야 함. (11)

비언어적 의사소통(nonverbal communication) – 비언어적 의사소통에는 눈동자의 움직임, 얼굴 표정, 자세, 복장, 목소리 톤, 거리와 접촉 등이 포함된다. 문서에 있어서는 깔끔함, 종이질, 복사질, 편철 상태 등이 포함됨. (10)

승인받은(vetted) – 민감한 필요 정보가 적절하게 다루어질 것이라는 확인으로 정보 공유를 승인받은. (3)

사베인즈-옥슬리(Sarbanes-Oxley) **법안** – 직원들이 익명으로 재정적 이상을 보고할 수 있는 길을 열어주는 회사 규정을 두도록 하는 법안. (11)

사이버 공간(cyberspace) – 온라인 및 컴퓨터 시스템들 사이에 만들어진 인공적인 세상. (9)

사이버 범죄(cybercrime) – 컴퓨터 범죄. (9)

상당한 주의(due diligence) – 분별 있는 사람이 다른 사람이나 남의 재산에 대한 피해를 회피하려는 상황에서 행사하는 주의. (2)

상표(trademark) – 다른 사람이나 회사의 상품과 구분하기 위하여 제조자나 판매자가 사용하는 단어, 어구, 로고나 다른 그래픽 상징들. (11)

상호운용가능성(interoperability) – 정보를 매끄럽게 교환하는 능력. (13)

생물학적 테러(bioterrorism) – 탄저균, 보툴리누스균, 살모넬라균, 천연두균과 같은 생물학적 대량살상무기를 사용하는 테러. (13)

생체인식(biometirics) – 특정 개인을 식별하기 위해 지문, 목소리, 안구와 같은 물리적, 신체적 특징을 사용하는 시스템. (6)

선행요건(prerequisites) – 특정 기술을 습득하기 위해 필요한 예비지식. (2)

섬망발생물질(deliriants) – 흥분과 억제력의 상실을 초래하는 알코올의 효과와 비슷한 효과를 발생시키는 휘발성 화학물질. (12)

성인교육학(andragogy) – 성인의 학습을 돕는 과학. (2)

소유 정보(proprietary information) – 재산권 또는 민간 투자로부터 발생하는 데이터에 대한 소유권 내지는 다른 유효한 경제적 이득. (11)

손해배상(restitution) – 범죄에 대한 변상. (4)

수렴(convergence) – 공통의 이익이나 초점으로 합쳐지는 보안의 최근 추세. (2)

순수한 위험(pure risk) – 범죄나 자연재해와 같이 이익의 발생과 관계없는 피해와 손상 가능성. (5)

스마트 목표들(SMART objectives) – 구체적이고, 측정가능하고, 달성가능하고, 적절하고, 추적가능한 목표들. (2)

스팸(spam) – 동의를 구하지 않고 발송된 상업적인 이메일에 기술적으로 용어가 붙여진 전자적인 쓰레기 메일. (9)

시민에 의한 체포(citizen's arrest) – 범죄를 저지르고 있거나 막 저지른 사람을 체포하여 그를 지역의 사법기관에 인도할 수 있는 모든 시민들의 권한. (9)

신분 도용(identity theft) – 타인의 성명, 사회보장번호, 신용카드 번호 혹은 기타 개인 정보를 사기적인 목적으로 부당하게 사용하는 범죄. (9)

신세밀랴(sinsemilla) – 씨 없는 대마에서 채취한 마리화나로서 매우 강도가 높다. (12)

실제적 손해배상(substantive damage) – 판사나 배심원이 판단하기에 원고가 받을 만하다고 생각하는 전보적인 손해배상. (4)

심리사회적(psychosocial) – 기질과 자아정체성 같은 개인의 심리적 특성. (12)

심문서 또는 질문서(interrogatories) – 소송과정에서 피고인을 상대로 한 질문서를 통한 서면질의. (4, 10)

아웃소싱(outsourcing) – 민간기업이나 정부기관이 보안업무를 하청 주는 것. (1)

악성 프로그램(malware) – 악의적 스프트웨어; 트로이 목마, 바이러스와 웜, 애드웨어, 스파이웨어와 보트 등을 포함함. (11)

안구진탕증(nystgmus) – 약물에 취한 사람의 눈알이 의지와는 상관없이 위아래 좌우 끝까지 제멋대로 움직이는 상태. (12)

안내원 또는 호송원(courier) – 귀중한 물건의 보호와 안전한 수송을 돕는 사람. (1)

암수 범죄(dark figure of crime) – 결코 보고되지 않고, 알려지지 않은 것들을 포함한 실제적인 범죄 건수. (9)

암페타민(amphetamines) – 식욕을 억제하거나 정신적 우울증을 완화시키기 위하여 정맥주사하거나 알약(캡슐) 형태로 경구 섭취하는 흥분제. (12)

암호화(encryption) – 메시지를 코딩하는 것. 컴퓨터 범죄를 막기 위해 사용됨. (11)

야경단(watch and ward) – 야간에 도시를 순찰하는 야경을 제공해 준 중세 영국의 관행. (1)

양적 위험평가(quantitative risk assessment) – 비용효과분석 등을 통해 확보된 각 요소들의 객관적이고 수치적인 값의 계산에 의한 평가. (5)

엄격책임(strict liability) – 개인이 본인도 모르게 다른 사람에게 입힌 피해에 대해 책임을 지는 경우를 말함. 무과실책임이라고도 하는데 대개 고도로 위험한 행위, 즉 폭발물 사용이나 야생 애완동물 사육 등의 행위와 관련이 있음. (4)

역동적 위험(dynamic risk) – 수표를 받거나 신용기간을 연장하는 것과 같이 손해와 이익을 동시에 갖는 위험. (5)

연방비상사태관리국(The Federal Emergency Management Agency: FEMA) – 국가의 비상사태 관리 시스템을 구축하고 지원하는 데 책임이 있는 독립된 연방 기관을 말함. (8)

영역성(territoriality) – 자신의 영역이라고 느끼는 영역을 보호하고 타인의 영역을 존중하도록 울타리, 도로 포장, 공공예술, 표지, 유지 및 조경을 계획 및 디자인하는 것. (6)

와치클락(watch clock) – 시설 내에 키가 다양한 곳에 위치해서 보안 요원이 그 키를 와치클락에 꽂으면 그 지점에 있는 시간이 기록되고 적절하지 않은 시간에 있을 경우에는 감시의 대상이 된다. (6)

운반체(trailers) – 한 장소에서 다른 장소로 화재를 확산시키는 종이 통로나 촉매제. (9)

원격통신(telecommunication) – 전보, 전화, 팩스 등 전자임펄스를 전송함으로써 통신하는 기술. (11)

원고(plaintiff) – 범죄를 저지른 사람을 상대로 소송을 제기한 피해자. (4)

웨스트민스트 법령(Statute of Westminster) – 1285년에 King Edward I에 의해 공표된 법으로서, 형사사법과 범죄자 체포에 대한 영국적 관행을 공식화하였으며, 야경단, 죄인체포포고령, 무장법을 설정함. (1)

위법수집증거 배제의 원칙(exclusionary rule) – 개인의 헌법적 권리를 침해함으로써 얻은 어떠한 증

거도 증거로서 사용할 수 없다는 법 원칙. (3)

위임불가의무(nondelegable duty) – 제3자에게 자신의 권한을 부여할 수 있지만 행위에 따른 책임은 전가할 수 없는 의무. 민사책임은 여전히 법적인 행위책임이 있는 자에게 있음. (4)

위장위협(veiled threat) – 폭력행위를 강하게 암시하고 있지만 어떤 행위가 명시적으로 드러나지 않은 위협. (12)

위험(risk) – 발생의 시간이나 정도가 예측할 수 없는 효과가 있는 알려진 위협. (3, 5)

위험관리(risk management) – 위험의 적정 수준을 결정하며, 현재의 위험 정도를 평가하고, 위험을 적정수준으로 줄이도록 조치를 취하여 위험을 적정수준으로 유지하는 과정. (5)

위험평가(risk assessment) – 기업에 위험을 확인하고 우선순위를 만들어주는 프로세스. (5)

유해 작업환경(toxic work environment) – 사생활을 침해하는 독재적 관리 스타일, 변화를 예측하기 어려운 감독 형태, 투명하지 않은 근무 환경과 같은 특성을 가진 적대적 근무지. (12)

유행병(pandemic) – 넓은 지역에 걸쳐 발생하고 예외 없이 높은 비율의 인구에 영향을 미치는 질병. (8)

윤리(ethics) – 옳고 그름, 도덕적 혹은 비도덕적 행위의 문제를 다루는 것. (4)

음어(jargon) – 파악되지 않은 물체를 'unsub'라고 하는 것처럼 한 분야에서 사용되는 특수한 언어. (10)

인가(licensing) – 계약에 의해 보안서비스를 제공하는 업체를 운영하기 위해 소관 관청으로부터 허가를 받는 과정. (1)

자산(asset) – 사람, 장비, 컴퓨터 하드웨어와 소프트웨어, 데이터 및 정보를 포함하여 기업이나 조직에 가치가 있는 것. (5)

자산 누수(shrinkage) – 자산의 손실. (7)

자연적 감시(natural surveillance) – 물리적 장치를 이용하거나 사람들을 배치하는 방법으로 노출을 극대화함으로써 범죄를 저감한다는 원리. (6)

자체서비스(proprietary services) – 회사나 조직에 의해 직접 고용되고 급료를 받으며 통제되는 사내의 보안서비스. (1)

잠복요원(sleeper cell) – 지역사회에 스며들어 있는 테러리스트 집단. (13)

저작권(copyright) – "어떠한 유형의 표현 매체에 의해서 그 형태가 고정된 저자의 원저작물(문학작품, 음악, 연극, 무용, 그림, 조각 그리고 건축물; 영화 그리고 다른 시청각 작품; 그리고 음반 등을 포함)에 대해서 부여되는 재산권으로서, 해당 작품을 갖고 있는 소유자가 그것을 재생산, 적용, 배포, 실행 그리고 전시할 수 있는 독점적인 권리를 부여하는 권한"을 의미함. (11)

점화자(igniter) – 성냥, 양초, 퀄련초, 폭발물 등과 같이 화재를 일으키는 장치. (9)

접근통제(access control) – 적절히 위치한 입구, 출구, 휀스, 조경 그리고 조명은 범죄를 억제하는 방식으로 보행자와 자동차의 교통을 통제할 수 있다. (6)

제1983조(Section 1983) – 지방 및 주 권한에 따라 행위하는 자 중 타인의 헌법적 권리를 침해한 자는 누구든지 법을 준수하였다 하더라도 고소를 당할 수 있다는 미국 공민권법의 규정. (4)

조건부 위협(conditional threat) – 특정한 요구나 조건이 수용되지 않으면 폭력적 행위가 발생할 것이라는 경고. (12)

죄인체포포고령(hue and cry) – 야경의 체포에 저항하는 이들을 다루는 고대 앵글로 색슨족의 관행. 저항이 있을 때 야경이 고함치면 모든 시민들이 도망자를 추적하고 그의 체포를 돕는다. (1)

중대성(criticality) – 결과의 중요도나 심각성. (5)

중범죄(felony) – 사형이나 주 정부의 감옥 혹은 구금 시설에 구금되는 처벌을 받게 되는 살인, 강도 혹은 주거 침입(절도)과 같은 심각한 범죄. (9)

증거 사슬(chain of evidence) – 증거가 처음 발견 때부터 재판정에 제출될 때까지 누가 이것을 통제하고 있었는지에 대한 기록. 증거의 연쇄(chain of custody)라고도 불림. (10)

증인보호구역(the well) – 검사, 변호사와 판사 사이의 구역을 '증인 보호구역(Well)'이라고 하는데 이곳은 판사가 진술인을 보호하기 위한 장소이다. 판사가 요청하지 않는 한 아무도 이곳에 다가갈 수 없음. (10)

지시적 언어(denotative words) – 객관적, 비감정적 말들. (10)

지적 재산권(intellectual property rights) – 인간 지력에서 도출된 상업적으로 가치가 있는 산출물을 보호하는 무형의 권리들의 범주로, 이 범주에는 상표, 저작권 그리고 특허권뿐만 아니라, 기업비밀, 퍼블리시티권, 저작인격권 그리고 불공정한 경쟁에 저항할 수 있는 권리까지도 포함된다. (11)

지하드(jihad) – 성전. (13)

직업안전위생국(Occupational Safety and Health Administration: OSHA) – 직업안전위생법(1970)을 집행하는 기관. (8)

직업안전위생법(Occupational Safety and Health Act of 1970: OSH Act) – 고용주들로 하여금 안전한 작업장을 제공하는 데 책임을 갖도록 하는 법률. (8)

직접 심문(direct examination) – 자신의 주장을 담보하기 위해 증인을 요청한 변호사가 증인이나 피고에게 행하는 신문. (10)

직접적 위협(direct threat) – 특정한 목표에 대해 특정한 행위를 하겠다고 분명한 방식으로 전달하는 행위. (12)

진술녹취(deposition) – 재판정에서 피고 등 소송당사자의 진술을 속기사나 법원서기가 녹취하는 것. (10)

진정직업자격(bona fide occupational qualification: BFOQ) – 특정 직무를 수행하기 위해 합당하게 요구되는 기술이나 지식. 결과적으로, 고용 기준이 될 수 있다. (2)

질적 위험평가(qualitative risk assessment) – 자산, 위험, 통제 및 효과에 상대적인 가치를 부여하는 평가. (5)

징벌적 손해배상(punitive damages) – 가해자가 극도로 비난받을 만한 방법으로 피해자에게 손해를 입힌 경우, 가해자에게 징벌을 가하며 또한 향후 사회의 다른 사람들이 그러한 행동을 하지 못하게 할 목적으로 부과하는 손해배상. (4)

책임제한조항(exculpatory clause) – 민간경비회사에서 경보시스템이 어떠한 손해도 발생하지 않는다고 보장하지 못한다는 면책 조항. (6)

추정적 언어(estimative language) – 사실이나 증거에 기초하기보다는 분석적 평가나 판단에 근거하는 언어. (13)

충실도 보증(fidelity bonds) – 부정직한 직원에 의해 발생하는 손실로부터 고용주를 보호하는 보험. (7)

취약성(vulnerability) – 조직의 위험에의 노출 정도. (5)

커미셔닝(commissioning) – 모든 기대가 충족되었는지를 확실히 하기 위해 보안 감독관이 설치된 사항을 검사하고 테스트하는 것. (6)

크래시바(crash bar) – 비상출구를 위한 비상 출구 잠금 장치로서 패닉바(panic bar)라고도 하며 이 문은 밖에서는 열 수 없고 안에서만 열 수 있고 대부분 알람 장치가 있어서 문이 열릴 때 소리가 난다. (6)

탄핵(impeaching) – 목격자의 증언을 부정하는 것. (10)

테러리즘(terrorism) – 사람이나 재산에 대해 불법적으로 물리력 또는 폭력을 행사하여 정부, 시민을 위협 또는 강압함으로써 정치적 또는 사회적 목표를 달성하려는 것. (13)

통합센터(fusion center) – 정보교환, 재원극대화, 업무효율화, 범죄 및 테러대응 역량 증진을 위해 다양한 출처로부터 자료를 통합하는 메커니즘. (13)

트로이(안)목마(trojan horse) – 악성프로그램을 다른 것을 하는 것처럼 위장해서 침투시키는 것. (11)

특허(patent) – "개발한 장치 또는 프로세스가 새로운 것이거나 유용한 것일 경우에 개발자에게 부여되는 것으로서, 특정한 기간(특허권이 부여된 지 20년 동안) 다른 사람이 판매를 목적으로 해당 장비 및 프로세스를 제작, 이용, 판매, 제공, 마케팅 등을 하지 못하게 하거나 해당 발명품을 수입하지 못하게 할 수 있는 권리, 특권 또는 권한"을 의미함. (11)

판사단독재판(bench trial) – 배심원 없이 판사 단독으로 하는 재판. (10)

패닉바(panic bar) – 비상출구를 위한 비상 출구 잠금 장치로서 크래시바(crash bar)라고도 하며 이 문은 밖에서는 열 수 없고 안에서만 열 수 있고 대부분 알람 장치가 있어서 문이 열릴 때 소리가 난다. (6)

폭행(assault) – 사람에 대한 공격. (4)

표준범죄보고서(uniform crime reports: UCR) – 미 연방 수사국(FBI)에서 매년 집계하는 범죄 통계. (9)

피싱(phishing) – 사기범들이 적법한 금융 기관의 사이트와 매우 유사하게 보이도록 가짜 웹 사이트들을 만들어서, 사람들로 하여금 패스워드와 같은 그들의 개인 정보를 노출하도록 기망하는 행위. (9)

함축적 언어(connotative words) – 강한 감정적 요소가 결부된 말들. (10)

핫 스팟(hot spot) – 평균보다 더 높은 범죄나 질서위반 행위가 발생하거나 더 많은 피해자가 발생하는 지역. (10)

해커(hacker) – 전자적인 염탐, 소프트웨어 해적질 및 다른 유형의 하이테크 불법 활동에 가담하는 컴퓨터 광. (9)

혐의 확신(predication) – 이성적이고 현명하며 전문적으로 훈련받은 사람으로 하여금 범죄가 발생했거나 현재 발생하고 있거나 미래에 발생할 것이라고 믿게 하는 정황의 총합. (10)

혼합서비스(hybrid services) – 자체서비스와 도급서비스를 혼합한 것. (1)

화이트칼라 범죄(white-collar crime) – 횡령, 뇌물 및 리베이트 수수와 같은 기업 관련 범죄. (9)

화재의 삼각형(fire triangle) – 불이 붙는 데 필요한 세 가지 요소인 열, 연료, 산소. (8)

화재 하중(fire-loading) – 어떤 지역 내에 있는 가연성 물질의 양. (8)

확률(probability) – 어떤 일이 발생할 가능성. (5)

환각제(hallucinogens) – 현실과 환상을 구분할 수 있는 능력을 감소시키고 감각적 지각 능력을 증폭시키는 약물. (12)

활동의 지원(activity support) – 공개공간에서 합법적인 활동을 장려하는 것으로 범죄의 감소에 도움을 준다. (6)

색 인

ㅇ

ㅈ